Thomas O. H. Kaiser

Klaus Mann.
Ein Schriftsteller in den Fluten der Zeit

Bestandsaufnahme und kritische Würdigung von
Leben und Werk

Mit einem `Who is Who´ bei Klaus Mann

Frontispiz: Ruth Rüttinger, „Mitgift 1908",
Dogern 2014
© 2024 Thomas O. H. Kaiser
Verlag:
BoD · Books on Demand GmbH,
In de Tarpen 42, 22848 Norderstedt
Druck:
Libri Plureos GmbH, Friedensallee 273,
22763 Hamburg
ISBN: 978-3-7583-1187-1

3., durchgesehene Auflage 2024

Meiner Schwester
Heidrun Koch
zum 60. Geburtstag
gewidmet

„Ich habe nie einer politischen Partei angehört, noch habe ich mich je um die spitzfindigen Argumente und zwielichtigen Intrigen von Berufspolitikern gekümmert. Meine Sicht der entscheidenden Themen der modernen Gesellschaft ist eher emotional als intellektuell – nicht dogmatisch, sondern menschlich. (...) Meine politischen Ansichten und Handlungen sind stets mehr von meinen persönlichen Erfahrungen und Impulsen als von abstrakten Prinzipien bestimmt worden. Das einzige `Prinzip´, an das ich mich halte, ist mein hartnäckiger Glaube an einige grundlegende moralische Ideale – Wahrheit, Ehre, Anstand, Freiheit, Toleranz."

Erika Mann

Inhalt

Vorwort

Klaus Mann ist mir in literarischer Form zum ersten Mal in einer unscheinbaren Buchhandlung in der unscheinbaren Kleinstadt Holzminden im Jahre 1981 begegnet. Ich war Schüler an einem der dortigen unscheinbaren Gymnasien. Der Rowohlt-Verlag hatte sein auf dem Index der verbotenen Schriften befindliches Buch `Mephisto´ herausgebracht, das ich kaufte und innerhalb kürzester Zeit las.[1] Zusammen mit anderen Jugendlichen interessierte ich mich für `Deutschland im Nationalsozialismus´. Ich fragte mich vor allem, wie es zum Massenmord an den europäischen Jüdinnen und Juden und zu weiteren Verbrechen gegen die Menschlichkeit kommen konnte, wie das terroristische Unrechtssystem funktionierte, wie sich das Deutschland der blühenden Weimarer Republik ins Deutschland der

---

[1] Vgl. dazu den Hintergrundbericht in: DER SPIEGEL 40/1981, 228-238: „Mephisto. Die Gründgens-Legende". Von dem Buch wurden damals über eine Million Exemplare verkauft. Es ist bis heute offiziell in der Bundesrepublik Deutschland verboten. Das silberfarbene Taschenbuch aus dem Rowohlt-Verlag, das ich am 16. Januar 1981 in der `Müllerschen Buchhandlung´ in Holzminden gekauft habe, befindet sich bis heute in meinem Eigentum. Ich zitiere im Folgenden nach dieser Ausgabe, vgl. Klaus Mann, Mephisto. Roman einer Karriere, Reinbek 1980, ²1981.

braunen Diktatur hatte verwandeln können. Wieso konnten beispielsweise Kranke als sog. `lebensunwertes Leben´ umgebracht werden? Wie sah der Alltag im sog. `Dritten Reich´ aus? Wie war der Einzelne in den NS-Staat verwoben? Mir wurde klar, dass es keine einfachen und monokausalen Antworten auf die Frage gab, wie das nationalsozialistische Terrorregime mit seinem `Rassen´-Wahn im Land der Dichter und Denker möglich geworden war.[2]

In meiner Schulzeit ist der Nationalsozialismus eher am Rande behandelt worden. Die Zeit von 1933 bis 1945 wurde von meinen Geschichtslehrerinnen und -lehrern Ende der 1970er-, Anfang der 1980er-Jahre gerne – wie zufällig? – ausgeklammert. Keiner von ihnen, so hatte ich den Eindruck, wollte sich damals so recht an das Thema herantrauen. Insgesamt gesehen hatte sich gesellschaftlich ein bleierner Teppich des Schweigens über die NS-Zeit gelegt.[3] Die

---

[2] Diese Frage scheint noch heute viele Zeitgenossinnen und Zeitgenossen zu beschäftigen, wie der Besuch der Ausstellung `Hitler und die Deutschen – Volksgemeinschaft und Verbrechen´ im Berliner Deutschen Historischen Museum vom 15.10.2010 – 6.2.2011 gezeigt hat, vgl. DIE ZEIT v. 14.10.2010, 21.

[3] Carl-Hans Hauptmeyer, u. a. Professor für Regionalgeschichte an der Leibniz-Universität Hannover, schreibt treffend: „Viele wollten nicht eingestehen, dass sie moralisch in einem Teil ihres Lebens versagt hatten.

große Geschäftigkeit, die der wirtschaftliche Aufbruch nach dem Krieg und die Wirtschaftswunderzeit mit sich gebracht hatten, korrespondierte im Laufe der Jahre mit einer allgemeinen geistigen Behäbigkeit. Zur deutschen Geschichte nach 1945 gehört auch, dass diejenigen, die den Nationalsozialismus aktiv unterstützt hatten, ungebremst in einer anderen Staats- und Gesellschaftsordnung weiter machten: der Bundesrepublik Deutschland, denn diese hatte die Rechtsnachfolge des sog. `Dritten Reiches´ angetreten. Bald gingen besonders viele Juristen, die schon im sog. `Dritten Reich´ gewirkt hatten, vom Staatsdienst in der Diktatur naht- und bruchlos in den Staatsdienst in der Demokratie über.[4] Kritische Fragen nach der Vergangenheit

---

Viele waren als junge Menschen wie selbstverständlich in das NS-System hineingewachsen und von ihm geprägt" (Carl-Hans Hauptmeyer, Geschichte Niedersachsens, München 2009, 113). Die Psychoanalytikerin Margarete Mitscherlich, geb. Nielsen (1917-2012) und ihr Ehemann, der Psychoanalytiker Alexander Mitscherlich (1908-1982), untersuchten den Massenwahn des Nationalsozialismus sowie die Verstrickung in Schuld und veröffentlichten 1967 ihr Buch `Die Unfähigkeit zu trauern´ über die kollektive Reaktion, sich nicht persönlich mit der Vergangenheit im sog. `Dritten Reich´ auseinandersetzen zu wollen.

[4] Es ist kein einziger Fall bekannt, dass ein Richter oder Staatsanwalt in der NS-Zeit für seine verbrecherischen Urteile später in der Bundesrepublik Deutschland belangt wurde. Fast allen Amtsträgern wurde es gestattet, ihre Robe nach 1945 wieder anzuziehen. Wie kein anderer Berufsstand überdauerte die deutsche Justiz das Ende des NS-Staates, der sich als Unrechts- und Mordmaschinerie entpuppt hatte.

schienen zu stören. Erst viele Jahre später sollte sich dieser unsägliche Zustand des Schweigens ändern.[5]

Unter uns Schülern hielt sich hartnäckig das Gerücht, dass in der Nähe unseres Heimatortes Eschershausen, im `Stollen Gustav´ im Hils, einem nahe gelegenen Mittelgebirgszug, die legendäre `Wunderwaffe V 2´ gebaut worden war. Unsere Nachforschungen erbrachten damals keine Resultate. Vorwiegend ausweichend waren die Antworten der Erwachsenen auf unsere kritischen Nachfragen. Gefühlsmäßig war uns jedoch klar: Irgendetwas war hier `faul im Staate Dänemark´ – man wusste anscheinend etwas, verschwieg es uns aber offensichtlich[6], wollte

---

[5] Dies geschah u. a. durch aufklärerische oder die Zuschauer emotional berührende Sendungen im Fernsehen und im Kino wie `Holocaust´, Steven Spielbergs `Schindler´s List´ oder dann, noch später, durch das Buch des 1959 geborenen US-amerikanischen Soziologen Daniel Goldhagen, Hitlers willige Vollstrecker. Ganz gewöhnliche Deutsche und der Holocaust, München 2000. Der britische Historiker Ian Kershaw (geb. 1943) spricht in diesem Zusammenhang von einem Trauma und einer `seelischen Wunde im nationalen Bewusstsein der Deutschen´, vgl. Ian Kershaw, Der NS-Staat, Hamburg 1985, [4]2009, 386. 2013 wurde das Thema des Schweigens über die Nazi-Zeit in der 14 Millionen teuren ZDF-Produktion `Unsere Mütter, unsere Väter´ wieder aufgegriffen, vgl. DIE ZEIT v. 14.3.2013, 55.

[6] Der tödlich verunglückte Hans-Jürgen Krahl (1943-1970), einst Mitglied der CDU (1961) und Begründer der `Jungen Union´ in Alfeld/Leine, dann Mitglied im SDS, neben Rudi Dutschke einer der führenden Theoretiker der 68er-Studentenbewegung und Doktorand bei Theodor W. Adorno (1903-1969), beschrieb einst seine – und damit meine – ländliche süd-

auf keinen Fall mit uns darüber reden. Erst Ende der 1980er-, Anfang der 1990er-Jahre machte sich, initiiert von einem Lehrer eines Holzmindener Gymnasiums, ein kleiner Arbeitskreis aus historisch interessierten Ehrenamtlichen aus dem Landkreis Holzminden an die Erforschung der jüngsten Vergangenheit im südlichen Niedersachsen. Ein Stückweit konnte jetzt Licht ins Dunkel der Nazizeit gebracht werden. Insbesondere wurde die Geschichte aufgehellt, was die KZs in unserer Nähe und die Zwangsarbeit anbetraf.[7] Auch die Vertreibung und die Vernichtung der in Stadtoldendorf beheimateten Juden[8], das langjährige nachbarschaftliche Verhältnis von Christen und Juden und die Vernichtung der jüdischen Gemeinde in der Kreisstadt Holzmin-

---

niedersächsische Heimat als `unterentwickelt´ und `finster´ und sprach von dem Vorhandensein einer Blut- und Boden-Ideologie: „In Niedersachsen, jedenfalls in den Teilen, aus denen ich komme, herrscht noch zum starken Teil das, was man als Ideologie der Erde bezeichnen kann..." (http://www.krahl-seiten.de/, Lebenslauf, aufgerufen am 12.3.2015) und FR v. 3.2.2005, 28f.

[7] Vgl. Detlef Creydt/August Meyer, Zwangsarbeit für die Wunderwaffen in Südniedersachsen 1943-1945, Bd. 1, Braunschweig 1993, hier besonders Kapitel III: „Das Leben und Sterben in den Lagern um Escherhausen" (115ff.) sowie TAH v. 24.1.2001, 10 und 29.1.2001, 11.

[8] Vgl. Christoph Ernesti, Sie waren unsere Nachbarn. Die Geschichte der Juden in Stadtoldendorf. Ein Gedenkbuch mit Beiträgen von Günther Lilge, hg. von der Stadt Stadtoldendorf, Holzminden ²1996; vgl. dazu auch TAH v. 4.6.1996, 11. Seit Dezember 2007 erinnern Stolpersteine in Stadtoldendorf an die Schicksale jüdischer Bürger.

den[9] wurden in dieser Zeit erstmals kritisch aufgearbeitet. Die Mitglieder des Arbeitskreises fanden heraus, dass das „KZ Eschershausen"[10] vom 14. September 1944 bis zum 3. April 1945 zu einem Außenlager des KZ Buchenwald, einem der größten Konzentrationslager im sog. `Dritten Reich´, gehört hatte, und legten offen, dass hier und in einem weiteren Außenlager im benachbarten Dorf Holzen Tausende von Zwangsarbeiterinnen und Zwangsarbeitern im Zusammenhang der VW-Rüstungsproduktion eingesetzt worden waren.[11] Das Gerücht hatte

---

[9] Vgl. Klaus Kieckbusch, Von Juden und Christen in Holzminden 1557-1945. Ein Geschichts- und Gedenkbuch, Holzminden 1998, bes. 507ff. Deportierte Jüdinnen und Juden aus Holzminden wurden in Auschwitz, Sobibor, Treblinka, Majdanek und anderen KZs ermordet. Seit 1999 wurde von der Stadt Holzminden, die nach 1945 zur britischen Besatzungszone gehört hatte, in unmittelbarer Nähe des städtischen Torhauses eine zentrale Erinnerungstafel an die deportierten und ermordeten jüdischen Bürger Holzmindens angebracht.
[10] Als ich mit Konfirmandinnen und Konfirmanden im Jahr 2002 die Gedenkstätte nationalsozialistischen Unrechts in Dachau besucht habe, habe ich erstmals erfahren, dass es in Eschershausen ein KZ gegeben hat: Das KZ Eschershausen war namentlich auf einer Tafel im Eingangsbereich der Gedenkstätte aufgeführt, vgl. dazu auch Comité International de Dachau (Hg.), `Konzentrationslager Dachau 1933-1945´, München [10]1978, Einband, 2.
[11] R. Jacobs schreibt in seiner kenntnisreichen Untersuchung: „In der Nähe von Alfeld, in Holzen im benachbarten Kreis Holzminden, befindet sich der südlichste KZ-Friedhof Niedersachsens. Die hier bestatteten Toten waren Zwangsarbeiter und KZ-Häftlinge der Lager in Holzen, Eschershausen, Vorwohle, Lenne und Wickensen. 1961 wurden weitere Zwangsarbeiter, die 1945 auf den Todesmärschen im Harz umgekommen waren, nach hier in zwei neu angelegten Massengräbern umgebet-

sich also bewahrheitet! Häftlingstransporte gingen von hier aus über das Celle in das Vernichtungslager Bergen-Belsen und in andere KZs[12] –

---

tet. Im Kreis Holzminden gab es während des Zweiten Weltkrieges mehr als 100 Zwangsarbeiterlager mit über 14.000 Häftlingen. 1944 begannen um Holzen Bauarbeiten für die so genannte Untertageverlagerung von Rüstungsproduktion in stillgelegten Schächten der Deutschen Asphalt AG im Hils. Im Rahmen des sog. `Jägerprogramms´ wollten Firmen wie Volkswagen, Siemens und Lorenz hier die ersten Düsenjäger bauen. Geplant war auch, hier die sog. `Wunderwaffe´ V1 herzustellen. Bis Kriegsende lief aber nur die unterirdische Produktion von Flugzeugteilen an. In Holzen errichtete im September 1944 ein Häftlings-Kommando aus dem KZ Buchenwald ein Außenlager. Hier lebten über 2.000 KZ-Häftlinge, die hauptsächlich in den Asphaltstollen arbeiteten, aber auch in kleineren Arbeitskommandos für andere Arbeiten eingesetzt wurden. Ihre Arbeits- und Lebensbedingungen waren miserabel. (...) In der Öffentlichkeit gerieten der Ehrenfriedhof und das KZ-Außenlager nach und nach in Vergessenheit. Erstmals 1979 führte die IG-Metall-Jugend der Verwaltungsstelle Alfeld hier am Gedenkstein eine Veranstaltung zum Antikriegstag durch. Damals von Teilen der Öffentlichkeit noch argwöhnisch beäugt, war die IG Metall die erste Organisation, die in Holzen wieder einen Kranz zum Gedenken an die Opfer des Konzentrationslagers niederlegte" (Reinhard Jacobs M. A., Terror unterm Hakenkreuz – Orte des Erinnerns in Niedersachsen und Sachsen-Anhalt, Studie im Auftrag der Otto Brenner Stiftung, Berlin, März 2001, 53f.; Lit: 131-144). Vgl. weiterführend Detlef Creydt/August Meyer, Zwangsarbeit für die Rüstung im südniedersächsischen Bergland 1939-1945: Solling – Hils – Ith – Vogler, Bd. 2, Braunschweig 1994, 51ff. 1995 waren anlässlich des 50. Jahrestages der Befreiung des Holzener Lagers ehemalige Zwangsarbeiter bei einer zentralen öffentlichen Gedenkveranstaltung vor Ort, vgl. TAH v. 10.4.1995. 2012 tauchten überraschend sensationelle, weil bis dato unbekannte und verloren geglaubte Skizzen (Häftlingsporträts), Berichte und Tagebuchnotizen von Camille Delétang (1886-1969) und dem Résistance-Kämpfer und Lagerarzt Armand Roux (1886-1960) auf, die das ganze Elend im KZ Holzen dokumentierten, vgl. TAH v. 8.9.2012, 17 und online unter http://www.zeit.de/2013/18/nordhausen-kz-zeichnungen-camille-deletang (aufgerufen am 12.3.2015).
[12] Vgl. Mijndert Bertram, Bombenhagel und `Hasenjagd´ – Die Häftlingstransporte von Holzen nach Bergen-Belsen, in: D. Creydt/A. Meyer, Zwangsarbeit, a. a. O., 226-230.

15

unwahrscheinlich, dass aus den Kreisen der Bevölkerung niemand davon etwas mitbekommen haben sollte.[13] Die Stadt Eschershausen, in der ich aufgewachsen bin – am 1. Januar 2011 mit Stadtoldendorf im Samtgemeindeverband fusioniert –, ist bis heute nicht willens oder fähig, dieses dunkle Stück ihrer Vergangenheit kritisch aufzuarbeiten:[14] Vom Rat der Stadt beauftragte Historiker legten ihre Forschungsergebnisse über Eschershausen für das Jahr 1900, die Jahre 1918 bis 1933 und die 1950er- und 1960er-Jahre vor; den Zeitraum 1933 bis 1945 sparten sie bisher aus.[15] Zu alledem erfuhr ich viel spä-

---

[13] „Niedersachsen war durchsetzt von einer Vielzahl von Arbeitslagern und KZ-Außenlagern, die im seltensten Fall abgeschieden lagen, sondern der Bevölkerung bekannt waren. Bis zu 10000 russische Kriegsgefangene starben in Niedersachsen. Die Mehrzahl verhungerte in unwürdigsten Gefangenenlagern unter freiem Himmel" (Carl-Hans Hauptmeyer, Geschichte, a. a. O., 111f.). 40 Kilometer von Eschershausen entfernt lag das KZ Moringen, in dem u. a. oppositionelle Jugendliche, Kommunisten und Sozialdemokraten gefangen waren. Unter anderem befand sich dort der kommunistische Swing-Experte Günther Discher (1925-2012) in Haft.
[14] Selbst der SPD-Ortsverein von Eschershausen, der Verluste seiner Mitglieder im sog. `Dritten Reich´ zu beklagen hatte, ging auf diese Zeit nicht ein, sondern widmete den Jahren 1933 bis 1945 in seiner Jubiläumsschrift zum 100jährigen Bestehen der SPD lediglich sechsundzwanzig Zeilen, vgl. Ortsverein Eschershausen der Sozialdemokratischen Partei (Hg.), Jubiläumsschrift im Druck und auf CD zum 100jährigen Bestehen der SPD-Ortsvereine Eschershausen und Holzen, Eschershausen 2001, 10f.
[15] Vgl. Eschershausen um 1900, erarbeitet und zusammengestellt von Jutta Henze und Andreas Reuschel, Horb am Neckar 2002, und

ter, dass die Bürgerinnen und Bürger meines Geburtsortes Stadtoldendorf im Weserbergland schon früh Adolf Hitler[16] hinterhergelaufen waren und die Stadtoberen den hysterisch-fanatischen Massenmörder und „Terrorist(en) des Jahrhunderts"[17] zu ihrem Bürgermeister hatten machen wollen – um ihm damit zu der für seine Kandidatur bei den Reichspräsidentschaftswahlen erforderlichen deutschen Staatsbürgerschaft zu verhelfen.[18] Nur durch die zuvorkommende Aktion der Stadt Braunschweig, die den Österreicher

---

Escershausen 1918-1933, erarbeitet und zusammengestellt von Jutta Henze und Andreas Reuschel, Horb am Neckar 2006. Eine Kuriosität: In dem Band `Escershausen in den 60er Jahren´, erarbeitet und zusammengestellt von Dr. Andreas Reuschel, Horb am Neckar 2013, 50, befindet sich ein Foto, das mich als Kind mit meinen Eltern in der örtlichen Badeanstalt zeigt. Es war viele Jahre als Postkarte erhältlich!

[16] Zur Vita siehe `Who is Who´ bei Klaus Mann.

[17] So Rudolf Augstein, in: DER SPIEGEL 15/1989, Mantel. Vgl. dazu auch seinen Artikel `Der Terror als Staatsdoktrin´, im selben SPIEGEL, 124-148, sowie im darauffolgenden Heft, in dem sich der SPIEGEL-Herausgeber dem Mann widmet, „der die zivilisierte Welt geschädigt hat wie kein anderer vor ihm und, bislang, nach ihm" (125).

[18] Der Österreicher Hitler war 1932 im Alter von 43 Jahren deutscher Staatsbürger geworden, um bei den Reichspräsidentschaftswahlen kandidieren zu können. Deshalb empfahl Werner Küchenthal (1882-1976), Ministerpräsident des Freistaats Braunschweig, in dem die NSDAP schon 1930 an die Macht gelangt war, dass Hitler ein Amt als kommissarischer Bürgermeister von Stadtoldendorf erhalten sollte, wobei er dann aber eine Planstelle als Regierungsrat an der Braunschweigischen Gesandtschaft in Berlin erhielt und auf diesem Wege eingebürgert wurde, vgl. weiterführend den Artikel Stadtoldendorf, in: http://de.wikipedia.org/wiki/Stadtoldendorf und im TAH v. 24.7.2010: http://www.tah.de/adolfhitlerbeinahebrgermei.html (aufgerufen am 14.3.2015).

zum Regierungsrat ernannte und ihn dadurch einbürgerte, wurde Hitler nicht Bürgermeister von Stadtoldendorf![19]

Ich vermute, im Umgang und in der Verarbeitung der Schrecken des nationalsozialistischen Terrorregimes und in der Kultur des Schweigens in der bundesrepublikanischen Gesellschaft noch Anfang der achtziger Jahre[20] liegen die

---

[19] Vgl. Carl-Hans Hauptmeyer, Geschichte, a. a. O., 107. Hauptmeyer geht auf die Geschichte, die Stadtoldendorf mit Hitler hatte, nicht ausführlich ein. Er berichtet aber von der großen Resonanz, die der Nationalsozialismus in der protestantisch geprägten, ländlich-kleinstädtischen niedersächsischen Provinz vor allem bei weiten Teilen der Landbevölkerung und bäuerlichen Organisationen fand und schreibt, „dass die NSDAP in vielen Dörfern des Braunschweiger Landes Fuß fassen konnte" (ebda.). Vgl. dazu auch die informative Broschüre von Bernhard Gelderblom, Die Reichserntedankfeste auf dem Bückeberg 1933-1937, Hameln 1998, 4-63: Hitler, pseudoreligiös überhöht und grenzenlos umjubelt, sprach zwischen 1933 und 1937 regelmäßig auf dem Bückeberg bei Hameln, diesem Wallfahrtsort des Nationalsozialismus, auf einer propagandistisch inszenierten Massenkundgebung mit bis zu 1,3 Millionen (!) Teilnehmerinnen und Teilnehmern. Das Bückebergfest gehörte neben den Reichsparteitagen in Nürnberg und dem Tag der Deutschen Arbeit in Berlin zu den Orten, die im Jahreskreislauf der Nazi-Diktatur herausragten und die Festdramaturgie bestimmten (vgl. dazu auch Bernhard Gelderbloms Vortrag über die `Reichserntedankfeste´ in: TAH v. 20.11.2001). Meine Mutter Lilli Müller erzählte mir, dass ihre Mutter Hermine Lohmann (1896-1969) wie viele andere Mitte der 1930er-Jahre zum Bückeberg gepilgert war und von der dortigen nationalsozialistischen Masseninszenierung beeindruckt zurückkam: http://www.youtube.com/watch?v=vpLOPn_pxuk (aufgerufen am 14.3.2015).

[20] Heute sind viele Infos über diese Zeit in Südniedersachsen (das sind die Landkreise Göttingen, Holzminden, Northeim und Osterode) leicht zugänglich unter: http://www.erinnernsuedniedersachsen.de/index.html (aufgerufen am 15.3.2015)

Ursachen für mein persönliches Interesse an der Zeit des Nationalsozialismus und für meine Abneigung gegen jegliche Form totalitärer Strukturen: Mich interessierte herauszubekommen, wie das Leben in der nationalsozialistischen Diktatur funktionierte, welche Mechanismen zum Zuge kamen, wer wie und warum die Zeichen der Zeit erkannte und wer nicht, wer das System unterstützte und in ihm Karriere machte, wer wie das Land verlassen konnte und wer sich zum Widerstand gegen die Diktatur entschlossen hatte.

Klaus Mann war einer der ersten, der mir als Jugendlichem auf der Suche nach Antworten auf meine Fragen authentisch begegnete. Was ich von ihm las, war etwas vollkommen anderes als das, was ich in der Schule über den Nationalsozialismus erfuhr. Schon bald war ich von dieser exzeptionellen Persönlichkeit in einem Umfeld bedeutender Persönlichkeiten fasziniert. Ich lernte über die Literatur jemanden kennen, der die Gefahr für Leib und Leben erkannt, das Land rechtzeitig verlassen und dann dem Nationalsozialismus nach seinen Möglichkeiten Widerstand geleistet hatte. Als beeindruckend empfand ich die Weitsicht Klaus Manns, auch seiner Schwester Erika Mann-Auden, und den Individualismus, den er vertrat – das in einer Zeit, in der in Deutschland ´Gemeinschaft´ um jeden Preis gefordert und im Gleichschritt nicht nur marschiert, sondern mehrheitlich auch gedacht wurde. Warum hatten nicht andere ähnlich wie Klaus Mann gehandelt? Seine Sprache, der literarische Stil, den er pflegte, die Beschreibungen des Alltags im Hause Mann und die Erzählungen von bedeutenden Personen der modernen Geistesgeschichte, die den literarischen Außenseiter umgaben, samt seiner Schärfe der Systemanalyse gefielen mir und waren eine Antwort auf meine kritischen Fragen in jungen Jahren. Indem ich mich weiter mit dem Leben und Werk Klaus Manns beschäftigte, erfuhr ich auch viel vom historischen Kontext der Zeit, in der er lebte. Von seiner selbstzerstörerischen Drogensucht und seinen schlimmen Depressionen ahnte ich damals noch nichts – auch nicht, wie viel Raum das Thema Homosexualität in seinem Werk einnahm. Mich interessierte dieses Thema, das genau genommen Klaus Manns Lebensthema war, nicht; mir hatte es vielmehr der Schriftsteller angetan – der hellsichtige Kämpfer gegen den Faschismus, der unangepasste Freigeist, der freiheitlich denkende Individualist. Leben und Werk seines Vaters Thomas Manns, des Meisters der Ironie und des literarischen Manierismus, sowie dessen gebrochene Bürgerlichkeit, verbunden mit dem Morbid-Dekadenten seiner Familie[21], fand ich damals genauso wenig spannend wie heute – da waren Leben und Werk des unbürgerlichen Bertolt Brecht in meiner Sturm-und-Drang-Zeit schon faszinierender als die des bürgerlichen Thomas Mann.

Nach Klaus und Thomas Mann lernte ich noch die anderen Mitglieder der Familie Mann aus der Literatur kennen.[22] Insbesondere Heinrich Mann las ich gerne und veröffentlichte schließlich Jahre später als Frucht literarischer Auseinandersetzung einen Essay zu dessen Leben und Werk[23] – weit vor der Renaissance der Familie Mann im Fernsehen und im Kino. Bereichernd war es für mich, Frido Mann, den sog. Lieblingsenkel Thomas Manns[24], im Jahr 2009 persönlich kennenzulernen. Er hatte Klaus Mann als seinen geistesverwandten Lieblingsonkel

---

[21] DER SPIEGEL bezeichnete anlässlich der Ausstrahlung des TV-Films `Die Manns´ die Familie von Hitlers berühmten Gegenspielern als „Die Windsors der Deutschen", in: DER SPIEGEL 51/2001, 174-196, Zitat auf 174.

[22] Vgl. dazu online: https://buddenbrookhaus.de/file/stb_fam_mann.pdf (aufgerufen am 15.3.2015).

[23] Vgl. Thomas O. H. Kaiser, Heinrich Mann. Auf den Spuren eines vergessenen Schriftstellers, in: Horst Lickert (Hg.), Grenzgänge. Festgabe für Hans Geißer, Zürich 2003, 267-284.

[24] Thomas Mann setzte dem Kind seines jüngsten Sohnes Michael in Gestalt des Nepomuk Schneidewind (`Echo´) in seinem Roman `Dr. Faustus´ ein literarisches Denkmal. Allerdings ließ er ihn sterben...

bezeichnet.[25] Geduldig und freundlich beantwortete er anlässlich einer Lesung aus seinem Roman `Achterbahn´[26] in der Kadelburger Bergkirche in einer offenen Gesprächsatmosphäre vor einem interessierten Publikum Fragen zu seinem Leben und zu dem seiner Familie.[27] Mich

---

[25] Ähnliches hatte er schon früher gesagt, als er von der Seelenverwandtschaft – von gewissen Ähnlichkeiten im Denken und Fühlen – mit seinem verstorbenen Onkel ausging und die Bedeutung erkannte, die dieser für ihn gehabt hatte, vgl. Frido Mann, Professor Parsifal. Autobiographischer Roman, München 1985, bes. 185.

[26] Vgl. Frido Mann, Achterbahn. Ein Lebensweg, Reinbek 2008. In seinem Buch beschreibt Frido Mann die Schattenseiten der Familie Mann (in der es Depression, Migräne, Magenleiden, Selbstzweifel, Todessehnsucht und Suizid gab), auf die sich auch Andrea Wüstner in ihrem Buch mit dem Titel „Ich war immer verärgert, wenn ich ein Mädchen bekam". Die Eltern Katia und Thomas Mann, München-Zürich 2010, konzentriert (vgl. dazu die Rezension von Susanne Mayer, Sonntags empfing Mama, in: DIE ZEIT v. 29.4.2010).

[27] Vgl. SÜDKURIER v. 11.3.2009. Dabei ging es auch um die Bedeutung der Religion im Hause Mann. Der promovierte katholische Theologe und emeritierte Professor für Psychologie, Dr. Frido Mann, der aus Protest gegen die Politik von Papst Benedikt XVI. gegenüber dem Holocaust-Leugner Richard Williamson 2009 aus der katholischen Kirche ausgetreten war, rief bei seiner Bergkirchen-Lesung den Anwesenden in Erinnerung, dass Thomas Mann mitsamt seiner Familie in den USA dem Unitarismus und der unitarischen Kirche Amerikas zugeneigt war – also jener undogmatischen Form des Protestantismus, die besonders Vernunft und Ethik als konstitutiv für den Glauben und das Handeln der Kirche betont. In seinem Tagebuch hatte sich Thomas Mann zum religionsübergreifenden Gott bekannt: „Es ist einerlei. Christentum, Buddhismus, Islam, Hinduismus, Shintoismus und wie die Bekenntnisse heißen, sie werden eins werden in der Andacht vor dem Geheimnis der menschlichen Existenz, in der religiösen Aufgabe, nach Menschenvermögen die Kluft aufzuheben zwischen Wahrheit und Wirklichkeit, in der universalen Verpflichtung zu einem anständigen Benehmen vor Gott" (Thomas Mann, Tagebücher 1949-1950, hg. v. Inge Jens, FfM 1991, 2003, 707f.). Zur Bedeutung der Religion bei Thomas Mann vgl. weiter Niklaus Pe-

überraschte, wie schnell Frido Mann, ganz ähnlich Klaus Mann, dachte und sprach und auch satzmelodisch der Stimme seines Onkels sehr nahekam.[28]

Mit der Zeit musste ich feststellen, dass die Ausführungen zu Klaus Mann viel länger wurden, als ich zu Beginn meiner Beschäftigung mit dem Thema eigentlich beabsichtigt hatte. Ich hatte unterschätzt, dass ich mich mit einem literarischen *Tycoon* des 20. Jahrhunderts auseinandersetzte, dessen Werk heute ca. 9000 Druckseiten umfasst – von 1924 bis 1949 veröffentlichte Klaus Mann durchschnittlich jedes Jahr ein Buch und alle zwei Wochen einen Artikel – und

---

ter/Thomas Sprecher, Der ungläubige Thomas. Zur Religion in Thomas Manns Romanen, FfM 2012 (mit einem umfassenden Literaturverzeichnis zum Thema auf 195-228); Ada Kadelbach/Christoph Schwöbel, Thomas Mann und seine Kirche. Zwei Vorträge, herausgegeben vom Kirchenamt der Evangelischen Kirche in Deutschland (EKD, Texte Nr. 70), Hannover 2002, und Heinrich Detering, Thomas Manns amerikanische Religion. Theologie, Politik und Literatur im kalifornischen Exil. Mit einem Essay von Frido Mann, FfM 2012. Frido Mann äußerte sich später noch einmal ausführlich zur Religion, indem er der Frage nachging, welchen Beitrag Religion, Naturwissenschaft und Kultur zur Beantwortung von Sinnfragen leisten konnten, und die These aufstellte, dass die Religion weit hinter ihren Möglichkeiten zurückbleibt, vgl. Frido Mann, Das Versagen der Religion. Betrachtungen eines Gläubigen, München 2013.

[28] Es gibt von vielen Mitgliedern der Familie Mann einige Bild- und Tonaufnahmen, beispielsweise die, in der Klaus Mann von seinen Erlebnissen in der Army und in München berichtet: https://www.youtube.com/watch?v=MsvO9I4uoh0&spfreload=10 (aufgerufen am 14.3.2015).

das in Gänze bis jetzt noch immer nicht ganz erfasst ist: Bis 2010 waren beispielsweise seine Tagebücher, eine Art „Röntgenaufnahme seines Außen- und Innenlebens"[29] für die Öffentlichkeit gesperrt[30] und noch immer scheint es unveröf-

---

[29] Rong Yang, Ich kann das Leben einfach nicht mehr ertragen. Studien zu den Tagebüchern von Klaus Mann 1931-1949 (diss. phil.), Marburg 1996, 50.

[30] Vgl. Klaus Mann, Tagebücher, 6 Bände, hg. v. Joachim Heimannsberg, Peter Laemmle und Wilfried F. Schoeller, München 1989, ²1989-1991. Ich zitiere im Folgenden nach dieser Ausgabe unter Verwendung des Kürzels ˋKMTˊ. Die Tatsache, dass Klaus Mann Tagebuch geführt hatte, war geheim und gelangte erst 1989 ans Licht der Öffentlichkeit (vgl. DER SPIEGEL 17/1989, 200). Insgesamt gibt es einundzwanzig Hefte aus dem Nachlass – größtenteils ca. 200seitige Schulhefte mit Wachstucheinband, ab 1945 auch kleinformatige Kalenderbücher mit insgesamt 3200 Seiten schwer zu entziffernden handschriftlichen Noten. In seinen Tagebüchern hielt Klaus Mann vom 9. Oktober 1931 bis zu seinem Tod 1949 – fast lückenlos – spontan, direkt, aufrichtig und ungefiltert fest, was ihn bewegte und wie sein Alltag aussah: Friseur- und Restaurantbesuche, Empfindungen über Sexualität und Drogen, über die aktuelle Politik, die Beziehung zu seinem Vater, Geldnot, Todessehnsucht (KMT, 1931-1933, 38, Eintrag v. 8.2.1932), Kinobesuche, Lektürenotizen, Peinliches (KMT 1931-1933, 58, Eintrag v. 21.4.1932) und vieles mehr. Im Schreiben sah Klaus Mann eine „natürliche Beschäftigung" (KMT 1938-1939, 56, Eintrag v. 3.8.1938), es bot „Erleichterung" (KMT 1931-1933, 133, Eintrag v. 4.5.1933) und den „einzigen Trost" (KMT 1938-1939, 117, Eintrag v. 5.7.1939). Die Tagebücher dienten ihm als Erinnerungsstütze und waren wichtig für die Gestaltung seiner Romanfiguren. Sie waren ihm hilfreich bei der Bewältigung persönlicher Probleme und bei der Überwindung seiner Einsamkeit (vgl. KMT 1934-1935, 59, Eintrag v. 31.8.1934). Ab 1942 schrieb er sein Tagebuch ausschließlich auf Englisch; bei emotionalen und intimen Stellen wechselte er ins Französische. Auf Fritz Landshoff, Klaus Manns brüderlichen Freund, ging die Anregung zurück, die Tagebücher zu veröffentlichen; es kam aber nicht zur Realisation der Idee, weil Martin Gregor-Dellin, der damit betraut werden sollte, und Landshoff selbst 1988 kurz hintereinander verstarben. Die Bücher wurden schließlich von dem Verleger Eberhard Spangenberg 1988ff. in Auswahl publiziert. Golo Mann gab sie

fentlichte Korrespondenz zu geben. Immer wieder tauchen beispielsweise unversehens Briefe aus dem Kreise der Familie Mann auf.[31]

So entstand dieses Buch, an dem ich in unregelmäßigen Abständen von 2005 bis 2015 gearbeitet habe. Eine große Hilfe zum Verständnis von Klaus Manns Leben und Werk waren mir in dieser Zeit die einschlägigen Publikationen von Uwe Naumann[32] und Fredric Kroll[33]. Sie haben

---

nach einigem Zögern zur Veröffentlichung frei, verlangte aber zuvor, dass Kürzungen vorgenommen werden mussten. Eine Gesamtausgabe in der Form, von der Klaus Mann geträumt hat (vgl. KMT 1936-1937, 118, Eintrag v. 23.3.1937) – acht Bände, pro Band ca. 600 Seiten –, ist bis heute nicht realisiert worden. Seine Zusammenstellung findet man bei F. Kroll (Hg.), KMS 4/2, Hamburg 2006, 848. Die Gattung des Tagebuchs ist bei Schriftstellern eine pseudointime Form, da die Einträge – wie auch in Klaus Manns Fall – in der Regel veröffentlicht werden. Inzwischen sind alle Tagebücher Klaus Manns online einsehbar: http://monacensia-dev.visuallibrary.de/content/titleinfo/13073 (aufgerufen am 15.3.2015).

[31] Ich denke an den Fund von Postkarten Thomas Manns an seinen Bruder Heinrich in Lübeck aus den Jahren 1902-1928, die sich im Nachlass von dessen Tochter Leonie fanden (vgl. FAZ v. 23.11.2012) oder an die dreizehn Kisten mit ca. dreitausend Briefen aus Familienbesitz, vor allem mit Korrespondenz Katia Manns, die plötzlich im Zürcher Thomas-Mann-Archiv an der ETH auftauchten (vgl. FAZ v. 30.8.2013).

[32] Uwe Naumann (geb. 1951), Lektor des Rowohlt-Verlags, hat anlässlich der Wiederkehr des 100. Geburtsags und des 50. Todestages von Klaus Mann mehrere Bildbände und Biografien vorgelegt, vgl. Uwe Naumann, Klaus Mann. Monographie (rororo 332), Reinbek bei Hamburg 2006 (in der 10. Auflage von Uwe Naumanns Klaus-Mann-Biografie wurde lediglich ein Foto von André Gide auf S. 115 ausgetauscht und das Literaturverzeichnis aktualisiert, ansonsten ist sie im Wesentlichen mit der Auflage von 1991 identisch); Uwe Naumann (Hg.), `Ruhe gibt es nicht, bis zum Schluss´. Klaus Mann (1906-1949). Bilder und Dokumen-

die Schriften Klaus Manns sowohl in den 1990er-Jahren als auch anlässlich der Wiederkehr seines 100. Geburtstages im Jahr 2006 sehr gut aufbereitet. Auch die Arbeiten von Nicole Schaenzler[34] und Armin Strohmeyr[35] waren für mich weiterführend. Dank Internet kam ich schnell an Informationen über Zeitgenossinnen

---

te, Reinbek 1999, ²2001, und Uwe Naumann, Ruhe gibt es nicht. Zum 100. Geburtstag von Klaus Mann, in: DIE ZEIT v. 16.11.2006, 52.

[33] Vgl. F. Kroll (Hg.), Klaus Mann-Schriftenreihe, je nach Zählweise – Band 4 ist zweigeteilt – sechs oder sieben Bände, begonnen in der Edition Blahak, jetzt vollständig im Männerschwarm Verlag, Hamburg 2006. Ich kürze die Edition in diesem Buch mit `KMS´ ab. Der US-amerikanische Komponist und Germanist Fredric Kroll (geb. 1945), der seit 1969 in der Bundesrepublik Deutschland lebt und 1973 über Klaus Mann promoviert hat, wohnt in Freiburg und zeitweise in Brasilien. Er gilt als einer der führenden Klaus-Mann-Experten. Mit seiner umfangreichen Arbeit begann er 1976 und konnte sie dreißig Jahre später pünktlich zum 100. Geburtstag Klaus Manns 2006 abschließen. Auf ca. 3000 Seiten rekonstruiert er detailliert Klaus Manns Leben und Werk. Man hat allerdings bei der Lektüre hin und wieder den Eindruck, dass Kroll es manchmal an der nötigen kritischen Distanz zu Klaus Mann fehlen lässt. Vgl. weiterführend Detlef Grumbach (Hg.), Treffpunkt im Unendlichen. Fredric Kroll – Ein Leben für Klaus Mann, Hamburg 2015.

[34] Vgl. dazu Nicole Schaenzler, Klaus Mann. Eine Biographie, FfM-New York 1999 (umfassendes Quellen- und Literaturverzeichnis auf 442-457), und Nicole Schaenzler, Klaus Mann. Die Biographie, Berlin ²2006 (Quellen- und Literaturverzeichnis auf 578-600). Bei Nicole Schaenzlers Buch, das gebunden und als Taschenbuch vorliegt und dabei unterschiedliche Titel trägt, handelt es sich um „die bislang umfangreichste biographische Studie" zu Klaus Mann [so der Tagesspiegel, Einbandtext des Taschenbuches, Berlin ²2006, nach dem im Folgenden zitiert wird]).

[35] Vgl. vor allem Armin Strohmeyr, Klaus Mann, München 2000; ders., Klaus und Erika Mann. Les enfants terribles, Reinbek 2000; ders., Klaus und Erika Mann. Eine Biografie, Leipzig 2004; ders., Traum und Trauma. Der androgyne Geschwisterkomplex im Werk Klaus Manns, Augsburg 1997.

und Zeitgenossen Klaus Manns, an die zu gelangen vor knapp dreißig Jahren in Eschershausen, wo es nur eine spärlich ausgestattete kirchliche Bibliothek und eine kleine Buchhandlung gab, mir als einem literarisch interessierten Jugendlichen unmöglich gewesen wäre.[36] Da ich manchmal einfach, oft aber mühsam die politischen, zeitgeschichtlichen und biografischen Zusammenhänge recherchieren musste, habe ich einen ausführlichen Anmerkungsapparat beigefügt, durch den Leserin und Leser bei der Lektüre das Verstehen der komplexen Zusammenhänge erleichtert werden soll. Im Literaturverzeichnis sind die Bücher, auf die in den Fußnoten verwiesen wird, leicht auffindbar. Wei-

---

[36] Vgl. z. B. anlässlich des 100. Geburtstages exemplarisch Heribert Hoven, Lebenskünstler mit Hang zum Tod – Klaus Mann zum hundertsten Geburtstag, online zugänglich über: http://www.literaturkritik.de/public/rezension.php?rez_id=10117&ausgabe =200611 (aufgerufen am 15.3.2015). Eine Zusammenstellung von SPIEGEL-Artikeln über die Manns findet man unter: http://www.spiegel.de/thema/klaus_mann/. Eine Internetlink-Sammlung zu Klaus Mann findet man in der FU Berlin, online zugänglich unter: http://www.ub.fu-ber-lin.de/service_neu/internetquellen/fachinformation/germanistik/autoren/autorm/kmann.html. Besonders informativ sind folgende Links: http://www.br-online.de/bayern2/die-kinder-der-manns-DID1188596732/kinder-der-manns-klaus-mann-tragisch-ID661188596704.xml; www.thomasmann.de/thomasmann/leben/seine_kinder/klaus/231191; www.rowohlt.de/autor/3016 (aufgerufen am 19.3.2015).

tere Bücher, die Eingang ins Buch gefunden haben, sind dort ebenfalls erwähnt.[37]

Ich hoffe, dass der vorliegende Beitrag zu Klaus Mann über Auskunft gibt: jenen unbequemen Individualisten, dem Freiheit lieber war als Sicherheit, der nicht mitmachte, als viele mitmachten, und der wie viele seiner Zeitgenossinnen und Zeitgenossen an den Umständen seiner Zeit gescheitert ist. Ich wünsche mir, dass meine Darstellung von Leben und Werk Klaus Manns ein Stück weit dazu beiträgt, für die Nachgeborenen die Zeit der Nazi-Diktatur und des Zweiten Weltkriegs, die für viele in Deutschland so einschneidend war und die bis heute in den Familien nachwirkt, verständlicher zu machen und das Bewusstsein dafür wach zu halten, dass so etwas nie wieder geschehen darf – weder in Deutschland noch irgendwo sonst auf der Welt!

Klaus Mann – das ist seine Geschichte!

---

[37] Natürlich war für mich vorab ein Blick ins Internetlexikon Wikipedia unverzichtbar, da es meist auf dem aktuellen Stand ist: http://de.wikipedia.org/wiki/Klaus_Mann. Lohnend war auch ein Blick auf LEMO: https://www.dhm.de/lemo/biografie/klaus-mann.html (beide Links aufgerufen am 19.3.2015).

Einleitung

„Er war homosexuell. Er war süchtig. Er war der Sohn Thomas Manns. Also war er dreifach geschlagen."[38] So beginnt der berühmte Essay von `Literaturpapst´ Marcel Reich-Ranicki über den Schriftsteller Klaus Mann. Der Romancier Thomas Mann, für viele `der Goethe des Zwanzigsten Jahrhunderts´, ließ nach dem Tod seines ältesten Sohnes 1949 verlautbaren, dass er ihn, den erfolgreich zweisprachig fleißig Publizierenden, „zu den Begabtesten seiner Generation"[39] rechnete. Das ist nun über sechzig Jahre her. Eine erstaunliche Rezeption setzte in den fünfziger und sechziger Jahren ein, gefolgt von einer Renaissance seiner Werke in den achtzi-

---

[38] Marcel Reich-Ranicki, Thomas Mann und die Seinen, FfM 1990, 12. Auflage 2002, 192-221, bes. 202. Dieser Teil des Essays von 1976 erschien in der FAZ unter dem Titel `Schwermut und Schminke´.
[39] Thomas Mann, Vorwort, in: Klaus Mann zum Gedächtnis, Hamburg 2003, 7-11, Zitat auf 10. Die Originalausgabe, eine Sammlung von Nachrufen, erschien im Querido-Verlag in Amsterdam im Jahr 1950. Ich zitiere nach der Neuausgabe von 2003. Bemerkenswerterweise gab Erika Mann damals das Gedenkbuch für ihren Bruder mit Beiträgen von 33 prominenten Zeitgenossen anlässlich seines Todes heraus, trat aber nicht als Herausgeberin in Erscheinung. Der Tod von Klaus Mann erschütterte damals die literarische Welt, die vom Krieg übrig gelassen worden war. Vgl. dazu auch das Interview von Marcel Reich-Ranicki (1920-2013) mit Peter Voß (geb. 1941) auf YouTube: https://www.youtube.com/watch?v=XyzalJybfk4 (aufgerufen am 13.3.2015).

ger und neunziger Jahren. 2015 jedoch scheint Klaus Mann in Vergessenheit geraten zu sein. Die Wiederkehr seines sechzigsten Todestages vor ein paar Jahren ist angesichts der Größe des Werkes[40] und der Würdigung anderer berühmter Antifaschisten oder von Mitgliedern der Familie Mann[41] verhältnismäßig unbeachtet ge-

---

[40] 1963 kamen die Werke Klaus Manns bei der Nymphenburger Verlagshandlung in München heraus und wurden von Martin Gregor-Dellin (1926-1988) herausgegeben; seit 1974 erschienen sie in der `edition spangenberg´ im Münchner Ellermann-Verlag. Deren Inhaber Eberhard Spangenberg verwaltet die Rechte an den Nachlässen von Klaus und Erika Mann. Klaus Manns Nachlass befindet sich in der Handschriftenabteilung der Münchner Staatsbibliothek, die zusammen mit der Monacensia-Abteilung in der Maria-Theresia-Str. 23, 81675 München, dem Hildebrandhaus, lokalisiert ist (Tel: 089-41947217). Klaus Manns Texte und Dokumente sind auch über die nationale Nachlass-Datenbank zugänglich: http://www.kalliope-portal.de/ (aufgerufen am 17.3.2015). Ein umfangreiches Werkverzeichnis veröffentlichter und unveröffentlichter Schriften Klaus Manns befindet sich in: F. Kroll (Hg.), KMS (Edition Klaus Blahak), 6 Bände, Wiesbaden 1976-2006, Bd. 1, 23-185). Zum Werkverzeichnis vgl. auch die Bibliografien von Michael Grunewald, Klaus Mann 1906-1949, München 1984, und Nicolai Riedel, Klaus Mann, in: Heinz Ludwig Arnold (Hg.), Klaus Mann (Text+Kritik 93/94), München ²1996, 132-139.
[41] Vgl. Uwe Naumann (Hg.), Die Kinder der Manns. Ein Familienalbum, in Zusammenarbeit mit Astrid Roffmann, Reinbek 2005, ²2006. Uwe Naumann geht davon aus, dass „die Familie Mann inzwischen der wohl meistbeschriebene und bestdokumentierte Clan der deutschen Kulturgeschichte" ist (U. Naumann [Hg.], Die Kinder der Manns, a. a. O., Einleitung, 13). Er „unternimmt den Versuch, alle sechs Kinder von Katia und Thomas Mann zu porträtieren. Eine solche kollektive Biographie der Mann-Kinder hat es bisher nicht gegeben" (ebda., 14). Das Familienalbum fängt an mit der Geburt Erika Manns und endet mit dem Tod Elisabeth Mann Borgeses; es umspannt die Zeit der Weimarer Republik, der Emigration und der Nachkriegszeit bis zur Gegenwart.

blieben[42] – trotz einer im Literaturbetrieb ge-
betsmühlenartig postulierten Konjunktur dieser
aus Schriftstellerinnen und Dichtern bestehenden Familie[43] sowie einer unverkennbaren Renaissance Mann´scher Verfilmungen im Kino[44].
Wer also war eigentlich der älteste Sohn des
berühmten Literaturnobelpreisträgers und „per-
sonifizierten Leistungsethos"[45] und seiner Frau,

---

[42] Das hatte angesichts des einhundertsten Geburtstagsjubiläums oder
der fünfzigsten Wiederkehr seines Todestages 1999 noch anders aus-
gesehen. Damals erschienen mehrere Publikationen zu Leben und Werk
Klaus Manns.
[43] Vgl. Inge Jens, Nachwort zu: Monika Mann, Vergangenes und Gegenwärtiges. Erinnerungen. Ergänzte Ausgabe (zuerst München 1956),
Reinbek bei Hamburg ²2002, 125-140, bes. 125. Auf dem Buchmarkt
sind einige Bücher von Mitgliedern der Familie Mann erhältlich. Eine
repräsentative Auswahl von Texten Julia, Viktor, Heinrich, Thomas,
Katia, Erika, Klaus Golo, Monika, Elisabeth, Michael und Frido Manns ist
versammelt in: Barbara Hoffmeister (Hg.), Familie Mann. Ein Lesebuch,
Reinbek 1999, 2003. Dort findet man auch den Stammbaum der Manns
(458f.). Ich habe am Schluss des vorliegenden Buches zum besseren
Verständnis der Zusammenhänge Biografien von Mitgliedern der Familie
Mann und weiterer Personen, die im Leben Klaus Manns eine Rolle
gespielt haben, in Form eines `Who is Who´ erstellt.
[44] Den Anfang dazu machte Heinrich Breloer mit seiner Verfilmung der
Familie Mann, vgl. dazu das zum Film erschienene bilderreiche Buch
von Heinrich Breloer/Horst Königstein, Die Manns. Ein Jahrhundertroman, Frankfurt am Main 2001, ²2003. Weihnachten 2008 kam als jüngste
Neuverfilmung, ebenfalls unter der Regie von Heinrich Breloer, `Die
Buddenbrooks´ in die Kinos, vgl. dazu Thomas Manns `Buddenbrooks´.
Ein Filmbuch von Heinrich Breloer, FfM 2008, und Hans Wißkirchen
(Hg.), Die Welt der Buddenbrooks, FfM 2008; sowie www.buddenbrooks-
derfilm.de (aufgerufen am 17.3.2015). Frido Mann hat an Heinrich Breloers `Die Manns´ kritisiert, dass es dem Filmemacher anscheinend weni-
ger um die Darstellung der Schriftsteller- als vielmehr um die der Skan-
dalfamilie gegangen zu sein scheint.
[45] Vgl. F. Kroll (Hg.), KMS 6, a. a. O., 418.

das *enfant terrible*[46] und dreifach geschlagene Kind seiner Zeit? Was macht sein Werk aus? Was sind die Umstände seiner Entstehung? Und: Was hat der Dichter und Schriftsteller Klaus Mann – der mit vielen bedeutenden Literaten des 20. Jahrhunderts korrespondierte und aus der deutschen Literaturgeschichte nicht wegzudenken ist – uns heute noch zu sagen?

Beginnen wir mit dem Schluss[47], mit dem Tod: Klaus Mann, da sind sich die Gelehrten einig, setzte – vermutlich unfreiwillig – mit einer Überdosis Schlaftabletten am 21. Mai 1949 im südfranzösischen Cannes seinem Leben selbst ein Ende.[48]

---

[46] So lautet der Untertitel des Buches über die Mann-Geschwister, vgl. Armin Strohmeyr, Klaus und Erika Mann. Les enfants terribles, Berlin 2000.

[47] So beginnt auch die Biografie von Marianne Krüll, Im Netz der Zauberer. Eine andere Geschichte der Familie Mann, Zürich 1991, durchgesehene und ergänzte Neuausgabe FfM 2005, bes. 15-23.

[48] Marianne Krüll klagt in ihrem Buch die Eltern Klaus Manns im Nachhinein an, die Appelle ihres Sohnes überhört und ihn dem Verlassensein ausgesetzt zu haben. Sie sucht nach „Mustern im Familiennetz", die mit Klaus´ Tod zusammenhängen (Suizide vergangener Generationen – von denen es bekanntlich auffallend viele gab: Carla [1881-1910] und Julia [1877-1927], Schwestern Thomas Manns; Michael [1919-1977] und Klaus Mann [1906-1949], Söhne Thomas Manns; Nelly Mann, geb. Kröger [1898-1945], Schwägerin Thomas Manns; Erik Pringsheim (1879-1909], Schwager Thomas Manns –, Schuld, Verzweiflung, Hoffnungslosigkeit, Hass und Tod), vgl. Marianne Krüll, Im Netz der Zauberer, a. a. O., 11. Dabei geht sie von der Mitverantwortung des Vaters beim Tod des Sohnes aus, da deren Verhältnis sehr gespannt war (18). Auch Marcel Reich-Ranicki erwähnt diese Mitverantwortung am Tod seiner

Sein Vater Thomas Mann erfuhr vom Tod seines Sohnes auf telegrafischem Wege. Er befand sich zu diesem Zeitpunkt in Begleitung seiner Frau Katia und seiner 43jährigen Tochter Erika – zum zweiten Mal nach dem Krieg war er aus dem amerikanischen Exil nach Europa gereist, diesmal um den Goethepreis entgegenzunehmen – auf einer Vortragsreise in Stockholm. Sofort interpretierte er den Tod Klaus Manns als Suizid: „Bei der Ankunft im Hotel schwerster Chock. Telegramm, daß Klaus in der Klinik von

---

zwei suizidalen Söhne Klaus und Michael, da beide unter der „extremen Lieblosigkeit des Vaters gelitten" (Marcel Reich-Ranicki, Mein Leben, Stuttgart [2]1999, 512) hätten. Diese Position wird von der jüngsten Mann-Tochter, Elisabeth Mann Borgese, als absurde Annahme bestritten (vgl. Kerstin Holzer, Elisabeth Mann Borgese. Ein Lebensporträt, FfM 2003, [4]2004, 134 und 218). Ihr schließt sich Hans Wißkirchen an und wehrt die Kritik ab, dass Thomas Mann für den Suizid seines Sohnes verantwortlich gewesen sein soll (vgl. Hans Wißkirchen, Die Familie Mann, a. a. O., 123). Golo Mann, der mit seinem Bruder Klaus in den vierziger Jahren über dessen Todessehnsucht gesprochen hatte, schrieb: „Eine Reihe heterogener Ursachen, Kummer über Politik und Gesellschaft, Geldnot, Mangel an Echo, Drogenmissbrauch, addieren sich, aber summieren sich nicht zu dem Ganzen, welches hier der Tod war. Die Neigung zum Tod war in ihm gewesen von Anfang an, er hatte nie alt werden können oder wollen, er war am Ende; günstigere Bedingungen im Moment hätten sein Leben verlängert. Jedoch nur um ein geringes Stück. Damit wird nichts erklärt; nur etwas festgestellt. Auch die These, er sei am Vater gescheitert, erklärt nichts. Gescheitert, nach einem kurzen, selten glücklichen, aber intensiven, auch schöpferischen Leben, ist diese Identität; welche bei einem anderen Vater allerdings eine andere gewesen wäre" (Golo Mann, Erinnerungen an meinen Bruder Klaus, in: Neue Rundschau 86, 1975, 399). Marianne Krüll äußert sich in einem lesenswerten Interview zu ihrem Bestseller und der Familie Mann, in: DER SPIEGEL 51/2001, 197.

Cannes in verzweifeltem Zustand liege. Bald darauf Telephonat von seiner u. Erikas Freundin dort: Mitteilung seines Todes. Langes Beisammensein in bitterem Leid. Mein Mitleid innerlich mit dem Mutterherzen und mit E[rika]. Er hätte es ihnen nicht antun dürfen. Die Handlung offenbar von ihm selbst unerwartet geschehen, mit Schlafkapseln, die er aus einer New Yorker Drogerie bezog. Sein Aufenthalt in Paris verhängnisvoll (Morphium). Viel über ihn und den von langer Hand unwiderstehlich wirkenden Todeszwang. Das Kränkende, Unschöne, Grausame, Rücksichts- und Verantwortungslose. Beratung auch über unsere Reisezukunft, ob alles abzubrechen und direkte Heimkehr geboten. In völliger Erschöpfung gegen 2 zu Bette."[49] Mutter,

---

[49] Marianne Krüll, Im Netz der Zauberer, a. a. O., 15. Bemerkenswerterweise schrieb Thomas Mann wenig über seine eigene persönliche Gemütsverfassung und existentielle Betroffenheit. Seit der Vermutung Thomas Manns gehen Klaus-Mann-Forscher von einem Suizid Klaus Manns aus. Dabei fällt auf, dass in der Sekundärliteratur zu Klaus Mann häufig von `Selbstmord´ und `Freitod´ Klaus Manns die Rede ist – verharmlosend, inflationär und unreflektiert: Den Anfang machte Erika Mann, die von „Selbstmord" und „Freitod" sprach (Erika Mann, Briefe und Antworten, Bd I: 1922-1950, hg. v. Anna Zanco Prestel, 259). Golo Mann äußerte sich ähnlich, kritisierte dabei aber seinen Vater: „So darf man gegenüber erwachsenen Selbstmördern nicht reden. Wenn sie es dann tun, dann tun sie es, weil sie es tun müssen, und dann tun sie es, weil sie es unter verzweifelten Umständen tun müssen" (Golo Mann, zit. nach H. Breloer/H. Königstein, Die Manns, a. a. O., 395). Marianne Krüll stellte ihr ganzes Kapitel unter die Überschrift „Klaus Manns Selbstmord" (Ma-

Vater und Schwester entschlossen sich dazu, ihre Reise nicht zu unterbrechen, um an der Beerdigung des ältesten Sohnes bzw. des ältesten Bruders teilzunehmen. Mutter und Schwester fuhren nicht nach Cannes, sondern begleiteten Thomas Mann weiter auf seiner Vortragsreise durch Skandinavien.[50] Auf diese Weise kam es,

---

rianne Krüll, Im Netz der Zauberer, a. a. O., 15) und sprach auch im Folgenden von „Selbstmord" (Marianne Krüll, Im Netz der Zauberer, a. a. O., 15. 22 u. ö.). Rong Yang vermischte „Freitod" (Rong Yang, Ich kann einfach, a. a. O., 7+10+11+27+187) und „Selbstmord" (Rong Yang, Ich kann einfach, a. a. O., 189+190) und sah Klaus Manns Lebensweg als „unabwendbaren Selbstzerstörungsprozeß" (Rong Yang, Ich kann einfach, a. a. O., 9). Hans Wißkirchen führte Klaus Manns jahrelange Sehnsucht nach dem Tod und die vorangegangenen Suizid-Versuche an. Er benutzte die Worte „Selbstmord", „Freitod" und „Suizid" (vgl. Hans Wißkirchen, Die Familie Mann, a. a. O., 123). Auch Frederic Kroll ging von `Selbstmord´ aus, als er schrieb. „Und es war und ist der Selbstmörder Klaus Mann, der mich am meisten interessiert" (F. Kroll [Hg.], KMS 1, a. a. O., 12). Bei Thomas Mann, der sein Leben lang selbst Schübe von Depressionen und Todessehnsüchten erlitten hat und von „völlig ernst gemeinten Selbstabschaffungsplänen" (Thomas Mann an Heinrich Mann, Brief v. 13.2.1901, in: Thomas Mann/Heinrich Mann, Briefwechsel, a. a. O., 19) sprach, hieß es später über Klaus Mann: „Er starb gewiß auf eigene Hand und nicht um als Opfer der Zeit zu posieren. Aber er war es in hohem Grade" (Thomas Mann, Vorwort, Klaus Mann zum Gedächtnis, a. a. O., 11). Einen sog. „Freitod", wie ihn Fredric Kroll annimmt (F. Kroll [Hg.], KMS 1, a. a. O., 19; die These vom `Freitod´ Klaus Manns taucht auch in aktueller Sekundärliteratur zu Thomas Mann, wie z. B. bei Albert von Schirnding, Die 101 wichtigsten Fragen: Thomas Mann, München 2008, 51, oder zu Erika Mann, wie z. B. im Wikipedia-Artikel zu Erika Mann, auf), also einen Tod aus freien Stücken, hat Klaus Mann meines Erachtens definitiv nicht verübt. Eher ist von einem Unfall auszugehen.

[50] Zwei Tage später hielt Thomas Mann in seinem Tagebuch fest: „Verschleierte Tage. Eri sehr traurig und leidend. K. gefasst. (...) Golo empfiehlt vernünftig Fortsetzung der Reise" (Thomas Mann, Tagebücher 1949-1950, hg. v. Inge Jens, 1949-1950, Eintrag v. 24.5.1949, 58).

dass von der Familie einzig und allein der Jüngste der Mann-Geschwister, Michael Mann, der eher zufällig in der Nähe war, es gerade rechtzeitig zur Beerdigung auf dem *Cimetiére du Grand Jas*, dem Friedhof von Cannes, schaffte und seinem verstorbenen Bruder am offenen Grab ein Largo[51] auf seiner Viola spielte – ein großer emotionaler Kraftakt und ein letzter Liebesdienst an dem verstorbenen älteren Bruder.[52]

Weitere Tagebuchzitate Thomas Manns befinden sich bei Klaus und Erika Mann, Bilder und Dokumente, München ²1991, 68.

[51] Das Largo stammte von Benedetto Marcello (1686-1739): Der italienische Barock-Komponist Benedetto Marcello – neben seinem Beruf als Jurist und Gouverneur der Republik Venedig in Pula/Kroatien sowie als Schatzmeister von Brescia tätig – komponierte, beeinflusst von Antonio Vivaldi (1678-1741) und Georg Philipp Telemann (1681-1767), zahlreiche Messen, Motetten, Oratorien, Kantaten, Psalmenvertonungen und Konzerte.

[52] Michael Mann hatte als Mitglied des San Francisco Orchestra Europa bereist. Heinrich Mann berichtete darüber in einem Brief: „Mit dem Trauergeleit erschien unerwartet sein jüngster Bruder, Michael. ... Über dem schon versenkten Sarg des Bruders spielte er ein Largo; dann ging man still auseinander" (Heinrich Mann, zit. nach Klaus Mann, Briefe und Antworten 1922-1949, hg. v. Martin Gregor-Dellin, Reinbek 1991, 799, Anm. 624). Vgl. dazu auch Nicole Schaenzler, Klaus Mann, a. a. O., 401 und 520. Klaus Mann hatte sich in seinem Tagebuch einst über seine Beerdigung geäußert: „Falls mir etwas zustoßen sollte, möchte ich ohne jede Zeremonie verbrannt werden – keine Reden, bitte! keine Musik! keine Blumen! keine Lügen! Ich habe keine Angst vor dem Leichenschauhaus, aber ich kann die Vorstellung kaum ertragen, in einem dieser behaglichen Beerdigungssalons ausgestellt zu sein. Ich bin sehr müde und traurig, aber ohne Bitterkeit. Ich bin sicher, dass die, die ich liebe, ihr Bestes getan haben, um mir zu helfen. Jeder Mensch bekommt genau so viel Trost und Zuneigung, wie er verdient *und möchte*. Ich glaube nicht, dass ich schlecht behandelt wurde. Ich kann einfach das Leben

So war also eine der zentralen Gestalten der antifaschistischen Publizistik gestorben: In 25 Jahren hatte Klaus Mann, dem das Schreiben anscheinend mühelos gelungen war, durchschnittlich jedes Jahr ein Buch[53] und alle zwei Wochen einen Artikel veröffentlicht. Er hatte zahlreiche Vorträge gehalten, zwei Zeitschriften herausgegeben, eine weit reichende Korrespondenz und jahrzehntelang akribisch Tagebuch geführt. Daneben war er viel und weit gereist. Mit den Jahren war aus einem juvenilen versnobten Dandy und „Bürgerschreck"[54] einer der ernsthaftesten und kompromisslosesten Gegner der nationalsozialistischen Barbarei in Deutschland geworden.[55]

Wie kam es dazu?

Klaus Mann hat zu seinem Leben selbst zweimal direkt Auskunft gegeben: in seiner Autobio-

---

nicht mehr ertragen. Gott möge mir meine sündige Schwäche vergeben" (KMT 1940-1943, 120, Eintrag v. 24.10.1942).

[53] Klaus Manns erstes Buch trug den Titel `Vor dem Leben´ und bestand aus acht Prosastücken, vgl. dazu weiterführend F. Kroll (Hg.), KMS 2, a. a. a. O., 112ff.

[54] F. Kroll (Hg.), KMS 5, a. a. O., 260.

[55] Klaus Mann verwandelte sich vom „kapriziösen Wunderkind zu dem verantwortungsbewussten Schriftsteller, dem sich den öffentlichen Fragen stellenden écrivain, dem Stellung beziehenden Moralisten, als der er in die Geschichte der deutschen und der übernationalen Literatur eingehen wird" (Herbert Schlüter, Der Freund, in: Klaus Mann zum Gedächtnis, a. a. O., 135-142, Zitat auf 137).

grafie `Kind dieser Zeit´[56] und in `Der Wende-
punkt´[57], wo die Literatur- und Kunstszene der

---

[56] Im Alter von 26 Jahren (!) veröffentlichte Klaus Mann seine erste
Autobiografie. In ihr schilderte er u. a. anekdotenreich das Familienleben
der Manns, vgl. Klaus Mann, Kind dieser Zeit. Autobiographie, Berlin
1932, München 1965. Diese und andere Werke von Klaus Mann trugen
ihren Teil dazu bei, dass das Leben der Familie Mann in München ideali-
siert wurde. Ich zitiere im Folgenden nach der mir vorliegenden Ausgabe
der Nymphenburger Verlagshandlung aus dem Jahr 1965. Das Buch
wurde in einer erweiterten Neuausgabe im Mai 1967 erneut aufgelegt.
Die zweite Auflage erschien, mit einem Nachwort von Uwe Naumann
versehen, im Rowohlt-Taschenbuchverlag im Oktober 2005.
[57] 1942, als er 36 Jahre alt war, erschien seine auf Englisch im amerikanischen Exil verfasste Autobiografie `The Turning Point. Thirty-Five
Years in this Century´ in New York. Der Titel bezog sich auf Klaus
Manns Meinung, jeder Mensch könne sich an bestimmten Lebenspunk-
ten entscheiden, seinem Leben eine bestimmte Wendung zu geben. Bei
ihm selbst bezog sich dieser Wendepunkt auf seine Verwandlung von
einem ästhetisch-versnobten Dichterkind zu einem politisch-literarischen
Intellektuellen. Auf Deutsch konnte er die erweiterte Version des Manuskripts im März 1949 noch abschließen; seine Veröffentlichung erlebte er
jedoch nicht mehr. Denn unter dem Titel `Der Wendepunkt. Ein Lebens-
bericht´, kam es erst 1952 (also drei Jahre nach seinem Tod!) durch
Intervention Thomas Manns bei dessen Verleger Gottfried Bermann
Fischer heraus. Seither ist das Buch unzählige Male gedruckt worden.
1984 kam `Der Wendepunkt. Ein Lebensbericht. Mit einem Nachwort von
Frido Mann´, bei Rowohlt in Reinbek heraus und erlebte mehrere Auflagen (1993, [17]2001 und [19]2007). 2006 gab F. Kroll anlässlich des 100.
Geburtstages Klaus Manns die letzte kommentierte Neuausgabe mit
Textvarianten und Entwürfen (895 Seiten) heraus, die all jene Ausgaben
korrigierte, die um der *political correctness* Willen der Korrektur und
Zensur Erika Manns und eines Lektors zum Opfer gefallen waren, vgl.
Klaus Mann, Der Wendepunkt. Ein Lebensbericht. Erweiterte Neuausgabe, mit Textvarianten und Entwürfen im Anhang herausgegeben und mit
einem Nachwort von F. Kroll (rororo 24409), Reinbek 2006. Zwischenzeitlich liegt auch eine von Ulrich Nöthen gelesene Hörbuchfassung des
`Wendepunkts´ mit Originalaufnahmen von Klaus Mann vor (13 CDs, Der
Hörverlag 2004). Ich zitiere im Folgenden nach der zum 75. Geburtstag
erschienenen Sonderedition: Klaus Mann, Der Wendepunkt. Ein Lebensbericht (Sonderausgabe zum 75. Geburtstag von Klaus Mann, mit
einem Vorwort von Frido Mann), München 1981.

Weimarer Republik[58] und das Leben der Intellektuellen im Exil während des Zweiten Weltkriegs beschrieben wird und die inzwischen als eine der schönsten Autobiografien eines ursprünglich deutschsprachigen Literaten gilt. Aber man erfährt auch viel über Klaus Mann durch seine anderen Werke. Denn Werk und Biografie werden von Mann eng miteinander verquickt, so dass der Eindruck entsteht, dass Klaus Mann „in seinen Romanen mehr von sich enthüllt (hat) als in seinen Autobiographien."[59] Von daher ergibt sich heute ein relativ geschlossenes Bild von seinem Leben und von seinem Werk.

---

[58] Die Weimarer Republik, die erste nationalstaatliche Demokratie auf deutschem Boden, trägt ihren Namen nach dem ersten Tagungsort der verfassunggebenden Nationalversammlung (vgl. DER SPIEGEL GESCHICHTE 5/2014, 20). Bemerkenswert ist, dass nur wenige Jahre später in der Goethestadt, von 1920 bis 1940 thüringische Landeshauptstadt und Stützpunkt der NS-Bewegung, die 1926 ihren Parteitag dort abgehalten hatte, doppelt so viele Wählerinnen und Wähler wie der thüringische Landesschnitt für die NSDAP votierten. Zur Geschichte der Weimarer Republik gibt es eine Menge an Fachliteratur, die an dieser Stelle nicht berücksichtigt werden kann. Um sich einen schnellen Überblick zu verschaffen, verweise ich gerne auf das kleine, aber feine Bändchen des Professors für Neuere Geschichte und Zeitgeschichte, Gunther Mai, Die Weimarer Republik, München 2009 (mit aktuellen Literaturhinweisen auf 131).
[59] Hermann Kesten, Klaus Mann, in: ders., Meine Freunde, die Poeten, München 1959, 411-422, Zitat auf 420.

1. Kindheit und Jugend

Geboren wird Klaus Heinrich Thomas Mann als zweites Kind des Schriftstellers Thomas Mann[60] am 18. November 1906 in der Franz-Joseph-Straße 2 in München-Schwabing in großbürgerlichen Verhältnissen.[61] Während sein Vater aus einer alteingesessenen Lübecker Senatoren- und Kaufmannsfamilie stammt, wächst Klaus Manns Mutter Katia, von Zeitgenossen als intelligente Schönheit beschrieben, als Tochter des Münchner Multimillionärs und Königlichen Universitätsprofessors für Mathematik, Alfred Pringsheim[62], gemeinsam mit vier Brüdern[63] in

---

[60] Die Sekundärliteratur zu Thomas Mann Leben und Werk ist Legion. Deshalb verzichte ich an dieser Stelle auf den Versuch ihrer Erfassung und verweise stattdessen auf die gegenwärtigen sieben maßgeblichen biografischen Werke im deutschsprachigen Raum: Klaus Harpprecht, Thomas Mann. Eine Biographie, Reinbek 1995; Ulrich Karthaus, Thomas Mann. Literaturwissen für Schule und Studium, Stuttgart 1994; Hermann Kurzke, Thomas Mann. Das Leben als Kunstwerk, München 2005; Peter de Mendelssohn, Der Zauberer. Das Leben des deutschen Schriftstellers Thomas Mann, FfM 1996; Donald A. Prater, Thomas Mann, Deutscher und Weltbürger. Eine Biographie, München-Wien 2003; Klaus Schröter, Thomas Mann mit Selbstzeugnissen und Bilddokumenten, Reinbek 2005, und Hans Wysling/Yvonne Schmidlin (Hg.), Thomas Mann. Ein Leben in Bildern, Zürich 1994, sowie hinsichtlich eines schnellen, guten Überblicks Hermann Kurzke, Thomas Mann. Ein Porträt für seine Leser, München 2009, 203-220. Nützliche Internetlinks habe ich im `Who is Who´ bei Klaus Mann aufgeführt.
[61] Vgl. U. Naumann (Hg.), `Ruhe gibt es nicht, bis zum Schluss´, a. a. O., 112f.
[62] Zur Vita siehe `Who is Who´ bei Klaus Mann.

einem herrschaftlichen Stadtpalais in München, einem der Mittelpunkte des gesellschaftlichen und kulturellen Lebens der Stadt, auf. Die Isarstadt ist zu dieser Zeit bekannt durch ihre liberale Atmosphäre; leben und leben lassen ist die Münchner Devise. Das Bild der Stadt ist geprägt durch Kutschen, die über das Kopfsteinpflaster klappern; nur wenige Autos fahren auf den Straßen.[64] Die Familie, in die Thomas Mann einheiratet, gehört zum aufgeklärten, öffentlich präsenten Großbürgertum Münchens. Die Frauen tragen lange, wallende, bodenlange Kleider, die Knöchel verdeckt, züchtig mit Korsetts geschnürt und die Haartracht üppig, bis zur Taille reichend; riesige Hüte lenken die Augen des Betrachters auf das Gesicht. Die Herren sind unterwegs mit Zylindern und Spazierstöcken; der modische Mann trägt Bart. Klaus Mann hat später über die Familie seines Großvaters geschrieben: „Die Pringsheims waren eine ungewöhnliche Familie, auffallend sogar in dem bunt gemischten Milieu der Münchener Gesellschaft

---

[63] Zur Vita siehe `Who is Who´ bei Klaus Mann.
[64] Vgl. den schönen Bildband von Jürgen Kolbe, Heller Zauber. Thomas Mann in München 1894-1933, hg. von der Münchner Rück, München 2001, 16-134.

vor dem Ersten Weltkrieg. Der Professor und seine Gattin stammten beide aus Berlin: Er, jüdischer Herkunft, Erbe eines großen Vermögens, das während der sogenannten ´Gründerjahre´ von seinem Vater im Schlesischen erworben worden war. Sie aus unbemitteltem, aber gesellschaftlich prominentem Hause. (...) Die Pringsheims waren unter den ersten, die sich in München ein Telephon und elektrisches Licht zulegten. Ihr Haus wurde bald zu einem Zentrum der intellektuellen und mondänen Welt."[65]
Katia Pringsheim, die nie eine öffentliche Schule von innen gesehen, sondern immer Privatunterricht erhalten hat, legt 1901 im Alter von 17 Jahren in München ihr Abitur ab. Damals ist sie die erste Abiturientin der bajuwarischen Metropole und eine der ersten Frauen überhaupt, die im Deutschen Reich studieren dürfen[66], und wählt dafür Naturwissenschaften, Mathematik und Phi-

---

[65] Klaus Mann, Der Wendepunkt, a. a. O., 15f.
[66] Frauendiskriminierung durchzog damals alle Bevölkerungsschichten, aufklärerische Emanzipationsbestrebungen von Frauen wurden im Keim erstickt. Es gehörte zum gesellschaftlich guten Ton in den sog. ´gehobenen´ Kreisen des Bürgertums, dass Mädchen gewisse Fertigkeiten können sollten (z. B. Klavier spielen), aber keinen Beruf erlernen mussten. Vgl. zu Katia Mann die Ausführungen von Marianne Krüll, Im Netz der Zauberer, a. a. O., 174-182, und Inge und Walter Jens, Frau Thomas Mann. Das Leben der Katharina Pringsheim, Reinbek [12]2010, 13ff.

losophie.[67] Die frühe Heirat mit dem sieben Jahre älteren Thomas Mann am 11. Februar 1905
bedeutet für sie das Ende einer vielverspre-
chenden akademischen Karriere und zugleich
den Beginn eines Lebens an der Seite des größten Prosaerzählers deutscher Sprache im 20.
Jahrhunderts – historisch betrachtet ein Schritt
in die literarische Unsterblichkeit. Im selben
Jahr, in dem die standesamtliche Heirat geschlossen wird,[68] kommt das erste Kind der bei-

---

[67] Vgl. zum umfangreichen Beziehungsgeflecht der Familie Mann als
gute Einführung Heinz J. Armbrust/Gert Heine, Wer ist wer im Leben von
Thomas Mann, FfM 2008. Bei Marianne Krüll, Im Netz der Zauberer, a.
a. O., befinden sich als Loseblattsammlung detaillierte Familientafeln der
Familien Mann-Pringsheim.
[68] Es ist bemerkenswert, dass die Hochzeit der einzigen Tochter im
kleinen Kreis mit 15 Personen begangen wurde. Eine kirchliche Hochzeit
gab es nicht. Thomas Manns Bruder Heinrich und seine Schwester Carla
nahmen an der Trauung nicht teil. Julia Mann, Thomas Manns Mutter,
war gegen die Heirat mit Katia Pringsheim, vgl. Marianne Krüll, Im Netz
der Zauberer, a. a. O., 180. Vorausgegangen waren erhebliche Differen-
zen Thomas Manns mit seinem Schwiegervater in spe, Alfred Pringsheim: Thomas Mann hatte in seiner Novelle `Wälsungenblut´ seine
Schwiegereltern verfremdet als jüdische Neureiche dargestellt und darin
eine inzestuöse Beziehung eines Zwillingspaares erwähnt. Alfred
Pringsheim erwirkte, dass Thomas Mann die Veröffentlichung zurückzog
(allerdings gelangten Druckbögen an die Öffentlichkeit) und dass die
Auflage der Zeitschrift, in der sie erschienen war, eingestampft wurde
(erst 1921 kam es zur Veröffentlichung als Privatdruck). Das Thema
`Inzest´ war sowohl in der Familie Pringsheim (Katia und ihr Bruder Erik)
als auch in der Familie Mann (Klaus und Erika) ein immer wiederkehren-
des Thema, vgl. Marianne Krüll, Im Netz der Zauberer, a. a. O., 188f.
Zum nachweislichen Antisemitismus im Werk Thomas Manns – obwohl
dieser in eine jüdisch-protestantische Familie einheiratete, lebenslang in
einem jüdischen Verlag publizierte und jüdische Freunde hatte, lassen

den, Erika, zur Welt; im Jahr darauf wird an einem Sonntag Klaus Mann geboren – zur Freude des Vaters ein Sohn.[69] Seine Vornamen erhält dieser nach dem Zwillingsbruder Katia Manns, Klaus; Heinrich nach dem Bruder Thomas Manns; Thomas nach seinem Vater. Die kleine Schwester Erika kann anfangs den Namen ihres Bruders Klaus nicht aussprechen und nennt ihn deshalb `Eissi´ (oder `Aissi´) – ein Spitzname, der Klaus Mann sein Leben lang begleiten und auch von seinem Vater später so gebraucht

---

sich dafür eindeutig Indizien finden, etwa, wenn für ihn das sog. `typisch Jüdische´ mit Hässlichkeit verbunden ist – vgl. u. a. Thomas Mann, Gesammelte Werke 13, FfM 1974, 461f.; Yahya Elsaghe, Die imaginäre Nation. Thomas Mann und das `Deutsche´, München 2000; Heinrich Detering, „Juden, Frauen und Literaten". Zu einer Denkfigur beim jungen Thomas Mann, FfM 2005; Dierks, Manfred/Wimmer, Ruprecht (Hg.), Thomas Mann und das Judentum, FfM 2004; Thomas Anz, `Judenbengel´, `Judenmädchen´, `Entjudung der Justiz´. Zu einem neuen Antisemitismusstreit um Thomas Mann vgl. online http://www.literaturkritik.de/public/rezension.php?rez_id=4658&ausgabe=200202 (aufgerufen am 19.3.2015) und Viola Roggenkamp, Erika Mann. Eine jüdische Tochter. Über Erlesenes und Verleugnetes in der Frauengenealogie der Familie Mann-Pringsheim, Zürich-Hamburg ²2005, 21+123.

[69] Bei Klaus´ Geburt berichtete Thomas Mann seinem Freund Kurt Martens: „Vergnügten Herzens melde ich Dir die glückliche Geburt eines wohlgebildeten Knäbleins" (Thomas Mann, Briefe 1889-1936, FfM 1979, 68). Mädchen empfand Thomas Mann als persönliche Enttäuschung: „Ich empfinde einen Sohn als poesievoller, mehr als Fortsetzung und Wiederbeginn meiner selbst unter neuen Bedingungen" (Thomas Mann, GKFA 21, Briefe I, 332f.).

werden wird.[70] Die Familie wohnt, finanziell unterstützt von Katias Eltern, in einer von Katia Manns Vater gekauften, eingerichteten und dem Paar geschenkten Siebenzimmerwohnung mit Bad in der Nähe des elterlichen `Palais Pringsheim´. Die Kleinfamilie zieht dann 1910 zunächst in zwei miteinander verbundene Vierzimmerwohnungen in der Mauerkircher Straße 13 in Bogenhausen um, vier Jahre später in die von Thomas Mann erbaute herrschaftliche Villa in der Poschingerstr. 1 am Herzogpark, inmitten der unbebauten Wildnis des Isarufers.[71] München übt besonders eine große Anziehungskraft auf Künstler aus, denn die Kunst genießt ein hohes Ansehen in der Stadt. Um 1900 etwa waren dort ca. 1200 Künstler polizeilich gemeldet – dreizehn Prozent derer, die im gesamten Deutschen Reich registriert waren. Das politische Klima in München gilt als liberal und tolerant,

---

[70] Vgl. dazu Donald A. Prater, Thomas Mann, a. a. O., 108f. `Mielein´, `Pielein´, `Offi´, `Ofei´ usw. waren eigene Wortschöpfungen der Kinder – Diminutiven gleich, mit denen sie sich, aufs Individuelle bedacht, kreativ von der Mehrheit im wilhelminischen Alltag abheben wollten.
[71] Thomas Mann hat die Gegend in `Herr und Hund´ ausgiebig beschrieben, vgl. Thomas Mann, Herr und Hund (1918), in: ders., Ausgewählte Erzählungen, Berlin (Ost) 1954, 180-273 (auch in: ders., Späte Erzählungen, FfM 1981). Im Haus in der Poschinger Straße entstehen u. a. `Betrachtungen eines Unpolitischen´, `Der Zauberberg´ und der erste Band der `Joseph-Romane´.

was sich auf die Entstehung einer bunten Kunst-
und Literaturszene förderlich auswirkt. In der
`Poschi´ – so der innerfamiliäre Kosename für
das Haus – erleben die Mann-Kinder, umgeben
von einigem Dienstpersonal (Köchin, Stuben-
mädchen, Kinderfräulein und Chauffeur!) eine
privilegierte Kindheit.[72] Schon früh ist sich Klaus
Mann, „frühreif und begabt" [73], denn er kann erste Veröffentlichungen schon mit 17 Jahren vorweisen, bewusst, in einer interessanten und
vielschichtigen Familie zu leben: „Was für eine
sonderbare FAMILIE sind wir! Man wird später
Bücher über UNS – nicht nur über einzelne von
uns – schreiben."[74] Bis 1933 ist das nahe der

---

[72] Golo Mann zufolge war die Kindheit der Mann-Kinder teilweise frei und
teilweise unterdrückt, vgl. Golo Mann, Erinnerungen und Gedanken. Eine
Jugend in Deutschland, FfM 1986, ⁹2002, 48. Seine eigene Kindheit
bezeichnete Golo Mann als „elend" (Golo Mann, Eine Jugend in
Deutschland, a. a. O., 362). Monika Mann meint, dass sie ihre Kindheit
im „Zwielicht der mondänen Einsamkeit" verbrachte (Monika Mann, zitiert
nach Karin Andert, Monika Mann. Eine Biografie, Hamburg 2010, 46).
Ich würde nicht so weit gehen wie Klaus Manns Biograf Armin Strohmeyr, der behauptet, dass Klaus Manns Kindheit den äußeren Umständen nach glücklich gewesen zu sein schien (vgl. A. Strohmeyr, Erika und
Klaus Mann, a. a. O., 31). Zur Kindheit Klaus Manns, d. h., dem Leben
vor 1931, vgl. Susanne Klöss, Die `Zeit´-Problematik in der deutschspra-
chigen Schriftsteller-Autobiographie des 20. Jahrhunderts unter speziel-
ler Berücksichtigung von Klaus Mann. Ein Beitrag zur autobiographischen Paradoxie, Augsburg 1989.
[73] Kerstin Holzer, Elisabeth Mann Borgese. Ein Lebensporträt, FfM 2003,
⁴2004, 43.
[74] KMT 1936-1937, 61, Eintrag v. 3.7.1936.

Isar gelegene repräsentative Anwesen das Zentrum der Familie Mann. In den Sommermonaten zieht die Familie in die Sommerfrische nach Bad Tölz am Fuße der Alpen, wo Thomas Mann sich und seiner Familie 1909 eine kleine Villa, ein Ferienhaus, das so genannte `Tölzhaus´, gebaut hatte. Seine Kindheit beschreibt Klaus Mann, bezogen auf einen Sommer in Bad Tölz, verklärend so: „Wir sieben – zwei Eltern, vier Kinder und ein tanzender wirbelnder [Hund] Motz – auf dem Wiesenweg, langsamen Schrittes marschierend, dem Klammerweiher entgegen. (...) Die Luft riecht nach Sommer, schmeckt nach Sommer, klingt nach Sommer. Die Grillen singen ihr monoton-hypnotisierendes Sommerlied. Zu unserer Rechten liegt das Sommerstädtchen Tölz mit seinen bemalten Häusern, seinem holprigen Pflaster, seinen Biergärten und Madonnenbildern. Um uns breitet sich die Sommerwiese; vor uns ragt das Gebirge, gewaltig getürmt, dabei zart, verklärt im Dunst der sommerlichen Mittagsstunde."[75] Die

---

[75] Klaus Mann, Der Wendepunkt, a. a. O., 51. Er hielt den Ort Tölz als Stätte einer behüteten und gleichzeitig aufregenden Kindheit im Kreise der Geschwister fest: „Immer, wenn ich `Kindheit´ denke, denke ich zuerst `Tölz´" (Klaus Mann, Kind dieser Zeit, a. a. O., 15).

Kindheit der Mann-Kinder trüben mehrmonatige Absenzen der Mutter.[76] Katia Mann muss sich aufgrund von Lungenbeschwerden ab Herbst 1911 mehrfach einer Therapie in Lungensanatorien in Deutschland und in der Schweiz unterziehen und geht in Kur.[77] Klaus Mann und seine fünf Geschwister Erika, Golo, Monika, Michael und Elisabeth sind deshalb mehrfach und über einen längeren Zeitraum hinweg wechselnden, launisch herrschenden Kindermädchen, sog.

---

[76] Während die Mehrheit der Klaus-Mann-Forscher von einer innigen, ungetrübten Mutterbeziehung ausgeht – sein Leben lang wird er vor allem mit ihr kommunizieren –, nimmt Rainer Schachner, aus der systemischen Familientherapie kommend, mit dem Verweis auf Klaus Mann selbst, der seine Mutterbeziehung beschönigen wollte, eine „schwerwiegende Beziehungsstörung" (Rainer Schachner, Im Schatten der Titanen, a. a. O., 544) an.

[77] Als Kind hatten er und seine Geschwister die lange Absenz der Mutter, die ab Januar 1912 wegen einer diagnostizierten Tuberkulose (TB) zu Klinikaufenthalten, u. a. nach Davos, fuhr, zu verarbeiten. Dieser Zustand dauerte bis 1914 an. Erst später wurde anhand von Röntgenaufnahmen festgestellt, dass Katia Mann nie TB hatte, sondern ihre Erkrankung vermutlich psychosomatischer Natur gewesen war (vgl. `Fieber haben sie alle´, in: FAZ v. 21.7.2001). „Klaus hatte also in seinen prägenden Jahren zwischen dem vierten und achten Lebensjahr eine kranke und oft abwesende Mutter" (Marianne Krüll, Im Netz der Zauberer, a. a. O., 210). Für die jüngeren Kinder war ihre Mutter auf einmal plötzlich verschwunden – entsprechend war deren Reaktion, wenn die Mutter nach Hause kam (vgl. Golo Mann, Eine Jugend in Deutschland, a. a. O., 12). Vgl. dazu weiterführend Daniela Langer, Die Abwesenheit der Mütter. Familienmodelle im Zauberberg, Homoerotik und Thomas Manns Essay Die Ehe im Übergang, in: Buddenbrooks, Houwelandt & Co. Zur Psychoanalyse der Familie am Beispiel des Werks von Thomas Mann und John Düffel (Tagung der Evangelischen Akademie Iserlohn im Institut für Kirche und Gesellschaft der EKvW, Tagungsprotokolle 2006), hg. v. R. Sareika, Iserlohn 2007, 65-92.

`Kinderfräuleins´, die die Betreuung der Kinder übernehmen, unkontrolliert ausgesetzt. [78] Der Vater ist in dieser Zeit zwar zu Hause, aber doch abwesend, da er mit Schreiben beschäftigt ist. Es wird zwischenzeitlich in der Klaus-Mann-Forschung[79] davon ausgegangen, dass die frühe Erfahrung des temporären, fast neunmonatigen Verlusts der Mutter bei gleichzeitiger geistiger Abwesenheit des Vaters in Verbindung mit der Herrschaft der Kindermädchen bleibende psychische Defizite und Ängste[80] bei dem – heute würde man sagen – hoch begabten, aber psychisch labilen Kind Klaus und seinen Geschwistern ausgelöst hat. Einige Mann-Experten spre-

---

[78] Vgl. Klaus Mann, Kind dieser Zeit, a. a. O., 21, wo er über das ambivalente Verhältnis der Kinder zu den Kindermädchen schrieb: „Wir litten unter jeder von ihr, und wir liebten jede." Eine dieser Gouvernanten beispielsweise führte die Mann-Kinder auf den Friedhof und zeigte ihnen die Leiche eines ertrunkenen Bäckergesellen, vgl. Klaus Mann, Kind dieser Zeit, a. a. O., 23f., und ders., Der Wendepunkt, a. a. O., 52f.
[79] Vgl. weiterführend Wiebke Amthor/Irmela von der Lühe (Hg.), Auf der Suche nach einem Weg. Neue Forschungen zu Leben und Werk Klaus Manns (Berliner Beiträge zur Literatur- und Kulturgeschichte; 4), FfM-Berlin-Bern 2008.
[80] Seine Ängste griff Klaus Mann selbst auf, in: Klaus Mann, Kind dieser Zeit, a. a. O., 24: „Ein großes und schweres Kapitel wäre über die *Angst* zu schreiben, von welcher das Kind nachts, und nicht nur nachts, angepackt wird." Bemerkenswerterweise widmet auch Golo Mann in seinen Erinnerungen ein Kapitel dem Thema `Angst´, vgl. Golo Mann, Eine Jugend in Deutschland, a. a. O., 81-90.

chen sogar von traumatischen Erfahrungen.[81] Die Situation der Verlassenheit und das mehr oder weniger Aufsichselbstgestellt-Sein bindet die Kinder eng aneinander. Natürlich kommt es auch zu Konflikten in dieser Geschwisterkonstellation. Eine besonders enge Beziehung entwickelt Klaus – verträumt, „sensibel und verwundbar"[82] – zu seiner älteren Schwester Erika, die für ihn fast eine Mutterrolle einnimmt[83] und sowohl in seinem weiteren Leben als auch in seinem Werk von zentraler Bedeutung sein wird.[84]

---

[81] Die fast einjährige Abwesenheit der Mutter 1912 fiel genau in die ödipale Phase des fünfjährigen Klaus Mann. Die Klaus-Mann-Forschung geht inzwischen davon aus, dass Klaus Mann eine narzisstische Persönlichkeitsstörung hatte, deren Ursache in der häufigen Abwesenheit der Mutter lag (vgl. F. Kroll, KMS 4/2, a. a. O., 593; vgl. dazu auch Nicole Schaenzler, Klaus Mann, a. a. O., 573, Anm. 47). Bei narzisstisch gestörten Persönlichkeiten geht man davon aus, dass ihre Eltern an ihnen versagt haben, „wo es darum ging, Liebe zu geben und anzunehmen, Trost und Verständnis zu vermitteln oder mit intuitivem Geschick helfend einzugreifen, wenn ihr Kind in Not war..." (F. Kroll [Hg.], KMS 4/2, a. a. O., 601). Narzisstisch gestörte Persönlichkeiten „werden rastlos und leiden unter Langeweile, sobald die äußere Fassade ihren Glanz verliert und momentan keine neuen Quellen der Selbstbestätigung mehr zur Verfügung stehen" (Otto F. Kernberg, zit. nach F. Kroll [Hg.], KMS 4/2, a. a. O., 602). Insbesondere Schwester und Mutter scheinen – so die Expertenmeinung – Klaus Mann nicht so geliebt zu haben, wie es nach außen den Anschein hatte (vgl. F. Kroll [Hg.], KMS 4/2, a. a. O., 892).
[82] Kerstin Holzer, Elisabeth Mann Borgese, a. a. O., 29.
[83] Zu Erika Mann als Ersatzmutter vgl. KMT 1938-1939, 34, Eintrag v. 9.4.1938.
[84] So ist Erika Mann die am häufigsten erwähnte Person in Klaus Manns Tagebüchern. Wann immer er ein neues Zimmer bezog, hängte oder stellte er u. a. auch ein Foto von ihr auf. Fast alle literarischen Hauptfiguren in seinen Werken waren seiner älteren Schwester nachgebildet (z. B.

Auch mit seinem jüngeren Bruder Golo versteht er sich sehr gut, entwickelt zu ihm eine besondere Nähe: „Er war es, dem ich all meine Phantasien, Sorgen und Pläne anvertraute, denn er konnte gut zuhören, eine seltene Gabe, selbst bei reifen Männern und Frauen."[85] Ansonsten verläuft der Alltag im Leben der Familie so, wie man ihn aus den Beschreibungen und Erzählungen großbürgerlicher Elternhäuser des deutschen Kaiserreichs kennt.[86] Die Rollenverteilung

---

Sonja im `Treffpunkt im Unendlichen´, Barbara im `Mephisto´ oder Maria von Kammer im `Vulkan´) und wiesen Züge von ihr auf (energisches Wesen, resolutes Auftreten, abenteuerlustig, extrovertiert, vital, charmant, knabenhaft-dunkel, schmal, kosmopolitisch und selbstbewusst), vgl. Armin Strohmeyr, Klaus Mann, München 2000, 26. Klaus Manns erster Novellenband `Vor dem Leben´ von 1925 war Erika Mann gewidmet. Die Geschwister unternahmen in ihrer Jugend viel miteinander (konsumierten etwa zusammen Drogen oder reisten viel zusammen), verloren aber mit zunehmendem Alter den Kontakt zueinander. Wegen dieses engen Verhältnisses tauchte in der nationalsozialistischen Presse und noch später der Inzestverdacht auf (so beispielsweise schon in einem Schreiben der sog. `Reichsschrifttumskammer´ vom 10.4.1934). Aber auch das FBI hob in seiner Akte 1950 auf den Inzestverdacht ab: Man schloss das u. a. daraus, dass der Vater in `Wälsungenblut´ dieses Verhältnis literarisch verarbeitet hatte – außer Acht lassend, dass diese Novelle Thomas Manns *vor* der Geburt seiner ältesten Kinder veröffentlicht worden war! Später entfremdeten sich die beiden Geschwister voneinander. So bewegte sich die Beziehung zu ihr zwischen Harmonie, Abhängigkeit und Entfremdung (vgl. KMT 1938-1939, 148, Eintrag v. 26.12.1939).

[85] Klaus Mann, Der Wendepunkt, a. a. O., 86f. Golo Mann ist es auch, den Klaus Mann Jahre später ins Vertrauen über seine Lebensmüdigkeit zieht (vgl. KMT 1940-1943, 154, Eintrag v. 12.7.1942).

[86] Eine ähnliche Beschreibung des familiären Alltags und der Familienkonstellation des Bürgertums zur Zeit der Jahrhundertwende findet man

zwischen den Eheleuten ist klar geregelt, die Erziehung entsprechend dem Geist der Zeit und dem Grundmuster der konservativen großbürgerlichen Familie autoritär – der Vater als Oberhaupt der Familie arbeitet, er darf in seiner Arbeit nicht gestört werden und ist für die Kinder unerreichbar[87]; die Mutter hält deshalb ihrem Ehemann den Rücken frei, führt den Haushalt und leitet das Dienstpersonal an. Für das Ta-

---

beispielsweise auch bei Sigmund Freud (1856-1939) und bei Dietrich Bonhoeffer (1906-1945). Vgl. dazu weiterführend Michael Schöter (Hg.), Sigmund Freud: Unterdess halten wir zusammen, Berlin 2010. Eberhard Bethges Ausführungen über die Rolle des Vaters im Hause Bonhoeffer sind fast deckungsgleich mit denen im Hause Thomas Mann, vgl. Eberhard Bethge, Dietrich Bonhoeffer. Eine Biographie, München 1989, 36ff.

[87] Besonders an der Vaterrolle wird der Veränderungsprozess, den die deutsche Gesellschaft in den letzten hundert Jahren seit der wilhelminischen Ära durchlaufen hat, deutlich: War der Vater zur Zeit des Kaiserreichs und darüber hinaus milieuübergreifend hauptsächlich Verdiener, Versorger, Beschützer und Repräsentant seiner Familie, der im Bürgertum in nicht wenigen Fällen gesiezt wurde und sich nach den Mahlzeiten in seine Gemächer zurückzog, genießt der Vater heute wie die Mutter, mit der er nicht einmal (mehr) verheiratet sein muss, die Zeit mit seinen Kindern, nimmt Anteil an deren Leben, spielt mit ihnen, bringt sie in den Kindergarten und zur Schule und abends ins Bett, kümmert sich um sie, wenn sie Fieber haben etc. und entwickelt sein Verhältnis zu ihnen emanzipiert und unabhängig von seiner Frau. Außerdem schlägt er sie nicht, wenn er abends nach getaner Arbeit nach Hause kommt. Dem Idealbild des gütigen, weisen Vaters im Kaiserreich hat Michael Hanekes mehrfach ausgezeichneter Film `Das weisse Band. Eine deutsche Kindergeschichte´ (2009) mit einer realistischen Darstellung seiner sadistischen Vaterfiguren eine klare Absage erteilt. Die Rolle der Frau hat sich dahingehend seither in Deutschland so verändert, dass erkannt wurde, dass die Emanzipation mit einer höheren Bildung und Selbständigkeit mit eigenem Einkommen verbunden war. Auch in diesem Punkt ist im Vergleich zu den letzten hundert Jahren einiges erreicht worden.

gesgeschehen – sprich: die Versorgung der Kinder – sind die Gouvernanten da, die fast einhellig als verbiestert, humorlos und das Regiment führend beschrieben werden. Klaus Mann hat sich selbst auch dazu geäußert: „Von neun Uhr morgens bis zwölf Uhr mittags muß man sich still verhalten, weil der Vater arbeitet, und von vier bis fünf Uhr nachmittags hat es im Hause auch wieder leise zu sein: Es ist die Stunde der Siesta. (…) Es ist quälend, bei ihm in Ungnade zu sein, obwohl oder gerade weil sein Mißmut sich nicht in lauten Worten zu äußern pflegt. Sein Schweigen ist eindrucksvoller als eine Strafpredigt. Übrigens ist nicht immer leicht vorauszusehen, was er bemerken und wie er reagieren wird. (…) Die väterliche Autorität ist unberechenbar."[88] Thomas Mann gilt als strenger, seine Kinder auch körperlich züchtigender Vater[89] – gleichzeitig für seine Kinder präsent und abwesend. Er wird aber auch als Vater be-

---

[88] Klaus Mann, Der Wendepunkt, a. a. O., 29.

[89] Vgl. Michael Mann, Erinnerungen an meinen Vater, in: ders., Fragmente eines Lebens, Lebensbericht und Auswahl seiner Schriften, hg. v. Fredric C. und Sally P. Tubach, München 1983, 148f. Der jüngste Sohn Thomas Manns berichtete, wie er einmal die Handbremse des geparkten Autos anzog und löste und ihm sein Vater daraufhin mit seinem Spazierstock `einige empfindliche Schläge´ gab. Das elterliche Züchtigungsrecht wurde in Deutschland erst im Jahr 2000 abgeschafft.

schrieben, der seinen Kindern vorliest, für seine Ironie bekannt ist und von den Kindern `Zauberer´[90] genannt wird. Nähe und Liebkosungen gegenüber ihnen verbietet er sich jedoch in aller Regel.[91] Klaus Mann beschreibt die Erziehungsgrundsätze seines Vaters so: „Es war eine Haltung von ironischem Wohlwollen und abwarten-

---

[90] Nicht aus dem `Zauberberg´ leitet sich der Spitzname der Kinder für ihren Vater her, sondern u. a. aus der Verkleidung des Vaters als Zauberer auf einem Maskenball. Er ging auf Erika Mann zurück, die später sogar ein Buch danach betitelte, vgl. Erika Mann, Mein Vater, der Zauberer, Reinbek 1996. Zeitlebens blieb Thomas Mann `Z´ für seine Kinder.

[91] Auf dem Hintergrund der Arbeiten Sigmund Freuds und deren Weiterführung stehen heute in der psychoanalytischen Forschung das Problem der abwesenden Väter und seine psychosozialen Folgen für die Kinder im Vordergrund des Interesses. Man geht davon aus, dass dem Vater als ödipale Identifikationsfigur bei der psychischen Entwicklung des Kleinkindes eine entscheidende Rolle bei der Entwicklung von dessen Über-Ich und Ich-Ideal zukommt. Am Vater, mit dem sich das Kind identifiziert, bildet es den eigenen inneren Werteraum aus, der ihm bis zur Pubertät und Jugend außerhalb der Welt der Familie zur Verfügung steht. Es ist heute erwiesen, dass diejenigen, die diesen inneren Werteraum zu wenig entwickeln konnten, später als Erwachsene nicht unerhebliche Persönlichkeitsstörungen, verbunden mit einem gestörten Sexualverhalten, an den Tag legen. Kinder mit empathischen und bindungsorientierten Vätern, die zu den zentralen Bindungspersonen der Säuglinge gehören und schon in den ersten Lebensjahren deren Entdeckungsfreude fördern, verfügen in der Regel als Erwachsene über mehr Ressourcen als Kinder ohne psychisch verfügbare Väter. Der Freud-Experte und Kinderpsychiater Peter Riedesser hat darauf aufmerksam gemacht, dass es auf die ersten innigen Jahre der geteilten Präsenz und Fürsorge ankommt und dass die landläufigen Vorstellungen einer für die Primärversorgung zuständigen Mutter und einem erst später gebrauchten Vater veraltet sind. Vgl. dazu Elisabeth von Thadden, War er ein guter Vater? Sigmund Freud war für seine sechs Kinder nahezu unerreichbar. Auch deshalb hatte er auf sie großen Einfluss, in: DIE ZEIT v. 27.5.2010, 55.

der Reserviertheit, halb skeptisch, halb belustigt. Ich glaube nicht, dass er sich jemals ernste Sorgen um mich gemacht hat. Davor bewahrte ihn nicht nur seine natürliche Indifferenz und Detachiertheit, sondern wohl auch sein Vertrauen in meine Intelligenz und meine gesunden Instinkte; aber meine Extravaganzen mögen ihm zuweilen mehr auf die Nerven gegangen sein, als er zeigen oder als ich bemerken wollte. Indessen blieb er stets bei seinem alten pädagogischen Prinzip, welches darin bestand, sich nicht einzumischen, sondern nur durch das Beispiel der eigenen Würde und Diszipliniertheit indirekt Einfluß zu üben. Wie fragwürdig und gewagt wir es auch treiben mochten, er schaute zu. Manchmal mit einem amüsierten Lächeln, manchmal mit einem Stirnrunzeln, aber ohne jemals zu intervenieren oder auch nur ein gar zu lebhaftes Interesse an unserem Tun zu bekunden."[92]

---

[92] Klaus Mann, Der Wendepunkt, a. a. O., 197. Thomas Manns Ernst und Ironie erwähnten Erika und Klaus Mann auch in `Escape to life´: Statt direkt einzugreifen, lebte Thomas Mann seinen beiden Kindern zufolge „geistige Verantwortlichkeit, diszipliniertes Arbeiten, ritualisierte Tagesabläufe, einen immer in Ironie und Anführungszeichen gekleideten Ernst" (Erika und Klaus Mann, Escape to Life, a. a. O., 98) vor.

Im Unterschied zu Thomas Mann, der als kalt und intellektuell selbstbezogen beschrieben wird, gilt seine Frau als praktisch veranlagt und vital, als willensstark, intelligent und gleichzeitig mit Gefühl ausgestattet.[93] Das Verhältnis Klaus Manns zu ihr wird Zeit seines Lebens liebevoll bleiben – sie ist seine zuverlässige Gesprächspartnerin, unterstützt ihn in finanziellen Angelegenheiten, hört ihm zu und ist auch noch im Erwachsenenalter seine Vertraute. Während der Vater dem Sohne zeitlebens ein Fremder bleibt, ist sein Verhältnis zur Mutter emotional und eng.[94]

Den Ausbruch des Ersten Weltkrieges im August 1914, der verändernd, aber nicht so zerstörerisch in das Leben der Familie Mann eingreift wie in das Leben vieler ihrer Zeitgenossinnen und Zeitgenossen, der aber für sie wie für alle eine starke Zäsur und das Ende einer großbür-

---

[93] Elisabeth Mann Borgese beschrieb die Kindheit ihrer älteren Geschwister als eine sehr freie Zeit und bezeichnete ihren Bruder als verträumten Jungen, vgl. ihre Geschichte auf der DVD von Andrea Weiss und Wieland Speck, Die Erika & Klaus Mann Story: Escape to Life (edition arte).

[94] Vgl. Klaus Mann, Der Wendepunkt, a. a. O., 30f. Auch für Katia Mann gehörte wie bei ihrem Mann allerdings die körperliche Züchtigung ihrer kleinen Kinder mit zum pädagogischen Erziehungsprogramm, vgl. Golo Mann, Tagebuch, Eintrag v. 16.10.1931, in: Tilmann Lahme, Golo Mann. Biografie, FfM 2009, 22.

gerlichen Epoche bedeutet, erleben die Kinder im Ferienhaus in Bad Tölz. [95] Thomas Mann, wegen seiner Nervenschwäche und seines Magenleidens ausgemustert und für den Kriegsdienst untauglich erklärt, begrüßt wie viele andere aus patriotischer Überzeugung und deutschnationaler Gesinnung diesen Krieg und verkauft kurzerhand das Ferienhaus, um dafür Kriegsanleihen zu zeichnen. [96] Auch die bisher geschlossene Kinderwelt Klaus Manns und seiner Geschwister erfährt jetzt eine Öffnung nach außen: Ab diesem Jahr besuchen Erika und Klaus Mann auf Veranlassung der Eltern nicht mehr die private Grundschule, das `Ebermayer-Institut´ in Schwabing, das von den drei Tanten von Klaus Manns Freund Erich Ebermayer [97], den Ebermayer-Schwestern, geleitet wird und in das Erika

---

[95] Vgl. Uwe Naumann (Hg.), Die Kinder der Manns, a. a. O., 44.
[96] Thomas Mann hatte das Haus von den Vorschüssen auf seinen zweiten Roman `Königliche Hoheit´ bezahlt. Die Anleihen beruhen auf dem Gedanken, dass nach dem Sieg die Besiegten diese durch Reparationen zurückzahlen sollen. Die Verzinsung betrug anfangs fünf, ab 1916 viereinhalb Prozent, vgl. weiterführend Daniel Lang, „Nicht auf der Rasenkante gehen". Die Familie Mann und ihr Landhaus in Bad Tölz 1908-1917, München 2007. „Insgesamt kommen im Deutschen Reich mehr als hundert Milliarden Mark zusammen, rund 60 Prozent der Kriegskosten..." (Brigitte Hamann, Der Erste Weltkrieg. Wahrheit und Lüge in Bildern und Texten, München-Zürich ²2004, 67f.). Am 11. Januar 1923 marschierten französische und belgische Truppen ins Ruhrgebiet ein, weil Deutschland seinen Reparationsverpflichtungen nicht nachgekommen war.
[97] Zur Vita siehe `Who is Who´ bei Klaus Mann.

1911 und Klaus 1912 eingeschult wurden, sondern die Gebele-Volksschule in Bogenhausen.[98] In dieser Zeit gerät das Leben von Klaus Mann durch eine plötzliche Krankheit ernsthaft in Gefahr: 1915 erkrankt jedes Mitglied der Familie Mann an Blinddarmentzündung und muss sich einer Operation unterziehen. Es kommt bei dem neunjährigen Jungen zu einem Magendurchbruch und zu einer Bauchfellentzündung: Vier (!) OPs sind erforderlich. Von den Ärzten aufgegeben, wird er nur wie durch ein Wunder gerettet.[99] Nach seiner Genesung geht er ab 1916 aufs Wilhelmsgymnasium in der Thierschstraße in München. In dieser Zeit tragen die Polizisten Pickelhauben, die Bürger Zylinder und Melonen, die Damen lange Röcke, geschlossene Blusen und bänderverzierte Hüte. Die meisten Lehrer in Deutschland haben im Dienst einen Frack an

---

[98] Erich Ebermayer berichtet in seiner Autobiografie `Eh ich´s vergesse...´, a. a. O., 133-152, bes. 112f., aber auch 20f., dass die Eltern Mann ihre Kinder in dem Institut in der Schraudolphstr. 15/0 abmeldeten, um sie nicht länger den allmorgendlichen Rohrstockschlägen von Ottilie Ebermayer auszusetzen. Klaus Mann erinnerte sich später daran: „... wenn man ungezogen war, gab es Tatzen..." (Klaus Mann, Kind dieser Zeit, a. a. O., 45).

[99] Später war er der Überzeugung, seine verzweifelte Mutter, die an seinem Bett gesessen hatte, hätte ihn vom Tod errettet, indem sie ihn am ganzen Körper mit *Eau de Cologne* eingerieben hätte, worauf plötzlich Besserung eingetreten war, vgl. Klaus Mann, Kind dieser Zeit, a. a. O., 32f.+51ff., und Donald A. Prater, Thomas Mann, a. a. O., 144f.

und werden respektvoll von ihren Schülerinnen und Schülern mit `Herr Professor´ angesprochen[100]; in den Schulen herrscht ein verknöchertes System aus Disziplin und bedingungslosem Gehorsam, die Prügelstrafe wird, von sadistisch rohen Lehrern, „als ein gesundes oder sogar unentbehrliches pädagogisches Prinzip in Deutschland"[101] praktiziert. Später einmal wird der ehemalige Schüler über seine Schulzeit schreiben: „Unter der Schule litt ich nicht ernsthaft, obwohl ich sie immer verachtete und oft haßte"[102] und erinnert sich ohne Hass mit „gelangweilter Gleichgültigkeit"[103] an das Gymnasium zurück, „wo ich so viel Langeweile ertragen musste"[104]. Klaus Mann fällt seinen Lehrern

---

[100] Heinrich Mann hat den antidemokratisch-nationalistischen Geist der wilhelminischen Ära mit seinem verbreiteten Obrigkeitsgehorsam glänzend in seinem berühmten Roman beschrieben, vgl. Heinrich Mann, Der Untertan, FfM 2008. Der Spielfilm `Der Blaue Engel´ (1930), gedreht unter der Regie von Joseph von Sternberg (1894-1969) nach der Romanvorlage Heinrich Manns (Drehbuch u. a. v. Carl Zuckmayer [1896-1977]), zeigt in seinen ersten Szenen ein typisches Exemplar der Gattung Lehrer jener Zeit. Der verschrobene Gymnasialprofessor Immanuel Rath wird sich im Verlauf der Handlung in eine Frau aus dem Varieté verlieben und daran schließlich zugrunde gehen. Marlene Dietrich (1901-1992) singt in diesem Film ihr berühmtes `Ich bin von Kopf bis Fuß auf Liebe eingestellt´.
[101] Klaus Mann, Der Wendepunkt, a. a. O., 59.
[102] Klaus Mann, Kind dieser Zeit, a. a. O., 98.
[103] Klaus Mann, Der Wendepunkt, a. a. O., 87.
[104] Klaus Mann, Der Wendepunkt, a. a. O., 87.

durch seine Ernsthaftigkeit, sein altkluges Verhalten, seine Frühreife und durch sein übermäßiges Selbstbewusstsein auf.[105] So heißt es in einer überlieferten Beurteilung über ihn: „Der Schüler zeigt in seinem Verstandes- und Gefühlsleben eine Reife, die ihn über den Horizont seiner Kameraden weit hinaushebt, aber etwas Unkindliches an sich hat und zu manchem Bedenken Anlaß gibt. Seine Interessen sind rein literarisch."[106] Das Ende des Krieges und der Kaiserzeit sowie den Ausruf der Münchner Räterepublik[107] erlebt der 12jährige, der acht Jahre alt

---

[105] Er erinnerte sich an seine Schulzeit nur ungern zurück: „Anregungen irgendwelcher Art habe ich dem staatlichen Unterricht nicht zu verdanken" (Klaus Mann, Der Wendepunkt, a. a. O., 87). Schon sein Vater Thomas Mann „verabscheute die Schule" (Thomas Mann, Lebensabriß, in: ders., Über mich selbst, Autobiographische Schriften, hg. v. Peter de Mendelssohn, FfM 1986, 1994, 101). In der Schülerzeitung des Wilhelms-Gymnasiums `Der Zeitvertreib´ und `Jugendfreund´ erschien 1919 seine erste nachweisliche Veröffentlichung, die Prosaskizze `Die Gotteslästerin´. Sie ist wieder abgedruckt in: Klaus Mann, Maskenscherz. Die frühen Erzählungen, hg. von Uwe Naumann, Reinbek 1990, 32007, 7+8. In diesem Band erscheinen außerdem erstmals seine anderen frühen Erzählungen.

[106] Zeugnis des Wilhelms-Gymnasiums für das Schuljahr 1918/19 über Klaus Mann, in: Klaus und Erika Mann, Bilder und Dokumente. Katalogbuch zur Ausstellung des Erika und Klaus Mann-Archivs der Handschriften-Abteilung der Münchner Stadtbibliotheken am Gasteig (Konzeption: Ursula Hummel, Text: Eva Chrambach), München 1990, 21991, 13.

[107] Mit `Münchner Räterepublik´ ist der Versuch verbunden, im April 1919 den Freistaat Bayern in eine sozialistische Räterepublik umzuwandeln. Diese Räterepublik war durch sozialdemokratische, pazifistische und anarchistische Intellektuelle, darunter Ernst Toller (1893-1939) und Erich Mühsam (1878-1934), geprägt. Die Münchner Räterepublik wurde im

war, als der Krieg begonnen hatte, in München. Er begrüßt die Revolution und hält aufgeregt fest: „Revolution! Lastwagen voll Soldaten rasen durch die Straßen; Fensterscheiben werden eingeschlagen; Kurt Eisner ist Präsident..."[108] Die unterschiedliche Beurteilung des Ersten Weltkrieges löst im Hause Mann einen Bruderzwist aus: In Thomas Manns restaurativen `Betrachtungen eines Unpolitischen´[109], die in den

---

Mai 1919 blutig beendet – als letzte in Bayern und in ganz Deutschland! Bayern wurde danach zum Zufluchtsort für Rechtsextremisten. Nach dem Putschversuch Hitlers am 8./9.11.1923 wurde München von diesem zur `Hauptstadt der nationalsozialistischen Bewegung´ auserkoren. Der Versuch scheiterte und die NSDAP wurde in der Weimarer Republik verboten. Hitler wurde zu fünf Jahren Festungshaft in Landsberg verurteilt und diktierte bekanntlich dort sein Buch `Mein Kampf´. Nach neun Monaten wurde er `wegen guter Führung´ vorzeitig aus der Haft entlassen. Der 9. November wurde 1939 zum `Gedenktag für die Bewegung´ – als staatlicher Feiertag!

[108] Klaus Mann, Der Wendepunkt, a. a. O., 73. Ernst Toller beschrieb die Revolution in München und in Deutschland in seiner Autobiografie, vgl. Ernst Toller, Eine Jugend in Deutschland (1933), Reinbek 2006, 78ff. und 86ff. Von der Ermordung des bayrischen Ministerpräsidenten Kurt Eisner am 21.2.1919 und seiner Trauer darüber erzählte Klaus Mann im `Wendepunkt´.

[109] Vgl. Thomas Mann, Betrachtungen eines Unpolitischen, Berlin 1918 (= Große kommentierte Frankfurter Ausgabe. Werke, Briefe, Tagebücher, 13, FfM 2009, Textband und Kommentar). Darin billigte Thomas Mann ausdrücklich die Torpedierung und Versenkung des englischen Schiffes Lusitania mit 1200 Zivilisten an Bord durch das deutsche U-Boot U-2. 1195 Personen starben – eine internationale Welle der Empörung war die Antwort darauf. Vgl. dazu die Ausführungen von Thomas Assheuer, Krieg veredelt den Menschen. Alles nur ein Spiel mit Worten? Thomas Manns berüchtigte `Betrachtungen eines Unpolitischen´ in einer Neuausgabe, in: DIE ZEIT v. 4.3.2010, 44. Enger Vertrauter Thomas Manns in diesen Jahren war der Friedrich Nietzsche- und Stefan Geor-

Jahren 1915 bis 1918 entstehen und schließlich 1918 erscheinen, nimmt der kaisertreue Autor die Partei der Kriegsbefürworter ein und wendet sich gegen die Demokratie – und damit gegen seinen Bruder Heinrich Mann. Dieser Kritiker des deutschen Militarismus hatte in seinem Essay über den französischen Schriftsteller Emile Zola[110] das Wilhelminische Reich, seinen Militarismus und seine Kriegspolitik angegriffen und sich für die Demokratie und den Frieden ausgesprochen. Thomas Mann hatte seinen älteren Bruder deshalb als `Zivilisationsliteraten´ beschimpft. Der lang andauernde Konflikt der entzweiten ungleichen Brüder – der eine als kaisertreuer Chauvinist entschiedener Kriegsbefürworter, der andere Kriegsgegner – wird zum Streit über Geist und Macht. Der Bruderzwist, der eine siebenjährige Funkstille zwischen den beiden Protagonisten nach sich ziehen wird, steht para-

---

ge-Anhänger Ernst Bertram (1884-1957), seit 1922 Professor in Köln und Patenonkel Elisabeth Manns. Seine Korrespondenz mit Thomas Mann umfasst 256 Schriftstücke. Später war er Nationalsozialist; deshalb wurde er nach 1945 von den Alliierten des Lehramts enthoben.

[110] Heinrich Mann forderte – und griff damit das Wilhelminische Reich frontal an –, dass die Literatur politisch werden und das Geistige herrschen müsse, weniger das Militär und die Kriegspolitik. Die Verbindung von Intellekt und politischer Parteinahme sah Heinrich Mann zuletzt bei Emile Zola (1840-1902), dem großen französischen Romancier des 19. Jahrhunderts und Begründer des Naturalismus, gegeben.

digmatisch für die unversöhnliche Haltung vieler Menschen im damaligen Deutschland. Erst 1922 werden sich die Brüder wieder versöhnen und Thomas Mann wird seinen demokratiefeindlichen Monarchismus ablegen.[111] Dadurch wird es auch wieder zum Kontakt der Mann-Kinder zu ihrem Onkel kommen, der zwischenzeitlich abgebrochen war. Heinrich Mann, der in seinem Leben ähnlich wie sein Bruder seine Lebenshaltungen und Einstellungen hin und wieder geändert hat[112], wird Klaus Mann zum Vorbild und

---

[111] Erst 1922, als Heinrich Mann mit einer gefährlichen Blinddarm- und Bauchfellentzündung im Krankenhaus lag, versöhnte sich Thomas Mann wieder mit seinem Bruder. Im Unterschied zu ihrem Vater waren die ältesten Kinder Thomas Manns von der neuen Republik begeistert und sogen die revolutionären Ideen auf. Einige Mann-Forscher und auch Frido Mann gehen davon aus, dass die Familie Mann in ein bürgerliches Lager (Julia+Thomas, später auch Golo) und in das der Bohémians (Carla+Heinrich, später auch Monika) gespalten war. Einigen seiner Biografen zufolge hat Thomas Mann, Pessimist, Nihilist, einsamer Individualist und skeptischer Aristokrat „die Wende zur Demokratie nie ganz vollzogen" (Hans Wysling/Yvonne Schmidlin [Hg.], Thomas Mann, a. a. O., 19).
[112] Als Beispiel sei der Antisemitismus des jungen Heinrich Mann erwähnt: Nach dem Volontariat im S. Fischer-Verlag war er von 1895-1896 Herausgeber der seit 1890 bestehenden Zeitschrift `Das Zwanzigste Jahrhundert. Deutschnationale Monatshefte für soziales Leben, Politik, Wissenschaft und Literatur´, die im Berliner Verlag der `Neuen Deutschen Zeitung´, dem Zentralorgan der `Deutschen Sozialen Antisemitischen Partei´, erschien. Er veröffentlichte auch selbst antisemitische Texte. Im Unterschied zu anderen Intellektuellen der damaligen Zeit änderte Heinrich Mann aber seine Haltung zum Judentum später grundlegend. Vgl. dazu den Artikel von Kerstin Schneider, Böse Börsenspekulanten. Heinrich Mann und die Juden. In seinen frühen Jahren war der Autor des `Untertan´ Antisemit, in: Jüdische Allgemeine vom 4.7.2002.

zum väterlichen Freund: Durch ihn, sein bohèmehaftes Leben[113], seine öffentliche Rolle in der Weimarer Republik – Heinrich Mann ist in der ersten Demokratie auf deutschem Boden „so etwas wie der Repräsentant einer politischen Bewegung"[114] – und durch sein politisches Engagement lernt er eine vollkommen andere Denkrichtung kennen als die, die ihm von zuhause her, ganz zu schweigen von einer den Obrigkeitsgehorsam vermittelnden Schule, bekannt ist. Mit Heinrich Mann ist er danach in regelmäßigem Gedankenaustausch und in brieflichem und telefonischem Kontakt. Das Verhältnis ist durch gegenseitigen Respekt gekennzeichnet, nicht aber von großer Emotionalität.[115] Wie sein Onkel Heinrich, so ist auch Klaus Mann

---

Vgl. weiter Hermann Kurzke/Golo Mann/Marcel Reich-Ranicki, Enthusiasten in der Literatur. Ein Briefwechsel. Aufsätze und Porträts, hg. v. Volker Hage, FfM 2000, 76, und Rolf Thiede, Stereotypen vom Juden. Die frühen Schriften von Heinrich und Thomas Mann. Zum antisemitischen Diskurs der Moderne und seiner Überwindung, Berlin 1998.

[113] Vgl. Willi Jasper, Die Jagd nach Liebe: Heinrich Mann und die Frauen, FfM 2007, z. B. 251f. Jasper zeichnet den heterosexuellen Bruder Thomas Manns als einen sexuell Getriebenen und arbeitet demgegenüber die Profile seiner intelligenten, selbstbestimmten, selbständigen und innerlich freien Frauen heraus.

[114] Klaus Mann, Der Wendepunkt, a. a. O., 71.

[115] Vgl. Klaus Mann, `Lieber und verehrter Onkel Heinrich´, hg. v. Inge Jens und Uwe Naumann, Reinbek 2011, 213 (Nachwort der Herausgeber). Fälschlicherweise ist als Todesdatum Heinrich Manns dort der 12.3.1950 angegeben (221).

Pazifist: Bereits 1917 hatte er Bertha von Sutt-
ners [116] Roman `Die Waffen nieder´ [117] mit der
Widmung seiner Urgroßmutter, der Schriftstellerin Hedwig Dohm[118], geschenkt bekommen.[119]
Kindheit und Jugend Klaus Manns sind vor allem von Seiten des Elternhauses reich an kulturellen Impulsen. In einer Zeit, in der Zugang zur
freien Bildung vielen aus finanziellen Gründen
nicht möglich ist, Bücher unerschwinglich und
Bibliotheken nur Eingeweihten zugänglich sind,
liest er – bedingt durch die umfangreiche Bibliothek seines Vaters und generell durch das Kul-
turmilieu, in dem er aufwächst – fast jeden Tag
ein Buch. [120] Namhafte Schriftsteller wie Jakob

---

[116] Zur Vita siehe `Who is Who´ bei Klaus Mann.
[117] Vgl. Bertha von Suttner, Die Waffen nieder, 2 Bde., Dresden und
Leipzig 1889; Neuauflage Berlin 2008.
[118] Zur Vita siehe `Who is Who´ bei Klaus Mann.
[119] Vgl. Klaus Mann, Kind dieser Zeit, a. a. O., 86, und Klaus Mann, Der
Wendepunkt, a. a. O., 72.
[120] Im `Wendepunkt´ zählte Klaus Mann auf, wer ihn in seiner Jugend
und zu Beginn seiner schriftstellerischen Laufbahn beeinflusste und
nannte Zeitgenossen seines Vaters wie Oscar Wilde (1854-1900), Frank
Wedekind (1864-1918), Stefan George (1868-1933), Heinrich Mann
(1871-1950), Hugo von Hoffmannsthal (1874-1929), Georg Trakl (1887-
1914) und Gottfried Benn (1886-1956), aber u. a. auch Sokrates (469-
399 v. Chr.), Friedrich Nietzsche (1844-1900), Novalis (1772-1801), Walt
Whitman (1819-1892), Rainer Maria Rilke (1875-1926), Heinrich Heine
(1797-1856), Charles Baudelaire (1821-1867), Arthur Rimbaud (1854-
1891) und Georg Büchner (1813-1837). Es waren die romantischen,
erotisch-religiösen Momente der Literatur und deren Erschaffer, die ihn
interessierten, weniger die sozialen und realistischen (vgl. Klaus Mann,
Der Wendepunkt, a. a. O., 120-135).

Wassermann[121], zu den meistgelesenen Schriftstellern der 20er-Jahre gehörend, oder der Dichter Hugo von Hofmannsthal[122] gehen im Hause Mann regelmäßig ein und aus. Es liegt auf der Hand, dass diese Kontakte und die Gespräche der Eltern mit ihren Gästen nicht spurlos an den Mann-Kindern vorbei gehen und vielleicht sogar für die spätere Berufswahl von Klaus Mann prägend sind. Es ist also festzuhalten, dass Klaus Mann mit Literatur, Kunst und Musik aufwächst und es ihm in kultureller Hinsicht kaum an etwas mangelt.[123] Er liest gerne und viel, das Schreiben fällt ihm leicht. Er möchte berühmt werden und strebt eine Karriere als Tänzer an.[124]

----

[121] Zur Vita siehe `Who is Who´ bei Klaus Mann.

[122] Zur Vita siehe `Who is Who´ bei Klaus Mann.

[123] Oder, um es in den Worten der Katia-Mann-Biografen zu sagen: Klaus Mann wuchs in einem besonderen Elternhaus und im „Ambiente eines reichen, kulturellen und sozial höchst angesehenen großelterlichen Palais" auf. Ihm fehlte es „weder an geistiger Anregung noch – trotz Krieg und gelegentlich auch spürbarer Einschränkungen – an materiellen Subsidien" (Inge und Walter Jens, Frau Thomas Mann, a. a. O., 111). Die Autorin und der Autor verarbeiten in ihrem Buch über Katia Mann (1883-1980) Hunderte „von bisher unbekannten Schriftstücken" (10). Sie haben für ihre über vierjährige Recherche zahlreiche Archive aufgesucht (Verzeichnis der benutzten Literatur und Archivbestände auf 334-340).

[124] Thomas Mann griff dieses Bestreben in seiner Novelle `Unordnung und frühes Leid´ auf, in der er die Figur des blonden 17jährigen Bert, der Tänzer, Kellner oder Kabarett-Rezitator werden wollte, unverkennbar mit Zügen seines Sohnes Klaus ausstattete. Die Erzählung `Schauspieler in der Villa´ von 1930, zu Lebzeiten Klaus Manns nicht veröffentlicht, war eine Antwort Klaus Manns auf `Unordnung und frühes Leid´.

Worunter der Junge allerdings Zeit seines Lebens leiden wird, ist die fehlende Gunst Thomas Manns. Zeit seines Lebens wird der talentierte Sohn auf der Suche nach Anerkennung durch den berühmten Vater sein, der ihm die ihm gebührende Beachtung und sein Lob vorzuenthalten scheint. Während insbesondere die Zeit von 1918 bis 1921 im Elternhaus konfliktbeladen ist, wird auch das spätere Vater-Sohn-Verhältnis bleibend geprägt sein von einer Hassliebe. [125]

---

[125] Dies bleibt auch später noch: Thomas Mann nimmt das Werk seines Sohnes wahr und kritisiert es, vgl. Thomas Mann, Briefe 1889-1936, 249 und 380; Thomas Mann, Tagebücher 1935-36, 116, Eintrag v. 7.6.1935, und Thomas Mann, Briefe und Antworten, 273, Eintrag v. 3.12.1936 und 388f., Eintrag v. 22.7.1939. Über die anderen Exilromane seines Sohnes findet Thomas Mann keine lobenden Worte. Im Februar 1937, bei einem Besuch der Eltern in Küssnacht, erfährt Klaus Mann eher beiläufig, dass sein Vater zusammen mit Konrad Falke (1880-1942) die Zeitschrift `Maß und Wert. Zweimonatsschrift für freie deutsche Kultur´ herausgibt (sie erscheint von 1937-1940 in Zürich) und er darüber – im Unterschied zu seinem Bruder Golo – vorab weder informiert worden noch zur Mitarbeit eingeladen worden war. In seinem Tagebuch hält er verstimmt seine Enttäuschung darüber fest und spricht von der Kälte seines Vaters ihm gegenüber: „Empfinde, wieder sehr stark, und nicht ohne Bitterkeit, Z.´s völlige *Kälte*, mir gegenüber. Ob wohlwollend, ob gereizt (auf eine sehr merkwürdige Art `geniert´ durch die Existenz des Sohnes): *niemals* interessiert; *niemals* in einem etwas ernsteren Sinn mit mir beschäftigt. Seine allgemeine Interesselosigkeit an Menschen, hier besonders gesteigert. (...) mich in dieser Zeitschriftensache glatt zu *vergessen*. (...) Mischung aus höchst intelligenter, fast gütiger Konzilianz – und Eiseskälte. – Dies alles mir gegenüber besonders akzentuiert. Ich irre mich nicht" (KMT 1936-1937, 109f., Eintrag v. 25.2.1937; vgl. dazu auch Hans Wysling/Yvonne Schmidlin [Hg.], Thomas Mann, a. a. O., 428). Auf diesem Hintergrund war es bemerkenswert, als nach der Veröffentlichung der Tagebücher die übertriebene Zuneigung Thomas Manns zu seinem

68

Golo Mann berichtet von Zornesausbrüchen des Vaters gegen den älteren Bruder regelmäßig am Mittagstisch, bis die Tränen fließen. Ihm zufolge leiden besonders der älteste und der jüngste Sohn unter dem Vater. Aus den zahlreichen Tagebucheinträgen von Thomas Mann[126] ist inzwischen bekannt, dass er seinen Sohn Klaus in Momenten unkontrollierter Wut auch geschlagen hat.[127] Auch die Beziehung zu seiner Mutter ist in

---

ältesten Sohn ans Licht kam (vgl. Thomas Mann, Tagebuch, Eintrag v. 20.9.1918; v. 25.7.1920; v. 27.7.1920 und v. 17.10.1920). Vgl. dazu auch Thomas Klugkist, 49 Fragen und Antworten zu Thomas Mann, FfM 2003, 178f.

Erst gegen Ende von Klaus Manns Leben gibt es eine deutliche Annäherung von Klaus und Thomas Mann: „Es gelang ihnen schließlich, die größtmögliche Nähe zwischen ihnen als Vater und als Sohn zu finden" (Annette Wohlfahrt, Die Vater-Sohn-Problematik im Leben von Thomas und Klaus Mann [Europäische Hochschulschriften; 1108], FfM 1989, 118).

[126] Vgl. Thomas Mann, Tagebücher in 10 Bänden, Bd. 1-5 (1918-1943), hg. von Peter de Mendelssohn, und Bd. 6-10 (1943-1955), hg. von Inge Jens, FfM 1977-1955. Die Tagebücher Thomas Manns (1918-1921) erregten 1977 bei ihrem Erscheinen großes Aufsehen. Aus den Eintragungen geht beispielsweise der Vater-Sohn-Konflikt hervor. Sie sind im Fischer-Verlag leicht zugänglich als Thomas Mann, Tagebücher (1933-1934; 1935-1936; 1937-1939; 1940-1943; 1944-1946; 1946-1948; 1949-1950; 1951-1952 und 1953-1955), FfM 2003.

[127] Schon früh, 1916, richteten sich die Zornesausbrüche Thomas Manns gegen seinen Sohn Klaus. Sie wiederholten sich Anfang der 20er-Jahre, vgl. Donald A. Prater, Thomas Mann, a. a. O., 149, Zitat auf 184. In seinem Tagebuch hielt Thomas Mann, Tagebücher 1918-1921, a. a. O., 195 (Eintrag v. 12.4.1919) fest: „Ärger und Gram über das Wesen der Kinder: Klaus hemmungslos genäsch, fünf Minuten nach dringlichem Verbot, sodaß ich ihn im Zorn derb schlug." Oder: „Schalt laut mit dem Jungen, indem ich die Weiber Beleidigungen hören ließ" (Thomas Mann, Tagebücher 1918-1921, a. a. O., 216 [Eintrag v. 30.4.1919]); „Klaus von

der Adoleszenz Klaus Manns äußerst gespannt. [128] In seiner ersten Autobiografie beschreibt der 26jährige sein Verhältnis zu seinem Vater: „Während ich den `Zauberberg´, der seinem Ende zuwuchs, Stück für Stück kennenlernte und alle seine früheren Werke wieder und wieder las, suchte ich mir klar zu werden, was ich jemals gegen den geschlossenen Block dieser Geistesleistung würde zu stellen haben. Deshalb liebte ich es, das Katholische vor dem Protestantischen zu betonen; das Pathetische vor dem Ironischen; das Plastische vor dem Musikalischen; die `Vergottung des Leibes´ vor der `Sympathie mit dem Abgrund´... Das Extrava

---

K[atja] und mir hart gescholten wegen seiner Schlaffheit und Selbstzufriedenheit. Schließlich ist es Pflicht, sich nicht aus Selbstschonung der unangenehmen Emotion des Zorns ganz zu entschlagen" (Thomas Mann, Tagebuch, a. a. O., 499 [Eintrag v. 4.4.1921]); „Vom Lärm der Jungen in den oberen Zimmern in der Ruhe gestört, außerordentlicher Zornanfall gegen Klaus, der auf Vorhalt nicht schweigen wollte. Heftige Erschütterung" (Thomas Mann, Tagebücher 1918-1921, a. a. O., 505 [Eintrag v. 16.4.1921]). Die Wutausbrüche Thomas Manns finden auch bei Strohmeyr, Klaus Mann, a. a. O., 37, Erwähnung. Auch Golo Mann berichtet davon: „Nur zu genau erinnere ich mich an Szenen bei Tisch, Ausbrüche von Jähzorn und Brutalität, die sich gegen meinen Bruder Klaus richteten, mir selber aber Tränen entlockten" (vgl. Golo Mann, Eine Jugend in Deutschland, a. a. O., 41).
[128] Die Mutter las zufällig, aber anscheinend mit großer Selbstverständlichkeit im Tagebuch von Klaus Mann und zeigte sich gegenüber ihrem Mann erschüttert über die „Kälte, Undankbarkeit, Lieblosigkeit, Verlogenheit" (Thomas Mann, Tagebuch, a. a. O., 431f. [Eintrag v. 5.5.1920]) ihres ältesten Sohnes.

gante, Exzentrische, Anrüchige gegen das maß-
voll Gehaltene; das irrational Trunkene gegen
das von der Vernunft Gebändigte und Beherrschte. Während ich diese Gegensätze kon-
struierte und auch wirklich erlebte, war mir natürlich am Beifall keines Menschen wie an seinem gelegen."[129]
Klaus Mann verarbeitet seinen inneren Konflikt
später in der fantasievollen und für den Vater
provokanten Novelle `Der Vater lacht´, in der er
– wie Thomas und Heinrich Mann es manchmal
taten – literarisch zu einer Frau wird und sol-
chermaßen als sein alter Ego die Vorwürfe des
Vaters im O-Ton wiederzugeben scheint. Als die
Novelle erscheint, ist der Autor gerade einmal
19 Jahre alt.[130] Noch als Dreißigjähriger wird er
die „völlige *Kälte*"[131] seines Vaters im Tagebuch
beklagen.[132]

---

[129] Klaus Mann, zitiert nach Uwe Naumann, Nachwort zu ders., Kind
dieser Zeit, Reinbek ²2005, 257.
[130] Vgl. Klaus Mann, Der Vater lacht, in: Klaus Mann, Abenteuer, 37-62.
Der Essay erschien erstmals 1925 in `Vor dem Leben´ (auch abgedruckt
in: Klaus Mann, Der Vater lacht. Erzählungen, Reinbek 1996, 15-63).
[131] KMT 1936-1937, 110, Eintrag v. 25.2.1937. Am 25.8.1938 hielt er in
seinem Tagebuch fest, dass er das Gefühl hatte, mit Thomas Mann auf
längere Zeit nicht unter einem Dach leben zu können (vgl. KMT 1938-
1939, 58, Eintrag v. 25.8.1938).
[132] Demgegenüber verklärte Erika Mann später ihren Vater in ihrem
Bericht `Das letzte Jahr´, indem sie ihn als humorvoll, gütig und beschei-

Dabei scheinen Thomas Manns Emotionen in dieser Zeit für seinen ältesten Sohn gar nicht so einseitig gewesen zu sein, wie dieser es damals empfunden hat. Während die Biografinnen und Biografen Thomas Manns und seiner Familie unterschiedlicher Meinung sind, ob die Homosexualität Thomas Manns innerhalb der Familie bekannt gewesen ist oder nicht[133], herrscht Ei-

---

den darstellte, vgl. Irmela von der Lühe, Erika Mann. Eine Biographie, FfM 1999, 340.

[133] Frido Mann zufolge gehörte das Thema Homosexualität wie die Themen Religion, Drogen, Tod zu den Tabuthemen der Familie: https://www.youtube.com/watch?v=rZsBYRE9i4o&spfreload=10 (aufgerufen am 20.3.2015). Marcel Reich-Ranicki berichtet in seiner Autobiografie von einem Telefonat im Dezember 1975 mit Golo Mann über die Homosexualität Thomas Manns, der Zeit seines Lebens homosexuelle Gefühle und Gedanken gehegt hat, aber nie ein praktizierender Homosexueller war. „Letztlich sei seine Homosexualität in pubertären Grenzen geblieben. Man könne sagen, meinte Golo, Thomas Manns Sexualleben hätte dem eines preußischen Generals geähnelt. Frauen gegenüber sei er ängstlich und zurückhaltend gewesen..." (Marcel Reich-Ranicki, Mein Leben, Stuttgart ²1999, 516). Nie habe Golo Mann zufolge Intimität zwischen Klaus und Thomas Mann bestanden: „Der Vater habe die Homosexualität seines Sohnes Klaus `verabscheut´" (Marcel Reich-Ranicki, Mein Leben, ebda.), eine Aussprache habe es nie gegeben. Ranicki berichtet weiter: „In seiner Familie, belehrte mich Golo, habe es zwei Arten von Homosexualität gegeben – eine Mannsche und eine Pringsheimsche. Die Mannsche sei scheu und voll von Hemmungen und Komplexen, die Pringsheimsche hingegen fröhlich und lebensbejahend. Klaus sei der Pringsheimschen Tradition verbunden gewesen..." (Marcel Reich-Ranicki, Mein Leben, ebda., sowie online https://www.youtube.com/watch?v=eb_F-Q1RwZU [aufgrufen am 20.3.2015]). Ähnlich äußerten sich auch Biografen der Familie Mann: Homosexualität wurde ihnen zufolge im Hause Pringsheim/Mann nicht tabuisiert – für Katia Mann beispielsweise war die gleichgeschlechtliche Orientierung ihrer Kinder Erika und Klaus selbstverständlich – in ihrem Umkreis zählten „nicht etwa das Geschlecht, sondern die `Präsentabili-

nigkeit bei dem Faktum, dass Thomas Mann sich eindeutig zu seiner gleichgeschlechtlichen Orientierung [134] wie auch über sein unerfülltes Liebesleben mit seiner Ehefrau Katia[135] in seinen Tagebüchern, die ihn als schwachen und sehnsüchtigen Menschen zeigen, geäußert hat. Er konnte nicht ahnen, dass seine Frau ihn um so viele Jahre überleben würde und die Öffnung der gesperrten Tagebücher selbst noch veranlassen und erleben sollte – oder hat er doch

---

tät´ des jeweiligen Partners" (Inge und Walter Jens, Frau Thomas Mann, a. a. O., 147). Golo Mann outete sich erst spät als Homosexueller, machte aber zuvor zahlreiche, durchaus auch direkte, Andeutungen, vgl. Golo Mann, Eine Jugend in Deutschland, a. a. O., 29

[134] In Thomas Manns Tagebüchern gab es immer Anspielungen auf seine Homosexualität, die er als Makel, Krankheit, Schwäche und Versagen empfand, darunter auch Bemerkungen zu Klaus Mann (vgl. Thomas Mann, Tagebücher 1918-1920, 454 [Eintrag v. 5.7. und v. 25.7.1920]). Karl Werner Böhm hat gezeigt, wie entscheidend das Stigma der Homosexualität, unter der Thomas Mann litt, sein Werk prägte, indem er sich schreibend mit ihr auseinandersetzte, vgl. Karl Werner Böhm, Zwischen Selbstzucht und Verlangen. Thomas Mann und das Stigma Homosexualität (Untersuchungen zu Frühwerk und Jugend; Studien zur Literatur- und Kulturgeschichte; 2), Würzburg 1991.

[135] „Dankbarkeit gegen K[atja], weil es sie in ihrer Liebe nicht im Geringsten beirrt oder verstimmt, wenn sie mir schließlich keine Lust einflößt und wenn das Liegen bei ihr mich nicht in den Stand setzt, ihr Lust, d. h. die letzte Geschlechtslust zu bereiten. Die Ruhe, Liebe und Gleichgültigkeit, mit der sie das aufnimmt, ist bewundernswürdig, und so brauche auch ich mich nicht davon erschüttern zu lassen" (Thomas Mann, Tagebücher III, 1918-21, a. a. O., 470 [Eintrag v. 17.10.1920]; die Stelle wird auch bei F. Kroll, KMS 4/2, a. a. O., 887 zitiert). Aus Thomas Manns Tagebüchern 1918-1921 geht hervor, welche Schwierigkeiten er in den Anfangsjahren seiner Ehe hatte, da er gefühlsmäßig sexuell auf Männer ausgerichtet war.

damit gerechnet? Inwieweit die Homosexualität[136] des Vaters vererbt oder durch seine Zwiespältigkeit im Hinblick auf die Geschlechter ausgelöst wurde, ist unter Mann-Forschern ebenfalls umstritten – das Spektrum der Erklärungen von Homosexualität im Allgemeinen reicht von psychischen bis endokrinologischen Kriterien. Unbestritten ist, dass Klaus Manns Leben „in vieler Hinsicht ein Gegenentwurf zur Lebensform des berühmten Vaters"[137] war. Nicht nur, dass er im Unterschied zu Thomas Mann, der die Abgeschiedenheit beim Schreiben suchte, ruhelos und ohne je eine eigene Wohnung zu besitzen in öffentlichen Räumen wie Cafés und den Lobbys der Hotelhallen seine Texte produzierte und exzessiv lebte, sondern auch im Blick auf seine sexuelle Ausrichtung, denn „... während Thomas Mann seine Neigung zur Homosexualität unterdrückte und literarisch sublimierte, machte Klaus aus seiner Veranlagung keinerlei Geheimnis, weder in seinem Werk noch im All-

---

[136] Es würde zu weit führen, an dieser Stelle das Phänomen und die Geschichte der Homosexualität im Allgemeinen näher zu erörtern. Ich verweise stattdessen auf die einschlägigen Artikel im Internet, allen voran auf Wikipedia: http://de.wikipedia.org/wiki/Homosexualität (aufgerufen am 21.3.2015).
[137] Uwe Naumann, Ruhe gibt es nicht. Zum 100. Geburtstag von Klaus Mann, in: Die ZEIT v. 16.11.2006, 52.

tag."[138] Er lebte seine Homosexualität in vollen Zügen aus.[139] Während Thomas Mann die Homosexualität als Makel verstand und sie auch literarisch bekämpfte, versuchte Klaus Mann, sich mittels seiner Homosexualität zu befreien – scheiterte jedoch. Während Thomas Mann ein bürgerliches, repräsentatives Leben lebte, wählte Klaus ein exzessives Leben, das ihn immer wieder an existentielle Abgründe führte.

In der Weimarer Republik war gleichgeschlechtliche Liebe, anders als zur Zeit des Kaiserreiches, kein gesellschaftliches Tabuthema mehr. Dennoch war sie unter Männern unter Strafe gesetzlich verboten,[140] was durch den §175 des Reichsstrafgesetzbuches, seit 1871 geltendes Recht in Deutschland, geregelt wurde.[141] Obwohl

---

[138] Uwe Naumann, Ruhe gibt es nicht, ebda.

[139] Vgl. Hans Wißkirchen, Familie Mann, a. a. O., 39ff. Klaus Mann war „homosexuell aktiver, als sein Vater je war" (Donald A. Prater, Thomas Mann, a. a. O., 201).

[140] Der Begriff `Homosexualität´ tauchte erstmals 1869 auf. Er wurde von dem österreichisch-ungarischen Schriftsteller Karl Maria Kertbeny (1824-1882, genannt Kartbeny) geprägt, der in seinen Schriften das Wort `homosexual´ verwendete.

[141] Das `Reichsstrafgesetzbuch´ (RStGB) war das Strafgesetzbuch für die Mitgliedsstaaten des Deutschen Reiches. Es gilt nach tiefgreifenden Änderungen im Wesentlichen bis heute als `Strafgesetzbuch für die Bundesrepublik Deutschland´. Im Blick auf die Homosexualität gab es in Deutschland unterschiedliche Gesetze: das preußische Sodomie-Gesetz (§ 143, später § 152) und in Hannover § 276 (`widernatürliche Wollust mit anderen Männern´). Während in Frankreich Homosexualität bereits

die Strafverfolgung recht lax gehandhabt wurde, wurde, wer dagegen verstieß und ertappt wurde, unter Verlust der bürgerlichen Ehrenrechte mit Gefängnis bestraft – das war eine Veränderung gegenüber der bis 1863 geltenden Rechtsordnung, die Homosexualität mit der Todesstrafe ahndete. Deshalb lebten viele Männer ihre Neigung im Privaten aus oder suchten die subkulturelle Szene auf. Es gab daher in der Weimarer Republik jede Menge Schwulen- und Lesbenbars, Nachtklubs und Varietés. Seit 1880 bestand ein moderner Trend zur Freikörperkultur mit einer zeitweise irrationalen Vergötzung des Leibes.[142] Immer wieder gab es Versuche, das

---

seit 1810 nicht mehr unter Strafe gestellt war, stellte seit 1872 der § 175 im deutschen Kaiserreich und in der Weimarer Republik `Unzucht zwischen Männern´ unter Strafe. In der Jugend Thomas Manns hielt man Homosexuelle nicht mehr für Triebverbrecher, sondern für arme Kranke und Degenerierte, die heilbar seien, vgl. weiterführend Burkhard Jellonnek, Homosexuelle unter dem Hakenkreuz, Paderborn 1990; Burkhard Jellonnek/Rüdiger Lautmann (Hg.), Nationalsozialistischer Terror gegen Homosexuelle. Verdrängt und ungesühnt, Bremen 2002; Hans-Georg Stümke, Homosexuelle in Deutschland. Eine politische Geschichte, München 1989; Günter Grau (Hg.), Homosexualität in der NS-Zeit. Dokumente einer Diskriminierung und Verfolgung, FfM 1993, ²2004; Hans Peter Bleuel, Das saubere Reich. Die verheimlichte Wahrheit. Eros und Sexualität im Dritten Reich, Bern-München 1972; Richard Plant, Rosa Winkel. Der Krieg der Nazis gegen die Homosexuellen, FfM 1991; Claudia Schoppmann, Nationalsozialistische Sexualpolitik – weibliche Homosexualität (diss. phil.), Berlin 1990; dies., Verbotene Verhältnisse. Frauenliebe 1938-1945, Berlin 1999.
[142] Vgl. den Film `Wege zur Kraft und Schönheit´ von 1925: https://www.youtube.com/watch?v=eb_F-Q1RwZU (aufgerufen am

Recht zugunsten Homosexueller zu reformieren und politisch Verbesserungen ihrer Situation zu erwirken.[143] Dennoch kam es nicht zu Reformen. Gesellschaftlich blieben diejenigen Homosexuellen, die bekannt waren, belächelte Außenseiter. Vermutlich kam zu dem belasteten Vater-Sohn-Verhältnis erschwerend hinzu, dass Klaus Mann nach Aussagen von Zeitgenossen seinem Vater recht ähnlich war: „Alles in allem war Klaus Mann nicht schön, aber attraktiv. Wunderschön waren seine Hände. Die Nase war immer etwas ölig und großporig, als hätte Klaus Mann in seiner Jugend viele Pickel gehabt. (...) Die Augen waren stets gerötet und tränten, als weinte Klaus Mann ohne Unterlaß nach innen, und er rieb sie oft, als litte er unter einer ständigen Erkältung. (...) Für Davide Diamond war Klaus Mann überhaupt eine rosarote Erscheinung. Er

---

8.4.2015). 1923 kam es zur Gründung des Homosexuellen-Vereins `Bund für Menschenrecht´, der bereits 1929 auf 48000 Mitglieder angewachsen war.

[143] Zu erwähnen ist hier vor allem der homosexuelle Arzt Magnus Hirschfeld (zu dessen Vita siehe `Who is Who´ bei Klaus Mann), dem zufolge es sich bei der Homosexualität weder um ein Verbrechen noch um eine krankhafte Veranlagung, sondern vielmehr um eine ausgeprägte Form der Sexualität handelte.

trug gern rosa Hemden zu grauen Flanellanzügen. Er trank auch gern *pink gin*.[144]

Von Zeitgenossen wird Klaus Mann als exaltierter Schriftsteller[145] beschrieben, der entschieden zuviel Schminke und Belladonna aufträgt – doch nach Meinung seiner Geschwister ist er vor allem jemand, der sich durch Humor und Herzlichkeit auszeichnet.[146]

---

[144] F. Kroll (Hg.), KMS 5, a. a. O., 401.

[145] So hielt beispielsweise der Dresdner Romanist Victor Klemperer (1881-1960) die Eindrücke einer Lesung Klaus Manns, der er beiwohnte, in seinem Tagebuch fest (Notiz vom 12.11.1925): „Blutjunger blonder hübscher Mensch, der gut u. nicht affectiert liest. Er ist eben als Schauspieler u. Dramatiker vorgetreten (...) Der Junge, etwa 20 Jahre, spricht für die Jugend" (Victor Klemperer, Leben sammeln, nicht fragen wozu und warum. Tagebücher 1925-1932, Berlin 1996, 162).

[146] Seine Geschwister äußerten sich im Nachhinein über ihren Bruder Klaus. Monika Mann schrieb, dass er zwar leichtgläubig und naiv gewesen sei, aber immer hektisch und gut gelaunt, „von graziöser Herzlichkeit und warmem Humor" (Monika Mann, Im Gedenken an meinen Bruder, in: dies., Das fahrende Haus, hg. v. Karin Andert, a. a. O., 160-16., Zitat auf 161, 1956 anlässlich des 50. Geburtstages von Klaus Mann geschrieben). Golo Mann erinnerte sich: Klaus „besaß herzbelustigenden Humor, aber wenig Ironie, mithin auch Neigung zur Selbstkritik" (Golo Mann, Erinnerungen an meinen Bruder Klaus, in: Klaus Mann, Briefe und Antworten 1922-1949, hg. v. Martin Gregor-Dellin, Reinbek 1991, 629-661, Zitat auf 633). Andernorts schrieb er: „Eigentlich war er immer guter Laune, wenn ich ihn sah, und voll Humor. Wie tief das ging, ist schwer zu sagen. Auch war mir, keinem Kenner, nicht deutlich, wann er unter dem Einfluß von Morphium stand, wann nicht. Instinkte, welche das Leben bejahen und es produktiv machten, kreuzten in seiner Seele sich mit verneinenden, selbstzerstörerischen: damals hatten die bejahenden entschieden die Oberhand, und ich war gern mit ihm zusammen" (Golo Mann, Lehrjahre in Frankreich, hg. v. Hans-Martin Gauger und Wolfgang Mertz, Frankfurt ³2002, 78f.). Vom „Lebensoptimismus" Klaus Manns sprach auch William L. Shirer, in: Klaus Mann, Kind dieser Zeit, München 1932, 1965, Nachwort, 262-264, bes. 264.

2. In der Weimarer Republik

Zurück zum Jahr 1918: In diesem entscheidenden Jahr kommt es zum Waffenstillstand[147] und
zum Vertrag von Versailles. Vier Jahre Weltkrieg
sind damit beendet. Die traurige Bilanz: Acht bis
zehn Millionen Tote, darunter ca. zwei Millionen
Deutsche, 20 Millionen Verwundete, Halbtote,
Verstümmelte, Vergiftete, Traumatisierte, Millionen Witwen und Waisen, zerstörte Familien,
Hunger und Wohnungsnot.[148] Der deutsche Kaiser muss abdanken und flieht in die Niederlan-

---

[147] Das Waffenstillstandsabkommen von Compiègne, das den Ersten
Weltkrieg formell beendete, wurde von dem Zentrumspolitiker Matthias
Erzberger (1875-1921) als Mitglied einer vierköpfigen Delegation auf
Wunsch von Paul von Hindenburg am 11.11.1918 unterzeichnet. Erzberger, der anschließend Reichsfinanzminister wurde, wurde 1921 von
Rechtsextremisten der `Organisation Consul´ ermordet. Heinrich Tilles-
sen (1894-1984) und Heinrich Schulz (1893-1979) passten Erzberger bei
einem Spaziergang ab und schossen mit einer Pistole achtmal auf den
Wehrlosen. Der Mörder Heinrich Tillessen wurde 1958 veurteilt, dann
begnadigt und starb mit 90 Jahren. Sein Bruder, Karl Tillessen (1891-
1979), rechtsextremistische Leitfigur der Terrororganisation `Consul´, der
später der NSDAP und der SS beitrat, war führend an der Planung des
Attentats auf den liberalen Reichsaußenminister Walther Rathenau
(1867-1922) und beim Säureattentat auf den Sozialdemokraten Philipp
Scheidemann (1865-1939) beteiligt. Sein Sohn, Dr. Ulrich Tillessen, lebt
heute in Waldshut-Tiengen und gab 2010 bereitwillig Auskunft zu seiner
Familiengeschichte: http://www.dorsten-transparent.de/2012/11/wer-war-
carl-tillessen-nach-dem-der-freizeitpark-und-see-auf-der-hardt-benannt-
ist-er-war-auch-ein-politischer-attentater-der-vor-mord-nicht-
zuruckschreckte/ (aufgerufen am 25.3.2015).
[148] Vgl. Brigitte Hamann, Der Erste Weltkrieg, a. a. O., 186. Die genauen
Zahlen sind in der Forschung allerdings umstritten.

de, die Monarchie wird abgeschafft. Dem Sozialdemokraten Friedrich Ebert [149] werden inmitten der Revolutionswirren die Amtsgeschäfte als Reichspräsident übertragen. Soll Deutschlands künftige Staatsform eine bürgerliche Demokratie oder eine sozialistische Räterepublik sein? Der Sozialdemokrat Philipp Scheidemann [150] verkündet am 9. November 1918 um 14.00 Uhr von einem Fenster des Berliner Reichstags aus die `deutsche Republik´ – die Niederlage und damit der Zusammenbruch des Deutschen Kaiserreiches ist unumkehrbar. Gegen 16.00 Uhr, also nur zwei Stunden später, ruft Karl Liebknecht [151] vom Berliner Stadtschloss aus die deutsche `Räterepublik´ aus. Durch diesen doppelten Ausruf der ersten Demokratie auf deutschem Boden wird der Zorn der Monarchisten und Rechtsradikalen erregt, die den Tag fortan dazu benutzen, um gegen das ihnen verhasste `Weimarer System´ zu kämpfen. [152] In München hatte

---

[149] Zur Vita siehe `Who is Who´ bei Klaus Mann.
[150] Zur Vita siehe `Who is Who´ bei Klaus Mann.
[151] Zur Vita siehe `Who is Who´ bei Klaus Mann.
[152] So rief Adolf Hitler als Agitator der NSDAP am 8. November 1923 im Münchner Bürgerbräukeller, einem beliebten Versammlungsort der Stadt, die `nationale Revolution´ aus und setzte zum `Marsch auf Berlin´ an – der Putsch wurde nach ein paar Minuten von der Polizei gewaltsam gestoppt. Am 8.11.1939 feierten die Nazis im Bürgerbräukeller ihre

der bayerische Ministerpräsident Kurt Eisner[153], Vorsitzender der Unabhängigen Sozialdemokratischen Partei (USPD), am 8. November 1918 den `Freistaat Bayern´ und die Räterepublik ausgerufen.[154] Sie wird sich bis zum Mai 1919 halten, bevor sie als erste deutsche Arbeiterrepublik zerstört werden wird – Eisner wird am 21. Februar 1919 auf dem Weg zum Landtag, ganz in der Nähe von Klaus Manns Schule, hinterrücks erschossen –, als Reichswehr- und Freikorpstruppen[155] die staatliche Ordnung mit gewaltsamen Mitteln wieder herstellen. Klaus Mann begrüßt die Veränderungen und das Ende der häuslich-patriarchalischen Welt und trauert im Unterschied zu seinen Schulkameraden um den ermordeten Sozialdemokraten Eisner, den sein Vater ablehnt und den sein Onkel beer-

---

Aktion von 1923, als nur wenige Minuten später, nachdem Hitler den Saal verlassen hatte, eine von Georg Elser (1903-1945) installierte Bombe explodierte. Der Schreiner, in der NS-Zeit der eigentliche Antipode Hitlers, wollte mit seinem Attentat auf den Diktator den Krieg verhindern. Er wurde gefangen genommen, gefoltert und nach 5½ Jahren Isolationshaft im KZ Dachau ermordet. Noch viele Jahre nach Kriegsende wurde er diskreditiert. Heute ist er rehabilitiert.

[153] Zur Vita siehe `Who is Who´ bei Klaus Mann.

[154] Vgl. weiterführend Gerhard A. Ritter/Susanne Miller, Die deutsche Revolution 1918/1919, FfM ²1983; Heinrich August Winkler, Weimar 1918-1933. Die Geschichte der ersten deutschen Demokratie, München 1998.

[155] Freikorps (von franz. `corps´ = Körperschaft) nennt man die die Weimarer Republik bekämpfenden paramilitärischen Verbände.

digt.[156] Verbittert hält er in seinem Tagebuch seine Trauer fest, allerdings weniger seinen Kummer über Eisners Tod als vielmehr seinen „Ekel vor dem Zynismus, mit dem die Münchener Spießer, einschließlich meiner Lehrer und Klassenkameraden, die Todesnachricht begrüßten. ... man freute sich, den `artfremden´ Weltverbesserer und Menschheitsfreund los zu sein."[157] Die revolutionäre Umbruchsituation in dieser Zeit spiegelt eine kleine Episode im Hause Mann wider: Die langjährige Hausangestellte und Vertraute der Familie, genannt `Affa´, hatte die Familie über lange Jahre hinweg bestohlen und betrogen und schließlich Thomas Mann geschlagen; sie wird fristlos entlassen und ange-

---

[156] Bei den Wahlen zur Bayrischen Nationalversammlung am 12.1.1919 wählen Katia und Thomas Mann die nationalliberale Deutsche Volkspartei (DVP). Katia Mann denkt später linksliberal und steht der Deutschen Demokratischen Partei nahe (vgl. Inge und Walter Jens, Frau Thomas Mann, a. a. O., 142). Monika Mann spricht von „Papas Liberalismus" (Monika Mann, Vergangenes, a. a. O., 18) und erwähnt, dass der Vater die „liberale Instanz" in der Familie gewesen ist (Monika Mann, Vergangenes, a. a. O., 23). Ein paar Jahre später, nämlich in seinem Vortrag am 17.10.1930 in Berlin (`Deutsche Ansprache´), nach den Septemberwahlen, warnt Thomas Mann vor dem kommenden Nationalsozialismus, bekennt sich zu den Werten der Demokratie und spricht sich für eine Allianz von Bürgertum und Sozialdemokratie aus, vgl. weiterführend Manfred Görtemaker, Thomas Mann und die Politik, FfM 2005.
[157] Klaus Mann, Der Wendepunkt, a. a. O., 75.

zeigt. [158] Allerdings verliert Thomas Mann den Gerichtsprozess gegen sie: Der ideologisch allerorten verheißene Anbruch eines revolutionären Zeitalters, das Freiheit, Gleichheit und Gerechtigkeit [159] für alle verspricht, wird rechtlich zugunsten der Angehörigen der unterdrückten Klasse, des Proletariats, entschieden. [160] Zunehmend verändert sich die Welt wider die grundlegenden Lebenseinstellungen Thomas Manns. Am 1. Januar 1919 gründen Klaus und Erika Mann mit dem Nachbarssohn Ricki Hallgarten [161] und weiteren Freundinnen und Freunden die Theatertruppe `Laienbund deutscher Mimiker´, kurz `Mimikbund´ genannt. Am 12. Januar 1919

---

[158] Die Frage, ob die Dienstboten seinerzeit im Hause Thomas Manns ausreichend bezahlt worden waren, war noch in den sechziger Jahren Gegenstand eines Streits zwischen Erika und Monika Mann, vgl. Karin Andert, Monika Mann, a. a. O., 55.

[159] Von der deutschen nationalistischen Rechten wurden die Ideen der Französischen Revolution (Freiheit, Gleichheit, Brüderlichkeit) generell von vornherein als `undeutsch´ abgelehnt.

[160] Der Konflikt mit dieser Angestellten findet häufig in den Biografien über die Familie Mann Erwähnung. Auch Klaus Mann schrieb mehrfach darüber, vgl. Klaus Mann, Kind dieser Zeit, a. a. O., 56-64, und ders., Der Wendepunkt, a. a. O., 79-85. Das Verhältnis der Manns zu den Kindermädchen war generell nicht gut; die pädagogischen Vorstellungen der Eltern gingen vermutlich nicht mit ihnen konform. Die Arbeitssituation war der Situation der Zeit und der Rechtlosigkeit der Arbeitnehmer entsprechend: Kindermädchen bekamen wenig Lohn, hatten eine lange Arbeitszeit und eine unzulängliche Wohnsituation, meistens unterm Dach oder im Keller.

[161] Zur Vita siehe `Who is Who´ bei Klaus Mann.

gibt das Ensemble eine Vorstellung im elterlichen Hause.[162] Thomas Mann würdigt die Inszenierung durch eine Kritik – übrigens die einzige Theaterkritik, die er je verfasst hat; bis 1922 werden sich solche Inszenierungen wiederholen. Innerhalb von drei Jahren führen die Kinder und Jugendlichen im privaten Rahmen acht Stücke auf. In dieser Zeit wird Erika Manns Berufswunsch, Schauspielerin zu werden, geformt und auch Klaus Mann weiß schon, was er will: „Ich *muß, muß, muß* berühmt werden...“[163] Die Konfirmation, die Erika und Klaus Mann am 13. März 1921 gemeinsam feiern, läutet für beide das Ende der Kindheit und den Übergang zur Jugend ein – eine Zeit, die für alle Beteiligten nicht einfach werden wird.[164] Denn der `Mimikbund´ der pubertierenden Kinder hatte sich zwi-

---

[162] Zur Aufführung gebracht wurden u. a. Werke von Molière, Shakespeare und Lessing. Die Entstehungsgeschichte des Laienbundes beschreibt Klaus Mann in seiner ersten Autobiografie, vgl. Klaus Mann, Kind dieser Zeit, a. a. O., 99f., und Erika Mann, Blitze überm Ozean. Aufsätze, Reden, Reportagen, hg. v. Irmela von der Lühe und Uwe Naumann, Reinbek 2000, 55f.

[163] Klaus Mann, Der Wendepunkt, a. a. O., 95. Der 14jährige Klaus Mann hatte in sein Tagebuch geschrieben, dass er berühmt werden wollte. Das Theaterstück `Der arme Seemann´ – entstanden um 1918 – ist das früheste aller erhaltenen Manuskripte. Der junge Klaus Mann verschlang geradezu die Literatur.

[164] Kirsten Jüngling/Brigitte Roßbeck, Katia Mann. Die Frau des Zauberers. Biografie, München ²2003, 154.

schenzeitlich zur `Herzogparkbande´, einer Jugendbande, entwickelt, deren Mitglieder wie selbstverständlich logen, Telefonstreiche begingen, Briefkästen mit Wasser füllten etc. Auch Ladendiebstähle gehörten zum Repertoire der Bande.[165] Klaus Mann berichtet rückblickend und verharmlosend auch von antisemitischen Übergriffen auf ihre Nachbarn.[166] Als die Eltern vom grenzwertigen Treiben der Jugendlichen durch ein Kindermädchen erfahren, werden Erika und Klaus im Frühjahr 1922 – zu dem Zeitpunkt ist Klaus 16 Jahre, Erika 17 Jahre alt – zur Disziplinierung und Herauslösung aus ihrem Freundeskreis in das `freie Landerziehungsheim Bergschule Hochwaldhausen´ bei Fulda in der Rhön gebracht.[167] Doch schon drei Monate später sind sie wieder in München: der Schule in der besten

---

[165] Vgl. Klaus Mann, Kinder dieser Zeit, a. a. O., 136, und Erika Mann, Briefe I, a. a. O., 8; vgl. auch Carl Zuckmayer, Als wär´s ein Stück von mir. Horen der Freundschaft (Sonderausgabe), FfM 1966, FfM 2006, 438, und George W. F. Hallgarten, Als die Schatten fielen. Erinnerungen vom Jahrhundertbeginn zur Jahrtausendwende, Berlin 1969, 46. Wolfgang Hallgarten, der später ein renommierter US-amerikanischer Historiker wurde und sich George Wolfgang Felix Hallgarten (1901-1975) nannte, ist der ältere Bruder Ricki Hallgartens.
[166] Vgl. Klaus Mann, Kind dieser Zeit, a. a. O., 140f. Zu den Mitgliedern der Herzogparkbande gehörten auch die Nachbarkinder Lotte (1903-1970) und Marguerite `Gretel´ Walter (1906-1939), Töchter des Dirigenten Bruno Walter (1876-1962).
[167] Klaus Mann berichtet in schillernden Farben selbst darüber, vgl. Klaus Mann, Der Wendepunkt, a. a. O., 113ff.

Tradition der Reformpädagogik[168] war es nicht gelungen, die als schwierig geltenden Dichterkinder zu integrieren – vielmehr hatten die beiden, im Gegenteil, ihr Bandenkonzept in der Schule neu umsetzen können, was zum Verlassen der Schule führte. Nun werden sie von den Eltern getrennt: Erika Mann kehrt nach München zurück und bereitet sich auf die Aufnahmeprüfung fürs Gymnasium vor. Der introvertierte und nach Bekunden seiner Lehrer nicht einfache Schüler Klaus stellt sich danach – erfolglos – in der Internatsschule Salem[169] am Bodensee vor und wechselt schließlich im September 1922 an die Odenwaldschule in Heppenheim an der Bergstraße.[170] Das bekannte Internat steht eben-

---

[168] Die Reformpädagogik war im Wesentlichen das pädagogische Gegenprogramm zur Pädagogik des Drills in der wilhelminischen Ära: Sie setzte auf Koedukation, auf Schülermitbeteiligung und -mitbestimmung, auf Leben in Gemeinschaft und auf praktische Arbeit. 2010 ist aufgrund von Missbrauchsfällen in Internaten der Reformpädagogik die gesamte Bewegung in der Öffentlichkeit kritisch hinterfragt resp. letztlich als gescheitert erachtet worden.

[169] Über den fünfzehnjährigen Klaus Mann schreibt Marina Ewald (1887-1976), die Schulleiterin der einige Zeit zuvor von Max von Baden (1867-1929) und Kurt Hahn (1886-1974) gegründeten Schule Schloss Salem: „Er hat sehr ernsthafte geistige Interessen... So macht er auf uns heute den Eindruck eines überaus manierierten, selbstgefälligen, frühzeitig gereiften und fähigen Jungen, dessen Lebenskraft angeknaxt ist..." (Kirsten Jüngling/Brigitte Roßbeck, Katia Mann, a. a. O., 159).

[170] Die Odenwaldschule (OSO) wurde im hundertsten Jahr ihres Bestehens von einer tiefen Krise geschüttelt, nachdem ans Tageslicht gekommen war, dass in den 70er- und 80er-Jahren des Zwanzigsten Jahr-

falls in der Tradition der reformpädagogisch ori-
entierten Landerziehungsheime in Deutschland
und wird von Paul Geheeb[171] geleitet, der es sich
zum Ziel gesetzt hat, in der Ära des wilhelminischen Drills und Kadavergehorsams eine moderne, freie Schule aufzubauen.[172] Klaus Mann
wird in die naturverbundene Gemeinschaft aufgenommen und ist vom Unterricht freigestellt,

---

hunderts zahlreiche Missbrauchsfälle von Lehrkräften gegenüber Schülern an der Tagesordnung gewesen waren. Schulleiter Gerold Becker
(1936-2010), gegen den wegen Missbrauchs von Schutzbefohlenen
schwere Vorwürfe erhoben wurden, die jedoch strafrechtlich wegen
Verjährung eingestellt wurden, war der langjährige Lebensgefährte des
deutschen `Reformpädagogik-Papstes´ Hartmut von Hentig (geb. 1925)
sowie Freund von Salems langjährigem Rektor Bernhard Bueb (geb.
1938), der ebenfalls an der OSO kurzzeitig Lehrer gewesen war und in
jüngster Vergangenheit durch autoritäre und totalitäre Thesen auf sich
aufmerksam gemacht hat. Immer mehr Experten gelangten zu der Erkenntnis, dass sexueller Missbrauch an der OSO schon kurz nach ihrer
Gründung, etwa bei den Begründern der Reformpädagogik wie Paulus
Geheeb oder Gustav Wyneken (1875-1964), der wegen Päderastie
verurteilt worden war, Thema gewesen war, vgl. Christl Stark, Idee und
Gestalt einer Schule im Urteil des Elternhauses (diss. phil.), Heidelberg
1998, und DER SPIEGEL 29/2010, 40-43. 2015 besuchen die Odenwaldschule nur noch 145 Schülerinnen und Schüler – zu wenig, um die
Schule und den Lehrbetrieb aufrecht zu erhalten. Nachdem sie eigentlich
zum Sommer 2015 wegen Insolvenz geschlossen werden sollte, gelang
es den Verantwortlichen, u. a. aufgrund von Spenden in Millionenhöhe,
den Unterrichtsbetrieb die kommenden Jahre aufrecht erhalten zu können.
[171] Zur Vita siehe `Who is Who´ bei Klaus Mann.
[172] In seiner Geschichte `Der Alte´ porträtierte Klaus Mann seinen Lehrer
als `übergriffigen Alten´. Dieser protestierte daraufhin bei Thomas Mann.
Auch im `Wendepunkt´ setzte Klaus Mann der Schule und ihrem Leiter
ein literarisches Denkmal. Er schrieb darüber auch in `Kind dieser Zeit´,
a. a. O., 195.

um zu schreiben, dichten zu können und zu lesen. Man nimmt den Jugendlichen als außergewöhnlich begabtes Individuum wahr, lässt ihm alle Freiheiten – und lässt ihn einfach in Ruhe.[173] Klaus Mann bleibt bis zum Sommer 1923 und kehrt – wie er im `Wendepunkt´ schreibt – nach München zurück, nachdem er sich in einen Mitschüler verliebt und sich zusehends als Außenseiter gefühlt hatte.[174] Den anschließenden Privatunterricht boykottiert er, die Schule bricht er ohne Abschluss ab, das Abitur macht er – wie sein Vater – nicht.[175] Vielmehr steht jetzt sein Entschluss fest: Er möchte Schriftsteller werden! Während er gegenüber seinen Eltern vorgibt, in Mitteldeutschland zu wandern, reist er mit Erika

---

[173] Vgl. dazu weiterführend Manfred Kappeler, `Wir wurden in ein Landerziehungsheim geschickt...´: Klaus Mann und seine Geschwister in Internatsschulen, Berlin 2011.

[174] Vgl. Klaus Mann, Der Wendepunkt, a. a. O., 139f.

[175] Thomas Mann war es nie peinlich zuzugeben, dass er ein schlechter Schüler gewesen war. Zweimal blieb er sitzen und beendete seine Schullaufbahn mit der Erlangung des `Einjährig-Freiwilligen-Zeugnis´, was heute in etwa der Mittleren Reife entspricht. Seine Noten bewegten sich – übrigens auch in Deutsch – im Bereich des `befriedigend´. In den `Buddenbrooks´ schildert er sein Gymnasium „als wilhelminische Abrichtungsanstalt, in der die Unterrichtsgegenstände, namentlich Ovids Metamorphosen, als Zuchtrute und Folterinstrument fungieren" (Albert von Schirnding, Die 101 wichtigsten Fragen: Thomas Mann, a. a. O., 17). Erika Mann, die das Abitur mehr schlecht als recht bestanden hatte, sprach vom „Sau Sau Sau Sau-Kotz-Abitur" (Erika Mann, zitiert nach Irmela von der Lühe, a. a. O., 32, nach einem Brief vom 23.5.1924).

insgeheim nach Berlin, um die dortige Szene zu entdecken. [176] Die Stadt mit ihrem morbiden Charme, ihren zig Theatern und einer großen Künstlerszene zieht die beiden völlig in ihren Bann[177]: „Berlin war mehr als eine Messe wert. (...) Wer Berlin hatte, dem gehörte die Welt."[178] Erstmals gerät Klaus Mann in Kontakt mit der Berliner Szene, lernt erstmals Schwulenbars kennen. Erfüllt kehren die beiden Geschwister nach München zurück und stürzen sich mit jugendlichem Elan ins dortige Nachtleben.

Es ist die Zeit der Wirtschaftskrise und einer Inflation astronomischen Ausmaßes. Große Geldvermögen werden vernichtet, das Geld verfällt rapide: So kostet ein US-Dollar im Mai 1923 an der Berliner Börse noch 47670 Mark – im Oktober desselben Jahres sind es 25260000000 Mark. [179] Klaus Mann und seine Zeitgenossen

---

[176] Vgl. Klaus Mann, Kind dieser Zeit, a. a. O., 208.

[177] „Die Metropole tanzte in einem Delirium von Schieberei und Inflation, von Nachtleben und künstlerischem Aufbruch" (Armin Strohmeyr, Klaus Mann, München 2000, 27f.).

[178] Carl Zuckmayer, Als wär´s ein Stück von mir, a. a. O., 367.

[179] Die umlaufende Geldmenge hatte sich von 1914 bis 1918 verfünffacht. Die Golddeckung der Reichsmark war aufgehoben worden. Die Banknotendeckung wurde durch staatliche Schuldverschreibungen gewährleistet, die mit der Inflation an Wert verloren. Die Kriegsschulden von 164 Milliarden Reichsmark waren nach dem 15.11.1923 nur noch 16,4 Pfennige wert. Vgl. weiterführend Fritz Blaich, Der schwarze Freitag. Inflation und Wirtschaftskrise, München 1990, 29ff.

erleben „die totale Entwertung des einzigen Wertes, an den eine entgötterte Epoche wahrhaft geglaubt hatte, des Geldes. Das Geld verflüchtigte sich, löste sich auf in astronomischen Ziffern. (...) Die Herren Krupp und Stinnes werden ihre Schulden los: Der kleine Mann zahlt die Rechnung"[180]. So kostet eine Trambahnfahrt „elf Millionen Mark, ein Liter Milch zwölf Millionen, ein Brot zwanzig Millionen, ein Pfund Butter sechzig Millionen. (...) Das Volk hungert."[181] Mit der Inflation einher geht die Armut. Einem Heer aus Arbeitslosen und Arbeitern steht eine kleine Oberschicht aus vermögenden Industriellen, Adligen und Angehörigen des Militärs gegenüber. Die Verelendung der Massen, von der Karl Marx und Friedrich Engels knapp hundert Jahre zuvor sprachen, ist jetzt grausame Realität geworden.

---

[180] Klaus Mann, Der Wendepunkt, a. a. O., 142.
[181] Anatol Regnier, Du auf deinem höchsten Dach. Tilly Wedekind und ihre Töchter. Eine Familienbiografie, München ³2005, 179.

3. Die Goldenen Zwanziger Jahre

Aber die Jahre sind andererseits auch Jahre der Bühnen und Bars, des Glitters und des Glamours – die Zeit der kleinen und großen Skandale: „Millionen von unterernährten, korrumpierten, verzweifelt geilen, wütend vergnügungssüchtigen Männern und Frauen torkeln und taumeln dahin im Jazz-Delirium. Der Tanz wird zur idee fixe, zum Kult. Die Börse hüpft, die Minister wackeln, der Reichstag vollführt Kapriolen. Kriegskrüppel und Kriegsgewinnler, Filmstars und Prostituierte, pensionierte Monarchen... und pensionierte Studienräte... – alles wirft die Glieder in grausiger Euphorie. (...) Man tanzt Foxtrott, Shimmy, Tango, den altertümlichen Walzer und den schicken Veitstanz. Man tanzt Hunger und Hysterie, Angst und Gier, Panik und Entsetzen."[182] Nach der Währungsreform 1923/24 erholt sich die Wirtschaft schnell und wächst rasant. Deutschland entwickelt sich vom Agrarstaat zur modernen Industriegesellschaft. Die Städte wachsen. In Berlin fährt die Elektrische, große Warenhäuser und Hochhäuser prä-

---

[182] Klaus Mann, Der Wendepunkt, a. a. O., 143.

gen das Zentrum der Stadt.[183] Es ist die Zeit, die man später die *Golden Twenties*, die Goldenen Zwanziger Jahre, nennen wird – die Zeit der Kunstschaffenden, der Schauspieler und Intellektuellen der Weimarer Republik.[184]

Klaus Mann hat einen ausgedehnten Bekanntenkreis, der sich vor allem aus Künstlerinnen und Künstlern rekrutiert. Die Frauen dieses Kreises sind jung, chic und modern – sie rauchen Zigarette mit langer Spitze, haben Bubikopf-Frisuren, tragen Hosen, Hemden und Kra-

---

[183] Es gibt zahlreiche Dokumentarfilme über diese Zeit, die einen authentischen Eindruck vom Alltagsleben vermitteln. Einer davon ist der GEO-Epoche-Film `Berlin in den Zwanziger Jahren´, Chronos Media 2002, in dem die Dokumentarfilmerin Irmgard von zur Mühlen (geb. 1936) die Geschichte der deutschen Hauptstadt zwischen 1918 und 1933 und damit auch die Geschichte der Weimarer Republik erzählt (vgl. Klappentext).

[184] Der gigantische deutsche Science-Fiction-Film `Metropolis´ von Fritz Lang (1890-1976) stellt diese `Zwischenkriegszeit´ dar. Gedreht in den Jahren 1925/1926, also in einer Zeit, in der die sozialen Spannungen in der Weimarer Republik immer größer wurden und Arbeiteraufstände an der Tagesordnung waren, war dieser Stummfilm bis dato die aufwändigste Ufa-Produktion. Vor diesem spannungsreichen Hintergrund erzählten Fritz Lang und seine Frau Thea von Harbou (1888-1954), die das Drehbuch schrieb – sie trennte sich später von ihrem Mann und trat 1940 in die NSDAP ein –, ihre märchenhafte romantisch-futuristische Geschichte. Über sechsunddreißigtausend Statisten, darunter 1000 Kahlköpfige, wirkten in dem Film mit, der 1927 im Berliner Ufa-Palast Premiere feierte. 2008 tauchte in Buenos Aires die verloren geglaubte Urfassung des Films wieder auf. Sie wurde restauriert und am 12. Februar 2010 in der Frankfurter Alten Oper und anlässlich der Berlinale im Berliner Friedrichstadtpalast wieder aufgeführt.

watten.[185] Die Herren ziehen mit Vorliebe Fla-
nellhemden und Bundfaltenhosen an, ihre Füße
stecken in eleganten Schuhen. Man trifft sich
gerne in romantischen Cafés und Bars, tanzt in
Tanzpalästen Tango, Charleston und zu den
Klängen des Jazz, liebt das Theater und die
Transvestiten- und Homosexuellenlokale, die
wie die Kinosäle und Cabarets auf einmal wie
Pilze aus dem Boden sprießen.[186] Durch Berlin
auf den Geschmack gekommen, taucht der liberal gesonnene, aber zu dieser Zeit politisch völlig desinteressierte junge Mann[187] zusammen mit
seiner Schwester, die im März 1924 an der
Münchner Städtischen Höheren Mädchenschule

---

[185] Vgl. dazu weiterführend Hanna Vollmer-Heitmann, Wir sind von Kopf
bis Fuß auf Liebe eingestellt: Die Zwanziger Jahre, Hamburg 1993, bes.
22ff., wo sie auf Erika Mann rekurriert. Die Zwanziger Jahre waren mo-
disch im Deutschland des Jahres 2009 wieder voll im Kommen, vgl.
Kultur Spiegel Nr. 4 v. April 2009, 22-25: „Die große Sause. Eine neue
Boheme feiert im Zwanziger-Jahre-Look gegen die Krise an".
[186] Die bildenden Künstler der Weimarer Republik haben diese Zeit gut
ins Bild gesetzt. Ich denke z. B. an Otto Dix, Großstadt-Triptychon, 1928.
[187] Vgl. Klaus Mann, Der Wendepunkt, a. a. O., 119. Andernorts hat sich
Klaus Mann als „liberalen Europäer, bürgerlich-Intellektuellen" bezeich-
net, aber auch als „Sozialisten..." (KMT 1931-1933, Eintrag vom
24.3.1933, 126). Elke Kerker, marxistische Literaturkritikerin, rechnet
Klaus Mann der `liberalen Intelligenz´ zu und verortet ihn im liberalen
Spektrum der Gesellschaft, vgl. Elke Kerker, Weltbürgertum – Exil –
Heimatlosigkeit: Die Entwicklung der politischen Dimension im Werk
Klaus Manns von 1924 – 1936, Meisenheim am Glan 1977 (diss.).

am St. Annaplatz ihr Abitur macht[188], in das ausschweifende Münchner Nachtleben ein: Er nimmt an Maskenbällen und ausschweifenden Kostümfesten teil, an nächtlichen Schlittenfahrten und Partys, schminkt und parfümiert sich, debattiert gerne schwülstig und lernt u. a. Pamela Wedekind[189], die Tochter des verstorbenen berühmten Dichters Frank Wedekind[190], kennen. Die junge Frau fasziniert ihn: Sie kleidet sich wie ein junger Mann und sieht androgyn aus. In ihrem Haus erlebt er eine große Freizügigkeit.[191]

---

[188] Erika Manns Abiturzeugnis vom 9. April 1924 ist abgedruckt in Uwe Naumann (Hg.), Die Kinder der Manns, a. a. O., 65.

[189] Zur Vita siehe `Who is Who´ bei Klaus Mann.

[190] Die Werke Frank Wedekinds, darunter die Kindertragödie `Frühlings Erwachen´, die die Nöte pubertierender Jugendlicher zum Thema hat, und die zweiteilige Tragödie `Lulu´, sein Hauptwerk, an dem er 21 Jahre lang gearbeitet hatte, kritisierten die wilhelminische Ära mit ihren vielen Tabus. Lange wurden sie deshalb in Deutschland indiziert, werden heute aber oft gespielt. 2006/2007 wurde das Stück in einer Bearbeitung erfolgreich am Broadway aufgeführt. `Frühlings Erwachen´, über zwanzig Jahre lang auf dem Spielplan des Deutschen Theaters und allein zu Lebzeiten Wedekinds sechzig Mal neu inszeniert, zählt heute in Deutschland zur Schullektüre. `Lulu´ wird immer noch gerne an deutschen Bühnen gespielt (so z. B. am Frankfurter Schauspielhaus im März 2010 in einer Inszenierung von Stephan Kimmig, vgl. DIE ZEIT v. 31.3.2010). Klaus Mann bezeichnete Frank Wedekind, als ihn die Nazis zu vereinnahmen suchten, als „Kulturbolschewisten", vgl. Klaus Mann, Frank Wedekind, in: ders., Zahnärzte und Künstler. Aufsätze, Reden, Kritiken 1933-1936, hg. von Uwe Naumann und Michael Töteberg, Reinbek 1993, 337-343, Zitat auf 337. Zu Leben und Werk Frank Wedekinds, vgl. Anatol Regnier, Frank Wedekind. Eine Männertragödie, München 2008.

[191] Es ist auf dem Hintergrund dessen, was man über Thomas Mann weiß, fraglich, wenn Anatol Regnier schreibt: „Für Pamela muss es

Klaus Manns Schwester Erika, die zu ihr ein en-
ges Verhältnis hat[192], und er selbst werden Zeit
ihres Lebens miteinander verbunden bleiben.[193]
Mit Ricki Hallgarten, seinem Intimfreund[194], ent-

---

geradezu ein Nachhausekommen bedeuten, denn die Mann-Kinder
haben, was sie vermisst: ein intaktes Familienleben, einen präsenten
Vater, eine stabile, ausgeglichene, belastbare Mutter, einen geregelten
Tagesablauf, gemeinsame Ferien, kurz: einen bürgerlichen, soliden
Haushalt voll Sicherheit und Ordnung, wie Pamela es mag" (Anatol
Regnier, Du auf deinem höchsten Dach, a. a. O., 180).

[192] Anatol Regnier berichtet, dass Erika Mann für Pamela, seine Mutter,
eine `bedingungslose, eifersüchtige, erotische Leidenschaft´ (187) emp-
fand und in Pamela ihre große Liebe gefunden hatte – allerdings wenig
Chancen hatte, da Pamela „nur bedingt homoerotisch" (188) gewesen
sei (vgl. Anatol Regnier, Du auf deinem höchsten Dach, a. a. O., Zitate
auf 187f.). Anja M. Dohrmann, Erika Mann, a. a. O., 57, zufolge wird sich
„jene Annahme... zur Zeit mangels Quellen nicht... belegen lassen."
Erika Mann hatte vom Ende der zwanziger bis Mitte der dreißiger Jahre
eine intime Beziehung zu Therese Giehse sowie später noch zu einigen
weiteren Frauen und auch Männern, vgl. dazu auch Marianne Krüll, Im
Netz der Zauberer, a. a. O., 318.

[193] Zum zeitweiligen Bruch mit Erika Mann kam es, als Pamela Wedekind
in Deutschland blieb, sich wie ihre Mutter mit dem NS-Regime arrangierte und durch den Einfluss von Emmy Sonnemann-Göring (1893-1973)
eine Stelle am Preußischen Staatstheater bekam. Nach Klaus Manns
Tod 1949 nahmen Erika Mann und Pamela Regnier wieder Kontakt
miteinander auf (vgl. Erika Mann, Brief an Pamela Wedekind v.
16.6.1949, in: Erika Mann, Briefe und Antworten, a. a. O., 260f.). Sie
besuchten sich auch gegenseitig. Pamela Regnier schrieb gegen Ende
ihres Lebens: „Jedenfalls war die höchste Auszeichnung, die mir im
Leben zuteil wurde, Deine Freundschaft – sie ist nie durch nichts und
niemanden ersetzt worden" (vgl. dazu weiterführend Anatol Regnier, Du
auf deinem höchsten Dach, a. a. O., Zitat auf 385).

[194] Vgl. F. Kroll (Hg.), KMS, 3, a. a. O., 186. Die Klaus-Mann-Forscher
sind sich nicht ganz einig, ob Ricki Hallgarten zu den homosexuellen
Freunden Klaus Manns zu rechnen ist, weil dieser es – außer einem
Traum (KMT 1931-1933, 154, Eintrag v. 7.7.1933) – nirgendwo explizit
erwähnt hat. Ich schließe mich mit F. Kroll denen an, die eine solche
Beziehung dennoch für wahrscheinlich halten.

deckt er die Münchner Homosexuellen-Szene.[195]
Die Kreise, in denen sich Klaus Mann bewegt,

---

[195] Klaus Mann suchte den schnellen Sex und führte Buch darüber. In seinem Tagebuch hielt er beispielsweise seine Besuche im Bordell (vgl. KMT 1931-1933, 139, Eintrag vom 25.5.1933; KMT 1934-1935, 101, Eintrag v. 1.4.1935) ebenso fest wie sexuelle Abenteuer mit irgendwelchen Straßenbekanntschaften (KMT 1931-1933, 146, Eintrag v. 13.6.1933). „Avec un jeune paysan assez gentil (et avec des choses fort grosses, dans un endroit près de la Kaufingerstrasse" (KMT 1931-1933, 17, Eintrag vom 4.12.1931). Jahrelang suchte er das Strichermilieu auf (KMT 1940-1943, 60, Eintrag v. 15.9.1940, auf Französisch [Übersetzung auf 225] und KMT 1940-1943, 71, Eintrag v. 19.10.1940 [Übersetzung auf 228]). Er hielt Begegnungen für eine Nacht fest, „ohne Passion und ohne den Namen zu wissen" (KMT 1936-1937, 43, Eintrag v. 21.4.1936). Manchmal beklagte er das: „Ich habe, seit ich von München fort bin... die Liebe nur für Bezahlung gemacht; ich musste zahlen. Matrosen, Masseure, Strich..." (KMT 1931-1933, 152, Eintrag vom 2.7.1933). Aus dem Tagebuch geht hervor, dass Klaus Mann gleichzeitig zu verschiedenen jungen Männern – ganz unterschiedlicher Nationalitäten (Argentinier, Amerikaner, Araber, Europäer) – homosexuelle Kontakte hatte (vgl. KMT 1931-1933, 17, Eintrag v. 4.12.1931; KMT 1931-1933, 35, Eintrag v. 30.1.1932; KMT 1931-1933, 36, Eintrag v. 1.2.1932; KMT 1931-1933, 139, Eintrag vom 13.6.1933; KMT 1934-1935, 30, Eintrag v. 25.4.1934; KMT 1934-1935, 148, Eintrag v. 30.11.1935; KMT 1936-1937, 14, Eintrag v. 19.1.1936; KMT 1936-1937, 21, Eintrag v. 15.2.1936; KMT 1936-1937, 46, Eintrag v. 24.4.1936; KMT 1936-1937, 60, Eintrag v. 23.6.1936; KMT 1940-1943, 9f., Eintrag v. 5.1.1940; KMT 1940-1943, 80, Eintrag v. 27.12.1940). Regelmäßig brachte er seine Partner in München, Küsnacht, Princeton und Pacific Palisades auch mit nach Hause. Im `Wendepunkt´, in dem er über so viel Privates berichtete, tauchte von seiner Inanspruchnahme der genannten Liebesdienste aber nichts auf (vgl. KMT 1940-1943, 80, Eintrag v. 27.12.1940); seine wechselnden Beziehungen vertraute Klaus Mann ausschließlich seinen Tagebüchern an. In ihnen wechselte er bei Privatem, Liebe und Zuneigung häufig ins Französische (vgl. dazu B. Fulton, Klaus Mann. Das Scheitern am `mißratenen Leben´. Untersuchungen zum Identitätskonstrukt Klaus Manns [diss. phil.], Wien 2009, 150, die darin eine „gewisse Tabuisierung der Sexualität" erkennt). Im letzten Band der Tagebücher trug Klaus Mann nur noch kurz seine Affären ein, beispielsweise: „Renato" (KMT 1944-1949, 18, Eintrag v. 11.3.1944), „Clark" (KMT 1944-1949, 24, Eintrag v. 16.4.1944), „Harold" (KMT 1944-1949, 109, Eintrag v.

treten für eine Enttabuisierung der Sexualität ein und stehen der Homosexualität offen gegenüber.

Mit Ricki Hallgarten zusammen reist er ein weiteres Mal – diesmal von den Eltern genehmigt – in die pulsierende Hauptstadt, um bei Berliner Verlegern vorzusprechen.[196] Auf Vermittlung der Eltern wohnt der als melancholisch geltende Bohémien nach seiner Rückkehr bis Herbst 1924 bei dem anthroposophischen Dichter, Alchemisten und Mäzen Alexander von Bernus[197], einem Bekannten des Vaters, im Stift Neuburg bei Heidelberg, um die Eindrücke, die er in der Großstadt Berlin erhalten hatte, zu reflektieren, eine Auszeit für sich zu nehmen und darüber nachzudenken, was er mit seinem Leben weiter anfangen will. Einige der dort entstehenden literarischen Arbeiten gelangen zur Veröffentlichung.

Klaus Mann beschließt in dieser Zeit, längerfristig journalistisch und schriftstellerisch zu arbei-

---

11.1.1947), „Al“ (KMT 1944-1949, 121, v. 13.5.1947), „Johnny“ (KMT 1944-1949, 127, Eintrag v. 21.7.1947) oder nur: „Jemanden mitgenommen“ (KMT 1944-1949, 181, Eintrag v. 24.8.1948).

196 Vgl. Klaus Mann, Kind dieser Zeit, a. a. O., 230.

197 Zur Vita siehe `Who is Who´ bei Klaus Mann.

ten.[198] Dazu gehört, dass er nach Berlin umzieht. Seine Schwester Erika befindet sich bereits dort. Im Herbst 1924 beginnt der 18jährige durch Vermittlung seines Onkels Klaus Pringsheim[199] als Theaterkritiker bei der Berliner Zeitung `12-Uhr-Blatt´ zu arbeiten, beliefert aber auch noch andere Medien wie `Die Weltbühne´ und die `Vossische Zeitung´. Sein berühmter Name hilft ihm dabei. Innerhalb weniger Monate entstehen ca. dreißig Kritiken zu kulturellen Ereignissen in der deutschen Metropole.[200]

1925/1926 tritt der ehrgeizige, ruhmsüchtige junge Mann gleich mit drei Büchern als Schriftsteller an die Öffentlichkeit: die Novellensammlung `Vor dem Leben´[201] erscheint als erstes. Klaus Mann, damals noch nicht zwanzig Jahre alt, fühlt sich in jener Zeit der bürgerlichen `Linken´ zugehörig, seine Werke sind getragen von einer apokalyptischen Grundstimmung. Diese

---

[198] Vgl. zur Beziehung des Dichters zur Publizistik bis zur Nachkriegszeit Sabine Schultenkämper, Klaus Mann und Deutschland – eine Untersuchung seiner journalistischen Arbeiten (1933-1949): Hoffnungen, Erwartungen, Enttäuschungen, Bonn 1992.
[199] Zur Vita siehe `Who is Who´ bei Klaus Mann.
[200] Ein Teil der damals erschienenen Berichte über Klassikeraufführungen ist zwischenzeitlich leicht zugänglich in der Neuausgabe seiner Werke.
[201] Vgl. Klaus Mann, Vor dem Leben. Erzählungen, Hamburg 1925.

frühen Aufsätze sind im Plauderton gehalten. Auffällig ist, dass die konkreten politischen und wirtschaftlichen Ereignisse mit keinem Wort erwähnt werden – weder die Arbeitslosigkeit noch der Radikalismus der Rechtsextremisten noch die Inflation.

Sodann wird Klaus Manns erstes, in nur vierzehn Tagen geschriebenes Theaterstück veröffentlicht und aufgeführt.[202] Er war im November 1924 ins Elternhaus nach München zurückgekehrt, um in Ruhe schreiben zu können. In dem homoerotischen Skandaldrama `Anja und Esther. Ein romantisches Stück in 7 Bildern´[203], das dabei entstanden ist, dreht es sich um eine verwickelte, die lesbische Liebe zweier Frauen thematisierende Vierecksgeschichte, bei der jede handelnde Person in eine andere verliebt ist.[204] Inhaltlich geht es um die Suche von vier in

---

[202] Bei seinen Theaterstücken aus dieser Zeit fällt auf, dass sie in der Regel schwülstig und exzentrisch sind und die Schauspieler sich meistens selbst spielen!

[203] Vgl. Klaus Mann, Anja und Esther. Ein romantisches Stück in sieben Bildern, Berlin 1925. Das Stück wurde am 22.10.1925 in Hamburg uraufgeführt. Am 4.11.1925 löste die Aufführung des Stücks in Darmstadt eine Debatte im Hessischen Landtag aus; dieser beschäftigte sich daraufhin mit einem Verbot des Werkes über Inzest, Vatermord und Homosexualität. 1926 ging Klaus Mann mit dem Ensemble auf Tournee nach Berlin und Wien.

[204] Vgl. weiterführend Andrea Weiss, Flucht ins Leben. Die Erika- und Klaus-Mann-Story, Reinbek ³2002, 41.

einem `Erholungsheim´ für gefallene Kinder le-
benden jungen Erwachsenen – „worunter man
sich eine Mischung aus Ballettschule und Sanatorium, mit einem Einschlag von Gefängnis,
Bordell und Kloster vorzustellen hat"[205] – nach
Lebenssinn und Orientierung. Die Figuren bewegen sich im Spannungsfeld von Liebesver-
langen und Lust, Beziehungswunsch und Bezie-
hungsunfähigkeit, Schwermütigkeit und Hoffnung. Der achtzehnjährige Autor verarbeitet in
dem Stück seinen Aufenthalt im Landerziehungsheim `Odenwaldschule´ in Heppenheim:
Erika Mann spielt Anja, er selbst ihren Halbbruder Kaspar. Esther wird von Pamela Wedekind
dargestellt und Jakob von Gustaf Gründgens[206],
dem aufgehenden Stern am deutschen Theater-
himmel. Geleitet wird die Handlung in `Anja und
Esther´ von einer patriarchalischen Figur mit
prophetischem Äußeren, die Paul Geheeb zum
Vorbild hat. Seine Schutzbefohlenen werden bei
den Exerzitien von Anja und Esther und Jakob
und Kaspar, die den Rest ihres Lebens dort verbringen wollen, überwacht. Ihr Verhältnis unter-
einander ist kompliziert: Die beiden Mädchen

---

[205] Klaus Mann, Der Wendepunkt, a. a. O., 175ff.
[206] Zur Vita siehe `Who is Who´ bei Klaus Mann.

sind gleichgeschlechtlich orientiert; der melancholische Jakob betet Anja an, Kaspar liebt alle und keinen. Erik, von außen in diese statische Welt eintretend, bringt Bewegung in das Vierergeflecht und verändert die überlebten hierarchischen Strukturen. Später urteilt die Kritik u. a., dass Anja und Esther kein großes Drama sei, „sondern ein Werk voller unausgegorener Religiosität und mit einem hochgreifenden philosophischen Anspruch, den der junge Autor noch nicht einlösen konnte."[207] Für den bekannten Kritiker Herbert Ihering[208] ist das besagte Stück der „szenische Marlittroman der Homosexualität".[209] Außerdem kommt in diesem Jahr Klaus Manns erster Roman mit dem Titel `Der fromme Tanz´[210] heraus. Das mit unverkennbar autobiografischen Zügen versehene Erstlingswerk des zwanzigjährigen Autors gilt als der erste Homosexuellen-Roman der deutschsprachigen Literatur bzw. in der deutschen Literaturgeschichte. Im `frommen Tanz´, entstanden auf einer Reise

---

[207] Hans Wißkirchen, Die Familie Mann, a. a. O., 64.
[208] Zur Vita siehe `Who is Who´ bei Klaus Mann.
[209] Herbert Ihering, zit. nach Irmela von der Lühe, Erika Mann, a. a. O., 41 sowie Anm. 15 auf 387.
[210] Vgl. Klaus Mann, Der fromme Tanz. Das Abenteuerbuch einer Jugend, Hamburg 1926, und weiterführend F. Kroll (Hg.), KMS 2, a. a. O., 140-150.

Klaus Manns nach Tunesien und Marokko, wird in pathetischem Stil die Geschichte des jungen Andreas Magnus erzählt, der in die Pariser und Berliner Schickeria eintaucht. Das Buch, das bei genauerem Hinsehen Klaus Manns *Coming-out* erzählt, kreist um die Themen Suizid, Drogensucht und Homosexualität. [211] Sein Inhalt ist schnell erzählt: „Der Protagonist Andreas verlässt seine Verlobte, die Tochter eines großen Künstlers, und geht nach Berlin, wo er in eine heruntergekommene Pension und ein schäbiges Cabaret gerät und das faszinierende Gesicht eines leichtsinnigen jungen Mannes sieht, in den er sich verliebt."[212] Der `fromme Tanz´ ist vielleicht Klaus Manns intimstes Werk; in ihm offenbart er Insiderwissen, weil er, der Bohémian, der mit homosexuellen Freunden durch Bars und

---

[211] Wie sein Protagonist, der Maler Andreas Magnus, der im Berlin der Zwanziger Jahre mit der Welt der Drogen und Vergnügungsviertel in Kontakt kam, so stammte der 20jährige Klaus Mann aus großbürgerlichen Verhältnissen; wie bei ihm war sein Umfeld geprägt von Künstlern und Intellektuellen. Klaus Mann lebte ab 1924 in Berlin. Beim Publikum kam der Roman gut an. Die Kritik, die das Werk wegen seiner sexuellen Ausschweifungen geschmacklos fand, führte die positive Resonanz darauf zurück, dass hier der Sohn Thomas Manns schrieb, vgl. weiterführend Nicole Schaenzler, Klaus Mann als Erzähler. Studien zu seinen Romanen `Der fromme Tanz´ und `Der Vulkan´, Paderborn 1995, die das Buch für „ein mutiges Buch (73) hält.

[212] Andrea Weiss hat den Inhalt des Pamela Wedekind gewidmeten Romans in diesem genannten einen Satz zusammengefasst: Andrea Weiss, Flucht ins Leben, a. a. O., 40.

Saunen zog und ein kostspieliges hektisches Leben mit Drogen, Reisen, Hotelleben und Theaterbesuchen führte, auf eigene Erfahrungen in der Berliner und Pariser Homosexuellenszene zurückgreifen kann. Es erscheint trotz des seit 1871 auch in der Weimarer Republik bestehenden §175 des Reichsstrafgesetzbuches, der Homosexualität unter Strafe stellt. Klaus Mann steht zu seiner Homosexualität. Er erlebt sie nicht als Identitätsbruch. [213] Homosexualität ist sein Thema Mitte der zwanziger Jahre[214] und sie gehört mit zu den ganz starken Leitmotiven in seinem Gesamtwerk. Thomas Mann, bekanntlich latent homosexuell, antwortet auf den Roman seines ältesten Sohnes u. a. mit dem Essay `Über die Ehe´, in dem er die Homosexualität vernichtend als `widersinnig´ und `als Fluch´ bezeichnet.[215] In seinen Tagebüchern notiert er

---

[213] Vgl. Nicole Schaenzler, Klaus Mann, a. a. O., 85.

[214] Auch der Zwillingsbruder seiner Mutter, Klaus Pringsheim, war homo- bzw. bisexuell, vgl. Inge und Walter Jens, Frau Thomas Mann, a. a. O., 147.

[215] In seinem 1926 erschienenen Essay `Über die Ehe´ verurteilte Thomas Mann die Homosexualität als unmoralisch: „Sie ist `freie´ Liebe im Sinne der Unfruchtbarkeit, Aussichtslosigkeit, Konsequenz- und Verantwortungslosigkeit. Es entsteht nichts aus ihr, sie legt den Grund zu nichts, ist `l´art pour l´art´, was ästhetisch recht stolz und frei sein mag, doch ohne Zweifel unmoralisch ist. Sie selbst hegt das innere Gefühl ihrer Aussichtslosigkeit, Wurzellosigkeit, ihrer Nicht-Gebundenheit an die Zukunft, ihres Mangels an Zusammenhang. Ihr

aber insgeheim Anerkennung und Bewunderung für die sexuelle Ausrichtung und den offenen Lebenswandel seines Sohnes. [216] Verbunden damit ist Klaus Manns Bindungslosigkeit und seine Bindungsunfähigkeit an eine Person: [217] „Diese vage, schweifende Sexualität erzeugt den Eindruck, dass sie ohne Genuß konsumiert wird, dass sie nur die Empfindung von mißlingendem Leben fördert. (...) Es steckt in dieser vagierenden Lust eine immer wieder bestätigte Lustlosigkeit, die sich mit einem Anflug von

---

inneres Wesen ist Libertinage, Zigeunertum, Flatterhaftigkeit. ... (...) Sie ist nicht gründend, nicht familienbindend und geschlechterzeugend (...) Sittlichkeit und Sozialität sind die Gegenformel zu jenem metaphysischen Individualismus, der als Auflösung der sittlichen Lebensform, als orgiastische Befreiung davon zu begreifen ist, und dem erotisch die ästhetisierend-sterile Knabenliebe entspricht" (Thomas Mann, Über die Ehe, in: ders., Gesammelte Werke in dreizehn Bänden, Bd. X, FfM 1974, 191-207, bes. 197f. und 202). Die Objekte seiner unterdrückten homoerotischen Begierde, die er immer auch literarisch verarbeitete, sind bekannt: der damals 17jährige Klaus Heuser, der 19jährige Hans von Huelsen, der 23jährige Bruno Frank und der 26jährige Hans Reisiger.
[216] Vgl. Thomas Mann, Tagebücher 28.5.1946-31.12.1948, hg. v. Inge Jens, FfM 1989, 303.
[217] Andrea Wüstner zitiert den Kinder- und Jugendpsychiater Christian Eggens über die Auswirkungen frühkindlicher Bindungsunfähigkeit im Blick auf eine Persönlichkeitsstörung (Andrea Wüstner, „Ich war immer verärgert...", a. a. O., 112, Anm. 47). Sie schreibt: „Klaus´ Tagebücher, die ab Oktober 1931 datiert vorliegen, zeigen ihn als ernsthaften Schriftsteller und politisch engagierten Publizisten, aber auch als Menschen, der regelmäßig Morphium, Kokain, Eukodal und Adalin einnimmt und seine homosexuellen Bedürfnisse mit wechselnden Freunden und Strichjungen befriedigt" (Andrea Wüstner, „Ich war immer verärgert...", a. a. O., 153).

Selbstironie mischen kann. Der so ausgelebte Trieb ist nichts anderes als Leidenschaft für Einsamkeit, in dem Unbestimmten dieser Objektbeziehungen wird ein Mechanismus der Vermeidung der Partnerverfehlung des verneindenden Anschlusses, der Liebe ex negativo sichtbar."[218] Kennzeichnend für den Stil Klaus Manns in dieser Zeit – darin beeinflusst von seinem Onkel Heinrich Mann und seinem Vater Thomas Mann, von Jean Cocteau[219] und André Gide[220] – ist die unmittelbare Übertragung eigener Erlebnisse oder jener von ihm nahestehenden Personen auf fiktive Romanfiguren. Am 20. Oktober 1925 gelangt `Anja und Esther´ in den Münchner Kammerspielen zur Uraufführung.[221] Zwei Tage darauf spielen die sog. `Dichterkinder´ unter der Regie von Gustaf Gründgens an den Hamburger Kammerspielen.[222] Der Abend, an dem Erika Mann, Gustaf Gründgens und Pamela Wedekind

---

[218] Nachwort von W. F. Schoeller, in: KMT 1934-1935, 159-183, Zitat auf 179.
[219] Zur Vita siehe `Who is Who´ bei Klaus Mann.
[220] Zur Vita siehe `Who is Who´ bei Klaus Mann.
[221] Klaus Mann bezeichnete u. a. deshalb „1925 als das beste Jahr. Überhaupt – 1925-30" (KMT 1931-1933, 158, Eintrag v. 23.7.1933).
[222] Vgl. weiterführend Sabine Walter (Hg.), Wir sind so jung – so sonderbar. Klaus Mann und die Hamburger Kammerspiele, Hamburg 1999. Hierin finden sich u. a. Beiträge zur Aufführungsgeschichte von `Anja und Esther´ und zu Hans Henny Jahnn (1894-1959).

neben dem Autor auf der Bühne zu sehen sind, wird wegen der Autorschaft des Sohnes Thomas Manns und der schauspielerischen Besetzung mit drei Dichterkindern samt Gustaf Gründgens ein voller Erfolg. Klaus Mann und seine Freunde stillen mit ihren Werken die unbürgerlichen Leidenschaften eines bürgerlichen Publikums, das für Skandale und Klatsch – wie noch heute[223] –

---

[223] Dafür stehen heute nicht nur die auflagenstarken Boulevardblätter der Regenbogenpresse und die Einschaltquoten von Sendern wie RTL, sondern auch zweifelhafte Bucherfolge im Literaturbetrieb: Ariadne von Schirach (geb. 1978), Enkelin des Nazi-Kriegsverbrechers Baldur von Schirach (1907-1974, zu seiner Vita siehe `Who is Who´ bei Klaus Mann), konnte ihr Buch `Der Tanz um die Lust´, München 2007, über Jugendliche in einer sexualisierten Gesellschaft erfolgreich verkaufen. Und dass sich das Bedürfnis für Literatur, die Sex, Drogen und die Großstadt-Bohème zum Gegenstand hat, selbst noch 2010 gut vermarkten ließ, zeigt das Beispiel der 17jährigen Berliner Autorin Helene Hegemann (geb. 1992). Es scheint, als habe sie bei der Vorlage für ihren Roman *Axolotl Roadkill* direkte Anleihen bei Klaus Mann genommen: Ihre Protagonistin ist Schulschwänzerin mit Papa im Kulturschaffenden-Milieu, lebt in einer WG, nimmt mit ihrem Bruder Drogen, zieht durch die Berliner Clubszene und spiegelt die entsetzliche existentielle Leere ihrer Generation. Für den Titel des Buches muss ein Lurch herhalten, der nicht erwachsen werden kann, denn als *Roadkill* wird ein Tier bezeichnet, das angefahren worden ist und am Straßenrand verendete. Das manchmal unlesbare Buch „wird von einer großen Suchbewegung getrieben, steckt voll treffender Beobachtungen und überraschender Gedanken" (DER SPIEGEL 3/2010, 124f.; vgl. auch ZEIT-Magazin v. 28.1.2010, 22ff.). Nach dem Erscheinen des Romans musste sich die Autorin Plagiatsvorwürfen stellen (vgl. Helene Hegemann, Axolotl Roadkill, Berlin 2010, und die Reaktionen des Feuilletons des SPIEGEL Nr. 7 v. 13.2.2010 sowie der ZEIT v. 18.2.2010). Aber für solche Art Literatur stehen heute auch die Bestseller `Feuchtgebiete´ von Charlotte Roche (geb. 1978) und `Geschenkt´, jene Kurzgeschichte von Alissa Walser (geb. 1961), mit der ihr 1992 in Klagenfurt der Ingeborg-Bachmann-Preis zugesprochen wurde.

offen ist. Die Aufführungen des Vierergespanns sind in der Regel ausverkauft, eine Spielzeit lang macht es die Hansestadt unsicher. Dem gegenüber bewertet die Literaturkritik das Drama als undurchdacht, langatmig und abgehoben; Kritiker wie Herbert Ihering schreiben zur Uraufführung einen Verriss. Die vom konservativen Geist des wilhelminischen Zeitalters geprägte Generation versteht das Stück mit seiner provokanten Darstellung der homoerotischen Liebesbeziehung von `Anja und Esther´ als einen Frontalangriff auf die bürgerliche Moral: „Von den Gestaden der Nordsee bis nach Wien, Prag und Budapest gab es ein großes Gerausche im Blätterwald: Dichterkinder spielen Theater!"[224], schreibt Klaus Mann später rückblickend in seiner Autobiografie. Er hat es geschafft! Er wird in den einschlägigen Kreisen diskutiert und sein Konterfei erscheint am 31. Oktober 1925 auf dem Titel der auflagenstarken `Berliner Illustrirten Zeitung´.[225] Er ist nun berühmt. Und die

---

[224] Klaus Mann, Der Wendepunkt, a. a. O., 188.
[225] Vgl. `Ruhe gibt es nicht, bis zum Schluss´, a. a. O., 59. Die `Berliner Illustrirte Zeitung´ (BIZ), 1891 gegründet und drei Jahre später von dem Verleger Leopold Ullstein (1826-1899) gekauft, war die erste deutsche Zeitung für die Massen, die aufgrund billiger Produktionskosten günstig für 10 Pfennige in den Berliner Straßen wöchentlich verkauft werden

Geister scheiden sich an ihm: Für die einen ist er der Wegweiser und Sprecher seiner Generation, ein Idol der Jugend – die anderen lassen kein gutes Haar an ihm.

Privat kommt es zu Verbindungen, die aus heutiger Perspektive recht merkwürdig anmuten: Obwohl Klaus Mann bekennend homosexuell ist, verlobt er sich im Juni 1924 mit Pamela Wedekind[226], die ihrerseits eine enge Beziehung zu

---

konnte. Die Leserschaft der BIZ wurde weniger durch feste Abonnements als vielmehr durch ihre Aufmachung (mit Fotos) rekrutiert. Ende der Weimarer Republik hatte die BIZ eine Auflage von fast zwei Millionen Exemplaren. Vor den Nazis ins Exil gegangen, kehrte die Familie Ullstein nach 1945 zurück und verkaufte ihren Verlag an Axel Springer (1912-1985), vgl. weiterführend Christian Ferber (Hg.), Berliner Illustrirte Zeitung. Zeitbild, Chronik, Moritat für Jedermann 1892-1945, Berlin 1982.

[226] Klaus Mann schreibt über seine Verlobung mit Pamela Wedekind: „Wir meinten es ernst, höchstens sehr nebenbei als Bluff und um die Leute zu schrecken" (Klaus Mann, Kind dieser Zeit, a. a. O., 256). Der schriftliche, nüchtern formulierte Heiratsantrag von Klaus Mann an Pamela Wedekind aus dem Jahre 1926 ist abgedruckt in: Klaus Mann, Briefe und Antworten 1922-1949, hg. von Martin Gregor-Dellin, Reinbek 1991, 35: „Ich möchte gern, dass wir jetzt im Frühsommer auch heiraten. Ich halte den Zeitpunkt jetzt für gekommen." Zwei Jahre später schreibt er von einem „Interesse an ihr, so tief, dass man es beinah Liebe nennen könnte" (a. a. O., 57). Klaus Mann, der zur Zeit seiner Heiratsabsicht noch nicht 21 Jahre alt – also nicht volljährig – war und, auf dem Standesamt 1927 erscheinend, deshalb abgewiesen wurde, reflektierte diese Idee in seinem Essay `Als ich heiraten wollte´, in: Klaus Mann, Die neuen Eltern, a. a. O., 126-128. Sowohl Thomas Mann als auch Tilly Wedekind erfuhren von der Verlobung aus der Zeitung. Tilly Wedekind reiste nach Berlin und dementierte das Verlöbnis öffentlich (vgl. `Deutsche Allgemeine Zeitung´ v. 12.7.1924).

seiner Schwester Erika hat.[227] Erika Mann wiederum, bisexuell, heiratet am 24. Juli 1926 den homosexuellen Schauspieler und späteren Theaterintendanten Gustaf Gründgens.[228] Von Anfang an sind die Motive für die Ehe für viele schwer nachvollziehbar, von Anfang an bestehen Zweifel, ob sie überhaupt Bestand haben würde. Die Verbindung veranlasst Erika Manns Großmutter zu der Bemerkung: „Das ist so eine komische moderne Ehe", es müsste „sich schon geradezu der Heilige Geist bemühen..., um mir Urgroßmutterfreuden zu verschaffen."[229]

Bis heute ist in der Klaus-Mann-Forschung nicht ganz klar, ob in den Jahren 1926 bis 1931 zwischen Klaus Mann und Gustaf Gründgens eine

---

[227] Vgl. Erika Mann, Briefe und Antworten 1922-1950/Briefe und Antworten 1951-1969, hg. von Anna Zanco Prestel, 2 Bde., München 1984/85, bes. Briefe I, München 1984, 12+13.

[228] Trauzeugen waren Thomas Mann und Klaus Pringsheim, Katia Manns Zwillingsbruder. Gefeiert wurde die Hochzeit im Hotel `Kaiserin Elisabeth´ in Feldafing. Thomas Mann schreibt nach der Hochzeit über seinen Schwiegersohn in einem Brief an einen Freund: „Der junge Gatte ist übrigens ein sympathischer Mensch und sehr begabt als Künstler" (Thomas Mann, Reg. I 26/129 v. 1.8.1926). Das Ehepaar lebte zusammen in der Oberstr. 125 in Hamburg, vgl. weiterführend Irmela von der Lühe, Erika Mann. Eine Biographie, FfM-New York ²1994, 34f., und ausführlicher dies., Szenen einer Ehe. Gustaf Gründgens und Erika Mann, in: Erika Fischer-Lichte/Dagmar Walach (Hg.), „Als Schauspieler fühle ich mich". Gustaf Gründgens (1899-1963), Berlin 2000, 69-78.

[229] Hedwig Pringsheim, Brief vom 22.10.1927, zit. nach Viola Roggenkamp, Erika Mann, a. a. O., 205.

Liebesbeziehung bestand und ob die heterosexuellen Verbindungen rein formell geschlossen wurden, um von der Homo- bzw. Bisexualität der Protagonisten abzulenken, weil der Staat diese Veranlagung gesetzlich ahndet. Aufgrund der Gesetzeslage bleibt den Homosexuellen damals nichts anderes übrig, als ihre sexuelle Orientierung zu verdrängen, sie im Privaten auszuleben oder sie öffentlich zu kaschieren, indem sie Scheinheiraten eingehen oder der ältere Partner den jüngeren einfach `adoptiert´. Liberale Initiativen, die eine Reform des Sexualstrafrechts in der Weimarer Republik anstreben, erreichen in diesen Jahren ihr Ziel nicht.

Beide Verhältnisse gehen in die Brüche: Klaus Manns Verlobung wird 1928 gelöst, Pamela Wedekind heiratet im April 1930 den 28 Jahre älteren expressionistischen Dramatiker Carl Sternheim[230], Vater der Mann-Freundin Dorothea Sternheim[231]. Klaus Mann schreibt: „Ich habe niemals geglaubt, dass Du Sternheim heiraten

---

[230] Zur Vita siehe `Who is Who´ bei Klaus Mann.
[231] Zur Vita siehe `Who is Who´ bei Klaus Mann.

würdest..."[232] Er bricht den Kontakt zu Pamela Wedekind ab.

Die Kritik feiert den Sohn von Thomas Mann, inzwischen Idol und Kultfigur vieler Jugendlicher – und misst ihn natürlich an dem berühmten Vater. Besonders am Anfang seiner literarischen Karriere erntet Klaus Mann mehr negative Kritik als Zustimmung.[233] Kritiker halten die Dichterkinder besonders nach der Aufführung von `Revue zu Vieren´[234], die am 21. April 1927 im Alten

---

[232] Klaus Mann an Pamela Wedekind, Brief v. 5.2.1928, in: Klaus Mann Briefe I, a. a. O., 54.

[233] So schrieb Kurt Tucholsky (1890-1935) belustigt, dass ein Thomas Mann in der Hand besser als ein Klaus Mann auf dem Dach sei (vgl. Kurt Tucholsky, Gesammelte Werke 1925-1928, Reinbek 1961, 415). Und Bert Brecht meinte polemisch, dass jeder zwar Klaus Mann kenne, aber nicht bekannt sei, wer Thomas Mann eigentlich sei (vgl. Bertolt Brecht, Gesammelte Werke, Bd. 18, FfM 1977, 40ff.). Im `Simplicissimus´ erschien am 9.11.1925 folgende Karikatur: „Du weißt doch, Papa, Genies haben niemals geniale Söhne, also bist du kein Genie" (Hans Wysling/Yvonne Schmidlin [Hg.], Thomas Mann, a. a. O., 269). Hier findet man auch die Doppelseite aus der Berliner Zeitschrift `Uhu´ vom August 1926. Neben Brecht griffen u. a. Erich Mühsam und Siegfried Kracauer (1899-1966) Klaus Mann von links an, indem sie in ihm „den Führer einer in ihrer Wirkung konterrevolutionären jeunesse dorée" (F. Kroll [Hg.], KMS 2, a. a. O., 176) sahen. Klaus Mann waren die Animositäten bekannt: „Bert Brecht lässt nicht zu, dass im `Wort´ positive Kritik über `Mephisto´ erscheint. Alte Feindschaft rostet nicht..." (KMT 1936-1937, Eintrag v. 23.4.1937, 129).

[234] 1926 hatte Klaus Mann `Revue zu Vieren. Komödie in drei Akten´ geschrieben. Inhaltlich ging es darum, dass eine orientierungslose Jugend etwas Großes und Zukunftsweisendes hervorbringen will: Vier junge Leute – gespielt von Klaus und Erika Mann, Gustaf Gründgens und Pamela Wedekind – wollen alle geistigen Strömungen ihrer Generation in einer Revue sammeln. Dorothea `Mopsa´ Sternheim, Tochter Carl

Theater in Leipzig unter der Regie von Gustaf Gründgens uraufgeführt wird und beim Publikum durchfällt, für dilettantisch. [235] So schreibt Erich Mühsam [236] verärgert: „Heiliger Himmel, diese Zwanzigjährigen stehen nirgends; sie sitzen in Vaters Polstersessel und quälen sich Vaters Prosa ab und Großonkels Verse. (...) Thomas Mann wurzelt in Vorstellungen, die mir falsch scheinen, die er aber wohl durchdacht hat. (...) Sein junger Sohn wurzelt gar nicht; er schwimmt im lauwarmen Wasser einer Familientradition. Es geht nicht um den individuellen Fall Klaus Mann, es geht um den typischen Fall einer Sorte

---

Sternheims, die zwischenzeitlich zur Truppe der Dichterkinder dazu gestoßen war, entwarf das Bühnenbild. Die Musik komponierte Klaus Pringsheim, der Onkel Klaus Manns. Pamela Wedekind führte bei weiteren Aufführungen Regie. Die Tournee führte das Ensemble nach Berlin, Breslau, Budapest, Cottbus, Dresden, Hamburg, Kopenhagen, München, Prag und Wien. Als Gustaf Gründgens wegen des langandauernden Misserfolgs des Stücks und aus Angst, es könnte seiner Karriere schaden, aus der Schauspielertruppe ausschied, endete schließlich die gemeinsame Zusammenarbeit. Zur Interpretation von `Revue zu Vieren´, vgl. F. Kroll (Hg.), KMS 2, a. a. O., 160-169. 1997 tauchte durch Zufall im Antiquariat von Harmut Erlemann Gründgens Regieexemplar der `Revue zu Vieren´ auf, das sich im Nachlass von Klaus Blahak (1946-1990) befunden hatte. Zu Klaus Mann und seinem Verhältnis zum Theater vgl. weiterführend Michael Töteberg, Eine unglückliche Liebe zum Theater. Unbekanntes und Unveröffentlichtes im Werk Klaus Manns: Sechs Theaterstücke in zwanzig Jahren, in: Heinz Ludwig Arnold (Hg.), Klaus Mann (Text+Kritik 93/94), München 1987, 2[1996], 14-36.
[235] Vgl. Irmela von der Lühe, Erika Mann. Eine Lebensgeschichte, Hamburg 2009, 388, Anm. 28.
[236] Zur Vita siehe `Who is Who´ bei Klaus Mann.

von Zwanzigjährigen, die nicht die Jugend re-
präsentieren, sondern das stagnierende
Greisentum, das als klebriges Rudiment erledig-
ter kultureller Ansätze mit unnützer Indolenz in
die gärende, flutende, grundstürzende Gegenwart hineinschnarcht."[237]

Zeit seines Lebens wird „der Sohn"[238] unter dem
langen Schatten des schier übermächtigen Vaters Thomas Manns leiden.[239] Besonders in der
Anfangsphase seines literarischen Schaffens ist
es sein Bestreben, aus diesem Schatten her-
auszutreten.[240] Dabei können die Einstellungen
von Vater und Sohn im Blick auf den privaten,
politischen und schriftstellerischen Bereich in

---

[237] Erich Mühsam, `Der Fall Klaus Mann´, in: Welt am Montag v.
8.8.1927, zit. nach Anatol Regnier, Du auf deinem höchsten Dach, a. a.
O., 203.

[238] Klaus Mann sah sich im Urteil der anderen als `der Sohn´, vgl. Klaus
Mann, Kind dieser Zeit, a. a. O., 261. Thomas Mann war sich dessen
bewusst und erkannte die ungünstigen literarischen Startbedingungen
für seinen Sohn Klaus.

[239] Die Vater-Sohn-Problematik zwischen Klaus und Thomas Mann
wurde innerhalb der Klaus-Mann-Forschung sehr häufig diskutiert. Dabei
schien es so, als wäre das Verhältnis zwischen beiden am gespanntes-
ten gewesen, als Thomas Mann sehr erfolgreich war und mit dem Nobelpreis geehrt wurde, während Klaus Mann in einer Schaffenskrise
steckte. Fest steht, dass das Verhältnis beider von Rivalität geprägt war,
vgl. Gerhard Härle, Rezensionen. Klaus Manns Tagebücher 1934-1935,
in: Forum Homosexualität und Literatur, Heft 9, 1990, 106-111, bes. 110.

[240] Golo Mann hat dazu bemerkt, dass Klaus Mann einerseits zwar darunter litt, andererseits aber auch die Popularität des Vaters für sich
nutzte, vgl. Golo Mann, Erinnerungen, in: Klaus Mann, Briefe und Antworten 1922-1949, a. a. O., 633.

dieser Zeit gar nicht gegensätzlicher sein, denn Klaus Mann lebt bewusst einen Gegenentwurf zum Leben seines Vaters: Ist Thomas Manns Tagesablauf in seinem Haus geregelt und diszipliniert, hetzt der Sohn ruhelos von Hotelzimmer zu Hotelzimmer. Braucht Thomas Mann einen geordneten Schreibtisch, um literarisch produktiv sein zu können, schreibt Klaus Mann in den Lounges des Hotels. Unterdrückt Thomas Mann seine homosexuellen Neigungen und favorisiert eine Doppelexistenz[241], lebt sein Sohn seine Homosexualität in einer Zeit, in der schwul noch mit `h´ geschrieben[242] und als Unzucht unter Männern hart bestraft wird, demonstrativ und in vollen Zügen aus und setzt sich mit dem Thema gerne auch offensiv öffentlich auseinander.[243] Das gespannte Verhältnis zwischen Vater

---

241 Thomas Mann vertraute nur seinem Tagebuch seine Sehnsucht nach dem „dämonisierenden Faszinosum" (Gerhard Härle, Männerweiblichkeit, a. a. O., 74) an.
242 So auch Klaus Mann, in: KMT 1936-1937, 155, Eintrag v. 26.8.1937.
243 Klaus Manns literarische Werke „der dreißiger Jahre lassen sich fast durchweg als Plädoyers für Toleranz gegenüber der Homosexualität lesen" (Uwe Naumann [Hg.], Die Kinder der Manns, a. a. O., 140). „Man begreife doch endlich: es ist eine Liebe wie eine andere auch, nicht besser, nicht schlechter; mit ebenso vielen Möglichkeiten zum Großartigen, Rührenden, Melancholischen, Grotesken, Schönen oder Trivialen wie die Liebe zwischen Mann und Frau. In manchen Zeiten und in manchen Zonen ist diese Liebe durchaus üblich gewesen; in andren galt sie für ausgefallen, dumme Leute hielten sie für lasterhaft. Eine sehr große

und Sohn spiegelt sich literarisch in Thomas Manns `Unordnung und frühes Leid´[244], worauf der knapp zwanzigjährige Klaus Mann mit seiner `Kindernovelle´[245] antworten wird. In der Öffent-

---

Anzahl von Männern und Frauen haben sie kennengelernt im Lauf ihres Lebens; eine relativ kleine Zahl keine andre. Das sind die exklusiv Homosexuellen – ein Typus Mensch, zu dem man übrigens keinesfalls durch Verführung oder Gewöhnung *wird*, sondern als der man geboren ist. (...) Unleugbar ist, dass eine relativ große Anzahl von Menschheitsgenies dieser Form und Liebe zuneigten – Genies jeder Prägung und jeder Art –, aus Gründen, deren Kompliziertheit wir hier nicht erörtern wollen. [...] Die Homosexualität ist nicht `auszurotten´ – und wäre sie es, so hätte man die Menschheit ärmer gemacht um etwas, dem sie Unvergleichliches verdankt" (Klaus Mann, Homosexualität und Faschismus, in: ders., Das zwölfhundertste Hotelzimmer, a. a. O., 183-191, bes. 187ff.). Derselbe Aufsatz befindet sich in Klaus Mann, Zahnärzte und Künstler, a. a. O., 235-242.

[244] Vgl. Thomas Mann, Unordnung und frühes Leid. Erzählungen 1919-1930, FfM ⁹2005, 141-179. Das Buch von 1925 trug starke autobiografische Züge. Thomas Mann beschrieb darin indirekt die Spannungen zwischen ihm als Geschichtsprofessor (`Dr. Cornelius´) und seinem Sohn, der in der Novelle `Bert´ hieß, sich die unteren Augenlider schwarz schminkte und insgesamt als unfähig dargestellt wurde, sowie die Eskapaden der anderen Mann-Kinder (Golo und Monika Mann tauchten nicht auf). Der Lektor und Publizist Karl Heinz Bittel (geb. 1947) hat auf dieser Vorlage historisch und psychologisch das komplizierte Verhältnis von Klaus und Thomas Mann nachzuzeichnen versucht. Er griff dabei auf tatsächliche Ereignisse „im Leben Thomas Manns zwischen 1933 und 1945" (299) zurück, vgl. Karl Heinz Bittel, Eine Art Verrat. Roman, Berlin 2008.

[245] Vgl. Klaus Mann, Kindernovelle, Hamburg 1926. In dem Essay verarbeitete er Erlebnisse der Geschwister und der Familie aus dem Landhaus in Bad Tölz. Renate, Heiner, Fridolin und Lieschen trugen Züge von Erika, Klaus, Golo und Monika Mann; dabei dichtete Klaus Mann noch einer anderen Figur, Till, ebenfalls starke Züge von sich an. Die Vaterfigur ließ Klaus Mann einfach weg – indem er den Vater für tot erklärte. Im Theaterstück `Der siebente Engel. Drei Akte´, Zürich 1946, nahm Klaus Mann später dieselben Themen wieder auf, wobei das Stück viele Parallelen mit der `Kindernovelle´ aufweist: Es geht um den Tod eines Sohnes, der aus der Perspektive des anderen unschuldig schuldig geworde-

lichkeit gehen die beiden jedoch freundlich miteinander um.[246] Sie bleiben miteinander in Kontakt; mit fortgeschrittenem Alter wird der gegenseitige Umgang milder.[247]

---

nen Sohnes gesehen wird. Vera Vanstraaten lebt mit ihren sechs Kindern, ihrer Schwägerin Judith und Personal auf einer kleinen Insel. Sie ist Witwe; ihr verstorbener Mann war Geisterbeschwörer und Sektenchef, seine Frau diente ihm als Medium, mit der er aus dem Jenseits Kontakt aufnimmt. Von der ganzen Welt kommen nun die Sektenmitglieder auf die Insel, um von Vera Anweisungen zu erhalten. Judith ist die Managerin der Sekte. Sie achtet auf die Einhaltung der Regeln. Die zwischen sechs und vierzehn Jahre alten Kinder sind eine Verschwörergruppe, die Veras jüngeren Geliebten umbringen (Klaus Mann hat die Kinder detailliert sich und den Geschwistern nachgezeichnet – er selbst verkörpert den Kaspar). Sie sollen nun in einer Séance tänzerisch ihr siebtes Geschwister herbeiholen: den siebten Engel. Gerade als Vera auf dem Höhepunkt der Séance agiert, stürzt ein junger Mann herein, der ohnmächtig zu Boden fällt – ein Schiffbrüchiger namens Till (Selbstporträt von Klaus). Die Geisterbeschwörer halten ihn für einen Boten des Meisters – und er spielt nach einiger Zeit das Spiel mit. Vera kommen bald Zweifel, sie will mit ihm von der Insel fliehen. Um das zu verhindern, gibt Juliette den Kindern den Auftrag, Till zu töten, was auch geschieht. Vera indes erfährt, dass sie schwanger ist und mit Till den siebten Engel – wie es der Meister wollte – gezeugt hat. „Der Blick des Erzählers richtet sich einmal zurück und beschwört die Traum- und Kinderwelt, angesiedelt im `Tölzhaus´ der Eltern, und das andere Mal vorwärts, in eine mit aller jugendlichen Entschlossenheit gewollte, aber doch mit bangen Vorahnungen erwartete Zukunft" (Herbert Schlüter, Nachwort, in: Klaus Mann, Kindernovelle. Mit einem Nachwort von Herbert Schlüter, FfM 1978, 112). Die `Kindernovelle´ ist auch abgedruckt in: Klaus Mann, Der Bauchredner, Leipzig 1980, 28-75. Zur Kindernovelle vgl. F. Kroll (Hg.), KMS 2, a. a. O., 157-159.

[246] Wie beispielsweise aus dem bereits erwähnten Beitrag von Vater und Sohn Mann im Berliner `Uhu´ vom August 1926 ersichtlich wird.

[247] Hatte er noch die ersten literarischen Versuche seines Sohnes als „Unsinn" abgelehnt (vgl. Thomas Mann, Tagebücher 1918-1921, a. a. O., 452, Eintrag v. 11.7.1920), zeigte er im Exil zunehmendes Interesse an der literarischen Produktion seines Ältesten und äußerte sich gelegentlich auch positiv dazu.

Dazu gehört auch das Reisen. Klaus Mann reist gerne und standesgemäß und der permanente Tapetenwechsel scheint ihm Spaß zu machen: „Wir waren zwanzig; die Welt lachte uns, da wir ihr entgegenlachten."[248] Eine erste größere Auslandsreise hatte ihn bereits im März 1925 mit seinem Freund, dem Schriftsteller Wilhelm Emanuel Süskind[249], nach London und Paris geführt. In diese Zeit fielen, angeregt durch den Heidelberger Romanisten Ernst Robert Curtius[250], seine Entdeckung und Begeisterung für die zeitgenössische französische Literatur. Nachdem sich Klaus Mann das Französische immer mehr angeeignet hatte und immer sicherer im Ausdruck geworden war, studierte er u. a. die modernen Werke von Jean Cocteau, René Crevel[251], André Gide, Jean Giraudoux[252] und Raymond Radiguet[253] und besprach sie in deutschen Zeitungen.[254] Er bewies dabei einen guten

---

[248] Klaus Mann, Der Wendepunkt, a. a. O., 206. Der Novellenband `Vor dem Leben´, Hamburg 1925, enthielt u. a. Texte wie `Der Vater lacht´ und `Maskenscherz´.
[249] Zur Vita siehe `Who is Who´ bei Klaus Mann.
[250] Zur Vita siehe `Who is Who´ bei Klaus Mann.
[251] Zur Vita siehe `Who is Who´ bei Klaus Mann.
[252] Zur Vita siehe `Who is Who´ bei Klaus Mann.
[253] Zur Vita siehe `Who is Who´ bei Klaus Mann.
[254] Vgl. Klaus Mann, Der Wendepunkt, a. a. O., 256. Vgl. dazu weiterführend Birgit Fulton, Klaus Mann, a. a. O., 205-250, die in ihren Überle-

literarischen Instinkt: Kurze Zeit, bevor André Gide, den er wie die anderen auch persönlich kennengelernt hatte, den Literaturnobelpreis zugesprochen bekam, erschien Klaus Manns große Monographie über ihn, die den Titel trug: `André Gide und die Krise des modernen Denkens´[255]. Von Paris aus setzte er seine Reise mit einem anderen Freund, Hans Feist[256], fort: über Marseille und Tunis gelangte er in die tunesischen Oasen Biskra und Kairuan. Über Marseille und Palermo fuhr er wieder nach München zurück. 1927 veröffentlichte er die Erfahrungen, die er auf dieser Reise gemacht hatte, und setzte sie in Beziehung zur der ihn umgebenden Wirklichkeit in seinem Buch `Heute und Morgen.

---

gungen auch die Einflüsse Friedrich Nietzsches auf Klaus Mann mit aufnimmt (258-274).

[255] Im Februar 1947 kam in Buenos Aires die spanische Fassung des Buches von Klaus Mann über André Gide heraus. Die Bewunderung für Gide war jedoch nur einseitig: Klaus Mann taucht – im Unterschied zu Heinrich und Thomas Mann – im Werkverzeichnis Gides nur ein einziges Mal auf. Aber Gide und Klaus Mann trafen sich gedanklich, vor allem beim Thema Homosexualität: Gide hatte 1924 mit seinem Buch `Corydon. Vier sokratische Dialoge´ eine Verteidigungsschrift für die Homosexualität vorgelegt, in der er die völlige Gleichstellung der verfolgten homosexuellen Minderheit gefordert hatte. Er war sich dessen bewusst, dass gleichgeschlechtliche Liebe weder eine Krankheit noch ein Verbrechen war.

[256] Zur Vita siehe `Who is Who´ bei Klaus Mann.

Zur Situation des geistigen Europas´. [257] Darin zeigte sich sein Interesse für politische und soziale Fragen: Klaus Mann warnte vor nationalistischem Kult, appellierte an den europäischen Geist und warb für die Europa-Idee. Auch erscheinen jetzt und in den beiden Jahren darauf Anthologien zur Lyrik und Prosa. [258] Klaus Mann versteht es, aus seiner Popularität Geld zu machen. Geldnöte sind ständig an der Tagesordnung, das Bedürfnis nach Luxus und Abwechslung groß. Am 7. Oktober 1927 begibt er sich – um vor dem gescheiterten Theaterprojekt seiner `Revue zu Vieren´, das im Streit endete, sowie vor seinen privaten Problemen zu fliehen – mit

---

[257] Vgl. Klaus Mann, Heute und Morgen. Zur Situation des jungen geistigen Europas, Hamburg 1927. Ein Teil wurde vorab in der Zeitschrift `Die Jüngste Dichtung´ abgedruckt. Die Klaus-Mann-Interpreten halten den Satz in `Heute und morgen´ „So haben wir über unseren einsamen Abenteuern gar zu sehr das andere vergessen, das uns zusteht... Die andere Seite ist unsere soziale Verpflichtung...“ für den Beginn von Klaus Manns weiterem politischem Engagement. Dieser hatte selbst in `Wendepunkt´ geschrieben, dass ihn zwischen 13 und 17 Jahren das ästhetisch-literarische Interesse so in Anspruch genommen hatte, dass er die soziale Frage vernachlässigte. In `Heute und morgen´ hielt Klaus Mann, damals gerade 20jährig, ein Plädoyer für Europa und die Friedenspolitik und warnte vor den politischen Versprechungen des Nationalsozialismus, vgl. F. Kroll (Hg.), KMS, Bd. 2, a. a. O., 169-173.
[258] Vgl. Anthologie jüngster Lyrik, hg. v. W. R. Fehse und Klaus Mann. Geleitwort von Stefan Zweig, Hamburg 1927; Anthologie jüngster Prosa, hg. v. E. Ebermayer, Klaus Mann und Hans Rosenkranz, Berlin 1928; Anthologie jüngster Lyrik. Neue Folge, hg. W. R. Fehse und Klaus Mann. Geleitwort von R. G. Binding, Hamburg 1929.

seiner Schwester Erika[259] per Schiff von Rotterdam aus auf eine achtmonatige Weltreise. In New York werden die beiden von Ricki Hallgarten abgeholt, der sich dort seit einem Jahr mit Gelegenheitsarbeiten als Tellerwäscher und Blumenausträger durchschlägt. Auf Pump bleiben sie sechs Monate, reisen quer durch die Vereinigten Staaten nach Kalifornien, danach nach Honolulu, Japan, Korea, China und bereisen mit der Transsibirischen Eisenbahn die Sowjetunion.[260] In ihrem Verlauf machen die bei-

---

[259] Anja Dohrmann, die 2003 eine philosophische Dissertation zu Erika Mann vorgelegt hat, hält es für einen Fakt in der Mann-Forschung, dass das Verhältnis Klaus – Erika über eine normale Geschwisterbeziehung hinausging, und bezieht sich auf die Arbeiten F. Krolls: „Auch wenn sich Kroll – als Klaus-Mann-Biograph mehr als legitim – nicht auf eine Beurteilung Erikas einlässt, bei ihm wird erstmals deutlich, wie dramatisch eng verflochten Klaus´ Leben mit dem der Schwester war. Nicht nur war sie seine fachliche Kritikerin, sie war auch seine Beraterin in emotionalen, finanziellen und sexuellen Fragen, seine politische Mitstreiterin ohnehin, seine Koautorin bei zahlreichen Büchern, Aufsätzen und Reden – kurz: er war ohne sie nicht denkbar, wie Klaus Mann mehrfach in seinen Lebensberichten und Tagebüchern konstatiert. Niemals zuvor war das so klar heraus gearbeitet worden, wie in Krolls umfassendem Werk, das bis heute als unübertroffen gilt, und ohne das die Klaus-Mann-Forschung vielleicht noch in den Kinderschuhen stecken würde" (Anja M. Dohrmann, Erika Mann – Einblicke in ihr Leben, Freiburg 2003, [diss. phil.], 9; Lit.: 211-222). Rainer Schachner bringt einen anderen Aspekt in die Beziehung, indem er ein negatives Bild Klaus Manns erkennt, das dieser von seiner Schwester hat: „Neben seiner immer wieder geäußerten Bewunderung wird ihre absolute Macht über ihn deutlich. Er steht in ihrem Schatten. Er fühlt sich...von ihr unterdrückt..." (Rainer Schachner, Im Schatten der Titanen, a. a. O., 544).
[260] Thomas Mann wird später die Rechnungen seiner Kinder begleichen, vgl. Klaus Mann, Der Wendepunkt, a. a. O., 244.

den die Bekanntschaft prominenter Zeitgenossinnen und Zeitgenossen wie der populären
Schauspielerin Greta Garbo[261], dem Stummfilm-
star Pola Negri[262], dem Regisseur Friedrich Wilhelm Murnau [263] oder dem Charakterdarsteller
Emil Jannings[264], in dessen Haus sie Weihnachten feiern. Sie hegen zudem Pläne, in der Film-
fabrik Hollywood einen Film nach einem Werk
ihres Vaters zu drehen. Diese Vorhaben lassen
sich jedoch nicht realisieren. Sie genießen den
sog. *American way of life* in vollen Zügen, nehmen aber auch die Probleme Amerikas wahr.[265]
Klaus Mann schreibt rückblickend: „Wir hatten
uns das Leben in Hollywood zwanglos-heiter
vorgestellt. Ein naiver Irrtum, wie sich bald her-
ausstellen sollte! Tatsächlich herrscht unter
Filmleuten ein Zeremoniell von chinesischer
Starrheit und Kompliziertheit, ein Kastensystem,
welches nur Personen von gleicher Nationalität

---

[261] Zur Vita siehe `Who is Who´ bei Klaus Mann.
[262] Zur Vita siehe `Who is Who´ bei Klaus Mann.
[263] Zur Vita siehe `Who is Who´ bei Klaus Mann.
[264] Zur Vita siehe `Who is Who´ bei Klaus Mann.
[265] Klaus Mann fielen in New York die Slums und das Arbeiterelend auf.
So erwähnte er die Massenarbeitslosigkeit (Erika und Klaus Mann,
Rundherum, a. a. O., 67). In Chicago berührte die Geschwister Mann
das Elend der gequälten Kreatur, als sie an Massentierschlachtungen
teilnahmen (Erika und Klaus Mann, Rundherum, a. a. O., 70f.).

und ungefähr gleichem Einkommen miteinander in Kontakt kommen lässt."[266]
Die Geschwister, abenteuer- und unternehmungslustig, offen und neugierig, präsentieren sich der amerikanischen und der internationalen Öffentlichkeit werbewirksam als *literary Mann twins*, als die literarischen Mann-Zwillinge: „Wir waren ein spaßhaftes Doppelwesen, ein drollig-impressives Wunderkind mit zwei Köpfen, vier Beinen und einem Hirn voll europäischer Capricen und ausgefallenem Wissen..."[267] Hochstapelnd-übermütig halten sie Vorträge und Lesungen und ihre Selbstvermarktung klappt gut.[268] Von den Erlösen der Reportagen, mit denen sie deutschsprachige Zeitschriften und Magazine beliefern, finanzieren sie einen Teil der Reise durch den sie faszinierenden Kontinent. Mit 35 Fotos illustriert, werden ihre Erlebnisse 1929 als humorvoller Reisebericht unter dem Titel `Rund-

---

[266] Klaus Mann, Der Wendepunkt, a. a. O., 216.
[267] Klaus Mann, Der Wendepunkt, a. a. O., 207.
[268] Dies geschah mit Hilfe des amerikanischen Verlegers Horace Liveright (1883-1993), der die `Kindernovelle´ in Amerika herausgebracht und in dem Zusammenhang eine Einladung ausgesprochen hatte. Er stellte den Geschwistern einen Literaturagenten zur Seite, der die *lecture-tour* organisierte.

herum. Das Abenteuer einer Weltreise´[269] veröffentlicht. Das Buch, am Beginn der Schriftsteller-
laufbahn Erika Manns stehend, ist schnell vergriffen und erlebt innerhalb kurzer Zeit eine
zweite Auflage. Trotz aller Begeisterung für die
Neue Welt gehen die beiden Schriftsteller mit
wachen Augen und kritischem Verstand durch
die Welt. So schreiben sie damals weitsichtig im
Blick auf die heute noch aktuelle Problematik in
den USA, den Rassismus: „Man macht sich
während der Fahrt so seine Gedanken. In Amerika hat der Rassenhaß abscheuliche Dimensionen." Weiter kritisieren sie: Ein Schwarzer „soll
kulturell auf einer niedrigeren Stufe als wir stehen, deshalb wird er nicht anders als ein Hund
behandelt. Wir sehen unsern sympathischen
jungen Freund an und müssen den Kopf schüt-
teln. Warum wäre Schande, am selben Tisch mit
ihm zu sitzen? Nach und nach wird es ein bisschen komisch, wenn wir uns auf unsere `Kultur´
so besonders viel einbilden, nach allem, was

---

[269] Vgl. Klaus Mann und Erika Mann, Rundherum. Abenteuer einer Weltreise, Berlin 1929 (erw. Neuausgabe Reinbek 1996). Das Buch erschien
zuerst im Samuel Fischer Verlag. Gesellschaftspolitische Andeutungen
wurden in ihm weitgehend vermieden; über Russland, in dem wenige
Jahre zuvor gewaltige Umwälzungen geschehen waren, verloren die
beiden kaum ein Wort.

schließlich vorgefallen ist." Das Problem der schwarzen Bevölkerung, so Klaus Mann weiter, „ist für Amerika ein sehr ernstes (...). Fremde Rassen – schwarze, braune oder gelbe – verachten, ist reaktionär, weil die Zukunft den gemischten Rassen gehört. Die Menschheit des nächsten Jahrhunderts wird lachen, wenn sie denkt, dass einmal weiße Männer schwarze unter sich stellten. Achten wir doch die Zeiten! Die Zeit bereitet sich vor, da Rassenunterschiede ebenso wenig gültig wie Klassenunterschiede sein werden.– Die weiße Rasse allein wird die Zukunft nicht tragen."[270] Das Buch `Rundherum´ bietet mehr Ansätze zur Gesellschaftskritik als irgendein anderes Buch Klaus Manns.

Mitte Juni 1928 sind die beiden wieder zurück in Deutschland. Erika Mann nimmt ihre Beziehungen zu Gustaf Gründgens, von dem sie sich im Sommer 1927 getrennt hatte, nicht wieder auf. Beide Geschwister ziehen zurück zu den Eltern nach München. Erika Mann beginnt für verschiedene Zeitungen zu schreiben und veröffentlicht in der Folgezeit bis Januar 1933 ca. hundert Glossen, Reportagen, Rezensionen,

---

[270] Klaus Mann, Rundherum, a. a. O., Zitate auf 27 und 28. Vgl. dazu auch F. Kroll (Hg.), KMS 3, a. a. O., 16.

Erzählungen und Gedichte. Spätestens jetzt, so ihr Bruder Klaus Mann, hat auch sie der „Familienfluch"[271] der Schriftstellerei erfasst. Weitere Reisen führen Klaus Mann in diesem Jahr nach Frankreich.[272] 1929 ist ein ereignisreiches Jahr für die Familie Mann: Thomas Mann erhält im Dezember des Jahres für seinen Roman `Buddenbrooks´[273] den Literaturnobelpreis – bekanntlich die höchste Ehrung für einen Schriftsteller. Mit dem damit verbundenen Preisgeld von 200000 Reichsmark kauft er zwei Autos, baut sich ein kleines Sommerhaus in Nidden/Litauen auf der Kurischen Nehrung, wo die Familie fortan regelmäßig die Ferien verbringt[274], und er-

---

271 Klaus Mann, Der Wendepunkt, a. a. O., 219.

272 Vgl. dazu weiterführend Veit J. Schmidinger, „Wo freilich ich ganz daheim sein werde..." Klaus Mann und Frankreich, Hamburg 2006, und Michel Grunewald, Klaus Mann und Frankreich, in: Heinz Ludwig Arnold (Hg.), Klaus Mann, a. a. O., 37-61. Grunewald bezieht sich auf Klaus Mann, wenn er meint, dass dieser „wie viele deutsche liberale Intellektuelle ... in Frankreich das gelobte Land gesehen" (37) hat.

273 Thomas Mann erzählte in seinem Roman `Buddenbrooks´ etwas verfremdet und verdichtend die autobiografische Geschichte des Verfalls seiner im Lübecker Großbürgertum verorteten Unternehmerfamilie. Das Buch wurde anfangs (1901) in einer Auflage von 1000 Stück veröffentlicht. Bis 1975 wurden vier Millionen Exemplare verkauft, bis 2010 sechs Millionen. Es wurde in ca. 40 Sprachen übersetzt und hat Thomas Manns Ruf als Schriftsteller begründet. Zum Inhalt und zur Wirkungsgeschichte vgl. weiterführend Hans Wißkirchen (Hg.), Die Welt der Buddenbrooks, FfM 2008, bes. 10.

274 Im Sommer 1929 war Thomas Manns Novelle `Mario und der Zauberer´, in der er sich mit dem aufkommenden Faschismus grundsätzlich auseinandersetzte, während eines Urlaubs im Ostseebad Rauschen

lässt großzügig Erika und Klaus Mann die noch von der Weltreise herrührenden Restschulden.[275] Etwa zeitgleich veröffentlicht Klaus Mann in diesem Jahr seinen zweiten Roman, `Alexander´, ein Buch über Alexander den Großen (356 – 323 v. Chr.).[276] Im Unterschied zu seinem ersten Roman `Der fromme Tanz´ schreibt Klaus Mann jetzt weniger pathetisch und ist auch weniger an historischen Fakten als vielmehr an psychologischen und analytischen Deutungsmustern interessiert. Er zeichnet Alexander den Großen als einsamen, unglücklich liebenden Künstler und beschreibt „Leben und Tod eines Besessenen, der, vom Überschwung seiner Ideen fortgerissen, in seinen Siegen schon die Niederlagen spürt, an seinen Feinden schuldig wird und immer mehr der Einsamkeit verfällt"[277]. Die Kritik

---

entstanden. Von dort aus hatte die Familie eine Exkursion an die Kurische Nehrung unternommen – wo es ihr so gut gefiel, dass sie dort ein Sommerhaus baute.

[275] Vgl. Klaus Mann, Der Wendepunkt, a. a. O., 244, und weiterführend Thomas Mann in Nidden, bearbeitet von Thomas Sprecher. Marbacher Magazin 89/2000, Deutsche Schillergesellschaft Marburg 2000.

[276] Vgl. Klaus Mann, Alexander. Roman der Utopie, Berlin 1929, Hamburg 1983 (Reinbek 2006).

[277] Klaus Mann, Alexander, a. a. O., Zitat Klappentext. Der Roman erschien 1930 in einer amerikanischen und 1931 in einer französischen Übersetzung. Für die französische Ausgabe verfasste Jean Cocteau 1931 das Vorwort. Zum 100. Geburtstag Klaus Manns 2006 wurde der Roman neu aufgelegt.

nimmt das Werk mehrheitlich wohlwollend auf. 1929 erscheinen weitere Arbeiten von ihm, darunter der Novellenband `Abenteuer´[278]. Am 27. Januar 1930 wird in Bochum sein komödiantisches Bühnenstück `Gegenüber von China´[279] uraufgeführt, das die amerikanische und die europäische Jugendkultur thematisiert. Es floppt. Erika Mann hatte unterdessen im Sommer 1929 ihr erstes Bühnenstück, `Hotels´, verfasst – es gilt als verschollen – und spielt vom 1. Oktober 1929 bis zum 31. Januar 1930 am Bayerischen Staatstheater. Die Scheidung von Gustaf Gründgens am 9. Januar 1929 hält sie nicht davon ab, bei der Uraufführung des Boulevardstücks `Die liebe Feindin´ an den Berliner Kammerspielen unter der Regie von Gründgens mitzuwirken. Nachdem die Spielzeit wegen des Erfolgs des Stückes verlängert wurde, Erika Mann aber wie geplant eine Reise mit ihrem Bruder nach Nordafrika unternehmen will und nicht mehr zur Verfügung steht, kommt es zum endgültigen Zerwürfnis mit Gründgens.

---

[278] Vgl. Klaus Mann, Abenteuer. Novellen, Leipzig 1929.
[279] Vgl. Klaus Mann, Gegenüber von China. Komödie in sechs Bildern, Hamburg 1929.

So bereisen die beiden Geschwister, nachdem sich Erika Mann in München mehrere Wochen lang von einem Automechaniker über das Innenleben ihres Wagens instruieren ließ und Klaus den Führerschein gemacht hatte, als Reisejournalisten[280] im Frühjahr 1930 per Auto zusammen die Schweiz, Südfrankreich, Spanien und Nordafrika. Geplant war ein *Remake* der ersten Weltreise, die die beiden Geschwister zusammengeschweißt hatte. Doch der Plan, den Kongo per Auto zu erreichen und von dort aus nach Amerika überzusetzen, lässt sich nicht realisieren. Schuld daran ist, soll man Klaus Manns Autobiografie an dieser Stelle Glauben schenken, ein Negativerlebnis mit Haschisch, das die Geschwister im marokkanischen Fez ausprobieren.[281] Sie brechen daraufhin die Reise ab und fahren nach Hause.

Drogenkonsum ist in Künstler- und Schriftstellerkreisen damals wie heute üblich[282] – für viele

---

[280] Erika Mann schrieb für ˋTempoˊ und die ˋMünchener Neuesten Nachrichtenˊ und Klaus Mann für das Berliner ˋ8-Uhr-Abendblattˊ.

[281] Wie eindrücklich dieses Erlebnis gewesen sein musste, zeigte dessen literarische Verarbeitung durch Klaus Mann. Er erzählte davon nicht nur im ˋWendepunktˊ, a. a. O., 277ff., sondern auch im ˋTreffpunkt im Unendlichenˊ (1932) und in ˋAfrikanische Romanzeˊ (1942).

[282] Bekannt geworden sind Selbstversuche von Schriftstellern und Philosophen ganz unterschiedlichen weltanschaulichen Hintergrunds. So

Mitwirkende im kulturellen Nachtleben sind Drogen Stimulans-[283] und Genussmittel, Traumverschaffer und Stimmungsaufheller, mit denen

---

protokollierte Walter Benjamin (1892-1940) unter Beisein eines Arztes seine Drogenmenge und deren Wirkung, vgl. Walter Benjamin, Über Haschisch, FfM 1972, 63-143. Ernst Jünger (1895-1998), kriegsverherrlichender Nationalist und geistiger Wegbereiter der Nazis, experimentierte ebenso mit Drogen (er dokumentierte seine Selbstversuche mit Opium, Morphium und Haschisch 1970 in dem Buch `Annäherungen. Drogen und Rausch´, München 1994) wie der expressionistische Dichter und Vertreter der literarischen Moderne, Gottfried Benn, der sich durch die Einnahme von Kokain künstlerisch stimulieren ließ. Zur Kulturgeschichte der Drogen vgl. das gleichnamige Buch von Mike Jay, High Society, Darmstadt 2015, und zu einer philosophischen Auseinandersetzung mit dem Rausch vgl. Kostis Papajorgis, Der Rausch. Ein philosophischer Aperitif, München 1998, bes. 107-121.

[283] Im Rausch konnte Klaus Mann kreativ arbeiten, seine Arbeitsleistung steigerte sich, vgl. KMT 1936-1937, 33, Eintrag v. 25.3.1936. Drogen wurden für ihn auch zum Fluchtmittel. Sie boten ihm Trost angesichts Kälte, Verlusts und Verzweiflung am Leben, gegenüber Enttäuschungen durch Freunde und angesichts Depressionen. Drogen brachten ihm kurzfristig Erlösungsmomente, beschleunigten jedoch seinen körperlichen und seelischen Selbstzerstörungsprozess und verstärkten auch seine masochistischen Tendenzen. Er führte über seinen Drogenkonsum minutiös Tagebuch, u. a. erwähnte er die Einnahme von Pfefferminztee mit Adaline, Eumidrin, Brom und Evipan, Haschisch, Kokain und Opium (vgl. KMT 1940-1943, 16, Eintrag v. 29.1.1940 [Haschisch]; KMT 1931-1933, 34, Eintrag v. 27.1.1932 und KMT 1934-1935, 36, Eintrag v. 30.5.1934 [Opium/Morphium, Dilaudid, Kokain, (Zäpfchen, Tabletten, Tropfen, Spritzen)]). Golo Mann äußerte sich einmal kritisch: „Dagegen bin ich für Rauschgift keineswegs gemacht. Ein paarmal versuchte ich es mit Marihuana in mir lieber Gesellschaft..." (vgl. Golo Mann, Eine Jugend in Deutschland, a. a. O., 90). Klaus Mann schaffte es tragischerweise nicht, was er sich partout vorgenommen hatte – nicht abhängig zu werden: „Werde aber aus *Trotz* kein Süchtiger!" (KMT 1931-1933, 114, Eintrag v. 1.2.1933). Im Laufe der Jahre wurde er – im Gegenteil – immer abhängiger (vgl. KMT 1936-1937, 30, Eintrag v. 9.3.1936; KMT 1936-1937, 34, Eintrag v. 27.3.1936; KMT 1936-1937, 129, Eintrag v. 25.4.1937). Seine öfters geäußerte Todessehnsucht stand mit seinem Drogenkonsum in direktem Zusammenhang (vgl. KMT 1936-1937, 136, Eintrag v. 28.5.1937 und KMT 1934-1935, 139, Eintrag v. 22.10.1935).

man experimentiert, über die und unter deren Einfluss man schreibt. Auch im Hause Mann gehören Drogen zum Alltag wie selbstverständlich dazu: Thomas Mann nimmt regelmäßig `Phanodorm´, `Luminaletten´ und `Adalin´ gegen seine Schlaflosigkeit.[284] Als Aufputschmittel, im Hause Mann `Heiterlein´ genannt, kommt Benzedrin[285] hinzu. Im Laufe seines Lebens wird Klaus Mann verschiedene Drogen konsumieren – von Alkohol und Nikotin über Marihuana bis zu Kokain, Morphium, Opium und Tabletten[286] wird

---

[284] Zu Thomas Manns Schlafmittelkonsum vgl. dessen Tagebucheinträge, z. B. Eintrag v. 11.2., 27.2., 3.3.1949 u. ö. (Thomas Mann, Tagebücher 1949-1950, hg. v. I. Jens, FfM 2003, 20, 27+29). Thomas Mann erwähnte auch den „mäßig-gelegentlichen Genuß von Morphium-Derivaten" seiner Tochter Erika (Thomas Mann, Tagebücher 1949-1950, hg. v. Inge Jens, FfM 1991, 2003, 207). Es gibt auch Berichte, dass Erikas Zimmer stark nach Paraldehyd, einem Sedativum, das, länger genommen, zur Knochenerweichung führt, roch (vgl. H. Breloer, Unterwegs zur Familie Mann, 400).

[285] Benzedrin ist ein stimulierendes, zur Gruppe der Amphetamine gehörendes Psychopharmakon, das bis in die achtziger Jahre hinein im Handel in Deutschland legal erhältlich war. Zu den Nebenwirkungen des Aufputschmittels zählten u. a. Impotenz. Klaus Mann berichtete u. a. darüber in KMT 1938-1939, 105, Eintrag v. 9.5.1939; KMT 1938-1939, 133, Eintrag v. 14.9.1939 und KMT 1938-1939, 147, Eintrag v. 13.12.1939.

[286] Klaus Mann injizierte sich nicht nur reines Morphium (wie beispielsweise auf Erikas 30. Geburtstag), sondern nahm die Drogen auch in Tablettenform zu sich. Eukodal-Tabletten, deren Wirkstoff Codein-Chlorhydrat war, waren ein verschreibungspflichtiges Morphiumderivat. Klaus Mann nannte es „Schwesterchen Euka" (KMT 1931-1933, 221, Eintrag v. 16.1.1932). Das Beruhigungsmittel Veronal, 1902 entwickelt, ab 1908 rezeptpflichtig und in jenen Jahren so etwas wie eine Modedroge – Arthur Schnitzler setzte dem Medikament in seiner Novelle `Fräu-

alles dabei sein. Er wird in hohem Maße davon abhängig werden.[287] Wann er zum ersten Mal mit Drogen in Kontakt kommt, ist in der Klaus-Mann-Forschung umstritten.[288] Seine Schwester Erika

---

lein Else´ ein Denkmal –, wurde in den 1960er Jahren durch Benzodiazepine ersetzt und in den 70er-Jahren vom Markt genommen. Veronal versetzte seinen Konsumenten in einen narkoseähnlichen Schlaf und führte überdosiert leicht zum Tod. Viele Menschen brachten sich damit absichtlich oder versehentlich um. Zu Klaus Mann und den Drogen vgl. weiter: KMT 1931-1933, 141, Eintrag v. 30.5.1933; KMT 1931-1933, 166, Eintrag v. 2.9.1933 und KMT 1934-1935, 47, Eintrag v. 4.8.1934.

[287] Vgl. F. Kroll (Hg.), KMS 4/2, a. a. O., 443 und 448.

[288] Nicole Schaenzler bezieht sich auf Magnus Henning, der vermutet, dass Klaus Mann unter dem Einfluss von Hans Feist, der für seine Freunde Drogen beschaffte, zum ersten Mal zu Drogen gegriffen haben könnte, vgl. Nicole Schaenzler, Klaus Mann, a. a. O., 167. Hans Feist bekam später deshalb Probleme, da er selbst noch Rezepte ausstellte, als er schon längst keine Zulassung mehr als Arzt hatte, vgl. KMT 1931-1933, 256, Erläuterung zum Eintrag v. 25.10.1933. F. Kroll vermutet, er habe sich erstmals mit Oskar Seidlin in Berlin Heroin gespritzt (vgl. KMT 1931-1933, 32, Eintrag v. 16.1.1932). Uwe Naumann meint mit F. Kroll, Klaus Mann sei erstmals über den österreichischen Surrealisten Baron Rudolph Carl von Ripper, dem späteren Ehemann von `Mopsa´ Sternheim, mit Rauschgift in Kontakt gekommen (vgl. Uwe Naumann [Hg.], `Ruhe gibt es nicht, bis zum Schluss´, a. a. O., 98; auch Armin Strohmeyr, Klaus Mann, a. a. O., 46, schließt sich dieser Hypothese an). Die früheste Erwähnung einer Morphium-Einnahme stammt aus einem Brief Klaus Manns an Erika vom 19.11.1929. Ihm zufolge scheint er Mitte der 20er-Jahre erstmals mit Drogen in Berührung gekommen zu sein (vgl. KMT 1936-1937, 41, Eintrag v. 21.4.1936). Danach folgte die Einnahme von Heroin und Opium. 1932, das ist belegt, waren die Mann-Geschwister bei der `Morphium-Taufe´ von Annemarie Schwarzenbach dabei. Später schrieb Klaus Mann über seine Drogenerfahrungen und über seine Probleme, davon wieder loszukommen, im Tagebuch (vgl. KMT 1936-1937, 36, Eintrag v. 21.4.1936) sowie über seine Drogenabhängigkeit ab Mitte der dreißiger Jahre (vgl. KMT 1936-1937, 125, Eintrag v. 16.4.1937 und KMT 1936-1937, 136, Eintrag v. 29.5.1937), auch über seine Willensschwäche (vgl. KMT 1934-1935, 153, Eintrag v. 21.12.1935) und seine Wut (vgl. KMT 1934-1935, 136, Eintrag v. 11.10.1935).

– die ebenfalls bis ins Alter Drogen konsumiert[289], ihren Konsum aber mehr kontrollieren
kann – und er nennen die Drogen ab 1932 verharmlosend `Thun´.[290] Mit Freunden werden sog.
`Thunfeste´ gefeiert, bei denen die Spritze
kreist.[291] Minutiös führt Klaus Mann in seinen
Tagebüchern, die zu „Wegbegleitern des persönlichen Untergangs"[292] werden, Buch über die
Art der Droge und über die Mengen, die er zu
sich nimmt[293], hält darin auch seine Träume[294]
fest. Im Rausch äußert er den dringenden

---

[289] „Sie nahm Schlafmittel oder bei Bedarf Aufputschmittel, die zusammen mit Alkohol eine fatale Wirkung hatten. Sie wurde immer nervöser
und unbeliebter" (Hildegard Möller, Die Frauen der Familie Mann, München-Zürich ³2004, 348).

[290] Ab 1932 standen in den Briefen Annemarie Schwarzenbachs und im
Tagebuch Klaus Manns die Chiffren `Thun´ und `Fisch´ für Rauschgift –
ein deutsch-französisches Wortspiel mit den Worten `poison´ (Gift) und
`poisson´ (Fisch).

[291] Vgl. Dominique Laure Miermont, Annemarie Schwarzenbach. Eine
beflügelte Ungeduld. Biographie, Zürich 2008, 147. Wie Annemarie
Schwarzenbach, so waren auch Therese Giehse und Fritz Landshoff in
dieser Zeit drogenabhängig.

[292] Rong Yang, Ich kann einfach, a. a. O., 64.

[293] Während Klaus Mann in Tagebuchaufzeichnungen von 1931 noch
vom Ausprobieren der Drogen berichtete, schienen sie nach Ricki Hallgartens Tod zur Sucht zu werden. Noch im Jahr 1940 machte er eine
Notiz über den Konsum von Marihuana (vgl. KMT 1940-1943, 15f.,
Eintrag v. 29.1.1940).

[294] Klaus Mann hat unter der Einwirkung von Drogen viel geträumt. Die
festgehaltenen Träume waren oft absurd und unverständlich. So träumte
er u. a. vom Tod des Vaters, von der Wiedergeburt der verstorbenen
Freunde, von seiner Verfolgung und Verhaftung, vom gemeinsamen
Suizid mit seiner Schwester Erika. Oft hielt er auch seine erotischen
Träume fest.

Wunsch zu sterben.[295] Immer wieder finden sich auch Einträge im Tagebuch über seine Anstrengung, von der Sucht loszukommen[296] – was ihm nicht gelingen wird. Im gesamten Werk Klaus Mans befinden sich Stellen, an denen er schonungslos die Erfahrungen unter Drogen beschreibt und vor den Verlockungen und Gefahren des Drogenkonsums warnt.[297] Mehrfach unterzieht er sich einer Entziehungskur, wird jedoch immer wieder rückfällig.[298] Es fehlt ihm an

---

[295] Vgl. F. Kroll (Hg.), KMS 4/2, a. a. O., 582ff.

[296] Mit der Einnahme des Rauschgifts ging physisches Elend einher – Schlaflosigkeit, Erbrechen, Weinkrämpfe. Zeitweise nahm er abwechselnd Heroin und Morphium und bat seine Schwester Erika darum, seine Reserven vor ihm zu verstecken.

[297] „Es war der Wahnsinn. Es war die Hölle. Zuerst flogen seine Arme weg; dann die Beine, dann sein Hals, sein Kopf, sein Körper. Er zerplatzte buchstäblich. Er explodierte, löste sich auf, zerfiel in tausend Stücke. Seine Identität zerbrach: Die Bruchstücke seines Organismus flatterten durch den Park. Er durchlebte das unbeschreibliche Gefühl vollständiger physischer Auflösung. Sein Haar schmerzte und brannte – in einem dornigen Dickicht verheddert. Sein fremder, schrecklicher Mund stammelte aus der Krone einer Zypresse Gebete und Blasphemien. Seine Füße – ziellos und nachlässig – liefen durch die Blumenbeete, während sein Herz – ein Klumpen pulsierender, unverbundener Nerven – in den Abgrund der dunkelroten, unergründlichen Nacht fiel" (Klaus Mann, Afrikanische Romanze, in: ders., Speed. Die Erzählungen aus dem Exil, hg. von Uwe Naumann, Reinbek 1990, ⁴2003, 199-216, Zitat auf 213). Bei diesem posthum von Klaus-Mann-Spezialist Uwe Naumann herausgegebenen Buch handelte es sich um die erste vollständige Sammlung von Klaus Manns bis dato unveröffentlichten Erzählungen von 1933-1943. Zu `Speed´, vgl. F. Kroll (Hg.), KMS 5, a. a. O., 252.

[298] So begab er sich 1938 zu einer Entziehungskur nach Zürich, der Entziehungskuren in Budapest und in New York 1937 vorausgegangen waren. „Die Tagebücher aus den Jahren 1936/37 sind im Ton direkter

Introspektionsfähigkeit, das heißt, es mangelt ihm an Einsicht, dass sich in seinem Leben etwas ändern muss. Ein kontrollierter Umgang mit den Drogen misslingt ihm völlig. Er injiziert und schluckt wahllos alles, was er bekommen kann. In seinen Tagebuchaufzeichnungen hält er seine Stimmungen fest, seine nächtlichen Streifzüge in den Städten, seine verzweifelten Versuche, irgendwie an `Stoff´ heranzukommen, seine Anbetteleien von ihm bekannten Ärzten und Freunden. Der mehrfach vergeblich durchgeführte Entzug bedeutet immer zunächst die Verringerung der Dosen bei gleichzeitiger Einnahme starker Schmerzmittel. Damit gehen physische Qualen einher – Zusammenbruch der Darmtätigkeit, Erbrechen, kalter Schweiß und Krämpfe am ganzen Körper, verbunden mit dem Gefühl, auseinander gerissen zu werden. Sein gesundheitlicher Niedergang und schließlich

---

als die vorangegangenen, es gibt keine Tabu-Themen mehr; die krisenhafte Zuspitzung seines Drogenkonsums und ihre Folgen protokolliert Klaus Mann mit klinisch-sachlichem Blick" (Joachim Heimannsberg, Nachwort zu KMT 1936-1937, 181-190, bes. 189). Immer wieder wurde er rückfällig. Später beschaffte sich Klaus Mann Opiate in Apotheken auf Kredit. Der Neurologe Dr. Erich Katzenstein (1893-1961), sein Arzt und Vertrauter, stellte ihm oft im Nachhinein die Rezepte aus. Mit ihm und seiner Frau, Dr. Nettie Sutro Katzenstein (1889-1967), war die Familie Mann befreundet.

auch sein Tod stehen in engem Zusammenhang mit dieser Drogenabhängigkeit. Seine Eltern und seine ältere Schwester sind schon früh über seinen Drogenkonsum und über seine Sucht informiert, sehen sie als Krankheit an.[299] Katia Mann betrachtet den Lebenswandel ihres ältesten Sohnes – die vielen Aufputschmittel und seine Angewohnheit, sich die Augen mit Kamillentee zu spülen – mit erhöhter Aufmerksamkeit und fordert ihn auf, „das Kleinbürgerliche"[300] – eine Chiffre für ihre Verachtung des Suchtverhaltens ihres Ältesten – einzustellen. Aber sie hält ihren Sohn, der „immer in Finanznöten"[301] ist, in finanzieller Hinsicht den Rücken frei, indem sie u. a. seine Arztrechnungen bezahlt und dadurch seine Drogensucht unterstützt.[302] Die Frage bleibt

---

[299] Vgl. Viola Roggenkamp, Erika Mann, a. a. O., 213.

[300] Katia Mann, Brief an Klaus Mann v.15.5.1949, in: Klaus Mann, Briefe, Bd. 2, 310ff. Auch sein Vater – obschon selbst nikotinsüchtig (vgl. Inge und Walter Jens, Frau Thomas Mann, a. a. O., 244) – lehnte die Drogensucht seines Ältesten ab und sorgte sich um ihn, vgl. Thomas Mann, Tagebücher 1935-1936, hg. v. Peter de Mendelssohn, FfM 1978, 101 und 210.

[301] Inge und Walter Jens, Frau Thomas Mann, a. a. O., 197.

[302] Klaus Mann wurde von seinen Eltern finanziell unterstützt, so dass er zur Sicherung seines Lebensunterhalts zu keiner Zeit einer geregelten Arbeit nachgehen musste. Für Geldangelegenheiten war Katia Mann zuständig, so dass Thomas Mann vermutlich nicht einmal wusste, „wieviel Geld Klaus und die anderen Kinder von ihr zugesteckt bekamen" (Marianne Krüll, Im Netz der Zauberer, a. a. O., 424). Regelmäßig schickte Klaus Mann seiner Mutter später Bettelbriefe (einer davon ist

ohnehin, inwieweit die Mutterbeziehung für die Sucht von Klaus und Erika Mann ursächlich ist.[303] Auch wird spekuliert, ob die große Ehrung Thomas Manns mit dem Literaturnobelpreis indirekt Auswirkungen auf die Abhängigkeit des ältesten Sohnes hat.[304]

Diese Jahre sind andererseits geprägt von einer unermesslichen, fast unwirklich scheinenden Schaffenskraft Klaus Manns.[305] Der permanent

---

abgedruckt bei Gerhard Härle, Männerweiblichkeit. Zur Homosexualität bei Klaus und Thomas Mann, FfM 1988, 79). Zeitlebens wurde ihm durch seine Eltern sein aufwändiger Lebensstil ermöglicht (vgl. KMT 1940-1943, 33, Eintrag v. 11.4.1940). Geld blieb lebenslang ein Thema für Klaus Mann: Er verdiente später zwar mit Vorträgen Geld; dieses reichte aber nicht zur Deckung seines kostspieligen Lebensunterhaltes (zumal er ausschließlich in Hotels wohnte).

[303] Vgl. dazu Marianne Krüll, Im Netz der Zauberer, a. a. O., 427.

[304] So schreibt Marianne Krüll: „Hing seine in dieser Zeit beginnende Drogenabhängigkeit damit zusammen, daß der Vater für ihn immer unerreichbarer wurde? Zwanzig Jahre später, als Thomas Mann durch die Verleihung des Goethepreises in Frankfurt und Weimar wieder einmal höchste Ehren empfangen sollte, nahm Klaus sich das Leben" (Marianne Krüll, Im Netz der Zauberer, a. a. O., 343).

[305] Peter Laemmle hat in seinem Nachwort der Tagebücher aus den beginnenden Dreißiger Jahren einen hektischen Tag im Leben Klaus Manns, den 13.12.1932, nachgezeichnet, um einen Eindruck von dem „rasanten, schier atemlosen Lebenstempo in Klaus Manns Diarium" (193) wiederzugeben. Er spricht kritisch nicht nur von einer lebensalterbezogenen vitalen Unruhe, sondern auch von zwanghaften Zügen. „Sein Bedürfnis, überall dabeizusein, alles möglichst gleichzeitig zu machen, keine Erfahrung auszulassen, erscheint als ein entscheidendes Wesensmerkmal seiner Person überhaupt, als seine spezifische Form der Annäherung an die Welt" (Peter Laemmle, Nachwort in: KMT 1931-1933, 189-207, bes. 192f., Zitat auf 193). Auch der Schriftsteller Elias Canetti (1905-1994), der Klaus Mann damals begegnet ist, berichtet von der Unruhe Klaus Mann: „Später saß man mit anderen zusammen, aber er

hektische, unruhige Kettenraucher[306] veröffentlicht in diesen Jahren jährlich mindestens ein Buch. Er schreibt schnell und mit leichter Hand. Seine Texte sind in den Redaktionen begehrt. Sie erscheinen in der `Neuen Rundschau´, im `Querschnitt´ und in der `Literatur´. Er liest öffentlich aus seinen Werken vor interessiertem Publikum.

Mit Erika Mann zusammen verfasst er die Komödie `Plagiat´[307] und einen alternativen Reiseführer über die `Riviera´[308]. Dieser beschreibt in lockerem Stil die italienische und französische

---

saß eigentlich nicht, er rutschte hin und her, sprang auf, lief davon, wandte sich bald diesem, bald jenem zu, sah an ihm vorbei und sprach zu einem anderen, den er auch nicht sah, er schien niemanden sehen zu wollen, so viel sah er...“ (E. Canetti, Das Geheimherz der Uhr. Aufzeichnungen 1973-1985, München-Wien 1987, 49).

[306] Laut Aussage Elisabeth Manns, zit. nach Heinrich Breloer/Horst Königstein (Hg.), Die Manns. Ein Jahrhundertroman, a. a. O., 448.

[307] Vgl. Erika Mann, Plagiat. Komödie in fünf Bildern, Berlin 1931. Das Stück wurde nie aufgeführt, der Verlag 1935 `arisiert´ und das Archiv konfisziert. `Plagiat´ galt lange als verschollen und tauchte erst 1996 im Nachlass des Sammlers und Klaus Mann-Forschers Klaus Blahak (1946-1990) wieder auf.

[308] Vgl. Erika und Klaus Mann, Das Buch von der Riviera. Was nicht im `Baedeker´ steht, Berlin 1931 (Neuausgabe Reinbek 2004). Das Buch handelte von den Reiseeindrücken, die Erika und Klaus Mann während ihrer Autofahrt quer durch Europa gesammelt hatten. Es war heiter geschrieben und verzichtete auf jegliche politische Anspielungen – bemerkenswert, da in Deutschland zeitgleich heftige politische Kämpfe zwischen Rechten und Linken stattfanden, die sich u. a. in Straßenschlachten äußerten und mit dem Ende der Weimarer Republik verbunden waren. Die beiden jungen Schriftsteller diskutierten die Tagespolitik zwar, fühlten sich aber nicht wirklich bedroht.

Cote d´Azur´, erzählt „von heiteren Beobachtungen und Klatschgeschichten, Hinweise auf das geänderte öffentliche Klima im faschistischen Italien werden dagegen ängstlich vermieden oder nur kurz angerissen."[309] Noch ahnt niemand, dass bereits zwei Jahre später die von Erika und Klaus Mann beschriebene Gegend zum Zufluchtsort für zahlreiche Exilanten werden wird. Im August 1931 erscheint das `Das Zwölfhundertste Hotelzimmer´[310] – und der Sammelband `Auf der Suche nach einem Weg´[311] mit seinen Aufsätzen und Kritiken.

---

[309] Armin Strohmeyr, Klaus Mann, a. a. O., 48.
[310] Vgl. Klaus Mann, Das zwölfhundertste Hotelzimmer. Ein Lesebuch, ausgewählt von Barbara Hoffmeister, Reinbek 2006, bes. 9-13. Seit 1924 wohnte Klaus Mann nicht nur bei seinen Eltern und Großeltern, sondern überwiegend in Hotels und Pensionen. Viele Briefe entstanden daher auf Hotelbriefbögen. Das Hotelzimmer wurde zu einem Synonym für Klaus Manns unstetes und unruhiges Leben (vgl. das gleichnamige Gedicht).
[311] Vgl. Klaus Mann, Auf der Suche nach einem Weg. Aufsätze, Berlin 1931. Der Titel der im Transmare Verlag gesammelten Aufsätze, Essays und Glossen veranschaulicht, dass sich der Autor weltanschaulich noch auf der Suche befindet. Erst mit dem Kampf gegen den Nationalsozialismus wird sich Klaus Mann politisch eindeutig festlegen.

4. Der Nationalsozialismus kommt

In Deutschland verschlechtern sich die ökonomischen und sozialen Verhältnisse. Die politisch radikalen Kräfte nutzen die Weltuntergangsstimmung in der Bevölkerung aus, um die Demokratie zu bekämpfen. Die am 5. Januar 1919 in München gegründete `Nationalsozialistische Deutsche Arbeiterpartei` (`NSDAP´) beginnt schnell zu wachsen, indem sie den Wählern große Versprechungen macht und für komplexe politische und wirtschaftliche Probleme einfache Antworten bietet. [312] Gegen den Klassenkampf

---

[312] Die NSDAP hatte im Januar 1933 ca. 850000 Mitglieder, im Mai 2,5 Millionen Mitglieder und 1945 8,5 Millionen Mitglieder. Im Zentrum der NS-Ideologie steht die Vorstellung, dass sog. `Arier´, aus denen das deutsche Volk mehrheitlich bestehen sollte, die privilegierte sog. `Rasse´ seien, die militärisch und geistig aufgerüstet werden müssten, um den minderwertigen sog. `Rassen´ überlegen zu sein. `Die Juden´ sind dieser Ideologie zufolge den `Ariern´ gegenüber am minderwertigsten. Nur die `Arier´ seien in der Lage, zivilisatorische und kulturelle Leistungen zu erbringen. Ihre `Blut-und-Boden´-Ideologie berechtige sie dazu, ihre `Rasse´ (Blut) und ihren `Lebensraum´ (Boden) mit Gewalt auf Kosten der Nachbarn zu erweitern. Immer wieder gab es Ausnahmen von der rassistischen Klassifizierung: Ein berühmtes Beispiel ist Hitlers Chauffeur, Leibwächter, bester Freund, SA-Gründer und SS-Mitbegründer, SS-Oberführer und ab 1937 NS-Reichstagsabgeordneter Emil Maurice (1897-1972), der trotz seiner jüdischen Herkunft in der Umgebung Hitlers geduldet und von Hitler ehrenhalber zum `Arier´ gemacht wurde sowie das `Goldene Parteiabzeichen´ der NSDAP erhielt. Eine besondere Bedeutung kommt in dem ideologischen System der Volksgemeinschaft zu: Sie wird verstanden als eine Art Lebensgemeinschaft, hervorgegangen aus einer Bluts-, Schicksals- und NS-Glaubensgemeinschaft, die

beschwört die Partei – deren Programm ein Konglomerat aus landläufigem Antisemitismus, Rassismus, Kriegsniederlage-Propaganda, Verschwörungstheorien und nationalistischem Pathos ist – den Zusammenhalt der Volksgemeinschaft und pflegt als Feindbild die Juden, die gleichzeitig den verhassten Bolschewismus und den Kapitalismus verkörpern. Obwohl die NSDAP sich `Arbeiterpartei´ nennt, ist sie de facto keine: Basis der Partei ist der Mittelstand, mehrheitlich Handwerker, Kaufleute und Angestellte, auch Bauern. Die NSDAP appelliert nicht an den Verstand, sondern ans Gefühl, sie spricht den Einzelnen emotional an, nimmt in einer Zeit, die für politischen Messianismus an-

---

nach Möglichkeit ethnisch `rein´ sein solle. Die Rechte und Interessen von Individuen, Klassen und Parteien sowie soziale Differenzen sind den Interessen der sog. `Volksgemeinschaft´ untergeordnet resp. aufgehoben. Zuerst eine mittelständische Partei mit pseudosozialistischem Anspruch, wurde `die Bewegung´ zunehmend von Seiten der Unternehmer und Großgrundbesitzer unterstützt, ferner von Nationalkonservativen wie Franz von Papen (1879-1969). Die Verflechtungen der Nazis mit Großindustriellen reichten bekanntlich bis in verwandtschaftliche Beziehungen hinein. Ich denke beispielsweise an Hitlers Außenminister Joachim von Ribbentrop, den Schwiegersohn des Wiesbadener Sektfabrikanten Otto Henkell ([`Henkell trocken´], vgl. weiterführend Anna Maria Siegmund, Die Frauen der Nazis, München 2005, 797-863). Zahlreiche Nazi-Schriftsteller wie Hans Grimm (1875-1959) verfolgten das Programm einer völkisch-nationalen Literatur. Elias Canetti (1905-1994), der vor den Nazis fliehen musste, beschrieb das Phänomen des Nationalsozialismus und dessen totalitäre Strukturen in seinem Hauptwerk `Masse und Macht´ (1960) – ohne den Begriff zu erwähnen!

fällig ist, ungestillte Sehnsüchte und wabernde Visionen des Volkes auf und wird so zu einer Art Ersatzreligion. Die rassistische Ideologie zu verbreiten ist die Aufgabe von ca. 6000 Reichsrednern.[313] Im Prinzip geht es bei der NS-Ideologie immer um das Nebeneinander von Verlockung und Zwang. Die größtenteils aus Republikfeinden, politischen Heckenschützen und Fememördern bestehende Partei ist bald bekannt durch das martialische Auftreten ihrer Mitglieder, die ostentativ Gewalt anwenden und den politischen Gegner in Angst und Schrecken versetzen. Die NSADP, in ihrem politischen Agieren hemmungslos, rücksichtslos und brutal, setzt sich über alle Schranken der Gesetze, des Anstands und der Konvention hinweg und appelliert an die niedersten Instinkte des Menschen. Demonstrationen und blutige Straßenschlachten zwischen Nazis und Kommunisten, rechten und linken Schlägertrupps, beherrschen bald das

---

[313] `Reichsredner´ waren geschulte Demagogen der NSDAP, die durch die Reichspropagandaleitung bei Massenkundgebungen gezielt eingesetzt wurden und Hass predigten. Einer von ihnen war der Dresdner Landtags- und Reichstagsabgeordnete Cuno Meyer (1893-1981), der wie seine Ehefrau Inhaber des `Goldenen Parteiabzeichens´ der NSDAP war, das nur `verdiente´ Nationalsozialisten bekamen, und 1933 für Hitler und das `Ermächtigungsgesetz´ stimmte. Sein Grab befindet sich in Küssaberg-Rheinheim.

Bild in den großen Städten.[314] Ihr selbsternannter sog. `Führer´ Adolf Hitler peitscht mit seinen demagogischen, hasserfüllten, durch eingängige Formeln und eindeutige Schuldzuweisungen geprägten Hetzreden gegen `die Franzosen´, `das Großkapital´, `den Bolschewismus´ und immer wieder gegen `die Juden´ die Massen auf. Überfälle auf jüdische Restaurants, Schmierereien an Synagogen und tätliche Angriffe auf Passanten sind alltäglich. Viele Deutsche treten in die NSDAP ein und laufen dem falschen Messias Hitler nach. Die Nazis werden nach den Wahlen zum Reichstag am 14. September 1930, bei denen sie über sechs Millionen Wählerstimmen erhalten, zur zweitstärksten Partei im Parlament (über 100 Sitze im Berliner Reichstag!), ihre Mitgliederzahl hatte sich innerhalb kürzester Zeit vervielfacht – infolge hoher Arbeitslosigkeit im Zuge der Weltwirtschaftskrise von 1929, instabilen Regierungswechseln, Vielparteienstaat, häufigen Wahlen und leeren Versprechungen. Ziel der Nazis ist es seit 1925, legal an die

---

[314] Klaus Manns Freund Christopher Isherwood (1904-1986) hat die Stimmung dieser Zeit während seines Berlin-Aufenthaltes Anfang der 30er-Jahre eingefangen, vgl. Christopher Isherwood, Goodbye to Berlin?, London 1939.

Macht zu kommen und das sog. `Dritte Reich´[315]
zu errichten. Sollten sie die parlamentarische
absolute Mehrheit mit demokratischen Mitteln
erreichen, würden sie das Ende der Wahlen
verkündigen und das parlamentarische System
beseitigen.[316] Mit der Zeit wird jedem in Deutschland klar: Der Nationalsozialismus ist ein System

---

[315] Mit dem Begriff `Drittes Reich´, der auf die gleichnamige Schrift des
völkisch-nationalistischen, antidemokratischen und antiliberalen Publizisten Artur Moeller van der Bruck (1876-1925) zurückging, in der er seinen
Traum von einem neuen, in der Nachfolge des `Heiligen Römischen
Reiches Deutscher Nation´ stehenden Deutschlands (`Erstes Reich´),
das an das von Bismarck geschaffene und im Ersten Weltkrieg untergegangene Deutsche Reich anknüpfte (`Zweites Reich´), beschrieb, sollte
die Zeit der Weimarer Republik, der ersten Demokratie in Deutschland,
als `Zwischenzeit´ abgewertet werden. Das sog. `Dritte Reich´ sollte die
Demokratie ablösen, um die sozialen Gegensätze zugunsten einer
`wahren Volksgemeinschaft´ verschwinden zu lassen. Die Mehrheit der
Deutschen, die sich in den 30er-Jahren von der Demokratie als Staatsform abgewandt und ihr Heil in einer radikal neuen sozialen Ordnung
gesucht hatte, war für dieses wirre Gedankengut empfänglich. Mit Hitlers
Ernennung zum Reichskanzler am 30. Januar 1933 und seiner Politik in
der Folgezeit wurde Deutschland zu einer Diktatur: die Weimarer
Reichsverfassung wurde außer Kraft gesetzt, die Presse `gleichgeschal-
tet´, alle Parteien außer der NSDAP verboten (am 14.7.1933), Gewerkschaften aufgelöst, ihr Vermögen beschlagnahmt, ihre Funktionäre
verhaftet, ihre Mitglieder in die `Deutsche Arbeitsfront´ (DAF) gemäß
dem `Führerprinzip´ zwangseingegliedert. Mit dem Geld der Gewerk-
schaften wurde `Kraft durch Freude´ gegründet – dadurch wurden Arbei-
tern Urlaubsfahrten, bunte Abende, Gymnastikkurse, Wanderungen,
Konzerte und Kunstausstellungen ermöglicht, wodurch die Popularität
der faschistischen Partei gesteigert werden sollte.
[316] Vgl. dazu weiterführend Cornelia Schmitz-Berning, Vokabular des
Nationalsozialismus, Berlin-New York 1998, und Magnus Brechtken, Die
nationalsozialistische Herrschaft 1933-1939, Darmstadt 2004.

von Antihumanität und Willkür. [317] Im Zuge der NS-Herrschaft wird sich in den kommenden Jahren ein differenziertes Unterdrückungs- und Überwachungssystem in Deutschland etablieren.

Klaus Mann als demokratischer Intellektueller wendet sich wie andere Angehörige seiner Familie früh gegen die Nazis – so in seinem Vortrag `Wie wollen wir unsere Zukunft?´ vor dem Wiener Kulturbund. Er warnt schon im Herbst 1930 vor dem Erstarken der Rechten. Sein Theaterstück `Geschwister´[318], eine dramaturgisch

---

[317] „Das nationalsozialistische Regime war ein `Doppelstaat´..., auf der einen Seite gab es den auf gesetzlicher Grundlage agierenden Normenstaat, auf der anderen Seite den terroristischen Maßnahmenstaat" (Ernst Piper, Kurze Geschichte des Nationalsozialismus. Von 1919 bis heute, Hamburg 2007, 149).

[318] Vgl. Klaus Mann, Geschwister. Vier Akte nach Motiven aus dem Roman *Les Enfants terribles* von Jean Cocteau, Berlin 1930. Das Drama, das auf den drogenabhängigen und pädophilen französischen Literaten zurückging, war ein Hohelied Klaus Manns auf seine Schwester Erika und wurde mit Erika Mann und Wolfgang Liebeneiner (1905-1987) in der Hauptrolle und mit Therese Giehse in der Rolle der Dienstmagd an den Münchener Kammerspielen uraufgeführt. Wolfgang Liebeneiner machte nur wenige Jahre später im sog. `Dritten Reich´ Karriere. Er wurde 1938 von Goebbels zum sog. `Staatsschauspieler´ ernannt. Er arbeitete später mit Gustaf Gründgens (z. B. im Film `Friedemann Bach´ [1941]) zusammen und wirkte bei zahlreichen NS-Propagandafilmen mit. So führte Liebeneiner, der seit 1931 auch als Regisseur arbeitete, die Regie bei `Ich klage an´ (1941). Dieser Film, der heute in Deutschland zu den Vorbehaltsfilmen zählt, also von der FSK als kriegsverherrlichend, rassistisch, antisemitisch und volksverhetzend eingeschätzt wird und nur in geschlossenen Bildungsveranstaltungen gezeigt werden darf, stand im Kontext der staatlicherseits durchgeführten systematischen Vernichtung

bearbeitete Fassung von Jean Cocteaus *Les enfants terribles*, gelangt kurz nach den Reichstagswahlen am 12. November 1930 zur Uraufführung. Dieses Drama, das unter Kennern als Klaus Manns formal überzeugendstes Werk gilt, trägt starke autobiografische Züge. Inhaltlich handelt es von einem Geschwisterpaar, Paul und Elisabeth, das in einer von der Außenwelt hermetisch abgeschlossenen eigenen Kinderwelt lebt und von einer Sehnsucht getrieben ist, sich körperlich zu vereinigen. In dem Moment, in dem sie das Tabu brechen, müssen sie sterben; gemeinsam gehen sie in den Tod.[319] Die Uraufführung bei den Münchener Kammerspielen gerät zum Skandal, das Publikum pfeift und buht: Die Zeit ist nicht nach einem psychologisierenden esoterischen Schauspiel. Massenarbeitslo-

---

von psychisch Kranken (der sog. `Vernichtung lebensunwerten Lebens´), indem er der psychologischen Vorbereitung der Sterbehilfe im Rahmen der T4-Aktion diente. Liebeneiner wurde 1942 Produktionschef der Ufa und ein Jahr später von Goebbels zum Professor ernannt. Nach dem Krieg setzte er seine Karriere bruchlos fort. Zum Hintergrund der sog. `T-4-Aktion´ vgl. Ernst Klee, `Euthanasie´ im NS-Staat. Die `Vernichtung unwerten Lebens´, FfM 1983; ders., Was sie taten – Was sie wurden. Ärzte, Juristen und andere Beteiligte am Kranken- oder Judenmord, FfM 1986, [2]1990; Götz Aly, (Hg.), Aktion T4 – 1939-1945. Die `Euthanasie´-Zentrale in der Tiergartenstraße 4, Berlin [2]1989, und Gabriel Richter, Die Fahrt ins Graue(n). Die Heil- und Pflegeanstalt Emmendingen 1933-1945 – und danach, Emmendingen [2]2005.
[319] Eine inhaltlich gute Zusammenfassung von `Geschwister´ befindet sich bei A. Strohmeyr, Klaus und Erika Mann, a. a. O., 78ff.

sigkeit herrscht in Deutschland und die Nazis werden zu einer Bewegung, die der jungen Demokratie den Kampf angesagt hat. Damit verbunden ist eine Veränderung des geistigen Klimas in Deutschland: das einst freigeistig-tolerante München wird zu einer intolerant-spießigen Stadt. Im Nazi-Organ `Völkischer Beobachter´ wird das Stück heftig attackiert.[320] Klaus Mann wendet sich in dieser Zeit gegen den Nationalismus[321] und zeigt sich von der Idee eines übernationalen Europas begeistert (`Die Jugend und Paneuropa´, 1930). Als sich Thomas Mann am 17. Oktober 1930 im Berliner Beethovensaal in seinem Vortrag `Appell an die Vernunft´ öffentlich gegen den Nationalsozialis-

---

[320] So verriss das Nazi-Organ `Völkischer Beobachter´ die Tragödie als das Produkt „einer absterbenden, dekadenten, höchstmodernen und höchstüberflüssigen Gesellschaft seelischer und geistiger Krüppel, für die sich höchstens der Psychiater interessiert" (zitiert nach Erika und Klaus Mann, Bilder und Dokumente, a. a. O., 29). Und weiter hieß es: „Mögen die Literaten auf den Brettern eine sterbende Welt verherrlichen, auf der Straße marschiert das neue Deutschland" (Völkischer Beobachter, zit. nach Armin Strohmeyr, Klaus Mann, a. a. O., 52. Das Zitat steht auch bei Irmela von der Lühe, Erika Mann, a. a. O., 71). Nach dem Fiasko der Uraufführung von `Geschwister´ brachte Klaus Mann Bühnenmanuskripte nur noch unter Pseudonym heraus.
[321] „Ich hasste den Nationalismus (vornehmlich den deutschen)..." (Klaus Mann, Der Wendepunkt, a. a. O., 237f.) und: „Ich halte [ihn] für nichts als gefährlich. Darin besteht mein Radikalismus" (Klaus Mann, Jugend und Radikalismus. Eine Antwort an Stefan Zweig, in: ders., Heute und Morgen, 11, zit. nach Irmela von der Lühe, Erika Mann. Eine Lebensgeschichte, 391, Anm. 80).

mus wendet, kommt es zu massiven Störungen im Saal durch anwesende Nazis. Angeführt werden sie von dem Schriftsteller Arnolt Bronnen[322]. Auch Erika Mann bezieht eindeutig Stellung gegen die Nazis: Ihren pazifistischen Gedicht-Vortrag, den sie am 13. Januar 1932 auf Einladung der Münchner Ableger der `Internationalen Frauenliga für Frieden und Freiheit´, des `Frauenweltbundes für Internationale Eintracht` und des `Weltbundes der Mütter und Erzieherinnen´ bei einer feministischen Großversammlung zu Abrüstung, Frieden und Freiheit[323] als Schauspielerin im Hotel Union in der Münchner Barerstrasse hält, stören militante, dem `Kampfbund für deutsche Kultur´[324] zugehörige Nazis.

---

[322] Zur Vita siehe `Who is Who´ bei Klaus Mann.

[323] Das Plakat mit der Ankündigung der Rezitation ist abgedruckt in Klaus und Erika Mann, Bilder und Dokumente, a. a. O., 27.

[324] Diese Organisation, von Hitlers Chefideologen Alfred Rosenberg (1893-1946) 1928 in München als Verein gegründet, wurde nach 1933 offiziell NS-Kulturorganisation und bekämpfte, wie es hieß, `jüdisch-liberales und marxistisch-kommunistisches Gedankengut´. Erklärtes Ziel des fast ausschließlich aus NSDAP-Parteimitgliedern bestehenden Vereins war es, die `kulturzersetzenden´ Bestrebungen des Liberalismus und den jüdischen Einfluss auf das kulturelle Leben zu bekämpfen, vgl. weiterführend Jürgen Gimmel, Die politische Organisation kulturellen Ressentiments. Der `Kampfbund für deutsche Kultur´ und das bildungsbürgerliche Unbehagen an der Moderne, Berlin 2001.

Es kommt zu Krawallen mit Polizeieinsatz.[325] Drei Tage später startet der `Völkische Beobachter´ eine sie persönlich als Künstlerin attackierende Pressekampagne: Sie wird von den Nazis als „berüchtigte Erika Mann, Tochter ihres ebenso berüchtigten Vaters" und „plattfüßige Friedenshyäne"[326] beschimpft.[327] Als Klaus Mann seine Schwester daraufhin öffentlich gegen die „Gemeinheiten"[328] der Nazis in einem Zeitungsartikel verteidigt, greifen diese auch ihn öffentlich an.[329] Erika Mann verklagt die Schriftleiter

---

[325] Eine Beschreibung des Saalgetümmels, der Angriffe und der Darstellung durch die damals 26jährige Erika Mann befindet sich bei Andrea Weiss, Flucht ins Leben, a. a. O., 68f.

[326] Klaus Mann, Der Wendepunkt, a. a. O., 297. Vgl. dazu weiterführend Hiltrud Häntzschel, „Pazifistische Friedenshyänen"? Die Friedensbewegung der Münchener Frauen in der Weimarer Republik und die Familie Mann, in: Jahrbuch der Deutschen Schillergesellschaft 36, 1992, 307-330.

[327] „Das Kapitel `Familie Mann´ erweitert sich nachgerade zu einem Münchner Skandal, der auch zu gegebener Zeit seine Liquidierung finden muss" (Völkischer Beobachter, zit. nach A. Strohmeyr, Klaus und Erika Mann, a. a. O., 88).

[328] Klaus Mann, Die neuen Eltern, a. a. O., 381.

[329] Der Artikel Klaus Manns zur Verteidigung seiner Schwester gegen die öffentlichen Angriffe der Nazis erschien am 4.2.1932 im `8-Uhr-Abendblatt´. Die Nazis antworteten darauf mit einem Kommentar in dem NS-Blatt `Die Brennessel´, in dem bereits zuvor zahlreiche, die Familie Mann verunglimpfende Karikaturen veröffentlicht wurden. Darin hieß es, bezogen auf Klaus Mann: „... es gibt eine junge Generation, die ungeistig genug ist, um Dir einmal furchtbar auf die Pfoten zu klopfen. Doch Du brauchst keine Angst zu haben, Kläuschen, es wird mit dieser Feststellung kein Angriff auf Deinen zarten Knabenkörper geplant. Du wirst nur so nebenher vernascht" (Lanzelot, in: `Die Brennessel´, 2. Jg. Folge 7 v.

der an der Diffamierungskampagne beteiligten Zeitungen auf Verleumdung und gewinnt – es bedeutet aber de facto das Ende ihrer Schauspielkarriere. In dieser Zeit wird die gesamte Familie Mann in der völkischen[330] Presse stark attackiert und Klaus Mann wird in seiner Überzeugung bestätigt, dass die Politik der Nazis nur zu *einem* Ziel führen wird: „zu einem neuen Kriege und zum Untergang der europäischen Zivilisation."[331]

Im März 1932 kommt Klaus Manns dritter Roman, `Treffpunkt im Unendlichen´[332], heraus, der

---

17.2.1932, 75, zit. nach Uwe Naumann [Hg.], Mann oh Mann. Satiren und Parodien zur Familie Mann, Reinbek 2003, 65).

[330] Die völkische Bewegung vereinigte in sich einen Pangermanismus, Imperialismus und Sozialdarwinismus und lud sich mit der Zeit antisemitisch auf. Ihre Feindbilder waren zunächst der Katholizismus und der Liberalismus, später die jüdische Minderheit in Deutschland und schließlich die Arbeiterbewegung.

[331] Klaus Mann, Die neuen Eltern, a. a. O., 305.

[332] Vgl. Klaus Mann, Treffpunkt im Unendlichen. Roman, Berlin 1932. Auch in diesem im Berliner S. Fischer-Verlag erschienenen Werk, das innerhalb von vier Monaten in München entstand und als Klaus Manns bedeutendster Roman vor dem Exil gilt, bediente sich der Autor der ihn umgebenden Wirklichkeit, Ereignisse und Personen. Diese autobiografische Arbeitsweise trat im Exil in den Hintergrund. Im `Treffpunkt im Unendlichen´ wurde das Leben junger Menschen zwischen Sehnsucht und Verzweiflung, Rebellion und Alltagsflucht beschrieben. Die Geschichte ging auf Ereignisse zurück, die Erika und Klaus Mann auf einer gemeinsamen Reise nach Marokko erlebten: Hinter den Hauptfiguren Sebastian und Sonia verbergen sich die Geschwister Klaus und Erika Mann. Sonia ist Schauspielerin; sie ist mit Gregor Gregori verlobt und spielt Schillers Don Carlos. Klaus Manns Roman-Ego ist Sebastian, der mit Künstlern und Intellektuellen in Paris verkehrt und aus einem Bezie-

auch diesmal vor allem um Drogen, Suizid und die Liebe kreist – Themen, die auch den Autor selbst hauptsächlich bewegen[333] – und die eigene Generation schonungslos als die verlorene,

---

hungsgeflecht nach Marokko flieht. Dort trifft er zufällig auf Sonia und gemeinsam machen sie Drogenerfahrungen. Sonia stirbt, nachdem ihr Geld gestohlen worden war und sie nicht rechtzeitig behandelt werden konnte, an `Gehirnentzündung´. Als weitere reale Personen werden Gottfried Benn (der diabolische Doktor Massis) und Gustaf Gründgens (Gregor Gregori) verarbeitet. Armin Strohmeyr hat darauf aufmerksam gemacht, dass „es sich eigentlich um zwei Romane handelt, die am Ende, in den in Marokko spielenden Episoden um Drogenrausch, Liebe und Tod, zu einem Ganzen finden" (A. Strohmeyr, Klaus Mann, a. a. O., 56f.). `Treffpunkt im Unendlichen´ weist viele Parallelen zu Heinrich Manns Roman `Jagd nach Liebe´ von 1903 auf. Ähnlich wie Klaus mit Erika war Heinrich mit seiner Schwester Carla inniglich verbunden. Durch beide Werke zieht sich das Motiv der verbotenen Geschwisterliebe – wenn das Tabu gebrochen wird, führt dieser Bruch zum Tod der Protagonisten. Neben Beschreibungen Marokkos, auf die Klaus Mann durch eigene Erfahrungen zurückgreifen konnte, wird auch die Situation in Deutschland thematisiert, etwa indem Aufmärsche der Nazis, Hunger und Elend und ein geistig-moralischer Verfall erwähnt werden. Die Reaktion der Kritik auf den Roman war verhalten bis vernichtend: Hermann Hesse ([1877-1962], Neue Rundschau 5/1933, 698-700), seit 1904 Thomas Mann freundschaftlich verbunden und seit 1912 in der Schweiz lebend, warf dem Autor Ungenauigkeit im Detail vor, wodurch das ganze Buch an Gewicht verlieren würde; Siegfried Kracauer fand es `einfach zum Kotzen´. 1983 entstand der Dokumentarfilm `Treffpunkt im Unendlichen – Die Lebensreise des Klaus Mann´ von Heinrich Breloer und Horst Königstein. 1984 wurde `Treffpunkt im Unendlichen´ von Horst Königstein als Spielfilm verfilmt.

[333] Schon Hermann Kesten (zur Vita siehe `Who is Who´ bei Klaus Mann) machte darauf aufmerksam, dass Klaus Mann in seinen Romanen mehr von sich mitteilte als in seinen Autobiografien. So wurde die zentrale Figur des Schriftstellers Sebastian im `Treffpunkt im Unendlichen´ von ihm als ein deutliches literarisches Selbstporträt interpretiert. Die Nazis kommentierten das Werk mit großer Gehässigkeit. Barbara Hoffmeister meinte, dass sich Klaus Mann fast unverschlüsselt in seinen Schriften preisgäbe, vgl. Anhang zu Das Zwölfhundertste Hotelzimmer, hg. v. B. Hoffmeister, Reinbek 2006, 273.

die vereinsamte Generation porträtiert. Der moderne Roman, in dem Klaus Mann erstmals eine Handlung mit verschiedenen parallel zueinander verlaufenden Erzählsträngen, vielen Personen, inneren Monologen, Dialogen und Assoziationsketten entwirft, ist im deutschsprachigen Kulturraum literaturhistorisch bedeutsam, weil er einer der ersten ist, der mit dem seit Goethe dominierenden traditionellen Bildungs- und Entwicklungsroman bricht.

1932 ist auch das Jahr, in dem der 26jährige mit `Kind dieser Zeit´ [334] seine erste Autobiografie veröffentlicht. Er beschreibt in dem anekdotenreichen Buch den Zeitraum von 1906 bis 1924 und zeichnet das Bild einer behüteten Kindheit und Jugend. Für den Mai des Jahres plant er eine Reise mit seiner Schwester, seinem Freund Ricki Hallgarten und seiner Freundin Annemarie

---

[334] Der amerikanische Publizist William L. Shirer (1904-1993) beschrieb die Themen von `Kind dieser Zeit´ als die „Krise des Bürgertums, dem wir beide entstammten; das Chaos und die Unsicherheit der Nachkriegsjahre; der Bruch mit der Welt unserer Eltern, die sich so behütet, so wohlgeordnet, so gläubig, hoffnungsvoll und zukunftsreich ausgenommen hatte und zwischen 1914 und 1918 untergegangen war" (W. L. Shirer, Nachwort zur ersten deutschen Nachkriegsausgabe von `Kind dieser Zeit´, München 1965, 262-264, Zitat auf 262f.; der Beitrag stammt von 1950 und erschien zuerst auf Englisch in `Klaus Mann zum Gedächtnis´).

Schwarzenbach[335], zu der er eine innige Beziehung pflegt, nach Persien – u. a. auch deshalb, um mit diesem starken Impuls etwas gegen die Depressionen seines Freundes Ricki zu setzen. Vergebens: Einen Tag vor der geplanten Abreise und nachdem anstrengende Filmaufnahmen mit allen für die berichtende Presse für die Reise gemacht worden waren, am 5. Mai 1932, erschießt sich der Freund in seinem Sommerhaus in Utting am Ammersee – die Kugel trifft mitten ins Herz. Die anberaumte Reise findet deshalb nicht statt.[336] Stattdessen reisen die aufgewühlten Freunde nach dessen Tod nun zu dritt im Mai nach Venedig.[337] Vom Suizid fasziniert,

---

[335] Zur Vita siehe `Who is Who´ bei Klaus Mann.

[336] Zuvor hatte er auf einen Zettel notiert: „Sehr geehrter Herr Wachtmeister! Habe mich soeben erschossen. Bitte Frau Thomas Mann in München zu benachrichtigen. Ergebenst – R. H." Erika und Klaus erhielten je 10000 Mark nach dem Tod Ricki Hallgartens, „eine Summe, damals schwerer wiegend als zehnmal mehr heutzutage, so dass sie den ihnen gewohnten Lebensstil weiter führen konnten" (Golo Mann, Eine Jugend in Deutschland, a. a. O., 433). Klaus Mann, der seinen Freund von dessen Todesgedanken hatte abbringen wollen, versuchte später den Tod in einem Essay zu verarbeiten: `Ricki Hallgarten – Radikalismus des Herzens´ (in: Klaus Mann, Die neuen Eltern. Aufsätze, Reden, Kritiken 1924-1933, hg. von Uwe Naumann und Michael Töteberg, Reinbek 1992, 390-411). Im `Wendepunkt´ wird später noch einmal deutlich, wie schwer ihn der Tod Ricki Hallgartens mitgenommen hatte, als er Freunde und Verwandte aufzählte, die durch eigene Hand gestorben waren, vgl. Klaus Mann, Der Wendepunkt, a. a. O., 303ff. und 312ff.

[337] Dort wohnten sie im `Grand Hotel des Bains´, in dem Thomas Mann sein Buch `Tod in Venedig´ konzipiert hatte – das Buch, mit dem er seine homoerotischen Abschweifungen öffentlich gemacht hatte. Sie bereiteten

schreibt Klaus Mann: „Es waren wohl zwei verschiedene Fahrten, die ihn gleichzeitig lockten und für die er sich gleichzeitig in Bereitschaft hielt. Die eine, die nach Teheran gehen sollte, hätte er mit uns, uns zuliebe, aus Liebe zu uns gemacht; auf die andere aber begibt man sich allein, in einem Panzer von Einsamkeit, den keine Liebe mehr durchdringen kann."[338]

Im Juli 1932 begegnet Klaus Mann im Münchner Hotel Carlton zufällig Hitler – er hält seine Verachtung des `Führers´ in seinem Tagebuch fest: „Direkt am Nebentisch: Adolf Hitler, in blödester Gesellschaft. Seine geradezu auffallende Minderwertigkeit. Äusserst unbegabt; die Faszination, die er übt, größte Blamage der Historie; gewisser sexualpathologischer Einschlag kann nicht alles erklären."[339] Allerdings unterschätzt

---

ein Gedenkbuch mit Zeichnungen Ricki Hallgartens vor und Klaus Mann entwarf dort den genannten Nachruf auf seinen Freund.

[338] Klaus Mann, Der Wendepunkt, a. a. O., 314f. Seit spätestens 1930 hatte Klaus Mann das Phänomen des Suizids nicht mehr losgelassen. Schon im Februar 1931 hatte er `Selbstmörder´ veröffentlicht, in dem er all der Freunde seines Bekanntenkreises gedacht hatte, die bis dato durch eigene Hand gestorben waren: Wolfgang Deutsch, René Crevel, Ernst Toller, Stefan Zweig, Virginia Woolf und Jan Masaryk, ferner Arthur Schnitzlers Tochter Lilly und Hugo von Hoffmannsthals Sohn Franz von Hoffmannsthal, Plato Skurrati und Andreas Walser.

[339] KMT 1931-1933, 64, Eintrag v. 14.7.1932. Schon 1931 hatte er die direkte Begegnung mit Nazis gemacht: „Am Nebentisch grausige Nazis" (KMT 1931-1933, 14, Eintrag v. 11.11.1931).

auch er wie viele andere den auf der Klaviatur der Ängste, Vorurteile, Ressentiments, des Chauvinismus´, des Fremdenhasses und vor allem des antisemitisch-völkischen Judenhasses spielenden, sein rhetorisches und schauspieleri- sches Talent einsetzenden Bierkellerdemago- gen[340], obwohl dieser sein ideologisches und politisches Programm schon früh in seinem Buch `Mein Kampf´[341] offen gelegt hatte.

---

[340] Vgl. Klaus Mann, Der Wendepunkt, a. a. O., 290ff. Klaus Mann ver- glich Hitler (`Schicklgruber´) mit dem Serienmörder Fritz Haarmann (1879-1925), der in Hannover Jungen durch einen Biss in den Hals tötete, sie anschließend zu Wurst verarbeitete und die Konserven an ein benachbartes Restaurant verkaufte. Haarmann wurde zum Tode verur- teilt und hingerichtet (mit dem Fallbeil enthauptet; sein Kopf wurde erst 2014 [!] anonym bestattet). Der jüdische Kulturphilosoph Theodor Les- sing (1872-1933) deckte damals die Polizeispitzeltätigkeit Haarmanns auf und machte die dubiose Rolle, die die Polizei in der Sache spielte, öffentlich. Carl Zuckmayer gestand später zu Hitler selbstkritisch ein: „Viel zu lange hatten wir uns damit begnügt, über ... den `Anstreicher´ Hitler, zu lachen und zu witzeln. (...) Wir lachten über sein schlechtes Deutsch, machten uns über seine geschwollenen Phrasen lustig und waren überzeugt, dass ein solches Unmaß an Halbbildung in Deutsch- land, im Volk der Doktoren, Professoren, Gelehrten niemals ernstge- nommen würde oder eine Führungschance hätte" (Carl Zuckmayer, Als wär´s ein Stück von mir, a. a. O., 526).
[341] Hitler schrieb `Mein Kampf´ im Jahr 1924 auf einer Reiseschreibma- schine während seiner Festungshaft in Landsberg am Lech/Oberbayern. In einer Art stilisierter Autobiografie schilderte er die Entwicklung des Nationalsozialismus, indem er sich selbst als begnadete Persönlichkeit, die eine historische Mission zu erfüllen habe, darstellte. Nach seiner Entlassung diktierte er den zweiten Teil des Buches seinem späteren Verleger und Tantiemenverwalter Max Amann (1891-1957). Im Juli 1925 erschien der erste, im Dezember 1926 der zweite Band im parteieigenen `Eher Verlag´. Ab 1930 wurden beide Teile zu einer einbändigen Ausga- be zusammengefasst und das Buch im Format der Bibel als `Volksaus-

Mitte Juli 1932 bricht Klaus Mann mit seiner Schwester Erika und Annemarie Schwarzenbach zu einer Reise nach Nordeuropa auf, die sie von der unruhigen politischen Situation in Deutschland ablenken soll.[342] Schweden, Finnland und Norwegen sind ihr Ziel. Sie besuchen

---

gabe´ verbreitet. Ende 1933 war es bereits über 1,5 Millionen Mal verkauft worden. Neben autobiografischen Darstellungen sowie der Geschichte der NSDAP sind die zentralen Themen des Buches der Anschluss Österreichs, die Vernichtung der Juden, die Eroberung des Lebensraums im Osten für Deutsche durch einen Krieg, der zu vernichtende Marxismus bei gleichzeitigem Gegenentwurf eines `nationalen Sozialismus´ (`Rassenkampf statt Klassenkampf´), ein der Demokratie entgegengesetzter, auf germanischen Prinzipien von Führer und Gefolgschaft basierender sog. `Führerstaat´ sowie die Zerstörung der Sowjetunion (der `jüdische Bolschewismus´ als Hauptfeind der Deutschen). Das Buch, im Wesentlichen eine Kriegserklärung an das jüdische Volk, enthielt das politische Programm der NSDAP, die sich über ihren parteieigenen Verlag finanzierte; Hitler erhielt 10% des Verkaufserlöses der verkauften Exemplare. Ab 1936 erfolgte die Verbreitung des Buches durch die öffentliche Hand, indem es – wie die Bibel – Brautpaaren bei der standesamtlichen Trauung überreicht wurde. 1939 hatte die Gesamtauflage die 5-Millionen-Grenze überschritten, 1943 lag sie bei über 10 Millionen; das Buch wurde in 16 Sprachen übersetzt. Es machte Hitler zum Multimillionär: Die Tantiemen lagen bereits 1933 bei 1,2 Millionen Reichsmark (zum Vergleich: als Reichskanzler hatte Hitler später ein jährliches Einkommen von 45000 Reichsmark). Ein Gesetz verbot, das Buch weiterzuverkaufen. Hitlers durch kriminelle Machenschaften und Steuerhinterziehung erworbenes Vermögen wurde nach Prozessen um sein Erbe teils seiner Schwester Paula Hitler (1896-1960) zugesprochen, teils vom bayerischen Staat beschlagnahmt, der die Urheberrechte an `Mein Kampf´ von den Alliierten zugesprochen bekam, da Hitler seinen letzten amtlichen Wohnsitz am Prinzregentenplatz 16 in München gehabt hatte. Die Nutzungsrechte des Freistaats Bayern enden – 70 Jahre nach Hitlers Tod – am 1. Januar 2016.
[342] Erika Mann hat über die Reise geschrieben, vgl. u. a. `Fremdes Nordland´, in: dies, Blitze überm Ozean, a. a. O., 101ff.

den finnischen Gutsbesitzer Hans Aminoff[343],
den Klaus Mann aus Paris kennt und mit dem er
eine Affäre gehabt hatte, in Pekkala.[344] Er verarbeitet die Reise und die missglückte Beziehung
– sein Freund wird sich später verloben, heiraten und Vater einer Tochter werden – in dem
Buch `Flucht in den Norden´ (1934), einer psy-
chologischen Liebesgeschichte und einem der
ersten Romane, der zum Thema Exil vorgelegt
worden ist.[345] Der Roman wird eine Debatte über

---

[343] Der Finne Hans Aminoff (1904-1968) war mit Klaus Mann liiert (vgl.
KMT 1931-1933, 49, Eintrag v. 21.4.1932). Dieser sah ihn später wieder,
empfand aber keine Liebe mehr für ihn (KMT 1936-1937, 103, Eintrag v.
29.1.1937). Vgl. weiterführend Rong Yang, Ich kann einfach, a. a. O., 82.
In dieser Studie wurden alle Freundschaften und Verhältnisse, soweit sie
aus den veröffentlichten Teilen der Tagebücher ersichtlich sind, rekon-
struiert.
[344] Es hat den Anschein, als ob die Beziehung Klaus Manns zu dem
Finnen nur einseitig gewesen und seine Liebe bis 1932 nicht erwidert
worden war, vgl. KMT 1931-1933, 49, Eintrag v. 21.4.1932.
[345] Das Buch war das erste Werk, das Klaus Mann im Exil vollendete und
das 1934 im Querido-Verlag erschien. Er hatte das Manuskript mit
durchschnittlich zehn Seiten pro Tag innerhalb von drei Monaten abgeschlossen. Es erzählt von einer jungen deutschen kommunistischen
Sympathisantin namens Johanna aus bürgerlichem Hause (sie trägt
Züge Annemarie Schwarzenbachs), die vor den Nazis zu ihrer Studien-
freundin Karin nach Finnland fliehen kann und sich dort in den Gutsbesitzer Ragnar, den Bruder ihrer Freundin, verliebt. Sie genießt mit ihm
die Schönheit Finnlands. Doch die Nachrichten ihres Bruders und ihrer
Genossen im Pariser Exil, dass ihr Parteifreund Bruno in Deutschland
auf der Flucht erschossen wurde und sie im Widerstand gebraucht wird,
bringen die junge Frau dazu, ihren Geliebten zu verlassen und dem Ruf
ihrer Freunde zu folgen. Klaus Mann widmete sein Buch `Dem Andenken
von Wolfgang Hellmert´, der 28.5.1934 an einer Überdosis Morphium
gestorben war. `Flucht in den Norden´ war sehr erfolgreich; es erschien

Aufgabe und Sinn der Schriftstellerei im Exil auslösen. Schon bald werden die Geschwister von den politischen Ereignissen wieder eingeholt. Bei den Reichstagswahlen am 31. Juli 1932 erhält die NSADP 37,3% der Stimmen und wird damit im Deutschen Reichstag mit 230 Sitzen die stärkste Partei.[346] Noch weigert sich der greise Reichspräsident Paul von Hindenburg[347], Hitler zum Reichskanzler zu ernennen. Ende 1932 bringt Klaus Mann unter dem Pseudonym Vincenz Hofer das Theaterstück `Athen´ heraus, das Anklänge auf die politische Situation der Zeit in sich trägt.[348] Es ist das letzte Werk, das er in Deutschland vollenden wird.

---

als Fortsetzungsroman in 65 Folgen im `Pariser Tageblatt´ und wurde unter dem Titel `Journey into Freedom´ in England und den USA veröffentlicht. 1985/86 wurde der Roman von Ingemo Engström (geb. 1941) verfilmt, vgl. weiterführend Arwed Schmidt, Exilwelten der 30er Jahre. Untersuchungen zu Klaus Manns Emigrationsromanen `Flucht in den Norden´ und `Der Vulkan. Roman unter Emigranten´, Würzburg 2003.

[346] Klaus Mann gab bei dieser Wahl, wie schon zuvor, der SPD seine Stimme: „Der Wahlpflicht genüge getan, aber doch wieder sozialdemokratisch" (KMT 1931-1933, 88, Eintrag v. 6.11.1932).

[347] Zur Vita siehe `Who is Who´ bei Klaus Mann.

[348] Vgl. Klaus Mann, Athen. Fünf Bilder, Berlin 1932. In dem Stück geht es um das Leben und Sterben von Sokrates und um Auseinandersetzungen mit seinem Widerpart Alkibiades. Der von den Massen vergötterte Heerführer hetzt das Volk auf, um Krieg zu führen. Das Stück spielte unverkennbar auf die politische Situation der Zeit ab; in `Alkibiades´ Reden finden sich nationalsozialistische Phrasen wieder. Sokrates zieht sich demgegenüber in seine rein geistige Welt zurück. So wurde das Stück auch als Versagen der Intellektuellen gegenüber der drohenden Diktatur interpretiert. `Athen´ blieb bis heute (2015) unaufgeführt.

Klaus Mann ist dabei, als seine Schwester Erika mit Therese Giehse[349], einer der berühmtesten Schauspielerinnen Deutschlands, und anderen Künstlern Ende 1932 das politisch-literarische, von Anfang an militant-antifaschistische Kabarett `Die Pfeffermühle´ gründet mit dem Ziel, durch politische Aufklärung mit den Mitteln der Kunst vor dem Nationalsozialismus zu warnen. Die Idee zu dieser „schönste(n) und berühmteste(n) Kleinbühne"[350] – heute würde man Kleinkunstbühne sagen – stammt von dem Pianisten und Komponisten Magnus Henning[351]; der illustre Name kommt von Thomas Mann. Die Premiere findet am 1. Januar 1933 in dem bekannten Münchner Vergnügungslokal *Bonbonnière*, neben dem Hofbräuhaus, statt.[352] Erika Mann interessierte sich bisher nicht groß für Politik. Nun,

---

[349] Zur Vita siehe `Who is Who´ bei Klaus Mann.

[350] So auf dem *Bonbonniere*-Plakat, abgedruckt bei Anatol Regnier, der auf einer CD die Musik und die Texte der `Pfeffermühle´ neu interpretiert hat, vgl. Anatol Regnier, Warum sind wir so kalt? Die Pfeffermühle Erika Manns, Exilkabarett 1933-1937, München 2006, Booklet, 5.

[351] Zur Vita siehe `Who is Who´ bei Klaus Mann.

[352] Das in häufig wechselnder Besetzung spielende, aus Schauspielern und Tänzern bestehende meist achtköpfige Ensemble setzte sich (neben Magnus Henning, Erika und Klaus Mann) u. a. aus Walter Mehring (1896-1981) und Wolfgang Koeppen (1906-1996), die satirische und kabarettistische Texte beisteuerten, sowie Lotte Goslar (1907-1997), Max Schreck (1879-1936), Sybille Schloß (1910-2007) und Cilli Wang (1909-2005) zusammen.

da sie es sich zum Ziel setzt, auf hohem unter-
haltsamem Niveau vor Hitler und den Nazis zu
warnen, fungiert sie als Texterin, Regisseurin,
Conferencière, Schauspielerin und Managerin –
eine Ausnahmeerscheinung in der von Männern
dominierten Kabarettwelt. [353] Rund 85 Prozent
der Texte stammen von Erika Mann. [354] Auch
Klaus Mann verfasst zahlreiche Texte, Songs
und Szenen für die `Pfeffermühle´. [355] Es geht
ihm dabei nicht um eine laute politische Kritik an
den bestehenden politischen und gesellschaftlichen Zuständen; sondern die Kritik wird von ihm
leise, in fein-ironisierter Form geäußert. Das
`Pfeffermühlen´-Programm reicht von lustigen
Sketchen, gekonnten Musik- und Tanzeinlagen
bis zu aktuellen Themen wie beispielsweise der
Aufrüstung, der Arbeitslosigkeit, der NS-Politik,

---

[353] Vgl. dazu den erstmals gedruckten Essay von 1936, `Unterwegs mit
der Pfeffermühle´, in: Erika Mann, Blitze überm Ozean. Aufsätze, Reden,
Reportagen, hg. von Irmela von der Lühe und Uwe Naumann, Reinbek
2000, 111-118.
[354] Vgl. Irmela von der Lühe, Erika Mann. Eine Lebensgeschichte, a. a.
O., 94 und 396, Anm. 35.
[355] In seinem Tagebuch hielt er fest: „Chanson für E. und Theres" (KMT
1931-1933, 180, Eintrag v. 21.11.1933). Vgl. Klaus Mann, Gedichte und
Chansons, hg. von Uwe Naumann und Fredric Kroll, Schriesheim 1999.
In diesem Band wurden zum ersten Mal sämtliche lyrische Arbeiten
versammelt, darunter zahlreiche bisher unveröffentlichte Texte aus dem
Nachlass – wobei das Spektrum der Texte von den ersten Gedichten
aus der Kindheit bis hin zu den Texten für `Die Pfeffermühle´ reichte.

dem Antisemitismus oder der Denunziation.[356] Die Wirklichkeit wird durch Gleichnisse, Parabeln und Märchen beschrieben.[357] Das angemietete Lokal erweist sich angesichts der hohen Besucherzahlen bald als zu klein. Deswegen wollen die Betreiber einen größeren Saal in der Schwabinger Gaststätte `Serenissimus´ anmieten, wo ab 1. April ein neues Programm dargeboten werden soll.

---

[356] Erika Mann ist mit der `Pfeffermühle´ zu sehen und die Stimme Klaus Manns zu hören auf der DVD von Andrea Weiss und Wieland Speck, Die Erika & Klaus Mann Story: Escape to Life (edition arte). Dort findet man auch informative Archivaufnahmen und interessante Interviews mit Zeitzeugen wie beispielsweise der Fotografin Marianne Breslauer (1909-2001), die Annemarie Schwarzenbach auf ihren Reisen begleitete, oder mit Elisabeth Mann Borgese.

[357] Vgl. Helga Keiser-Hayne, Erika Mann und ihr politisches Kabarett `Die Pfeffermühle´ 1933-1937. Texte, Bilder, Hintergründe, Reinbek 1995, und Ute Kröger, `Wie ich leben soll, weiss ich noch nicht´. Erika Mann zwischen `Pfeffermühle´ und `Firma Mann´. Ein Porträt, Zürich 2005.

5. Die Machtübernahme der Nazis

Doch dazu wird es nicht mehr kommen. Am 30. Januar 1933 ziehen düstere Wolken am politischen Horizont auf: Adolf Hitler wird von Reichspräsident Paul von Hindenburg zum Reichskanzler ernannt.[358] Nun ist der einstige Gefreite, Obdachlose und Männerheimbewohner, erfolglose Kunstmaler und agitatorische Parteiführer, der in seinen politischen Reden Ressentiments, Aversionen und Hass schürte, am Ziel seiner Wünsche angelangt: Er steht an der Spitze der über sechzig Millionen Einwohner umfassenden Industriegesellschaft im Zentrum Europas, die sich mit ihm auf direktem Weg in die Diktatur befindet.[359] Klaus Manns Schrecken

---

[358] Bei den Reichstagswahlen am 31. Juli 1932 hatte die NSDAP ihr Wahlergebnis im Vergleich zum September 1930 mehr als verdoppelt – was automatisch die Aussicht auf eine Regierungsbeteiligung nach sich gezogen hatte. Doch sowohl der amtierende Reichskanzler Franz von Papen (1879-1969) als auch der greise Reichspräsident Paul von Hindenburg, inzwischen 85 Jahre alt, taten sich schwer mit der Entscheidung, die Macht auf Hitler zu übertragen und ihn zum Kanzler zu machen. Hindenburg, der zunächst General von Schleicher ernannt hatte, „wollte lieber an der Linie der Präsidialkabinette ohne parlamentarische Bindung festhalten" (Oliver Hilmes, Witwe im Wahn. Das Leben der Alma Mahler-Werfel, München 2004, ^{6}2005, 243).

[359] Europa driftete insgesamt nach rechts: Italien war bereits seit 1932 Diktatur, Portugal seit dem Militärputsch 1926, Polen seit dem Staatsstreich. Ungarn, Jugoslawien, Bulgarien und Rumänien waren autoritäre Regime. Österreich war 1933 ein autoritärer Ständestaat. Griechenland

und sein Entsetzen über Hitlers sog. `Machter-greifung´ sind groß.[360] Er erkennt, dass in der Nazi-Ideologie der Einzelne nichts ist und das Volk alles – das Individuum sollte ganz in der großen Gemeinschaft aufgehen. In sein Diarium trägt er ein: „Die Nachricht, dass Hitler Reichs-kanzler. Schreck. Es nie für möglich gehal-ten...“[361] Auch für Homosexuelle im Reich wird sich die Lage bald drastisch ändern.

Einige der Intellektuellen und Künstler schätzen wie Klaus Mann die Lage vorausschauend rich-tig ein und beweisen eine schier unglaubliche Weitsicht. So verlässt der Schriftsteller Joseph Roth[362], Erfolgsautor und einer der Starjournalis-ten der Weimarer Republik, ein Bekannter Klaus Manns[363], schon am 30. Januar 1933 Deutsch-

---

wurde 1936 zur Militärdiktatur, Spanien zur faschistischen Diktatur. Nur in der Schweiz, in der Tschechoslowakei und in den konstitutionellen Monarchien Skandinaviens blieb das demokratische System stabil. Thomas Mann beschrieb die Entwicklung im Blick auf die Weimarer Republik und Deutschland so: „Wenn es so war, so albern und korrupt, konnte es dann so fortgehen, und musste nicht etwas anderes kommen, vielleicht notwendig das, was kam? Diese Frage ist gefährlich, und der Republik geschieht doch wohl unrecht damit" (Thomas Mann an Klaus Mann, in: Klaus Mann, Briefe und Antworten 1922-1949, hg. v. Martin Gregor-Dellin, Reinbek 1991, 1936).

[360] Vgl. KMT 1931-1933, 113, Eintrag v. 30.1.1933; KMT 1931-1933, 115, Eintrag v. 5.2.1933 und KMT 1931-1933, 115, Eintrag v. 6.2.1933.
[361] KMT 1931-1933, 113, Eintrag v. 30.1.1933.
[362] Zur Vita siehe `Who is Who´ bei Klaus Mann.
[363] Vgl. KMT 1936-1937, 133, Eintrag v. 12.5.1937.

land und schreibt an Stefan Zweig[364]: „Inzwischen wird es Ihnen klar sein, daß wir großen Katastrophen zutreiben. Abgesehen von den privaten – unsere literarische und materielle Existenz ist ja vernichtet – führt das Ganze zum neuen Krieg. Ich gebe keinen Heller mehr für unser Leben. Es ist gelungen, die Barbarei regieren zu lassen. Machen Sie sich keine Illusionen. Die Hölle regiert."[365] Für andere scheint sich im Alltag erst einmal wenig zu ändern, obwohl die Machtübernahme der Nazis – das ist wohl jedem klar – bald spürbare Folgen haben wird.[366] In Deutschland wird eine `Zustimmungsdikta-

---

[364] Zur Vita siehe `Who is Who´ bei Klaus Mann.

[365] Joseph Roth, Briefe 1911-1939, hg. v. Hermann Kesten, Köln 1970, 249. Vgl. dazu auch Madeleine Rietra/Rainer Joachim Siegel (Hg.), „Jede Freundschaft mit mir ist verderblich". Joseph Roth und Stefan Zweig. Briefwechsel 1927-1938, Göttingen 2011. Unter denen, die wie Roth die Lage realistisch einschätzten, befand sich auch Golo Mann, der später die Brutalität des NS-Regimes in der Anfangszeit eindrücklich in seiner Autobiografie anhand von Hinrichtungsprozessen, die zunächst durch das Handbeil, die Axt, dann durch die Guillotine bzw. das `Fallbeil´ oder den Galgen praktiziert wurden, beschrieb (vgl. Golo Mann, Eine Jugend in Deutschland, a. a. O., 504f.). Einer der berüchtigten Scharfrichter in Norddeutschland war Carl Gröpler (1868-1946), der in ca. 30 Jahren (von 1906-1937) mindestens 144 Hinrichtungen vornahm. Seine letzten Exekutionen mit dem Handbeil waren die der deutschen Baronin Benita von Falkenhayn (1900-1935) und ihrer Freundin Renate von Natzmer (1898-1935), die als Agentinnen für den polnischen Nachrichtendienst gearbeitet hatten, enttarnt und zum Tode verurteilt worden waren.

[366] Vgl. Ödön von Horváth, Jugend ohne Gott (1938), Köln 2009, der in dem Bestseller seiner Zeit das Aufkommen des Nationalsozialismus aus der Sicht eines Lehrers darstellte.

tur´[367] mit einer Oligarchie an der Spitze etabliert.[368] Die Mehrheit der Deutschen wird sich bis 1941 in ihrem sog. `Führer´ wiedererkennen[369] – er wird zur Stimme einer breiten Mehrheit, die

---

[367] Der Begriff der `Zustimmungsdiktatur´ geht auf den Hamburger Zeitgeschichtler Frank Bajohr (geb. 1961) zurück. Er vertritt die These, dass es im sog. `Dritten Reich´ einen antijüdischen gesellschaftlichen Konsens gab, Juden von der sog. `Volksgemeinschaft´ auszuschließen. Die Zustimmung zur Plünderung und Ausgrenzung wurde aber anscheinend in der Bevölkerung nicht zwangsläufig automatisch mit einer Zustimmung zum Mord an den Juden verbunden. Dennoch haben große Teile des Volkes – spätestens seit 1942 – vom industriellen Massenmord an den ehemaligen jüdischen Nachbarn gewusst, vgl. Frank Bajohr/Dieter Pohl, Der Holocaust als offenes Geheimnis. Die Deutschen, die NS-Führung und die Alliierten, München 2006, und Peter Longerich, „Davon haben wir nichts gewusst!" Die Deutschen und die Judenverfolgung 1933-1945, München 2007. Bereits 1935 hatte der Schauspieler und Regisseur Wolfgang Langhoff (1901-1966), Mitverfasser des berühmten Liedes `Die Moorsoldaten´, in Zürich seinen unpolitischen Tatsachenbericht `Die Moorsoldaten. 13 Monate Konzentrationslager´ veröffentlicht (erschien in Deutschland erst 1946), in dem er das wahre Gesicht des sog`. Dritten Reiches´ darstellen und die Welt warnen wollte (Vorwort).
[368] Deutschland wurde zur uniformierten Gesellschaft. Die braunen und schwarzen Uniformen der NSDAP, der SA und der SS sowie ihrer Jugendorganisationen `Bund deutscher Mädel´ (BDM) und der `Hitler-Jugend´ (HJ) dominierten zusehends das Straßenbild. Die visuellen und propagandistischen Zeichen waren in kürzester Zeit allgegenwärtig: Wimpel, Standarten, Anstecknadeln, Zinnsoldaten, Blechpanzer, Gesellschaftsspiele, Sammeltassen, Mutterkreuze, `HJ´-Embleme, rot-weiß-schwarze Spendendosen für das Winterhilfswerk usw. Schließlich trug ab ca. 1936 auch das silberne 5-Mark-Stück mit der Garnisonkirche die Insignien des Nationalsozialismus – das Hakenkreuz wurde zum Zahlungsmittel.
[369] 1933 wurde `Heil Hitler!´, seit 1925 unter allen bekennenden Nazis intern üblich, von Reichsinnenminister Wilhelm Frick (1877-1946) als `deutscher Gruß´ für jede und jeden im sog. `Dritten Reich´ verpflichtend eingeführt. Karl Valentin (1882-1948), Komiker aus München, der nicht in die NSDAP eingetreten war, bemerkte später einmal: Wie hätte es wohl geklungen, wenn Hitler mit Nachnamen `Kräuter´ geheißen hätte?

ein quasi-religiöses Verhältnis mit ihm hat.[370] Bis zur Kriegswende wird sie Hitler verklärt und begeistert folgen.[371] Zustimmungsdiktatur und Mitwirkungsgesellschaft sind ein und dieselbe Seite der Medaille. Die Nazis beseitigen die Verfassungsordnung und zerstören das gesellschaftlich bunte und schillernde Leben in der Weimarer Republik mit all ihren Emanzipationsbewegungen und ihrer beginnenden Pluralität in Wissenschaft, Kunst und Kultur. Die Gleichschal-

---

[370] Diese These ist nach Meinung der Macher der bereits erwähnten Hitler-Ausstellung im Oktober 2010 im Berliner Deutschen Historischen Museum, die als erste in der deutschen Nachkriegsgeschichte Hitlers Leben und Wirken thematisierte, gegenwärtig in der deutschen Geschichtsschreibung Konsens. Vgl. dazu den gleichnamigen Katalog: Hitler und die Deutschen. Volksgemeinschaft und Verbrechen. Im Auftrag der Stiftung Deutsches Historisches Museum Berlin herausgegeben von Hans-Ulrich Thamer und Simone Engel, Dresden 2010.

[371] Lange hat man sich gefragt, wie ein neurotisch-paranoider Psychopath wie Hitler zum Alleinherrscher über Deutschland werden und seine rassistische Vernichtungsideologie zum gesellschaftlichen Programm erheben lassen konnte. Der Freiburger Psychologe Stephan Marks und sein Team haben im Zusammenhang ihrer Forschungen zur Verarbeitung, zum Gedächtnis und zur Erinnerung Frauen und Männer der Jahrgänge 1906-1926 interviewt und sie befragt, warum sie den Nationalsozialismus offen unterstützt haben. Die Psychologen kamen, ähnlich wie die Historiker, zu folgendem Ergebnis: Die NS-Diktatur förderte das magische Denken vieler Deutscher, die durch Massenveranstaltungen in eine Art Trance hineinversetzt wurden, und nutzte die kollektive Scham der Niederlage des Ersten Weltkrieges für sich. Sie schaffte es, die Folgen der kollektiven Traumata vieler Frontsoldaten des Ersten Weltkriegs – das heißt: Derealisierung, Gefühlskälte, Idealisierung und Heroisierung – zum sozialen Programm zu erheben. Über ein System der Zuteilung sozialer Ehre konnten viele ihre narzisstischen Bedürfnisse befriedigen. Vgl. weiterführend Stephan Marks, Warum folgten sie Hitler? Die Psychologie des Nationalsozialismus, Düsseldorf 2007.

tung und Zensur, die Verbannung alles `Undeutschen´ aus der Kultur und dem öffentlichen Leben, die Vertreibung der geistigen Elite aus Deutschland – darunter dreißig Nobelpreisträger – bedeutet den Verlust des kulturellen Kapitals und des Anschlusses an die moderne westliche Gesellschaft.[372]

In der Poschinger Straße 1, dem Stammsitz der Manns in München, feiert man am 21. Februar 1933 einen `Pfeffermühlen-Ball´ und ist lustig und fidel und ausgelassen. Thomas Mann ist mit seiner Frau nach einer Vortragstour durch die Niederlande, Belgien und Frankreich mit seiner jüngsten Tochter Elisabeth zum Winterurlaub in Arosa eingetroffen. Am 22. Februar 1933 flieht Klaus Manns linksliberaler Lieblingsonkel, Heinrich Mann, „stets ein mutiger und kompromissloser Gegner des Nationalsozialismus"[373], weshalb

---

[372] Die deutsche Elite in Reichswehr, Wirtschaft und Verwaltung unterstützte Hitlers antidemokratischen Kurs.

[373] So Marcel Reich-Ranicki, Heinrich Mann, in: ders., Thomas Mann und die Seinen, FfM 1990, 12 2002, 109-151, Zitat auf 146. Marcel Reich-Ranicki hat in seinem 1987 abgeschlossenen Essay mit Heinrich Mann abgerechnet: „Geliebt habe ich ihn nie. (…) Es wird wohl Zeit, sich von Heinrich Mann zu verabschieden…" (151). Trotz seiner harschen Kritik – darunter manche richtige Erkenntnisse, wie z. B. die ökonomische, soziologische, politische und historische Unkenntnis und die katastrophale Fehleinschätzung der `Moskauer Prozesse´ (150) – anerkannte Marcel Reich-Ranicki, dass Heinrich Manns „Autorität im Berlin der

ihn die Nazis öffentlich besonders attackieren, ins Exil an die Côte d´Azur. Von Anfang an hatte er die Gefahr des Nationalsozialismus erkannt. 1932 schrieb er: „Sprechen wir von der Nationalsozialistischen Arbeiterpartei! Am Anfang steht der Betrug; die Partei ist in Wirklichkeit nichts von allem, was sie zu sein vorgibt, weder national noch sozialistisch und besonders keine Arbeiterpartei! (...) Vor allem ist niemand national, der vorhat, sobald er könnte, in der Nation ein großes Blutbad anzurichten. Die Nationalsozialisten selbst können gar nicht voraussehen, wie viele sie umbringen müssten, wenn sie die Macht erobert hätten und auch behalten wollten. Sie unterschätzen ihr eigenes Blutbad. In ihren Zeitungen zählen sie immer nur einige namhafte Personen auf, zum Beispiel Büchner, Gützkow und mich – Lebende und Tote, es kommt ihnen nicht darauf an, wen sie an die Wand stellen. Aber im Ernstfall wird es bestimmt bei den Namhafteren nicht bleiben. Sie werden Massen vergasen müssen. Wenn das national ist!"[374]

Weimarer Republik groß gewesen zu sein" (141) schien und hob dessen antifaschistische Haltung lobend hervor.
[374] Heinrich Mann, Blick hinter die Liste 2/Wir wählen (1932), in: Heinrich Mann, Das öffentliche Leben, Berlin-Wien-Leipzig 1932, 257ff.

Nur wenige haben in diesen Tagen den Weitblick Heinrich Manns. Fünf Tage nach seiner Flucht, in der Nacht auf den 27. Februar 1933, brennt der Berliner Reichstag. Schon damals vermutet man, dass nicht der vor Ort verhaftete Niederländer Marinus van der Lubbe[375], sondern das nationalsozialistische Terrorregime das Gebäude selbst in Brand gesetzt hatte, um mit der sog. `Reichstagsbrandverordnung´[376] gegen die Opposition, besonders gegen die KPD, legal vorgehen und die Verfassung, durch die die bürgerlichen Freiheiten gewährleistet werden, außer Kraft setzen zu können.[377] Noch in der

---

[375] Zur Vita siehe `Who is Who´ bei Klaus Mann.

[376] Diese bis 1945 geltende Rechtsverordnung lieferte den Nazis die juristisch formale Grundlage zur Verfolgung von oppositionellen Personen und Institutionen. Vor allem setzte jetzt eine Jagd auf Kommunisten und Sozialdemokraten ein, die erklärten Feinde der Nazis.

[377] Klaus Mann hielt skeptisch in seinem Tagebuch fest: „Dieser Brand kommt denen so unheimlich gelegen – ob sie ihn nicht selbst bereitet haben?" (KMT 1931-1933, 121, Eintrag v. 28.2.1933). Später schrieben Klaus und Erika Mann weitsichtig über den Reichstagsbrand, von dem sie auf einer Party hörten: „Die Haftbefehle gegen jene, die beseitigt werden sollten, lagen in Berlin schon vor, vierundzwanzig Stunden, ehe der Reichstag brannte. Man wollte `schlagartig durchgreifen´ und keine Zeit verlieren. Da man genau wusste, wann das Feuer ausbrechen würde, das man selber gelegt hatte, war es leicht, den Augenblick zu fixieren, in dem alles eingesperrt werden sollte, was missliebig war. Die Kommunisten, die Juden, die Sozialisten, die Pazifisten, die Freidenker, die Liberalen, sie alle gemeinsam wurden der Brandstiftung geziehen und sie alle mussten zur Verantwortung gezogen werden" (Erika und Klaus Mann, Escape to Life. Deutsche Kultur im Exil, Reinbek ²2001, 33). Noch heute wird von Historikern mehrheitlich davon ausgegangen,

Brandnacht wird verbreitet, dass die Brandstiftung als Fanal für einen kommunistischen Umsturz dienen soll – Tausende von KPD-Funktionären werden daraufhin festgenommen. Dies geschieht keineswegs spontan, sondern mittels Listen, die die Nazis Wochen zuvor schon vorbereitet hatten.[378] Da den Oppositionellen die Existenz dieser Listen bekannt ist, beherzigen einige die Warnungen und suchen ihre Wohnungen in dieser Nacht nicht auf oder setzen sich in der Nacht oder in den darauffolgenden Tagen über die Grenze ins Ausland ab. Klaus Mann schreibt: „Den Dingen, die da kommen, sehe ich mit Entsetzen entgegen."[379] Zwei Tage nach dem Reichstagsbrand, der das Ende der Demokratie und der Weimarer Republik einläutet, fahren Erika und Klaus Mann wie die Eltern erst einmal zum Skiurlaub in die Schweiz.

---

dass Marinus van der Lubbe allein den Brand gelegt hat – was damals schon sehr wenige Zeitgenossinnen und Zeitgenossen glaubten.

[378] Festzuhalten bleibt: „Wie immer die Ursache des Reichstagsbrands auch heute gesehen werden mag: Die Wirkung der Brandnacht und ihre enormen politischen Möglichkeiten hatten die Nationalsozialisten jedenfalls sofort erkannt und sich mit infernalischer Perfektion zu Nutze gemacht..." (Joe J. Heydecker/Johannes Leeb, Der Nürnberger Prozeß. Überarbeitete Neuausgabe, Köln 1995, 134).

[379] Klaus Mann, Briefe und Antworten, 1922-1949, hg. v. Martin Gregor-Dellin, mit einem Nachwort von Golo Mann, München 1987, 84.

In Deutschland setzt jetzt eine ungeheure Verhaftungswelle von Regime-Gegnern[380] und ein gewaltiger Massenexodus ein – über eine halbe Million Menschen, unter ihnen ca. 5000 Künstler und Intellektuelle, flüchten ins Ausland.[381] Bis 1937 emigrieren ca. 140000 deutsche Juden vor allem nach Frankreich und in die Niederlande.[382]

---

[380] Darunter befanden sich der tschechisch-jüdische kommunistische Journalist Egon Erwin Kisch (1885-1948), der nach zwei Wochen aufgrund der Intervention der Botschaft der Tschechoslowakei nach Prag abgeschoben wurde; der anarchistische Schriftsteller Erich Mühsam, der im KZ Oranienburg ermordet wurde, und Friedensnobelpreisträger Carl von Ossietzky (1889-1938), der nach den Folgen erlittener KZ-Haft in Berlin starb.

[381] Viele schafften es nicht, in der Emigration zu überleben. Joseph Roth beispielsweise verfiel dem Alkohol und trank sich im Pariser Exil aus Kummer zu Tode; er erlitt einen Zusammenbruch und starb – seine Ehe war längst gescheitert – 1939 in einem Pariser Krankenhaus, nachdem er gehört hatte, dass Ernst Toller gestorben war. Soma Morgenstern, der Freund Joseph Roths, der ihn über dreißig Jahre kannte, lieferte einen authentischen Bericht über das spätere Auf und Ab in dessen Leben und seinen Alkoholismus in der Emigration (vgl. Soma Morgenstern, Joseph Roths Flucht und Ende, Erinnerungen, Köln 2008, beispielsweise 234f., 240, 294, 318ff.). Stefan Zweig wurde wegen seines Pazifismus', seines Reichtums, seines Erfolgs und seiner Verbindung zu Sigmund Freud zu einem der meistgehassten Autoren in Nazi-Deutschland – der ehemalige Mäzen von Joseph Roth nahm sich 1942 das Leben.

[382] Allein 1933 waren 37000 Juden aus Deutschland ausgewandert; bis 1941 waren es 270000. Jeder Emigrant, dessen Vermögen 50000 Reichsmark überstieg, musste eine `Reichsfluchtsteuer´ bezahlen. Dafür waren schon 1934 mit dem `Steueranpassungsgesetz´ die Weichen gestellt worden, dem zufolge die Steuergesetze nach NS-Weltanschauung auszulegen waren: Der Steuersatz betrug 25%, für jüdische Auswanderer weitere 25% `Judensteuer´; Immobilien und Firmen mussten zu einem Bruchteil des realen Wertes verkauft werden, dann noch Gebühren und Reisekosten. Die meisten Emigranten wurden dadurch ihres Vermögens beraubt, der deutsche Staat profitierte davon. Im Oktober 1941 wurde die Auswanderung verboten. Die Zahl der Aus-

Die Hakenkreuz-Diktatur nimmt mehr und mehr Konturen an: Mit Hilfe der `Reichstagsbrandverordnung´ werden die bürgerlichen Rechte eingeschränkt und die Gegner der NSDAP legal mit Polizei und mit der sog. `Sturmabteilung´ (SA)[383] bekämpft. Kommunistische Parteiführer werden steckbrieflich gesucht, Ernst Thälmann[384] wird wie Abgeordnete der SPD in sog. `Schutzhaft´ genommen, weitere Oppositionelle von SA-Schlägertrupps zusammengeschlagen, miss-

---

wanderer aus Deutschland seit 1933 betrug ca. eine halbe Million, davon weit über die Hälfte Juden aus allen Schichten, Berufen und Altersgruppen – darunter Politiker, Professoren, Ärzte, Lehrer und Künstler, ca. 12000 Personen aus Wissenschaft und Kunst, ca. 6000 Personen aus Theater und Film. Allein 30000 deutsche Flüchtlinge fanden 1938 Asyl in den Niederlanden. Christa Wolf (1929-2011), Schriftstellerin aus der DDR, fand dazu viele Jahre später die treffenden Worte: „Hat es das je gegeben, in der europäischen Neuzeit, daß die geistige Elite eines Landes fast ausnahmslos dieses Land verlassen mußte? Weimar unter Palmen" (Christa Wolf, Stadt der Engel oder The Overcoat of Dr. Freud, Berlin 2011, 207). Klaus Mann hielt im `Wendepunkt´ fest, dass die Emigranten aus `braven Bürgern´ bestanden, die sich primär als `gute Deutsche´ und erst sekundär als Juden verstanden, vgl. Klaus Mann, Der Wendepunkt, a. a. O., 333.

[383] Die paramilitärische milizartige Terrortruppe wurde von Offizieren der rechtsradikalen `Organisation Consul´ aufgebaut. Die Aufgabe der aus arbeitslosen Jugendlichen, Freischärlern und Gewaltverbrechern bestehenden Braununiformierten, die zeitweise 4 Millionen Mitglieder zählten, war die Provokation des politischen Gegners, die Organisation von NS-Propagandamärschen, die Störung gegnerischer politischer Versammlungen und die Schwächung der inneren Ordnung durch Straßenterror. Die mit Schlagringen und Brechstangen bewaffnete SA ging gegen Andersdenkende äußerst brutal vor und war gefürchtet; Tausende wurden von der SA ermordet.

[384] Zur Vita siehe `Who is Who´ bei Klaus Mann.

handelt und zu Tode gebracht.[385] Der Einfluss der Gewerkschaften wird geschwächt, Parteien werden verboten und aufgelöst, Länder und Gemeinden gleichgeschaltet und demokratische Verhältnisse abgeschafft, Vereine werden staatlich kontrolliert, alle Homosexuellenvereine aufgelöst, die Redefreiheit eingeschränkt, die unabhängige Presse und das vielfältige Verlagswesen zensiert.[386] Die Außerkraftsetzung verfassungsmäßiger Grundrechte beginnt fünf Tage, nachdem Hitler in Deutschland zur Macht gelangt war.

Gleich nach der sog. `Machtergreifung´ kommt es zu gezielten gewaltsamen Plünderungen jüdischer Geschäfte und Misshandlungen ihrer Inhaber durch terrorisierende SA-Trupps. Dann werden die Synagogen verwüstet. Weil diese Terrormaßnahmen im In- und Ausland starke

---

[385] Seit 1992 erinnert ein Denkmal vor dem Berliner Reichstag an die 96 ermordeten Reichstagsabgeordneten der Weimarer Republik – die Mehrheit von ihnen waren Mitglieder der KPD und der SPD.

[386] Dass der nationalsozialistische Staat eine Mediendiktatur war, die maßgeblich, aber nicht ausschließlich von Joseph Goebbels bestimmt wurde, hat Jan-Pieter Barbian aufgezeigt. Er untersuchte überblicksartig, wie die Mechanismen der Selbstanpassung und der Gleichschaltung sowie die Machtkämpfe in und zwischen den Institutionen und Bürokraten (z. B. zwischen Börsenverein und NDSAP) funktionierten und was die Symbiose für Verlagswesen, Buchmarkt und literarische Produktion bedeutete, vgl. Jan-Pieter Barbian, Literaturpolitik im NS-Staat. Von der `Gleichschaltung´ bis zum Ruin, FfM 2010.

Proteste hervorrufen, geben die Nazis dem Ganzen einen legalen Anstrich und erlassen in der Folgezeit systematisch mehr und mehr antisemitische Gesetze, durch die jüdische Bürgerinnen und Bürger immer mehr in ihrer Freiheit eingeschränkt werden. Den Beginn der Verdrängung der jüdischen Bevölkerung aus dem Arbeitsprozess macht das sog. `Gesetz zur Wiederherstellung des Berufsbeamtentums´ am 7. April 1933 mit dem sog. `Arierparagraphen´, der regelt, dass `nichtarische´ Beamte, also Beamte mit einem jüdischen Eltern- oder Großelternteil, im öffentlichen Dienst nicht mehr geduldet werden. Anschließend wird dieser `Arierparagraph´ auf andere soziale Bereiche ausgeweitet.[387]

Die sog. `Nürnberger Gesetze´, die am 16. September 1935 in Kraft treten, schränken die Freiheits- und Persönlichkeitsrechte der deutschen Juden ein und stempeln sie zu Bürgern zweiter

---

[387] Victor Klemperer hat vom 12.9.1931 bis 17.7.1945 auf 5000 Tagebuchseiten nicht nur das Leben und den Überlebenskampf seiner Familie unter dem NS-Regime festgehalten, sondern im Typoskript minutiös auch die stetig zunehmenden diskriminierenden Ereignisse, Pogrome und Verbrechen gegenüber den Juden notiert, vgl. Victor Klemperer, Ich will Zeugnis ablegen bis zum letzten, Berlin ³1999, Tagebücher I-VIII, z. B. I, 17f., Eintrag v. 3. April 1933.

Klasse ab.[388] Sie verlieren ihr Wahlrecht, dürfen u. a. Kinovorstellungen nicht mehr besuchen, nicht mehr im Meer baden, nicht mehr am Strand spazierengehen, nicht mehr einen Führerschein besitzen. Juden dürfen keine Nicht-Juden mehr heiraten; Nicht-Juden dürfen nicht mehr mit Juden befreundet sein, nicht mehr mit Juden verlobt sein – außerehelicher Geschlechtsverkehr zwischen Juden und Nicht-Juden gilt als sog. `Rassenschande´ und wird mit Gefängnis und Zuchthaus geahndet. Juden erhalten eine jüdische Kennkarte statt eines Passes, es gibt jüdische Lebensmittelkarten, besondere Ausgeh- und Nichtausgehzeiten für Juden. Juden ist es untersagt, ein Radio zu besitzen; das gleiche gilt für Fahrräder, Telefone, Haustiere und den Besuch von Museen.[389] Für

---

[388] „Ein Berechnungsmodus wurde bei den `Nürnberger Gesetzen´ ausgearbeitet, um die Bevölkerung `rassisch´ zu qualifizieren. Er ordnete Tausende von Menschen als Juden ein, die sich selbst nicht als Juden betrachteten und die nach jüdischem Gesetz nicht als Juden betrachtet wurden" (Daniel B. Silver, Überleben in der Hölle. Das Berliner Jüdische Krankenhaus im `Dritten Reich´ [engl.: New York 2003], Berlin 2006, 19). Erika Mann hat sich literarisch mit den Absurditäten der Nürnberger Gesetze auseinandergesetzt, vgl. Erika Mann, Blitze überm Ozean, a. a. O., 118-124, und Erika Mann, Wenn die Lichter ausgehen. Geschichten aus dem Dritten Reich, Hamburg ²2005, 83-104.
[389] Vgl. Victor Klemperer, Ich will Zeugnis ablegen, a. a. O., IV, Eintrag v. 15.5.1942, 85f., der eindrücklich beschreibt, wie er sich aufgrund der Verordnung von seinem elfjährigen Kater Muschel trennen musste.

Juden verboten sind Theater, Badeanstalten, Jahrmärkte und der Besuch von belebten Straßen. Auch das Tragen von Uniformen ist ihnen untersagt. Jüdischen Bahnreisenden ist die Benutzung von Schlaf- und Speisewagen untersagt. Besonders hart trifft es die jüdischen Kinder. Ihnen wird der Zugang zu Bildung verwehrt: Sie werden aus den Schulen ausgeschlossen, müssen zunächst eigene jüdische Schulen besuchen, bis 1942 die letzte Schule in jüdischer Trägerschaft geschlossen wird, müssen ihre Freizeit von ihren Spielkameraden getrennt verbringen, dürfen nicht mehr auf allgemeinen Spielplätzen spielen und auch nicht mehr öffentlich Sport treiben. [390] Die Beschäftigung von

---

[390] Am Ende blieben ihnen nur noch die Friedhöfe als Spielplätze übrig, vgl. Moshe Zimmermann, Deutsche gegen Deutsche. Das Schicksal der Juden 1938-1945, Berlin 2008, 40ff. und 65. Dem israelischen Historiker Moshe Zimmermann (geb. 1943) kommt das Verdienst zu, erstmals eine systematische Gesamtdarstellung der Vertreibung, des sozialen und dann physischen Todes der deutschen Juden, von denen ca. die Hälfte in Berlin lebte, im Zeitraum von 1938-1945 geschrieben und nicht nur die europäische Dimension der Shoah oder Einzelaspekte der Verfolgung zusammengestellt zu haben. Er hat damit eine Forschungslücke geschlossen. Zimmermann verwendete unterschiedliches Material, Akten- und Zeugenberichte sowie Ton- und Filmaufnahmen und lieferte so eine detaillierte Darstellung der Beziehungen zwischen deutschen Juden und Nicht-Juden, wobei er auch das Schicksal deutscher Juden in den Ghettos im Osten und in den Ländern der Emigration nicht außen vor ließ. Indem er die Schattierungen des deutschen Judentums mit dem rassistischen Bild der Nazis konfrontierte, gelangte er zu differenzierten Urteilen u. a. über Solidarität, jüdischen Widerstand und Kollaboration. Im An-

nichtjüdischen Angestellten unter 45 Jahren in jüdischen Haushalten wird unter Strafe gestellt. In Gaststätten, Hotels und Bars heißt es: `Juden unerwünscht!´ Auf den Ortsschildern der Kleinstädte und Dörfer steht: „Dieses Dorf ist judenrein."[391] Die rassistische Gesetzgebung[392] betrifft vor allem Ärzte, Rechtsanwälte, Schuster, Schneider, Musiker, Bäcker und Buchhändler. Im November 1938 werden Juden vom öffentlichen Wohlfahrtssystem ausgeschlossen – diese Maßnahme betrifft jüdische Invaliden, Schwerbeschädigte, Behinderte und Gebrechliche. 1939 wird es Juden untersagt, abends ihre Wohnungen zu verlassen. Ab Oktober 1941 darf

---

hang des Buches befindet sich eine umfassende Auswahlbibliografie (263-281).

[391] Vgl. die Abbildung der rassistischen Tafel am Ortseingang mit der Aufschrift: „Juden sind in Tiengen nicht erwünscht", in: Dieter Petri, Die Tiengener Juden und die Waldshuter Juden, Zell am Hammersbach 1984, 6.

[392] Führende deutsche Juristen wie der Antisemit Carl Schmitt (1888-1985) und sein Schüler, der Staatsrechtler Ernst Rudolf Huber (1903-1990), versuchten die rassistische und antisemitische Gesetzgebung wie das `Reichsermächtigungsgesetz´, die `Nürnberger Gesetze´ und das `Führerprinzip´ rechtlich zu legitimieren. Sie traten beide der NSDAP bei und wurden Professoren. Noch nie haben in Deutschland junge Akademiker so schnell Karriere gemacht wie nach 1933: Carl Schmitt beispielsweise wurde Preußischer Staatsrat und schließlich Präsident der Vereinigung nationalsozialistischer Juristen; Ernst Rudolf Huber wurde zum `Kronjuristen´ des sog. `Dritten Reiches´, der die Nürnberger Gesetze kommentierte.

die Gestapo[393] jeden, der in der Öffentlichkeit `freundschaftliche Beziehungen´ zu den Verfolgten zeigt, aus `erzieherischen Gründen´ ins KZ bringen. Vielen Juden wird eine jüdische Identität erst durch die Nürnberger Gesetze aufgezwungen.[394] Klaus Mann geht 1938 davon aus, dass das sog. `Dritte Reich´ „nicht mehr zwei Jahre"[395] dauern wird – eine Fehleinschätzung,

---

[393] Die `Gestapo´ (`Geheime Staatspolizei´) wurde zur Gesinnungspolizei für die systematische Bekämpfung von Regimegegnern. Im September 1939 wurde das sog. `Reichssicherheitshauptamt´ (RSHA) in Berlin in der Prinz-Albrecht-Str. 8 (heute Niederkircher Straße 8) zur Zentrale des Gestapo- und SS-Staates, zur zentralen Instanz des NS-Terrors und zu der systematischen Verfolgung der Juden in den besetzten Ländern. Am heutigen Platz der zerstörten Gebäude befindet sich die Dokumentation der Stiftung `Topografie des Terrors´.

[394] 1940 veröffentlichte Erika Mann allein eine auf Deutsch geschriebene Sammlung von Erzählungen aus dem sog. `Dritten Reich´ unter dem amerikanischen Titel: `The Lights go down. Middletown – Nazi Version´, in der sie unter Heranziehung von wahren Geschichten den Alltag unterm Hakenkreuz-Regime anhand von Einzelschicksalen in einer namenlosen deutschen Kleinstadt beschreibt. Nachdem die deutsche Ausgabe als verloren galt, wurde das Buch aus dem Amerikanischen zurückübersetzt. Zur Kritik von `The Lights go down´, vgl. Viola Roggenkamp, Erika Mann, a. a. O., 62f.

[395] KMT 1938-1939, 61, Eintrag vom 12.9.1938. Bis 1930 findet man bei Klaus Mann kein Wort über aktuelle politische Entwicklungen im Land. Erst im Herbst des Jahres äußerte er sich zum Ausgang der Reichstagswahlen, die der NSDAP Stimmgewinne bescherten. Aus seiner Meinung über die Nazis machte er später keinen Hehl: „Ein Blick auf die Gesichter dieser `Führer´-Typen genügt, um für immer zu wissen, dass ihr Regime zur Katastrophe führen wird; dass es selber schon die Katastrophe ist" (Klaus Mann, An die Schriftsteller im Dritten Reich [1939], in: ders., Zweimal Deutschland. Aufsätze, Reden, Kritiken 1938-1942, hg. v. Uwe Naumann und Michael Töteberg, Reinbek 1994, 94-112, Zitat auf 99f.). Und in sein Tagebuch trug er ein: „An der Macht ist die SCHEIS-

wie wir heute leider wissen.

Es geht bei der Isolierungs- und Ausgrenzungspolitik des NS-Regimes um die systematische Zerstörung des sozialen Lebens in Deutschland. Viele diskriminierende Verordnungen haben die Verletzung der menschlichen Würde zum Ziel. Juden gelten nun offiziell als Feinde des Reiches.

Auf die soziale und religiöse Diskriminierung folgt die ökonomische: Systematisch werden in der Folgezeit Jüdinnen und Juden aus dem Wirtschaftsleben ausgeschlossen. Jüdische Betriebe werden `arisiert´. Jüdische Inhaber müssen ihre Geschäfte zwangsweise `arischen´ Käufern zu Dumpingpreisen überlassen.[396] Jüdische Geschäfte und ihre Inhaber werden stigmatisiert, indem Schaufensterscheiben mit dem Wort `Jude´ oder dem Davidstern verschmiert werden. Nach der Reichspogromnacht[397] vom 9.

SE" (KMT 1934-1935, 119, zit. nach F. Kroll [Hg.], KMS 4/2, a. a. O., 561).

[396] Viele häuften ein Vermögen aus der `Arisierung´ jüdischen Eigentums an: „Die Gier nach gewaltsamer Bereicherung und das Streben nach Luxus sind charakteristisch für den Nationalsozialismus" (vgl. Fabrice d´Almeida, Hakenkreuz und Kaviar. Das mondäne Leben im Nationalsozialismus, Düsseldorf ²2008,, 161ff., Zitat auf 165).

[397] Der gewalttätige Antisemitismus zog allerdings kritische Reaktionen in der internationalen Presse und in der Öffentlichkeit nach sich. Zur sog. Reichspogromnacht, die verharmlosend auch `Reichskristallnacht´ ge-

auf den 10. November 1938, in der in Deutschland Schaufensterscheiben jüdischer Geschäfte eingeschlagen, über 1400 Synagogen von den Nazis angezündet, Juden auf offener Straße angegriffen und misshandelt und mindestens 400 Menschen ermordet werden, gelten deutsche Staatsbürger jüdischen Glaubens als `Staatsfeinde´. Der Verschleppung der Juden in Ghettos und Lager in Polen 1940 geht voraus, dass ab 1939 viele jüdische Familien ihre Wohnungen aufgeben müssen. Gleichzeitig wird die legale Auswanderung immer schwieriger. Nachdem Frankreich im Sommer 1940 kapituliert hatte[398], erklären die Gauleiter von Baden und der

---

nannt wurde, vgl. detailliert und weiterführend Hans-Jürgen Döscher, „Reichskristallnacht". Die Novemberpogrome 1938, FfM 1988; Walter H. Pehle/H. Walter (Hg.), Der Judenpogrom 1938. Von der „Reichskristallnacht" zum Völkermord, FfM 1988; Dieter Obst, „Reichskristallnacht". Ursachen und Verlauf des antisemitischen Pogroms vom November 1938, FfM 1991; Kurt Pätzold/Irene Runge, „Kristallnacht". Zum Pogrom 1938, Köln 1988; Thomas Hofmann/Hanno Loewy/Harry Stein (Hg.), Pogromnacht und Holocaust. Frankfurt, Weimar, Buchenwald.... Die schwierige Erinnerung an die Stationen der Vernichtung, Köln 1994. Zwischenzeitlich, über 70 Jahre danach, haben sich viele Orte in Deutschland an die Aufarbeitung dieses dunklen Kapitels ihrer Vergangenheit gemacht, vgl. stellvertretend für viele: Förderverein Ehemaliges Jüdisches Gemeindehaus Breisach e.V. (Hg.), Die Synagoge brennt, Breisach 2010.
[398] Nachdem die französische Armee kapituliert hatte, erfolgte der Waffenstillstand am 22.6.1940. Dies brachte für die deutschen Emigranten in Frankreich eine erhebliche Verunsicherung mit sich, da man vor allem die Internierten jüdischer Herkunft ins Deutsche Reich, aus dem sie geflohen waren, zurückbrachte (dies gestatteten antijüdische Gesetze

`Saarpfalz´ ihre Regionen als erste im Deutschen Reich für `judenfrei´ und weisen am 22. Oktober 1940 die jüdische Bevölkerung nach Frankreich aus. Ungefähr 6500 Personen werden – gedemütigt, entrechtet und enteignet – in Sonderzügen der Reichsbahn nach Südwestfrankreich ins abseits gelegene Lager Gurs[399] bei

---

vom 3. und 4.10.1940). Zudem verhängte das neue Regime wenige Tage nach seiner Installation in dem Ort Vichy antisemitische Maßnahmen wie Berufsverbote, Revisionen von Einbürgerungen usw. Der französische Staat setzte es sich zum Ziel, unter Führung von Marschall Pétain im Land eine `nationale Revolution´ durchzuführen, wobei alle verfolgt wurden, die angeblich Frankreich bekämpften: Widerstandskämpfer (`Terroristen´), Marxisten und `Kosmopoliten´ (womit die Juden gemeint waren) .

[399] Der kleine Ort im Departement Pyrénées-Atlantique liegt am Fuße der Pyrenäen in einer heideähnlichen Sumpflandschaft. 1939 wurde hier innerhalb von 42 Tagen auf achtzig Hektar ein großes Lager für die vom Faschismus besiegten Freiheitskämpfer der Internationalen Brigaden und der republikanischen Truppen Spaniens sowie die Flüchtlinge des Spanischen Bürgerkrieges, nach Kriegsbeginn auch für deutsche Emigranten aufgebaut – 428 Baracken für insgesamt bis zu 18000 Personen. In Gurs waren u. a. die Philosophin Hannah Arendt (1906-1975), der Literaturkritiker Walter Benjamin, die Cembalistin Wanda Landowska (1879-1959) und der protestantische Pfarrer Hermann Maas (1877-1970) inhaftiert. Ab 1940 stand `Gurs´ auch für das Schicksal der Juden aus Baden, der Pfalz und dem Saarland: Allein aus dem Badischen wurden über 6000 Juden interniert, die in Sonderzügen über die deutschfranzösische Grenze gebracht wurden. 1942, nachdem die Ermordung der europäischen Juden beschlossene Sache war, begannen von hier, einem der größten Lager Frankreichs, als Vorhof des Todes Deportationen nach Auschwitz – innerhalb weniger Monate 1942/43 über 4000 Menschen. Vgl. Claude Laharie, Gurs: 1939-1945. Ein Internierungslager in Südwestfrankreich, hg. von der Evangelischen Landeskirche in Baden (mit zahlreichen Fotos und Abbildungen), Karlsruhe 2005, und Hanna Meyer-Moses, Reise in die Vergangenheit. Eine Überlebende des Lagers Gurs erinnert sich an die Verfolgung während der NS-Diktatur, hg.

Lourdes deportiert und dort in primitiven Verhältnissen untergebracht, so dass viele durch Seuchen, Kälte, Erschöpfung, fehlende Nahrungsmittel und Medikamente sowie seelische Grausamkeit besonders in den Wintermonaten von November 1940 bis April 1941 sterben. Die Überlebenden werden im März 1942 auf Befehl der Gestapo in Viehwagen nach Auschwitz und Sobibor deportiert und dort oft noch am Tag ihrer Ankunft umgebracht.[400]

---

von der Evangelischen Landeskirche in Baden, Ubstadt-Weiher u. a. 2009, bes. 34ff.

[400] Auschwitz-Birkenau war bekanntlich das größte nationalsozialistische Vernichtungslager. Es wurde zum Symbol für die Shoah, den systematisch begangenen staatlichen Massenmord an den europäischen Juden. Die Nazis ermordeten allein dort in den Gaskammern mit Zyklon B, einem Insektizid, zwischen 1940 und 1945 mindestens 1,1 Millionen Juden, 20000 Sinti und Roma, 140000 Polen, über 10000 sowjetische Kriegsgefangene und über 10000 Häftlinge anderer Nationalitäten und verbrannten die Leichen anschließend in Krematorien (vgl. DER SPIEGEL 4/1995, 32-51). Allein zwischen Mai und Juli 1944 wurden in 57 Tagen 425000 Juden aus Ungarn vergast – 5000 täglich. Im Januar 1945 befreite die sowjetische Rote Armee das KZ Auschwitz. Unter Leitung von Generalstaatsanwalt Fritz Bauer (1903-1968) wurde im Dezember 1963 im Frankfurter Römer im Auschwitz-Prozess, dem größten Gerichtsverfahren der deutschen Nachkriegsgeschichte, den Tätern der Prozess gemacht (weitere Prozesse folgten in den Jahren 1965/66 und 1967/68): von 6500 SS-Männern, die in Auschwitz ihren Dienst taten, wurden nur 43 angeklagt. Während in der Adenauerzeit, die die NS-Vergangenheit möglichst schnell hinter sich lassen wollte und in der vieles verdrängt wurde (vgl. Jürgen Habermas, Die zweite Lebenslüge der Bundesrpublik: Wir sind wieder `normal´ geworden, in: DIE ZEIT v. 11.12.1992, 48), den Tätern eine unmittelbare Beteiligung am Massenmord in Vernichtungslagern persönlich nachgewiesen werden musste – was einer Art Generalamnestie gleichkam –, geht die bundesrepublikani-

Vom 15. September 1941 an werden Juden im sog. `Dritten Reich´, gleich, welchen sozialen Status sie haben, öffentlich gebrandmarkt: Für sie ist es jetzt gesetzliche Pflicht, einen aufgenähten gelben Stern aus Stoff sichtbar auf der Kleidung zu tragen. In ihre Ausweise wird ein großes `J´ gestempelt und als zusätzlicher Vorname `Sara´ beziehungsweise `Israel´ eingetragen, was die Träger als Juden sichtbar nach außen kennzeichnen soll.[401] Juden dürfen nur

---

sche Rechtssprechung seit 2011 davon aus, dass jegliche Mitarbeit in einer industrialisierten Vernichtungsstätte zum Massenmord beigetragen hat. Heute befindet sich in Oświęcim, dem Ort der fabrikmäßig organisierten Todesmaschinerie – seit 1979 zum UNESCO-Weltkulturerbe gehörend –, eine staatliche Gedenkstätte und ein internationales Begegnungs- und Forschungszentrum. Seit 1996 ist der 27. Januar der offizielle staatliche Gedenktag für die Opfer des Nationalsozialismus, sowohl in Deutschland als auch in Israel, Großbritannien und Italien. Eine der letzten spektakulären Anklagen – danach wurde die Beihilfe zum Massenmord juristisch neu beurteilt: seither ist nicht die unmittelbare Beteiligung an einem Tötungsdelikt in einem Vernichtungslager erforderlich, sondern jede dortige Beschäftigung (u. a. auch als Aufseher, Koch usw. als `Rädchen im Getriebe´) als Anklage wegen Beihilfe zum Mord ausreichend – wurde gegen John Deminanjuk (1920-2012) erhoben, dem als Aufseher im KZ Sobibor die Beteiligung an der Ermordung von 28060 Menschen vorgeworfen wurde; Demianjuk starb vor Urteilsverkündung – als freier Mann (vgl. DER SPIEGEL 21/2009, 82-92). Derzeit läuft vor dem Lüneburger Landgericht der Prozess gegen den ehemaligen SS-Unterscharführer Oskar Gröning (geb. 1921), der von 1942-1944 als Buchhalter in Auschwitz-Birkenau tätig gewesen war und deshalb der 300000facher Beihilfe zum Mord angeklagt wird (vgl. DIE ZEIT v. 28.5.2015, 13ff.).

[401] Schon im September 1938 hatte die Schweizer Regierung den Nazi-Behörden vorgeschlagen, zur Kennzeichnung von Juden ein großes `J´ in den Pass zu drucken, um den ausländischen Touristen `Unannehm-

noch zu einer bestimmten Zeit am Tag einkaufen. Ab Oktober 1941 ist es verboten, aus dem Deutschen Reich auszuwandern. Reichsweit beginnt im Herbst dieses Jahres unter den Augen der Öffentlichkeit die systematische Deportation der jüdischen Bevölkerung – getarnt als `Umsiedlung´ oder `Evakuierung zum Arbeitseinsatz´.[402] Immer mehr Juden erhalten die Aufforderung, zu diesem sog. `Arbeitseinsatz im Osten´ abzuwandern. Einige – Schätzungen zufolge in Berlin ca. 7000 und reichsweit ca. 12000 Personen – widersetzen sich der Anordnung und gehen in den Untergrund. Die Großstadt bietet mit ihrer Anonymität wesentlich mehr Schutz als das Land. Ungefähr 300000 Juden sind aus Deutschland geflüchtet, als die Nationalsozialisten im Herbst 1941 die Grenzen schließen und das Auswanderungsverbot ver-

---

lichkeiten´ zu ersparen, vgl. Peter Kamber, Ach, die Schweiz. Über einen Kleinstaat in Erklärungsnöten, Zürich-Hamburg 1998, 40.

[402] Eine deutsch-israelische Historikerkommission fand vor ein paar Jahren heraus, dass die überwiegende Reaktion der breiten deutschen Bevölkerung Desinteresse und Schweigen gegenüber dem Schicksal der Juden war – sofern die Verfolgungsmaßnahmen überhaupt zur Kenntnis genommen worden waren. Goebbels hatte angeordnet, dass zu diesem Thema in der Propaganda nichts auftauchen sollte. So fanden sie einerseits öffentlich statt, waren aber andererseits behördlich mit dem Schleier der Geheimhaltung überzogen, vgl. dazu weiterführend Otto Dov Kulka/Eberhard Jäckel (Hg.), Die Juden in den geheimen NS-Stimmungsberichten 1933-1945, Düsseldorf 2004.

hängen, darunter auch die Großeltern Klaus Manns. Zu der Zeit leben noch ca. 165000 Juden in Deutschland, vor allem in Berlin. Ab April 1942 ist es nur noch sog. `Ariern´ gestattet, öffentliche Verkehrsmittel zu benutzen. Ab Mitte 1942 verbreiten sich in Berlin Gerüchte über Massenmorde im Osten. Daraufhin kommt es vereinzelt vor, dass Juden von ihren Freunden versteckt werden.[403] In ländlichen Gegenden ist die Deportation der jüdischen Bevölkerung Anfang der vierziger Jahre abgeschlossen. In Frankfurt am Main, wo es die zweitgrößte jüdische Gemeinde in Deutschland gab, leben zu dieser Zeit keine Juden mehr – alle sind ins KZ verschleppt worden.[404]

---

[403] Von den ca. 250000 Juden, die 1939 noch in Deutschland geblieben waren, überlebten weniger als 3000 in einem Versteck. Jeder, der Juden in dieser Zeit versteckte und dabei erwischt wurde, wurde auf der Stelle erschossen. Vielen war es dennoch möglich, Menschlichkeit und Zivilcourage, Großmut und Hilfsbereitschaft in unmenschlicher Zeit zu leben. Verschiedene deutsche Juden, die damals versteckt worden sind oder mit einer Geheimidentität gelebt haben, haben später darüber berichtet, darunter der Schauspieler Michael Degen (geb. 1932, `Nicht alle waren Mörder´, Berlin 1999), der Fernseh-Quizmaster Hans Rosenthal (1925-1987, `Zwei Leben in Deutschland´, Bergisch-Gladbach 1980) und zuletzt Marga Spiegel (1912-2014, `Retter in der Nacht´, FfM 1969, was 2009 verfilmt wurde).
[404] Ab September 1942 erhielten Juden kein Fleisch, keine Eier und keine Milch mehr; auf Lebensmittelkarten bekamen sie schon seit langem weniger als ihre `arischen´ Mitbürger. Im Februar 1943 nahm die Gestapo bei einer Razzia die letzten verbliebenen Juden am Arbeitsplatz fest – nur, wer in dieser Zeit in einer sog. `Mischehe´ lebte, war noch

Mit dem sog. `Reichsermächtigungsgesetz´ [405] werden 1933 alle oppositionellen Zeitungen, Parteien und Gewerkschaften verboten. Konzentrationslager (`KZs´) werden errichtet, Juden und bürgerliche, sozialdemokratische und kommunistische Oppositionelle in diese KZs ver-

---

geschützt. Über die Geschichte der Juden in Deutschland, ihre Diskriminierung und Vernichtung gibt es nach Jahren der Verdrängung zwischenzeitlich gut aufgearbeitete Literatur, die vollständig zu nennen den vorgegebenen Rahmen überschreiten würde. Ich verweise deshalb auf die weiterführenden Standardwerke: Israel Gutman (Hg.), Enzyklopädie des Holocaust. Die Verfolgung und Ermordung der europäischen Juden, mit herausgegeben von Eberhard Jäckel, Peter Longerich, Julius H. Schoeps (für die deutsche Ausgabe), 3 Bde., Berlin 1993; Martin Gilbert, Endlösung. Die Vertreibung und Vernichtung der Juden. Ein Atlas, Reinbek 1982; H. G. Adler/Hermann Langbein/Ella Lingens-Reiner (Hg.), Auschwitz. Zeugnisse und Berichte, 2Köln 1979; Peter Longerich (Hg.), Die Ermordung der europäischen Juden. Eine umfassende Dokumentation des Holocaust 1941-1945, München-Zürich 1989; Irene Sagel-Grande/Adelheid Rüter-Ehlemann/C. F. Rüter u. a. (Hg.), Justiz und NS-Verbrechen. Sammlung deutscher Strafurteile wegen nationalsozialistischer Tötungsverbrechen, 1945-1966, 22 Bde., Amsterdam 1968-1981; Eugen Kogon/Herman Langbein (Hg.), Nationalsozialistische Massentötungen durch Giftgas. Eine Dokumentation, FfM 1983; Gerhard Schoenberner, Der gelbe Stern. Die Judenverfolgung in Europa 1933 bis 1945, Hamburg 1960 und FfM 1991; Joseph Walk (Hg.), Das Sonderrecht für die Juden im NS-Staat. Eine Sammlung der gesetzlichen Maßnahmen und Richtlinien – Inhalt und Bedeutung, Heidelberg 1981; Kurt Pätzold (Hg.), Verfolgung, Vertreibung, Vernichtung. Dokumente des faschistischen Antisemitismus 1933 bis 1942, Frankfurt am Main 1984 und Leipzig 1987. Bei Michael Ruck, Bibliographie zum Nationalsozialismus, Darmstadt 2000 finden sich weiterführende Angaben.

[405] Am 24. März 1933 hatte der Reichstag das sog. `Gesetz zur Behebung der Not von Volk und Reich´ verabschiedet. Mit diesem sog. `Ermächtigungsgesetz´ wurde dem Hitler-Regime das Recht eingeräumt, ohne parlamentarische Mitwirkung Gesetze zu erlassen – der Anfang der NS-Diktatur.

schleppt. [406] Mittels Ausbürgerungslisten versuchen die Nazis, ihre Gegner für vogelfrei zu erklären.[407] Die jüdische Emigration erreicht ihren Höhepunkt nach der Reichspogromnacht am 9. November 1938, als in Deutschland die Synagogen brennen. Mehr als hundert Menschen jüdischen Glaubens werden von Nazi-Schlägertrupps angegriffen, ermordet oder in den Suizid getrieben.[408] In den Tagen darauf werden ca. 30000 Personen in Konzentrationslager verschleppt und Tausende Wohn- und Geschäftshäuser zerstört – ein wesentlicher Schritt auf dem Weg in den staatlich organisierten und

---

[406] Die ersten KZs wurden nach dem Reichstagsbrand am 27.2.1933, den die Nazis zu propagandistischen Zwecken, zur Außerkraftsetzung der verfassungsmäßigen Grundrechte und zur Verfolgung der Kommunistischen und Sozialdemokratischen Partei und deren Presse nutzten, als Internierungslager errichtet. Später wurden diese Lager zu einem System von KZs ausgebaut, in denen willkürlich verhaftete Regimegegner inhaftiert werden konnten und Zwangsarbeit leisten mussten. Nach 1941/42, dem Beginn der sog. `Endlösung der Judenfrage´, wurden die KZs zu Vernichtungslagern.
[407] Am 14.7.1933 erließ das Regime ein Gesetz, mit dem im Ausland lebenden Deutschen die Staatsbürgerschaft aberkannt wurde. Bis 1945 wurden über 39000 Menschen ausgebürgert, darunter über 100 Reichstagsabgeordnete. Im Grundgesetz ist heute festgelegt, dass Deutschen die Staatsangehörigkeit nicht entzogen werden kann.
[408] Viele gingen aus Angst vor den Nazis auch später noch durch eigene Hand in den Tod. Carl Zuckmayer berichtet über die Suizide und Tode von Prominenten wie Stefan Zweig in Brasilien, Egon Friedell, der aus Angst vor SA-Leuten aus dem Fenster gesprungen war, und über den „völlig sinnlose(n) Tod unseres Freundes Ödön von Horváth", der in Paris von einem Baum erschlagen wurde, vgl. Carl Zuckmayer, Als wär´s ein Stück von mir, a. a. O., 63f. 81 und 127-134.

industriell durchgeführten Massenmord an den Juden im sog. `Dritten Reich´.[409] Von einem auf den anderen Tag sind Juden von Deutschen, Österreichern, Italienern, Franzosen und Holländern zu `Juden´ abgestempelt worden. Der Verlust des europäischen Judentums wird ein Trauma, von dem sich Deutschland und Europa lange Zeit nicht erholen wird.

Für viele Juden und Oppositionelle, die die Zeichen der Zeit rechtzeitig zu deuten wissen, wird die Emigration eine Reise ins Ungewisse: Die meisten von ihnen sind mittellos, beherrschen die Sprache ihres Gastlandes nicht, wissen nicht, ob sie in ihrem Beruf weiterarbeiten können. Erika Manns Pläne, in dieser Zeit eine Deutschlandtournee mit der `Pfeffermühle´ zu organisieren, werden durch die neuen Nazi-Gesetze politisch zunichte gemacht.[410]

---

[409] Die geschätzte Gesamtzahl der jüdischen Opfer bewegt sich bei ca. 6 Millionen. Zum Mord an den europäischen Juden vgl. Götz Aly, Endlösung. Völkerverschiebung und der Mord an den europäischen Juden, FfM 1995; Wolfgang Benz, Dimension des Völkermords. Die Zahl der jüdischen Opfer des Nationalsozialismus, München 1996; Wolfgang Benz/Hermann Graml/Hermann Weiß, Enzyklopädie des Nationalsozialismus, München 1997; Christopher Browning, Die Entfesselung der `Endlösung´. Nationalsozialistische Judenpolitik 1939-1942, München 2003; Dieter Pohl, Verfolgung und Massenmord in der NS-Zeit 1933-1945, Darmstadt 2003.

[410] Zu den Ereignissen, die Pfeffermühle betreffend, äußerte sich Erika Mann selbst, vgl. Erika und Klaus Mann, Escape to life, a. a. O., 215f.

6. Der Weg ins Exil

Als Erika und Klaus Mann am 10.3.1933 von ihrer Reise nach München zurückkehren, deutet der Chauffeur Thomas Manns an, dass ihre Verhaftung kurz bevorstehe.[411] Klaus Mann interpretiert dessen Verhalten als humanitären Akt: „'Herr, Klaus! Wenn die Sie erwischen... ' Seine Gebärde ließ keinen Zweifel darüber, was uns in diesem Fall geschehen würde. Erst später sollten wir erfahren, warum unser treuer Hans an jenem Tag so nervös war und warum er soviel wusste. Er war ein doppelter Verräter mit doppelt schlechtem Gewissen, der stämmige Biedermann mit seinem blonden Schopf und dem sinnigen blauen Blick. Seit mehreren Jahren schon arbeitete er als Spitzel für das Braune Haus, wo er über alles, was bei uns geschah, regelmäßig Bericht erstattete. Diesmal aber, im entscheidenden Augenblick, hatte er seine Pflicht vergessen und uns gewarnt, aus Grün-

---

[411] Vgl. Klaus Mann, München, März 1933, in: ders., Zahnärzte und Künstler, a. a. O., 15-17, bes. 16. „Hans Holzner, der langjährige Chauffeur der Familie Mann, entpuppte sich später als Spitzel der Politischen Polizei" (KMT 1931-1933, 242, Erläuterung zum Eintrag v. 10.3.1933). Bereits 1931 hatte sich Klaus Mann mit dem Gedanken der Auswanderung getragen (vgl. KMT 1931-1933, 14, Eintrag v. 19.11.1931).

den der Menschlichkeit, wie anzunehmen ist. Wir taten ihm wohl leid. Er wusste ja, was `die´ uns antun würden, wenn sie uns erwischten..."[412] Erika und Klaus Mann rufen ihre Eltern in deren Urlaubsort Arosa an und legen ihnen nahe, in der Schweiz zu bleiben.[413] Sie befolgen die Warnung und kehren nicht mehr nach München – inzwischen zur `Hauptstadt der nationalsozialistischen Bewegung´[414] geworden – zurück.[415] Bei

---

[412] Klaus Mann, Der Wendepunkt, a. a. O., 326.

[413] Die Politik der Schweiz gegenüber den Flüchtlingen aus Nazi-Deutschland war durch Härte gekennzeichnet, vgl. Stefan Keller, Festung Schweiz, in: DIE ZEIT v. 14.8.2008, 80. Antisemitismus und Fremdenfeindlichkeit führten dazu, dass nur 120 Personen verlängertes Asylrecht eingeräumt wurde – unter ihnen Literaturnobelpreisträger Thomas Mann.

[414] Dies geschah am 2.8.1935 auf persönliche Weisung Hitlers und war als Ehrentitel für die Stadt gedacht. In München hatte Hitlers politische Laufbahn mit seiner ersten öffentlichen Rede im Hofbräuhaus 1920 sowie der Aufstieg und Ausbau der NSDAP begonnen. Erster Höhepunkt war Hitlers Putschversuch mit dem `Marsch auf die Feldherrnhalle´ im November 1923. Nach dem Scheitern des Putsches und Hitlers Verurteilung und sechsmonatiger Haft kehrte er nach München zurück und dehnte von hier aus sein agitatorisches Werk auf ganz Deutschland aus. Die Parteizentrale der NSDAP, die mit Unterstützung der sog. `Sturmabteilung´ (SA) als paramilitärischer Kampforganisation zunehmend militanter geworden war, befand sich seit 1930 im ehemaligen `Palais Barlow´ im Herzen der großbürgerlichen Maxvorstadt. Im Lauf der Zeit wurde München zum Geburtsort der Nazi-Bewegung stilisiert, der als solcher pseudo-religiös verklärt wurde. Während Berlin in den 30er- und 40er-Jahren von den Nazis ein realpolitischer Wert beigemessen wurde und als weiteres Machtzentrum Hitlers Privatresidenz, der Obersalzberg, auf dem der Diktator Staatsgäste empfing, hinzukam, war München für sie zu einem symbolträchtigen Ort geworden. Vgl. weiterführend K. Preis, München unterm Hakenkreuz 1933-1945. Die Hauptstadt der Bewegung zwischen Pracht und Trümmern, München 1989, und David Clay Large,

den Reichstagswahlen am 5. März 1933 beträgt der Stimmenanteil der Nationalsozialisten fast 44 Prozent. Kommunisten und Sozialdemokraten, die zum Teil unter schweren Rahmenbedingungen und aus dem Untergrund heraus Wahlkampf führen müssen, weil sie von den Nazis massiv bekämpft werden, liegen bei 12,3 und 18,3 Prozent.[416] Im `gleichgeschalteten´ Bayern übernimmt der NS-Politiker Franz von Epp[417] am 9. März 1933 als sog. `Reichsstatthalter´ die Geschäfte. Am 12. März 1933, also dem Tag, an dem die Hakenkreuzfahne zur Pflichtbeflaggung[418] wird und auch von allen öffentlichen Ge-

---

Hitlers München. Aufstieg und Fall der Hauptstadt der Bewegung, München 2001, sowie https://www.nsdoku.de (aufgerufen am 25.7.2015).

[415] In München kam es in der Folgezeit zur Hausdurchsuchung in der Poschingerstrasse 1 und ein sog. `Schutzhaftbefehl´ wurde ausgestellt. Im August 1933 wurde das gesamte Vermögen Thomas Manns (Eigentum an Immobilien- und Sachbesitz) beschlagnahmt, darunter das Haus und die beiden Autos der Manns; eine Rückkehr nach München hätte Thomas Mann vermutlich ins Gefängnis gebracht (vgl. Kerstin Holzer, Elisabeth Mann Borgese, a. a. O., 63). Es gelang der Familie Mann jedoch, einen Teil des Stockholmer Preisgeldes aus Deutschland in die Schweiz zu transferieren.

[416] Demgegenüber setzte Hitler im Wahlkampf das Flugzeug ein und konnte so in kurzer Zeit viele Menschen erreichen. Innerhalb von 14 Tagen konnte er auf seinem dritten Deutschlandflug am 15.7.1932 fünfzig große Wahlveranstaltungen absolvieren. Die NSDAP wurde die stärkste Partei im Reichstag.

[417] Zur Vita siehe `Who is Who´ bei Klaus Mann.

[418] Die schwarz-rot-goldene Flagge, die seit November 1918 in rechtsradikalen und nationalistischen Kreisen für die ihnen verhasste Demokratie stand, wurde nach der Machtübernahme der Nazis zunächst durch die

bäuden Münchens weht, packt Erika Mann die Sachen und Manuskripte ihres Vaters zusammen. Sie verlässt am 13. März 1933 mit ihrem Ford München und trifft drei Tage später bei ihren Eltern in Arosa ein.[419] Klaus Mann verlässt München am selben Tag wie seine Schwester. Er wird Teil des einsetzenden Massenexodus deutscher Künstler, Dichter und Denker aus ihrem Heimatland. Später legt er die Gründe für sein schnelles Handeln dar. Er meint, er sei damals so schnell gegangen, „... weil die Nazis mich sonst totgeschlagen – mindestens eingesperrt – hätten, weil ich – sogar wenn ich in `Freiheit´ geblieben wäre – in der Luft des Dritten Reiches hätte ersticken müssen, weil ich von außen – mit den Mitteln, die mir zur Verfügung

---

Einführung der schwarz-weiß-roten kaiserlichen Flagge und 1935 durch die Hakenkreuzfahne als alleinige deutsche Staats- und Nationalflagge abgelöst. Juden wurde ihr Hissen untersagt! Klaus Mann war durch das Aufkommen des Nationalsozialismus beunruhigt (KMT 1931-1933, 65, Eintrag v. 17.7.1932: „Die Landschaft krank von Hakenkreuz-Fahnen. Verzerrung Deutschlands").
[419] Erika Mann hatte die Manuskripte des Joseph-Romans im Gepäck. Dass sie noch einmal nach München zurückfuhr und die Manuskripte ihres Vaters holte, ist eine von ihr selbst in `Escape to Life´ in die Welt gesetzte literarische Legende, vgl. A. Strohmeyr, Erika und Klaus Mann, a. a. O., 97.

stehen – den deutschen Faschismus bekämpfen will."[420]

In der Tat hat er eine Ahnung für die drastischen Veränderungen, die für die homosexuelle Minderheit im Deutschen Reich anstehen: Obwohl der nackte Körper allerorten im öffentlichen Raum mehr und mehr präsent geworden ist,[421] wird das Leben für Homosexuelle zunehmend schwerer – bis es, besonders nach den Olympischen Spielen 1936, zur Situation der direkten Verfolgung durch den Staat kommt. Zuvor war es zu einer `Säuberungswelle´ in der SA gekommen: Ein bekannter Homosexueller aus den Reihen der Nazis war Ernst Röhm (1887-1934),

---

[420] Klaus Mann, Das Wort, Heft 4/5 1937, 182, zitiert nach Klaus und Erika Mann, Bilder und Dokumente, a. a. O., 39.

[421] Dafür steht nicht nur die NS-Kunst von Arno Breker (1900-1991), Josef Thorak (1889-1952) und Fritz Klimsch (1870-1960), den prominentesten Bildhauern des sog. `Dritten Reiches´ (zu ihren Werken vgl. www.gdk-research.de, aufgerufen am 15.3.2015), sondern dafür stehen auch die den Nationalsozialismus ästhetisch-glorifizierenden Filme Leni Riefenstahls (1902-2003), vgl. exemplarisch ZDF History: Leni Riefenstahl – Der Preis des Ruhms, online zugänglich unter https://www.youtube.com/watch?v=MFnSRtlAlOw&spfreload=10 und https://www.youtube.com/watch?v=xjgYS8uXwFk&spfreload=10. Auf YouTube sind einige ihrer Propagandafilme zu sehen: `Sieg des Glaubens´ von 1933, online zugänglich unter: https://www.youtube.com/watch?v=UPQVxFaSAQM und `Olympia – Fest der Völker´ von 1936, online zugänglich unter https://www.youtube.com/watch?v=H3LOPhRq3Es (alle Links aufgerufen am 9.4.2015). Vgl. weiterführend auch Anna Maria Sigmund, Die Frauen der Nazis, a. a. O., 151-177.

ein als skrupellos bekannter Vertrauter und späterer Rivale Hitlers. Er hatte seit 1921 die SA aufgebaut und wollte diese Keimzelle der Nazis zu einer Volksmiliz ausbauen. Sie sollte in Konkurrenz zur Reichswehr treten. Röhm lebte seine Homosexualität offen aus und rekrutierte bevorzugt höhere SA-Führer aus seinem homosexuellen Umkreis. Hitler ließ deshalb in der sog. `Nacht der langen Messer´ am 30. Juni 1934 ihn sowie 80 Funktionäre der SA und weitere missliebige Personen durch die sog. `SS-Leibstandarte Adolf Hitler´ und Angehörige der sog. `SS-Totenkopfverbände´ umbringen. Er setzte das Gerücht in die Welt, dass diese planten, einen Putsch gegen ihn zu verüben. Bereits im Mai 1934 hatte er ein Verzeichnis Homosexueller anlegen lassen, die sog. `Rosa Listen´, auf denen über 100000 Personen standen. Unter den Opfern dieser `Nacht der langen Messer´ (die genaue Anzahl lässt sich heute nicht mehr genau ermitteln) befanden sich u. a. der frühere Reichskanzler Kurt von Schleicher (1822-1934) und Hitlers innerparteilicher Gegenspieler Gregor Strasser (1892-1934).

Nach Röhms Ermordung wird der Paragraf 175 verschärft. Die Höchststrafe auf Homosexualität beträgt jetzt 5 Jahre. Paragraf 175a sieht für besonders schwere Fälle bis zu zehn Jahre Haft vor. Am 10. Juni 1936 wird per Sondererlass Heinrich Himmlers [422] die `Reichszentrale zur Bekämpfung der Homosexualität und Abtreibung´ [423] gegründet. Schon die Absicht einer homosexuellen Handlung wird nun mit Zuchthaus oder KZ geahndet [424]: Ab jetzt reichen schon `begehrliche Blicke´ für eine Inhaftierung aus, es muss nicht erst zum Geschlechtsverkehr unter Männern kommen.

Himmler hält Homosexualität für moralisch verwerflich. Er überlegt tatsächlich, jeden Homosexuellen, dessen er habhaft werden kann, auf der Stelle zu kastrieren. [425] Denunzierte und verhafte-

---

[422] Zur Vita siehe `Who is Who´ bei Klaus Mann.

[423] Abtreibung wurde §218 des Strafgesetzbuches gemäß – er trat erstmals 1871 in Kraft – mit Zuchthaus und KZ bis zu 5 Jahren bestraft. Schon 1908 forderten Frauenrechtlerinnen seine Abschaffung. 1943 verhängte man die Todesstrafe. All das galt nur für `arische´ Frauen. Illegale Schwangerschaftsabbrüche bei Jüdinnen und Sinti und Roma wurden nicht bestraft, sondern begrüßt – da sie die in den Augen der Nazis minderwertige `Rasse´ verminderten.

[424] Bereits 1940 waren so Daten von über 41000 Homosexuellen gespeichert worden. Zur Strafverfolgung griffen mobile Sondereinheiten zu. Hunderttausende von Karteikarten wurden vermutlich vor Ende des Krieges vernichtet. Der oberste NS-Homosexuellenjäger Josef Meisinger (1899-1947) wurde später als `Schlächter von Warschau´ bekannt: Er wurde 1947 zum Tod verurteilt und durch den Strang hingerichtet.

[425] Bei ihrem Rassenwahn und bei der Verfolgung Homosexueller bemühten die Nazis immer wieder die Geschichte: Die Nordgermanen hätten Homosexualität mit Feigheit gleichgesetzt; die Norweger hätten Homosexuellen die Wahl gelassen zwischen lebendig begraben und verbrennen; die Friesen entmannten, verbrannten und begruben sie. Die `Peinliche Halsgerichtsordnung´ von Karl V. zog die Feuerstrafe der

te Homosexuelle kommen zunächst ins Zuchthaus, in dem sie in der Regel mit Kriminellen zusammentreffen und durch sie gequält werden. Später dann werden sie in KZs verschleppt und mit einem rosa Winkel gekennzeichnet. Dies betrifft ca. 15000 Homosexuelle: Sie werden gefoltert, u. a. indem man ihnen die Fingernägel zieht und die Hunde auf sie hetzt. Zur Erheiterung des NS-Wachpersonals werden einige von ihnen zum Geschlechtsverkehr mit Prostituierten gezwungen, an anderen führen Nazi-Ärzte Experimente mit Infektionskrankheiten und Hormonen durch oder sie werden zu Versuchsobjekten, deren `perverse Veranlagung´ geheilt werden soll. Homosexuellen, die sich freiwillig kastrieren lassen, wird die Entlassung aus dem KZ versprochen – alles leere Versprechungen. Zigtausende werden auf diese Weise ums Leben

---

Enthauptung vor; andernorts wurden homosexuelle Paare in Sümpfen versenkt. Dass die solchermaßene Berufung auf die Geschichte und das Ausfindigmachen von `arischen´ Vorfahren zur Legitimation ihrer abstrusen Theorien öfters mal misslang, zeigt die aus politischem Kalkül erfolgte Exhumierung Heinrich des Löwen (um 1129-1195, ein Cousin Kaiser Friedrich I., Barbarossa) und seiner Frau Mathilde, die im Braunschweiger Dom bestattet worden waren, im Jahr 1935. „Als der Dom in der NS-Zeit zu einer nationalsozialistischen Weihestätte missbraucht wurde, ließ man das Grab öffnen. Dass Heinrich dunkelhaarig und eher kleinwüchsig war, musste bis in die Zeit nach dem Zweiten Weltkrieg strengstens verschwiegen werden" (Carl-Hans Hauptmeyer, Geschichte, a. a. O., 25).

gebracht; einen Plan für die gezielte systematische staatliche Ausrottung Homosexueller, ähnlich der Vernichtung der Juden, gibt es jedoch nicht.

Hinter all dem steht der `Rasse´-Gedanke der Nazis: Ziel ist es, die Sexualität der Deutschen zu kontrollieren, um einen homogenen nordischen Menschen – im Idealfall blond, blauäugig und groß – resp. eine sog. `Herrenrasse´ in einem `sauberen Reich´ zu schaffen.[426] Der totalitäre Staat, in dem Ordnung und Sicherheit herrschen, idealisiert diese `Rasse´: ideale Menschen, ideale Landschaften, ideales Leben, demgegenüber den Nazis zufolge alles Schwache und Kranke ausgemerzt gehört. Ziel ist die `gute Zucht´ (`Eugenik´) – nur Menschen einer bestimmten Rasse sollen sich vermehren. In der `unkontrollierten´ sog. `Rassen´-Vermischung

---

[426] Hitlers charismatische Ausstrahlung auf Frauen ist belegt, sein Schönheitsideal war klar: Er favorisierte junge, blonde, gut aussehende gepflegte mittelgroße Mädchen nordischen Typs. Hitler wurde von einigen einflussreichen und vermögenden Frauen unterstützt, darunter beispielsweise Helene Bechstein (1876-1951), die Ehefrau des Klavierfabrikanten Edwin Bechstein (1859-1934), der wie sie ein überzeugter Antisemit und Anhänger Hitlers war. Sie erhielt das `Goldene Parteiabzeichen der NSDAP´, vgl. dazu weiterführend mit vielen Informationen den Bestseller der Wiener promovierten Historikerin Anna Maria Sigmund, Die Frauen der Nazis, a. a. O., bes. 15-33 (Hitler und die `deutsche Frau´).

sieht man unter Aufnahme von Ideen von Charles Darwin[427] , Arthur de Gobineau[428] und Houston Stewart Chamberlain[429] die Wurzel allen biologischen Übels. Diese rassistische Wahnidee hat zur Folge, dass homosexuelle Männer, die sich der Reproduktion der sog. `Herrenrasse´ verweigern, als sog. `Volksschädlinge´ verfolgt werden. Zeitgleich sollen heterogene Beziehungen liberalisiert und das Ehemonopol aufgebrochen werden. Mehr-Ehen und polygame Beziehungen werden von Hitler und Konsorten geduldet[430], uneheliche Kinder verlie-

---

[427] Zur Vita siehe `Who is Who´ bei Klaus Mann.
[428] Zur Vita siehe `Who is Who´ bei Klaus Mann.
[429] Zur Vita siehe `Who is Who´ bei Klaus Mann.
[430] Während die Nazis gerne und häufig Sitte und Moral thematisierten und sich als saubere Biedermänner stilisierten, Julius Streicher (1885-1946) in seinem antisemitischen und pornografischen Blatt `Der Stürmer´ gegen `Rassenschande´ großmäulig hetzte und Hitler sich zum obersten Sexsymbol machte, der keiner Frau allein, sondern allen gehörte, der sich in der Öffentlichkeit gern als kinderlieb zeigte, und der die sog. `Reichserntedankfeste´ zum Anlass nahm, um sich bei den Frauen, die `ihm´, dem `Führer´, ein Kind schenkten, öffentlich zu bedanken, war die NS-Doppelmoral schon damals zu Genüge bekannt: Die Nazi-Bonzen predigten dem Volk öffentlich Wasser und tranken heimlich Wein. Sie bereicherten sich auf Kosten anderer und führten einen ausschweifenden Lebenswandel. Orgien waren nicht unüblich. Viele NS-Funktionäre hatten ein ausschweifendes Sexualleben, lehnten die Monogamie und die Ehe ab und favorisierten nach germanischer Weise, oft mit Duldung ihrer Gattinnen, sog. `Nebenfrauen´, wie z. B. Martin Bormann und Heinrich Himmler. Der verheiratete Goebbels wurde beispielsweise wegen seiner bekannten Vorliebe für junge Schauspielerinnen vom Volksmund spöttisch als der `Bock von Babelsberg´ bezeichnet, vgl. Anna Maria Sigmund, Die Frauen der Nazis, a. a. O., 140.

ren ihren Makel. Für die Nazis gilt es, die deutsche `Herrenrasse´ um jeden Preis zu erhalten und vor allem zu vermehren. Die Geburtenrate wird auch ideologisch und staatlich gefördert: Für Frauen, die vier, sechs und acht Kinder gebären, schaffen die Nazis das sog. `Mutterkreuz´.[431] Die Berufstätigkeit der Frau wird abgelehnt; Frauen sollen nach nationalsozialistischen Vorstellungen zurück an den Herd.[432] Lesbische Liebe wird nicht in § 175 StGB aufgenommen, da Lesben u. a. nicht für immer unter `Zeu-

---

[431] Hitler ließ 1933 alle privaten Bordelle schließen, verbot die Straßenprostitution und sagte der Schwangerschaftsverhütung den Kampf an. Später, in Kriegszeiten, änderte er diese Politik: Der NS-Staat wurde zum größten Bordellbetreiber Europas! Die Einrichtung von Wehrmachtsbordellen sollte u. a. auch der Verhinderung bzw. Einschränkung der Homosexualität dienen. Ein ähnlicher Wandel betraf den Verhütungsschutz: Während am Anfang der NS-Diktatur (1933) die Produktion und der Vertrieb von Präservativen bestraft wurde, kam es mit Beginn des Krieges 1939 zur Aufhebung des Verbots: zur Standardausrüstung eines deutschen Soldaten gehörten 12 Präservative pro Mann und pro Monat. Himmlers strafrechtlich verfolgtes [!] Werbeverbot für Verhütungsmittel von 1941 blieb allerdings bis 1969 bestehen!

[432] In Hitlers patriarchalem System waren Frauen dumm, infantil und, da laut NS-Ideologie dem Manne untergeordnet, dessen Lustobjekte. Grundsätzlich sollten Frauen ihren Arbeitsplatz Männern überlassen und sich der Familie widmen. Nur Männer sollten beispielsweise zu Beamten des höheren Dienstes ernannt werden; für Mädchen wurde deshalb in juristischen Fächern ein Studienverbot erlassen. Im Zuge des Krieges änderte das NS-Regime seine Strategie, da Frauen in der auf Hochtouren laufenden Industrie benötigt wurden, vgl. weiterführend Anna Maria Sigmund, „Das Geschlechtsleben bestimmen wir". Sexualität im Dritten Reich, München 2008, bes. 179-211.

gungsfaktoren´ als verloren gelten[433] und keine Gefahr für die Volksgemeinschaft bedeuten. Die Nazis betrachten lesbische Liebe vielmehr als spielerischen Ausdruck weiblicher Gefühle. Viele homosexuelle Frauen können deshalb ein Doppelleben führen und Kinder bekommen; sie werden auch nicht ins KZ verschleppt.

Bekanntlich wird die Bevölkerungspolitik der Nazis scheitern.[434] Auch das Rad der Frauenemanzipation lässt sich von den Nazis nicht mehr zurückdrehen; immer mehr Frauen werden nach 1945 wieder arbeiten.[435] Es gelingt den Nazis auch nicht, die Homosexuellenszene zu zerschlagen.[436]

---

[433] Vgl. Jutta Ditfurth, Ulrike Meinhof. Die Biografie, Berlin 2007, 36, und Birgit Hanstedt, Die wilden Jahre in Berlin, Dortmund 1999, 70ff.

[434] Vgl. Anna Maria Sigmund, Sexualität, a. a. O., 222.

[435] Vgl. Anna Maria Sigmund, Die Frauen der Nazis, a. a. O., 24.

[436] Sexuelle Aufklärung war das große Thema der sechziger Jahre, denn diese war – eine Folge des Nationalsozialismus – tabuisiert worden und hatte für Jugendliche nicht stattgefunden: „Wer in den fünfziger Jahren jung gewesen ist, für den war Sex ganz bestimmt ein tabuisiertes Thema, denn die sogenannten Sittlichkeitsverfechter hatten vor allem den Jugendschutz zu einer Schicksalsfrage der Nation erhoben" (Sybille Steinbacher, Petting im Abendland, in: DIE ZEIT v. 17.3.2011, 21; vgl. dazu auch schon früher). Beate Uhse (1919-2001), einst erfolgreiche Kunstfliegerin und im Krieg Düsenjägerpilotin im Hauptmannsrang, hatte nicht umsonst deshalb mit ihrem Postversand-Konzept für Sexualartikel durchschlagenden Erfolg und enttabuisierte die Sexualität im repressiven Klima der sechziger Jahre (vgl. Sybille Steinbacher, `Sex´ – das Wort war neu, in: DIE ZEIT v. 15.10.2009, 80). Bis 1969 war Homosexualität auch in der Bundesrepublik Deutschland strafbar. 1973 setzte der Gesetzgeber das Schutzalter für homosexuelle Handlungen auf 18 Jahre

Klaus Mann fährt zunächst nach Paris, um sich in seiner „deuxième patrie"[437], seiner zweiten Heimat, niederzulassen und quartiert sich im *Hôtel Jacob et d´ Angleterre* ein. In seinem Tagebuch zieht er drei lange Striche quer über die Seite und schreibt: „Beginn der Emigration."[438] Was er nicht ahnt: Sie wird 12 Jahre dauern.[439] Aus dem verspielt-verinnerlicht-selbstbezogenen Schriftsteller wird einer der leidenschaftlichsten

---

herab. Unter der sozialliberalen Bundesregierung von Willy Brandt wurde der Paragraf 175 entschärft, so dass praktizierte Homosexualität unter männlichen Erwachsenen nicht mehr gesetzlich verfolgt wurde, aber erst 1994 fiel der Paragraf endgültig. Seit 1999 dürfen gleichgeschlechtliche Paare ihre Partnerschaft mit einem staatlichen Dokument belegen. Noch 2010 stand in sieben Staaten auf homosexuelle Handlungen die Todesstrafe: Iran, Sudan, Jemen, Mauretanien, Somalia, Nigeria und Saudi-Arabien. Der gegenwärtige Stand der Forschung ist, dass die sexuelle Orientierung größtenteils von genetischen Faktoren bestimmt ist und nicht verändert werden kann. Bekennende prominente Schwule in Deutschland sind (2015) der Filmregisseur Rosa von Praunheim, der Komiker und Bestsellerautor Hape Kerkeling, der ehemalige langjährige Regierende Bürgermeister von Berlin, Klaus Wowereit (SPD), Ex-Außenminister Guido Westerwelle (FDP) und Prinzen-Sänger Sebastian Krumbiegel. Vgl. weiterführend Matthias von Hellfeld/Arno Kläne, Die betrogene Generation. Jugend in Deutschland unter dem Faschismus. Quellen und Dokumente, Köln 1985, und Sybille Steinbacher, Wie der Sex nach Deutschland kam. Der Kampf um Sittlichkeit und Anstand in der frühen Bundesrepublik, München 2011.

[437] Klaus Mann, Der Wendepunkt, a. a. O., 346. 1925 hatte er erstmals Frankreich bereist.

[438] KMT 1931-1933, 124, Eintrag v. 13.3.1933.

[439] „Zwischen April 1933 und November 1933 registriert man in Paris 7195 deutsche Flüchtlinge, in ganz Frankreich befinden sich etwa 40000 Flüchtlinge" (Ulrike Voswinckel und Frank Berninger [Hg.], Exil am Mittelmeer. Deutsche Schriftsteller in Südfrankreich von 1933-1941 [edition monacensia], München 22008, 24).

intellektuellen publizistischen Kämpfer gegen das Nazi-Regime.

Im Juni 1933 ziehen Katia und Thomas Mann ins französische Sanary-sur-Mer. [440] Das verschlafene Fischerdorf wird zum lokalen Bezugspunkt für ihre Kinder.[441] Bald ist die Familie Mann in Frankreich vereint.[442] Der Trost, dass für viele Emigranten das kleine Sanary nicht der schlechteste Ort ist, um das Naziregime, dem ohnehin die Mehrheit unter ihnen keine große Dauer einräumt, zu überwintern, täuscht nicht darüber hinweg, dass sich alle hier nicht freiwillig aufhalten.[443] Bertolt Brecht verfasst ein Gedicht über

---

[440] Vgl. das facettenreiche informative Buch von Manfred Flügge, Das flüchtige Paradies. Künstler an der Côte d´Azur, Berlin 2008. Dabei handelt es sich um die erweiterte und verbesserte Ausgabe von Flügges `Wider willen im Paradies. Deutsche Schriftsteller im Exil in Sanary-sur-Mer´, Berlin 1996. M. Flügge (geb. 1946) hält den südfranzösischen Ort zwischen 1918 und 1940 für ein „Kulturzentrum von europäischem Rang" (Einbandtext) und geht auf die Geschichte Sanarys ein (41-60).
[441] Vgl. dazu das Kapitel `Thomas Mann und die Seinen´, in: Manfred Flügge, Das flüchtige Paradies, a. a. O., 169-187. Sanary war die elfte Station in den ersten sechs Monaten des Exils für Thomas Mann.
[442] Zur Vita siehe `Who is Who´ bei Klaus Mann.
[443] 1933 war die Einreise für die Exilanten in Frankreich kein Problem, genauso wenig wie das Verlassen des Landes. Erst nach dem gescheiterten faschistischen Putschversuch im Februar 1934 änderte sich die französische Ausländerpolitik. Sanary-sur-Mer, heute ein mondäner Badeort, liegt westlich von Toulon an der französischen Mittelmeerküste und war schon nach dem Ersten Weltkrieg von Künstlern und Intellektuellen entdeckt worden. Ab 1933 wurde das Fischerdorf zu einem der zentralen Orte für emigrierte Schriftstellerinnen und Schriftsteller, vgl. weiterführend Heinke Wunderlich/Stefanie Menke (Hg.), Sanary-sur-Mer.

die Emigration: „Immer fand ich den Namen falsch, den man uns gab: Emigranten./Das heißt doch Auswanderer. Aber wir/Wanderten doch nicht aus, nach freiem Entschluss/Wählend ein anderes Land. Wanderten wir doch auch nicht/Ein in ein Land, dort zu bleiben, womöglich für immer./Sondern wir flohen. Vertriebene sind wir, Verbannte. Und kein Heim, ein Exil soll das Land sein, das uns aufnahm./Unruhig sitzen wir so, möglichst nahe den Grenzen/Wartend des Tags der Rückkehr..."[444]

Deutsche Literatur im Exil, Stuttgart-Weimar 1996. Im Blick auf Klaus Mann vgl. das anlässlich seines 100. Geburtstages erschienene Buch von Magali Laure Nieradka (Hg.), Wendepunkte – Tournants. Beiträge zur Klaus-Mann-Tagung aus Anlass seines 100. Geburtstages (Jahrbuch für Internationale Germanistik; Reihe A – Band 91), Bern 2008, bes. 13-24, online leicht zugänglich unter: https://books.google.de/books?id=LGlmwQS_EiUC&pg=PA78&lpg=PA7 8&dq=klaus+mann+tournants&source=bl&ots=12wwth39bt&sig=xEKFk9 UKfRZ0NtqvO6KY-Vny27Q&hl=en&sa=X&ei=764tVdbBDJTXavf1gcAB&ved=0CFYQ6AEw Bg#v=onepage&q=klaus%20mann%20tournants&f=false (aufgerufen am 12.8.2015).
[444] Bertolt Brecht, Über die Bezeichnung Emigranten, in: Bertolt Brecht, Werke. Große kommentierte Berliner und Frankfurter Ausgabe, Bd. 12, hg. v. Werner Hecht u. a., FfM 1988, 81. Brecht kam mehrmals nach Sanary, so etwa im September 1933 in Begleitung seiner Mitarbeiterin und Geliebten Margarete Steffin (1908-1941). Dort besuchte er Lion Feuchtwanger (1884-1958).

Viele bekannte, vor den Nazis ins Exil geflohene deutsche Schriftstellerinnen [445] und Schriftsteller[446] lassen sich vorerst an dieser Ecke der Côte d'Azur nieder, worüber Erika und Klaus Mann Jahre zuvor einen Reiseführer verfasst hatten und die so zur „Hauptstadt der deutschen Literatur im Exil"[447] wird. Allein etwa 500 Deutsche verteilen sich zwischen 1933 und 1942 auf die Städte Bandol, Sanary und Le Lavandou. In Deutschland zurück bleiben Klaus Manns Freunde Erich Ebermayer und Wilhelm E. Süskind, die sich den Nazis anpassen und dadurch vom diktatorischen System profitieren. Auf die Aufforderung W. E. Süskinds, nach Deutschland zurückzukehren, antwortet ihm Klaus Mann En-

---

[445] Vgl. weiterführend Edda Ziegler, Verboten – verfemt – vertrieben. Schriftstellerinnen im Widerstand gegen den Nationalsozialismus, München 2010, bes. 84ff.
[446] In Sanary trafen sich bald Arnold Zweig (1887-1968), Franz Werfel (1890-1945), Heinrich Mann, Hermann Kesten, Annette Kolb (1870-1967) u. a. Von allen genannten Schriftstellern gibt es zwischenzeitlich Gesellschaften, die im Internet mit ihren Homepages präsent sind.
[447] Manfred Flügge, Das flüchtige Paradies, a. a. O., 61. Die Formulierung stammte aus den Lebenserinnerungen des späteren amerikanischen Literatur- und Philosophieprofessor Ludwig Marcuse (1894-1971) und war ironisch gemeint. „Wir waren in dem Land, in dem sich Gott einst am wohlsten fühlte. [...] Ja, wir waren in jenem Teile des Landes, in dem die glücklichsten Franzosen landen: die Rentiers. Alles war azurblau, nur nicht unser Gemüt. [...] Wir wohnten im Paradies – notgedrungen" (Ludwig Marcuse, zitiert nach Manfred Flügge, Das flüchtige Paradies, a. a. O., 66).

de Juli/Anfang August 1933: „Ich finde den Dreh nicht, die Kulturlosigkeit als Prinzip in den Beginn einer neuen kulturellen Epoche umzudeuten; den durch Terror gehaltenen Hochkapitalismus in `deutschen Sozialismus´, die Bestialität, die ideé fixe der `blonden Rasse´ durch einen Irrationalismus zu entschuldigen...“ [448] Aus dem *Hôtel de la Tour* in Sanary-sur-Mer schreibt Klaus Mann am 9. Mai 1933 seinen berühmten Brief an den bis dato verehrten Kollegen Gottfried Benn[449], der noch beim sechzigsten Geburtstag seines Onkels Heinrich Mann eine Rede gehalten hatte, nun aber für die Nazis Sympathien hegte,[450] und fordert ihn auf, sich von den Nazis zu distanzieren. Gottfried Benn antwortet auf den privaten Brief von Klaus Mann an ihn mit einem `offenen Brief´ als `Antwort an die literarischen Emigranten´. Er wird, von Benn selbst vorgelesen, am 24. Mai 1933 im Rundfunk gesendet und einen Tag später in Druck

---

[448] Klaus Mann, An W. E. Süskind, in: ders., Briefe und Antworten, a. a. O., 116-118, Zitat auf 118.
[449] Zur Vita siehe `Who is Who´ bei Klaus Mann.
[450] Klaus Mann schrieb über Gottfried Benn in seinem `Wendepunkt´: „Der nietzschetrunkene Dermatologe war angenehm berührt von dem antihumanistischen, antichristlichen Radikalismus, der irrationalen Vehemenz der Hitler-Bewegung. Mit dem `Irrationalen´ hatte er es überhaupt“ (Klaus Mann, Der Wendepunkt, a. a. O., 286).

gegeben. Benn wirft darin den Emigranten vor, dass sie die Situation in Deutschland aus ihren südfranzösischen Badeorten nicht beurteilen konnten.[451] Klaus Mann hatte an Gottfried Benn erkannt, dass „die Verachtung bürgerlicher Fortschrittsideale und ein an Nietzsche ausgerichteter Individualismus in eine gefährliche Nähe zu faschistischen Ideologien führen." [452] Er liest Benns Antwort in Paris und ist erschüttert über dessen Niveaulosigkeit. Benn, der Klaus Mann noch 1932 handschriftlich ein Buch gewidmet hatte, ist für ihn jetzt eng verbunden mit der „Entwürdigung des Geistes"[453].

In Deutschland schreitet die Entrechtung der Juden voran. Am 1. April 1933 hindern SS- und SA-Männer Kunden und Patienten daran, jüdische Geschäfte, Kanzleien und Praxen aufzusuchen.[454] Am 10. Mai 1933 verbrennen national-

---

[451] Klaus Mann antwortete darauf mit seinem Essay „Antwort auf die `Antwort´", in: ders., Zahnärzte und Künstler, a. a. O., 27-31. Dieser Text Klaus Manns wurde zu seinen Lebzeiten nicht gedruckt.

[452] Wolfgang Pasche, Interpretationshilfen Exilromane. Klaus Mann, Mephisto; Irmgard Keun, Um Mitternacht; Anna Seghers, Das siebte Kreuz, Stuttgart-Dresden 1993, 45.

[453] Klaus Mann hatte Gottfried Benn einen eigenen Aufsatz gewidmet, vgl. Klaus Mann, Gottfried Benn oder die Entwürdigung des Geistes, in: ders., Zahnärzte und Künstler, a. a. O., 40-43.

[454] Obwohl die Deutschen scharenweise in die NSDAP strömten – innerhalb weniger Monate konnte die Partei anderthalb Millionen Neuzugänge verzeichnen –, folgte dem von den Nazis initiierten reichsweiten Boykott

sozialistische Studentengruppen und Professoren auf zahlreichen öffentlichen Plätzen in Universitätsstädten in ganz Deutschland hunderttausende von Büchern jüdischer, liberaler, marxistischer, demokratischer und pazifistischer Schriftsteller, die fortan, wie es in der Nazi-Terminologie heißt, als `entartet´ gelten. [455] In

---

jüdischer Geschäfte am 1. April 1933 nicht der ursprünglich von ihnen erwartete Zuspruch von Seiten der Bevölkerung. Deshalb beschlossen sie, solche Aktionen künftig nicht so zu wiederholen, sondern die Juden stattdessen durch bürokratische Maßnahmen aus dem öffentlichen Leben zu verdrängen, beispielsweise durch das `Gesetz zur Wiederherstellung des Berufsbeamtentums´, das jüdische Beamte und Oppositionelle ausschaltete, und durch viele Verordnungen gegen jüdische Lehrer, Apotheker und Ärzte, Rechtsanwälte und Notare. Jeder Staatsdiener musste fortan den Ariernachweis erbringen, das heißt nachweisen, dass er nicht-jüdischer Abstammung war – was dem staatsbürgerlichen Gleichheitsgrundsatz widersprach. Über 1000 sonderrechtliche Vorschriften machten jüdisches Leben in Nazi-Deutschland bald unmöglich.

[455] Der damals 29jährige Bibliothekar und Nationalsozialist Wolfgang Herrmann (1904-1945), Leiter der Berliner Zentralstelle für das deutsche Bibliothekswesen, hatte aus Überzeugung eine `schwarze Liste´ mit 131 Namen von Autoren, die man für besonders bedrohlich und `undeutsch´ hielt, angefertigt. Sie diente als Vorlage für die Bücherverbrennung. Zuvor wurden öffentliche Büchereien und Buchhandlungen von nationalsozialistischen Studenten nach verfemter Literatur durchsucht. Die Liste Herrmanns wurde als erste amtliche Liste, der weitere folgen sollten, im `Börsenblatt für den deutschen Buchhandel´ am 13.5.1933 abgedruckt. Zu den Autoren, deren Werke verbrannt wurden und im sog. `Dritten Reich´ künftig auf dem Index der verbotenen Schriften standen, gehörten neben Klaus und Heinrich Mann u. a. Walter Benjamin, Ernst Bloch (1885-1977), Bertolt Brecht, Max Brod (1884-1968), Alfred Döblin (1878-1957), Albert Einstein (1879-1955), Lion Feuchtwanger, Marieluise Fleißer (1901-1974), George Grosz (1893-1959), Heinrich Heine, Ödön von Horváth (1901-1938), Franz Kafka (1883-1924), Erich Kästner, Alfred Kerr (1867-1948), Egon Erwin Kisch, Karl Kraus (1874-1936), Karl Liebknecht (1871-1919), Georg Lukács (1885-1971), Rosa Luxemburg (1871-1919), Karl Marx (1818-1883), Robert Musil (1880-1942), Erwin

Berlin hilft die Feuerwehr dem Feuer der Scheiterhaufen, die wegen des starken Regens auf dem Opernplatz nicht so recht brennen wollen, mit Benzin nach. Mit Fackeln wohnen begeisterte Studenten im Ornat oder in Parteiuniform und Professoren im Talar der `düster-feierlich-pompösen´ öffentlichen Verbrennung der 25000 Bücher bei, die von der `Deutschen Studentenschaft´ mit Unterstützung der `Hitlerjugend´ und

---

Piscator (1893-1966), Alfred Polgar (1873-1955), Erich Maria Remarque, Joachim Ringelnatz (1883-1934), Joseph Roth, Nelly Sachs (1891-1970), Anna Seghers (1900-1983), Arthur Schnitzler (1862-1931), Carl Sternheim, Bertha von Suttner, Kurt Tucholsky, Franz Werfel, Arnold Zweig, Stefan Zweig, André Gide, Romain Rolland (1866-1944), Upton Sinclair (1878-1968), Jack London (1876-1916), Maxim Gorki, Wladimir Iljitsch Uljanov, gen. Lenin (1870-1924), Lew Dawidowitsch Bronstein, gen. Leo Trotzki (1879-1940), Wladimir Majakowski (1893-1930) und Ilja Ehrenburg (1891-1967). Für viele Autoren kam die Verbrennung ihrer Werke dem Ende ihres künstlerischen Schaffens gleich; nur wenigen gelang es, nach der Emigration an frühere Erfolge anzuknüpfen. Proteste und Aufmärsche gegen die Bücherverbrennungen wie am 10.5.1933 in New York unter Leitung des New Yorker Oberbürgermeisters verhallten ungehört. Die Nazis sagten auch der modernen, zeitgenössischen Kunst den Kampf an und versuchten, das Rad der Zeit zurückzudrehen; sie bezeichneten sie ebenfalls als `entartet´: Betroffen waren Maler und bildende Künstler wie Ernst Barlach (1870-1938), Otto Dix (1891-1969), Wassily Kandinsky (1866-1944), Max Beckmann (1884-1950), George Grosz (1893-1959), Ernst Ludwig Kirchner (1880-1938), Paul Klee (1879-1940), Franz Marc (1880-1916), Emil Nolde (1867-1956, der einst die Machtübernahme der Nazis begrüßt hatte!) und Karl Schmidt-Rottluff (1884-1976). Den Nazis zufolge hatte die Kunst heroisch, stählern-romantisch, national-pathetisch und der Blut-und-Boden-Ideologie verhaftet zu sein – was auf die genannten Künstler nicht zutraf. Entsprechend beliebt waren bei Hitler Maler wie Carl Spitzweg (1808-1885) und bildende Künstler wie Arno Breker und Adolf Ziegler (1892-1959), später Präsident der NS-Reichskammer der bildenden Künste.

des `Reichspropagandaministeriums´ organisiert wurde. Die Menschen bilden eine Kette und reichen sich die Bücherbündel bis zum Scheiterhaufen gegenseitig weiter – eine gespenstische Szenerie, der ca. 70000 Berliner zuschauen.[456] Viele johlen lautstark, als Goebbels[457], der Antisemit und Einpeitscher, um Mitternacht seine politische Hetzrede hält. Der größte Teil der in die Form jüdischer, sozialdemokratischer und liberaler Literatur gegossenen Idee der Weima-

---

[456] Der vorwiegend als Kinderbuchautor bekannt gewordene Dr. Erich Kästner – den Nazis galt er 1933 als defätistisch und zersetzend – war am 10. Mai 1933 am Berliner Opernplatz unerkannt dabei, als seine Werke im zweiten Feuerspruch den Flammen übergeben wurden („Gegen Dekadenz und moralischen Verfall! Für Zucht und Sitte in Familie und Staat!"). Kästner blieb in Deutschland – wie er später angab, aus Sorge um seine betagte Mutter, die nicht mehr umziehen wollte, aus Verpflichtung gegenüber seinen Freunden und aus der Verkennung der politischen Situation –, und produzierte fortan nur noch harmlos-kitschige Unterhaltung. Klaus Mann kannte Kästners `Fabian´, sein 1931 erschienenes Hauptwerk; es spielt ähnlich wie die Werke Manns Mitte der zwanziger Jahre in Berliner Bordellen, in Unterweltkneipen und im Nachtleben. Er äußerte sich zwar wohlwollend über `Emil und die Detektive´, veröffentlichte aber gegen den ehemals linken `sächsischen Gemütsmenschen´ eine bissige Polemik, nachdem dessen Roman `Drei Männer im Schnee´ im `Börsenblatt´ beworben worden war und ihm dessen Anpassung an den NS-Staat vor (Klaus Mann, Erich Kästner, in: ders., Zahnärzte und Künstler, a. a. O., 215-217, bes. 215 [zuerst in `Das Neue Tage-Buch´ v. 13.10.1934]). Kästner seinerseits äußerte sich an keiner Stelle seines Werks positiv über Klaus Mann; er hielt ihn für einen Wichtigtuer, vgl. weiterführend Sven Hanuschek, Keiner blickt dir hinter das Gesicht. Das Leben Erich Kästners, München-Wien 1999, 256f.; Franz Josef Görtz/Hans Sarkowicz, Erich Kästner. Eine Biographie, München-Zürich 1998, 192f.; Helga Bemmann, Erich Kästner. Leben und Werk, Berlin 1998, 231.
[457] Zur Vita siehe `Who is Who´ bei Klaus Mann.

rer Republik wird damit öffentlich vernichtet.[458] Ziel der Nazis ist es, dass die ihnen unliebsamen Autoren für immer der Vergessenheit anheim gestellt und komplett aus dem kollektiven Gedächtnis Deutschlands ausgelöscht werden.[459] Das prophetische Diktum Heinrich Heines beginnt, grausame Wirklichkeit zu werden: „Das war ein Vorspiel nur, dort, wo man Bücher verbrennt, verbrennt man auch am Ende Menschen."[460] Unter den verbrannten Schriftstellern in Berlin befindet sich auch Klaus Mann.[461]

---

[458] Verbrannt wurden auch die Bücher Waldemar Bonsels (1880-1952), Schöpfer des Weltbestsellers `Biene Maja´ (1912), der seit seiner Neuauflage als Zeichentrickfilm 1976 im ZDF mit dem Hit von Karel Gott (1939-2019) zu einer der populärsten Kinderserien der Bundesrepublik Deutschland wurde. Verbrannt wurden alle Bücher Bonsels, außer `Die Biene Maja und ihre Abenteuer´, `Himmelsvolk´ und `Indienfahrt´. Bonsels blieb im `Reich´ und wurde über Kontakte seines Jugendfreundes Hans Johst (1890-1978) in die `Reichsschrifttumskammer´ aufgenommen. Später verfasste er antisemitische Schriften wie die Hetzschrift `Dositos´ (1943).

[459] Vgl. Volker Weidermann, Das Buch der verbrannten Bücher, Köln ⁴2008, bes. 12-24 und 241-245. Georg P. Salzmann (1929-2013) sammelte im Laufe seines Lebens privat systematisch die Erstausgaben von ca. 100 Autorinnen und Autoren, die bei den Bücherverbrennungen am 10.5.1933 vernichtet wurden und im Nationalsozialismus verboten waren. Die sog. `Bibliothek der verbrannten Bücher´ umfasste eine Sammlung von rund 12.000 Bänden. 2009 kaufte die Universitätsbibliothek Augsburg die Bücher an und verfügt nun damit über eine einzigartige Quellensammlung der von 1933-1945 verbotenen deutschsprachigen Literatur, vgl. weiterführend http://www.buecherverbrennung.de/ (aufgerufen am 28.8.2015).

[460] Heinrich Heine, Almansor (1823), v243, zit. nach Heinrich Heine (1797-1856), Historisch-kritische Gesamtausgabe der Werke, in Verbindung mit dem Heinrich-Heine-Institut, hg. v. Manfred Windfuhr, Bde. 1-

Mit der anschließenden Gründung der sog. `Reichskulturkammer´ gibt es fortan ein Instrumentarium gegenüber allen den Nazis unliebsamen Autoren: Nur wer in ihr Mitglied ist, darf sich weiterhin künstlerisch betätigen – für andere kommt die Ablehnung der Mitgliedschaft einem Berufsverbot gleich.[462] Zehntausende ver-

---

16, Hamburg 1973-1997, Bd. 5, 16. Das Zitat ist bezogen auf die Verbrennung des Korans während der Eroberung Granadas/Spanien durch christliche Ritter um 1500. Auch Lion Feuchtwanger hatte schon 1919 in seinem Text `Gespräche mit dem ewigen Juden´, der ersten Satire gegen den Nationalsozialismus, ein Szenario prophetisch beschrieben: „Türme von hebräischen Büchern verbrannten, und Scheiterhaufen waren aufgerichtet, hoch bis in die Wolken, und Menschen verkohlten, zahllose, und Priesterstimmen sangen dazu: Gloria in excelsis Deo. Züge von Männern, Frauen, Kindern schleppten sich über den Platz, von allen Seiten; sie waren nackt oder in Lumpen, und sie hatten nichts mit sich als Leichen und die Fetzen von Bücherrollen, von zerrissenen, geschändeten, mit Kot besudelten Bücherrollen. Und ihnen folgten Männer im Kaftan und Frauen und Kinder in den Kleidern unserer Tage, zahllos, endlos" (Lion Feuchtwanger, Ein Buch nur für meine Freunde, Frankfurt/M. 1984, S. 453f.).

[461] Thomas Manns Werke waren nicht dabei, vgl. Golo Mann, Eine Jugend in Deutschland, a. a. O., 531. Golo Mann erlebte mit, wie die Bücher seines Bruders Klaus und seines Onkels Heinrich zusammen mit anderen auf dem Scheiterhaufen Opfer der Flammen wurden. Klaus Mann schrieb über die Bücherverbrennung in `Kultur und Kulturbolschewismus´, in: ders., Zahnärzte und Künstler, a. a. O., 17-24, bes. 18. In seinem Tagebuch hielt er fest: „Gestern also sind auch meine Bücher in allen deutschen Städten öffentlich verbrannt worden; in München auf dem Königsplatz. Die Barbarei bis ins Infantile. Ehrt mich aber" (KMT 1931-1933, 134, Eintrag v. 11.5.1933).

[462] Präsident der sog. `Reichsschrifttumskammer´ war ab 1935 der Schriftsteller und SS-Gruppenführer Hanns Johst (1890-1978). Johst bewunderte Thomas Mann und umgekehrt. Thomas Mann hatte einst an ihn geschrieben: „Ich liebe Sie, Herr Hanns Johst, und freue mich Ihres Daseins" (Thomas Mann, Brief v. 16.9.1920, in: ders., Reg. I, Nr. 20/92, zitiert nach Irmela von der Lühe, Erika Mann, a. a. O., 352). Johst

lassen bis zum August 1934, als Hitler nach dem Tod Hindenburgs formell die absolute Macht erlangt, das nationalsozialistische Deutschland. Im August beschlagnahmen die Nazis die Villa der Manns und zwingen die Pringsheims, ihr Palais in der Arcisstraße deutlich unter Wert zu verkaufen.[463] Im September 1933 ziehen Katia und Thomas Mann mit ihren Kindern Elisabeth und Michael nach Küsnacht am Zürichsee.

Unterdessen werden in Hamburg Kommunisten mit dem Handbeil geköpft, der Philosoph Theo-

---

schrieb 1933, nachdem er sich von Thomas Mann wg. dessen Bekenntnis zur Demokratie distanziert und sein Stück `Schlageter´ `Adolf Hitler in liebender Verehrung und unwandelbarer Treue´ gewidmet hatte, an seinen Duzfreund Heinrich Himmler über Klaus und Thomas Mann: „Da dieser Halbjude schwerlich zu uns herüberwechseln, wir ihn also leider nicht aufs Stühlchen setzen können, würde ich in dieser Angelegenheit doch das Geiselverfahren vorschlagen. Könnte man nicht vielleicht Herrn Thomas Mann, München, für seinen Sohn ein wenig inhaftieren? Seine Produktion würde ja durch eine Herbstfrische in Dachau nicht leiden" (Hanns Johst, zit. nach Rolf Düsterberg, Hanns Johst: `Der Barde der SS´. Karrieren eines deutschen Dichters, Paderborn u. a. 2004, 288). Hanns Johst war die Vorlage für Cäsar von Muck in Klaus Manns `Mephisto´. SS-Chef Reinhard Heydrich (1904-1942) hatte verfügt, dass Thomas Mann bei seiner Rückkehr nach Deutschland festgenommen und nach Dachau gebracht werden sollte, vgl. Irmela von der Lühe, Erika Mann, Eine Lebensgeschichte, a. a. O., 150.

[463] Heute befindet sich an der Stelle der Pringsheim-Villa (heute Katharina-von-Bora-Straße 10) das `Haus der Kulturinstitute´, das mehrere kulturelle Institutionen des Freistaats Bayern beherbergt, so das Institut für Kunstgeschichte der Ludwig-Maximilians-Universität und die Büros der Antiken Staatssammlung München.

dor Lessing[464] von Nazis erschossen, das Konzentrationslager Dachau [465] eröffnet, Carl von

---

[464] Zur Vita siehe `Who is Who´ bei Klaus Mann.
[465] Die Errichtung des KZ Dachau vor den Toren Münchens war am 21.3.1933 von Heinrich Himmler (1900-1945) und Hitler verkündet worden, vgl. Comité International de Dachau (Hg.), Konzentrationslager Dachau 1933-1945, München [10]1978, bes. 82. Zunächst diente die ehemalige Munitionsfabrik der Aufnahme von 5000 politischen Gefangenen. KZ-Kommandant war Theodor Eicke (1892-1943). In 12 Jahren Nazidiktatur wurden nach Dachau, der Mörderschule der SS, ca. 206000 Menschen gebracht, von denen ca. 32000 starben. Dachau war das erste KZ, es folgten: 1936 Sachsenhausen bei Berlin; 1937 Buchenwald bei Weimar; 1938 Flossenbürg in der Oberpfalz; 1938 Neuengamme bei Hamburg; 1938 Mauthausen bei Linz; 1939 ein Frauen-KZ in Ravensbrück bei Berlin, später dann Majdanek bei Lublin (1941) und als letztes KZ Treblinka hinter Warschau (1942). In den KZs waren nicht nur viele Juden, sondern auch Geistliche aller Konfessionen interniert, u. a. Pater Rupert Mayer SJ (1876-1945), der dem katholischen Widerstand angehörte, im KZ Sachsenhausen (er wurde 1987 von Papst Johannes Paul II. selig gesprochen) und Pastor Martin Niemöller (1892-1984), der einst Hitler und die NSDAP gewählt hatte, sich vom nationalistischen U-Boot-Kommandanten zum international denkenden Pastor wandelte und dann als `persönlicher Gefangener des Führers´ viele Jahre in Sachsenhausen und in Dachau einsaß. Alle KZs unterstanden Himmler. Die europaweite Koordination des Massenmordes an den Juden übernahm der bürokratische Schreibtischtäter der Shoah, Adolf Eichmann (1906-1962), dem es später gelang, in Argentinien unter falschem Namen unterzutauchen und der dort 1960 dank eines Hinweises des deutsch-jüdischen Shoah-Überlebenden Lothar Hermann (1901-1974) enttarnt und nach Israel entführt werden konnte; dort wurde ihm der Prozess gemacht (Hinrichtung im Mai 1962). Der kommunistische Reichstagsabgeordnete Hans Beimler (1895-1936) hatte schon früh über die furchtbaren Zustände im KZ Dachau berichtet, vgl. Hans Beimler, Im Mörderlager der braunen Banditen, Moskau 1933. Vgl. weiterführend die gut lesbare Beschreibung der Geschichte und der Zustände im KZ, von: Comité International de Dachau (Hg.), Konzentrationslager Dachau, im Selbstverlag – Eigendruck, 1972, 1-28; Wie war das im KZ Dachau? Ein Versuch, der Wahrheit näherzukommen, von Dr. Johannes Neuhäusler 1888-1973, Weihbischof von München, München [16]1996, bes. 9-69, sowie Wolfgang Benz/Barbara Distel (Hg.), Der Ort des Terrors. Geschichte der nationalsozialistischen Konzentrationslager, München 2005ff.

Ossietzky[466], Herausgeber der Weltbühne, von den Nazis ins KZ verschleppt. Der deutsche Staat hat sich binnen kürzester Zeit in eine faschistische Diktatur verwandelt. Das Unheil nimmt seinen Lauf...

---

[466] Zur Vita siehe `Who is Who´ bei Klaus Mann.

7. Im Exil

Erika Mann versucht, Hitler von außen aus der Schweiz zu bekämpfen und belebt deshalb die `Pfeffermühle´ am 30.9.1933 im Tanzsaal des Gasthofes `Zum Hirschen´ im Zürcher Niederdorf neu.[467] Das Münchner Kabarett wird auf diese Weise im weltoffenen Zürich unfreiwillig zum ersten deutschsprachigen Exiltheater. Wochenlang sind die Vorstellungen des leidenschaftlich spielenden Ensembles ausverkauft. Erika Mann wird bald Objekt des Hasses der Schweizer Faschisten, der `Frontisten´.[468] Die Vorstellungen

---

[467] Hans Sahl (1902-1993), der Erika Mann und den nach seiner Beschreibung netten, kameradschaftlichen und freundlichen, *name-dropping* praktizierenden Klaus Mann „liebte" (Hans Sahl, Das Exil im Exil, in: ders., Memoiren eines Moralisten/Das Exil im Exil, 1983/1990, München 2008, 275) beschrieb in seinen Memoiren die `Pfeffermühle´, „die in dem Restaurant `Zum Hirschen´ im Niederdorf auftrat, das nach Wein, Terpentin, Sauerkraut und Geschnetzeltem roch und in dem sonst getanzt wurde und Zitherspieler sich in wehmütig zitternden Volksweisen ergingen" (Hans Sahl, ebda., 272). Vgl. zu den Hintergründen der `Pfeffermühle´ in der Schweiz auch Susanne Gisel-Pfannkuch, Das Kabarett `Die Pfeffermühle´ in der Schweiz, in: NZZ v. 15.3.1991, 39.
[468] Annemarie Schwarzenbachs Cousin James Schwarzenbach (1911-1994), später Parteivorsitzender der rechtsextremen Republikanischen Partei der Schweiz, gehörte zu den antisemitischen Fanatikern und Anführern der Schweizer Faschisten, die Erika Manns Kabarett stürmten und daraufhin verhaftet wurden. Erika Mann erhielt Entführungsdrohungen und bat um Polizeischutz, den sie auch bekam. Hinter den Angriffen steckte neueren Forschungen zufolge Annemarie Schwarzenbachs eifersüchtige Mutter, Renée Schwarzenbach-Wille (1883-1959), eine lesbische fanatische Nationalsozialistin, die Erika Mann schon im April

des antifaschistischen Kabaretts müssen wegen der Randalierer zunehmend unter Polizeischutz stattfinden. Es gibt kaum mehr eine Aufführung der `Pfeffermühle´, die nicht gestört wird. Am 16. November 1934 werden nach einer Aufführung im Zürcher Kursaal 34 Personen festgenommen. Erika Mann gibt vier Tage später bei der Zürcher Stadtpolizei eine eidesstattliche Erklärung ab. Administrative Schikanen folgen.[469] Sie wird auf-

---

1933 Hausverbot erteilt hatte und nach dem Tod ihrer Tochter einen Teil ihrer Korrespondenz vernichtete. Der Bruder Renée Schwarzenbachs, Ulrich Wille (1877-1959), empfing mehrfach Hitler in der Schweiz, um Kontakte zu nationalsozialistischen Vertretern der Wirtschaft herzustellen, vgl. weiterführend Nikolaus Meienberg, Die Welt als Wille und Wahn. Elemente zur Naturgeschichte eines Clans, Zürich 1987, und vor allem Alexis Schwarzenbach, Die Geborene. Renée Schwarzenbach-Wille und ihre Familie, Zürich 2004.

[469] Der deutsche Gesandte in Bern, Ernst von Weizsäcker (1882-1951), Vater des späteren Bundespräsidenten Richard von Weizsäcker (1920-2015) sowie des Physikers Carl-Friedrich von Weizsäcker (1912-2007) und nach dem Krieg wegen Verbrechen gegen die Menschlichkeit als Kriegsverbrecher zu fünf Jahren Haft verurteilt, ersuchte – erfolglos – den Bundesrat und die Kantonsregierungen dazu zu bringen, die Vorstellungen der `Pfeffermühle´ zu verbieten. Er setzte sich zudem dafür ein, dass gegen Thomas Mann ein Ausbürgerungsverfahren gemäß §2 des Ausbürgerungsgesetzes vom 14.7.1933 eingeleitet wurde. Zu Ernst von Weizsäcker und seiner Familiengeschichte vgl. DER SPIEGEL 11/2010, 64-75. Die Rolle des Auswärtigen Amtes, das im sog. `Dritten Reich´ viel stärker als allgemein angenommen zu den Stützen des NS-Regimes zählte und u. a. an der systematischen Ermordung der Juden beteiligt war, untersuchte eine 2005 vom damaligen deutschen Außenminister Joschka Fischer (geb. 1948) eingesetzte Historikerkommission, die ihre Ergebnisse 2010 auf 900 Seiten unter dem Titel `Das Amt und die Vergangenheit´ veröffentlichte. Dabei wurde mit dem selbstgestrickten Mythos des Auswärtigen Amtes als der nicht ins NS-System verwickelten Diplomatie und als dem `Hort des Widerstands´ aufgeräumt und deutlich,

gefordert, politische Anspielungen zu unterlassen[470] und stattdessen das Publikum ausschließlich zu amüsieren.[471] Die Künstler wenden der Schweiz den Rücken zu und weichen in die Niederlande, Luxemburg, Belgien, die Tschechoslowakei und Österreich aus. Drei Jahre lang

---

dass die Diplomaten nicht nur während der NS-Diktatur maßgeblich an der mit buchhalterischer Akkuratesse betriebenen Vernichtungsbürokratie der Juden beteiligt waren, u. a. indem sie die Erfassung und Deportation von Juden in den besetzten Ländern organisierten, sondern auch nach 1945, so der zweite Teil der Untersuchung, ihre Karrieren dort bruchlos fortsetzen konnten, wo sie nach der Befreiung Deutschland vom NS-Regime geendet hatten, vgl. Eckart Conze/Norbert Frei/Peter Hayes/Moshe Zimmermann, Das Amt und die Vergangenheit. Deutsche Diplomaten im Dritten Reich und in der Bundesrepublik, München 2010. Die Verstrickung des Auswärtigen Amtes in die Shoah – ab Frühjahr 1942 wussten alle Dienststellen von der sog. `Endlösung´ – hatte früher schon der Historiker Hans-Jürgen Döscher belegen können, vgl. H.-J. Döscher, Das Auswärtige Amt im Dritten Reich, Berlin 1987.

[470] Aus der heutigen zeitlichen Distanz heraus klingen die angeblich so politischen Texte der `Pfeffermühle´ mehr oder weniger harmlos – ein Beispiel dafür, wie brisant manche Texte in eine Situation hinein sprechen und in einer Diktatur wirken können.

[471] Vgl. Irma Hildebrandt, Die Frauenzimmer kommen. 15 Zürcher Porträts, München 1994, bes. 173-199. Zur `Pfeffermühle´ in Deutschland und in der Emigration in Zürich, vgl. César Keiser, Wer lacht, lebt länger! Mein Cabaret-Jahrhundert, Bern-Stuttgart-Wien 2001, 16ff. Dort finden sich auch Informationen zu der nationalistischen Hetzkampagne gegen Erika Mann, Therese Giehse und andere deutsche Emigranten. In diesem Kontext ist auch die Rede von der vom Stadt- und Kantonsrat scheinbar verabschiedeten `Lex Pfeffermühle´, das ausländischen Kabaretts mit politischer Tendenz das Auftreten in Zürich verbot – was durch neuere Forschungen aber angezweifelt wird. Bereits am 10. April 1934 war über Erika Mann eine Ausbürgerungsakte angelegt worden, die erst 1941 geschlossen wurde. Vgl. weiterführend Anna Pia Maissen, Gab es in Zürich eine `Lex Pfeffermühle´?, in: Bertolt Brecht im Plakat – Therese Giehse in Zürich, hg. v. Präsidialdepartment der Stadt Zürich, Zürich 1998, 25-30.

touren sie durch Europa. Aber auch dort üben die deutschen Botschafter Druck aus. Am 14. August 1936 inszeniert Max Reinhardt [472] auf Schloss Leopoldskron in Salzburg die letzte Vorstellung der `Pfeffermühle´. Unter den sechzehn geladenen Gästen befindet sich auch Marlene Dietrich [473]. Innerhalb von drei Jahren hatte das Ensemble 1034 Aufführungen, meist vor ausverkauftem Haus, gegeben. Klaus Manns späterem Urteil zufolge ist das `literarische Cabaret´ seiner Schwester „das erfolgreichste und wirkungsvollste theatralische Unternehmen der deutschen Emigration"[474] gewesen.

Im Spätsommer des Jahres 1936 – in dem Jahr, in dem Hitler-Deutschland den Locarno-Pakt kündigt, die Wehrmacht ins entmilitarisierte Rheinland einmarschiert (was eine Verletzung des Versailler Friedensvertrages bedeutet), die Olympischen Spiele in Berlin stattfinden, die der Welt das Bild eines menschenfreundlichen Hitler-Regimes vorgaukeln, und der Spanische Bürgerkrieg beginnt – reisen Erika und Klaus

---

[472] Zur Vita siehe `Who is Who´ bei Klaus Mann.
[473] Zur Vita siehe `Who is Who´ bei Klaus Mann.
[474] Klaus Mann, Der Wendepunkt, a. a. O., 322.

Mann auf einem komfortablen Luxusliner von Southampton nach New York. Erika Mann möchte dort einen Neubeginn ihres Kabaretts in Amerika vorbereiten. Sie schließt Verträge ab, gibt Übersetzungen in Auftrag, sucht Sponsoren und macht sich auf die Suche nach geeigneten Räumen. Die übrige Schauspieltruppe schippert einen Monat später auf einem kleinen holländischen Frachter hinterher. Am 5. Januar 1937 ist es dann so weit: Die `Peppermill´ feiert im Theatersaal des *Chanin Building* in New York fröhliche Auferstehung! Die Kritiken sind allerdings vernichtend. Eine geplante Tournee wird deshalb abgesagt. In der Neuen Welt ist der `Peppermill´ aus unterschiedlichen Gründen kein Erfolg beschieden.[475] Sowohl das Fehlen der Tradition des literarischen Kabaretts in den USA als auch die Tatsache, dass das Programm den deutschen Hintergrund als Thema hat und Hitler für die Amerikaner angesichts vieler innenpolitischer Probleme noch nicht so recht von Interesse ist, macht die Kabarettisten aus der Schweiz

---

[475] Die Schulden, die aus der `Peppermill´ entstanden waren, wurden von dem vermögenden Bankier Maurice Wertheim (1886-1950) beglichen. Er bezahlte die Hotelrechnungen Erika Manns und hielt um ihre Hand an. Sie lehnte jedoch ab.

zu wenig interessant. Außerdem ist das Spiel in englischer Sprache für die Ensemblemitglieder wie für die Zuhörerinnen und Zuhörer äußerst gewöhnungsbedürftig. Während einige von ihnen, unter ihnen Therese Giehse und Markus Henning, im Februar nach Europa zurückreisen[476], bleibt Erika Mann in den USA und arbei-

---

[476] Was wurde aus den Ensemble-Mitgliedern? Therese Giehse kehrte enttäuscht nach Europa zurück – als Jüdin in die Ungewissheit, ohne festes Engagement. Sie erhielt bald ein festes Engagement am Zürcher Schauspielhaus, das bis 1938 ein Privattheater war und zum Theater eines anderen, besseren Deutschlands wurde. Dessen Leiter, der Zürcher Weingroßhändler Ferdinand Rieser (1886-1951) und seine Frau, die das Theater 1929 erworben hatten, gaben vielen Emigranten aus Deutschland eine künstlerische Chance, bis beide selbst in die USA auswanderten. So wurde die kleine Schweizer Bühne, in der z. B. Bertolt Brecht viele Uraufführungen feiern konnte, „zur letzten Heimstätte freien deutschen Theaters. Dort fragte man nicht, ob einer rechts oder links, Katholik oder Kommunist, Christ oder Jude, nur ob er ein guter Künstler sei..." (Carl Zuckmayer, Als wär´s ein Stück von mir, a. a. O., 117). Markus Henning kehrte nach Tirol zurück, wurde zur Wehrmacht eingezogen, spielte vor deutschen Truppen in Norwegen und in der Ukraine und leistete Kriegsdienst als Sanitäter. Wolfgang Koeppen avancierte zu einem bedeutenden deutschen Schriftsteller der Nachkriegszeit, der die verstaubte Bonner Republik sarkastisch betrachtete. Walter Mehring, neben Kurt Tucholsky einer der großen Satiriker der Weimarer Republik, konnte Anfang der vierziger Jahre ins amerikanische Exil fliehen. Er nahm die amerikanische Staatsbürgerschaft an. Später kehrte er ins Tessin zurück, wo er verarmt starb; in Zürich liegt er begraben. Der Schauspieler Max Schreck blieb der Nachwelt durch seine Rolle in dem Stummfilm `Nosferatu – Eine Symphonie des Grauens´ (1922) in Erinnerung. Er arbeitete vor seiner `Pfeffermühlen´-Zeit an den Münchner Kammerspielen, u. a. mit Bertolt Brecht und Karl Valentin. Er spielte über 725 Rollen (!) und starb überraschend 1936 im Alter von 56 Jahren; er liegt in Berlin begraben. Die österreichische Tänzerin und Pantomimin Cilli Wang, die mit ihrem Mann Hans Schlesinger (1896-1945) 1939 in die Niederlande emigriert war, überlebte die Jahre 1941-1945 in einem Versteck. Ab 1946 tourte sie mit ihren grotesk-illusioristischen `Verwan-

tet dort als Korrespondentin und Vortragsredne-
rin (*lecturer*).[477] Am 15. März 1937 hält sie vor
ca. 23000 Zuhörerinnen und Zuhörern auf Einladung des *American Jewish Congress* und des
Jewish Labour Committee eine Rede im Madison Square Garden anlässlich der *Peace and
Democracy Ralley*, einer der ersten politischen
Großkundgebungen in den USA gegen das NS-
Regime, und spricht über `Die Frau im Dritten

---

deleien´ durch die Welt. Die Tänzerinnen Lotte Goslar und Sybille
Schloß blieben in den USA. Lotte Goslar war keine Jüdin, verabscheute
aber die Nazis. Sie gründete 1943 in Hollywood ihr eigenes Ensemble,
mit dem sie in den siebziger Jahren auch in Deutschland auftrat. Als
Tanzlehrerin unterrichtete sie später u. a. Marilyn Monroe (1926-1962).
Ihr verdanken wir eine Beschreibung Klaus Manns aus der Erinnerung
heraus: „Er hatte etwas Rührend-Interessantes – kein eigentlich hüb-
sches Gesicht. Er hatte aschblonde Haare und war im ganzen Wesen
eine aschblonde Figur. Seine Augen sahen aus, als hätte er einen Sil-
berblick, was aber nicht der Fall war. Seine Augenlider waren stets
entzündet. Er hatte schöne, tänzerische Bewegungen, in den Hüften
sehr leicht, gut, beschwingt, keinesfalls `effeminiert´ – ich hatte lange
Zeit keine Ahnung davon, dass er homosexuell war. Er bewegte sich wie
ein freudiges junges Tier, oder wie ein Mensch, der eine Frühlingswan-
derung genießt. Es war eine Freude, ihn anzusehen, denn er hatte einen
sprechenden Körper. Er war sehr elegant und höflich" (Lotte Goslar,
zitiert nach F. Kroll [Hg.], KMS 4/1, Wiesbaden 1992, 154). Sybille
Schloß, Fotomodell und Schauspielerin, die 22jährig zur `Pfeffermühle´
gekommen war, weil sie als Jüdin von den Nazis Berufsverbot erhalten
hatte, verlor ihre Eltern in den KZs Auschwitz und Ravensbrück. Sie war
dreimal verheiratet (ihr letzter Mann verübte Suizid) und starb mit 97
Jahren in New York. Klaus Mann ging auf die Rückkehr der `Pfeffermüh-
le´-Schauspieltruppe im `Wendepunkt´ ein, vgl. Klaus Mann, Der Wen-
depunkt, a. a. O., 409f.
[477] Vgl. dazu Erika Mann, `Mein Vaterland, der Pullman-Wagen und Aus
dem Leben einer Vortragsreisenden´, in: Erika Mann, Blitze überm Ozean, a. a. O., 261-276.

Reich´.[478] Anschließend reist sie – von der New Yorker Agentur *Feakins* als Tochter des berühmten Schriftstellers und Nobelpreisträgers vermarktet – quer durch die Vereinigten Staaten.[479] Ihre Vortragsthemen beziehen sich vor allem auf das nationalsozialistische Regime – innerhalb von fünf Monaten redet sie fünfzig Mal öffentlich an verschiedenen Orten, hält zeitweise pro Woche vier bis fünf Reden.[480] Zwar kann sie gut von dieser Tätigkeit leben, aber sie ist anstrengend. Erika Mann ist nervös, ruhelos, nimmt Drogen und raucht viel. Vermutlich – die Experten sind sich nicht ganz einig – lässt sie in dieser Zeit, im Februar 1937, auch ihr Kind von Martin Gumpert[481] abtreiben; ein Kind passt für sie nicht in ihren Lebensentwurf und in den Entwurf, den sie von sich selbst hat.[482]

Klaus Mann hat inzwischen Amsterdam als seinen Lebensschwerpunkt gewählt. Die holländi-

---

[478] Nur ein knappes Jahr später sagte Thomas Mann (am 25.9.1938) im selben Madison Square Garden auf Englisch: „Hitler must fall."

[479] Vgl. weiterführend Helga Schreckenberger, Die politische Rednerin. Erika Mann im amerikanischen Exil, in: Helmut Koopmann/Klaus Dieter Post (Hg.), Exil. Transhistorische und transnationale Perspektiven, Paderborn 2001, 189-201.

[480] Vortragsplakate aus dieser Zeit sind abgedruckt bei Andrea Weiss, Flucht, a. a. O., 126-128.

[481] Zur Vita siehe `Who is Who´ bei Klaus Mann.

[482] Vgl. Anja M. Dormann, Erika Mann, a. a. O., 12.

sche Großstadt, die zum Zufluchtsort vieler deutschsprachiger Schriftsteller geworden ist,[483] wird sein „eigentliches Lebenszentrum und `Hauptquartier'"[484]. Der Exilant erhält nicht nur die einmalige Chance, Arbeit im Literaturbetrieb zu finden, sondern die Stadt wird für ihn auch zu einem politischen Betätigungsfeld. Von 1933 bis 1935 ist er im Amsterdamer Querido-Verlag[485]

---

[483] Dennoch galt die niederländische christlich-konservative Immigrationspolitik als nicht einfach: Nach 1934 wurden die Gesetze gegen Immigranten schärfer. Seit 1935 gab es in Amsterdam nur noch vorläufige Aufenthaltsgenehmigungen. Hitlergegner, unter ihnen meist Kommunisten und Sozialdemokraten, wurden meistens an die Gestapo ausgeliefert. Der sozialistische Widerstandskämpfer und spätere deutsche Bundeskanzler Willy Brandt (1913-1992) entkam einer solchen Auslieferung nur dank der Hilfe norwegischer Parteifreunde. Ab 1940 war es das Ziel der niederländischen konservativen Politiker, es sich mit den Nazis nicht zu verderben; die Niederlande sollten nur Durchgangsstation für die Flüchtenden sein, ein Bleiberecht wurde nur den wenigsten gegen viel Geld gewährt. So machten sich die niederländischen Behörden zu Handlangern der Nazis. 1942 wurde in den Niederlanden der sog. `Judenstern' eingeführt. Zuvor war jüdisches Vermögen beschlagnahmt worden; Juden durften wie in Deutschland Lokale, Bars, Schwimmbäder, Bibliotheken, Kinos, Theater, Konzertsäle und öffentliche Parks nicht mehr betreten und auch nicht die Straßenbahn benutzen. Sie durften nur noch in jüdischen Geschäften einkaufen und jüdische Schulen besuchen. Ab 1942 deportierte die SS von Amsterdam aus die jüdische Bevölkerung nach Auschwitz, Sobibór, Bergen-Belsen, Theresienstadt und Buchenwald. Nach ca. einem Jahr war die jüdische Bevölkerung von Amsterdam ausgelöscht und die Stadt war `judenfrei'.
[484] Klaus Mann, Der Wendepunkt, a. a. O., 360. Er wohnte in Amsterdam zeitweise in der kleinen `Pension Hirsch' in der Jan Willem Brouwerstraat 21.
[485] Der Querido-Verlag war neben dem erfolgreichen Exil-Verlag Allert de Lange einer jener Verlage, die im Jahr 1933 mit der Publikation deutschsprachiger Exilliteratur begonnen hatten und dadurch bald zu einem wichtigen Organ des kulturellen Widerstands gegen die Nazis wurden.

als Lektor beschäftigt und gibt dort die erste deutsche Exil-Monatszeitschrift heraus: `Die Sammlung´[486]. Die Idee zu dieser literarischen Revue, mit der ein deutliches Zeichen gegen

---

Von 1933 bis 1940 erschienen in Querido-Verlag, der nach seinem Inhaber, dem jüdischen Sozialdemokraten und Antifaschisten Emanuel Querido (1871-1943) benannt war und seinen Sitz in der Keizersgracht 333 in Amsterdam hatte, insgesamt 124 Bücher – darunter die neuesten Werke von Lion Feuchtwanger, Oskar Maria Graf, Heinrich und Klaus Mann, Anna Seghers, Joseph Roth, Alfred Döblin und Erich Maria Remarque sowie anderen deutschen Emigrantinnen und Emigranten. Die Exilverlage sicherten den Autoren eine bescheidene Existenzgrundlage, denn außer Thomas Mann, Lion Feuchtwanger und Alfred Neumann konnte kaum ein Schriftsteller im Exil von seinen Büchern leben: 1940 wurde der Verlag, der seine antifaschistische Literatur in die ganze Welt auslieferte, von der Gestapo geschlossen. Der Leiter des ebenfalls 1940 geschlossen Exilverlags Allert de Lange, Walter Landauer (1902-1944), tauchte zunächst unter, wurde aber 1943 von der Gestapo gefangen genommen und starb 1944 im KZ Bergen-Belsen den Hungertod (Klaus Mann schreibt darüber im `Wendepunkt´, a. a. O., 566f.). Querido-Lektor Fritz Landshoff gelang es, nach New York zu fliehen. Emanuel Querido und seine Frau Jane Querido-Kozijn wurden verraten, gefangen genommen und 1943 im KZ Sobibór von den Nazis ums Leben gebracht. `Klaus Mann zum Gedächtnis´ war das letzte Buch, das 1950 in der deutschen Abteilung des Querido-Verlag erschien (von ungefähr 110 Titeln zwischen 1933 und 1940). Der Verlag hatte in einem nicht unerheblichen Maße von Klaus Mann gelebt und starb auch mit ihm. Dieses letzte Buch war 1950 schnell vergriffen und kam erst 2003 als Nachdruck wieder auf den Markt (mit einem Nachwort von F. Kroll; eine Zusammenstellung der Bücher Klaus Manns findet man dort auf 202f.).

[486] Vgl. Die Sammlung. Literarische Monatsschrift. Unter dem Patronat von André Gide, Aldous Huxley und Heinrich Mann hg. v. Klaus Mann, Amsterdam 1933-1935. „Es soll eine literarische Halbmonatsschrift sein und `Die Sammlung´ heißen. Natürlich muss sie in ihrer Grundhaltung oppositionell sein, aber nicht tagespolitisch – das müssen wir anderen überlassen –; vor allem wollen wir sie als ein Forum für die `europäische Jugend´" (Klaus Mann, Brief an Hermann Hesse v. 12.5.1933, in: Klaus Mann, Briefe und Antworten, a. a. O., 90). Zur `Sammlung´, vgl. weiterführend Ulrike Voswinckel/Frank Berninger (Hg.), Exil am Mittelmeer, a. a. O., 40-58 (Lit.: 270-277).

den Nationalsozialismus gesetzt werden soll, hatte Klaus Manns Seelenfreundin Annemarie Schwarzenbach.[487] Sie hilft ihm auch, die Monatsrevue zu finanzieren, indem sie die volle Übernahme der Autorenhonorare für die ersten drei Monate garantiert und ihrem Freund Klaus monatlich dreihundert Schweizer Franken zukommen lässt. André Gide, Aldous Huxley[488] und Heinrich Mann übernehmen die Schirmherrschaft des ehrgeizigen Projekts.[489] Die erste Ausgabe der `Sammlung´ erscheint am 1. September 1933. Erklärtes Ziel Klaus Manns ist es, Autoren mit unterschiedlichem politischen und weltanschaulichen Hintergrund unter einem Dach in einer antifaschistischen Front zu sam-

---

[487] Zahlreiche Dokumente belegen die enge Freundschaft zwischen den Geschwistern Mann und der Schweizer Schriftstellerin, darunter viele Fotos, vgl. Alexis Schwarzenbach, Auf der Schwelle des Fremden. Das Leben der Annemarie Schwarzenbach (Collection Rolf Heyne), München 2011, 73ff. Klaus und Erika Mann wurden auch in dem Testament von Annemarie Schwarzenbach bedacht (vgl. Alexis Schwarzenbach, Auf der Schwelle des Fremden, a. a. O., 418).

[488] Zur Vita siehe `Who is Who´ bei Klaus Mann.

[489] Vgl. dazu weiterführend Ulrike Voswinckel/Frank Berninger (Hg.), Exil am Mittelmeer, a. a. O., Deutsche Schriftsteller in Südfrankreich von 1933-1941 (edition monacensia), München ²2008, 40-58 (Lit.: 270-277), und Veit J. Schmidinger/Wilfried F. Schoeller (Hg.), Transit Amsterdam. Deutsche Künstler im Exil 1933-1945 (edition monacensia), München 2007, 78-88 (Lit.: 251-255).

meln[490], wobei er den primär literarischen und nicht politischen Charakter der Zeitschrift hervorhebt. [491] Die Themen sind innenpolitischer Natur wie der Kirchenkampf in Deutschland[492], die Saarfrage oder die Wiedereinführung der Allgemeinen Wehrpflicht (1935). In einem Wer-

---

[490] Ungefähr fünfzig unterschiedliche Autoren äußerten sich darin, darunter Marxisten wie Bertolt Brecht, Ernst Bloch oder Johannes R. Becher, Monarchisten wie Joseph Roth, Unpolitische wie Jakob Wassermann (1873-1934), Bürgerlich-Liberale wie Ludwig Marcuse (1894-1971), Sozialisten wie Ernst Toller (1893-1939), Oskar Maria Graf, Boris Pasternak (1890-1960), Leo Trotzki (1879-1940), Ilja Ehrenburg, Ernest Hemingway (1899-1961), Jean Cocteau (1889-1963) und Albert Einstein.

[491] „Sammeln wollen wir, was den Willen zur menschenwürdigen Zukunft hat statt dem Willen zur Katastrophe; den Willen zum Geist statt dem Willen zur Barbarei...", schrieb Klaus Mann im Vorwort zur ersten Ausgabe (vgl. Die Sammlung. Literarische Monatszeitschrift, hg. von Klaus Mann, Nachdruck München 1986, Vorwort 1). So fanden u. a. der Austritt Deutschlands aus dem Völkerbund, der Nichtangriffspakt mit Polen, die Errichtung des Volksgerichtshofes für politische Vergehen, die Dollfuß-Affäre usw. keine Erwähnung, vgl. weiterführend Hans-Albert Walter, Deutsche Exilliteratur 1933-1950, Darmstadt-Neuwied 1973, bes. 247.

[492] 1933 gehörten 95% der 65,2 Millionen Deutschen einer Kirche an: 40,9 Millionen der evangelischen und 21,2 Millionen der katholischen Kirche. Es gab ca. 500000 Juden; 2,7 Millionen Menschen fühlten sich einer anderen oder keiner Religion zugehörig. Auch die meisten NSDAP-Mitglieder verstanden sich selbst als Christen. Um die evangelische Kirche zu kontrollieren, wollten die Nazis die 28 Landeskirchen zu einer Staatskirche vereinigen. So entstand am 11. Juli 1933 die Deutsche Evangelische Kirche mit dem gewählten sog. `Reichsbischof´ Ludwig Müller (1883-1945) an ihrer Spitze. Auf seine kurze Amtszeit folgte der Reichsminister für die kirchlichen Angelegenheiten, Hans Kerrl (1887-1941). Dieser glaubte an die Vereinbarkeit von Nationalsozialismus und Christentum. Doch er irrte sich: Der Nationalsozialismus hatte einen Allmachtanspruch; er duldete kein anderes Glaubenssystem neben sich, vgl. weiterführend Ernst Piper, Kurze Geschichte des Nationalsozialismus, a. a. O., 71f.; 152; 171; 180-184 und auch Ulrich Tietze, Kriegstheologie und ihre Satiriker. Viele unbequeme Erinnerungen und ein Ausblick, in: DtPfrBl 5/2012, 261-266.

beprospekt für die ´Sammlung´ werden neben ausgebürgerten Schriftstellern wie Alfred Kerr[493] u. a. auch Alfred Döblin[494] und Thomas Mann erwähnt. Trotz der Vielfalt im welt- und lebensanschaulichen Spektrum eint die Autoren der Kampf gegen Hitler. Gleich mit Beginn des Erscheinens der ersten Nummer kommt es zum offenen Eklat: Klaus Mann veröffentlicht in der Zeitung einen Aufsatz seines Onkels Heinrich Mann zu den tagespolitischen deutschen Zuständen, in dem sich dieser u. a. gegen die nationalsozialistischen Erziehungsprinzipien, die Verherrlichung der Gewalt, den Antisemitismus und die Diktatur äußert und die Prognose wagt, dass es bald zum Krieg käme. Der renommierte S. Fischer-Verlag, der als jüdischer Verlag im sog. ´Dritten Reich´ noch geduldet wird, bangt unterdessen um seine Existenz und hofft, durch Neutralität in politischen Dingen überleben zu können.[495] Gottfried Bermann-Fischer[496], der den Verlag leitet, trägt sich zudem mit der Absicht,

---

[493] Zur Vita siehe ´Who is Who´ bei Klaus Mann.
[494] Zur Vita siehe ´Who is Who´ bei Klaus Mann.
[495] Vgl. weiterführend Friedrich Pfäfflin/Ingrid Kussmaul (Hg.), S. Fischer, Verlag. Von der Gründung bis zu Rückkehr aus dem Exil. Eine Ausstellung des Deutschen Literaturarchivs im Schiller-Nationalmuseum (Marbacher Katalog; 40), Marbach am Neckar ²1986.
[496] Zur Vita siehe ´Who is Who´ bei Klaus Mann.

Thomas Mann zu einer Rückkehr nach Deutschland zu bewegen. Zwar trug sich Thomas Mann nie mit diesem Gedanken, fühlt sich aber von seinem alten Verleger in die Pflicht genommen und hat deshalb ein offenes Ohr für Bermann-Fischers Beschwichtigungen. [497] Als er telegrafisch von diesem aufgefordert wird, sich von der Mitarbeit an der `Sammlung´ wegen ihrer politischer Ausrichtung zu distanzieren, macht er genau wie Stefan Zweig, René Schickele [498] und Alfred Döblin im Oktober 1933 einen Rückzieher – vor allem aus dem Gedanken heraus, den Absatz der eigenen, zum Teil sich sehr gut verkaufenden Werke in Deutschland nicht zu gefährden. [499]

Klaus Mann reagiert enttäuscht, verärgert und gekränkt, als sein Vater und die genannten

---

[497] „Er hoffte immer noch, er könnte durch sein Schweigen es dahin bringen, dass seine Bücher in Deutschland weiter gelesen werden könnten und dass er seinen Kontakt mit den deutschen Lesern nicht verlieren würde. Das war der einzige Grund" (Erika Mann, Mein Vater, der Zauberer, hg. von Irmela von der Lühe und Uwe Naumann, Reinbek 1998, ²2005, 37; dieses Buch enthält sowohl den Briefwechsel von Katia und Thomas Mann von 1919-1955 als auch Essays, Statements und Kommentare und `Das letzte Jahr. Bericht über meinen Vater´).

[498] Zur Vita siehe `Who is Who´ bei Klaus Mann.

[499] Thomas Mann, Alfred Döblin und René Schickele verlegten im Fischer-Verlag, Stefan Zweig beim Insel Verlag und Robert Musil beim Rowohlt-Verlag. Thomas Mann wollte seine zeitgleich in Deutschland erscheinende Joseph-Trilogie nicht gefährden, vgl. Hans Wysling/Yvonne Schmidlin (Hg.), Thomas Mann, a. a. O., 327.

Schriftstellerkollegen 1935 ihre ursprünglich zugesagte Mitarbeit[500] und Unterstützung zurückziehen. [501] Erika Mann protestiert heftig gegen den Rückzieher ihres Vaters, der auf Kosten ihres Bruders geht.[502] Hintergrund der Auseinandersetzung ist unterm Strich gesehen der Konflikt zwischen denjenigen Schriftstellern, die ins Exil gegangen waren, und denen, die im Deutschen Reich geblieben sind und, falls sie die Nazis nicht ohnehin begrüßt haben, nun versuchen, sich mit ihnen zu arrangieren. Thomas Mann schlägt sich erst spät auf die Seite der Exilliteraten[503]: Am 3. Februar 1936 solidarisiert er sich nach einem offenen Brief in der Neuen Zürcher Zeitung (NZZ) mit den Schriftstellern im Exil, indem er die `gegenwärtige deutsche Herrschaft´ ablehnt und Stellung gegen deren Feuil-

---

[500] Klaus Mann hatte zuerst die telegrafische Zustimmung von Thomas Mann erhalten, seinen Namen zu Werbezwecken verwenden zu dürfen: „Telegramm von Zauberer: mit Mitarbeiterschaft einverstanden" (KMT 1931-1933, 160, Eintrag v. 29.7.1933). Thomas Manns Rückzieher wurde im `Börsenblatt für den Deutschen Buchhandel´ veröffentlicht (vom 10.10.1933, 771f.), vgl. KMT 1931-1933, 168, Eintrag v. 13.9.1933 und KMT 1931-1933, 174, Eintrag v. 12.10.1933).
[501] Zur Vita siehe `Who is Who´ bei Klaus Mann.
[502] Vgl. Erika Mann, Briefe und Antworten, Bd. 1, a. a. O., 73f. und 88.
[503] Zur deutschen Exilliteratur vgl. weiterführend Alexander Stephan, Die deutsche Exilliteratur 1933-1945. Eine Einführung, München 1979.

letonchef Eduard Korrodi[504] bezieht, der in einem Artikel `Deutsche Literatur im Emigrantenspiegel´ vom 26. Januar 1936 die Exilliteratur als jüdisch und deshalb als nicht-deutsch bezeichnet, Thomas Mann aber explizit davon ausgenommen hat.[505] Klaus und Erika Mann hatten ihren Vater zur Stellungnahme gedrängt, seine Frau Katia hatte den ersten Entwurf seiner Entgegnung verfasst.[506] Dies führt zum offenen

---

[504] Der für seine Emigrantenfeindlichkeit bekannte Schweizer Literaturkritiker Eduard Korrodi (1885-1955) war von 1914-1950 Feuilletonchef der NZZ. Er hatte Thomas Mann am 26. Januar 1936 in der NZZ angegriffen. Thomas Mann entgegnete daraufhin mit einem `Offenen Brief´ am 3.2.1936 in derselben Zeitung, in dem er sich mit den Exil-Schriftstellern solidarisch erklärt.

[505] Thomas Mann war trotz der bestehenden Nürnberger `Rassegesetze´ lange davon ausgegangen, dass ihn – nach der Nazi-Gesetzgebung der Ehemann einer Jüdin und der Vater `halbjüdischer´ Kinder – die rassistische Gesetzgebung nichts angehe und er sich mit den Nazis arrangieren könnte. Selbst Klaus Mann geht noch im `Wendepunkt´ (vgl. Klaus Mann, Der Wendepunkt, a. a. O., 402) fälschlicherweise davon aus, dass die Nazis ihn nicht aufgrund rassistischer Kriterien verfolgten, obwohl Klaus Mann in der NS-Ideologie mit zwei jüdischen Großeltern den Nazis als `Halbjude´ galt. Schwer nachzuvollziehen ist Fredric Krolls unkritische Verwendung der NS-Terminologie, etwa, wenn er schreibt, dass Klaus Mann Halbjude war" (Kroll, Bd. 3, 217) – was de jure falsch ist. Klaus Mann war evangelischer Christ mit jüdischen Wurzeln.

[506] Die Manns fühlten sich zu keiner Zeit als Juden und waren es auch nicht: „Klaus und Golo verweisen zwar auf die jüdischen Großeltern, überspringen jedoch die jüdische Mutter" (A. Wüstner, „Ich war immer verärgert...", a. a. O., 161). Katia Mann, jüdischer Herkunft, hatte nach ihrer Taufe als religiöse Zugehörigkeit selbstverständlich die protestantische Konfession angegeben (vgl. Inge und Walter Jens, Frau Thomas Mann, a. a. O., 13). Ihre Kinder waren ebenfalls protestantisch getauft worden. Nach den `Nürnberger Rassegesetzen´ der Nazis vom 15. September 1935 galt sie allerdings als sog. `Rasse´- oder `Geltungsjü-

Bruch mit dem NS-Regime: Thomas Mann wird aus Deutschland ausgebürgert und verliert seine Staatsbürgerschaft[507]; sein Haus wird vom Staat beschlagnahmt, sein Hausstand versteigert[508],

din´, ihre Kinder als sog. `Mischlinge 1. Grades´. `Frau Thomas Mann´ empfand sich aber nicht als Jüdin und war auch keine. Viola Roggenkamp stellte die gewagte These auf, dass Erika Mann, in der 3. Generation getauft, ihr Jüdischsein zeitlebens verleugnete (vgl. Viola Roggenkamp, Erika Mann, a. a. O., 16.25.121.123.145; Lit.: 246-251). Irmela von der Lühe hielt diese Kritik, dass Erika Mann sich nicht als `rassisch Verfolgte´ gesehen hat und ihre jüdische Herkunft verleugnet habe, für reine Spekulation und konterte damit, dass Erika Mann die NS-Rassenpolitik und die Verfolgung der Juden von Anfang an als Zentrum der NS-Ideologie bekämpft und in öffentlichen Vorträgen „die sozial-psychologische und die politische Funktion des Antisemitismus als Instrument der Schuldentlastung durch Konstruktion eines kollektiven Sündenbocks illustriert und demontiert" (Irmela von der Lühe, Erika Mann, Eine Lebensgeschichte, a. a. O., 11) hätte. Nach jüdischem Recht ist nach wie vor Jude, wer eine jüdische Mutter hat; wer getauft ist, ist Christ und verlässt die jüdische Glaubensgemeinschaft.

[507] Klaus Mann hält in seinem Tagebuch fest: „Zauberer ist ausgebürgert" (KMT 1936-1937, 89, Eintrag v. 3.12.1936). Thomas Mann wird durch das sog. `Gesetz über den Widerruf von Einbürgerungen und die Aberkennung der deutschen Staatsbürgerschaft vom 14.7.1933´ die deutsche Staatsbürgerschaft aberkannt. Rechtlich war dieser Akt für Thomas Mann bedeutungslos – vierzehn Tage zuvor hatte er die tschechische Staatsbürgerschaft dankbar angenommen, die er vorausahnend, was kommen würde, und dank freundschaftlicher Kontakte zum tschechoslowakischen Textilfabrikanten Rudolf Fleischmann – beantragt hatte. Die Philosophische Fakultät der Universität Bonn erkannte ihm die Ehrendoktorwürde ab. An den Dekan der Philosophischen Fakultät, Karl Justus Obenauer (1888-1973), Mitglied der NSDAP und der SS, schrieb Thomas Mann am 1.1.1937 nach dem Verlust der Ehrendoktorwürde und erfolgter Ausbürgerung: „Ich bin weit eher zum Repräsentanten geboren als zum Märtyrer, weit eher dazu, ein wenig höhere Heiterkeit in die Welt zu tragen, als den Kampf..." (Briefwechsel mit Bonn, XII, 787, zitiert nach Hans Wysling/Yvonne Schmidlin [Hg.], Thomas Mann, a. a. O., 1994, 336).

[508] Darunter befand sich auch der berühmte ausgestopfte sibirische Bär, der noch aus Lübeck stammte und von Thomas Mann in den `Budden-

seine Werke sind fortan im sog. `Dritten Reich´ verboten. Ab dieser Zeit wird Thomas Mann in der Zeit des Zweiten Weltkriegs international eine Rolle spielen. Er wird „zur repräsentativen, zur weithin sichtbaren Gegenfigur"[509] zum NS-Regime und zu Hitler. Er ist weit und breit der Einzige aus dem Pool der sogenannten `bürgerlichen Schriftsteller´[510], der sich gegen die Nazis wendet und „sich zu einem kosmopolitischen Liberalismus"[511] bekennt.

Klaus Mann ist jetzt stolz auf seinen Vater, der sich mit den deutschen Emigranten solidarisiert hat. Im Tagebuch hält er fest: „Zauberers grosse Erwiderung an Korrodi in der N.Z.Z. Sehr entscheidend für ihn, besonders durch den kühnen, die Nazis provozierenden Schluss. Es ist die erste entschlossene, rührende Tat von seiner

---

brooks´ verewigt worden war. Seit 1914 hatte er auf dem Treppenabsatz in der Poschingerstrasse gestanden und in seinen Händen einen silbernen Teller gehalten, auf dem Besucher ihre Visitenkarten ablegen konnten. Elisabeth Mann sah ihn zufällig während der Dreharbeiten von Heinrich Breloers `Die Manns´ im Schaufenster des Lederwarengeschäfts Matt stehen. Heute befindet er sich im städtischen Münchner Literaturhaus am Salvatorplatz.

[509] Marcel Reich-Ranicki, Mein Leben, a. a. O., 104.

[510] Vgl. Katia Mann, Meine ungeschriebenen Memoiren, herausgegeben von Elisabeth Plessen und Michael Mann, FfM 1974, [8]2004, 108.

[511] Uwe Naumann, Klaus Mann, Reinbek 1991, 108. Vgl. dazu auch http://www.spiegel.de/spiegel/print/d-8947598.html (aufgerufen am 29.9.2015).

Seite."[512] Auch Erika Mann, die mit ihrem Vater deshalb eine ernsthafte Auseinandersetzung geführt hatte, versöhnt sich jetzt wieder mit ihm. [513] Nach dem Korrodi-Artikel erfreut sich Thomas Mann zunehmender Beliebtheit und wird als „Kaiser aller deutschen Emigranten, ganz besonders Schutzherr des Stammes der Schriftsteller" [514] bezeichnet. Demgegenüber schreibt Nazi-Schriftsteller Will Vesper[515] im Blick auf die `Sammlung´ im November 1933 in der gleichgeschalteten Zeitschrift `Die Neue Literatur´: „Größer aufgezogen und zweifellos das gefährlichste Reptil ist die in Amsterdam unter dem `Patronat von André Gide, Aldous Huxley und Heinrich Mann´ von dem Halbjuden Klaus Mann herausgegebene `Sammlung´." [516] Sein Tage-

---

[512] KMT 1936-1937, 19, Eintrag v. 4.2.1936. Auch Gottfried Bermann-Fischer ging, nachdem 1935 von der `Reichsschrifttumskammer´ die Arisierung des Fischer-Verlags forciert worden war, 1936 mit dem Verlag samt 780000 Büchern nach Wien, 1938 dann mit einem Teil des Fischer-Verlags ins Exil nach Stockholm; der andere Teil des Verlages blieb unter der Leitung von Peter Suhrkamp (1891-1959) in Berlin.
[513] Vgl. Erika Mann, Briefe und Antworten, a. a. O., I, 72f. und 86ff.
[514] Ludwig Marcuse, Mein zwanzigstes Jahrhundert. Auf dem Weg zu einer Autobiographie, München 1960, 288.
[515] Zur Vita siehe `Who is Who´ bei Klaus Mann.
[516] Will Vesper, zitiert nach Fritz H. Landshoff, Erinnerungen eines Verlegers, Berlin-Weimar 1991, 61.

buch des Jahres 1933 beendet Klaus Mann mit den Worten „Gott stehe uns bei."[517]

Vom 14.-28.8.1934 folgt Klaus Mann einer Einladung zum `Ersten Allunionskongress der Sowjetschriftsteller´ in Moskau. Er ist Teil einer 12-köpfigen Delegation deutschsprachiger Schriftsteller, die in die russische Hauptstadt vor Beginn des stalinistischen Terrors eingeladen sind (u. a. sind seine Mitreisenden Ernst Toller[518], Annemarie Schwarzenbach, Theodor Plievier[519] und Johannes R. Becher[520]). Klaus Mann sieht zu der Zeit wie viele andere Intellektuelle mehr vom Faschismus als vom Kommunismus eine Gefahr ausgehen, weil er „die leicht erregbaren Massen mit dem Gift rassistischen und nationalsozialistischen Größenwahns infiziert." [521] Wie viele von ihnen ist er vom Sozialismus anfangs fasziniert.[522] Zeit seines Lebens ist Klaus Mann aber weder Marxist noch Kommunist. Er hat sich

---

[517] So enden die Tagebuch-Einträge für das Jahr 1933, KMT 1931-1933, 186, Eintrag vom 31.12.1933.
[518] Zur Vita siehe `Who is Who´ bei Klaus Mann.
[519] Zur Vita siehe `Who is Who´ bei Klaus Mann.
[520] Zur Vita siehe `Who is Who´ bei Klaus Mann.
[521] Klaus Mann, Der Wendepunkt, a. a. O., 374.
[522] Dabei ist der „von Klaus Mann verkündete sozialistische Humanismus ... alles andere als ein linientreuer Parteikommunismus" (F. Kroll, KMS 4/2, a. a. O., 477).

selbst mehrfach an verschiedenen Stellen in seinem Werk dazu geäußert: „Ich bin kein Kommunist, bin auch nie einer gewesen, auch als `Marxist´ darf ich mich wohl nicht bezeichnen – jedenfalls nicht im orthodoxen, exklusiven Sinn des Wortes."[523] Eine wesentliche Rolle spielt dabei seine Haltung zur Religion bzw. zum Metaphysischen: „Eine Weltanschauung, der jede Ahnung vom Metaphysischen fehlt, ein geistiges System, in dem es keinen Platz für die Kategorie des Transzendentalen gibt, bleibt mir Entscheidendes schuldig. Ich werde sie nie als mein absolutes Credo akzeptieren können"[524], schreibt

---

[523] Klaus Mann, Nach dem Sturze Hitlers (1939), in: ders., Zweimal Deutschland, a. a. O., 88-91, Zitat auf 88. „Ich bin kein Kommunist und kein `Agent der Sowjetunion´ und bin weder das eine oder andre jemals gewesen. (...) Ich bin weder in meinen politischen noch in meinen kulturpolitischen Gesinnungen und Äußerungen von den Kommunisten beeinflusst worden. (...) In meiner gesamten Produktion ist kein einziges Wort der Bewunderung für Josef Stalin zu finden. Ich bewundere ihn nicht" (Klaus Mann, Ich bin kein Agent der Sowjetunion. Eine Erklärung [1939], in: ders., Zweimal Deutschland, a. a. O., 167-171, Zitat auf 168f.). Vgl. dazu auch KMT 1938-1939, 144, Eintrag v. 25.11.1939. Im `Wendepunkt´ hieß es ähnlich: „Ich bin kein Kommunist und bin nie einer gewesen. Ich bin auch kein Marxist" (Klaus Mann, Der Wendepunkt, a. a. O., 374). Dagegen schrieb er in einem Brief an seinen Freund René Schickele am 30.12.1934: „Kommunist des Herzens sowohl wie des Verstandes – das bin ich immer gewesen, auch indem ich Christ blieb [...]. Sprecht hier nicht von `Konversion´; ich habe meine Richtung nicht gewechselt; ich bin immer geradenwegs vor mich hingegangen und will das auch fernerhin tun" (Klaus Mann, Briefe und Antworten 1922-1949, hg. v. Martin Gregor-Dellin, Reinbek 1991, 204).
[524] Klaus Mann, Der Wendepunkt, a. a. O., 378.

Klaus Mann im `Wendepunkt´.[525] Im Kommunismus als System sieht er die Gefährdung der in-

---

[525] Hatte der 12jährige auf dem Hintergrund des Elends des 1. Weltkrieges den Glauben an einen gütigen Gott zusammen mit dem an den Klapperstorch und den Nikolaus abgelegt, wie er schreibt, so verteidigte er später das Christentum gegen den Angriff Nietzsches (vgl. KMT 1936-1937, 39, Eintrag vom 15.4.1936 und KMT 1936-1937, 75, Eintrag v. 20.9.1936) und bekannte sich zu Gott: „Starkes und bewegendes Gefühl für das Mysterium des Lebens. Wann und unter welch bitteren Umständen das meine auch enden möge: es hat sich gelohnt, Teil zu haben (Teil zu sein) an diesem rätselhaften Phänomen (dem Leben; dem Ichsein). Ich spüre immer tiefer, dass es nicht sinnlos ist (nur unergründlich). In einer rätselhaften Absicht ist es mir aufgetragen, zu atmen, mich zu bewegen, zu denken. Ein unbegreiflicher Plan hat mich genau das werden lassen, was ich bin... Das Leben ist Wollust und Traurigkeit. Geniessend und leidend suche ich GOTT. Ich glaube an Ihn und ich werde ruhig sterben. Ich erwarte den TOD als den Augenblick, in welchem Wollust und Traurigkeit – gewaltiger als in irgendeiner Lebensstunde – Eins sein werden" (KMT 1936-1937, 40, Eintrag vom 19.4.1936). Klaus Mann war Zeit seines Lebens religiös interessiert: Schon früher hatte er in Zeiten der Anfechtung und der Einsamkeit in der Bibel (KMT 1944-1949, 35, Eintrag v. 20.6.44) gelesen und die Werke christlicher Schriftsteller wie Thomas à Kempis (vgl. KMT 1944-1945, 11, Eintrag v. 20.1.44) studiert. 1943 trug er sich mit dem Gedanken an einen neuen Roman, in dessen Zentrum die religiöse Entwicklung des Protagonisten vom Skeptizismus über die jüdische Orthodoxie bis zum Katholizismus stehen sollte (vgl. KMT 1940-1943, 152, Eintrag v. 8.7.1943). Einem amerikanischen Mitsoldaten gegenüber bekannte er, dass er nicht regelmäßig betete, sondern nur manchmal an Gott dachte (vgl. KMT 1940-1943, 177f., Eintrag vom 11.10.1943). Klaus Mann feierte Weihnachten (vgl. KMT 1944-1949, 64, Eintrag v. 24.12.1944), machte sich religiöse Notizen (vgl. KMT 1944-1949, 28, Eintrag v. 15.5.1944) und beschäftigte sich mit Vorarbeiten für Artikel über den Vatikan (vgl. KMT 1944-1949, 77, Eintrag v. 5.3.1945) sowie über Martin Niemöller (1892-1984, vgl. KMT 1944-1949, 84, Eintrag v. 15.5.45). Klaus Mann diskutierte mit einem „linkskatholischen Professor" (KMT 1940-1943, 10, Eintrag v. 9.1.1940), pflegte Umgang sowohl mit einem Rabbi (vgl. KMT 1940-1943, 74, Eintrag v. 10.11.1940) als auch mit einem Kaplan (vgl. KMT 1940-1943, 179, Eintrag v. 22.10.1943) und nahm an spiritistischen Sitzungen teil (KMT 1940-1943, 107, Eintrag v. 14.8.1942). Er haderte mit dem Verhältnis des Christentums/der Kirche

dividuellen Freiheit. [526] Er ist aber davon über-
zeugt, dass man der faschistischen Gefahr nur
durch ein Bündnis mit der kommunistischen
Sowjetunion begegnen könne. [527] Als bürgerlicher
Individualist sympathisiert Klaus Mann mit dem
Ziel, Hitler zu verhindern, mit Sozialisten und
Kommunisten im Rahmen einer Volksfront. [528]
„Seine Grundhaltung darf man wohl eine liberale

---

und der Homosexualität: „Niemals werde ich den Fluch des Christentums
gegen die `Fleischeslust´ verstehen. Niemals begreife ich, was `Sünde´
bedeutet.----- Es gibt Sünden, freilich. Aber diese flüchtigen Glücksmo-
mente – wenn ich mit jemandem im Bett liege und sehr zärtlich bin – :
eben diese `sündigen´ Momente sind es, die mich am ehesten auf die
Vergebung aller Sünden hoffen lassen - - -“ (KMT 1940-1943, 67f.,
Eintrag v. 8.10.1940).

[526] „Eine Beschäftigung mit metaphysischen Dingen kommt ihnen komisch vor, wenn nicht gar konterrevolutionär; für eine zu innige Beschäftigung mit dem Tode haben sie nur ein Achselzucken – der Tod ist der
natürliche Abschluß eines Lebens, das Arbeit für die Gemeinschaft war“
(Klaus Mann, Heute und Morgen, a. a. O., 119).

[527] In Klaus Manns Essays `Das Ziel´, `Die Vision Heinrich Heines´ und
`Notizen in Moskau´ näherte er sich der kommunistischen Weltanschau-
ung an, distanzierte sich aber später völlig von ihr. Klaus Mann-Biografin
Nicole Schaenzler schreibt über die Zeit: „… immerhin war er, anders als
ebenfalls geladene deutsche Literaten wie Johannes R. Becher, Willi
Bredel, Albert Ehrenstein, Oskar Maria Graf und Ernst Toller, der einzige
deutsche Schriftsteller, der der sozialistischen Lehre eher distanziert
gegenüberstand“ (Nicole Schaenzler, Klaus Mann, a. a. O., 233).

[528] Klaus Mann unterschrieb den `Aufruf zur Bildung einer deutschen
Volksfront´ (KMT 1936-1937, 90, Eintrag v. 10.12.1936). Zur Verhinde-
rung Hitlers war Klaus Mann „bis zum September 1939 für eine Politik
der antifaschistischen Einheitsfront“ (Klaus Mann, Ich bin kein Agent der
Sowjetunion. Eine Erklärung [1939], in: ders., Zweimal Deutschland, a. a.
O., 167-171, Zitat auf 168f.). Zur Volksfront allgemein vgl. weiterführend
Ursula Langkau-Alex, Deutsche Volksfront 1932-1939. Zwischen Berlin,
Paris, Prag und Moskau, 3 Bde., Berlin 2004f.

nennen: dabei fühlt er sich stark von sozialistischen Ideen angezogen, die aber oft im Widerspruch zu seinen liberalen Überzeugungen geraten. Sein Verhältnis zum Kommunismus ist deshalb sehr komplex und dabei bezeichnend für seine persönliche Problematik."[529] Außerdem ist er neugierig auf die Entwicklungen in dem Land, das seit der Oktoberrevolution als Ausbund der Modernität gilt.[530] Dabei muss er wie ein bunter Vogel gewirkt haben. Ein Kollege, der bayerische Schriftsteller Oskar Maria Graf[531], hat seinen Eindruck festgehalten: „Sauber, wie aus dem Ei gepellt, lässig, elegant gekleidet, schlank und rank sozusagen, mit einem gescheiten, rassigen Gesicht, mit nervösen Bewegungen und

---

[529] Wilfried Dirschauer, Klaus Mann und das Exil, Worms 1973, 64. „Seine moralische Verpflichtung gilt dem liberalen Individualismus, dessen Ursprung im humanistischen Denken liegt" (Rong Yang, Ich kann einfach, a. a. O., 159). Zur Einschätzung Klaus Manns als Liberalem vgl. auch Horst Sassin, Widerstand, Verfolgung und Emigration Liberaler 1933-1945, Friedrich-Naumann-Stiftung Bonn 1983, 77. Dort wird neben den DDP-Mitgliedern Georg Bernhard (MdR) und Heinrich Mann u. a. auch Klaus Mann als liberaler Unterzeichner eines Aufrufs von 1936 zum Sturz der Hitler-Diktatur besonders hervorgehoben. Irmela von der Lühe zufolge wählten Erika und Klaus Mann „manchmal sozialdemokratisch, manchmal liberal" (Irmela von der Lühe, Erika Mann, a. a. O., 83).
[530] Er hielt seine Eindrücke von diesem Land mehrfach fest, u. a. in dem Aufsatz `Der Schriftsteller, hier und im Westen´ und in `Notizen in Moskau´, beide von 1934, in: Klaus Mann, Zahnärzte und Künstler, a. a. O., 197-214.
[531] Zur Vita siehe `Who is Who´ bei Klaus Mann.

einer auffallend schnellen Aussprache. Alles an ihm schien ein bisschen maniriert, aber es wurde abgedämpft durch einen klug witternden Geschmack. Der ganze Mensch hatte etwas Ruheloses, überhitzt Intellektuelles und vor allem etwas merkwürdig Unjugendliches."[532]

Für `Die Sammlung´ hält Klaus Mann im Tagebuch seine Eindrücke fest. Nach anfänglicher Begeisterung erinnern ihn der stalinistische Militarismus und die autoritäre russische Gesellschaft an den Faschismus, der ihm aus Deutschland bekannt ist. [533] Hoffnung setzt er einzig und allein auf die Sowjetunion als Gegenkraft zum Faschismus.[534] Aber die Angriffe der sowjetischen Intellektuellen gegen die homosexuelle Minderheit in der Sowjetunion befremden ihn; er hätte in diesem modernen Land mehr

---

[532] Oskar Maria Graf, Reise in die Sowjetunion 1934, hg. v. Hans-Albert Walter, Darmstadt/Neuwied 1974, 27. Das Zitat befindet sich auch bei N. Schaenzler, Klaus Mann, a. a. O., 307; vgl. dazu auch F. Kroll (Hg.), KMS 4/1, a. a. O., 240f.

[533] „Die störenden Züge: der Militarismus; die betonte Unterordnung... eben jene Züge, die an den Fascismus erinnern" (KMT 1934-1935, 51, Eintrag v. 18.8.1934).

[534] Dabei kritisierte er auch den Kapitalismus als wirtschaftliches System und plädierte für dessen Fall. Wie viele in der Zeit erblickte er ab einem bestimmten Zeitpunkt eine Alternative im Sozialismus, vgl. Klaus Mann, Mit dem Blick nach Deutschland. Der Schriftsteller und das politische Engagement, hg. v. Michel Grunewald, München 1985, 50.

Toleranz erwartet. [535] Ernüchtert und desillusioniert kehrt er nach Deutschland zurück.

Im April 1934 gehörte Klaus Mann zusammen mit weiteren siebenundzwanzig Intellektuellen zu den Unterzeichnern eines Aufrufs, der sich gegen die Rückeingliederung des Saarlandes in das Deutsche Reich aussprach und der in der sozialdemokratischen `Volksstimme´ erschienen war. Das Versailler Friedensabkommen nach dem Ersten Weltkrieg hatte festgelegt, dass fünfzehn Jahre nach Inkrafttreten des Vertrages, der das Saarland unter französische Besatzung gestellt hatte, die Bewohnerinnen und Bewohner des Saarlandes selbst entscheiden konnten, ob sie weiterhin unter Völkerbund-Verwaltung bleiben oder ins französische bzw. deutsche

---

[535] Die Verabschiedung der „russischen anti-Homosexuellen-Gesetze" (KMT 1934-1935, 96, Eintrag v. 12.2.1935) nahm Klaus Mann mit Befremden wahr, zumal sich die Sowjetunion in den Zwanziger Jahren dem Thema gegenüber sehr liberal verhalten hatte. Nun postulierte die Sowjetunion, dass die Homosexualität für den Faschismus ursächlich gewesen sei: „Man ist im Begriff, aus `den Homosexuellen´ den Sündenbock zu machen – etwa `den Juden´ der Antifaschisten. Das ist abscheulich. Mit ein paar Banditen die erotische Veranlagung gemeinsam zu haben, macht noch nicht zum Banditen" (Homosexualität und Faschismus, in: Klaus Mann, Heute und Morgen, a. a. O., 137). Er kritisierte die Äußerung Maxim Gorkis, der dazu aufrief, alle Homosexuellen auszurotten und damit den Faschismus zum Verschwinden zu bringen (Klaus Mann, Heute und Morgen, a. a. O., 113) und schrieb summierend: „In der Luft materialistisch-anti-individualistischen Terrors atmen zu können, muß Überwindung kosten" (Klaus Mann, Wohin und woher, a. a. O., 243).

Staatsgebiet wieder eingegliedert werden wollten. Der Volksabstimmung für diese Wiedereingliederung ins Deutsche Reich ging eine heftige nationalsozialistische Propagandawelle voran, welche die Saarabstimmung zu einer Frage nationalen Interesses machte.[536]

Von Mitte Oktober bis Mitte November 1934 reist Klaus Mann nach Davos und Küsnacht.[537] Er besucht seine Eltern und seinen brüderlichen Freund Fritz H. Landshoff[538], der im Herbst 1934 sein Buch `Flucht in den Norden´[539] ausliefert. „Die schönste menschliche Beziehung, die ich diesen ersten Jahren des Exils verdanke, ist die zu dem Verleger Fritz Landshoff"[540], schreibt er. Indem Landshoff vielen humanistischen und antifaschistischen Schriftstellern die Möglichkeit zur Publikation gibt, sorgt er für deren literarisches Überleben. Am 3. November 1934 erfährt Klaus Mann, dass er zwei Tage zuvor aus dem

---

[536] Vgl. weiterführend Ralph Schock (Hg.), Haltet die Saar, Genossen! Antifaschistische Schriftsteller im Abstimmungskampf 1935, Bonn 1984.
[537] Fünf Jahre lang, von 1933-1938, wohnte die Familie Mann in der Schiedhaldenstr. 33 in Küsnacht/Schweiz.
[538] Zur Vita siehe `Who is Who´ bei Klaus Mann.
[539] Vgl. Klaus Mann, Flucht in den Norden. Roman, Amsterdam 1934. Die großen Themen des Romans waren Verbannung, Flucht aus der Heimat und das Gefühl der Heimatlosigkeit.
[540] Klaus Mann, Der Wendepunkt, a. a. O., 351.

`Deutschen Reich´ ausgebürgert wurde – die Aberkennung der deutschen Staatsbürgerschaft war die Quittung der Nazis für den von ihm unterzeichneten Aufruf zur Angliederung des Saarlandes.[541] Ende November kehrt er nach Amsterdam zurück und erhält als Staatenloser zunächst einen holländischen Fremdenpass, was ihm das Reisen erleichtert.[542] Im Mai 1935 nimmt er als Delegierter des deutschen Exil-PEN-Clubs am XIII. Internationalen PEN-Kongress in Barcelona teil. Einen Monat später, vom 21.-25. Juni 1935, besucht er den `Ersten Internationalen Schriftstellerkongress für die Verteidigung der Kultur gegen Krieg und Faschismus´ in Paris und hält dort eine Rede mit dem Titel `Der

---

[541] Klaus Manns Name stand auf der dritten Ausbürgerungsliste 1933/34: „Erfahre, dass ich gestern Abend die deutsche Staatsangehörigkeit verloren habe" (KMT 1934-1935, 70, Eintrag v. 4.11.1934). Nach seiner Rückkehr aus Moskau hatte Klaus Mann seinen Aufsatz `Das Unvermeidliche an der Saar´ geschrieben, der im November in der `Neuen Weltbühne´ veröffentlicht worden war. In ihm hatte er die Saarländer aufgefordert, nicht für den Anschluss ans Deutsche Reich, sondern für die weitere Verwaltung durch den Völkerbund zu stimmen. Der Aufruf blieb jedoch erfolglos: Am 13. Januar 1935 stimmten ca. 90,8% der wahlberechtigten Bevölkerung für den Anschluss des Saarlandes an Nazi-Deutschland, vgl. Klaus Mann, Seid gute Deutsche, schlagt Hitler! (1935), in: Klaus Mann, Zahnärzte und Künstler, a. a. O., 255f.
[542] Er kommentierte seine Ausbürgerung ironisch in den Essays `Ich soll kein Deutscher mehr sein´ und `Wenn sie den Mund auftun´, in: Klaus Mann, Zahnärzte und Künstler, a. a. O., 217-219. Später erhielt er wie andere Mitglieder der Familie Mann die tschechische Staatsbürgerschaft.

Kampf um den jungen Menschen´, in der er sich erstaunlicherweise zu einem `sozialistischen Humanismus´[543] bekennt. Trotz der vielen geistigen Anregungen durch die Reisen und die Kongresse, die er besucht, ist privat die Zeit von dem Suizid seines an einer unheilbaren Krankheit leidenden Freundes René Crevel überschattet.[544] In der `Sammlung´ veröffentlicht er einen Nachruf auf ihn.

Klaus Manns Schaffensdrang ist ungebremst. Im Herbst 1935 erscheint der Roman `Symphonie Pathétique´[545] über Leben und Werk von Pjotr Iljitsch Tschaikowsky[546], der am Ende des 19. Jahrhunderts spielt – eine Art autobiografische Darstellung am Beispiel des russischen Kompo-

---

[543] Darin beschrieb er, was er unter sozialistischem Humanismus verstand: „Der sozialistische Humanismus ist der komplexe und komplette Gegensatz des Faschismus. (...) Der sozialistische Humanismus wird seine Führer und großen Männer ehren und ihnen vertrauen, ihnen nacheifern; aber er wird keinen kritiklosen Führerkult treiben" (Klaus Mann, Der Kampf um den jungen Menschen [1935], in: Klaus Mann, Zahnärzte und Künstler, a. a. O., 299-307, Zitat auf 305).
[544] Vgl. Klaus Mann, Der Wendepunkt, a. a. O., 338f.
[545] Vgl. Klaus Mann, Symphonie Pathétique. Ein Tschaikowsky-Roman, Amsterdam 1935. Das Buch war Erika Mann gewidmet. Mit Symphonie Pathétique war Tschaikowskys 6. Symphonie gemeint. 1948 erschien eine amerikanische Ausgabe.
[546] Zur Vita siehe `Who is Who´ bei Klaus Mann.

nisten in poetisch schlichter Form.[547] Heimatlosigkeit, Einsamkeit, Ausgrenzung, Homosexualität und Todessehnsucht sind diesmal die The-
menbereiche, denen sich Klaus Mann widmet.
Anlass zum Verfassen des Romans war die ro-
mantische Musik Tschaikowskys, die Klaus
Mann liebte, weil sie die Gefühle ausdrückte, die
den seinen ähnlich waren.[548] Außerdem sieht er
in dem todessehnsüchtigen Komponisten einen
Geistesverwandten. In seinem Tagebuch bezeichnet er den Künstlerroman als ein autobio-
grafisches, sein traurigstes und bestes Buch.[549]
Nicht nur in ihrer beider Todessehnsucht, sondern auch durch ihre homosexuellen Neigungen
sind Klaus Mann und Tschaikowsky miteinander
verbunden. Klaus Mann schreibt: „Ich wählte mir
diesen Helden, weil ich ihn liebe und weil ich ihn
kenne: Ich weiß alles von ihm. (...) Seine neuro-
tische Unrast, seine Komplexe und seine Eksta-
sen, seine Ängste und seine Aufschwünge, die
fast unerträgliche Einsamkeit, in der er leben

---

[547] Vgl. dazu F. Kroll (Hg.), KMS 4/2, a. a. O., 500ff., und seine `Selbst-
anzeige: Symphonie Pathétique´ (1935), in: Klaus Mann, Zahnärzte und
Künstler, a. a. O., 379f.
[548] Vgl. KMT 1934-1935, 64, Eintrag v. 9.10.1934.
[549] Vgl. KMT 1934-1935, 117, Eintrag v. 13.7.1935, und KMT 1934-1935,
155, Eintrag v. 31.12.1935.

musste... Wie hätte ich nicht alles von ihm wissen sollen? Die besondere Form der Liebe, die sein Schicksal war, ich kannte sie doch, war nur zu bewandert in den Inspirationen und Erniedrigungen, den langen Qualen und flüchtig kurzen Seligkeiten, welche dieser Eros mit sich bringt. Man huldigt nicht diesem Eros, ohne zum Fremden zu werden in unserer Gesellschaft, wie sie nun einmal ist...".[550] Auch dieses Buch bringt seinem Verfasser großes Lob der Kritiker, etwa von Stefan Zweig und Heinrich Mann, ein. Bei der Lektüre der Tagebücher aus dieser Zeit erschrickt man allerdings über die zunehmende Abhängigkeit Klaus Manns von lebensgefährlichen Drogen: `Genommen´ und `zuviel genommen´, heißt es immer öfter...[551]

Im Dezember 1935 bereist Klaus Mann die Tschechoslowakei und hält in mehreren Städten einen Vortrag zum Thema `Woran glaubt die europäische Jugend?´. Im Anschluss daran fin-

---

[550] Klaus Mann, Der Wendepunkt, a. a. O., 382f.
[551] Vgl. beispielsweise KMT 1936-1937, 20ff., Einträge v. 9., 14. und 20.2.1936: „Es geschieht wieder ein bisschen häufig..." (20.2.). Und auf 30, Eintrag v. 9.3. heißt es: „Ganzen Tag mich scheusslich gefühlt (Schwitzen, Frieren, psychisch-physische Unruhe; Schmerzen)... so schlimm, dass ich gegen Abend zu L. gehen *musste*, mir eine Spritze zu machen. Wie ein Durstiger, der zu trinken bekommt (ich ärgere mich drüber)."

det eine öffentliche Diskussion statt. Klaus Mann gibt sich nach außen kämpferisch: Er blickt positiv in die Zukunft und macht sich für den Humanismus stark. Nach innen, so sein Tagebuch, setzen ihm Depressionen stark zu.[552] Er leidet unter Weinkrämpfen und sehnt sich nach dem Tod.[553] Beides versucht er durch vermehrten Drogenkonsum in den Griff zu bekommen; beides misslingt. Die Weihnachtsferien 1935 verbringt er mit der Familie in Davos. Obwohl das Erscheinen der `Sammlung´, eines der vielleicht

---

[552] Klaus Mann vertraute seinem Tagebuch seine Selbstmordgedanken an, so z. B. bei seinem Aufenthalt in Sils-Maria bei Annemarie Schwarzenbach 1935, vgl. F. Kroll (Hg.), KMS 4/2, a. a. O., 495, Anmerkung 2069 und 4/2, 606. Die erste große Depression ereilte ihn vom 13. Juli bis Dezember 1935 (vgl. F. Kroll [Hg.], KMS 4/2, a. a. O., 528). Später schrieb er: „Diese Traurigkeit, diese Depression ist wie ein physischer Schmerz. *Das tut weh.* Ich möchte STERBEN" (KMT 1936-1937, 87, Eintrag v. 23.11.1936). Aber auch später ist er deprimiert („Das Leben ist sehr grosse Scheisse..." [KMT 1936-1937, 139, Eintrag v. 10.6.1937]. F. Kroll warf deshalb die Frage auf, ob Klaus Mann nicht manisch-depressiv gewesen sein könnte? (F. Kroll [Hg.], KMS 4/2, a. a. O., 719). Schon der erste, der über Klaus Manns Werk eine Doktorarbeit verfasste, Everett Falconer Harrison, konstatierte eine Diskrepanz zwischen „Klaus Manns optimistischer Essayistik und seinem pessimistischen dichterischen Werk" (F. Kroll [Hg.], KMS 4/2, a. a. O., 603).

[553] Immer wieder und mit einer großen Beständigkeit äußerte er über Jahre hinweg Todeswünsche: „Ich frage mich aber, fast zu jeder Stunde des Tages, ob DER TOD, den ich so sehr von Herzen ersehne, nicht bald die Güte haben wird, mich gnädig zu sich zu nehmen" (KMT 1936-1937, Eintrag v. 8.10.36, 78); „Trotz allem wäre mir der Tod höchst willkommen" (KMT 1940-1943, 75, Eintrag v. 10.11.1940); „Jede Nacht, wenn ich einschlafe, hoffe ich, nicht mehr aufwachen zu müssen..." (KMT 1940-1943, 138, Eintrag v. 22.6.1943).

wichtigsten Sprachrohre der antifaschistischen Publizistik, nach zwei Jahren mit der letzten Ausgabe im August 1935 aufgrund sinkender Auflagenzahlen eingestellt wird und das Projekt damit als gescheitert gilt, ist Klaus Mann durch sein Engagement in dieser Sache zu einer Lichtgestalt der deutschen Exilliteratur geworden.[554] Mit dem Ende der `Sammlung´ verlässt der Schriftsteller Amsterdam.

Am 6. Januar 1936 entschließt sich Klaus Mann zur Abfassung seines neuen, dritten im Exil veröffentlichten Romans mit dem Titel `Mephisto.

---

[554] Mehr als 300 Autoren waren in der monatlich erscheinenden `Sammlung´, die in einer Auflage von 3000 Exemplaren erschienen war, im Laufe der Zeit zu Wort gekommen (vgl. Fritz Landshoff, Amsterdam, Keizersgracht 333, a. a. O., 68). „Bedeutend ist die Sammlung noch heute, weil sie wie in einer Generalübersicht die unterschiedlichen Auffassungen über den Nationalsozialismus, über den kämpfenden Humanismus der antifaschistischen Opposition, über die Aufgaben der Intellektuellen und Schriftsteller nebeneinander platzierte" (Veit J. Schmidinger/Wilfried F. Schoeller [Hg.], Transit Amsterdam, a. a. O., 84). Zum Schluss hatte die Zeitschrift nur noch 400 Abonnenten; ihr Erscheinen wurde deshalb nach insgesamt 24 Heften eingestellt. Die Redaktion wurde aufgelöst, Manuskripte wurden zurückgeschickt und Klaus Mann schrieb Abschiedsbriefe an die Abonnenten (vgl. KMT 1934-1935, 120, Eintrag v. 5.8.1935, und KMT 1934-1935, 123, Eintrag v. 25.8.1935). Zur `Sammlung´, vgl. Klaus Mann, Escape to life, a. a. O., 221ff.; Uwe Naumann, Klaus Mann, a. a. O., 58-66; Lieselotte Maas, `Die Sammlung´, in: Handbuch der deutschen Exilpresse 1933-1945, hg. v. Eberhard Lämmert, Bd. 4: Die Zeitungen des deutschen Exils in Europa von 1933 bis 1939 in Einzeldarstellungen, München 1990, 184-191.

Roman einer Karriere'[555]. Der sechste Roman Klaus Manns wird neben dem Tschaikowsky-Roman und dem `Vulkan´ zu seinen drei bedeutendsten Romanen zählen.[556] Die Idee dazu geht auf seinen Schriftstellerkollegen Hermann Kesten[557] zurück und reicht in das Jahr 1935.[558] Auf dem Hintergrund der persönlichen Krise, in der sich Klaus Mann befindet, weil die `Sammlung´ eingestellt werden musste, schlägt ihm Fritz Landshoff vor, einen Roman zu schreiben, und bietet ihm dafür einen monatlichen Vorschuss an. Landshoff setzt sich auch mit Hermann Kesten in Verbindung, den er aus seiner gemeinsamen Zeit beim Leipziger Kiepenheuer Verlag kennt. Dieser unterbreitet Klaus Mann brieflich, einen politischen Roman zu verfassen, der im Theatermilieu spielen soll: „Um es kurz zu ma-

---

[555] Vgl. Klaus Mann, Mephisto. Roman einer Karriere, Reinbek 1980, ²1981. Der Roman wurde vorab in der `Pariser Tageszeitung´ abgedruckt und erschien als Buch am 20.5.1936. Klaus Mann hatte es am 19.5.1936 abgeschlossen (vgl. KMT, 1936-1937, 53, Eintrag v. 20.5.1936). Zum Inhalt des Buches vgl. online: https://www.dieterwunderlich.de/Mann_Mephisto.htm (aufgerufen am 3.1.2015).

[556] Keiner der im Exil entstandenen Romane Klaus Manns ist zu dessen Lebzeiten in Deutschland veröffentlicht worden.

[557] Zur Vita siehe `Who is Who´ bei Klaus Mann.

[558] Vgl. weiterführend Anke-Marie Lohmeier, Es ist also doch ein sehr privates Buch. Über Klaus Manns `Mephisto´, Gustaf Gründgens und die Nachgeborenen, in: Heinz Ludwig Arnold (Hg.), Klaus Mann, a. a. O., 100-128.

chen, meine ich, Sie sollten den Roman eines homosexuellen Karrieristen im dritten Reich schreiben, und zwar schwebte mir die Figur des von Ihnen künstlerisch (wie man mir sagt) schon bedachten Herrn Staatstheaterintendanten Gründgens vor (Titel: `Der Intendant´). Dabei denke ich nicht daran, dass Sie eine hochpolitische Satire schrieben, sondern – fast – einen unpolitischen Roman, Vorbild der ewige `Bel Ami´ von Maupassant, der schon Ihrem Onkel das köstliche `Schlaraffenland´ entdecken half. (...) Das Ganze im ironischen Spiegel einer großen versteckten, freilich spürbaren Leidenschaft. Keine politischen Darstellungen. Gesellschaftssatire. Satire auf gewisse homosexuelle Figuren. Satire auf den Streber, auf – vielleicht – viele Arten Streber. Im Ganzen: der Hauptstadt erzählt, wie man Intendant wird. Ich glaube, solch ein Stoff könnte Ihnen sehr gelingen...“[559]

---

[559] Hermann Kesten an Klaus Mann v. 15.11.1935, in: Klaus Mann, Briefe und Antworten, a. a. O., 238. Kesten spielte auf Maupassants `Bel-Ami´ (erschienen 1885) an, dessen Name für den klassischen Aufsteiger und Karrieristen steht: Gut aussehend, aus der Provinz stammend und mit einem gewinnenden Wesen, erzählt `Bel Ami´ den Aufstieg des karriereorientierten, opportunistischen und skrupellosen Journalisten George Duroy zu einem mächtigen Pressezaren, der es mit Ehrgeiz und Geschick und durch Beziehungen, protegiert von seinem einflussreichen Chef, einem Medienmogul, mit dessen Frau er eine Affäre hat, ganz nach oben schafft. Dort angelangt, lässt er seinen Gön-

Bereits fünf Monate später ist das Werk fertig-
gestellt – eine gewaltige intellektuelle und auch
physische Leistung des drogenabhängigen Autors.[560] `Mephisto´ bezeichnet er selbst als „ein
kaltes und böses Buch"[561]. In ihm geht es um
Fragen moralischer Haltung in Zeiten des Nationalsozialismus, um Macht, Opportunismus,

---

ner und seine Geliebte fallen, kann nun andere protegieren und sucht
sich unter den jungen Frauen diejenige aus, die seinen Interessen am
ehesten entspricht. Klaus Mann hatte auch Heinrich Manns Roman
`Schlaraffenland´, der seinerseits schon `Bel-Ami´ zum Vorbild genommen hatte, im Blick sowie *Sodom et Gomorrhe* von Marcel Proust (1871-
1922). Gelingt es einem prinzipienlosen Opportunisten an die Spitze
einer Gesellschaft zu kommen, so die logische Schlussfolgerung der
Romane, dann kennzeichnet dieses Ereignis auch die Gesellschaft
selbst als prinzipienlos.

[560] Klaus Mann begann sein 400 Seiten starkes Werk in Sils Baselgia im
Engadin Anfang Januar 1936 und schloss es am 19. Mai 1936 im Hôtel
de la Tour in Sanary-sur-Mer ab. Durchschnittlich schrieb er drei bis elf
Seiten pro Tag, während er sich in Europa auf Reisen befand. Parallel
zum handschriftlichen Manuskript arbeitete er an einem Typoskript, das
als Druckvorlage gedacht war, aber nicht erhalten ist. Er ließ sich beim
Schreiben auch anregen von Heinrich Manns `Untertan´, der Satire auf
das wilhelminische Deutschland. So gab es zwischen Hendrik Höfgen
und Heinrich Manns Diederich Heßling Ähnlichkeiten, auch in der Wahl
des teuflischen Motives: Elf Jahre später (1947) veröffentlichte dann sein
Vater einen Roman mit dem ähnlichen Titel: `Doktor Faustus´. Es war
ein Musikerroman, nämlich die Biografie des fiktiven Tonsetzers Adrian
Leverkühn (die dunkle, verdrängte Seite Thomas Manns), dessen Leben
er mit dem Schicksal Deutschlands in den Jahren 1943-1945 parallelisierte. `Dr. Faustus´ gilt als das Hauptwerk Thomas Manns, mit dessen
Niederschrift er am 23.5.1943 begann und in dem er mit dem `deutschen
Wesen´, das er gut kannte, hart ins Gericht ging.
[561] KMT 1936-1937, 36, Eintrag v. 5.4.1936. Gegenüber seiner Mutter
sprach er davon, dass er ein gemeines Hass-Buch schrieb, das anscheinend nur ein schlechter Charakter schreiben konnte – obwohl er selbst
doch einen guten Charakter hätte, vgl. Bodo Plachta, Klaus Mann, Mephisto. Erläuterungen und Dokumene, Stuttgart 2008, 163f.

künstlerische Größe und menschliches Versagen.[562] Klaus Mann erzählt kritisch-polemisch die Geschichte vom kometenhaften Aufstieg des Schauspielers Hendrik Höfgen, einem ehemals linken Intellektuellen, der, anstatt in die Emigration zu gehen, um seiner Karriere willen den Pakt mit dem Teufel – mit Mephistopheles, einem Synonym für die Nazis – schließt. Er schildert ihn als verlogen, prinzipienlos, unmoralisch und opportunistisch, ein „Clown zur Zerstreuung der Mörder"[563], einer, der Mephistopheles sowohl auf der Bühne als auch im Leben spielt und die humanitären Werte völlig aus den Augen verloren hat.[564] Die Vorlage zu dieser Person lieferte Klaus Manns ehemaliger Freund und Schwager Gustaf Gründgens[565], der berühmte und schillernde Schauspieler, Regisseur und spätere In-

---

[562] Das Buch war mit vielen Details der Zeit gespickt, auch einige bekannte Künstler tauchten darin auf, z. B. Elisabeth Bergner als Dora Martin oder `der Professor´ (Max Reinhardt). Eine Verstehenshilfe bieten Bodo Plachta (Hg.), Klaus Mann, Mephisto. Erläuterungen und Dokumente, Stuttgart 2008, und Nadine Heckner/Michael Walter, Klaus Mann. Mephisto. Roman einer Karriere (Reihe Königs Erläuterungen, Bd. 437), Hollfeld 2005.
[563] Klaus Mann, Mephisto, a. a. O., 331.
[564] Klaus Mann selbst hatte 1936 eine Inhaltsangabe verfasst, eine Selbstanzeige, mit der er das Erscheinen des neuen Buches ankündigte, vgl. Klaus Mann, Selbstanzeige `Mephisto´, in: ders., Zahnärzte und Künstler, a. a. O., 407-410, bes. 408f.
[565] Zur Vita siehe `Who is Who´ bei Klaus Mann.

tendant des Berliner Schauspielhauses: „Meine Wahl fiel auf Gründgens – nicht, weil ich ihn für besonders schlimm gehalten hätte (er war vielleicht sogar eher besser als manch anderer Würdenträger des Dritten Reiches), sondern einfach, weil ich ihn zufällig besonders genau kannte. Gerade in Anbetracht unserer früheren Vertrautheit erschien mir seine Wandlung, sein Abfall so phantastisch, kurios, unglaubhaft, fabelhaft genug, um einen Roman darüber zu schreiben."[566] Der Titel des Romans geht auf die Rolle zurück, die Gründgens bekannt gemacht hatte.

Klaus Mann kreidet Gründgens im sog. `Dritten Reich´ an, dass er sich nicht wie viele andere freiwillig dazu entschlossen hat, in der Diktatur nicht weiter mitzumachen und das Land zu verlassen, sondern stattdessen durch die Fortset-

---

[566] Klaus Mann, Der Wendepunkt, a. a. O., 385 (vgl. dazu auch den Passus im Wendepunkt, a. a. O., auf 383-385). Im Roman war die Gegenfigur zum Karrieristen und Opportunisten Höfgen der Schauspieler Otto Ulrichs, der im Roman in den Widerstand ging und deshalb von den Nazis ermordet wurde. Ulrichs trug die Züge von Gustav von Wangenheim (1895-1975) und Hans Otto (1900-1933). Mit Letzterem hatte Gründgens bei der Premiere von `Faust II´ im Januar 1933 am Berliner Staatstheater auf der Bühne gestanden. Der kommunistische Funktionär war von der SA festgenommen, gefoltert und aus dem Fenster einer Polizeikaserne gestoßen worden, um einen Suizid vorzutäuschen. Gründgens bezahlte die Begräbniskosten für Hans Otto.

zung seiner künstlerischen Tätigkeit und das damit verbundene Prestige mit dazu beiträgt, nach außen das Bild zu vermitteln, in Deutschland sei alles in Ordnung und der diktatorische Staat sei legitim. Nach der sog. `Gleichschaltung des deutschen Theaters´ und des von den Nazis verhängten Berufsverbotes für viele führende jüdische Persönlichkeiten des Kulturlebens waren auf die Spitzenpositionen Personen aus der zweiten Reihe nachgerückt, die ohne die Entlassungen und die Emigration dort niemals hingekommen wären.[567] Bereits im Jahre 1934 hatte Klaus Mann in einem Essay über die opportunistischen Kollegen polemisiert und über Gründgens geschrieben: „War er im Herzen ein Nazi? Natürlich nicht – lediglich ein Opportunist. Da er genügend Macht besaß, etwas aufs Spiel

---

[567] Als berühmte Beispiele von Regisseurinnen und Regisseuren, Schauspielerinnen und Schauspielern, die wegen der rassistischen Nazi-Gesetzgebung entlassen worden waren, in die Emigration gingen und dort ums Überleben kämpften, während Gründgens oder auch der bekannte Schauspieler Heinrich George (1893-1946) als Nutznießer des Nazi-Systems aufstiegen, seien genannt: Max Reinhardt (1873-1943), Leopold Jessner (1878-1945), Fritz Kortner (1892-1970), Elisabeth Bergner (1897-1986), Tilla Durieux (1880-1971), Mirjam Horwitz (1882-1967) und Erich Ziegel (1876-1950). Andere Kulturschaffende, die keine Juden waren und im Deutschen Reich blieben, wie der Schriftsteller Hans Fallada (eigentlich Rudolf Wilhelm Friedrich Ditzen, 1893-1947) oder der Theaterkritiker Herbert Ihering (1888-1977), wurden von vielen Exilanten wegen ihres Opportunismus verachtet.

setzen zu können, wagte er es gelegentlich, jüdischen oder liberalen Freunden zu helfen, die von der Gestapo verfolgt wurden."[568] Für ihn passt Gründgens, als Komödiant ein Meister der Verstellung und der Lüge, in die verlogene Nazi-Gesellschaft hinein: „... er hat ihre falsche Würde, ihren hysterischen Elan, ihren eitlen Zynismus und die billige Dämonie."[569] Er hätte von seinem alten Freund erwartet, dass er gegenüber den Machthabern auf Distanz gehen und sein Talent dem Regime nicht anbiedernd zur Verfügung stellen würde.

Gleichwohl hält der Autor von Anfang an fest, dass es sich nicht um einen sog. `Schlüsselroman´ – mit diesem Begriff hatte die `Pariser Tageszeitung´ den Roman beworben[570] – handelte, also keine realen Personen verschlüsselt abge-

---

[568] Klaus Mann, Der Liebling von Berlin, in: ders., Das Zwölfhundertste Hotelzimmer. Ein Lesebuch, Reinbek 2006, 258-264, Zitat auf 261.
[569] Klaus Mann, Mephisto, a. a. O., 236. Klaus Mann verlieh der Romanfigur Höfgens heterosexuelle, sadomasochistische Züge, die laut Forschermeinung so auf Gustaf Gründgens vermutlich nicht zutrafen, sondern vermutlich eher die sexuellen Vorlieben des Autors selbst widerspiegelten. Als Vorbild für die schwarze Domina `Prinzessin Tebab´ im `Mephisto´ diente Andrea Manga Bell. Die Tochter einer Hamburger Hugenottin und eines Kubaners, Ex-Frau eines Kameruner Prinzen und Redakteurin bei der Ullstein-Zeitschrift `Gebrauchsgraphik´, war von 1929 bis 1936 die Lebenspartnerin des Schriftstellers Joseph Roth.
[570] Fritz Landshoff befürchtete daraufhin Repressalien gegen Autor und Werk, da zwei Jahre zuvor aus ähnlichen Gründen in Holland ein Autor zu Gefängnis verurteilt worden war.

bildet werden sollten, sondern ein bestimmter Menschentyp beschrieben werden sollte, der sich auch in anderen Berufen finden lasse.[571] Es geht ihm um den deutschen Intellektuellen, der seinen Geist an die Macht verkauft und verrät. Klaus Mann hat andererseits nie bestritten, dass Gustaf Gründgens seine Vorlage für die Romanfigur Hendrik Höfgen gewesen ist und auch noch andere Personen, wie beispielsweise der NS-Politiker Hermann Göring[572], darin verfremdet vorkommen.

Klaus Mann hat Aufbau und Handlungsverlauf in einer selbst verfassten Anzeige bei Erscheinen des neuen Buches 1936 wie folgt beschrieben:

„Auch in dem Buch, das ich eben beendet habe – `Mephisto. Roman einer Karriere´ – spielt die `bürgerliche Gesellschaft´ ihre Rolle. Aber in welchem Zustand finden wir sie nun! Sie ist blutrünstig geworden, sie ist zum Faschismus entartet... Man vergleiche die intimen Festlichkeiten, mit Hausmusik und gebildeten Gesprächen, die ich in der `Symphonie Pathétique´ zu schildern

---

[571] Vgl. Klaus Mann, Kein Schlüsselroman. Eine notwendige Erklärung (1936) und ders., Selbstanzeige: `Mephisto´, in: Klaus Mann, Zahnärzte und Künstler, a. a. O., 405-406 und 407-410, bes. 409f. sowie zu den Hintergründen die Anmerkung auf 435.
[572] Zur Vita siehe `Who is Who´ bei Klaus Mann.

versuchte, mit dem makabren und provokanten Pomp auf jenem Ball im Opernhaus, zum 43. Geburtstag des Preußischen Ministerpräsidenten, der die Szenerie zum `Vorspiel´ des `Mephisto´ abgibt!

Das `Vorspiel´ trägt sich heute – 1936 – zu. Dann geht die Handlung um zehn Jahre zurück: Wir schreiben 1926 und befinden uns im Milieu einer literarischen Bühne, zu Hamburg. Der Schauspieler Hendrik Höfgen – um diese Zeit noch nicht mehr als eine Provinzgröße – kokettiert noch mit seiner radikal `linken´ Gesinnung und schwärmt von einem `Revolutionären Theater´, welches er niemals eröffnet. – Es folgt die Geschichte einer problematischen Ehe mit einem Mädchen, welches etwa aus dem Milieu der Johanna (`Flucht in den Norden´) kommt und, ebenso wie diese, später in die Emigration gehen muß; es folgt die Chronik von Hendrik Höfgens sensationellem Aufstieg, der sich zunächst im Berlin der `System-Zeit´ vollzieht: Da ist Hendrik Höfgen immer noch links, bis zu dem Grade, dass er beinahe zum Emigranten wird, da die Nazis an die Herrschaft kommen. Jedoch werden ihm die Wege zur Rückkehr geebnet. Er schließt Frieden mit dem Regime und Freundschaft mit dem Herrn Ministerpräsidenten. Er verrät alles, was er bisher zu lieben behauptet hatte. Er verkauft seine Seele für den fragwürdigen Aufstieg im Dritten Reich. [...]

Kein Roman kann *nur* polemisch konzipiert sein. Das Epische hat seine eigenen Rechte und Gesetze. Ich musste versuchen, einen *Menschen* aus diesem Typus, diesem Symbol Hendrik Höfgen zu machen – einen Menschen von Fleisch und Blut, mit seinen Schwächen, seinen Lächerlichkeiten, Zartheiten, seinen Aufschwüngen und seinen Niederlagen. Auch die Figuren, die ich um ihn herum gruppierte, durften nicht nur die Repräsentanten von Gesinnungen sein – wenngleich die Gesinnungen eine dominierende Rolle spielen in diesem zunächst und vor allem satirisch-politischen Roman [...]. (D)er komödiantische `Held´ [...] hat keinen Glauben, sondern nur den unbedingten, radikalen und zynischen Willen zum Aufstieg. Ich versuche es, seinen fürchterlichen Ehrgeiz aus Minderwertigkeitskomplexen – die teils soziale, teils erotische Ursachen haben – zu erklären. [...] Ich bemühe mich aufzuzeigen, warum der `mephistophelisch gewordene Kleinbürger´ zum großen Verräter werden musste.

Um die Größe und das Ausmaß dieses Verrats anschaulich zu machen, war es notwendig, das Inferno der deutschen Gegenwart vorzuführen, mit pathetischen oder mit satirischen Mitteln. So ist viel Hohn und viel Haß in mein Buch gekommen: es war nicht genug, die Nachläufer der blutbefleckten Macht zu charakterisieren; ich musste versuchen, die verzerrte Fratze der Macht selber zu beschwören."[573]

Nach Erscheinen des politisch-agitatorischen und polarisierenden `Anti-Nazi-Romans´ erntet das Buch, dessen Erstauflage 1936 ca. 2500 Exemplare beträgt, viel Zustimmung und auch Kritik. Im ersten Vierteljahr nach seinem Erscheinen sind bereits 1200 Exemplare verkauft – ein Zeichen dafür, dass der Autor Klaus Mann auch im dritten Jahr seines Exils gelesen wird. Aber die öffentliche Rezeption verläuft schleppend, Rezensionen gibt es so gut wie keine. Als problematisch merken die Kritiker an, dass die Figuren überzeichnet sind und der Nationalsozialismus darin als komödiantisches System dargestellt wird.[574] Seine Eltern loben den Roman: Katia Mann dankt ihrem ältesten Sohn für „eine fesselnde Lektüre von hoher künstlerischer Qua-

---

[573] Klaus Mann, Zahnärzte und Künstler, a. a. O., 407-410, Zitat auf 408ff. Diese den Roman bewerbende, von Klaus Mann selbst aufgesetzte Anzeige erschien am 3. September 1936 in der Moskauer Exilzeitschrift `Das Wort´ (Jg. 1, Heft 3).
[574] Zu Rezeption, Wirkung und privaten und publizierten Rezensionen vgl. Bodo Plachta, Klaus Mann, a. a. O., 187-212.

lität und starkem aktuellem Interesse..."[575] Und Thomas Mann, ansonsten recht sparsam mit lobenden Äußerungen im Blick auf Werke seines ältesten Sohnes, schreibt über ʼMephistoʼ, in dem er selbst als der weitblickende Patriarch ʼGeheimrat Brucknerʼ vorkommt: „Dein Roman also hat mir großes Vergnügen gemacht. Er ist leichtfüßig und amüsant, ja brillant, sehr komisch oft und auch sprachlich fein und sauber. (...) Die besten und bedeutendsten Momente in deinem Roman sind vielleicht die, wo die Idee des Bösen vermittelt und gezeigt wird, wie der komödiantische Held seine Sympathie dafür entdeckt und sich ihm dann verschreibt. Es ist eine richtige Teufelsverschreibung. Daß es den Teufel wieder gibt, ist schon was wert für die Dichtung. Und wie wird sie auch fromm werden, wenn sich auch Gott ihr wieder offenbart, nämlich dadurch, dass die Bösen am Schlusse wirklich der Teufel holt. Worauf wir hoffen."[576]

Nach 1945 wird die Publikation des Romans durch ein Bundesverfassungsgerichtsurteil ge-

---

[575] Katia Mann, Brief an Klaus Mann vom 3.12.1936, zit. nach Bodo Plachta, Klaus Mann, a. a. O., 199ff., Zitat auf 200.
[576] Thomas Mann an Klaus Mann, Brief vom 3.12.1936, in: Klaus Mann, Briefe und Antworten 1922-1949, hg. v. Martin Gregor-Dellin, Reinbek 1991, 273 und 274.

richtlich untersagt. Die Urteilsbegründung, die auf den Persönlichkeitsschutz Gustaf Gründgens abhebt, ist für viele nicht nachvollziehbar, da Klaus Mann mit ʻTreffpunkt im Unendlichenʼ Gustaf Gründgens bereits einmal porträtiert und, wenn man so will, ʻintimʼ mit dem ehemaligen Freund abgerechnet hatte – ohne dass dieser damals Einspruch dagegen eingelegt hatte.

So gibt es Vermutungen, dass das 400 Druckseiten starke Buch im Nachkriegsdeutschland verboten wird, weil es treffend das Hakenkreuz-Regime und sein System beschreibt und offenlegt, wie man im sog. ʻDritten Reichʼ Intendant oder Minister werden konnte – also eine ʻpolitischeʼ Abrechnung ist: Die vielen ehemaligen Nazis und die vielen Günstlinge des Nazi-Regimes, die nach seinem Untergang wieder in den 1950er- und 1960er-Jahren in Deutschland an den entscheidenden Schnittstellen sitzen, haben in der Wirtschaftswunderzeit keinerlei Interesse an dem Buch eines Emigranten, das die Strukturen aufdeckt, die das Nazi-System ermöglicht haben und das den inzwischen ebenfalls wieder zu Ehren gekommenen Gustaf

Gründgens denunzieren will.[577] Es wird verhindert, weil es aufdeckt, dass Menschen wie Höfgen zahlreich waren und das NS-System ermöglichten: auf ihren eigenen Vorteil bedacht, obwohl sie sahen, dass Mord und Totschlag herrschten. Mephisto ist insofern ein Anti-Nazi-Roman – er entlarvt und demaskiert das NS-System und er polarisiert. Das Buch ist übrigens der einzige in der NS-Zeit entstandene Roman eines dezidiert antifaschistischen Autors, der in der Bundesrepublik Deutschland verboten wurde und bis heute (2015) verboten ist.[578] Der Mephisto-Prozess wird als der umstrittenste und populärste Literatur-Prozess nach 1945 in die Geschichte eingehen[579]: „Während das Landgericht Hamburg die Klage noch abgewiesen hatte und das Buch daraufhin veröffentlicht worden war, gab das Oberlandesgericht Hamburg mit Urteil vom 10. März 1966 der Klage statt. Die hiergegen gerichtete Revision des Verlags wurde vom Bundesgerichtshof mit Urteil vom 20.

---

[577] Vgl. weiterführend Ernst Klee, Das Kulturlexikon zum Dritten Reich. Wer war was vor und nach 1945, FfM 2007.

[578] Vgl. F. Kroll (Hg.), KMS 4/2, a. a. O., 783. Kritiker Balder Olden sah in seiner Rezension voraus, dass das Buch in Deutschland verboten werden würde (vgl. F. Kroll [Hg.], KMS 4/2, a. a. O., 815).

[579] Vgl. weiterführend Berthold Spangenberg, Zur Veröffentlichung dieser Ausgabe, in: Klaus Mann, Mephisto, a. a. O., I-XVII.

März 1968 zurückgewiesen. Aufgrund einer Verfassungsbeschwerde des Verlags konnte das Bundesverfassungsgericht sich in seiner Mephisto-Entscheidung vom 24. Februar 1971 erstmals mit dem Verhältnis zwischen Kunstfreiheit und den Grundrechten Dritter befassen.[580] Im konkreten Fall gewichtet das Gericht den postmortalen Persönlichkeitsschutz höher als die Kunstfreiheit nach Art. 5 Abs. 3 GG, hält dem BGH allerdings vor, er habe fälschlich auf das Allgemeine Persönlichkeitsrecht des verstorbenen Gustaf Gründgens nach Art 2 Abs. 1 GG abgestellt, da dieses nur lebenden Personen zukomme. Es könne sich allenfalls auf den postmortalen Persönlichkeitsschutz berufen werden, was allerdings in diesem Fall Erfolg habe. Die Entscheidung ergeht mit drei zu drei Stimmen, was eine Zurückweisung bedeutet.

---

[580] Zu den juristischen Details der `Mephisto´-Prozesse vgl. Bodo Plachta, Klaus Mann, a. a. O., 228-239, sowie Karl-Heinz Ladeur/Tobias Gostomzyk, Mephisto reloaded – Zu den Bücherverboten der Jahre 2003/2004 und der Notwendigkeit, die Kunstfreiheit auf eine Risikobetrachtung umzustellen, in: Neue Juristische Wochenschrift 9 (2005), 566-569, und Klaus Oettinger, Kunst ist als Kunst nicht justitiabel – Der Fall `Mephisto´. Zur Begründungsmisere der Justiz in Entscheidungen zur Sache, in: Text und Applikation. Theologie, Jurisprudenz und Literaturwissenschaft im hermeneutischen Gespräch, hg. v. Manfred Fuhrmann u. a., München 1981, 163-177 [zu den Entscheidungen des BGH und des Bundesverfassungsgerichts, vgl. ebda., 599-633].

Zwei der drei Richter, die gegen die Zurückweisung stimmen, formulieren jeweils ihre abweichende Meinung, die auch in der amtlichen Entscheidungssammlung im Anschluss an die Entscheidung aufgenommen wurde (BVerfGE 30, 173ff.)."[581]

Das Buch, das in den 80er-Jahren des Zwanzigsten Jahrhunderts in der Bundesrepublik Deutschland Kultcharakter erlangen wird, ist sechzig Jahre nach seinem Erscheinen zu einem der populärsten Werke der deutschsprachigen Exilliteratur geworden und wurde nicht zuletzt deshalb „endgültig der Literaturgeschichte übereignet"[582]. Weder Klaus Mann noch Erika Mann, die nach dem Krieg das Erscheinen des Romans über lange Jahre hinweg forciert hat, durften es erleben, dass das einst auf dem Index der verbotenen Schriften stehende Buch in der Bundesrepublik zu einem der größten literarischen Erfolge der Nachkriegszeit wird.

---

[581] Zitat aus dem Artikel `Mephisto´ bei Wikipedia: http://de.wikipedia.org/wiki/Mephisto_(Roman) (aufgerufen am 4.1.2015).
[582] Wilfried F. Schoeller, Der Fall Mephisto. Rückblick auf einen Literaturskandal der sechziger Jahre, in: `Süddeutsche Zeitung´ v. 8./9.12.1979, zit. nach: Klaus Mann, Mephisto. Roman einer Karriere, Reinbek 1980, `Zu diesem Buch´. Zum Mephisto, vgl. weiter F. Kroll (Hg.), KMS 4/2, a. a. O., 693-716, insbesondere Anmerkung 3197, wo der Herausgeber auf weiterführende Sekundärliteratur zum Mephisto verweist.

1936 unternimmt Klaus Mann von Rotterdam aus gemeinsam mit seiner Schwester Erika eine zweite Amerikareise: Am 27. September des Jahres treffen die beiden in New York ein. Es ist die Zeit der Neuwahlen von Präsident Franklin D. Roosevelt[583], der mit seiner Politik des `New Deal´ versucht, „das veraltete kapitalistische System durch gewisse Reformen zeitgemäß, zeitmöglich zu machen."[584] Klaus Mann, der sich im Hotel Bedford[585] in der 40. Straße einquartiert – wenige Jahre später die erste Adresse für europäische Emigranten –, zeigt sich von Roosevelts Politik und der Stadt, die er vor neun Jahren das letzte Mal besucht hatte, völlig begeistert. Die Schnelllebigkeit der Metropole kommt seinem eigenen Lebensgefühl entgegen. Während seines viermonatigen USA-Aufenthalts hält

---

[583] Zur Vita siehe `Who is Who´ bei Klaus Mann.
[584] Klaus Mann, Der Wendepunkt, a. a. O., 347.
[585] Das noch heute bestehende Hotel in einer beschaulichen Lage Manhattans wurde zur bevorzugten Adresse Klaus Manns und vieler jüdisch-deutscher Emigranten (Hotel Bedford, 118 East 40th Street, New York, NY, 10016 USA, Tel: 001-212-6974800, www.bedfordhotel.com, aufgerufen am 5.1.2015). In diesem Hotel, das damals mit drei Dollar pro Nacht für ein Einzelzimmer mit Bad zur mittleren bis gehobenen Preisklasse in New York gehörte, entstanden weite Teile seines Romans `Der Vulkan´. Klaus Mann ahnte nicht, dass er von einem Hotelangestellten im Auftrag des FBI über einen langen Zeitraum hinweg beschattet wurde. Später quartierte sich auch Thomas Mann in der repräsentativen Suite ein, vgl. http://www.zeit.de/2000/04/Wohnen_wie_Klaus_Mann (aufgerufen am 5.1.2015).

er mehrere Vorträge. Er plädiert öffentlich für die Bildung einer ʼDeutschen Volksfrontʼ, mit dem Ziel, die gespaltene Opposition zu vereinen. Am 11. November hält er vor dem ʼDeutsch-Jüdischen Clubʼ den Vortrag ʼHaben die deutschen Intellektuellen versagt?ʼ Daraufhin engagiert ihn der ʼDeutsch-Amerikanische Kulturverbandʼ zu einer *lecture-tour* für den Herbst 1937. Eingeladen von weltlichen Clubs, jüdischen Verbänden und kirchlichen Bildungseinrichtungen spricht er ganz allgemein über politische Themen der Zeit. Er will über die Gefahren des Nationalsozialismus aufklären, die amerikanische Öffentlichkeit über das wahre Deutschland des Humanismus und der Aufklärung informieren und über die Verbrechen der Nazis aufrütteln. Dabei berichtet er oft persönlich von seiner Familie und dem Engagement einzelner Familienmitglieder gegen den Nationalsozialismus. Bis zum 10. Januar 1937 wird er in New York bleiben.[586]

---

[586] Auch Erika Mann hielt Vorträge solcher Art, etwa über die Stellung der Frau, die nationalsozialistische Erziehung und den Alltag im Nationalsozialismus. Ihr Buch ʼSchool for Barbariansʼ (dt.: Zehn Millionen Kinder; 1986), 1938 erschienen, dessen Thema die Erziehung der Kinder im Nationalsozialismus war, wurde binnen kürzester Zeit mit 40000 verkauften Exemplaren zum Bestseller.

Vor seinem 30. Geburtstag schreibt er am 17. November 1936 in sein Tagebuch: „TODTRAURIG. Dieses der letzte Abend meines dritten Jahrzehnts. Morgen bin ich dreissig. Ich bete zu Gott – den es geben muß –, mit *aller* Inbrunst: dass es nicht mehr lange dauert."[587] Heiligabend feiert er mit seiner Schwester Erika, die sich wegen ihres `Pfeffermühlen´-Projekts in den USA aufhält. Am 9. Januar 1937, vier Tage nach der Premiere der `Peppermill´, reist er per Schiff nach Europa zurück. Er bleibt drei Tage in Paris und ist am 24. Januar 1937 schon wieder in Amsterdam. Ende Februar 1937 besucht er seine Eltern in Küsnacht. Am 25. März 1937 erhält Klaus Mann seinen tschechischen Pass. Am 5. Mai 1937 trifft er mit Staatspräsident Edvard Beneš[588] zusammen und hält in Prag den Vortrag `Hoffnung auf Amerika´. Er trifft den Schriftstellerkollegen Elias Canetti[589] in Wien. Am 15. Mai 1937 ist er zu Gast im Haus des ungarischen Schriftstellers Lajos von Hatvany[590] in Budapest.

---

[587] KMT 1936-1937, 86, Eintrag v. 17.11.1936.
[588] Zur Vita siehe `Who Is Who´ bei Klaus Mann.
[589] Zur Vita siehe `Who is Who´ bei Klaus Mann.
[590] Der Schriftsteller und Literaturhistoriker Baron Lajos Hatvany (1880-1961), aus einer wohlhabenden Industriellenfamilie stammend, pflegte seit einiger Zeit eine freundschaftliche Beziehung zu Thomas Mann.

Dort lernt er den 22jährigen amerikanischen Theater- und Filmkritiker Thomas Quinn Curtiss[591] kennen, in den er sich auf den ersten Blick verliebt. Curtiss erwidert seine Liebe – was die Einsamkeit Klaus Manns durchbricht. Er nennt den Geliebten – weil auch sein Vater Thomas heißt – `Tomski´.[592] Klaus Mann ist schwer krank zu dieser Zeit: Zeitweise braucht er eine Schachtel `Eukodal´ pro Tag. Er beschafft sich Opiate in Apotheken auf Kredit. Ein befreundeter Arzt stellt ihm im Nachhinein die Rezepte aus.[593] In Budapest unterzieht er sich vom 27. Mai bis zum 19. Juni 1937 im Sanatorium `Siesta´ einer Heroin-Entziehungskur[594] – zum einen, weil er

---

Dieser hatte ihn bei Reisen auf seinem Schloss Hatvan besucht.

[591] Vgl. KMT 1936-1937, 133, Eintrag v. 15.5.1937. Zur Vita siehe `Who is Who´ bei Klaus Mann.

[592] Er erfand den Kosenamen am 20.8.1937, vgl. KMT 1936-1937, 153, Eintrag v. 20.8.1937.

[593] Klaus Mann besorgte sich das verschreibungspflichtige Eukodal – er schrieb es mit `c´ – auf Rezept von seinem „alten Freund, Dr. Winternitz" (KMT 1936-1937, 129, Eintrag v. 25.4.1937). Er erkannte, dass er tief abhängig war („...von dem Zeug brauche ich jetzt eigentlich eine ganze Schachtel pro Tag. So tief bin ich drin...") und beschrieb seinen „grauenhaften Zustand" (KMT 1936-1937, 129, Eintrag v. 26.4.1937).

[594] Vgl. KMT 1936-1937, 135, Eintrag v. 27.5.1937. Bereits 1934 hatte sich Klaus Mann zweimal einer Entziehungskur unterzogen. Er hatte wahrgenommen, dass Freunde und Bekannte wie der Schriftsteller, Lyriker und Erzähler Wolfgang Hellmert (eigentlich Adolf Kohn, 1906-1934), mit dem er seit seiner ersten Bekanntschaft 1925 eine Beziehung hatte, an Drogen zugrunde gegangen waren (vgl. KMT 1934-1935, 36, Eintrag v. 28.5.1934). Nach einer weiteren Entziehungskur im April 1938 war er länger als anderthalb Jahre frei von Drogen (KMT 1938-1939,

befürchtet, dass die Drogen zu großen Einfluss auf sein Werk ausüben, zum anderen, weil er die neue Beziehung zu Curtiss eingegangen ist: „Die mir wichtigste und liebste Bekanntschaft" schreibt der inzwischen 31jährige Autor, „ist die mit einem jungen Amerikaner irischer Abkunft: Thomas Quinn Curtiss – damals erst zwanzigjährig – hat sich seither in seinem Lande einen Namen als kritischer Schriftsteller, besonders als Theaterkritiker gemacht. (...) Der neue Freund erinnerte mich an einen anderen, den ich verloren hatte. (...) Genau so, oder doch sehr ähnlich, hatte der erste, eigentliche, René Crevel, mich angeschaut und zu mir gesprochen."[595] Klaus Mann gelingt es auch jetzt nicht, eine dauerhafte Beziehung zu einem festen Partner aufzubauen.[596] Lose, flüchtige Kontakte überwiegen in seinem Leben. Zeitweise leidet er da-

---

143, Eintrag v. 23.11.1939). Kurz vor seinem Tod machte er eine letzte Entziehungskur durch (vgl. KMT 1944-1949, 216, Eintrag v. 5.5.1949).

[595] Klaus Mann, Der Wendepunkt, a. a. O., 422f.; vgl. dazu auch KMT 1936-1937, 138, Eintrag v. 8.6.1937. Curtiss trat an die Stelle des inzwischen verheirateten Hans Aminoff, Ricki Hallgartens, Wolfgang Hellmerts und René Crevels, die sich 1932, 1934 und 1935 selbst ums Leben gebracht hatten.

[596] Klaus Mann trennte Zeit seines Lebens zwischen rein sexuellen Beziehungen und von seelischer Übereinkunft getragenen engen Freundschaften. „Es sollte Klaus Mann in seinem Leben niemals vergönnt sein, eine dauerhafte Liebesbeziehung einzugehen" (Schaenzler, Klaus Mann, a. a. O., 69).

runter, wie er seinem Tagebuch, in dem er viele dieser Kontakte festhält, anvertraut. Curtiss besucht ihn zunächst jedoch täglich und Klaus Mann ist überwältigt von seinem neuen Glück.[597] Doch er kommt nicht vom Heroin los – bereits am 17. Juli 1937 wird er rückfällig. Den Sommer des Jahres verbringt er an der französischen Riviera mit Thomas Quinn Curtiss. Im Herbst erscheint dann Klaus Manns melancholisch-romantische Novelle mit dem Titel `Vergittertes Fenster´[598] über König Ludwig II., die mit dem Tschaikowsky-Roman verwandt ist und die er Curtiss widmet. Klaus Mann ist von dem bayrischen König fasziniert, der wegen seiner Homosexualität 1867 seine Verlobung löste und we-

---

[597] Vgl. Klaus-Mann-Tagbücher, III, 134, Eintrag v. 17.5.1937. Schon nach zwei Monaten schrieb er über Probleme und Streit mit Curtiss (vgl. KMT 1936-1937, 148f., Eintrag v. 2.8.1937). Nach einer Zeit der Entfremdung zwischen beiden verabschiedete sich Curtiss für einige Zeit 1938 von Klaus Mann, was große Trauer bei diesem auslöste (vgl. KMT 1938-1939, 13, Eintrag v. 17.1.1938). Die Beziehung näherte sich 1939 dem Ende, 1942 gab es noch einen Kontakt (vgl. KMT 1940-1943, 100, Eintrag v. 11.6.1942). Endgültig beendet war sie 1943 (vgl. KMT 1940-1943, 177, Eintrag v. 11.10.1943).
[598] Vgl. Klaus Mann, Vergittertes Fenster, Novelle um den Tod des Königs Ludwig II. von Bayern, Amsterdam 1937 (wieder abgedruckt in: Klaus Mann, Vergittertes Fenster, in: ders., Speed, a. a. O., 45-98). Die Novelle befindet sich auch in: Klaus Mann, Der Bauchredner, Leipzig 1980, 140-188. Klaus Mann beendete das Manuskript zu der Novelle innerhalb von 12 Tagen im Sommer 1937 während einer Reise mit Thomas Quinn Curtiss nach Sils Baselgia im Engadin (29.6.-10.7.1937), vgl. weiterführend F. Kroll, KMS 4/2, a. a. O., 931-940.

gen seiner Prunksucht den Thron verlor. Er findet in ihm einen geeigneten Stoff, um seine eigenen Einsamkeitsgefühle und Depressionen zu artikulieren. Gleichzeitig wendet er sich gegen die Romantisierung des Bayernkönigs und dessen Verklärung im Zusammenhang mit dem Richard-Wagner-Kult der Nationalsozialisten.[599] In einem inneren Monolog begleitet er ihn in den Suizid im Starnberger See. Diese „traurige Romanze"[600] gilt als ein weiteres literarisches Plädoyer Klaus Manns für Toleranz gegenüber gleichgeschlechtlicher Liebe.[601]

Vom 14. September 1937 bis 12. Februar 1938 bereist Klaus Mann erneut Amerika. Am 24. September 1937 kommt er in New York an, seine Schwester Erika Mann und sein Freund Thomas Quinn Curtiss holen ihn am Hafen ab. Er ist wieder, vermittelt von einer Agentur, als *lecturer* unterwegs.[602] Als Sohn Thomas Manns

---

[599] Klaus Mann reflektierte nach dem Krieg die Wagner-Rezeption durch die Nazis. Er erwähnte dabei den Vergleich Hitlers von sich selbst mit Lohengrin und Siegfried, vgl. Klaus Mann, Über den Rhein zu Walhalla, in: ders., Auf verlorenem Posten, Aufsätze, Reden, Kritiken 1942-1949, hg. v. Uwe Naumann und Michael Töteberg, Reinbek 1994, 204.

[600] KMT 1936-1937, 147, Eintrag v. 30.7.1937.

[601] Vgl. Uwe Naumann (Hg.), `Ruhe gibt es nicht, bis zum Schluss´, a. a. O., 207.

[602] Etwa zeitgleich erschien in Moskau in der von Bertolt Brecht, Lion Feuchtwanger und Willi Bredel (1901-1964) herausgegebenen literari-

spricht er vor kleineren Zirkeln und an Universitäten über zeitgeschichtliche Themen. Am 12. Oktober 1937 hält er seinen ersten Vortrag in Detroit. Dann folgen Reden in anderen Städten, wo er u. a. mit großem Erfolg die Vorträge `A Family against a Dictatorship´, in dem er den Kampf der Familie Mann gegen Hitler erzählt[603], und `Germany and the World´ hält. Auf den langen Eisenbahnfahrten entsteht in Amerika der Essay `Die Kultur im Exil´, den er am 14. November abschließen kann. Er lebt ein luxuriöses Leben in Hotels, gibt sein Geld für teure Maßanzüge und Drogen aus. Zusammenfassend kann man sagen: „Die Jahre 1936/37 sind für Klaus Mann eine Phase großer Produktivität. Er beendet den `Mephisto´-Roman, plant und beginnt das große Exil-Epos `Der Vulkan´, schreibt die

---

schen Monatsschrift `Das Wort´ sein Beitrag über `Gottfried Benn. Die Geschichte einer Verirrung´. Dieser Beitrag, in dem Klaus Mann mit dem ehemaligen Expressionisten und späteren Nationalsozialisten Benn abrechnete, löste zusammen mit dem Beitrag von Alfred Kurella (1895-1975) zum gleichen Thema in derselben Ausgabe eine `Expressionismusdebatte´ aus – eine literaturtheoretische Kontroverse im Blick auf Expressionismus, Ästhetik und Kunst, Formalismus und Realismus –, an der sich viele Emigranten beteiligten, so z. B. Ernst Bloch, Anna Seghers, Georg Lukács und Bertolt Brecht. Vgl. zum Konflikt mit Gottfried Benn ausführlicher als hier möglich Birgit Fulton, Klaus Mann, a. a. O., 348-353.

[603] Auf seinen jüdischen Hintergrund ging Klaus Mann in seinem Vortrag `A Family against a Dictatorship´ am 15.10.1937 in Rochester, N.Y., ein (vgl. F. Kroll [Hg.], KMS 5, a. a. O., 12).

Novelle `Vergittertes Fenster´ und einige seiner besten Essays (über die deutschen Romantiker, über den Streit um André Gide). Daneben gibt es eine rege Vortrags-Tätigkeit in Europa und den USA, politische Debatten, viel Lektüre aus Gegenwart und Vergangenheit, Anlaß für eine Fülle von Anmerkungen, Glossen, Rezensionen. Kein Zweifel, beruflich hat sich Klaus Manns Leben konsolidiert; es ist eine Zeit der Selbstfindung, der Selbstbehauptung als Schriftsteller, auch der öffentlichen Anerkennung; er gehört zu den führenden Intellektuellen der Emigration".[604] Im Februar 1938 kehrt er ein letztes Mal vor dem Krieg nach Europa zurück: zum einen, um sich im April des Jahres einer weiteren Heroin-Entziehungskur in der Zürcher Privatklinik `Eos´ unter fachärztlicher Aufsicht von Dr. Ludwig Binswanger[605], dem berühmten Psychiater und Begründer der `Daseinsanalyse´, einer Verbindung von Psychoanalyse und Existenzphiloso-

---

[604] Joachim Heimannsberg, Nachwort, in: KMT 1936-1937, 181-242, Zitat auf 181. Zu weiteren Einschätzungen mit Blick auf die Homosexualität Klaus Manns vgl. Bastian Reinert, Homosexualitätsdarstellung in Klaus Manns Exilromanen `Mephisto´ und `Der Vulkan´, Berlin 2000.
[605] Zur Vita siehe `Who is Who´ bei Klaus Mann.

phie, zu unterziehen;[606] zum anderen, um sich mit seiner Schwester Erika Mann nach Spanien zu begeben. Nach zwei Wochen bricht er die Therapie ab; schon zwei Tage später wird er rückfällig.[607] Dies hindert ihn jedoch nicht daran, mit seiner Schwester Erika als Kriegsberichterstatter kurzzeitig am Spanischen Bürgerkrieg[608] teilzunehmen. Obwohl Klaus Mann grundsätzlich pazifistisch eingestellt ist, befürwortet er in diesem Fall den bewaffneten Kampf der europäischen Demokraten gegen die spanischen Faschisten.

---

[606] Wortfeldanalysen in seinem Werk zeigen, dass sich Klaus Mann bestens im Werk Sigmund Freuds auskannte, wie auch der Freudsche Terminologie-Apparat (Libido, Unbewusstes, Sublimierung[sgrad] und Trieb[befriedigung]) im `Wendepunkt´ zeigt.

[607] vgl. KMT 1938-1939, 35, Eintrag v. 12.4.1938.

[608] Der erbittert geführte Spanische Bürgerkrieg dauerte vom Juli 1936 bis zum April 1939. Kriegsparteien waren die demokratisch gewählte republikanische Regierung Spaniens und die Putschisten unter Führung von Diktator Francisco Franco, die den Bürgerkrieg gewannen. Vgl. weiterführend Patrik von zur Mühlen, Spanien war ihre Hoffnung. Die deutsche Linke im Spanischen Bürgerkrieg 1936 bis 1939, Bonn 1983; Walther L. Bernecker (Hg.), Der Spanische Bürgerkrieg. Materialien und Quellen, FfM ²1986; Walther L. Bernecker, Krieg in Spanien 1936–39, Darmstadt 1991; Arno Lustiger, Schalom Libertad! Juden im Spanischen Bürgerkrieg, Berlin 1998; Frank Schauff, Der verspielte Sieg. Sowjetunion, Kommunistische Internationale und Spanischer Bürgerkrieg 1936–1939, FfM ²2005; ders., Der Spanische Bürgerkrieg, Göttingen 2006; Antony Beevor, Der Spanische Bürgerkrieg, München 2006; Carlos Collado Seidel, Der Spanische Bürgerkrieg. Geschichte eines europäischen Konflikts, München 2006, und Florian Legner (Hg.), Solidaridad! Deutsche im Spanischen Bürgerkrieg, Berlin 2006.

In Spanien hatte General Franciso Franco[609] im Juli 1936 gegen die Regierung geputscht. Seine `Falange´ erhielt danach offen militärische Unterstützung von den faschistischen Diktaturen Italien und Deutschland, mit dem Ziel, die Demokratie in Spanien zu vernichten. Die bürgerlichen Demokratien Frankreich und Großbritannien vertraten demgegenüber eine Appeasement-Politik, das heißt, sie mischten sich nicht ein – was sich im Nachhinein als entscheidender Fehler erweisen sollte.[610] Hitler schickte die sog. `Legion Condor´ nach Spanien, ein Expeditionskorps der Wehrmacht, das sich vor allem aus Luftwaffenverbänden zusammensetzte und mit deren Einsatz die Nazis neue Waffensysteme und Einsatztechniken ausprobieren wollten. Erstmals wurde ein Bombenkrieg gegen die Zivilbevölkerung eines Landes ausprobiert. Die `Legion Condor´ sollte durch die völkerrechts-

---

[609] Zur Vita siehe `Who is Who´ bei Klaus Mann.

[610] Der weltberühmte Cellist Pablo Casals (1876-1973), im Bürgerkrieg auf Seiten der Demokraten, wandte sich hellsichtig während eines Konzerts in Barcelona auf Spanisch, Englisch und Französisch am 17.10.1938 im Radio mit einem verzweifelten Appell an die internationale Öffentlichkeit: „Machen Sie sich nicht des Verbrechens schuldig, dem Mord an der Spanischen Republik tatenlos zuzusehen. Wenn Sie es zulassen, dass Hitler in Spanien siegt, werden Sie die nächsten sein, die seinem Wahnsinn zum Opfer fallen werden. Der Krieg wird ganz Europa, wird die ganze Welt erfassen. Kommen Sie unserem Volk zu Hilfe!"

widrige Bombardierung von Guernica[611], bei der hunderte von Zivilisten starben, und das Massaker von Malaga, bei dem Zehntausende getötet wurden, später traurige Berühmtheit erlangen.[612] Im September 1936 entschloss sich die `Komintern´[613], den spanischen Republikanern, die sich gegen die Faschisten zur Wehr setzten, zu helfen. Deshalb wurden sie von Frankreich, der Sowjetunion und den `Internationalen Brigaden´ – Freiwilligen aus allen Ländern – militärisch verstärkt.[614] Anfang 1939 ist dann aber der

---

[611] Die baskische Stadt Guernica wurde mit über 2500 Brandbomben, Spreng- und Splitterbomben komplett zerstört. Pablo Picasso hat durch sein berühmtes, fast acht Meter breites und dreieinhalb Meter hohes Wandgemälde mit dem gleichnamigen Titel dafür gesorgt, dass der Ort und das Verbrechen im kollektiven Gedächtnis der Menschheit bleiben. Das bedeutende Bild hängt heute in Madrid, vgl. weiterführend Michael Carlo Klepsch, Picasso und der Nationalsozialismus, Düsseldorf 2007, 93ff.

[612] Nach dem Krieg wurde die `Legion Condor´ in der Bundesrepublik Deutschland nur nach militärischen Erfolgskriterien bewertet. Erst 1998 beschloss der Deutsche Bundestag, Mitglieder der `Legion Condor´ nicht mehr als Vorbilder für Soldaten der Bundeswehr zu empfehlen. 2005 ordnete der Verteidigungsminister an, eine nach dem Flugzeugführer der Legion Condor, Werner Mölders (1913-1941), benannte Bundeswehrkaserne und das Jagdgeschwader umzubenennen. Bis heute trägt die Berliner `Spanische Allee´ den unseligen Namen, den sie zu Ehren der Legion Condor bekam.

[613] `Komintern´ ist die Abkürzung für `Kommunistische Internationale´, dem weltweiten Zusammenschluss der kommunistischen Parteien zu einer internationalen Organisation. Die Komintern wurde, initiiert durch Lenin, 1919 gegründet und wurde 1943 durch Stalin aufgelöst. Ziel der einflussreichen Organisation mit ihrer Zentrale in Moskau war die proletarische Weltrevolution.

[614] Die `Internationalen Brigaden´, als deren Gründungsdatum der

Kampf endgültig verloren, das Ende der Internationalen Brigaden besiegelt.[615]

22.10.1936 gilt, setzten sich zusammen aus Freiwilligen aus vielen Ländern, die die demokratische Regierung unterstützen wollten. Deren Rekrutierung begann im Sommer 1936 von Paris unter Leitung des Kommunisten Josip Broz (1892-1980), der später als Staatschef Jugoslawiens unter dem Namen `Tito´ bekannt wurde. Den Brigaden gehörten ca. 25000 Kämpfer (Franzosen, Deutsche, Italiener, Jugoslawen) an, insgesamt beteiligten sich knapp 60000 Personen auf Seiten der demokratischen Freiwilligen. Unter ihnen befanden sich zahlreiche Künstler, etwa die Schriftsteller Egon Erwin Kisch, Georges Bernanos (1888-1948), Arthur Koestler (1905-1983), der spätere Literaturnobelpreisträger Ernest Hemingway (1899-1961) und George Orwell (1903-1950), der schwer verwundet wurde, ferner die Maler Pablo Picasso und Joan Miró (1893-1983), der sozialdemokratische Politiker und spätere Friedensnobelpreisträger Willy Brandt (1913-1992), der kommunistische Journalist und Kommandant der Brigaden, Hans Kahle (1899-1947), in den sich Erika Mann verliebte, sowie der kommunistische Schauspieler und Sänger Ernst Busch. Busch machte die antifaschistischen Freiheitslieder `Die Thälmann-Kolonne´ und `Bandiera Rossa´ international bekannt. Bertolt Brecht verarbeitete den Spanischen Bürgerkrieg 1937 in dem Stück `Die Gewehre der Frau Carrar´.

[615] Nach Ende des Bürgerkriegs flohen ca. eine halbe Million Spanier nach Südfrankreich oder wanderte nach Lateinamerika aus. Einige wurden in KZs interniert oder von Frankreich an Spanien ausgeliefert. Über 100000 Regimegegner fielen der Repression Francos zum Opfer. So wurde 2003 bei Grenada eines der größten Massengräber mit den Überresten von 5000 hingerichteten Spaniern entdeckt. Auch auf die innerdeutsche Geschichte blieb dieses Kapitel der spanischen Geschichte nicht ohne Einfluss: Michael Uhl setzte sich in seiner Tübinger Dissertation mit dem Erbe der Internationalen Brigaden, dem `Mythos Spanien´, in der DDR auseinander. Seine These: In keinem anderen Staat wurden die Erfahrungen der antifaschistischen Spanienkämpfer und der Mythos des Spanischen Bürgerkriegs so kultiviert wie in der DDR (vgl. 13). Uhl untersuchte in einem Zeitraum von 1939 bis 1989 die Herkunft und Zusammensetzung der Interbrigadisten, ihre Rolle und ihre Funktion im Bürgerkrieg, ihr Erbe und ihre Funktionen in der späteren DDR sowie ihr Verhältnis zur SED-Führung. Dabei konnte er auf deutsche, österreichische, spanische und sowjetische Quellen zurückgreifen. So kam es zu verlässlichen Angaben über die 35000 Freiwilligen, unter denen 2800 Deutsche waren. Ihm zufolge war der „im statistischen Sinne durch-

Im Sommer 1938 bereisen Erika und Klaus Mann im Auftrag der `Pariser Tageszeitung´ erneut mehrere Wochen Spanien. Sie besuchen die Großstädte Barcelona, Valencia und Madrid, erleben einen schweren Luftangriff und machen sich ein Bild von den Kampfschauplätzen. Sie sehen verwüstete Dörfer und sind entsetzt über die NS-Kriegsmaschinerie, die in Spanien ihre neuen Waffen testet. Sie sehen darin die möglichen Vorboten eines Krieges in Europa. Gemeinsam veröffentlichen die Geschwister im Anschluss an ihre Reise eine Reportage über die Schrecken des Bürgerkrieges. Sie berichten voller Respekt über den antifaschistischen Widerstand[616] gegen die Truppen des spanischen Diktators. Ihr Beitrag erscheint in der `Pariser Tagezeitung´ und in der Moskauer Zeitschrift `Das Wort´: „Die Reise, von der wir zurückkeh-

---

schnittliche deutsche Interbrigadist [...] theoretisch zwischen 26 und 30 Jahre alt und ledig, stammte aus dem Arbeitermilieu einer Großstadt, gehörte der KPD an und hatte vor 1936 in der Emigration im europäischen Ausland gelebt" (61). Uhl untersuchte den Personenkult im `Arbeiter- und Bauernstaat´ und legte die Instrumentalisierungsmechanismen der DDR-Propaganda offen. Am Zürcher Volkshaus erinnert seit 1976 eine Gedenktafel an die ca. 200 demokratischen Spanienkämpfer, die aus der Schweiz im Kampf um die Demokratie teilnahmen.
[616] „Erika und Klaus kamen von ihren Abenteuern in Spanien zurück, voll Bewunderung für die Tapferkeit der Republikaner in ihrem bewaffneten Kampf gegen Franco" (Donald A. Prater, Thomas Mann, a. a. O., 393).

ren, hat in unsern Herzen ihre Spuren hinterlassen. Es war keine erheiternde Reise – wir haben ein Grauen kennengelernt, das uns noch fremd war – dem Elend und der Verwüstung sind wir begegnet. Trotzdem, und dies ist die Wahrheit: zum erstenmal seit dem Tage unserer Emigration haben wir gefühlt, dass wir siegen können."[617] Ihre Einschätzung, dass Franco und die Faschisten keine Chance haben, wird sich jedoch als falsch erweisen. Der Spanische Bürgerkrieg wird zum blutigen Vorboten für den Zweiten Weltkrieg.

---

[617] Erika und Klaus Mann, Zurück aus Spanien, in: Das Wort III, Heft 10, Moskau im Oktober 1938, zitiert nach Erika Mann, Briefe und Antworten, a. a. O., 114.

8. Auswanderung nach Amerika

Nach dem Münchner Abkommen[618] im September 1938 wandert Klaus Mann in die Vereinigten

---

[618] Beim `Münchner Abkommen´ am 30. September 1938 stimmten – in Abwesenheit der betroffenen Tschechoslowakei – der britische Premier Arthur N. Chamberlain (1869-1940), der französische Ministerpräsident Edouard Daladier (1884-1970) und der italienische Diktator Benito Mussolini (1883-1945) Hitler zu, dass das Sudetenland – der tschechische Teil der Tschechoslowakei mit seiner überwiegend deutschen Bevölkerung – ins Deutsche Reich eingegliedert werden sollte. Damit sollte der Zustand wie vor dem Ersten Weltkrieg wieder hergestellt werden. Lange hatte das Gebiet bis 1918 zur Donaumonarchie gehört. Nach der Niederlage Österreich-Ungarns im Ersten Weltkrieg war es zur Gründung der Tschechoslowakei gekommen. Nach dem sog. `Anschluss Österreichs ans Deutsche Reich´ im März 1938 trat die Sudetenfrage ins Zentrum der politischen Auseinandersetzungen, besonders, da Frankreich und England um ihre Sicherheitsinteressen fürchteten. Erklärtes Ziel Hitlers war es, die Tschechoslowakei zu vernichten. Verhandlungen zwischen Chamberlain und Hitler am 22.9., in denen es bei Abtretung des Sudetenlandes um die Garantie der Unabhängigkeit der Tschechoslowakei ging, scheiterten. Am 23.9. machte die Tschechoslowakei mobil. Am 25.9. sicherte Großbritannien Frankreich im Falle eines Krieges militärische Unterstützung zu. Am 26.9. wurde in Frankreich teilmobil gemacht. An dem Tag hielt Hitler seine Berliner Sportpalastrede und Propagandaminister Goebbels erfand den Ruf `Führer befiehl, wir folgen!´ Das waren die Vorboten des bevorstehenden Krieges. Schließlich konnte Hitler von Mussolini dazu bewogen werden, von einer Mobilmachung abzusehen, und stimmte der Münchner Konferenz zu. Es hatte jetzt den Anschein, als würde Hitler den Frieden wahren, so dass Putschpläne militärischer Kreise gegen den Diktator unter Führung des Generals Ludwig Beck (1880-1944) im Falle einer Mobilmachung gegen die Westmächte hinfällig wurden. Das Sudetenland wurde am 1.10.1938 von deutschen Truppen besetzt. Der Ausbruch eines Europa umfassenden Krieges war durch die Appeasement-Politik der Westmächte, die den Fortbestand des tschechischen Staates retten wollten, noch einmal verhindert worden. Doch schon am 15.3.1939 wurde Tschechien von den Nazis annektiert und als sog. `Reichsprotektorat Böhmen und Mähren´ dem Deutschen Reich einverleibt. Das Münchner Abkommen bedeutete faktisch das Ende der Tschechoslowakei.

Staaten von Amerika aus – der Beginn seines langen Exils.[619] Er wohnt anfangs überwiegend im Hotel Bedford in New York, im Wechsel bei seinen Eltern in Princeton.[620] Amerika wird für ihn zum Symbol der Freiheit, er fühlt sich schon bald innerlich als Amerikaner.[621] Er hält Vorträge und schreibt für die amerikanischen Zeitungen *The Nation* und *Living Age* und berichtet dem

---

[619] „Europa wird zu eng – für unsereinen" (Klaus Mann, Der Wendepunkt, a. a. O., 410ff.; 425ff.).

[620] Katia und Thomas Mann siedelten am 21.2.1938 von der Schweiz aus in die USA über. Sie hatten schon früh erkannt, dass sicheren Schutz vor den Nazis nicht mehr die europäischen Nachbarstaaten, sondern nur noch die Flucht ins überseeische außereuropäische Exil bot. Gleich bei der Ankunft in New York hatte Thomas Mann die Missstände in Nazi-Deutschland angeprangert. Seine BBC-Rundfunkansprachen wurden unter dem Titel `Deutsche Hörer!´ berühmt (eine Hörprobe mit Thomas Mann vom 18. März 1941 befindet sich auf https://www.dhm.de/lemo/kapitel/zweiter-weltkrieg/widerstand, aufgerufen am 20.5.2015). Berühmt wurde auch Thomas Manns Spruch: „Wo ich bin, ist Deutschland!" Thomas Mann war vielleicht deshalb einer der wenigen Gegner des Nationalsozialismus, die Hitler namentlich in seinen Hetzreden erwähnte. Erstes Ziel für die Manns war Princeton, wo Thomas Mann eine Gastprofessur erhalten hatte. Finanziell war er abgesichert, u. a. dadurch, dass er zuvor Vermögenseinlagen im Ausland getätigt hatte. Im ersten Jahr seines Aufenthaltes erhielt er fünf (!) Ehrendoktorwürden von führenden US-amerikanischen Universitäten.

[621] Nicht allen gelang diese schnelle Anpassung an die Gegebenheiten oder ans Englische, wie z. B. Heinrich Mann oder Ernst Bloch. Berthold Viertel (1885-1953) schrieb: „Wir gingen ins Exil, wie entthronte Könige. Einige von uns hausten tatsächlich wie solche an der Riviera. Andere würgten das Brot der Armut und der Knechtschaft" (Berthold Viertel, Exil, in: Berthold Viertel im amerikanischen Exil, bearbeitet von Friedrich Pfäfflin [Marbacher Magazin 9/1978, hg. v. Bernhard Zeller], Marbach 1978, 1).

amerikanischen Publikum über die Situation in Deutschland und in Europa. Im Herbst 1938 reisen Erika und Klaus Mann quer durch die USA und beantworten ihren amerikanischen Zuhörerinnen und Zuhörern Fragen nach dem Verhältnis von Politik und Kunst, zu ihrem Kampf gegen den Nationalsozialismus und zur Demokratie. Die beiden sprechen vor dem `Jüdischen Veteranenverein´ in Youngstown/Ohio und dem `Lehrerverein´ in Grand Rapids/Michigan; eine Veranstaltung im Rathaus von San Francisco wird im Radio übertragen. Am 17. Dezember 1938 werden beide in einem Leitartikel von *The Monitor*, dem Organ des Erzbischofs von San Francisco, beschuldigt, u. a. das amerikanische Gastrecht zu missbrauchen, um kommunistische Agitation zu betreiben.

Am 1. September 1939 überfällt Hitlers Wehrmacht mit einem Flächenbombardement polnische Städte. Deutsche Truppen marschieren in Polen ein.[622] Damit beginnt der Zweite Weltkrieg:

---

[622] Auf diesen Tag datiert auch Hitlers schriftlicher Befehl, die Kranken und Patienten in Heil- und Pflegeanstalten sowie in den KZs und alle jüdischen Patienten in Nervenheilanstalten zu töten. Diese sog. `Euthanasie-Aktion´ (`T-4-Aktion´) wurde im August 1941 ausgesetzt, da sie Unruhe in der Bevölkerung und auf kirchlicher Seite öffentliche Proteste hervorgerufen hatte. Im September 1939 begann die großangelegte

Acht Tage zuvor hatten Nazi-Deutschland und die Sowjetunion den `Hitler-Stalin-Pakt´[623] abgeschlossen; durch diesen Freundschaftsvertrag, der nach den beiden Diktatoren benannt wurde und als solcher in die Geschichte einging, wurde es Hitler gestattet, Polen anzugreifen und das Baltikum, Polen, Finnland und Rumänien zwi-

---

Vernichtungsaktion der Sinti und Roma, der ca. 500000 Menschen zum Opfer fielen. Einen Monat nach dem kriegerischen Überfall auf Polen, der mit dem fingierten Überfall der Nazis auf den Radiosender Gleiwitz begann (vgl. SÜDKURIER v. 1.9.2009, 4), fand auf Befehl Hitlers die Liquidierung der polnischen Intelligenz statt (vgl. weiterführend Sebastian Haffner, Anmerkungen zu Hitler, München [22]1978, 166ff.). In Piaśnica (Piasnitz) fand die erste großangelegte, systematisch durchgeführte Mordaktion der Nazis im besetzten Europa statt: Zwischen 10000 und 13000 Personen wurden zwischen September und Dezember 1939 im Wald von der SS ermordet, ferner 1200 psychisch Kranke. Das Massaker an jüdischen und christlichen Polen, antifaschistischen Intellektuellen, Adligen, Geistlichen und Gewerkschaftern war der blutige Auftakt zu Hitlers Vernichtungskrieg, vgl. Thomas Grasberger, Der Totenwald, in: DIE ZEIT v. 20.1.2011, 18.

[623] Als `Hitler-Stalin-Pakt´ bezeichnet man den auf zehn Jahre angelegten Vertrag zwischen dem Deutschen Reich und der Sowjetunion vom 24.8.1939. Er knüpfte an den `Vertrag von Rapallo´ an und regelte die sowjetische Neutralität im Falle einer kriegerischen Auseinandersetzung Deutschlands mit dem benachbarten Polen. Gleichzeitig räumte der Vertrag der Sowjetunion ein, ihre im Ersten Weltkrieg verlorenen Gebiete ohne Widerstand Deutschlands zu vereinnahmen. Der Hitler-Stalin-Pakt wurde mit dem Überfall Deutschlands auf die Sowjetunion am 22.6.1941 gebrochen. Dieser Pakt, also die Annäherung zwischen der NS-Diktatur und dem kommunistischen Regime, sorgte bei den deutschen Emigranten für Verwirrung, politischen Streit und Zerwürfnisse. Klaus Mann reagierte darauf zurückhaltend und abwartend, er konnte den Pakt schwer kalkullieren und schrieb, alles sei „unentschieden, fließend und geheimnisvoll" (Klaus Mann, zit. nach F. Kroll [Hg.], KMS 5, a. a. O., 185). Erst später, im Januar 1940, u. a. durch den Druck seiner Schwester Erika, veröffentlichte er eine Gegenerklärung in der `New Yorker Neuen Volkszeitung´ und korrigierte diese Fehleinschätzung.

schen Nazi-Deutschland und der UdSSR aufzu-
teilen.[624]

Der Überfall auf Polen durch die Nazis bildet
den Auftakt zu einem in der Geschichte beispiel-
losen Eroberungs- und Vernichtungskrieg, durch
den unendlich viel Leid über die Völker gebracht
wird und in dem über 50 Millionen Menschen
den Tod finden. Es ist der bis dato unvorstellba-
re Zusammenbruch der Zivilisation in Europa.

Am 3. September, also zwei Tage später, antworten Frankreich und England auf den Überfall
mit einer Kriegserklärung gegen Nazi-
Deutschland und verkünden die Generalmobil-
machung. Am 4. September 1939 beschießt die
Wehrmacht einen britischen Passagierdampfer
mit 1400 Zivilisten an Bord. Am 17. September
1939 greift nun auch die Sowjetunion Polen an.

Schon 1936 war Klaus Mann davon ausgegan-
gen, dass ein Krieg unmittelbar bevorstehen
würde.[625] Noch aus einem weiteren Grund wird

---

[624] Viele Emigranten waren irritiert, dass sich zwei einander auf politisch-
ideologischer Ebene diametral entgegengesetzte Staaten plötzlich ver-
traglich zusammenfanden. Besonders die deutschen Kommunisten
nahmen dies mit Befremden wahr (vgl. Wolfgang Leonhard, Der Schock
des Hitler-Stalin-Paktes, München 1989, 85-116). Der militärische Überfall der Roten Armee auf Finnland am 30.11.1939 desillusionierte Klaus
Mann weiter.
[625] KMT 1936-1937, 27, Eintrag v. 28.2.1936.

1939 für ihn ein ereignisreiches Jahr in Amerika. Er veröffentlicht zwei größere Werke. Nach zwei Jahren Entstehungszeit erscheint sein Buch `Der Vulkan´[626]. Die Handlungsorte des `Romans unter Emigranten´ – so der Untertitel – sind die großen Emigrantenzentren wie Amsterdam, Prag, Paris oder die Schweiz und die USA. Leserin und Leser erfahren bedrückende Einzelheiten über das Beziehungsgeflecht und den Alltag der deutschen Exilanten zwischen 1933 und 1936, auch über Depression, Drogensucht und Suizid.[627] Klaus Mann erzählt in verschiede-

---

[626] Vgl. Klaus Mann, Der Vulkan. Roman unter Emigranten, Amsterdam 1939 (wieder aufgelegt Reinbek ⁴2006). Der Autor hatte einen Monat nach Abschluss des `Mephisto´ mit den Gedanken zur Abfassung eines neuen Romans – eines `Emigrationsromans´ – begonnen und fing im Frühjahr 1937 mit den Arbeiten daran an. Er kannte inzwischen sehr gut die „provisorische Existenz der Heimatlosen in der Fremde" (Michael Töteberg, Nachwort zu: Klaus Mann, Der Vulkan, a. a. O., 559). Seine Beschreibung davon, wie schnell 5 Jahre Exil ins Land gegangen waren, hatte viele autobiographische Anklänge (vgl. Klaus Mann, Der Vulkan, a. a. O., 470ff.). Den Titel des Romans fand Klaus Mann erst am 31.3.1938 (vgl. KMT 1938-1939, 31, Eintrag v. 31.3.1938). Er veröffentlichte seine Arbeit im Frühjahr 1939, kurz vor Beginn des Zweiten Weltkriegs. Mit über zwei Jahren Arbeit am Text war dieses Buch doppelt so lang wie seine anderen Bücher (vgl. KMT 1938-1939, 87, Eintrag v. 18.2.1939 und KMT 1938-1939, 91, Eintrag v. 15.3.1939). Es handelt sich bei der vorliegenden Neuausgabe um eine nicht `frisierte´, d. h., nicht von Erika Manns Texteingriffen gezeichnete Version (so Michael Töteberg, Nachwort zu: Klaus Mann, Der Vulkan, a. a. O., 559-571, bes. 569 und Notiz 572).

[627] Suizid war oft der letzte Ausweg der Emigranten und die Liste der prominenten Opfer ist lang. Vielen gelang es nicht, den Fängen der SS zu entkommen; viele wurden gefoltert und starben in Konzentrationsla-

nen Handlungssträngen [628] vom Alltag der aus der Heimat Vertriebenen – Kommunisten, Widerstandskämpfer, Juden, Intellektuelle und Künstler –, von ihren Kämpfen und ihren Diskussionen, von ihrer Not und ihren Hoffnungen. Er entwirft auf diesem Hintergrund seine persönliche Utopie von einem humanistischen Sozialismus. Im 'Vulkan' erzählt er auch von seinem vergeblichen Versuch, von den Drogen loszukommen.[629] Die Kritik urteilt unterschiedlich: Den einen gilt der 'Vulkan' als „ein großes poetisches Plädoyer für Toleranz und Menschlichkeit"[630] und ist gerade deshalb aktuell, den ande-

---

gern (wie Carl von Ossietzky, Max Ehrlich, Kurt Gerron, Fritz Grünbaum, Willy Rosen). Andere wurden in den Suizid getrieben (wie Stefan Zweig, Ernst Weiß und Walter Hasenclever). Wie Anna Seghers' 'Das siebte Kreuz' (1942) zählt 'Der Vulkan' zu den großen Romanen des Exils. Über den Suizid und seine Bedeutung in der Literatur vgl. Hans Jürgen Baden, Literatur und Selbstmord. Cesare Pavese, Klaus Mann, Ernest Hemingway, Stuttgart 1965.

[628] Zum Aufbau des Buches und der stilistischen Technik Klaus Manns vgl. Alexander von Bormann, Das Werk als Auftrag. Formsemantische Hinweise zu Klaus Manns Romanen, in: Heinz Ludwig Arnold (Hg.), Klaus Mann, a. a. O., 62-71, bes. 69ff.

[629] Am Romanprotagonisten Martin Korella, einem erfolglosen Schriftsteller und Morphinisten, beschrieb Klaus Mann die eigenen quälenden Erfahrungen seines Entzugs, wobei die Figur zudem Züge seines Freundes Wolfgang Hellmert trug. Drastisch waren auch die minutiösen Schilderen des Drogenerwerbs- und -konsums, vgl. Klaus Mann, Der Vulkan, a. a. O., 96f., 146ff.

[630] Klaus Mann, Der Vulkan. Roman unter Emigranten, a. a. O.: Zu diesem Buch (Einband).

ren ist er strukturell diffus und stilistisch uneben.[631]

Sein Vater Thomas Mann gibt ihm ein besonderes Feedback auf diese Arbeit, die sich nur dreihundertmal verkauft: „Also denn: ganz und gar durchgelesen und zwar mit Rührung und Heiterkeit, Genuss und Genugtuung und mehr als einmal mit Ergriffenheit. Sie haben Dich ja lange nicht für voll genommen, ein Söhnchen in Dir gesehen und einen Windbeutel, ich konnt´ es nicht ändern. Aber es ist nun wohl nicht mehr zu bestreiten, dass Du mehr kannst als die Meisten – daher meine Genugtuung beim Lesen, und die anderen Empfindungen hatten auch ihren guten Grund..."[632] Klaus Mann bezeichnet später den ´Vulkan´ als seine vielleicht beste Arbeit.[633]

---

[631] Zum ´Vulkan´, vgl. F. Kroll, KMS 5, a. a. O., 123-152. Der Roman, eine große epische Auseinandersetzung mit der Situation des Einzelnen im Exil und eine Panoramaaufnahme der künstlerischen Emigration, erschien nur wenige Wochen vor Beginn des Zweiten Weltkrieges.
[632] Brief Thomas Manns an Klaus Mann, in: Klaus Mann, Briefe und Antworten, a. a. O., 389. Klaus Mann antwortet seinem Vater: „Du schreibst, dass die guten Stellen im ´Vulkan´ Dir Genugtuung bereitet haben. So ist Genugtuung wohl auch das rechte Wort, um das Gefühl zu bezeichnen, mit dem ich meinerseits Deine Epistel empfange. Denn wenn es für den Vater eine Genugtuung ist, den Sohn sich vor der Welt bis zum gewissen Grade bewähren zu sehen – so empfindet le fils, umgekehrt, die Genugtuung, dem ´großen Vaterauge´ zu beweisen, dass man mehr als nur ein ´Söhnchen und ein Windbeutel´ ist. Dies um so mehr, als ja auch der väterliche Blick zeitweise etwas besorgt und

Parallel dazu arbeitet er mit seiner Schwester Erika an der Auftragsarbeit `Escape to Life´[634], einem feuilletonistischen `Who is Who´ der deutschen und österreichischen kulturellen Emigration im Exil. Es ist das erste gemeinsame Buch der Geschwister, das im Exil entsteht und veröffentlicht wird, und wird ein großer publizisti-

---

spöttisch spähte..." (Brief Klaus Manns v. 3.8.1939 an Thomas Mann, in: Klaus Mann, Briefe und Antworten, a. a. O., 392).

[633] Vgl. Klaus Mann, Der Wendepunkt, a. a. O., 430.

[634] `Escape to life´ (`Flucht ins Leben´), innerhalb eines halben Jahres entstanden, wurde ursprünglich auf Deutsch geschrieben und von der schottischen Schriftstellerin Mary Hottinger-Mackie ins Amerikanische übersetzt. Klaus Mann befand sich zur Zeit der Abfassung des Manuskripts in Amerika und Erika Mann in der Schweiz. Außerdem wurde die Arbeit durch den Spanien-Kriegsberichterstatter-Einsatz unterbrochen. Am 14. April 1939 kam das Buch in Boston heraus. Teile des Originalmanuskripts gelten heute als verloren und wurden deshalb für die deutsche Ausgabe zurückübersetzt, vgl. Erika und Klaus Mann, Escape to Life. Deutsche Kultur im Exil, hg. und mit einem Nachwort von Heribert Hoven, Reinbek ²2001. Bemerkenswert ist, dass Klaus Mann den Begriff `Rasse´ in Anführungszeichen setzte und dadurch seine Distanz zum NS-Wertesystem einmal mehr zum Ausdruck brachte: „Denn es erscheint uns als durchaus unter unserer Würde, uns dem Jargon der Nazis so weit anzugleichen, dass wir die Unterscheidung `jüdisch´-`arisch´, eine Unterscheidung, die uns nur wenig interessiert, im Zusammenhang mit Menschen verwenden, die wir nur nach ihrem Talent und nach der Reinheit ihrer Gesinnung beurteilen, nicht nach ihrer `Rasse´" (Klaus Mann, Escape to life, a. a. O., 76f.). Wenig später setzte er sich in seinem Aufsatz `Lob der gemischten Rasse´ mit dem jüdischen Hintergrund seiner Familie auseinander und sah in der `Rassenmischung´ die Voraussetzung für die schönsten und qualifiziertesten Menschen. Er verneinte die Festlegung des Judentums als `Rasse´ und definierte Judentum als Religion. Der Aufsatz erschien 1940 in der jüdischen Zeitung `Aufbau´ (vgl. F. Kroll [Hg.], KMS 5, a. a. O., 205).

scher Erfolg.[635] Die *Houghton Mifflin Company* in Boston, einer der renommierten amerikanischen Verlage, hatte Klaus und Erika Mann aufgefordert, ein informatives Buch über Künstler, Wissenschaftler und Politiker der Emigration zu schreiben – Lebensläufe, Charakteristika, Analysen und Kritiken. Auf 375 Seiten legen die beiden ihr politisches Programm offen. Sie beschreiben das Leben ihrer eigenen Familie und das anderer berühmter amerikanischer Exilanten.[636] `Escape to life´ ist das Buch, das zu Klaus Manns Lebzeiten am erfolgreichsten war.[637]

---

[635] `Escape to life´ war „ein Buch über Menschen, über berühmte und weniger berühmte, über Schriftsteller und Wissenschaftler, Politiker und Künstler, über Schauspieler, Sänger und Dirigenten, über Linke und Konservative, Politische und Unpolitische" (Irmela von der Lühe, Erika Mann. Eine Lebensgeschichte, a. a. O., 225). Es war „ein Fanal, eine Prophetie, ein Schwanengesang, ein Aufruf zur Besinnung, eine Mahnung `an das Gewissen der freien Welt´. Die Sprache ist aufrüttelnd, farbig, bisweilen melancholisch; sie ist pathetisch, wenn Menschen leiden; sie vereinfacht, wenn es um eindeutige Ziele geht" (Heribert Hoven, Nachwort zu Klaus und Erika Mann, Escape to life, a. a. O., 403-411, Zitat auf 408). Als Klaus Mann an dem Buch mitarbeitete, unterzog er sich einer Entziehungskur. Er freute sich über die überwiegend wohlwollende Kritik, die das Buch bei seinen amerikanischen Leserinnen und Lesern erhielt (vgl. KMT 1938-1939, 101, Eintrag v. 22.4.1939).

[636] Darunter befinden sich solche berühmten Persönlichkeiten wie Albert Einstein, Bertolt Brecht, Carl Zuckmayer, Ernst Toller, Erich Maria Remarque, Max Reinhardt und George Grosz (1893-1959). So zeigte das erste Foto des Buches Albert Einstein auf dem New Yorker Observation Roof des Rockefeller Center (mit handschriftlicher Widmung Einsteins an die Geschwister), vgl. Klaus Mann, Der Wendepunkt, a. a. O., 432.

[637] Vgl. F. Kroll, KMS 4/2, a. a. O., 970. Das Buch erlebte binnen kürzester Zeit eine zweite Auflage.

Trotz dieser Erfolge überfallen ihn immer wieder Suizidgedanken. Insbesondere der Suizid des mit ihm und Erika Mann befreundeten Dichters Ernst Toller in New York erschüttert ihn schwer.[638] Im Auftrag Thomas Manns verliest er bei dessen Beerdigung ein Grußwort seines Vaters. Auch sein Freund und Verleger Fritz H. Landshoff ist in dieser Zeit suizidgefährdet. Erika Mann lädt diesen deshalb ein, sie am 6. Juni 1939 mit ihren Eltern auf einer mehrmonatigen Europareise zu begleiten. Sie hofft, ihn damit von seiner Drogensucht abzubringen und seinen Tod zu verhindern. Im Juli 1939 bleibt er in Amsterdam, Erika Mann fährt mit Therese Giehse nach Arosa. Im August dann der nächste Schock: Am 21. August 1939 wird die Freundin Klaus Manns aus Kinder- und Jugendtagen, Gretel Walter, von ihrem eifersüchtigen Ehemann Robert Neppach[639] in Zürich erschossen.

---

[638] Am 21.5.1939 erfuhr er vom Suizid seines Freundes, der auch mit Fritz Landshoff befreundet gewesen war, in einem New Yorker Hotel – Auslöser für zwei Aufsätze, die im Juni/Juli 1939 in der ʻNeuen Weltbühneʼ und The New Republic erschienen. In seinem Tagebuch hielt er fest: „Ich erwarte meinen Tod, wie ein Kind seine Ferien" (KMT 1938-1939, 108, Eintrag v. 21.5.1939 [auf Französisch, Übersetzung auf 206]).
[639] Robert Neppach (1890-1939) war ein Filmregisseur und -produzent. Seine 33jährige Frau Gretel hatte sich in den berühmten antifaschistischen italienischen Bassbariton Ezio Pinza (1892-1957) verliebt, der mit Arturo Toscanini (1867-1957) und mit ihrem Vater zusammengearbeitet

Erika Mann nimmt stellvertretend für die Familie an der Trauerfeier im Krematorium teil. Weil sie am 26. August 1939 zu spät Rotterdam erreicht, verpasst sie ihr Schiff und verliert ihr Gepäck, darunter die Manuskripte von zwei Büchern. Nach zwei Tagen erhält sie jedoch den Großteil des Gepäcks samt Manuskripten zurück. Am 30. August 1939, an dem Tag, als die französische Regierung die Internierung aller Deutschen und anderer Ausländer im Alter von 17 bis 50 Jahren anordnet, fliegt Erika Mann mit ihren Eltern nach Stockholm. Am 9. September 1939 fliegen Katia, Thomas und Erika Mann, überrascht vom Kriegsausbruch, nach England und treten von dort aus die Schiffsreise nach Amerika an. Am 19. September 1939 treffen sie im Hafen von New York ein, wo sie Martin Gumpert abholt.

---

hatte. Sie wurde von ihrem Mann im Schlaf angeschossen, danach richtete dieser sich selbst. Gretel Walter starb im Krankenhaus und wurde anschließend kremiert. Ezio Pinza berichtete in seiner Autobiografie von der Trauerfeier, erwähnte aber Erika Mann nicht. Er fuhr mit Bruno Walter die Urne mit der Asche Gretel Walters nach Lugano, vgl. http://www.archive.org/stream/eziopinzaanautob007848mbp/eziopinzaan autob007848mbp_djvu.txt (aufgerufen am 12.5.2015). Erika Mann nahm an der Trauerfeier für die Freundin in Zürich teil und fuhr danach weiter nach Stockholm. Es gelang ihr, am 12. September 1939 ein Ticket für die `Washington´ zu bekommen und mit 20000 Flüchtlingen Southhampton zu verlassen.

Erleichtert hält Klaus Mann im Tagebuch seine Freude über ihre Ankunft fest: „GUT."[640]

Im Herbst dieses Jahres 1939 beginnt Klaus Mann mit einem neuen Buchprojekt `Distinguished Visitors´.[641] Er porträtiert darin berühmte Personen aus Europa, die in den letzten Jahrhunderten Zuflucht in Amerika gefunden haben. Das Buch wird zu Klaus Manns Lebzeiten allerdings nicht veröffentlicht. Ein weiteres Werk mit seiner älteren Schwester entsteht: `The other Germany´[642]. Die beiden Geschwister, die an dem Buch gemeinsam arbeiten, obwohl sie zunächst durch große räumliche Distanz voneinander getrennt sind – Erika Mann sitzt in den

---

[640] KMT 1938-1939, 134, Eintrag v. 19.9.1939.
[641] Klaus Mann konnte das auf Englisch verfasste Buch trotz Depressionen und Drogensucht im August 1940 beenden. Es erschien erst 1991 in deutscher Rückübersetzung aus dem Englischen.
[642] Es handelte sich um eine Sammlung von Vorträgen, in denen Deutschlands Weg in die Diktatur nachgezeichnet und die Anfälligkeit der Deutschen für autoritäre Führer, antidemokratisches Verhalten und Obrigkeitsgehorsam kritisiert wurde. Unter Aufnahme von Gedanken des englischen Lords Robert Gilbert Vansittart (1881-1957) versuchten Autorin und Autor die Meinung zu widerlegen, dass Hitler und der Nationalsozialismus in der deutschen Geschichte seit langem angelegt waren und dem deutschen Nationalcharakter eine faschistische Neigung eignete. Das Elisabeth Mann und Antonio Borgese gewidmete Buch, in dem Erika und Klaus Mann der Frage nachgingen, was die Ursachen dafür waren, dass das Volk der Dichter und Denker seine Zustimmung zu einem Terrorregime gegeben hatte, und in dem sie zwischen dem Regime und dem deutschen Volk differenzierten, nahm man in Deutschland kaum wahr.

Schweizer Bergen und ihr Bruder Klaus schreibt in New York –, singen ein Loblied auf das andere Deutschland, nämlich das der Dichter und Denker, das nun, mit den Nazis, unter die Räuber gefallen war. Sie versuchen, die Entwicklung nachzuzeichnen und die Frage zu beantworten, ob die Deutschen Nazis seien. Sie beantworten in ihrem Buch diese Frage allerdings mehrmals mit `Nein´. Im Zuge der Entstehung kommt es zwischen den Geschwistern im Blick auf die Einschätzung der politischen Situation zu Differenzen und im Blick auf die Prominenten, die im Buch vorkommen – wie z. B. Annette Kolb[643] – sogar zu Zerwürfnissen. Missmutig konstatiert Klaus Mann, dass seine ältere Schwester literarisch erfolgreicher ist als er.[644] Zudem kommt: Das Buch verkauft sich schlecht.

Im Sommer 1940 geraten die Freunde und Verwandten Klaus Manns, die sich in Frankreich befinden, in Bedrängnis und in Gefahr. Sie müssen Frankreich so schnell wie möglich verlassen, um einer Auslieferung an die Deutschen durch die Franzosen zu entgehen. Nach 1933 hatte Frankreich ca. 40000 deutsche Flüchtlinge

---

[643] Zur Vita siehe `Who is Who´ bei Klaus Mann.
[644] Vgl. z. B. KMT 1938-1939, 107, Eintrag v. 21.5.1939.

aufgenommen, von denen viele bis 1940 blieben. Am 1. September 1939 beschloss der französische Generalstab Maßnahmen zur Sammlung von Angehörigen feindlicher Staaten. Am 4. September wurde beschlossen, dass sich Angehörige feindlicher Staaten in Sammelzentren (Sportstätten, Messehallen usw.) einfinden sollten. Am 14. September wurde verfügt, dass alle Männer im Alter von 17-55 Jahren interniert werden sollten. Am 23. Mai 1940 nun erlässt die französische Regierung erneut den Befehl, dass alle `feindlichen Ausländer´ interniert werden sollen – das betrifft alle Deutschen, die sich in Frankreich aufhalten.

Nachdem die Truppen der deutschen Wehrmacht im April 1940 mit ihrer spektakulären Ardennenoffensive, einem mit viel Glück ausgestatteten panzergestützten Bewegungskrieg, in Frankreich innerhalb von nur sechs Wochen einmarschiert waren (`Blitzkrieg´) [645] und eine

---

[645] Einen guten und schnellen Eindruck vom Frankreichfeldzug, zum Teil mit zeitgenössischen Fotos in Farbe, erhält man durch die SPIEGEL-DVD Nr. 24, `Die Blitzkrieg-Legende – 1940: Der deutsche Überfall auf Frankreich´, hg. v. Hans von Brescius und Michael Kloft, Hamburg 2010. 1942 wurde der Siegeszug der Nazis gestoppt. Die `Blitzkrieg´-Strategie war an England und der Sowjetunion gescheitert und die deutsche Armee an die Grenze ihrer Kräfte geraten. Im Frühjahr 1943 kam auch der deutsche Vormarsch in Afrika und in der Sowjetunion zum Stillstand.

Spur der Zerstörung und des Leids hinterlassen hatten, war Paris am 14. Juni 1940 kampflos gefallen. Bald wehte die Hakenkreuzflagge vom Eiffelturm.[646] Das deutsch-französische Waffenstillstandsabkommen wurde am 22. Juni 1940 von der Regierung Maréchal Philippe Pétain[647] unterzeichnet. Infolgedessen wurde Frankreich in eine besetzte (der Norden samt die gesamte Atlantikküste) und eine unbesetzte Zone (der ganze Süden) aufgeteilt. Entgegen völkerrechtlicher Gepflogenheiten verpflichtete sich die Regierung mit diesem Abkommen, alle im Land lebenden Deutschen `auf Verlangen´ dem Nazi-Regime auszuliefern, was de facto das Ende des politischen Asyls der Deutschen in Frankreich bedeutete.[648] Schon Monate zuvor waren

---

[646] Dem Befehl Hitlers, Paris dem Erdboden gleich zu machen, widersetzte sich der Kommandant von Paris, Dietrich von Choltitz (1894-1966).

[647] Zur Vita siehe `Who is Who´ bei Klaus Mann.

[648] So verlangte es der Artikel 19 des Waffenstillstandsabkommens. Das `Vichy-Regime´ kollaborierte mit der NS-Besatzungsmacht. Deshalb war es nach Juni 1940 für die Emigranten äußerst schwierig, aus Frankreich herauszukommen, da die Behörden alle Personen an die Deutschen auslieferten, die diese wollten. Seit 2005 ist in der größten europäischen Gedenkstätte der Shoah in Paris, dem *Mémorial de la Shoah* im Stadtteil Marais im 4. Pariser Arrondissement in der Nähe des Rathauses, der Schwerpunkt die Verfolgung der Juden während des Vichy-Regimes und der deutschen Besatzung von 1940-1944. Vgl. dazu weiterführend Wolfgang Seibel, Macht und Moral. Die `Endlösung der Judenfrage´ in Frankreich 1940-1944, Konstanz 2010.

willkürliche Hausdurchsuchungen, Passkontrollen und Verhöre durch die Polizei bei den in Frankreich unerwünschten Emigranten an der Tagesordnung gewesen. Nun erfolgte eine zweite Internierungswelle: Alle Personen männlichen Geschlechts zwischen 15 und 65 Jahren, erstmals auch alle aus Deutschland stammenden Frauen bis 55 Jahren, wurden interniert.

Wenige Tage nach diesem Beschluss Ende Juni 1940 wird als Antwort darauf von prominenten Amerikanerinnen und Amerikanern ein Komitee, das *Emergency Rescue Committee* (ERC), gegründet, mit dessen Hilfe Intellektuelle, Schriftsteller, Politiker, Wissenschaftler, Schauspieler, Musiker und Künstler aus Süd- und Vichy-Frankreich vor dem Zugriff der Nazis gerettet werden sollen.[649] Für die praktische Organisation der Rettungsaktion sorgt der fließend Deutsch und Französisch sprechende und die politische Lage genau kennende Amerikaner Varian Fry[650], der vom Komitee über Lissabon nach Marseille entsendet wird, um vor Ort zu agieren. Ihm ge-

---

[649] Auf diese Weise wurden Alfred Döblin, Anna Seghers u. a. in die USA geholt und dadurch gerettet. Es kostete damals 200 US-Dollar, einen Flüchtling zu retten.
[650] Zur Vita siehe `Who is Who´ bei Klaus Mann.

lingt es in den folgenden Monaten durch geschicktes Agieren, über zweitausend Personen aus Frankreich in die Freiheit zu führen, indem er Gelder akquiriert, Visa und Pässe fälscht, Schiffspassagen in die USA besorgt und geheime Fluchtrouten über die Pyrenäen organisiert. Katia und Thomas Mann sind an dieser kostspieligen Rettungsaktion, bei der nur amerikanische Staatsbürger ein *Affidavit*[651] übernehmen können, beteiligt und setzen sich u. a. für Golo und Heinrich Mann[652] sowie Lion Feuchtwanger[653], die sich seit einiger Zeit in Internierungslagern befinden, ein.[654] Die Rettung gelingt.[655] Die Kriegssituation verschärft sich: Am 27.9.1940

---

[651] Ein *Affidavit* war eine Bürgschaftserklärung, die ein Emigrant von einem Bewohner des Landes seiner Immigration vorweisen musste. Dieser verpflichtete sich, für den Unterhalt des Antragstellers aufzukommen. Außer einer bezahlten Schiffspassage musste jeder Emigrant dieses Affidavit vorweisen, das einer finanziellen Unabhängigkeits- und Unbescholtenheitserklärung gleichkam und die Voraussetzung für das *Special Emergency Visitors Visum* war, vgl. Ulrike Vosswinckel/Frank Berninger (Hg.), Exil am Mittelmeer. Deutsche Schriftsteller in Südfrankreich von 1933-1941, München 2005, 153ff. und 210ff.

[652] Lisa Fittko (1909-2005), jüdisch-österreichische Widerstandskämpferin und eine Mitarbeiterin Varian Frys, hat später über die Flucht geschrieben. Bekannt geworden sind ihre Ausführungen zu Heinrich und Golo Mann sowie zu Walter Benjamin, vgl. Lisa Fittko, Mein Weg über die Pyrenäen. Erinnerungen 1940/41, Ravensburg 1992, bes. 133.

[653] Zur Vita siehe `Who is Who´ bei Klaus Mann.

[654] Vgl. Erika Mann, Mein Vater, der Zauberer, hg. von Irmela von der Lühe und Uwe Naumann, Reinbek ²2005, 49f.

[655] Vgl. auch den Bericht der strapaziösen Flucht in: Oliver Hilmes, Witwe im Wahn, a. a. O., 312-316.

schließen Deutschland, Italien und Japan ein Dreimächteabkommen ab, durch das sich jedes Land zur Hilfeleistung des anderen verpflichtet, falls ein bisher nicht im Krieg befindliches Land die Trias angreifen würde. Klaus Mann schreibt in sein Tagebuch: „Deutschland kotzt mich an."[656]

Im Januar 1941 gründet und redigiert Klaus Mann die avantgardistische Emigrantenzeitschrift `Decision. A Review of Free Culture´[657] – eine auf Englisch erscheinende internationale politisch-literarische Revue, in der politische und kulturelle Aufsätze prominenter Zeitgenossinnen und Zeitgenossen veröffentlicht werden.[658] Sie hat zum Ziel, kosmopolitisches Denken zu för-

---

[656] KMT 1940-1943, 62, Eintrag v. 19.9.1940.

[657] Vgl. Decision. A Review of Free Culture, ed. by Klaus Mann, New York 1941-1942. In ihr veröffentlichten bekannte Autoren wie Heinrich Mann, Franz Werfel, Stefan Zweig, Somerset Maugham (1874-1965), Upton Sinclair, Carson McCullers (1917-1967), Christopher Isherwood, Bertolt Brecht, Berthold Viertel und Jean-Paul Sartre (1905-1980). Klaus Manns Freund Thomas Quinn Curtis unterstützte das Vorhaben mit einem privaten Druckkostenzuschuss von 1000 Dollar (vgl. KMT 1940-1943, 64, Eintrag v. 23.9.1940). 5000 Exemplare wurden gedruckt, es gab ca. 2000 Abonnentinnen und Abonnenten. Zum Entstehungshintergrund der Zeitschrift, vgl. weiterführend F. Kroll (Hg.), KMS 5, a. a. O., 253-359; vgl. auch István Gombocz, Klaus Manns amerikanische Zeitschrift `Decision´: ein unbeachteter Beitrag zum militanten Humanismus, in: Acta Literaria Academiae Scientiarum Hungaricae 30/1988, 87-97.

[658] Während der Arbeit an `Decision´ trug er vom 28.1.1941 bis zum 19.3.1942 nichts ins Tagebuch ein; desgleichen vom 26.3.-28.5.1942 und vom 29.6.-14.8.1942 während der Arbeit am Gide-Buch.

dern und die Beziehungen zwischen europäischer und amerikanischer Literatur und Kultur zur Kenntnis zu bringen. Die antifaschistische Zeitschrift soll ferner ein Forum für kulturelle Begegnungen werden.

Klaus Mann schreibt im Geleitwort des ersten Heftes dazu: „Wir nennen diese Zeitschrift *Decision – Entscheidung* – nicht, weil wir ein fest umrissenes politisches oder geistiges Programm haben. Vielmehr bedeutet dieser Titel, dass wir uns vorgenommen haben, ein Programm zu suchen, weiterzumachen, der Herausforderung zu begegnen, die der gegenwärtige Rückgang an Menschlichkeit bedeutet, und die allgemeine Verzweiflung mit den Waffen konstruktiven Denkens zu besiegen. Schon die Tatsache, dass wir gerade jetzt das Wagnis eingehen, eine literarische Zeitschrift zu gründen, die sich der freien Kultur widmet, ist eine Geste des Protestes und der Hoffnung."[659] Thomas Mann bezeichnet später die `Decision´ als „wohl wirklich (die) beste,

---

[659] Uwe Naumann (Hg.), Die Kinder der Manns, a. a. O., 174. Auf Seite 175 sind einige Umschläge der Zeitschrift abgebildet. Klaus Mann hatte „Spass" (KMT 1938-1939, 145, Eintrag v. 28.11.1939) an der Gründung einer neuen literarischen Monatsschrift.

farbigste literarische Revue (...), die Amerika je gesehen hat".[660]

Aber der Versuch scheitert. Das Heft kommt aus den roten Zahlen nicht heraus. Schon nach einem Jahr muss die Zeitschrift mit der Doppelnummer Januar/Februar 1942 aus finanziellen Gründen eingestellt werden.[661] Klaus Mann als Herausgeber hat sich zwischenzeitlich persönlich so stark verschuldet, dass er mit seiner Hotelzimmermiete in Rückstand gerät. Ihn beschleichen erneut schwere Depressionen[662], die mit dem Gefühl des Scheiterns verbunden sind – bereits im Juni 1941 hatte er einen ersten Suizidversuch unternommen.[663] Doch nun erfordert

---

[660] Thomas Mann, Vorwort, in: Klaus Mann zum Gedächtnis, a. a. O., 8. „Heute noch äußert Kadidja Wedekind die Überzeugung, Klaus Mann hätte der Menschheit einen größeren Dienst getan, wenn er mit dem von ihm gesammelten Geld 50 jüdische Kinder von Frankreich nach Amerika herübergeholt und auf die Herausgabe der Zeitschrift verzichtet hätte" (F. Kroll, KMS 5, a. a. O., 234).

[661] „Wohl kein zweites Unternehmen hat Klaus Mann ein solches Maß an Enttäuschungen eingebracht" (Friedrich Albrecht, Klaus Mann der Mittler. Studien aus vier Jahrzehnten, Bern 2009, 310).

[662] „I had to drop the magazin, and I want to die, because I was – I am unable to face and to endure the exorbitant mass of mediocrity and malice, of ambitious ignorance and selfish laziness that rules the world and this country" (Klaus Mann, Mit dem Blick nach Deutschland, a. a. O., 79).

[663] Vgl. Uwe Naumann (Hg.), `Ruhe gibt es nicht, bis zum Schluss´, a. a. O., 254. Sein Freund, der Redakteur von `Decision´, der spätere amerikanische Literaturprofessor Christopher Lazare, verhinderte diesen Suizid. Lazare erzählte später, er habe den Pförtner dafür bezahlt, extra auf Klaus Mann zu achten und ihn notfalls zu informieren. Christopher

ein anderes Projekt seine Gesundheit und Geistesgegenwart. Parallel zur Arbeit an der `Decision´ hatte er nämlich die Idee gefasst, eine weitere Autobiografie zu schreiben, diesmal auf Englisch: „Eine zweite Autobiographie zu schreiben –, scheint mir attraktiv und plausibel. (...) Die Geschichte eines Intellektuellen zwischen zwei Weltkriegen, eines Mannes also, der die entscheidenden Lebensjahre in einem sozialen und geistigen Vakuum verbringen musste: innig darum bemüht, den Anschluß an irgendeine Gemeinschaft zu finden, sich irgendeiner Ordnung einzufügen: immer schweifend, immer ruhelos, beunruhigt, umgetrieben, immer auf der Suche..."[664]

Katia und Thomas Mann waren im März 1941 von Princeton nach Kalifornien gezogen[665], zu-

---

Lazare ist zu sehen in Heinrich Breloers `Treffpunkt im Unendlichen´. Klaus Mann berichtete von weiteren missglückten Suizidversuchen in seinem Tagebuch (vgl. KMT 1940-1943, 116ff. Einträge v. 24.10.1942 und v. 26.10.1942). Manchmal gab es für einen solchen Versuch einen konkreten Anlass, wie z. B. den, nachdem ihn ein neuer Freund, ein junger Seemann, verlassen hatte, vgl. Donald A. Prater, Thomas Mann, a. a. O., 552f.

[664] Klaus Mann, Der Wendepunkt, a. a. O., 485.

[665] Kalifornien boomte in diesen Jahren. 1941 siedelte sich hier, in dem verträumten Staat im Westen der USA, kriegswichtige Industrie an, vor allem Flugzeug- und Automobilindustrie. Damit verbunden waren die Zuwanderung von Arbeitskräften und als ihre Folge innenpolitische Unruhen. Emigranten wie Architekten, Ärzte, Musiker und Autoren fan-

nächst vorübergehend in ein Mietshaus am *Amalfi Drive* in Los Angeles. Im Februar 1942 ziehen sie dann in die neu errichtete Villa in *Pacific Palisades*, 1550 San Remo Drive.[666] Dort trifft das Ehepaar Mann auf alte Bekannte aus Deutschland wieder[667] – sie alle hatte es zwischenzeitlich an die sonnige kalifornische Westküste verschlagen.[668] Obwohl es auch jetzt zu Spannungen mit seinem Vater kommt, wohnt

---

den in diesem zweitgrößten Industriegebiet der USA schnell Arbeitsplätze. Die europäischen Emigranten brachten außerdem ein wenig Farbe ins kulturelle und gesellschaftliche Leben. Doch trotz der Schönheit des Landes litten viele an Heimweh und hatten Schwierigkeiten, sich zu akklimatisieren.

[666] Die von Thomas Mann erbaute und mit Hilfe von Architekten maßgeschneiderte Residenz hieß *Seven Palms* – nach den sieben auf dem Grundstück wachsenden Palmen. Der Anschaffungspreis der Immobilie war hoch: 65000 Dollar für das Grundstück, 20000 Dollar für das Haus, 1100 Dollar für die Gartenanlage.

[667] Darunter befanden sich Bertolt Brecht, Arnold Schönberg (1874-1951), Alma Werfel-Mahler (1879-1964) und Franz Werfel, Martha und Lion Feuchtwanger sowie Nelly und Heinrich Mann. Regelmäßig wurden gegenseitige Einladungen ausgesprochen, es fanden Leseabende statt. Zur Atmosphäre eines solchen Abends, beispielsweise im Haus Feuchtwanger, vgl. den subjektiven Bericht von George Tabori (1914-2007), in: Sieglinde Fliedner-Lorenzen, Marta Feuchtwanger, Nelly Mann, Salka Viertel, drei Schriftstellerehefrauen im Exil 1933-1945 (diss. phil.), Bonn 2003, 189, oder im Blick auf die Atmosphäre unter den deutschen Emigranten auch Oliver Hilmes, Witwe im Wahn, a. a. O., 334ff.

[668] Vgl. dazu den Roman von Michael Lentz, Pazifik Exil, FfM ²2007. Der Autor (geb. 1964), Professor am Leipziger Literaturinstitut und Ingeborg-Bachmann-Preisträger des Jahres 2001, beschreibt aus unterschiedlichen Blickwinkeln das Leben der vor den Nazis ins amerikanische Exil geflohenen deutschen Autoren, darunter auch das von Heinrich und Thomas Mann, mit den stilistischen Mitteln der Fiktion und der Erinnerung.

Klaus Mann von Anfang Juli bis Ende August 1942 im elterlichen Haus und arbeitet an seinem Buch über André Gide[669], den er für den herausragenden „geistigen Repräsentanten einer Epoche"[670] hält, an einer Anthologie europäischer Literatur (`Heart of Europe´[671]) und an dem Drama `The Dead don´t Care´, das im Theater aber nie aufgeführt werden wird. Im Hause Mann wird in dieser Zeit heftig politisch gestritten.[672] Vor allem geht. es um Amerikas Eintritt in den Krieg, den Thomas Mann befürwortet und den Klaus Mann als Pazifist mit dem Argument ablehnt, dass er das Volk verdummen und brutalisieren würde.[673] Später gibt Klaus Mann seinen Gesin-

---

[669] Vgl. Klaus Mann, André Gide and the Crisis of Modern Thought, New York 1943 (dt.: Klaus Mann, André Gide und die Krise des modernen Denkens, Reinbek 1995).

[670] Klaus Mann, André Gide und die Krise des modernen Denkens, a. a. O., 282.

[671] Vgl. Klaus Mann, Heart of Europe. An Anthology of Creative Writing in Europe 1920-1940, ed. by Hermann Kesten and Klaus Mann, New York 1943.

[672] Vgl. Thomas Mann, Tagebücher 1940-1943, 462. 456. Dort berichtet Thomas Mann von einem „Ausbruch gegen Klaus".

[673] Katia Mann schrieb darüber aus der Perspektive der Mutter: „Im Hause geht es auch nicht besonders harmonisch zu...,weil Aissiklaus ständig... – er ist merkwürdig antirussisch und laulicht pazifistisch – sich mit der Eri zankt und neulich auch mit Herrn Papale aneinandergeriet, was so viel Aufregungen im Gefolge hatte, dass dieser schier krank wurde und zwei Tage im Bett lag" (Katia Mann an Elisabeth Mann Borgese, Brief vom 29.7.1942, zit. nach Kerstin Holzer, Elisabeth Mann Borgese, a. a. O., 117, Anm. 41). Golo Mann hat von diesem Konflikt aus der Perspektive des Bruders geschrieben, darüber, wie es Klaus Mann

nungspazifismus auf und meldet sich aus Ver-
antwortungsbewusstsein – vor allem aus politischen Gründen, um das NS-Regime gewaltsam
zu bekämpfen, aber auch wegen akuten Geld-
mangels[674] und in der Hoffnung, seiner privaten
Isolation zu entkommen – freiwillig zur US-
Army![675] Im September 1942 kommt Klaus
Manns Autobiografie `The Turning Point´[676], die

---

bei seinen Eltern in Pacific Palisades ging und wie deprimiert er war
(Golo Mann, Erinnerungen, in: Klaus Mann, Briefe und Antworten 1922-
1949, a. a. O., 396f.).
[674] Vgl. KMT 1940-1943, 106, Eintrag v. 26.6.1942; KMT 1940-1943,
111, Eintrag v. 6.10.1942; KMT 1940-1943, 114, Eintrag v. 20.10.1942;
KMT 1940-1943, 115, Eintrag v. 22.10.1942.
[675] Im `Wendepunkt´, der von den meisten seiner Biografen als das Buch
der Suizide gelesen wird, berichtet Klaus Mann: „Ich will in die Armee.
Ich will Uniform tragen, wie die anderen. Ich will kein Außenseiter, keine
Ausnahme mehr sein" (Klaus Mann, Der Wendepunkt, a. a. O., 494).
Klaus, Golo und Erika Mann hatten sich freiwillig zur US-Armee gemeldet. Katia Mann als ihre Mutter hatte einige Mühe, sich ihre Kinder,
insbesondere ihren Sohn Klaus, in Uniform vorzustellen – ganz im Unterschied zu Thomas Mann, der den Schritt seines ältesten Sohnes
vorbehaltlos begrüßte –, war aber erleichtert darüber, dass ihm in der
Army der Drogenkonsum schwer gemacht wurde, vgl. Inge und Walter
Jens, Frau Thomas Mann, a. a. O., 235. Golo Mann räsonnierte später
über die Gründe, warum sein Bruder in die Armee gegangen war: „Sicher ... befreite die Armee ihn, wie so viele andere, aus allerlei Verle-
genheit..." (Golo Mann, Erinnerungen, in: Klaus Mann, Briefe und Antworten, a. a. O., 650f.; vgl. weiterführend auch Uwe Naumann, Der
Pazifist als Soldat. Klaus Mann im Zweiten Weltkrieg, in: Heinz Ludwig
Arnold [Hg.], Klaus Mann, a. a. O., 88-99). Beklagte Klaus Mann anfangs
die Zeitverschwendung und die Eintönigkeit in der Armee (vgl. KMT
1940-1943, 138, Eintrag v. 22.6.1943), so fand er bald Gefallen am
Leben als Soldat (vgl. KMT 1940-1943, 151, Eintrag v. 8.7.1943).
[676] Vgl. Klaus Mann, The Turning Point. Thirty-five Years in this Century,
New York 1942. Das letzte Kapitel wurde vom Autor am 28.5.1942 fertig
korrigiert (KMT 1940-1943, 95, Eintrag v. 28.5.1942) und erschien am

er im Juni 1942 abschließen konnte und die eine Fortsetzung von 'Kind dieser Zeit' ist, auf Englisch[677] heraus. Klaus Mann ist einer der wenigen deutschen Emigranten, die im Exil nicht nur Englisch lernen und anwenden, sondern sogar größere Texte veröffentlichen.[678] Er schildert in

---

30.9.1942. Sein Buch wurde vom Publikum „freundlich" (KMT 1940-1943, 111, Eintrag v. 6.10.1942) aufgenommen. Auf Englisch verfasst, bearbeitete es Klaus Mann später für eine geplante erweiterte Form auf Deutsch, wobei er betonte, dass es sich nicht um eine bloße Übersetzung, sondern um ein neues Buch handelte. Seine Schwester Monika Mann hatte eine Rohübersetzung der ersten sechs Kapitel aus dem Englischen angefertigt; er erweiterte die Kapitel 9, 10 und 11 und verfasste ein komplett neues zwölftes und letztes Kapitel, indem er auf Zitate aus Tagebüchern und fiktive Briefe der Jahre 1943 bis 1945 zurückgriff (so schloss 'The Turning Point' mit einer Tagebucheintragung vom Juni 1942, der 'Wendepunkt' aber mit einem Brief vom September 1945).

[677] Seine erste Arbeit, die er auf Englisch veröffentlichte, war die Kurzgeschichte 'Speed' (vgl. Klaus Mann, Der Wendepunkt, a. a. O., 469). Sie wurde von Christopher Isherwood gegengelesen. Andrea Weiss fasst sie inhaltlich in einem Satz zusammen: „Speed spielt im New York der frühen vierziger Jahre und ist die Geschichte eines Prostituierten, der einen einsamen Emigranten in Schwierigkeiten bringt, als dieser der gefährlichen Versuchung von verbotenem Sex und Drogen nicht widerstehen kann" (Andrea Weiss, Flucht ins Leben, a. a. O., 144). Die Geschichte befindet sich heute in Klaus Mann, Speed, a. a. O., 105-150. Seit 1940 schrieb Klaus Mann nur noch auf Englisch, wodurch er sich größere Chancen auf dem amerikanischen Markt erhoffte. Das erste Buch in Englisch blieb jedoch das Einzige. Die letzten Jahre, die ihm verblieben, verfasste er nur noch journalistische Arbeiten, Erzählungen und Essays.

[678] Anderen ging das Englische nicht so leicht von der Hand: Man weiß beispielsweise von dem von Klaus Mann hoch geschätzten Philosophen Ernst Bloch (vgl. KMT 1938-1939, 111, Eintrag v. 8.6.1939, und F. Kroll [Hg.], KMS 2, a. a. O., 156), wie viel Mühe dieser mit dem amerikanischen Englisch hatte und es nie richtig lernte oder sprach, geschweige denn auf Englisch schrieb oder veröffentlichte (vgl. Peter Zudeick, Der Hintern des Teufels. Ernst Bloch – Leben und Werk, Bühl 1985, 170).

geschliffenen Formulierungen selbstkritisch seine Erlebnisse aus der ersten Hälfte des 20. Jahrhunderts, entwirft mit großen Pinselstrichen eine Skizze der literarisch-politischen Ereignisse und geht auf sein bisheriges Werk ein. Am Ende des `Turning Point´ gibt er seine Rolle als bloßer `Kommentator, Warner, Propagandist und Kritiker´ auf und tritt in die Army ein.[679]

Thomas Mann konnte zwar nach seinem 15jährigen Aufenthalt in Amerika Englisch sprechen, blieb aber dabei, auf Deutsch zu schreiben, vgl. Thomas Mann, Briefe 1937-1947, hg. v. Erika Mann, FfM 1963, 365, Brief v. 29.4.1944. Klaus Mann führte sein Tagebuch – nach einer langen Pause zwischen dem 28.1.1941 und dem 22.3.1942 – zwar auf Englisch weiter, korrespondierte aber bis auf wenige Ausnahmen auf Deutsch. Allerdings war, je länger das Exil dauerte, um so mehr eine innere Abwendung von Deutschland spürbar, die ihn auch ansonsten von ihm geschätzte Autoren wie Lion Feuchtwanger nicht mehr lesen ließ. Öffentlich bekannte er 1948: „Ich bin kein Deutscher" (Klaus Mann, in: ders., Auf verlorenem Posten, a. a. O., 467f.). Europäer wird Klaus Mann allerdings Zeit seines Lebens bleiben.

[679] Vgl. Uwe Naumann, Der Pazifist als Soldat, in: Heinz Ludwig Arnold (Hg.), Klaus Mann, a. a. O., 97.

9. Der Wendepunkt

Das Jahr 1941 war für Klaus Mann persönlich und politisch zu einem Wendepunkt geworden. Nach dem Überfall auf Polen und der Errichtung des sog. `Generalgouvernements´ im September 1939 hatte Nazi-Deutschland Dänemark und Norwegen im April 1940 überfallen; Dänemark wurde in zwei Tagen kampflos besetzt, Norwegen innerhalb von zwei Monaten erobert. Darauf folgten am 10. Mai 1940 die neutralen Niederlande – bekannt als freies, offenes Land und Zufluchtsstätte vieler jüdischer Emigrantinnen und Emigranten –, die ohne Kriegserklärung angegriffen wurden. Anders als die Polen wurden die Niederländer von den Deutschen als Freunde, die gewonnen werden sollten, betrachtet. Wer das Land allerdings nicht schnell genug verlassen konnte, musste untertauchen, war auf die Hilfe der holländischen Widerstandskämpfer angewiesen oder wurde in die Vernichtungslager verschleppt. Fünf Tage nach der Eroberung kapitulierten die niederländischen Streitkräfte, die niederländische Königin floh ins britische Exil. Am 19. Mai 1940 wurden die Niederlande zum `Reichskommissariat´ erklärt und an das Deutsche Reich angegliedert, von dem es seit dem `Westfälischen Frieden´ 1648 getrennt gewesen war; der Reichskommissar an der Spitze der eingesetzten deutschen Verwaltung unterstand direkt Hitler. Auf diesen Angriff folgten die Eroberung Belgiens und Frankreichs. Mit der Luftoffensive auf England im August war dann ganz Europa von Deutschland mit Krieg überzogen worden.

Im Juni 1941 erfolgte der Überfall des nationalsozialistischen Deutschlands auf die Sowjetunion. Die NS-Vernichtungspolitik verwüstete das Land und forderte unzählige zivile Opfer. Am 7. Dezember 1941 überfiel die japanische Luftwaffe Pearl Harbor und die USA erklärten der faschistischen `Achsenmacht´ Japan den Krieg. Am 11. Dezember 1941 erklärten wiederum Deutschland und Italien den USA den Krieg. Klaus Mann begrüßte mit vielen anderen den Kriegseintritt der Amerikaner: Nun sei das Ende des Krieges absehbar.

Die Hochstimmung hält nicht an. Im Herbst 1942 ist Klaus Mann sehr verzweifelt. Er findet sich plötzlich ohne jegliche Öffentlichkeit, die ihn seit seinen schriftstellerischen Anfängen Mitte der zwanziger Jahre motiviert hat, wieder. Als Provokateur von Theaterskandalen, Leitfigur einer jungen Schriftstellergeneration, Protagonist französischer Literatur, Sachwalter und Mittler des Exils, als Partylöwe, Zeitschriftenherausgeber und nicht zuletzt als Sohn Thomas Manns war seinen Haltungen, Äußerungen und Schriften die Aufmerksamkeit der Medien jahrelang sicher. Nun ist er einsam, leidet unter Depressionen und versucht, seinem Leben selbst ein Ende zu setzen.[680] Er schneidet sich die Pulsadern auf. Depressionen, sein Scheitern am Alltag und seine Sucht treiben ihn dazu.[681] Im Februar 1933 hatte er geschrieben: „Morgens, nichts als der Wunsch zu sterben. (...) Wenn ein Gift dastünde, würde ich sicher nicht zögern – wenn nicht E. und M. wären. Durch sie gebunden... (...) Übrigens keine Spur von Todesangst. Der Tod *kann* nur als Erlösung empfunden werden".[682] Außerdem ist er ernsthaft erkrankt: Syphilis. Sie verhindert, dass ihn die Militärärzte bei der Musterung für tauglich erklären. Dem

---

[680] Schon 1940 hatte er seinem Tagebuch gegenüber geklagt: „Kein menschliches Ohr. Immer nur das Papier" (KMT 1940-1943, 72, Eintrag v. 19.10.1940). 1942 hielt er fest: „... Wieder Selbstmordgedanken... Ich bin von Traurigkeit und Einsamkeit zerfressen" (KMT 1940-1943, 114f., Eintrag v. 22.10.1942). Seine Einsamkeitsgefühle in der Army verarbeitete er später in der Erzählung `The Monk´. Sie befindet sich in Klaus Mann, `Speed´. Die Erzählungen aus dem Exil, hg. v. U. Naumann, Reinbek 1990, 217-234.

[681] Vgl. KMT 1940-1943, 117f., Eintrag v. 24.10.1942. Die Abhängigkeit von harten Drogen hatte Mitte der 30er-Jahre begonnen. Klaus Mann war sich der Gefahren bewusst (vgl. KMT 1934-1935, 125, Eintrag v. 1.9.1935), genoss jedoch den Konsum (vgl. KMT 1934-1935, 91, Eintrag v. 9.1.1935).

[682] KMT 1931-1933, 118, Eintrag v. 19.2.1933.

Arzt und Freund seiner Schwester Erika, Martin Gumpert, gelingt es aber, ihn erfolgreich zu behandeln, so dass er wieder gesund wird.[683] Seit dem Frühjahr 1940 wird er vom `Federal Bureau of Investigation´ (FBI) bespitzelt[684] – weil er als

---

[683] Am 8. Juni 1942 hielt Klaus Mann in seinem Tagebuch fest, dass er aufgrund einer von Martin Gumpert mitgeteilten Krankheit am Rande der Verzweiflung war und Suizidgedanken hegte (vgl. KMT 1940-1943, 97, Eintrag v. 8.6.1942). Aufgrund des arsenhaltigen Medikaments Salvarsan, von Paul Ehrlich (1854-1915) zur Heilung der Syphilis entwickelt und ab 1910 als Meilenstein in der Arzneimittelforschung im Handel erhältlich, das Klaus Mann nennt (erstmals stand der Medizin ein antibakterielles Präparat gegen Syphilis zur Verfügung; das Penicillin wurde erst 1928 entdeckt, erstmals 1941 zu medizinischen Zwecke eingesetzt und erst nach 1945 industriell in großen Mengen hergestellt), kann man schließen, dass hier bei Klaus Mann von Syphilis die Rede ist (vgl. KMT 1940-1943, Anm. auf 234 und KMT 1940-1943, 116, Eintrag v. 24.10.1942). Klaus Mann hatte Angst vor dieser Krankheit. Er träumte sogar, dass sich seine Schwester Erika bei ihm mit Syphilis angesteckt haben könnte (KMT 1940-1943, 106, Eintrag v. 24.6.1942). Ein paar Tage später schrieb er: „Fühle mich unbeschreiblich elend. Alles geht schief. Habe genug vom Leben wie noch niemals zuvor. Verlange nach dem Tod wie ein Durstiger nach einem Schluck Wasser" (KMT 1940-1943, 99, Eintrag v. 11.6.1942).
[684] Seit 1940 führte das FBI eine geheime Akte über ihn. In dem zweihundert Seiten umfassenden Dossier befinden sich Denunziationen, Gerüchte, Spitzelberichte, Befragungen von Hotelangestellten. Die Unterstellungen – er sei Kommunist, Homosexueller, unterhalte `perverse Beziehungen zu seiner Schwester´, sei bolschewistischer Agent usw. – verhinderten zunächst seine Einbürgerung (Fotos der FBI-Akten findet man bei Andrea Weiss, Flucht ins Leben, a. a. O., 155). Sein Alltag war als Folge in dieser Zeit von großen Geldsorgen bestimmt: „Total pleite seit Tagen", KMT 1940-1943, 111 (Eintrag v. 6.10.1942), und „Absolut pleite", KMT 1940-1943, 114 (Eintrag v. 20.10.1942). Er brachte Pfandflaschen zurück, um zu Geld zu kommen, oder gab seinen Anzug ins Pfandleihhaus (KMT 1940-1943, 114f., Eintrag v. 22.10.1942). „Oft hat er über Tage hinweg nichts zu essen. (...) Nun sind alle Ressourcen erschöpft" (KMT 1940-1943, Nachwort v. Joachim Heimannsberg, 187-197, Zitat auf 194). Klaus Mann war es aber nicht allein so ergangen,

`Kommunist und Homosexueller´ denunziert wurde, hatte das FBI wie für andere Emigranten auch für Klaus Mann ein Dossier angefertigt. Dadurch verzögerte sich seine Einbürgerung.

Er überlebt den Suizidversuch und erhält am 14. Dezember 1942, nach einigen Anträgen, schließlich den Einberufungsbescheid zur US-Army. „ACCEPTED!" schreibt er erleichtert. [685] Am 4. Januar 1943 kann er seinen Dienst antreten. Erste Station ist *Fort Dix* bei New York. Seine militärische Grundausbildung erhält er im *Camp Robinson/Arkansas*.[686] Seine Homosexualität muss er geheim halten, da Homosexuellen damals der Zugang zur Army verwehrt ist. [687]

---

vgl. weiterführend Herbert Mitgang, Überwacht. Große Autoren in den Dossiers amerikanischer Geheimdienste, Düsseldorf 1992, und Alexander Stephan, Im Visier des FBI. Deutsche Exilschriftsteller in den Akten amerikanischer Geheimdienste, Stuttgart-Weimar 1995.

[685] Klaus Mann, Der Wendepunkt, a. a. O., 502.

[686] Erika Mann war von Januar bis April 1944 auf Vortragstour in den USA unterwegs. Am 6.6.1944 war sie bei der Landung der Westalliierten in der Normandie als Kriegskorrespondentin dabei. Ihre Interviews und Reportagen schickte sie in die USA. Erika Mann hatte Zutritt zu dem Luxemburger *Palace Hotel* in Mondorf-les-Bains, in dem die Nazi-Kriegsverbrecher Göring, Papen, Rosenberg, Streicher, Ley, Keitel, Dönitz, Jodl u. a. inhaftiert waren.

[687] Dies ist bis heute so. Es gehörte zu US-Präsident Barack Obamas Wahlkampfversprechen, einen offenen Umgang mit Schwulen und Lesben in der Army anzustreben und das Homosexualitätsverbot in der Army abzuschaffen, vgl. SÜDKURIER v. 12.10.2009. Kurzzeitig wurden die diskriminierende Praxis gelockert und Homosexuelle aufgenommen; im Oktober 2010 wurde diese Regelung gerichtlich verboten und Homosexuelle dürfen heute in der Armee nur dann dienen, wenn sie sich nicht

Drogen scheinen in der Zeit bei der Army für ihn keine große Rolle mehr zu spielen.[688] Erstmals ist er, Mitte 30, Soldat der Armee der Vereinigten Staaten von Amerika, von seinen Eltern finanziell unabhängig.[689] Die Armee gibt ihm Halt, ein hilfreiches Korsett, einen stabilen Rahmen. Im April 1943 wird er zur *First Mobile Radio Broadcasting Company* in *Camp Ritchie/Maryland* versetzt und zum *Staff Sergeant* befördert. Am 1. Mai 1943 wird die Einheit, die für psychologische Kriegsführung zuständig ist, an die europäische Front beordert – ohne ihn, da er noch kein amerikanischer Staatsbürger ist. Stattdessen wird er im Juni 1943 in ein anderes

---

outen, vgl. SÜDKURIER v. 22.10.2010. Grundsätzlich wird Homosexualität in den USA bis heute kontrovers diskutiert und ist immer wieder auch Wahlkampfthema. Bis ins 21. Jahrhundert hinein wurden bestimmte homosexuelle Praktiken mit Freiheitsstrafen geahndet oder unter Geldbußen gestellt (vor allem in Kansas, Oklahoma, Missouri und Texas). Der Supreme Court, der Oberste Gerichtshof der USA, hob 2003 alle diskriminierenden Anti-Homosexuellen-Gesetze auf. Auf dem Hintergrund der Religiosität der Amerikaner und der Haltung der verschiedenen Kirchen zum Thema ist bemerkenswert, dass die Unitarier homosexuelle Pastoren zulassen und gleichgeschlechtliche Paare segnen.

[688] Golo Mann meinte rückblickend, dass sich Klaus Mann eigentlich nicht selbst für süchtig hielt, da er es beispielsweise in der Armee schaffte, ohne Morphium zu leben, vgl. Golo Mann, Erinnerungen, in: Klaus Mann, Briefe und Antworten 1922-1949, a. a. O., 641.

[689] Ihm war zuvor keine finanzielle Unabhängigkeit von seinen Eltern gelungen: „Klaus Mann war Zeit seines Lebens in Geldschwierigkeiten, und zwar in erster Linie, weil er auf Luxus nicht verzichten wollte" (Marianne Krüll, Im Netz der Zauberer, a. a. O., 312; zu Klaus Manns Geldproblemen, vgl. auch F. Kroll [Hg.], KMS 5, a. a. O., 313ff.).

Camp versetzt, nämlich ins *Camp Crowder* in *Missouri*. Er arbeitet im *Public Relations Office* und gibt die Campzeitschrift *The Message* heraus. Anhörungen folgen, da er den Behörden als `Kommunist´ und als `sexuell pervers´ gilt.[690] Die in Amerika praktizierte rassistische Trennung von weißen und afroamerikanischen Soldaten erlebt Klaus Mann auch in der Army und empfindet sie mit großem Befremden und Entsetzen.[691] Am 25. September 1943 erhält er endlich die lang ersehnte amerikanische Staatsbürgerschaft und ist „glücklich"[692]. Am 24. Dezember

---

[690] Zu den Akten des FBI vgl. z. B. Kroll (Hg.), KMS 5, a. a. O., 467f., Fußnote 1720, 1916, 1917, 1921 und 1933, wo die sexuelle Orientierung Klaus Manns als `pervers´ bezeichnet wurde.

[691] Im `Wendepunkt´ ging er auch auf die Rassismusfrage ein und gelangte zu dem Schluss, dass kein Nazi schlimmer sein konnte als ein Südstaatler, der sich über Afroamerikaner ausließ. „Was man so fein `segregation´ nennt – die konsequente, starre Trennung zwischen Weiß und Schwarz –, wird gerade hier, in der Armee, zum unerträglichen Skandal. Glaubst Du, wir kämen jemals in Kontakt mit unseren dunklen Kameraden? (...) Im Autobus, der uns nach Little Rock befördert, gibt es eine eigene Abteilung `For Colored People´! Das *geht* doch einfach nicht! Das ist doch nicht in Ordnung! Wenn diese Leute gut genug sind, für unser Land zu kämpfen zu sterben, dann können sie doch nicht zu schlecht sein für unseren `Service Club´ und unsere Kapelle!" (Klaus Mann, Brief an Erika Mann v. 14.2.1943, in: ders., Der Wendepunkt, a. a. O., 508; dieser Brief ist in der Neuausgabe später [November 1943] datiert, a. a. O., 619f.); Uwe Naumann zufolge waren die Briefe fiktiv. Auch amerikanischen Antisemitismus lernte Klaus Mann kennen, vgl. KMT 1940-1943, 131, Eintrag v. 5.6.1943.

[692] Klaus Mann, Briefe und Antworten, a. a. O., 767. „Endlich eingebürgert" (KMT 1940-1943, 175, Eintrag v. 25.9.1943). Klaus Manns Einbürgerung geschah fünf Jahre nach seiner Ankunft in den USA am

1943 reist er mit einem Truppentransport der 5. US-Armee in Richtung Europa und landet am 2. Januar 1944 an der alliierten Front in Nordafrika. Er wird in Casablanca als Journalist eingesetzt, wieder in der Abteilung *Psychological Warfare Branch*.[693] Zu seinen Aufgaben gehört es, Flugblätter zu entwerfen und Texte für Radiosendungen und Grabenlautsprecherdurchsagen zu verfassen, mit denen die deutschen Soldaten demoralisiert, zur Aufgabe und zum Überlaufen resp. zur Desertion gebracht werden sollen.[694] In der Army ist er ein Außenseiter – ein Intellektueller, den man `The Professor´ nennt. Er, der religiösen und metaphysischen Fragen aufgeschlossene evangelische amerikanische Soldat jüdischer Herkunft, erwägt nun die Konversion

---

25.9.1938. Vorausgegangen waren Befragungen eines *Military Intelligence*-Beauftragten über Erika Mann vor dem Hintergrund des – so Klaus Mann – „guten alten `Wälsungenblut´" oder `Anja und Esther´ (vgl. KMT 1940-1943, 171f., Eintrag v. 5.9.1943, Zitat ebda.).

[693] Dort war er Mitglied der `Stabsgruppe Propaganda und Psychologische Kriegführung` (*P&PW Detachment*) der 12. Armeegruppe, die deutsche Zeitungen herausgab. Sie stand unter der Leitung von Hans Habe, der verschiedene Journalisten und Schriftsteller, darunter Ernst Cramer (1913-2010), später Vorstandsvorsitzender der Axel-Springer-Stiftung, zu Mitarbeitern berief. Zur Vita von Hans Habe siehe `Who is Who´ bei Klaus Mann.

[694] Bei Uwe Naumann (Hg.), Die Kinder der Manns, a. a. O., 188f., und bei Andrea Weiss, Flucht, a. a. O., 162f., finden sich Beispiele seiner Arbeiten.

zum Katholizismus[695], zu der es jedoch nicht kommt.[696] Nach einem Monat in Marokko und Tunesien nimmt er von Casablanca aus über Algier und Tunis am Italienfeldzug der Alliierten teil, die die deutschen Truppen nach Norden zurückdrängen. Die Einheiten der psychologischen Kriegsführung eruieren auch die Stimmungslage der deutschen Truppen durch Verhöre der deutschen, österreichischen und elsässischen Soldaten, die in Gefangenschaft geraten. Klaus Mann ist an diesen Verhören beteiligt, verfasst Flugblätter und Berichte. Ihm bleibt auch genügend Zeit, um für sich weiter literarisch zu arbeiten. Im August 1944 bittet er um

---

[695] „Furchtbares Gefühl der Einsamkeit. Ich flüstere `I want to die... Je veux mourir... Ich will sterben...´ Dann bete ich `Let me die! Please, PLEASE let me die!´ Aber Gott – anstatt mich von der schrecklichen Last des Lebens zu erlösen – schlägt vor, dass ich doch der *Katholischen Kirche* beitreten soll. Die nächsten Tage habe ich damit verbracht, mich zu fragen, ob ich Ihn richtig verstanden habe. Ich bin immer noch nicht ganz sicher. Vielleicht ist das alles ein Missverständnis. Ich habe jedoch die Gelegenheit genützt und einen Brief an den katholischen Kaplan geschrieben; bat ihn um ein Gespräch und teilte ihm mein Vorhaben mit" (KMT 1940-1943, 178, Eintrag v. 17.10.1943).

[696] Brieflich wandte sich Klaus Mann an den Militärkaplan: „I want to join the Catholic Church, or rather, I want your advice as to whether my desire to do so is sincere and profound enough to make me acceptable" (F. Kroll [Hg.], KMS 6, a. a. O., 61). Vermutlich ist es wegen der Verdammung der `Homosexualität als Sünde´ in der katholischen Kirche nicht zur Konversion gekommen (vgl. Kroll [Hg.], KMS 6, a. a. O., 62). Während zur Bedeutung des Judentums bei Erika Mann Untersuchungen vorliegen, ist mir nicht bekannt, dass es Ähnliches zu Klaus Mann gibt.

seine Entlassung aus der Armee. Er begründet dies mit der Absicht, „lieber als Zivilist im Dienste des Psychological Warfare Branch in ein von den Alliierten besetztes Deutschland oder Österreich zurückkehren zu wollen. Er könne dann dort eingesetzt werden zum Beispiel als Runkfunkkommentator, Zeitungs- oder Zeitschriftenherausgeber, Theaterdirektor oder Berater für kulturelle Fragen." [697] Sein Entlassungsgesuch wird abgelehnt. Begründung: Aufgrund der aktuellen Kriegslage seien derzeit keine Versetzungen in den zivilen Stand möglich. Im Oktober 1944 kuriert er eine Malaria in einem italienischen Lazarett aus. Die Army versetzt ihn dann nach Rom.

---

[697] Uwe Naumann, Der Pazifist als Soldat, in: Heinz Ludwig Arnold (Hg.), Klaus Mann, a. a. O., 95.

10. Zurück in Deutschland

Als Sonderberichterstatter bei der Armee-Tageszeitung *The Stars and Stripes* betrat Klaus Mann am 5. Mai 1945 als erster seiner Familie wieder deutschen Boden. Am 8. Mai 1945 war der Krieg beendet. Nazi-Deutschland hatte bedingungslos kapituliert.[698] Europa lag in Schutt und Asche und glich einem Trümmerfeld. Der Weltkrieg kostete ca. 60 Millionen Menschen das Leben, die europäisch-humanistischen Grundwerte waren zutiefst erschüttert worden. Ein Zivilisationsbruch hatte stattgefunden.[699] Die

---

[698] Japan kapitulierte erst am 2. September 1945, nachdem auf Hiroshima und Nagasaki Atombomben abgeworfen worden waren. Sir Ian Kershaw (geb. 1943), seit 2008 emeritierter britischer Historiker an der University of Sheffield, ist der Frage nachgegangen, warum die deutsche Bevölkerung Hitlers Befehle bis zum Schluss befolgte, und ist zu dem Ergebnis gelangt, dass die Nazis einerseits Tugenden wie Pflichtgefühl und Ehre mißbrauchten und andererseits die Deutschen den Terror von SS und Gestapo bzw. nach Kriegsende von der Roten Armee fürchteten, vgl. Ian Kershaw, Das Ende. Kampf bis in den Untergang. NS-Deutschland 1944/45, München 2011. Vgl. dazu die Rezensionen in DIE ZEIT v. 10.11.2011, 53, und in DER SPIEGEL 46/2011, 50-52.

[699] Niemand hätte damals vermutlich geglaubt, dass aus dem zerstörten Deutschland eine neue friedliche und demokratische Nation inmitten Europas entstehen würde. Der 8. Mai 1945, der Tag der Befreiung Deutschlands vom Nationalsozialismus, steht für diesen Tag des Neubeginns. Demgegenüber feiern Russland und die Nachfolgestaaten der Sowjetunion das Ende des Zweiten Weltkriegs in Europa am 9. Mai. Der Befehlshaber der Wehrmacht, Generalfeldmarschall Wilhelm Keitel, unterzeichnete die Urkunde der bedingungslosen Kapitulation Deutschlands am 9. Mai, kurz nach Mitternacht. Die Waffenruhe war in Reims

Landkarte Europas wurde dauerhaft verändert. Dort, wo sich in Deutschland Städte befunden hatten, ragen nun Häuserskelette aus den mit Bombentrichtern übersäten und verwüsteten Trümmerlandschaften hervor – sie standen symbolisch für einen Staat, der moralisch, wirtschaftlich und politisch zerstört war. Zum Schluss wollte das Nazi-Regime noch das eigene Volk opfern![700]

Klaus Mann, der maßgeblich über den Kriegsverlauf in Deutschland schreibt, hält fest: „München ist nicht mehr da. Das ganze Zentrum, vom Hauptbahnhof bis zum Odeonsplatz, besteht nur noch aus Trümmern. Ich konnte kaum den Weg zum Englischen Garten finden, so schauerlich entfremdet und entstellt waren die Straßen, in denen ich jedes Haus gekannt."[701] Er findet sein Elternhaus in der Poschingerstraße, das er 1933

---

auf den 8. Mai, 23.00 Uhr festgelegt worden. So kann man sagen, dass heute der Westen die Waffenruhe feiert und die Nachfolgestaaten der Sowjetunion die Kapitulation.

[700] In vielen Dokumentationen und Kinofilmen ist dies deutlich geworden. Für letztgenanntes Genre seien exemplarisch genannt Bernhard Wickis (1919-2000) preisgekrönter Anti-Kriegsfilm `Die Brücke´ und Bernd Eichingers (1949-2011) Film `Der Untergang´.

[701] Klaus Mann, Der Wendepunkt, a. a. O., 551. München hatte sich am 30. April 1945 unter der Führung des Oberbefehlshabers der alliierten Streitkräfte für Europa, Dwight D. Eisenhower (1890-1969), beinahe kampflos der 7. US-Armee ergeben.

zum letzten Mal gesehen hatte, erkennt es aber kaum wieder, u. a. weil es baulich stark verändert und zu weiten Teilen zerstört wurde.[702] Er schickt Fotos an seine Eltern nach Kalifornien.[703] Die Nazis hatten das Haus für ihren `Lebensborn e.V.´[704] in Beschlag genommen, später

---

[702] Vgl. dazu Dirk Heißerer, Die Poschi. Das Thomas-Mann-Haus 1913-1952: http://www.tmfm.de/dokumente/dieposchi.pdf (aufgerufen am 8.5.2015).

[703] Klaus Mann war in Begleitung von John Tewksbury unterwegs, der damals fotografierte. Thomas Mann kehrte später auf seinen Wunsch hin zum Grundstück nur noch einmal, kurz vor seinem Tod, zurück. Er hatte nach 1945 das zerstörte Haus und sein Grundstück zurückerhalten und als Entschädigung 2400 DM für `entgangene Mieteinnahmen´ bekommen. Danach hatte er es für 20000 DM verkauft. Der Käufer von damals verkaufte das Haus wiederum später für fünf Millionen Euro weiter. Nach einer Nutzung des Investmentbankers Alexander Dibelius als privates Wohnhaus kaufte 2015 die Villa der 37jährige niedersächsische Investor Thomas Manns [sic!] für ca. 30 Millionen Euro.

[704] Klaus Mann traf in der bei einem Bombenangriff schwer beschädigten Villa eine junge Frau, die ihm erzählte, dass die Räumlichkeiten der Villa von 1937-1940 durch Himmlers `Menschenzuchtanstalt Lebensborn e. V.´ genutzt worden waren. Der `Lebensborn´ war ein auf der Grundlage des nationalsozialistischen Rassenwahns von der SS getragener, am 12.12.1935 gegründeter, staatlich geförderter Verein. Sein Ziel war es, die Geburtenrate sog. `arischer´ Kinder zu erhöhen, indem rassistischen Kriterien entsprechende Frauen mit sog. `arischen´ SS-Männern verbunden wurden. Das Wunschbild der rassistischen Fanatiker vom muskulösen, blonden und blauäugigen Germanen und die Züchtung des sog. `Herrenmenschen´ spielte dabei eine große Rolle. Die aus solchen Verbindungen entstandenen Kinder wurden anschließend meist an überzeugte nationalsozialistische Familien zur Adoption freigegeben oder kamen, falls nicht, ins KZ. Behinderte Kinder, die zur Welt kamen, wurden gleich als `lebensunwert´ getötet. Der `Lebensborn´ war ein Projekt Heinrich Himmlers, der damit das Ziel verfolgte, mehr Soldaten zu produzieren. In extra dafür errichteten Heimen wurden auf diese Weise zwischen ca. 12000 und 20000 Kinder anonym geboren. Dabei forcierten die Nazis besonders deutsch-norwegische Verbindun-

wurde es Obdachlosen zur Unterkunft. Seinen Eltern gegenüber berichtet Klaus Mann von einer Begegnung mit einem Mädchen, das in der Ruine haust,[705] und rät ihnen ab, nach Deutschland zurückzukehren; es würde mehrere Jahrzehnte dauern, so seine Einschätzung, bis die deutschen Städte wieder aufgebaut seien. [706] Klaus Mann besucht in München das ehemalige KZ Dachau[707], Symbol für unmenschliche Barba-

---

gen, da den Wikingern als Ur-Germanen eine besondere Stellung im ideologischen Gebäude der Nazis zukam. Bis heute ist vielfach die Identität der `Lebensborn´-Kinder ungeklärt. Klaus Mann ist darüber im Originalton zu hören bei: Ulrike Voswinckel, Klaus Mann – nicht nur Kind seiner Zeit (Audio CD), München 2006, Track 12. Vgl. weiterführend auch Wolfgang Benz/Hermann Graml/Hermann Weiß, Enzyklopädie des Nationalsozialismus, München 1992; Hilde Kammer/Elisabet Bartsch/Manon Eppenstein-Baukhage, Lexikon des Nationalsozialismus, Berlin 1999; Kare Olsen, Vater: Deutscher. Das Schicksal der norwegischen Lebensbornkinder und ihrer Mütter von 1940 bis heute, München 2002; Georg Lilienthal, Der `Lebensborn e.V.´ Ein Instrument nationalsozialistischer Rassenpolitik, FfM 2003; Dorothee Schmitz-Köster, „Deutsche Mutter, bist du bereit". Alltag im Lebensborn, Berlin 1997; dies., Kind L 364. Eine Lebensborn-Familiengeschichte, Berlin 2007; Volker Koop, Dem Führer ein Kind schenken – die SS-Organisation `Lebensborn e.V.´, Köln 2007, und Peter Longerich, Heinrich Himmler. Biographie, München 2010; Anna-Maria Sigmund, „Das Geschlechtsleben bestimmen wir". Sexualität im Dritten Reich, München 2008, 140ff., und Volker Ullrich, In Himmlers Reich, in: DIE ZEIT, v. 22.4.2010, 19 (Bericht über die Wewelsburg). Hier befindet sich auch ein weiterführender Literaturhinweis zu Jan Erik Schulte (Hg.), Die SS, Himmler und die Wewelsburg, Paderborn 2009.

[705] Vgl. Klaus Mann, Der Wendepunkt, a. a. O., 552-557.

[706] Vgl. Klaus Mann, Briefe und Antworten, a. a. O., 540.

[707] Vgl. Hans Wysling/Yvonne Schmidlin (Hg.), Thomas Mann, a. a. O., 410. In dem vom Comité International de Dachau herausgegebenen Katalog `Konzentrationslager Dachau 1933-1945´, a. a. O., 195-205,

rei, Sklavenarbeit und Massenmord. Für viele KZs gilt, was ein britischer Militärarzt angesichts des Elends im KZ Bergen-Belsen in Worte zu fassen versucht hat: „Kein Bericht und keine Fotografie kann den grauenhaften Anblick des Lagergeländes hinreichend wiedergeben [...] An zahlreichen Stellen waren die Leichen zu Stapeln von unterschiedlicher Höhe aufgeschichtet [...] Überall im Lager lagen verwesende menschliche Körper. [Die Baracken] waren überfüllt mit Gefangenen in allen Stadien der Auszehrung und der Krankheit."[708] In Prag, nach dem Besuch des KZs Theresienstadt[709], trifft er mit Mimi Mann-Kanová, der ersten Frau seines Onkels

---

befinden sich beeindruckende Fotos von der Befreiung des KZs Dachau und anderer KZs.

[708] So das Zeugnis von Hugh Llewelyn Glyn Hughes, dem späteren Leiter der Rettungs- und Rehabilitierungsmaßnahmen, in: Eberhard Kolb, Bergen-Belsen 1943-1945. Vom `Aufenthaltslager´ zum Konzentrationslager, Göttingen 2002, 52, zitiert nach Mirjam Pressler, „Grüsse und Küsse an alle". Die Geschichte der Familie von Anne Frank, FfM 2009, 235. Anne Frank (1929-1945) wurde zum Symbol für die anderthalb Millionen unschuldiger jüdischer Kinder, die von den Nazis umgebracht wurden, vgl. Anne Frank Tagebuch, hg. v. Otto H. Frank und Mirjam Pressler, FfM 1991; Die Geschichte der Anne Frank, hg. v. Anne Frank Haus (Amsterdam 2004), Hamburg 2005; Die Tagebücher der Anne Frank, Vollständige, textkritische, kommentierte Ausgabe, hg. vom Niederländischen Staatlichen Institut für Kriegsdokumentation, aus dem Niederländischen von Mirjam Pressler, Frankfurt/M. 1988.

[709] Klaus Manns Neffe Frido Mann wird Jahrzehnte später dem KZ Theresienstadt einen Roman widmen, vgl. Frido Mann, Terezín oder Der Führer schenkt den Juden eine Stadt, Berlin-Hamburg-Münster 1994.

Heinrich, und ihrer Tochter Leonie zusammen.[710] Sie sind beide geschwächt, die Spuren der erlittenen KZ-Haft deutlich erkennbar. Am 1. August 1945 berichtet Klaus Mann über das Wiedersehen mit ihr in einem Brief an seine Freundin Eva Herrmann[711]: „Erinnerst Du Dich an Tante Mimi, Onkel Heinrichs geschiedene Frau? Eine Pragerin – Du weißt schon noch, so eine Dicke, Bunte, Muntere. Nun, ich habe sie wiedergesehen, vor vierzehn Tagen etwa, in einer böhmischen Ortschaft namens Theresienstadt. [...] Ich habe mir die Tante Mimi angeschaut. Wie sieht sie aus, nach fünf Jahren `Vorzugslager´? Nicht mehr dick und bunt, auch nicht mehr munter! Ein Schatten ihrer selbst ist Tante Mimi, vom Fleisch gefallen, halb gelähmt, gebückt, verhutzelt, eingeschnurrt, mit dünnem weißem Haar, zittrigen Krallenfingern, die fahle Miene grimassenhaft verzerrt mit schiefem Mund und starrem Leidensblick. Eine Gerettete? Nein, ein Gespenst.

---

[710] Maria Kanová war von 1940-1944 wegen ihrer jüdischen Herkunft im KZ Theresienstadt gefangen. Wie Klaus Mann vermutete, blieb sie von Auschwitz und der Gaskammer verschont, weil sie eine sog. `halbarische´ Tochter mit dem Nicht-Juden Heinrich Mann hatte. Mimi Mann starb allerdings am 19.4.1947 in Prag an den Folgen der erlittenen Haft, vgl. weiterführend Jindrich Mann, Prag, poste restante. Eine unbekannte Geschichte der Familie Mann, Reinbek 2007.
[711] Zur Vita siehe `Who is Who´ bei Klaus Mann.

Sie trägt das Zeichen."[712] Mimi Mann-Kanová wird wenig später nach der Begegnung an den Folgen der erlittenen Haft sterben.

Klaus Mann besucht Künstler, die sich mit dem NS-Regime arrangiert bzw. von ihm profitiert haben[713], und ist erschüttert über deren politische Einstellung, über ihre Ausreden, was ihre Rolle während der NS-Diktatur anbetraf, und über ihre Dekadenz: „Die Nürnberger Gesetze sind gewesen; Auschwitz ist gewesen; ein Massaker ohne Beispiel hat stattgehabt; das infamste Regierungssystem der Weltgeschichte hat die Juden zum Freiwild degradiert. All dies ist bekannt. Und die Schwiegertochter des Komponisten Richard Strauß beklagt sich, weil sie nicht *jagen* durfte."[714] Er erlebt die Deutschen als ein Volk von Befehlsempfängern. Über einstige

---

[712] Klaus Mann, Der Wendepunkt, a. a. O., 568. Vgl. dazu auch Kirsten Jüngling, „Ich bin doch nicht nur schlecht.", a. a. O., 185, Anm. 24, und Klaus Manns Brief an seinen Onkel Heinrich v. 24.5.1945, in dem er über das Schicksal seiner Tante und seiner Cousine berichtete und ihn bat, den beiden in ihrer Not mit Gelddonationen und der Überlassung von russischen Tantiemen zu helfen, vgl. Klaus Mann, `Lieber und verehrter Onkel Heinrich´, hg. v. Inge Jens und Uwe Naumann, Reinbek 2011, 71ff., sowie seine Beschreibung in: Klaus Mann, Auf verlorenem Posten. Aufsätze, Reden, Kritiken 1942-1949, Reinbek 1994, 232-234.

[713] Darunter befanden sich Franz Léhar (1870-1948), Richard Strauß (1864-1949), Winifred Wagner (1897-1980) und Emil Jannings (1884-1950).

[714] Klaus Mann, Der Wendepunkt, a. a. O., 564.

NSDAP-Parteimitglieder, die die KZs leugnen, schreibt er: „Ohne den guten Willen, ohne die Hilfe freiheitlich gesinnter Deutscher dürfte es schwierig, ja unmöglich sein, aus dem Trümmerfeld, das Deutschland heute ist, wieder ein zivilisiertes Land und endlich eine Demokratie zu machen."[715] Als Korrespondent von *The Stars and Stripes* ist er am 11. Mai 1945 bei der Befragung des verhafteten Kriegsverbrechers Hermann Göring[716] dabei. Danach hält er sarkastisch fest: „Nazis ... hat es in Deutschland nie gegeben; selbst Hermann Göring war im Grunde keiner. Lauter `Innere Emigration´! Plötzlich entdecken alle ihre demokratische Vergangenheit und, wenn irgend möglich, ihre *nichtarische* Großmama. Jüdische Ahnen sind enorm gefragt."[717]

So kann man im Blick auf Klaus Mann festhalten: „Kein deutscher Schriftsteller verbindet mit dem Ende des Krieges so große Hoffnungen. Niemand wird so bitter enttäuscht werden vom Nachkriegsland, von der Nachkriegswelt."[718]

---

[715] Klaus Mann, Der Wendepunkt, a. a. O., 574.
[716] Zur Vita siehe `Who is Who´ bei Klaus Mann.
[717] Klaus Mann, Der Wendepunkt, a. a. O., 571.
[718] Volker Weidermann, Lichtjahre. Eine kurze Geschichte der deutschen Literatur von 1945 bis heute, Köln 42006, 13.

11. Das Leben nach dem Krieg

Am 28. September 1945, kurz bevor in Nürnberg
der Kriegsverbrecherprozess[719] beginnt, in dem

---

[719] Zwischen dem 20.11.1945 und dem 30.9.1946 standen in Nürnberg
22 Kriegsverbrecher vor Gericht. Den Ort für die Verhandlungen hatten
die alliierten Befreier aus politischen Motiven gewählt: Nürnberg hatte
viele Jahre lang als Kulisse für die sog. `Reichsparteitage´ der NSDAP
gedient, auf denen sich das Hakenkreuzregime selbst inszeniert und
großdemonstrationsmäßig den Schulterschluss mit den Massen zele-
briert hatte. Seit 1933 waren diese sog. `Reichsparteitage´ mit Wagners
`Meistersingern´ eröffnet worden – eine gewaltige Demonstration diktato-
rischer Macht mit zeitweise 1,3 Millionen Teilnehmern (1938). Die Nazis
hatten die Stadt nicht zufällig gewählt: der Goldenen Bulle von 1356
zufolge hatte jeder neue König des Heiligen Römischen Reiches deutscher Nation seinen ersten Reichstag in Nürnberg abzuhalten. Nach
1945 hatten sich Hitler, Goebbels und Himmler durch Suizid (durch
Erschießen und Vergiften mit Zyankali) der persönlichen und politischen
Verantwortung entzogen, Martin Bormann (1900-1945) war beim Flucht-
versuch aus Berlin umgekommen, Robert Ley (1890-1945) hatte sich vor
Prozessbeginn das Leben genommen. Die verbliebenen führenden
Politiker des sog. `Dritten Reiches´, die als Kriegsverbrecher angeklagt
wurden, waren: Hermann Göring (1893-1946), der sich der politischen
Verantwortung während des Prozesses durch Suizid entzog; Joachim
von Ribbentrop (1893-1946), Wilhelm Keitel (1892-1946), Ernst Kalten-
brunner (1903-1946), Alfred Rosenberg (1893-1946), Hans Frank (1900-
1946), Wilhelm Frick (1877-1946), Julius Streicher (1885-1946), Fritz
Sauckel (1894-1946), Alfred Jodl (1890-1946) und Arthur Seyss-Inquart
(1892-1946), die den Tod durch den Strang fanden. Ihre Leichen wurden
verbrannt und in einem Zufluss der Isar verstreut. Zu lebenslänglichen
bzw. langjährigen Haftstrafen verurteilt wurden Rudolf Heß (1894-1987,
starb im Spandauer Gefängnis durch eigene Hand), Walter Funk (1890-
1960), Karl Dönitz (1891-1980), Baldur von Schirach, Konstantin von
Neurath (1873-1956) und Albert Speer (1905-1981). Freigesprochen
wurden Hjalmar Schacht (1877-1970), Ernst Raeder (1876-1960) und
Franz von Papen (1879-1969). Von den 21 Angeklagten hatte ein Drittel
den Doktortitel rechtmäßig erworben. Sechs der sieben Doktoren waren
Juristen – was als Zeichen gewertet wird, in welchen Kreisen der Nationalsozialismus fest verankert war. Hans Fritzsche (1900-1953), enger
Mitarbeiter Goebbels und die sog. `Rundfunkstimme des Dritten Rei-

nicht nur ein Verfahren gegen die Hauptkriegs-
verbrecher eingeleitet, sondern das verbrecheri-
sche System angeklagt wird, das die Welt in
einen brutalen, so zuvor nicht gekannten Krieg
gestürzt hat, wird Klaus Mann auf seinen
Wunsch hin in Ehren aus der amerikanischen
Armee entlassen. Danach befallen ihn eine seelische Leere und eine berufliche und private Ori-
entierungslosigkeit. Obwohl es in Deutschland
keine `Stunde Null´[720] gibt und gerade in dem

---

ches´, wurde freigesprochen, später aber zu Arbeitslager verurteilt. An
218 Tagen wurde im scharf bewachten Saal 600 des Nürnberger Ge-
richts verhandelt. US-Chefankläger war Robert Jackson (1892-1954).
Sein Stellvertreter war der 1938 ausgebürgerte Robert Kempner (1899-
1993), der in den Akten des NS-Finanzministeriums das Wannsee-
Protokoll zur sog. `Endlösung der Judenfrage´ aufspürte (am 20. Sep-
tember 1942 war in der `Villa am Großen Wannsee´ auf Befehl Hitlers
die Ermordung der Juden in Deutschland und den besetzten Gebieten
beschlossen worden). An die Hauptkriegsverbrecherprozesse schlossen
sich zwölf Prozesse gegen hochrangige Ärzte, Juristen, Industrielle, SS-
und Polizeiführer, Militärs und Diplomaten an – insgesamt standen 199
Angeklagte vor Gericht, 38 von ihnen wurden in Nürnberg freigesprochen. Durch den Prozess erfuhr die Weltöffentlichkeit vom ganzen Ausmaß der Shoah und den Dimensionen der NS-Verbrechen, vgl. weiterführend den Klassiker von Joe J. Heydecker/Johannes Leeb, Der Nürnberger Prozeß (mit einer ausführlichen Bibliografie auf 567-574) und das
erschütternde `Konzentrationslager Dokument F 321 für den Internatio-
nalen Militärgerichtshof Nürnberg´, hg. v. Französischen Büro des Informationsdienstes über Kriegsverbrechen, FfM [18]2005, in dem auf 344
Seiten Zeugenaussagen über die Torturen und Zustände in den KZs
gesammelt wurden, sowie www.museen.nuernberg.de/dokuzentrum und
www.memorium-nuernberg.de (aufgerufen am 19.8.2015).
[720] Entgegen dem landläufigen Sprachgebrauch gab es in der Bundesrepublik Deutschland keinen Neuanfang nach der Befreiung vom Nationalsozialismus, sondern die alten Eliten saßen bald wieder an den ent-

großen Beamten- und Justizapparat[721] die Entnazifizierung nur halbherzig durchgeführt wird, ist Klaus Mann sein klarer politischer Feind abhanden gekommen, gegen den er mit seinem ganzen Leben in den zurückliegenden Jahren gekämpft hatte. Sein körperlicher und seelischer Verfall beschleunigt sich jetzt. Nach kurzer Zeit findet er zwar eine neue Aufgabe: In Italien arbeitet er im Herbst 1945 an einem Drehbuch zu Roberto Rossellinis [722] Film `Paisà´ mit, ein Hauptwerk des italienischen Neorealismus, das die Befreiung Italiens vom Faschismus thematisiert.[723] Aber im November 1945 steigt er schon wieder aus dem Projekt aus, weil er sich mit Rossellini nicht über seine Gage und die Nen-

---

scheidenden Schnittstellen in Politik, Gesellschaft, Wirtschaft und Justiz, vgl. DIE ZEIT Geschichte 1, Die Stunde Null: 8. Mai 1945, Teil 2 v. April 2005: Lehren aus der Katastrophe (Bibliografie auf 48f.). Vgl. dazu auch DIE ZEIT v. 29.4.2015, 51 (hier werden auch sieben aktuelle Bücher zum Thema empfohlen) und DER SPIEGEL 18 v. 24.4.2015, Der Tag des Jahrhunderts. 8. Mai 1945: Wie die Deutschen das Kriegsende erlebten. Hierin kommt u. a. auch Thomas Mann zu Wort, der sich zum Zeitpunkt von Deutschlands Befreiung in Los Angeles befand und sich von dort aus via Radio („Deutsche Hörer!") regelmäßig gegen Hitler zu Wort gemeldet hatte.

[721] Beispielsweise fanden von den 258 Richtern und Staatsanwälten von Hitlers Volksgerichtshof 95 Beamte wieder Verwendung in der Justiz der Bundesrepublik Deutschland – also mehr als jeder Dritte!

[722] Zur Vita siehe `Who is Who´ bei Klaus Mann.

[723] Klaus Mann berichtet von seiner Mitarbeit an dem Film im `Wendepunkt´, a. a. O., 576f.

nung seines Namens einigen kann.[724] Die Dreharbeiten enden im Juni 1946.[725] Nach zwei Jahren sieht er nun seine Schwester Erika wieder und denkt weitere Filmprojekte an.[726] Deutschland ist ihm, wie vielen Rückkehrern aus der Emigration[727], fremd geworden. Die alten Nazis, besonders in der Justiz, aber auch sonst in der Verwaltung, haben wie der böse Wolf aus Grimms bekanntem Märchen Kreide gefressen und das Vokabular der neuen Zeit übernommen.[728] Klaus Mann wechselt jetzt häufig seinen Wohnsitz: Ab 1946 lebt er u. a. in Rom, Amsterdam und New York. Er hält Vorträge und schreibt das Theaterstück `Der siebente En-

---

[724] Vgl. KMT 1944-1949, 101, Eintrag v. 15.11.1945 und 103, Eintrag v. 8.12.1945.

[725] Im Jahr 1946 gab es keine Aufzeichnungen in den Tagebüchern. Sie gingen vermutlich verloren, vgl. W. F. Schoeller, Nachwort zu KMT 1944-1949, 221-233.

[726] Vgl. weiterführend Thomas Meder, Vom Sichtbarmachen der Geschichte. Der italienische `Neorealismus´, Rosselinis PAISÀ und Klaus Mann, München 1993.

[727] Die Rückkehr der exilierten Intellektuellen ins Nachkriegsdeutschland thematisierten zwei Ausstellungen im Herbst 2009: `Die Frankfurter Schule und Frankfurt. Eine Rückkehr´, Jüdisches Museum Frankfurt/Main, und `Golo Mann. Die Geschichte´, im Buddenbrookhaus Lübeck und ab 1/2010 im Münchner Literaturhaus.

[728] Der deutsche Schriftsteller mit italienischen und jüdischen Wurzeln Ralph Giordano (1923-2014) schrieb nach dem Krieg über die Täter: „Von wenigen Ausnahmen abgesehen, sind sie nicht nur straffrei davongekommen, sie konnten ihre Karrieren auch unbeschadet fortsetzen" (Ralph Giordano, Mein Deutschland, in: Jüdische Allgemeine vom 21.5.2009).

gel´[729], welches Geisterglauben und Spiritismus zum Inhalt hat[730], und übersetzt 1947 sein Gide-Buch und den `Turning Point´ zurück ins Deutsche. Und er sucht gegen die Einsamkeit und gegen die Verzweiflung an der Welt wieder Trost in den Drogen. Besonders seit Januar 1947 ist Klaus Mann erneut in erhöhtem Maße drogenabhängig. Über einen längeren Zeitraum hinweg nimmt er täglich `Benzedrin´ und weitere Aufputschmittel. Er hat Geldsorgen, seine Bücher verkaufen sich kaum, politisch fühlt er sich heimatlos. Und: Es fehlt ihm an Energie. Erneut stellt sich Todessehnsucht ein.[731]

Am 11. Juli 1948, er lebt seit einiger Zeit im kalifornischen Pacific Palisades im Haus seiner Eltern, knapp zwei Wochen vor dem 65. Geburtstag seiner Mutter, unternimmt Klaus Mann infolge seiner zunehmenden Depressionen, schrift-

---

[729] `Der siebente Engel´ wurde am 21. Januar 2007 erstmals im Hamburger Ernst-Deutsch-Theater in einer inszenierten Ur-Lesung vorgestellt. Das Stück wurde zuvor noch nie aufgeführt.

[730] Seine langjährige Freundin Eva Hermann (1901-1978) lebte im kalifornischen Santa Barbara und glaubte fest daran, mit dem Jenseits Kontakt aufnehmen zu können!

[731] Bereits 1933 hatte er seinem Tagebuch anvertraut: „Es ist so, dass ich keine Angst vorm Tode habe. Er wird gnadenvoll sein. Das Einzige, was ich fürchte, wäre zu sterben, so lange E[rika Mann] lebt, weil das Bild ihres Zusammenbruches meine letzte Sekunde mit Qual füllen müsste" (KMT 1931-1933, 159, Eintrag v. 25.7.1933).

stellerischen Misserfolge und finanziellen Probleme einen weiteren, vorletzten Suizidversuch.[732] Diesmal schluckt er eine Überdosis Schlaftabletten, öffnet sich gleichzeitig die Pulsadern und dreht zusätzlich noch den Gashahn auf.[733] Doch der Gasgeruch im Haus fällt auf und er wird rechtzeitig gefunden. Die Medien berichten anschließend darüber.[734] Thomas Mann erklärt die

---

[732] Vgl. KMT 1944-1949, 174-176, Einträge v. 11.7.-24.7.1948. Zum Suizid vgl. z. B. Irmela von der Lühe, Erika Mann, a. a. O., 297 und 306.

[733] Vgl. Kirsten Jüngling/Brigitte Roßbeck, Katia Mann, a. a. O., 256, und Nicole Schaenzler, Klaus Mann, a. a. O., 508. Die Reaktion der Mutter auf diesen Versuch, freiwillig zu sterben, beschrieb Elisabeth Mann Borgese: „Sie war nun wirklich die warmherzigste und liebevollste Person, die man sich vorstellen kann. Aber sie hatte auch einen durchdringend kalten Verstand. Und als sie das hörte, mit Pulsadern und Gasherd, rief sie fast zornig: `Wie kann man es so schlecht machen, wenn man sich schon umbringen will.´" (Katia Mann, zit. nach Kerstin Holzer, Elisabeth Mann Borgese, a. a. O., 133).

[734] Die Berichterstattung war ihm ein Graus und er schämte sich ob der ungewollten Popularität. An Upton Sinclair schrieb er: „I am ashamed of my weakness, disgusted with the indiscretion of a `free´ but irrespondible press which cruelly publicizes one´s most intimate, most painful failures" (Klaus Mann, Brief an Upton Sinclair v. 14.7.1948, in: Klaus Mann-Briefe, a. a. O., Bd. 2, 275). Und an seinen Freund Hans Feist hieß es: „Ich brauche wohl nicht zu sagen, wie gräulich mir diese `publicity´ ist. Was den melancholischen und blamablen Zwischenfall selbst betrifft, so ersparst Du mir wohl weitere `Erklärungen´ – deren es ja übrigens, angesichts der furchtbaren Weltlage und meiner eigenen nicht eben einfachen Verhältnisse (um nicht zu sagen `Veranlagung´) kaum bedürfen sollte. Solange ich arbeiten kann, ist alles erträglich. In den letzten Jahren, und vor allem in den letzten Monaten, gab es aber auch auf diesem Gebiet Schwierigkeiten" (Klaus Mann, Brief an Hans Feist vom 23.8.1948, in: Klaus Mann-Briefe, a. a. O., Bd. 2, 281). Auch seine Schwester Erika schrieb darüber, vgl. Erika Mann, Briefe und Antworten 1922-1950, hg. von Anna Zanco Prestel, Bd. I, München 1984, 244.

Todessehnsucht seines ältesten Sohnes nach dem missglückten Suizidversuch genetisch: „Ich grolle ihm etwas, weil er seiner Mutter das antun mochte. Er ist verwöhnt durch ihr Alles verstehen – und durch meines. Die Situation bleibt gefährlich. Meine beiden Schwestern haben sich getötet, und Klaus hat viel von der Älteren. Der Trieb ist in ihn gelegt und wird durch alle Umstände begünstigt – außer allein von einem Elternhaus, auf das er sich immer verlassen kann, auf das er aber natürlich nicht angewiesen sein will"[735], schreibt er an den mit ihm befreundeten Philosophen Theodor W. Adorno[736].

Klaus Mann verlässt seine Eltern im Juli 1948 und zieht gemeinsam mit seinem Freund zu seinem Bruder Golo. Erneut begibt er sich in psychotherapeutische Behandlung. Rastlos ist sein Leben in dieser Zeit: Er fährt nach Europa,

---

[735] Thomas Mann an Theodor W. Adorno v. 12.7.1948, in: Thomas Mann, Briefe, 1889-1955, hg. v. Erika Mann, 3 Bde., FfM 1961-1965, Zitat in Bd. 3, 37. Vgl. auch den Brief an Theodor W. Adorno, in: F. Kroll (Hg.), KMS 6, a. a. O., 411f. Auch Thomas Mann litt lebenslang unter Depressionen, körperlichem Unbehagen und nervlichen Krisen. Er war „vulnerable", wie Elisabeth Mann sagte (Elisabeth Mann Borgese im Gespräch mit Heinrich Breloer, in: Heinrich Breloer, Unterwegs zur Familie Mann. Begegnungen, Gespräche, Interviews, FfM 2001, 98).
[736] Zur Vita siehe `Who is Who´ bei Klaus Mann. Adorno war Thomas Manns musikalischer Berater bei der Niederschrift des `Dr. Faustus´ gewesen.

nimmt im August eine von Fritz Landshoff ver-
mittelte halbtägliche Lektoratsanstellung im
Amsterdamer Querido-Verlag an[737], gibt diese
nach wenigen Monaten wieder auf, kehrt im Dezember 1948 in die USA zurück, besucht an
Weihnachten die Eltern in Santa Monica und
reist wieder zurück nach Europa. Todesgedanken quälen ihn. Das Schreiben fällt ihm zunehmend schwerer[738], es gelingt ihm kaum noch,
angefangene Arbeiten zuende zu bringen.[739] Seit

---

[737] Thomas Mann schrieb ihm zum 42. Geburtstag einen Brief: „...von
Herzen dankbar, dass wir Deinen Tag zusammen, wenn auch weit voneinander, verleben, dass Du uns und den Vielen, die Dir zugetan sind,
geblieben bist und bleiben wirst in Deiner begabten und gescheiten und
darum natürlich innerlich traurigen, aber doch freundlich mithaltenden
und immer emsig tätigen Liebenswürdigkeit. Du planst ja einen neuen
Roman, das ist schön, und da bin ich neugierig, sodass ich fast wünsche, es käme Dir sonst nichts Verlockendes in den Weg, Dich davon
abzuhalten" (Thomas Mann an Klaus Mann, Brief vom 12.11.1948, in:
Klaus Mann, Briefe und Antworten, Bd. 2, a. a. O., 291).
[738] Das Sprachproblem, unter dem Klaus Mann litt, wenn er in zwei
Sprachen schrieb, ist nicht zu unterschätzen. Im Exil bis 1939 hatte
Klaus Mann vier Romane und eine Novelle verfasst, in den letzten zehn
Jahren seines Lebens schrieb er überwiegend Essays oder übersetzte
seine alten Werke ins Deutsche zurück. An seinen Freund Herbert
Schlüter (1906-2004) schrieb er: „Damals hatte ich *eine* Sprache, in der
ich mich recht flink auszudrücken vermochte; jetzt stocke ich in zwei
Zungen. Im Englischen werde ich wohl nie ganz so *zuhause* sein, wie ich
es im Deutschen *war* – aber wohl nicht mehr bin ..." (Klaus Mann, Briefe
und Antworten 1922-1949, a. a. O., 603). Seinen Kampf ums Schreiben
in Englisch hielt er in seinen Tagebüchern fest, vgl. KMT 1940-1943, 24,
Einträge v. 27. und 28.2.1940. Ab 1942 tätigte Klaus Mann die Einträge
in seinem Tagebuch ausschließlich auf Englisch.
[739] Rastlos übersetzte er in dieser Zeit alte Arbeiten, bereiste Wiesbaden,
Baden-Baden, Mainz, Germersheim, Mannheim und Freiburg, hielt

langem schon klagt er über Erschöpfungszu-stände.[740] In seinem letzten fertig gestellten Es-say `Die Heimsuchung des europäischen Geis-tes´, gewissermaßen sein politisches Testa-ment, ruft er angesichts des sich verschärfenden Ost-West-Konflikts und eines drohenden Dritten Weltkrieges alle Intellektuellen zu einem kol-lektiven Suizid auf, indem er seine Worte der Verzweiflung einem jungen schwedischen Stu-denten in den Mund legt: „Wir sind geschlagen, wir sind fertig, geben wir es doch endlich zu! Der Kampf zwischen den beiden antigeistigen Rie-senmächten – dem amerikanischen Geld und dem russischen Fanatismus – lässt keinen

---

Lesungen und gab Interviews. In Genf, Zürich und Aarau waren bei-spielsweise `neue Gesichter und Tendenzen in der amerikanischen Literatur´ sein Thema. Er veröffentlichte Gedanken zu Charlie Chaplin und Greta Garbo und reagierte bewegt auf den Suizid Jan Masaryks (1886-1948), des tschechischen Außenministers (in der Wiener `Welt am Montag´ erschien eine Woche später sein Artikel über ihn mit dem Titel `Die Tragödie Jan Masaryk´).
[740] In sein Tagebuch trug er ein: „Gearbeitet..." (KMT 1944-1949, 125, Eintrag v. 30.6.1947). „Bin ich am Ende? Kann ich nicht mehr schrei-ben??" (KMT 1944-1949, 172, Eintrag v. 30.6.1948). Er verflucht und verdammt seine Arbeit (vgl. KMT 1944-1949, 173, Einträge v. 6.7. und 7.7.1948). Mitte der 40er-Jahre schon notiert er: „...erschöpft, verzagt, äußerst entmutigt..." (KMT 1940-1943, 110, Eintrag v. 18.8.1942); „...erschöpft, isoliert, gelangweilt..." (KMT 1944-1949, 33, Eintrag v. 12.6.1944); „...langsam, langsam, langsam..." (KMT 1944-1949, 119, Eintrag v. 3.5.1947); „Müde und lustlos." (KMT 1944-1949, 129, Eintrag v. 9.8.1947); „...langsam! mühsam! erfolglos!" (KMT 1944-1949, 169, Eintrag v. 14.6.1948).

Raum mehr für intellektuelle Unabhängigkeit und Integrität. (...) Eine Selbstmordwelle, der die hervorragendsten, gefeiertsten Geister zum Opfer fielen, würde die Völker aufschrecken aus ihrer Lethargie, so dass sie den tödlichen Ernst der Heimsuchung begriffen, die der Mensch über sich gebracht hat durch seine Dummheit und Selbstsucht."[741] Auch in seinem letzten, unvollendet gebliebenen Roman `The Last Day´, der in Berlin und in New York spielt, ist der Suizid der Leitgedanke: Die Geschichte spielt am letzten Lebenstag der beiden Protagonisten. Beide intellektuelle Helden, Schriftsteller, deren Schicksal er schildert, sterben am selben Tag – der eine bei einem Unfall, der andere durch Suizid; beide an der Vergänglichkeit ihres Kampfes für die Humanität und an der Hoffnungslosigkeit der politischen Situation verzweifelnd. Über den fragmentarisch gebliebenen Roman stellt er ein Motto aus dem Lukas-Evangelium (Lk 9,24).

---

[741] Klaus Mann, Die Heimsuchung des europäischen Geistes, in: Klaus Mann, Heute und Morgen. Schriften der Zeit, hg. v. Martin Gregor-Dellin, München 1969, 317-338, bes. 337f. Diese Idee eines kollektiven Suizides als moralisches Korrektiv der Politik spiegelte Klaus Manns Überschätzung des Einflusses von Intellektuellen auf die Geschichte wider. Der Essay `Europe´s Search for a new Credo´ erschien im Juli 1949 in der `Neuen Schweizer Rundschau´ auf Deutsch.

Bisher ist es ihm nicht gelungen, einen Verlag für seinen `Mephisto´ zu finden. Der Geschäftsführer des Langenscheidt-Verlags beispielsweise zieht seine Zusage der Veröffentlichung mit der Begründung zurück, dass im Nachkriegsdeutschland „Herr Gründgens... hier eine bereits sehr bedeutende Rolle"[742] spielen würde. Klaus Mann ist frustriert. Auch der `Wendepunkt´, den er für die deutsche Ausgabe aus dem Englischen umgearbeitet hatte und Mitte März abschließen konnte, gelangt nicht so zur Veröffentlichung, wie er sich das vorgestellt hatte. Er fliegt nach Europa: Amsterdam, Paris, Nizza, Cannes. Ende April schreibt er in sein Tagebuch: „Fühle mich schlecht, schlecht, schlecht (...) völlig niedergeschlagen, unfähig, *irgend etwas* zu tun..."[743] Seine Todessehnsucht wird immer größer. „Ich werde diese Notizen nicht weiterführen", beginnt er 1949 sein Tagebuch, er „wünsche nicht, dieses Jahr zu überleben."[744] Hinzu tritt das Bewusstsein, dass er von der zerstörerischen Droge auf Dauer nicht loskommt. Am 7. April 1949 unternimmt er seinen

---

[742] Klaus Mann, Briefe und Antworten, a. a. O., 798.
[743] KMT 1944-1949, 215, Eintrag v. 29.4.1949.
[744] KMT 1944-1949, 203, Eintrag v. 1.1.1949.

letzten Suizidversuch.[745] Vom 5. bis 15. Mai unterzieht er sich mit Hilfe von Doris von Schönthan[746] erneut einer Entziehungskur in der *Clinique St. Luc* in Nizza. Er hat große Angst vor einem endgültigen Verlust seiner Kreativität. „Rien" – „nichts", heißt es öfters im Tagebuch, wenn er tagsüber nichts oder nichts Rechtes zu Papier gebracht hat. Am 15. Mai fährt er zurück nach Cannes.

---

[745] KMT 1944-1949, 211, Eintrag v. 7.4.1949.
[746] Zur Vita siehe `Who is Who´ bei Klaus Mann.

12. Das Ende

Am 20. Mai 1949 um 18.00 Uhr findet man Klaus Mann in der Pension `Pavillon Madrid´ in Cannes, wohin er sich zum Schreiben von `The Last Day´ zurückgezogen hatte – leblos und gepflegt angezogen auf dem Bett liegend, ohne Bewusstsein.[747] Über den Tag seines Sterbens gibt es keine Tagebuchaufzeichnung von ihm, lediglich den Eintrag eines Termins: 22h: Louis (Zanzi-Bar)[748]. In der Forschung ist unklar, ob

---

[747] Die bis dahin erfolgten Suizidversuche müssen – da dilettantisch ausgeführt, wie Katia Mann meinte (vgl. H. Breloer, Die Manns, a. a. O., 381) – als Hilferufe gewertet werden. Die Forschung geht davon aus, dass Klaus Mann eher zufällig gestorben ist, weil die Morphium-Dosis von Dr. Robert Klopstock, ehemals Arzt und Freund Franz Kafkas (1883-1924) sowie Thomas Manns, gestreckt worden war, um die gefährliche Dosis zu neutralisieren (vgl. weiterführend Marko Martin, Letzte Tage in Cannes. Klaus Mann – Erinnerungen an einen Zeitgenossen, zitiert nach: http://www.oeko-net.de/kommune/kommune5-97/KMANN.html (aufgerufen am 28.8.2015). Robert Klopstock hatte Klaus Mann aus New York ein sog. `Entwöhnungsmittel´ (so Thomas Mann) geschickt, das vermutlich ein Rauschmittel enthalten hatte (vgl. F. Kroll, a. a. O., 6, 548). „Neben seinem Kopfkissen fand man leere Röhrchen, von denen die Zuschriften sorgfältig weggekratzt worden waren... Die Leiche wurde obduziert vom Gerichtsmediziner Dr. Baloux, der den Tod durch Vergiftung feststellte", hieß es in der Nizzaer Zeitung *Le Patriote* (vgl. F. Kroll, KMS 6, a. a. O., Anm. 2943). N. Schaenzler zufolge handelte es sich bei der tödlichen Dosis um ein barbituratähnliches Mittel. Sie folgt darin F. Kroll, der meint, Robert Klopstock habe es Klaus Mann aus New York geschickt, um dessen Entzugserscheinungen zu lindern, vgl. F. Kroll (Hg.), KMS 6., a. a. O., 548.
[748] Vgl. KMT 1944-1949, 218, Eintrag v. 20.5.1949. Die Zanzi-Bar in Cannes, die Kneipe „mit einem etwas speziellen Einschlag", wurde

dieser Termin überhaupt stattfinden sollte. Damit zusammen hängt, ob Klaus Mann im Alter von 42 Jahren freiwillig aus dem Leben geschieden ist, ob versehentlich durch eine Überdosis Schlaftabletten, die sein durch Nikotin- und Drogenmissbrauch geschwächter Körper nicht verkraften konnte, oder ob er einfach eine Kurzschlusshandlung unternommen hat.[749]

Allerdings deutet nichts auf einen Suizid hin[750], von dem er immer geredet und den er auch öfters versucht hat – Hilfeschreie eines vereinsamten, oft traurigen[751] und lebensmüden hoch-

---

bereits erwähnt in: Erika und Klaus Mann, Das Buch von der Riviera, Neuausgabe Reinbek 2004, 79. Es gibt sie noch heute.

[749] Golo Mann schrieb: „Geplant hat er nichts, vermutlich noch in den Tagesstunden des [20.] Mai nicht; geplant hat er Arbeiten und Reisen..." (Golo Mann zitiert nach F. Kroll, KMS 6, a. a. O., 535). Andernorts erklärte er sich den Suizid so: „Meines Bruders Seele war krank" (Golo Mann, Erinnerungen, in: Klaus Mann, Briefe und Antworten 1922-1949, a. a. O., 653; auch bei Hermann Kurzke/Golo Mann/Marcel Reich-Ranicki, Enthusiasten in der Literatur, a. a. O., 180).

[750] Vgl. Erika Mann, Brief an Pamela Wedekind v. 27.7.1949, in: Erika Mann (1922-1950), Briefe und Antworten, Bd. 1, München 1984, [2]1988, 264. Aus diesem Gedanken heraus hat der Künstler Andre Sokolowski ein Theaterstück geschrieben, in dem Klaus Mann von seinem letzten Liebhaber, einem Strichjungen, mit der Axt erschlagen wird, vgl. Andre Sokolowski, Klaus Mann stirbt, Berlin 1998, [2]2012: http://www.andre-sokolowski.de/klaus.htm (aufgerufen am 19.8.2015).

[751] „Große Traurigkeit. (...) J´attends ma mort comme un enfant ses vacances..." (KMT 1938-1939, 107f., Eintrag vom 21.5.1939). „Traurig bis in den Tod" (KMT 1938-1939, 117, Eintrag vom 5.7.1939). „Anfälle enormer Traurigkeit" (KMT 1940-1943, 63, Eintrag v. 22.9.1940). „Unendliche Traurigkeit. Ständige Sehnsucht nach dem Tod" (KMT 1944-1949, 196, Eintrag v. 10.12.1948).

intelligenten Mannes. [752] Erika Mann nennt die Abhängigkeit ihres Bruders als „Erkrankung" [753] beim Namen und spricht von „Depressionen",

---

[752] Erste Suizidfantasien finden man bereits bei dem 17jährigen: Er sprach von der süßen Idee des Selbstmordes. Zu Klaus Manns Selbstmordgedanken vgl. auch Klaus Mann, Kind dieser Zeit, a. a. O., 149f. Todeswünsche und Todesgedanken hielt er später mehrfach in seinem Tagebuch fest, u. a.: „Ich bin zur Zeit mächtig angezogen von der anderen Seite..." (KMT 1936-1937, 69, Eintrag v. 16.8.1936; vgl. auch KMT 1936-1937, 162, Eintrag v. 1.10.1937). Er konnte sich nicht von dem Gefühl der Einsamkeit und des Todeswunsches befreien (vgl. KMT 1934-1935, 32, Eintrag v. 7.5.1934; KMT 1934-1935, 60, Eintrag v. 31.8.1934; KMT 1936-1937, 55, Eintrag v. 1.6.1936). „Ich möchte STERBEN" (KMT 1936-1937, 87, Eintrag v. 23.11.36). 1939 notierte er in sein Tagebuch: „Ich lebe... nicht ungern. Trotzdem ist der fast beständige Gedanke an den TOD das Einzige, was mir das Leben erträglich macht. Ich kann und will nicht sehr lange leben. Irgendwann werde ich den Tod doch wieder auf dem holden, schaurigen Umweg über die Droge suchen... Dies wird nicht `Schwäche´ sein. Ich werde es wollen" (KMT 1938-1939, 94f., Eintrag vom 27.3.1939; vgl. dazu auch Nicole Schaenzler, Klaus Mann, a. a. O., 499). Vgl. ferner „Das neue Jahr... der neue Schritt zum Tode – den ich freudig erwarte" (KMT 1940-1943, 9, Eintrag v. 1.1.1940); „...Traurigkeit, ohne Ende. Todeswunsch, als physische Begierde. Gefühl der Einsamkeit wie ein Frost" (KMT 1940-1943, 21f., Eintrag v. 18.1.1940); „In meinem Herzen, allezeit; die freundliche Aussicht des Todes" (KMT 1940-1943, 32, Eintrag v. 9.4.1940). Auch später äußerte er die Sehnsucht nach dem Tod (vgl. z. B. KMT 1940-1943, 178, Eintrag v. 17.10.1943; KMT 1944-1949, 135, Eintrag v. 28.6.1945; KMT 1944-1949, 196, Eintrag v. 10.12.1948; KMT 1944-1949, 203, Eintrag v. 1.1.1949; vgl. dazu auch KMT 1938-1939, 74, Eintrag vom 24.11.1938 und (KMT 1938-1939, 76, Eintrag vom 13.12.1938: „Todesdrang"). Vgl. dazu auch Marianne Krüll, Im Netz der Zauberer, a. a. O., 490f., Anm. 683.
[753] Erika Mann, Brief an Klaus Mann v. 15.5.1949, in: Erika Mann, Briefe und Antworten, hg. v. Anna Zanco Prestel, Bd. 1 (1922-1950), München 1984, 256.

die über ihn kamen und ihn nicht mehr Herr seiner Sinne sein ließen.[754]

Eine andere Hypothese, nämlich die, dass Klaus Mann von den Nazis hätte umgebracht worden sein können, erwies sich meines Erachtens als unwahrscheinlich. [755] Hypothetisch bleibt auch

---

[754] Marianne Krüll geht davon aus, dass Klaus Manns Suizid eine gezielte Aktion gegen Vater, Mutter und Schwester waren, vgl. Marianne Krüll, Im Netz der Zauberer, a. a. O., 21f.

[755] Während noch F. Kroll annahm, dass der berühmte jüdische Schriftsteller Kurt Tucholsky „offenen Selbstmord" begangen hatte (F. Kroll, KMS 4/2, a. a. O., 670), ist in der Zwischenzeit die Selbstmordthese bei Kurt Tucholsky und auch bei Walter Benjamin angezweifelt worden. Schon früher hatten Erika Mann und Klaus Mann die These eines Mordes bei Tucholsky ins Spiel gebracht. Aus Furcht hätte Kurt Tucholsky Vorsichtsmaßnahmen unternommen: „Als das Hitler-Regime eben erst etabliert hatte, im Jahre 1933, wurden die bezahlten Mörder schon zu den Emigranten geschickt", schrieb Klaus Mann (Klaus Mann, Escape to life, a. a. O., Zitat auf 195). Und wenig später: „Es war seine gewiß nicht unbegründete fixe Idee, dass die Nazis planten, ihn umzubringen" (Klaus Mann, Escape to life, a. a. O., 200). Auch Erika Mann berichtet von Kurt Tucholskys Angst vor den Nazis, ihn umbringen zu wollen (vgl. Erika Mann, Ausgerechnet ich. Ein Lesebuch, Reinbek 2005, 128). In seinem Tagebuch hielt Klaus Mann eine ähnliche Befürchtung im Blick auf sich selbst fest: „...oder ich werde von Nazislieb ermordet sein..." (KMT 1931-1933, 163, Eintrag vom 9.8.1933). Klaus Manns Freundin Therese Giehse sagte: „Auch außerhalb des Dritten Reiches lebten die Nazigegner sehr gefährlich. Für Hitler gab es keine Grenzen. Weder geographische noch völkerrechtlich gesicherte noch vernunftsmäßige. Die Emigranten wurden auch im Ausland verfolgt und bespitzelt. (...) Die diplomatischen Auslandsvertretungen waren angewiesen, ʹdas Tun und Treiben der sogenannten deutschen Emigranten mit Aufmerksamkeit zu verfolgenʹ und darüber nach Berlin zu berichten" (Therese Giehse, „Ich hab nichts zum Sagen". Gespräche mit Monika Sperr, Reinbek 1980, 38). Davon, dass Klaus Mann von Nazi-Spitzeln heimlich observiert wurde, geht auch sein Biograf aus, vgl. Uwe Naumann (Hg.), ʹRuhe gibt es nicht, bis zum Schlussʹ, a. a. O., 166: „Klaus Mann wurde im Exil heimlich von Nazi-Spitzeln observiert; über

Fredric Krolls Versuch, Klaus Manns Suizid aus Frust gegen die Entscheidung von Gottfried Bermann Fischer zu erklären, den `Wendepunkt´ – aus seiner Perspektive sein bestes Buch – nicht zu publizieren, was den Bankrott seiner literarischen Karriere bedeutet und was dieser nicht verkraftet hätte.[756] Die Polizeiakten sind nach Angaben von Kroll nicht mehr vorhanden.[757]

Man findet ihn und bringt ihn in die *Clinique Lutetia*. Dort sind alle Rettungsversuche vergeblich.[758] Nach einem Tag im Koma stirbt er in den frühen Abendstunden des 21. Mai 1949 und wird – Protestant jüdischer Herkunft – auf dem Fried-

---

seine Aktivitäten und Aufenthaltsorte wurden immer wieder detaillierte Berichte nach Berlin übermittelt." So stellt sich auch bei Klaus Mann die Frage, ob er umgebracht worden sein könnte. Allerdings geht die Mehrheit der Klaus-Mann-Experten zum gegenwärtigen Zeitpunkt von der Selbstmordthese aus, vgl. z. B. F. Kroll, Nachwort, in: Klaus Mann zum Gedächtnis, a. a. O., 205-209: „Am 21. Mai 1949 starb Klaus Mann in Cannes durch eigene Hand" (205). Kroll verweist auf seine Erörterung des Suizids in: F. Kroll (Hg.), KMS 6, a. a. O., 593-659.

[756] Vgl. F. Kroll (Hg.), KMS 6, a. a. O., 540.

[757] Vgl. F. Kroll, KMS 6, a. a. O., 548 und Anm. 2942.

[758] „Am nächsten Tag, gegen Mittag, fand ihn die Pensionswirtin in seinem – von innen verriegelten – Zimmer. Er lag, sorgfältig gekleidet, auf seinem Bett. Gegen 18.00 Uhr starb Klaus Mann am 21. Mai 1949 in der Clinique Lutétia – die Ärzte hatten nichts mehr für ihn tun können. Einen Abschiedsbrief hinterließ er nicht" (Nicole Schaenzler, Klaus Mann, a. a. O., 520). Man fand auch keinerlei Bargeld, vgl. Carol Petersen, Klaus Mann (Köpfe des Jahrhunderts; 123), Berlin 1996, 83, und Golo Mann, Erinnerungen, in: Klaus Mann, Briefe und Antworten 1922-1949, a. a. O., 658.

hof *Grand Jas* in Cannes bestattet.[759] Ungeklärt ist bis heute, welche Rolle der Arzt Dr. Robert Klopstock beim Tod seines Freundes gespielt hat.[760]

---

[759] Der berühmte *Cimetière du Grand Jas* – dort haben unter anderen der französische Schriftsteller Prosper Mérimée (1803-1870) und der russische Juwelier Carl Peter Fabergé (1846-1920) ihre letzte Ruhestätte gefunden – liegt in Cannes in der Avenue de Grasse 205. Das Grab befindet sich im Carré 16. Es konnte 2014 vor der Einebnung bewahrt und nach Absprache mit Frido Mann von der Klaus-Mann-Initiative Berlin für die nächsten dreißig Jahre gesichert werden, vgl. online https://klausmannberlin.wordpress.com/page/2/ (aufgerufen am 16.5.2015). Die am 1. März 1866 fertiggestellte Anlage im Nordosten der Stadt, der größte innerstädtische Park von Cannes, umfasste einst ca. 20000 Quadratmeter. Heute erstreckt sich der Friedhof über neun Hektar und ist ein in der Bevölkerung beliebtes Rückzugsgebiet.

[760] Obwohl Klaus Mann eine enge Bindung an Klopstock hatte, befand sich nach 1943 in Klaus Manns Tagebuch keine namentliche Erwähnung mehr. Dennoch musste es weitere Kontakte gegeben haben, denn Klopstock versorgte seinen Patienten von New York aus weiter mit Entwöhnungsmitteln, vermutlich verdünntem Morphium, was den südfranzösischen Ärzten damals noch nicht bekannt gewesen sein dürfte. Im Falle Kafkas äußerte sich Klopstock in seiner zehn Jahre nach Kafkas Tod entstandenen Dissertation, in der er schrieb, dass mit Hilfe seiner Behandlungsmethode die Schwerkranken von ihren Schmerzen befreit werden konnten, was für die ärztliche Hilfeleistung wichtig war. Klopstock starb als reputierlicher Wissenschaftler auf dem Gebiet der Lungentuberkulose. Sämtliche Korrespondenz zwischen Klaus Mann und ihm scheint verloren gegangen bzw. vernichtet worden zu sein; es existierte in Klopstocks Nachlass lediglich ein Widmungsexemplar von `Escape to Life´. Der freundschaftliche Umgang von Klopstock im Hause Mann – im Nachlass Klopstocks fand sich auch ein Widmungsexemplar Thomas Manns von `Lotte in Weimar´ mit dessen handschriftlichen Randnotizen – endete wohl 1949. Thomas Mann schrieb: „Weitere Beileidskundgebungen. Brief von der Freundin Doris in Cannes. Der kindliche Ausdruck tiefster Wunscherfüllung auf seinem Gesicht im Tode. Das Gift, Entwöhnungsmittel zugleich, hat er von dem idiotischen Klopstock erhalten" (Thomas Mann Tagebücher, 1949-1950, a. a. O., Eintrag v. 25.5.1949, 59). Vgl. dazu auch Kafkas letzter Freund. Der Nachlass Robert Klopstock (1899-1972), hg. von Hugo Wetscherek, Wien 2003. Golo

So verließ einer der großen antifaschistischen Schriftsteller, der das Scheitern der Weimarer Republik, die Entstehung und das Unwesen des Nationalsozialismus, die Emigration, das Exil und den Zweiten Weltkrieg erlebt hatte und darüber zerbrochen war, diese Welt. [761]

Auf seinen Grabstein lässt seine Schwester Erika, die erst Anfang Juni nach Cannes fährt, das Jesuswort aus dem Lukasevangelium (Lk 9,24) eingravieren, unter das Klaus Mann sein letztes Werk, `The last Day´, stellen wollte: „For whosoever should save his life shall lose it, but whosoever shall lose his life... the same shall find

---

Mann zufolge war sein Bruder durch einen Stoff vergiftet worden, den der Händler dem Morphium beigegeben hatte, was Nachforschungen in der Klinik ergeben hätten, vgl. Golo Mann, Erinnerungen, in: Klaus Mann, Briefe und Antworten 1922-1949, a. a. O., bes. 660.

[761] Klaus Mann deutete seinen Tod mit keinem Wort an. Er sprach in seinem letzten Brief vom schlechten Wetter in Cannes, von Freunden und plante ein Treffen in der Schweiz mit seiner Schwester; wie so oft war er in Geldnöten. Der Brief klang nicht nach einem, der des Lebens müde war. Er endete mit einem Gruß: „Alles Liebe, Treue, Schöne, dem Papa und Euch vom lieben, treuen, schönen K. H." Dies waren die letzten schriftlichen Worte Klaus Manns an seine Mutter und an seine Schwester (Klaus Mann, Brief an Katia und Erika Mann, Brief v. 20.5.1949, in: Klaus Mann, Briefe, Bd. 2, 314f., Zitat auf 316 [Briefe und Antworten, 2 Bde., Klaus-Mann-Werkausgabe in Einzelbänden, hg. v. Martin Gregor-Dellin, München 1975, Bd. 1: 1922-1937, Bd 2: 1937-1949]). Vgl. dazu auch Klaus Mann, Briefe und Antworten 1922-1949, hg. v. Martin Gregor-Dellin, Reinbek 1991, 624-626.

it".[762] Auf Klaus Manns Grab stand lange Jahre eine große Agave. Heute (2015) ist das Grab mit einer Platte abgedeckt; auf dem Stein sind lediglich sein Name und die Jahre 1906-1949 eingraviert.[763]

Sein Tod nimmt die Familienangehörigen schwer mit.[764] Thomas Mann schreibt an seinen

---

[762] Andrea Weiss, Flucht ins Leben, a. a. O., 187. ʽDenn wer sein Leben erhalten will, der wird es verlieren; wer aber sein Leben verliert..., der wird es erhalten.ʼ Klaus Mann hatte die Pointe dieses Satzes – ʽfor my sakeʼ, d. h. ʽum meinetwillenʼ, was Jesus auf sich bezog –, ausgeklammert (vgl. Andrea Wüstner, „Ich war immer verärgert...", a. a. O., 261. 301). „Er liegt in Cannes begraben – ich komme eben von dort zurück. Zur Beerdigung – von Stockholm aus – konnte ich nicht fahren, - der Eltern wegen, oder doch unserer Mutter wegen, und so ging ich erst jetzt. [...] Wie ich leben soll, weiß ich noch nicht, weiß nur, daß ich muß; und bin doch gar nicht zu denken, ohne ihn" (Erika Mann, Brief an Pamela Wedekind, in: dies., Briefe und Antworten, Bd. 1, a. a. O., 260). An ihre gemeinsame Freundin Eva Hermann schrieb Erika Mann über den Tod Klaus Manns: „Waren wir doch Teile von einander, – so sehr, dass ich ohne ihn im Grunde gar nicht zu denken bin. Nur, dass mir nicht gegeben und erlaubt ist, mich davon zu machen, und dass ich bleiben muß, wiewohl ich im Entferntesten so reich an Gaben, so liebenswert, so lebendig nicht bin wie er es war" (Erika Mann, Briefe und Antworten, Bd. I [1922-1950], hg. v. Anna Zanco Prestel, München 1984, 261). Der Brief befindet sich auch bei Armin Strohmeyr, Klaus und Erika Mann. Les enfants terribles, a. a. O., 167.
[763] http://www.findagrave.com/cgi-bin/fg.cgi?page=gr&GRid=10760320 u. http://www.cannes.com/images/stories/docs/maville/cimetieres/cimegran djas05.pdf (aufgerufen am 17.5.2015).
[764] „Klausʼ Koffer, Schreibmaschine, Mäntel trafen ein, was Erika aufs neue zusetzte. Viel mit ihr über Klausʼ Zustand und Tat, seine widerspruchsvolle seelische Verfassung, das Sich Durchsetzen seines Todesverlangens gegen alles andere" gesprochen (Thomas Mann, Tagebücher 1949-1950, Eintrag v. 2.6.1949, 63). „Erika über Klausʼ nachgelassene Papiere. Register über Leistung und Stellung der Geschwister, merkwürdig" (Thomas Mann, Tagebücher 1949-1950, Eintrag v. 9.6.1949, 66). Erikas „bittere Entstellung der Dinge, auch was Klaus und

Bruder Heinrich am 26.5.1949 aus Stockholm: „Lieber Heinrich, das sind nun traurige Tage, Katja seufzt schwer, und es tut mir so sehr weh, Erika immer wieder in Tränen zu sehen. Sie ist eine Verlassene, hat den Weggenossen verloren, den sie immer klammernd an ihrer Seite festzuhalten suchte. Schwer zu verstehen, dass er es ihr antun konnte. Wie umnachtet muß er im Augenblick gewesen sein! Aber es war wohl seit langem sein tiefstes Verlangen, und sein Gesicht soll im Tode den Ausdruck kindlicher Wunscherfüllung gehabt haben. [...] Der Fall ist so sehr merkwürdig und schmerzlich, diese Gewandtheit, Liebenswürdigkeit, Weltläufigkeit und dabei der Todesdrang im Herzen."[765].

Nach Klaus Manns Tod tauchen Fragen auf, wie es so weit hatte kommen können. Man findet die ganze Bandbreite an Versuchen, die den Tod erklären wollen: Sein Vater geht bekanntlich von

---

das eigene Leben betrifft. Beschämend in seiner Rigorosität noch in seiner Halb-Wahrheit. Aber zuviel Charakter macht ungerecht. Toleranz heute freilich wohl nicht erlaubt. (...) Erikas schlechtes Aussehen. (...) Erika über das Grab und den Stein in Cannes" (Thomas Mann, Tagebücher 1949-1950, Eintrag v. 12.6.1949, 67). „Erikas Geburtstag. (...) Traurig, weil es der erste Geburtstag ohne den Bruder. (...) Erika unwohl und appetitlos" (Thomas Mann, Tagebücher 1949-1950, Eintrag v. 9.11.1949, 124).

[765] Thomas Mann – Heinrich Mann, Briefwechsel 1900-1949, hg. v. Hans Wysling, FfM 1975, erw. Neuausgabe FfM 1984, 1994, 1995, 353f.

einem „Todestrieb"[766]aus, einem „Todesdrang"[767] und einer „Todesversessenheit"[768]; seine Mutter spricht von einer unüberwindlichen „Todessehnsucht"[769]; sein Onkel Heinrich meint, „was ihn eigentlich tötete, war die vertane Zeit, der er angehörte..."[770] Andere sehen in dem belasteten Vater-Sohn-Verhältnis die Ursache für einen Suizid.[771] Erika Mann macht in Depressionen die Ursache für den plötzlichen Tod ihres Bruders aus.[772] Für ihren Neffen Frido Mann bleibt sein

---

[766] Thomas Mann an Hermann Hesse v. 6.7.49, in: Thomas Mann, Briefe, Bd. 3, 91; bemerkenswerterweise hatte Klaus Mann selbst davon in einem seiner Tagebucheinträge gesprochen, vgl. KTM 1936-1937, 136, Eintrag v. 28.5.1937). Dem Tod waren mehrere ernst gemeinte, jedoch vergebliche Suizidversuche vorausgegangen (vgl. Erika Mann, Briefe und Antworten, Bd. II, hg. v. A. Z. Prestel, München 1985, 138).
[767] Thomas Mann an Heinrich Mann v. 26. 5. 49, in: Thomas Mann – Heinrich Mann, Briefe (1995), 353f.
[768] Thomas Mann in einem Brief vom 14.6.1949 an Ida Herz, in: Hans Bürgin/Hans-Otto Mayer (Hg.), Die Briefe Thomas Manns. Regesten und Register III: Die Briefe von 1944-1950, FfM 1982, 49/347 und 49/366.
[769] Brief von Katia an Heinrich Mann v. 24.5.1949, in: Thomas Mann – Heinrich Mann, Briefwechsel 1900-1949, a. a. O., 352. Von einer „Todessehnsucht" sprach auch Thomas Mann (Thomas Mann, Vorwort, in: Klaus Mann zum Gedächtnis, Amsterdam 1950, 7f. ; er betrachtete den Suizid als schicksalhaft, warf aber seinem verstorbenen Sohn Klaus dennoch in Briefen an Familienangehörige und Bekannte Rücksichtslosigkeit gegenüber seiner Mutter und seiner Schwester vor).
[770] Heinrich Mann, zit. nach Willi Jasper, Der Bruder Heinrich Mann. Eine Biographie, Frankfurt am Main ²2001, 163.
[771] „Gewiss, Klaus Mann hatte sich das Leben genommen, nicht zuletzt, weil er sich vom Vater nicht ernst genommen fühlte" (DER SPIEGEL 51/2001, 182).
[772] Erika Mann teilte ihre Trauer Pamela Wedekind mit: „Es ist entsetzlich viel mit ihm dahingegangen – und nicht nur für mich und für uns. Wüßte

Tod viele Jahre „mysteriös"[773]. Einige in der Klaus-Mann-Forschung nehmen heute auch die Situation der Unsicherheit in Publikationsdingen als Auslöser für Klaus Manns Suizid an.[774]

---

ich meinerseits nichts weiter über den Zustand unseres unseligen Planeten, als dass Klaus nicht mehr leben konnte, auf ihm, mir bangte erheblich" (Erika Mann, Brief an Pamela Wedekind v. 16.6.1949, in: Erika Mann, Briefe und Antworten, Bd. 1, München 1984, ²1988, 260). Sie konnte sich Klaus Manns Tod nicht erklären und glaubte auch nicht an einen ˈFreitodˈ. In einem weiteren Schreiben an Pamela Wedekind vom Juli 1949 aus Amsterdam ging sie davon aus, dass ihn seine Depressionen übermannt haben mussten: „Diese Depressionen kamen über ihn und waren umnachtend – so sehr, dass er, bei aller Umsicht in dem, was er tat, kaum wusste, dass er es tat und ˈwarumˈ. Natürlich entstammten sie der tiefsten, der entscheidenden Schicht seines Wesens, so wie es nach allem, was ihm widerfahren, schließlich war. Und nämlich war sterben zu dürfen sein sehnlichster Wunsch. Da er aber wusste, dass er *nicht* ˈdurfteˈ, hätte er, der so bemüht, so brav, so treu war, es nicht über sich gebracht, wäre er wirklich Herr seiner Sinne gewesen. Man hat in Cannes alles nach Abschiedsbriefen, nach irgendeinem ˈletzten Wortˈ abgesucht. Aber mir stand völlig fest, dass man *nichts* – keinen Zettel, keinen Gruß – *gar* nichts finden würde. Hätte er unser – unserer Mutter und meiner auch nur *gedacht*, oder hätte er uns gar angeredet, er hätte es nicht vermocht. – So mischt sich in meinen Jammer kein Vorwurfstropfen und keine Bitterkeit" (Brief an Pamela Wedekind v. 27.7.1949, in: Erika Mann [1922-1950], Briefe und Antworten, Bd. 1, a. a. O., 264). Vgl. dazu auch Erika Mann, Ausgerechnet ich, a. a. O., 244-249.

[773] Frido Mann, Achterbahn, a. a. O., 26. Frido Mann erfuhr vom Tod seines Onkels als Achtjähriger in der Schweiz: Das Gespräch in der Familie über den Tod Klaus Manns „klingt für mich immer wie ein düsteres, hilfloses und irgendwo schuldbewusstes Raunen, das ich nie verstanden habe" (ebda). Er reihte ihn ein in die Reihe der ungeklärten Umstände beim Tod seines Vaters und seiner Mutter, die hochbetagt im Schwimmbad ertrank (vgl. Frido Mann, Achterbahn, a. a. O., 357). Andernorts ging Frido Mann klar von einem Suizid aus (vgl. Frido Mann, Vorwort zu: Uwe Naumann [Hg.], Die Kinder der Manns, a. a. O., 9-11, bes. 10).

[774] So beispielsweise Berthold Spangenberg, Zur Veröffentlichung dieser Ausgabe, in: Klaus Mann, Mephisto, a. a. O., I-XVII, bes. V.

Vor allem Erika Mann ist es, die sich nach dem Tod ihres Bruders darum kümmert, dass dessen umfangreiches Werk in Westdeutschland die Verbreitung findet, die es verdient. Sie klagt gegen einige Zeitschriften, die sie diskreditieren wollen, [775] oder die ihr sogar ein inzestuöses Verhältnis mit ihrem Bruder nachsagen, und gewinnt alle Prozesse.[776] Sich selbst bezeichnet sie als „militante Liberale", als „konservativ mit sozialem Gewissen"[777], nimmt mit den entsprechenden Verlegern [778] Kontakt auf und initiiert Neuausgaben. So erscheint ein Jahr nach dem Suizid der Aufsatz-Sammelband `Klaus Mann zum Gedächtnis´[779] mit Beiträgen von Verwand-

---

[775] Im Oktober 1948 erschien ein Artikel gegen Erika und Klaus Mann auf dem Mantel der in München erscheinenden Zeitung `Echo der Woche´ (v. 22.10.1948), in dem Erika Mann als `kommunistische Agentin´ und Klaus Mann als `Salonbolschewist´ bezeichnet wurde.

[776] Erika Mann klagte z. B. gegen die `Kölner Rundschau´, die den Inzest-Verdacht wieder aufleben ließ, und gewann. Die 20000 Mark Schmerzensgeld benutzte sie zum Aufbau der Klaus-Mann-Edition, vgl. Armin Strohmeyr, Klaus und Erika Mann, Les enfants terribles, a. a. O., 175. Armin Strohmeyr beschäftigte sich auch anderweitig näher mit dem Verhältnis der Geschwister, vgl. A. Strohmeyr, Traum und Trauma. Der androgyne Geschwisterkomplex im Werk Klaus Manns, Augsburg 1997.

[777] Donald A. Prater, Thomas Mann, a. a. O., 699.

[778] Erika Mann fand in Berthold Spangenberg 1963 einen Verleger und in Martin Gregor-Dellin einen Herausgeber für die erste Klaus-Mann-Werkausgabe in der Nymphenburger Verlagsbuchhandlung.

[779] Vgl. Klaus Mann zum Gedächtnis, Amsterdam 1950, Hamburg 2003, u. a. mit Beiträgen von Max Brod, Lion Feuchtwanger und Bruno Walter. Bruno Walter berichtete über eine letzte Begegnung im Februar 1949: „Heiter, lebensvoll, gesprächig aufgeschlossen, Güte ausstrahlend, so

ten und Freunden. Letztlich ist es Erika Mann zu verdanken, deren Kräfte mit Anfang 60 schwinden[780], dass das Werk ihres Bruders heute öffentlich zugänglich ist. Es ist so heute gut nachvollziehbar, wie aus dem `schwer erziehbaren´ Jugendlichen, dem politisch Desinteressierten, dem literarischen Enfant terrible, dem Außenseiter, Tabubrecher und Bonvivant aus den Jahren der Weimarer Republik ein überzeugter Kämpfer gegen den Nationalsozialismus, ein antifaschistischer Exilant und Emigrant und einer der wichtigsten Vertreter der deutschsprachigen Literatur im Exil geworden ist.[781] Hilfreich ist daher die Unterteilung von Klaus Manns Werk in zwei Zeitabschnitte: in die Jahre 1922-1932 und in

---

fand ich Klaus Mann, als ich ihn zum letzten Mal sah" (Bruno Walter, in: Klaus Mann zum Gedächtnis, a. a. O., 170-172, Zitat auf 170). Er sprach vom sichtbaren „Kampf zwischen erhaltenden und zerstörerischen Kräften in seiner Seele" (170). Heinrich Manns letzte Zeilen waren dem `lieben Neffen Klaus´ gewidmet – ein Nachruf, der in Erika Manns Gedächtnisband erschien, vgl. Heinrich Mann, Nachruf auf Klaus Mann, in: Klaus Mann zum Gedächtnis, a. a. O., 92-103.

[780] Marcel Reich-Ranicki hatte den Eindruck, als ob aus der einstigen Amazone Erika Mann im Alter eine Erinnye geworden war, vgl. Marcel Reich-Ranicki, Mein Leben, a. a. O., 509.

[781] „Klaus Mann war in der Weimarer Republik ein literarischer Außenseiter, ein Enfant terrible gewesen. Indiskret, kapriziös und vom Vaternamen begünstigt hatte er seinen Weg als Schriftsteller begonnen. Im Exil aber fand er seine Aufgabe: Er wurde ein Repräsentant der aus Deutschland vertriebenen Literatur" (Uwe Naumann/Michael Töteberg, Vorwort, in: Klaus Mann, Zahnärzte und Künstler, a. a. O., 9-14, Zitat auf 9).

die Jahre 1933-1949. Klaus Mann steht für eine ganze Reihe von Intellektuellen, die durch die Ereignisse in Deutschland während des Nationalsozialismus komplett aus der Bahn geworfen worden sind.[782]

Für mich bleibt Klaus Mann eine faszinierende Persönlichkeit. Ich schätze ihn - nicht wegen seiner sexuellen Orientierung, obgleich diese Veranlagung einen Schwerpunkt in seinem Werk bildet; auch ist er mir nicht wegen seiner Drogenabhängigkeit sympathisch oder wegen seines literarischen Werkes, seiner Romane und Erzählungen. Sondern ich mag Klaus Mann vor allem wegen seiner klugen und weitsichtigen

---

[782] Vgl. Volker Weidemann, Das Buch der verbrannten Bücher, Köln ⁴2008, 191-193 (zu Klaus Mann). Betrachtet man es von heute, scheint sich Klaus Manns Leben zwischen zwei Polen bewegt zu haben: Zum einen existiert er als schriftstellerisch begabtes Kind eines Literaturnobelpreisträgers – mit allen Problemen, die ein solches Leben mit sich bringt; zum anderen ist er ein homosexueller Erwachsener, der in höchstem Maße drogenabhängig wird, dem sein Leben dadurch entgleitet und dem keine seiner Bezugspersonen hilft oder helfen kann – trotz scheinbaren Erfolges eine gescheiterte künstlerische Existenz! Er teilt damit ein ähnliches Schicksal wie das der Drogenopfer der 68er Bewegung, namentlich Janis Joplin (1943-1970), Jim Morrison (1943-1971) und Jimi Hendrix (1942-1970). Auffallend ist, dass in der Sekundärliteratur besonders im Blick auf Klaus Manns Drogensucht wenig Kritisches fällt; die durch die 68er Generation geprägten Biografen gehen darüber hinweg oder scheinen es heimlich zu tolerieren. Ich halte Klaus Mann aber nicht für einen „born loser", wie Eleanor Clark, zitiert nach F. Kroll (Hg.), KMS 5, a. a. O., 230; vgl. dazu auch die deutsche Übersetzung in Fußnote 1092 auf 441.

Zeitanalyse und seiner Zeitzeugenschaft, wie sie in seinen Tagebüchern und Essays[783] zum Ausdruck kommen, und schließlich wegen seiner Unkorrumpierbarkeit, seines Mutes und seines persönlichen konsequenten Einsatzes gegen den Nationalsozialismus. [784] Letztlich gehört er mit zu den vielen tragischen gescheiterten Existenzen des Zwanzigsten Jahrhunderts. Im `Brockhaus´ heißt es über ihn: Sein „stark autobiograph.[isches] Werk ist kennzeichnend für eine sensible, belastete junge Generation nach dem ersten Weltkrieg, die, vom europ.[äischen] Geisteserbe geprägt, freiheitlichen und huma-

---

[783] Zu Klaus Manns Glanzlichtern zählen für mich seine Texte zu Gottfried Benn, André Gide und Jean Cocteau, die `Selbstanzeige des Mephisto´, `Als wir anfingen´, `Können Deutschland und Frankreich Freunde sein?´, `Homosexualität und Faschismus´ und `Stellung nehmen!´ und der `Offene Brief an die Schauspielerin Emmy Sonnemann-Göring´. Von den Romanen schätze ich besonders `Mephisto´, `Der Vulkan´ und `Der Wendepunkt´.

[784] Während Thomas Mann in seinem Werk Orten wie Lübeck (`Buddenbrooks´), Venedig (`Tod in Venedig´) oder Davos (`Der Zauberberg´) und auch Klaus Mann seinerseits gleichermaßen Gegenden literarische Unsterblichkeit (`Das Buch von der Riviera´) verliehen, hat die bundesdeutsche Öffentlichkeit auf ihn wie auf weitere Mitglieder der Familie Mann nur zurückhaltend mit der Benennung öffentlicher Straßen und Plätze reagiert (wie schon ähnlich Thomas Sprecher, Davos im Zauberberg. Thomas Manns Roman und sein Schauplatz, Zürich 1996, 39 im Blick auf Davos und Zürich bemängelte). Inzwischen gibt es meiner Internet-Recherche zufolge nur in Berlin und in Bonn eine `Thomas-Mann-Straße´. Straßen, die nach Klaus Mann benannt worden sind, sind mir nicht bekannt; meines Wissens gibt es nur in München (seit 2006) und in Frankfurt einen `Klaus Mann-Platz´.

nen Gedanken anhing und schließlich auch in sich selbst zerrissen, vor der brutalen Wirklichkeit verzweifelte."[785] Mit Frido Mann ist festzuhalten, dass er mit anderen Mitgliedern der Familie Mann die heute selbstverständliche Internationalität, die Multikulturalität und das grenzüberschreitende Weltbürgertum des 21. Jahrhunderts – die positive Seite von Heimatlosigkeit, Exil, fehlender Identität und Isolation – unfreiwillig vorweggenommen hat, die dadurch in ihrer Weltoffenheit zu einer „Art Leitbild für unsere geistig-kulturelle Globalisierung geworden"[786] ist.

---

[785] Vgl. Art. Klaus Mann, in: Brockhaus Enzyklopädie in zwanzig Bänden, 17. völlig neubearbeitete Auflage des Großen Brockhaus, Bd. 12, Wiesbaden 1971, 94.
[786] Vgl. Frido Mann, Geleitwort, in: Uwe Naumann (Hg.), Die Kinder der Manns, a. a. O., 9-11, Zitat auf 9. Frido Mann sah in der Familie Mann Vorläufer „für ein heute immer selbstverständlicher werdendes, grenzüberschreitendes Weltbürgertum" (Geleitwort, in: U. Naumann [Hg.], Die Kinder der Manns, a. a. O., 11). Das heutige Deutschland hat glücklicherweise mit dem Deutschland zu Lebzeiten Klaus Manns nichts mehr zu tun. Besonders die konservativ-liberale Regierung der Bundesrepublik Deutschland konnte 2009 nicht drastischer ein Deutschland verkörpern, das sich vom NS-Staat deutlich unterschied: „...ein Querschnittsgelähmter, ein Schwuler, ein Migrant, eine ledige Frau, ein Freiherr, ein Arbeitsvermittler, eine siebenfache Mutter – und der Chef ist eine einmal geschiedene, ostdeutsche Frau" (Tina Hildebrandt/Dagmar Rotefeld, Helden wie wir. Was die neue Regierungsmannschaft über die Republik verrät, in: DIE ZEIT v. 29.10.2009, 2).

Anstelle eines Nachworts

Alt-Bundeskanzler Helmut Schmidt, im Januar 1933 vierzehn Jahre alt, schrieb einmal über Kinder und Jugendliche im sog. `Dritten Reich´: „Viele wurden zu Opfern. Aber wir alle waren verstrickt in den Weg ins Verhängnis, und nur die wenigsten haben dieses Verhängnis durchschaut, ehe es zu spät war. (…) Selbst jene, die noch in den allerletzten Kriegsjahren an die Nazi-Ideologie geglaubt hatten, wurden damals weitgehend davon geheilt, als alle grauenhaften Tatsachen bekannt geworden waren."[787]
Unweigerlich brachte mich die Beschäftigung mit einem Thema wie diesem dazu, mich noch einmal mit meiner eigenen Familiengeschichte auseinanderzusetzen. Meine Eltern und meine Großeltern sind inzwischen gestorben. Was haben meine Vorfahren, die nicht emigrierten, sondern in Deutschland geblieben sind, in der Zeit des sog. `Dritten Reiches´ gemacht? Wie standen sie zur Judenverfolgung und -

---

[787] Helmut Schmidt, Politischer Rückblick auf eine unpolitische Jugend, in: Kindheit und Jugend unter Hitler. Helmut Schmidt u. a., Berlin 1994, 209f. Schmidt (1918-2015) machte 1984 öffentlich, dass er einen jüdischen Großvater hatte.

vernichtung? Haben sie das NS-Regime aktiv unterstützt? Standen sie ihm kritisch gegenüber? Haben sie ihre persönlichen Spielräume genutzt? Wie haben sie in der Diktatur und den Krieg überlebt? Das waren u. a. die Fragen, die während der Lektüre der Opera und der Vitae der Mann-Familie bei mir persönlich punktuell immer wieder auftauchten.

Wenn ich heute, im Alter von 52 Jahren, zurückblicke und mich recht entsinne, dann wurde mein Interesse für die Zeit des Ersten und Zweiten Weltkrieges – wie könnte es anders sein? – in Eschershausen im Kreise meiner Familie geweckt.

Ich erinnere mich gut daran, als ich als Kind mit meiner Oma Anna Müller, geb. Messerschmidt (1897-1984) aus Mainzholzen, an dem großen Tisch ihres Wohnzimmers im ersten Stock meines Elternhauses angelaufene silberne Eine-und Halbe-Markstücke sortierte, die sie in ihrer Jugend vor dem Ersten Weltkrieg durch harte Arbeit in der Landwirtschaft verdient hatte. Meist erzählte sie mir davon in den im Weserbergland trüben Wintermonaten: Dann saß ich nachmittags in ihrem Wohnzimmer und beobachtete die futtersuchenden Dompfaffen, Rotkehlchen und Blaumeisen, die das am eisblumenbedeckten Fenster befestigte kleine Vogelhäuschen ansteuerten, sich kurz niederließen, die Futterkörner aufpickten und dann schnell wieder wegflogen. Meine Oma hatte ihren schwer verdienten Lohn nicht ausgegeben, sondern gespart. Sie bewahrte das inzwischen längst verfallene Geld in einer kleinen Schachtel in ihrem Nachttisch auf. Hin und wieder verließen die Silbermünzen ihren sicheren Ort: Oma hatte ihre Freude, mir ihren kleinen Schatz zu zeigen und in diesen Momenten die andere, längst untergegangene Welt auferstehen zu lassen. Währenddessen erzählte sie mir Geschichten aus ihrer Kindheit und Jugend im Kaiserreich, vom Leben in der Großfamilie auf dem Lande, von ihrer beschwerlichen Jugend zur Zeit des Ersten Weltkriegs sowie vom Leben als Erwachsene in der Zeit der Weimarer Republik und im sog. `Dritten Reich´. Hin und wieder schenkte sie mir – ihre Sammlung dadurch bewusst schmälernd – eine halbe oder ganze Silbermark mit der Jahreszahl 1878 oder 1905. Auch Geldstücke mit Reichspräsident von Hindenburg als Konterfei befanden sich darunter und einige mit einem Hakenkreuz versehene silberne 5-Mark-Stücke aus den 1930er-Jahren. Kaiserreich, Weimarer Republik und Nationalsozialismus waren so in Form von Silbermünzen auf einmal präsent. Von Anna Müller lernte ich als Kind die Lieder ihrer Jugend, wie `Heil dir, dem Siegerkranz´ oder `Es braust ein Ruf wie Donnerhall´. Sie erzählte mir Märchen der Gebrüder Grimm und brachte mir anhand des alten Realienbuchs ihres Vaters die ungewohnte, aus der Mode gekommene Sütterlinschrift bei. Das fand ich als Kind alles sehr, sehr spannend!

Mein Opa Hermann Müller (1898-1978) war an unseren nachmittäglichen Treffen Ende der sechziger Jahre nie direkt beteiligt. Der schmächtige, sparsame alte Herr vertrieb sich dann meistens mit seiner blauen Schürze, seiner grauen Schiebermütze und der kleinen Pfeife an seiner Werkbank im Keller die Zeit – etwa, indem er gebrauchte Nägel wieder gerade klopfte (schließlich könnten nochmal schlechte Zeiten kommen, dann wäre man für jeden Nagel dankbar, bloß keine Verschwendung!) –, fertigte für mich, seinen Lieblingsenkel, Holzspielzeug an oder breitete im Winter für uns beide Bratäpfel auf der heißen Platte des mit Holz angefeuerten gusseisernen Kanonenofens zu, die wir dann gemeinsam aßen. Ich kann ich mich noch gut an den besonderen Duft erinnern, den die erwärmten weichen Bratäpfel in der kleinen Werkstatt verströmten, während es draußen schneite und aus dem ausgemusterten alten Volksempfänger, erhöht auf einem Holzregal vor seiner Werkstatttür stehend, das Radio lief. Samstags läutete der pensionierte Postbeamte für gewöhnlich das Wochenende ein: Dann nahm er ein Bad, zog sich um, setzte sich in Sonntagskleidung in seinen Fernsehsessel, rauchte eine Zigarre, trank ein Warsteiner, sah gemütlich fern (vor allem Nachrichten) und notierte sich bei der Ziehung der Lottozahlen die Gewinnzahlen (ohne je einen Tippschein abgegeben zu haben, weil er Lottospielen für Geldverschwendung hielt; so freute er sich, wenn er nichts gewonnen hatte, denn er hatte den Einsatz schließlich gespart!). Mein Opa lehrte mich `Mühle´, `Dame´ und `Mensch-ärgere-dich-nicht´, spielte mit mir stundenlang `Bauernskat´ und lud mich mit Vorliebe zum Mitschauen von US-amerikanischen Western ein. Insbesondere mochte er die von John Ford (1894-1973).

Er liebte das Fernsehen. Er besaß einen Schwarz-Weiß-Fernseher und war der erste in unserer Familie, der etwa Mitte der 1970er-Jahre einen Farbfernseher kaufte. Am liebsten schaute er Live-Sendungen: Gemeinsam mit ihm stand ich am 21. Juli 1969 um 3.30 Uhr morgens auf, um dann um 3.56 Uhr MEZ mit dem Rest der Republik bei `Apollo 11´, der ersten bemannten Mondlandung, vor dem Bildschirm live mit dabei zu sein. Gemeinsam erlebten wir, als die Rakete auf dem Mond landete und der erste Mensch seinen Fuß auf den Erdtrabanten setzte.[788] Am 30. Oktober 1974 waren wir zusammen beim inzwischen legendären Boxkampf zwischen Muhammad Ali und George Foreman in Kinshasa live mit dabei: `Rumble in the Jungle´![789]

Mein Opa äußerte sich kaum zu dem, was mir seine Frau, meine Oma, erzählte. Er äußerte sich auch nicht groß zu dem, was er selbst in seinem Leben erlebt hatte; er wollte darüber nicht reden. Auf Nachfrage erfuhr ich später etwas über ihn bei seinem Sohn: Sein Vater hatte als Gefreiter am Ersten Weltkrieg teilgenommen und war mit dem Eisernen Kreuz ausgezeichnet worden. Er wurde am Oberschenkel durch eine Granate verwundet und war dadurch kriegsuntauglich. Fünfzehn Jahre später hatte er in dem kleinen 300-Seelen-Dorf Lenne bei Braunschweig, in dem er lebte, beim Auftauchen der Nazis, der Moderne gegenüber aufgeschlossen

---

[788] Vgl. den von der ZEIT präsentierten Film von Dr. Joachim Castan, `Nahaufnahme 1918-1990. Ein Jahrhundert deutscher Geschichte in nie gezeigten Filmdokumenten. Teil 6: Wohlstand für alle, Bundesrepublik 1961-1971´, Hamburg 2012, Min. 50:06-51:17.
[789] Der inzwischen legendäre Kampf ist einem heute leicht wieder in Erinnerung zu rufen: https://www.youtube.com/watch?v=55AasOJZzDE (aufgerufen am 25.5.2015).

und an das Sozialistische und Gemeinschaftliche [790] im Nationalsozialismus glaubend, den schönfärberischen Reden Hitlers und seiner Verbrecherbande getraut – ohne Antenne für das im Bonhoefferschen Sinne Böse und Dumme, das in den nächsten Jahren auf ihn zukommen würde. Er hatte sich in der braunen Diktatur nichts zu Schulden kommen lassen und wurde nach dem Krieg im Entnazifizierungsverfahren der Alliierten als `Mitläufer´[791] eingestuft. Er war kein NS-Verbrecher und war auch keiner, der

---

[790] Die NS-Propaganda nutzte die Sehnsucht nach der sog. `Volksgemeinschaft´ als Reaktion auf die starke Zersplitterung der deutschen Gesellschaft in Parteien und ihre Auseinandersetzung um die Wahrheit. Feiern, die oft militärisch inszeniert wurden, befriedigten das Bedürfnis des Volkes nach Harmonie und dem Streben nach nationaler Größe. Sie dienten auch oft dem Zweck, den Willen zu Disziplin und Einsatz- und Kampfbereitschaft zu wecken. Die Feiern im Nationalsozialismus, oftmals mächtige ästhetisch-manipulative Inszenierungen mit dem Aufmarsch der Massen und den vielen Fahnen und Fackelmärschen war für viele überwältigend. Goebbels nutzte den Rundfunk für seine Propaganda und beeinflusste dadurch nachweislich die politische Meinungsbildung. Und Hitler nutzte im Wahlkampf das Flugzeug, um an einem Tag in mehreren Städten gleichzeitig zu sprechen. Die Nazis waren also den modernen Medien gegenüber aufgeschlossen – ich erinnere an die Produktion des VWs fürs Volk, an den Volksempfänger als Radio für alle Haushalte und an den Siegeszug von Film und Kino – und nutzten die pseudoreligiösen Feiern für ihre Zwecke.
[791] Als `Mitläufer´ wurden im Entnazifizierungsverfahren in Westdeutschland nach 1945 von den Alliierten diejenigen bezeichnet, die im System mitgemacht hatten, ohne davon richtig überzeugt gewesen zu sein. Die Alliierten unterschieden fünf Kategorien: 1. Hauptschuldige, 2. Belastete, 3. Minderbelastete, 4. Mitläufer und 5. Entlastete. Mitläufer machten aus Opportunismus oder opportunem Verhalten mit, waren aber nicht an Nazi-Verbrechen beteiligt.

die NS-Zeit im Nachhinein schönredete, wie es oft in Deutschland nach 1945 der Fall war.[792] Nie habe ich von ihm oder von meiner Oma ein abschätziges Wort gegenüber Juden gehört. Seine Entnazifizierungsbescheinigung habe ich aus dem Nachlass meiner Familie aufbewahrt.

Hermann Müller hatte im sog. `Dritten Reich´ persönlich einiges wegstecken müssen: Sein einziger Sohn Willi, mein Vater, und sein Schwiegersohn Fritz, ein Wehrmachtsoffizier, waren im Krieg als vermisst gemeldet worden. Als ich ihn auf die Zeit von damals ansprach, wollte er davon nichts wissen – es herrschte absolute Funkstille! Ganz ähnlich verstummte der lebenslustige ältere Herr zu unser aller Heiterkeit, wenn das Gespräch auf seine vorehelich gezeugte Tochter, unsere Tante Anneliese

---

[792] Ich bin froh und dankbar, dass ich in meiner Familie nicht solche Überraschungen erleben musste, wie z. B. Cordt Schnibben (geb. 1952), der erst nach dem Tod seines Vaters erfuhr, dass seine Eltern überzeugte Nationalsozialisten gewesen waren, die in ihrem politischen Wahn auch vor einem Mord an einem unbewaffneten Zivilisten nicht Halt gemacht hatten, vgl. Cordt Schnibben, Mein Vater, der Mörder, in: DER SPIEGEL 16/2014, 62 ff. Andere Beispiele ließen sich ergänzen, wie z. B. die jahrelange verschwiegene Waffen-SS-Mitgliedschaft von Literaturnobelpreisträger Günter Grass (1927-2015) oder die geleugnete NSDAP-Mitgliedschaft von Walter Jens (1923-2013), einst zu den moralischen Instanzen der Nation gehörend. Beide, die sich politisch links engagierten, wollten anscheinend diesen dunklen Zeitraum in ihrer Biografie aus Gründen der Glaubwürdigkeit aussparen. Sie bewirkten allerdings das Gegenteil.

(1919-2009), kam. Obwohl er die Vaterschaft nach der Heirat anerkannt hatte, schien ihm die ganze Sache nach so vielen Jahren immer noch peinlich zu sein. Dann, und wenn es seine persönlichen Erlebnisse im Krieg betraf, war bei ihm tiefes Schweigen angesagt.[793]

Ansonsten wurde viel und gerne geredet in meiner Familie, vor allem auf den Geburtstagen der zahlreichen Geschwister meiner Großeltern – wenn die grau gewordenen Verwandten und ihre Kinder zum Kaffeetrinken kamen. Dann wurde sich in der Wohnung meiner Großeltern angeregt unterhalten, es wurde viel gelacht und auch heftig diskutiert. So manches politische Problem wurde gewälzt: Die Geschwister meiner Großeltern waren in der Frage Hitler & Co wie in vielen Familien in Deutschland vor und nach 1945 gespalten. Es gab vor und nach dem Krieg unverbesserliche Nazis darunter und es gab überzeugte Nazigegner und Sozialdemokraten wie meinen Opa, der nach 1945 selbstverständlich

---

[793] „...die meisten Angehörigen der ersten Generation reden nicht über ihr Erleben, über die Erschütterungen ihrer Innenwelten. (...) ...und auch die Menschen, die im Krieg oder in anderen Situationen traumatische Erfahrungen durchlitten haben, schweigen zumeist darüber" (Udo Baer/Gabriele Frick-Baer, Wie Traumata in die nächste Generation wirken. Untersuchungen, Erfahrungen, therapeutische Hilfen, Neukirchen-Vluyn 2010, 54).

wieder SPD gewählt hatte. Wenn die Brüder und Schwäger zu fortgeschrittener Stunde einen Skat droschen, bereits das eine oder andere Allersheimer Bier getrunken und sich den ein- oder anderen Korn hinter die Binde gegossen hatten, endete meist alles mit einem lautstarken Streit über den `verdammten Hitler´, den `Ver- brecher´, und seine `verdammte Politik´. Die Antifaschisten regten sich auf, die Alt-Nazis führ- ten das große Wort und mussten früher oder später klein beigeben, den Frauen war das alles irgendwie unangenehm und wir Kinder – wir staunten nur, wie sich Erwachsene so ereifern und ihre Gemüter erhitzten konnten...

Tante Anneliese, die sieben Jahre ältere Schwester meines Vaters, blieb nach der Ver- misstenerklärung ihres Mannes bis zu ihrem Lebensende eine sog. `Kriegerwitwe´[794]. Sie zog mit ihrer Tochter Helga, meiner Cousine, Anfang der 1960er-Jahre zu ihrer Mutter und ihren Großeltern nach Eschershausen – in das Haus, das ihr Bruder und ihre Schwägerin (mein Vater und meine Mutter) mit Unterstützung der Eltern

---

[794] Vgl. weiterführend Gerda Szepansky, `Blitzmädel´, `Heldenmutter´, `Kriegerwitwe´. Frauenleben im Zweiten Weltkrieg, FfM 1986, 1990, 50-57.

meiner Mutter und eines verwandten Architekten selbst gebaut hatten. Helga, die Patentochter meines Vater, wuchs dort vaterlos auf und nabelte sich später im Zuge der 68er-Bewegung von ihrer Mutter und ihren Verwandten erfolgreich ab. Ich denke heute rückblickend, dass sich meine Tante vermutlich nie so richtig vom Nationalsozialismus distanziert hatte. Ich erinnere mich an antisemitische Äußerungen von ihr, besonders daran, wie sie das Wort Jude aussprach: ˋDschuuudeˊ – lang und breit im Bremer Akzent, mit verächtlich mitschwingendem Unterton. Tante Anneliese war in ihrem Weltbild im Unterschied zu meinem Vater rückwärts gewandt und kam mit den neuen Veränderungen in der bundesrepublikanischen Gesellschaft Anfang der 1970er-Jahre nicht klar. Sie hetzte über ˋdie Langhaarigenˊ und deren ˋwilde Ehenˊ – was sie aber nicht davon abhielt, noch in hohem Alter eine Beziehung mit dem Ehemann ihrer verstorbenen Cousine gleichen Vornamens, einem pensionierten Sparkassenmitarbeiter, einzugehen und mit ihm selbst in ˋwilder Eheˊ zusammenzuleben. Nein, bei ihnen beiden sei das etwas anderes, meinte sie in der ihr eigenen Doppelmoral, denn schließlich würden sie beide eine hohe Rente bzw. Pension beziehen, die im Falle ihrer Eheschließung halbiert werden würden. Am Ende ihres Lebens dement geworden, starb sie im Alter von 90 Jahren bei ihrer Tochter in Northeim.

Meine Eltern haben das sog. `Dritte Reich´ als Kinder und Jugendliche erlebt. Beide hatten eine behütete Kindheit und Jugend auf dem Lande. Die Vergangenheit entsprechend verklärend, blickten sie zurück. Mein Vater Willi Müller (1926-1995), bei der sog. `Machtergreifung´ der Nazis sieben Jahre alt, wurde Mitglied der Hitlerjugend[795] und meine Mutter Lilli Müller, geb.

---

[795] Die Jugendorganisationen der NSDAP, die `Hitlerjugend´ (kurz: `HJ´) und der `Bund Deutscher Mädel´ (kurz: `BDM´) waren ab 1933 die einzigen staatlichen Jugendverbände; andere Jugendverbände waren aufgelöst bzw. in sie zwangseingegliedert worden. Sie hatten bald über 8 Millionen Mitglieder – das waren 98 Prozent aller deutschen Jugendlichen! Seit Dezember 1936 mussten alle Jugendlichen Mitglied der HJ oder des BDM sein; seit März 1939 hatte jeder Jugendliche zwischen 10 und 18 Jahren die gesetzliche Pflicht, zwei Tage wöchentlich an ihren Veranstaltungen teilzunehmen. Die Nazis übernahmen den romantisierenden, zivilisationskritischen Ansatz der Wandervogelbewegung und der bündischen Jugend, die sie zuvor zerschlagen hatten, der mit einer Sehnsucht nach einer heilen Welt aus Natur, Volk und Vaterland verbunden war, und griffen auf deren Brauchtum (Wimpel, Lieder, Lagerfeuer) zurück. Sie boten den Jugendlichen viel Sport (Wanderungen, Märsche) an und indoktrinierten sie mit rassistischer und sozialdarwinistischer Ideologie. Im Prinzip handelte es sich, besonders im Blick auf die Jungen, um eine Vorbereitung der Zehn- bis Vierzehnjährigen (genannt: `Pimpfe´) auf den Kriegsdienst. Zu den nationalsozialistischen Erziehungsidealen gehörten Gehorsam, Kameradschaft, Disziplin und Selbstaufopferung für die sog. `Volksgemeinschaft´. Die HJ-Mitglieder wurden 1943 an die Front abkommandiert und meistens, wie mein Vater, an der Flugabwehrkanone (`Flak´) eingesetzt; viele starben. Im April/Mai 1945 wurde die HJ aufgelöst und am 10.10.1945 verboten. Sie gehört heute zu den verfassungswidrigen Organisationen (§ 86 StGB), ihre Symbole

Lohmann (1929-2007) machte bei deren Pendant, dem BDM[796], mit. Beide wurden komplett von der nationalsozialistischen Erziehung infiltriert – wie die Fotos aus jenen Tagen zeigen und wie sich beide später nachdenklich zurückerinnerten. Beide sprachen offen über diese Zeit und bedauerten ihre kindliche Begeisterung. Nach dem Krieg war ihnen klar geworden, dass die Nazis eine Verbrecherbande gewesen war, die sie betrogen und belogen, ihnen das Blaue vom Himmel versprochen und ihnen die Jugend geraubt hatte.[797]

Mein Vater gehörte zur sog. `Flakhelfer-Generation´, das heißt, zu den letzten Jahrgängen, die zur Deutschen Wehrmacht eingezogen

---

unterliegen dem Verbreitungsverbot nach § 86a StGB, vgl. weiterführend Arno Klönne, Jugend im Dritten Reich. Die Hitler-Jugend und ihre Gegner, Köln 1982, München 1990, bes. 7-142.

[796] In dem im Jahr 1930 gegründeten `Bund Deutscher Mädel´ (BDM), dem weiblichen Zweig der HJ, waren alle Mädchen von 10-18 Jahren organisiert und wurden dort gemäß dem nationalsozialistischen Erziehungsstil indoktriniert. 1936 wurde die Mitgliedschaft im damals 4,5 Millionen umfassenden BDM für jedes Mädchen zur Pflicht, vgl. Melita Maschmann, Fazit. Mein Weg in der Hitler-Jugend, Stuttgart 1963, München 5 1983.

[797] Andere sind auch nach 1945 unverbesserliche Nazis geblieben. Der SPD-Vorsitzende Sigmar Gabriel (geb. 1959) hat sich vor zwei Jahren öffentlich damit auseinandergesetzt, wie das Leben mit seinem Vater gewesen war, der bis zu seinem Tod 2012 ein überzeugter Nationalsozialist war, vgl. DIE ZEIT v. 9.1.2013, online zugänglich unter: http://www.zeit.de/gesellschaft/zeitgeschehen/2013-01/sigmar-gabriel-vater-nazi (aufgerufen am 24.5.2015).

wurden. Im Juli 1943, im Alter von siebzehn Jahren, kam er zunächst für drei Monate zum sog. `Reichsarbeitsdienst´ in die Nähe von Lemberg. Im Oktober ging es dann nach Dessau und von dort aus im Güterwaggon nach Calais. Als Jugendlicher hatte er sich durch die Nazi-Propaganda für den Krieg und das Militär begeistern lassen: Nun durfte auch er wie seine Freunde und sein Schwager Fritz endlich in den Krieg ziehen! Seine Division wurde dann von Frankreich an die Ostfront verlegt. In Galizien geriet er im Juli 1944 nach acht Monaten Kriegsdienst in russische Kriegsgefangenschaft.[798] Er hatte seine Division bei schweren Gefechten verloren und viele seiner Kameraden waren gefallen. Die Soldaten verschleppten ihn nach Chalturin (heute Orlow bei Kirow; die Stadt trug von 1923 bis 1992 den Namen des Zaren-Attentäters Stepan Chalturin [1857-1882]), wo er unter vielen Entbehrungen zu leiden hatte. Längst ernüchtert von seiner anfänglichen Kriegsbegeisterung, wurde er Anfang 1945 wegen Unterernährung entlassen (er wog nur noch 46 kg) und kehrte nach einem Jahr Kriegsge-

---

[798] Am 23. Juli 2014 jährte sich zum 70. Mal der Tag der Gefangennahme meines Vaters durch sowjetische Soldaten.

fangenschaft nach Hause zurück. Selten, und wenn, dann nur mit tränenerstickter Stimme, berichtete er mir von seinen Kriegserlebnissen – davon, wie er in Charkow (heute Charkiw) Augenzeuge wurde, als Wehrmachtsoldaten einem alten Juden die Barthaare ausrissen und sich darüber lustig machten; als er selbst von russischen Soldaten wegen seines braunen Teints für einen ukrainischen Nazi-Kollaborateur gehalten und deshalb misshandelt wurde; als Zigaretten der Wehrmachtssoldaten vor den Kämpfen mit den Soldaten der Roten Armee an der Front gelöscht werden mussten, weil deren Glut sie zur Zielscheibe machte; als die russischen Truppen mit lautem, Angst einflößendem Geschrei im Laufschritt angriffen; als man ihn gefangen nahm und ihm alle persönlichen Gegenstände, auch Familienfotos, abgenommen wurden; als er im Lager hungerte und Zigaretten gegen Brot eintauschte; als sich seine Mitgefangenen (er jedoch nicht) aus der Hand lesen ließen, um in Erfahrung zu bringen, wie es ihren Lieben in der Heimat inzwischen ergangen war; als er Tag und Nacht, bei sommerlicher Hitze und winterlicher Kälte, körperlich hart arbeiten musste; als das Lagerleben in Sibirien einerseits von Überlebenswillen, Gewalt, Rohheit, Dummheit, Diebstahl und Kampf, andererseits aber

auch von der Solidarität der Gefangenen unter-
einander geprägt war; als er sich mit Läusen
und Flöhen infizierte, weil die hygienischen Bedingungen im Lager hundsmiserabel waren; als
die Lagerbehörden den Häftlingen aus Willkür
verboten, einen kleinen Weihnachtsbaum aufzu-
stellen, unter ihm zu singen und Weihnachten zu
feiern.[799]

In der Regel brachen seine persönlichen Erinnerungen nach ein paar Minuten ab und die Emotionen meldeten sich. Wir, seine Frau und seine
Kinder, haben in solchen Momenten nichts, absolut nichts mehr, aus ihm herausbekommen. Er
weinte dann und schwieg.[800]

Im sog. `Dritten Reich´ aufgewachsen, hatte
mein Vater, so erwähnte er mir gegenüber spä-

---

[799] Meinem Vater war es gelungen, seine Erlebnisse schriftlich auf Ziga-
rettenpapier festzuhalten. Nach dem Krieg fertigte er aus diesen klitze-
kleinen Notizen handschriftlich einen Bericht an. Er nannte ihn `Mein
Marsch in die Gefangenschaft´. Ferner bewahrte er seine Holzpantinen
und seine russische Fellmütze, mit denen er entlassen worden war, zur
Erinnerung auf. All das befindet sich heute in meinem Eigentum.
[800] Ich bin mir heute sicher, dass mein Vater unter einem Kriegstrauma
gelitten hat. Aus wissenschaftlichen Untersuchungen ist inzwischen
bekannt, „dass nach Traumatisierung durch Vergewaltigung die Kriegs-
teilnahme als Soldat oder Zivilist das zweitpathogenste Trauma ist"
(Andrea Bauer, Kriegskindheit im Zweiten Weltkrieg und heutige psycho-
somatische Belastung durch posttraumatische und komorbide Sympto-
me [diss. med.], München 2009, 8 und ausführlicher 9ff.), online zugänglich unter http://edoc.ub.uni-muenchen.de/9834/1/Bauer_Andrea.pdf
(aufgerufen am 28.5.2015).

ter einmal, das Kriegsende 1945 als Zusammenbruch, als die Zerstörung seiner Träume, empfunden. Als er im Lazarett von Oritschi bei Kirow vom Kriegsende hörte, konnte er es kaum glauben. Er hielt in seinem Tagebuch fest: „Hier bekamen wir auch die ersten Gefangenen der Kapitulation vom 8. Mai [zu Gesicht, TOHK]. Wir wurden in Caltorin sowie auch in Oritschi durch die Zeitung Nationalkomitee Freies Deutschland über den Vormarsch in Deutschland unterrichtet. Dieses glaubte man natürlich nicht. Denn wir waren ja in einer anderen Welt großgeworden und auch anders erzogen worden. Nach den Aussagen der Gefangenen vom 9. Mai mussten wir dann erfahren, dass die Zeitungsausschnitte recht hatten."[801] Von der nationalsozialistischen Ideologie infiziert, war für ihn die Befreiung Deutschlands durch die Alliierten damals gleichbedeutend mit einer Niederlage Deutschlands gewesen.[802] Von den Verbrechen der Nazis war er, nachdem er nach seiner Rückkehr aus der

---

[801] Willi Müller, Mein Marsch in die Gefangenschaft. Tagebuch 1944/45, unveröffentlichtes Manuskript, Eschershausen 1995.
[802] Stephan Marks beschrieb den Nationalsozialismus als kollektiven Wahn – als eine Art Rausch – und erklärte so den tiefen Fall seiner Anhänger nach 1945, vgl. Stephan Marks, Warum folgten sie Hitler? Die psychologischen Ursachen des Nationalsozialismus, Düsseldorf 2007.

Gefangenschaft 1945 in ihrem vollen Ausmaß erfahren hatte, so schockiert und bis auf die Grundfeste erschüttert, dass er von da an für den Rest seines Lebens auf Distanz zu jeder Art von Parteipolitik ging. Dennoch politisch sehr interessiert, las er bis ins Alter viel über die Zeit seiner Jugend, beschäftigte sich mit dem Zeitgeschehen von damals und erholte sich nur langsam von der durch die Nazi-Ideologie erlittenen Gehirnwäsche: Immer wieder schimmerten bei ihm NS-Ideale wie `Zucht und Ordnung´, `Sauberkeit und Gehorsam´, `mit dem Strom schwimmen´, `bloß nicht auffallen´, `sich bloß nicht freiwillig melden´ usw. durch.[803] In eine Partei trat er, wie gesagt, Zeit seines Leben nicht ein. Er wollte nicht noch einmal den Fehler begehen, irgendeinem Politiker auf den Leim zu gehen. Ideologien gegenüber, gleich, welcher Couleur, blieb er ebenfalls misstrauisch. Mit einer Ausnahme: Über fünfzig Jahre lang war er Gewerkschaftsmitglied, nahm pflichtbewusst

---

[803] „Für die Angehörigen der Kriegsgeneration war `Normalität´ das Objekt ihrer Sehnsucht. Sie waren aus ihrem heimatlichen Alltagsleben herausgerissen worden, Veränderungen waren für sie gleichbedeutend damit, Katastrophen zu erleben. Also war der Drang zu Konformität und Konservatismus eine logische Folge" (Udo Baer/Gabriel Frick-Baer, Wie Traumata in die nächste Generation wirken, a. a. O., 113).

regelmäßig an gewerkschaftlichen `Versammlungen´, wie er es nannte, teil und wählte nach 1945 selbstverständlich SPD – wie sein Vater und sein Schwiegervater, die ebenfalls Gewerkschaftsmitglieder waren.

Meine Mutter Lilli Müller war eine überzeugte Antimilitaristin. Sie war nach 1945 gegen die Wiederbewaffnung Deutschlands gewesen und hasste den Krieg, weil sie wusste, was er bedeutete, denn u. a. waren zwei ihrer Onkel als Offiziere im Ersten Weltkrieg und ihr Cousin als Unteroffizier im Zweiten Weltkrieg gefallen. Als Hitler zur Macht gelangte, war sie vier Jahre alt. Ihr Geburtstag war der 19. April – deshalb hatte sie am Tag darauf, an dem das NS-Regime Hitlers Geburtstag als staatlichen Feiertag beging und die Hakenkreuzflagge an den Häusern gehisst wurde, immer schulfrei. Das erzählte sie oft achselzuckend und mit einem Schmunzeln. Ihre gesamte Kindheit und Jugend verlebte sie im sog. `Dritten Reich´. Während ihre Mutter, Hermine Lohmann, geb. Förstemann (1896-1969) anfangs wie viele andere die neue Zeit als eine Zeit des Aufbruchs und der `nationalen Erhebung´ begrüßt hatte – 1933 wollte sie statt eines christlichen Kreuzes ein Hakenkreuz auf dem Grabstein ihres tragisch verunglückten zwölfjährigen Sohnes anbringen lassen, wurde aber von ihrem Ehemann daran gehindert –, half sie später im benachbarten Stadtoldendorf mit heimlichen illegalen Nahrungsmittellieferungen (sie züchtete u. a. Gänse) langjährigen jüdischen Bekannten zu überleben. Im Vergleich zu ihr verhielt sich ihr Ehemann, der gelernte Schlachter Otto Lohmann (1895-1976), der später als Beamter bei der Deutschen Bundesbahn arbeitete, reservierter gegenüber der NS-Ideologie; aber auch er trat später aus opportunen Gründen in die NSDAP ein und wurde wie mein Opa väterlicherseits und viele andere nach dem Krieg als `Mitläufer´ entnazifiziert. Im Zweiten Weltkrieg, den Hermine und Otto beide einhellig abgelehnt hatten, hörten sie heimlich regelmäßig den sog. `Feindsender´ BBC (worauf bekanntlich die Todesstrafe stand)[804] und hielten die freundschaftlichen Beziehungen mit dorfbekannten Sozialdemokraten aufrecht. [805] Wegen

---

[804]   http://www.welt.de/kultur/article2320561/Wie-Adolf-Hitler-in-jedes-Wohnzimmer-drang.html (aufgerufen am 13.5.2015).
[805] Ich habe diese Freunde in meiner Kindheit kennengelernt und erinnere mich noch gut an ihre Erzählungen über ihre Erlebnisse im Nationalsozialismus. Beispielsweise erzählte der Freund und alter Kollege Otto Lohmanns, der Schlachter Hermann Nolte aus Wangelnstedt, einmal davon, wie er vor einigen Nazis geflohen war, sich in einem Heuhaufen versteckt hatte und die Nazis ihn dort – vergeblich - mit Mistgabeln (`Gräpen´) zu töten versuchten.

ihres Temperaments und ihrer aufrechten, direkten Art – sie schreckte nicht davor zurück, Mitte der 1940erJahre im Dorf das NS-Regime lautstark öffentlich zu kritisieren – erhielt meine Oma Hermine von den führenden Nazis aus Wangelnstedt mehrfach Drohungen, dass sie, wenn sie so weitermachte, dafür sorgen würden, dass sie im KZ landen würde – `abgeholt werden würde´, wie es damals im Nazi-Jargon, die Ereignisse verharmlosend, hieß.

Zurück zu meiner Ausgangsfrage nach den Wurzeln meines historischen Denkens: Über meine familiäre Verortung hinausgehend, reichen sie in meine Schulzeit zurück. Das betrifft sowohl Kurse der Volkshochschule in Eschershausen, die ich belegt hatte und in denen meine wissbegierigen Freunde aus der Jugend und ich uns in unserer Freizeit abends dem Quellenstudium des Nationalsozialismus widmeten und miteinander diskutierten, um einerseits im Allgemeinen auf die Frage, warum so viele im Land der Dichter und Denker ihre Ideale verraten und mitgemacht hatten, eine Antwort zu finden und andererseits im Besonderen dem Geheimnis unserer Heimat im Weserbergland auf die Spur zu kommen.[806] Auch in der Reformierten Oberstufe am liberalen `Gymnasium an der Liebigstraße´ in Holzminden in den Kursen Geschichte, Werte und Normen (bei dem körperlich sehr gebrechlichen, aber geistig rege gebliebenen ehemaligen KZ-Häftling OStR Dr. H. Stille) und Philosophie (bei OStR H. Futterlieb) beschäftigte ich mich vor allem mit der Zeit des Nationalsozialismus.

Einen neuen Impuls erhielt mein historisches Denken dann mit Studienbeginn in Heidelberg zum Wintersemester 1982 durch das Studium der Werke bekannter Schriftsteller der Weimarer

---

[806] Wie bereits im Vorwort erwähnt, hielt sich unter uns Jugendlichen hartnäckig das Gerücht, dass es ganz in der Nähe von Eschershausen ein KZ gegeben haben sollte. Erst viele Jahre später fanden Heimatforscher durch intensive Forschung heraus, dass es am Rande der Dörfer Holzen und Lenne von September 1944 bis April 1945 Außenlager des KZs Buchenwald gegeben hatte. Häftlingen hatten im Hils Zwangsarbeit in Untertage für die Produktion von Rüstungsgütern für die Organisation Todt zu leisten. Als sich die herannahenden US-amerikanischen Truppen der Ortschaft näherten, wurden die Gefangenen, darunter Franzosen, Polen, Tschechen und Italiener, in die Konzentrationslager Buchenwald und Bergen-Belsen verschleppt. Bekannte Häftlinge waren der niedersächsische SPD-Politiker Klaus-Peter Bruns (1913-2011), der Manager und Umweltforscher Klaus Traube (1928-2016), der FDP-Politiker und Jurist Dr. Wilhelm Nolting-Hauff (1902-1986) und der Jurist und SPD-Politiker Lothar Urbanczyk (1903-1986). Das Lager wurden von US-amerikanischen Truppen befreit. Heute gibt es nur noch Ruinen in Holzen. Auf einem nah dem Krieg angelegten Ehrenfriedhof wurden 84 Männer verschiedener Nationalitäten, darunter überwiegend unbekannte Tote aus dem KZ-Außenlager, bestattet. Vgl. dazu weiterführend Detlef Creydt (Hg.), Zwangsarbeit für Industrie und Rüstung im Hils 1943-1945, Bd. 4, Holzminden 2001, bes. 233-238.

Republik – angefangen mit Bertolt Brecht über Kurt Tucholsky bis hin zu Erich Kästner. Diese Autoren waren mir in der Schule vorenthalten worden und ich sog deshalb ihre intellektuellen Universen geradezu in mich auf. Kirchlich engagierte ich mich in dieser Zeit in der Evangelischen Studierendengemeinde, ESG). Es war die Zeit der Friedensbewegung: Mit vielen anderen demonstrierte ich gegen den NATO-Doppelbeschluss und die atomare Hochrüstung in Deutschland und in Europa und arbeitete in studentischen Gremien mit. Mir war wichtig, dass ein Christ in der Gesellschaft Verantwortung übernahm und sich an gesellschaftlichen Diskursen beteiligte. Intellektuell setzte ich mich mit Werken von Helmut Gollwitzer, Heinrich Albertz und Martin Niemöller auseinander, die die Sache Jesu auch immer mit gesellschaftspolitischem Engagement verbunden hatten – sie alle waren Zeitgenossen Klaus Manns!

Ich erkannte durch die Beschäftigung mit dem Leben und Werk Dietrich Bonhoeffers und Klaus Manns, dass sich die wesentlichen Geschehnisse der NS-Politik in den Metropolen Berlin, Nürnberg und München abgespielt hatten und sich meine eigene Familie demgegenüber an der Peripherie des Geschehens befunden hatte.

Meine Großeltern hatten geschaut, wie sie ihren Familien in dem totalitären System das Überleben sichern konnten. Sie waren darauf bedacht, möglichst nicht mit den staatlichen Behörden in Konflikt zu geraten und führten ansonsten in Lenne und in Wangelnstedt bis zum Ausbruch des Zweiten Weltkrieges, der schließlich auch in ihr Leben fundamental eingriff, ein opportunes und mehr oder weniger unbehelligtes Leben auf dem Lande.

Meine Eltern waren als Kinder zu jung, um Nazi-Täter gewesen zu sein. Als Angehörige der Jahrgänge 1926 bis 1929 wurden sie als Kinder von der Ideologie des Nationalsozialismus indoktriniert und waren ins NS-System hineingewachsen, ohne die Möglichkeit zu haben, es zu durchschauen und sich dagegen zu wehren.

Mir wurde klar: Am Rad der deutschen Geschichte hatten damals andere gedreht!

Anfang der 1980er-Jahre engagierte ich mich stark gegen braunes Gedankengut. Ich erinnere mich gut an eine Demonstration gegen die rechtsextremistische Deutsche Volksunion (DVU) vor der Heidelberger Stadthalle, an der ich 1983 teilnahm.[807] Die folgenden zehn Jahre lang machte ich dann mit jüdischen Freundinnen und Freunden israelische und jiddische Musik, gab Konzerte, organisierte Veranstaltungen gegen Ausländerfeindlichkeit und Rassismus (ich setzte mich u. a. öffentlich für den Erhalt der Gedenkstätte Auschwitz ein). Von 2010 bis 2014 war ich ehrenamtlich Vorsitzender der Hermann-Cohen-Akademie für Religion, Wissenschaft und Kunst e. V. in Buchen im Odenwald. Benannt nach dem jüdischen Aufklärer Hermann Cohen (1842-1918), reflektiert die Akademie jüdisches Denken in der europäischen Geistesgeschichte und versucht, Glaubenstraditionen in der Begegnung von Religion und Moderne für die Gegenwart fruchtbar zu machen. Nach Jahren der geistigen und politischen Auseinandersetzung mit dem Nationalsozialismus und der Beschäftigung mit jüdischer Religion, Kultur und Musik sowie einigen Reisen nach Israel hatte sich damit für mich der Kreis geschlossen: Ich unterstützte die Jerusalemer Religionsphilosophin

---

[807] Die rechtsextremistische DVU wurde 1971 als Verein und 1987 als politische Partei gegründet. Sie fusionierte 2010 mit der rechtsextremen Nationaldemokratischen Partei Deutschlands (NPD) und löste sich 2011 auf.

und erste Rabbinerin Wiens, Prof. Dr. Dr. h. c. Eveline Goodman-Thau, die mit ihrer Familie als Kind die NS-Zeit in einem Versteck in den Niederlanden überlebte, darin, heutigen Schülerinnen und Schülern in Deutschland zu ermöglichen, Lehren aus der deutschen Geschichte zu ziehen.[808] Gemeinsam versuchten wir, sie nicht nur mit Informationen über die Zeit von 1933 bis 1945 zu versorgen, sondern ihr Unrechtsbewusstsein zu schärfen, ihnen ein Verständnis für Toleranz zu vermitteln und ihre Empathie zu fördern.

An dieser Stelle danke ich meinen Eltern und meinen Großeltern, die mir persönliche, ehrliche Zugänge zur Zeit des Nationalsozialismus eröffneten und mich für das Unrecht sensibilisierten.

Ich danke meinen akademischen Lehrerinnen und Lehrern, die durch ihre Forschungen und durch ihre Vermittlung in ihren kirchengeschichtlichen und systematisch-theologischen Seminaren an der Universität Heidelberg mein Bewusstsein gegenüber dem Nationalsozialismus geschärft haben, insbesondere dem ehemaligen

---

[808] Dies ermöglichte u. a. ein Zeitzeugenprogramm der `Stiftung Erinnerung, Verantwortung, Zukunft (EVZ) http://www.stiftung-evz.de/start.html (aufgerufen am 27.5.2015).

EKD-Ratsvorsitzenden Bischof Prof. Dr. Dr. h. c. mult. Wolfgang Huber, und der leider zu früh verstorbenen Akademiedirektorin Pfarrerin Prof. Dr. Leonore Siegele-Wenschkewitz.

Ich danke allen, die mir in jungen Jahren den jüdischen Glauben und die jüdische Musik und Kultur unspektakulär nahegebracht haben, namentlich Linda Löwe, Harare/Simbabwe; Dr. Franz Auerbach, Johannesburg; Sigi Meier, Heidelberg; Francois Lilienfeld, Lausanne; Sarah Bloom, New York; Prof. Dr. Mike Zank, Boston, und Rabbinerin Prof. Dr. Dr. h.c. Eveline Goodman-Thau, Jerusalem.

Ich danke allen, die mit mir das Interesse für Literatur geteilt haben und an den Veranstaltungen der evangelischen Kirchengemeinde teilnahmen, in denen Prof. Dr. Frido Mann (Enkel von Thomas Mann), Silver Hesse (Enkel von Hermann Hesse) und Anatol Regnier (Sohn von Pamela Wedekind und Charles Regnier und Enkel von Frank Wedekind) in der Kadelburger Bergkirche über die NS-Zeit und ihre berühmten Vorfahren berichteten sowie mit den Anwesenden über die Gegenwart ins Gespräch kamen.

Ich danke allen, die mir in den Jahren von 2005 bis 2015 die nötige Freiheit zum Studium der Literatur Klaus Manns gelassen haben, so dass ich mich in der Regel spät abends zum Schreiben zurückziehen konnte. Weite Teile des Buches entstanden auch an Freitagnachmittagen in Wetzikon in der Schweiz. Ganz herzlich danke ich meiner Frau Andrea Kaiser und unseren Kindern Salome, Balthasar, Gloria und Gabriel für die zurückliegenden intensiven Jahre.

Herzlichen Dank Barbara Dammenhayn-Scott, die das gesamte Manuskript Korrektur gelesen hat.

Gewidmet ist das vorliegende Buch meiner Schwester Heidrun Koch, geb. Müller, zum 60. Geburtstag am 12. Juni 2015. Unsere Herkunftsfamilie ist seit vielen Jahren immer wieder Gegenstand intensiver Gespräche zwischen uns. Hin und wieder begeben wir uns gedanklich auf eine Reise in die Vergangenheit. Ansonsten leben wir fröhlich und frei im Hier und Jetzt, im Weserbergland und am Hochrhein, und sind fast täglich über die modernen Kommunikationsmedien miteinander verbunden.

Herzlichen Glückwunsch zum Geburtstag, liebe Heidrun! Ad multos annos!

Kadelburg, im August 2024
Thomas O. H. Kaiser

`Who is Who´ bei Klaus Mann

Das Beziehungsgeflecht der Familie Mann ist weit und verwoben; deshalb werden an dieser Stelle die Vitae der Familienmitglieder und weiterer Personen, die mit dem Leben und Werk Klaus Manns sowie der Zeitgeschichte verbunden sind, zur besseren Orientierung dargestellt.

Adorno, Theodor Ludwig Wiesengrund (1903-1969): Der als Sohn eines protestantischen Weingroßhändlers jüdischer Herkunft und einer italienischen Sängerin in Frankfurt/Main Geborene wuchs – katholisch getauft, aber lutherisch konfirmiert – als Einzelkind in Frankfurt auf. Nach dem Abitur studierte er dort von 1921-1923 Philosophie, Soziologie, Psychologie und Musiktheorie und arbeitete zunächst als Musikkritiker. 1924 promovierte er bei Hans Cornelius (1863-1947) und begann ein Jahr später das Studium der Musiktheorie und Komposition bei Alban Berg (1885-1935). 1931 wurde Adorno habilitiert. Im Zuge der nationalsozialistischen rassistischen Gesetzgebung wurde ihm 1933 die Lehrbefugnis entzogen. Adorno emigrierte 1934 nach Oxford; 1937 heiratete er Gretel Karplus (1902-1993). Ein Jahr später führte ihn die Emigration in die USA, wo er Mitglied des nach New York umgezogenen `Instituts für Sozialforschung´ wurde. Von 1942-1944 lebte Adorno in Los Angeles, wo er von 1944-1949 das *Research Project on Social Discrimination* leitete. 1947 erschien das Werk, das ihn berühmt machen sollte: die `Dialektik der Aufklärung´, eine Gemeinschaftsarbeit mit Max Horkheimer (1895-1973). 1949 kehrte Adorno nach Deutschland zurück und übernahm eine außerplanmäßige Professur für Sozialphilosophie an der Frankfurter Universität. In den folgenden Jahren machte er durch verschiedene Veröffentlichungen, die sich mit den Auswirkungen des Faschismus auseinandersetzen (`Negative Dialektik´, 1966), auf sich aufmerksam. Von 1956-1969 wirkte er als Ordinarius für Soziologie und Philosophie in Frankfurt/Main; ab 1958 war er parallel dazu Direktor des dortigen Instituts für Sozialforschung. Mit den Philosophen Max Horkheimer und Herbert Marcuse (1898-1979) wurde der Soziologe, Philosoph, Musiktheoretiker und Komponist einer der bekanntesten Vertreter der `Frankfurter Schule´ und der `Kritischen Theorie´. Adorno hat Thomas Mann in den musiktheoretischen Teilen bei der Abfassung von `Dr. Faustus´ beraten. Zusammen mit Max Horkheimer verhinderte er 1963 die Berufung Golo Manns an die Frankfurter Universität. Adorno starb an den Folgen eines Herzinfarkts.

Becher, Johannes R. (1891-1958): Der expressionistische Schriftsteller und Lyriker wurde als Sohn eines Richters in München geboren. Als Gymnasiast versuchte er 1910, Suizid zu begehen; er erschoss seine Freundin, blieb aber selbst am Leben. Der Einfluss seines Vaters, Präsident des Oberlandesgerichts, bewirkte, dass der depressive Kommunist von einer Strafverfolgung verschont blieb, wegen Unzurechnungsfähigkeit nicht inhaftiert wurde und sich in psychiatrische Behandlung begab. Er studierte Medizin und Philosophie in München und Jena. Wegen seiner Morphiumsucht musste er sich zwischen 1914 und 1918 – er war wegen seiner Schussverletzung kriegsuntauglich – mehreren Entziehungskuren unterziehen. Ab 1913 erschienen erste Werke Bechers. Politisch war er zunächst Mitglied der USPD, dann des Spartakusbundes, aus dem die Kommunistische Partei Deutschlands (KPD) hervorging. Sein 1925 erschienener Antikriegsroman `Levisite oder Der einzig gerechte Krieg´ wurde 1928 zum Auslöser für einen Hochverratsprozess. Becher gab verschiedene Zeitschriften heraus, u. a. `Die Rote Fahne´. 1932 kandidierte er für die KPD bei den Reichstagswahlen. Den nationalsozialistischen Razzien nach dem Reichstagsbrand entkam er und setzte sich über Prag, Zürich und Paris 1935 nach Moskau ab. Dort gab er die Exilzeitschrift `Internationale Literatur – Deutsche Blätter´ heraus und war Mitglied des Zentralkomitees der KPD. Im Zuge der `Stalinistischen Säuberungen´ durfte er ab 1936 die UdSSR nicht mehr verlassen und wurde 1941 nach Taschkent umgesiedelt. Trotzkistischer Irrlehren beschuldigt, versuchte er mehrfach, sich umzubringen. Nach 1945 beteiligte sich Becher, inzwischen literarisch zu einem Vertreter des Sozialistischen Realismus geworden, am Aufbau der Deutschen Demokratischen Republik. Er gehörte dem Zentralkomitee der SED an und wurde nach der Gründung der DDR am 7.10.1949 Volkskammerabgeordneter. Von 1954 bis 1958 war er Minister für Kultur der DDR. Sein im Herbst 1949 entstandener Text `Auferstanden aus Ruinen´ – von Hanns Eisler (1898-1962) vertont – wurde zur Nationalhymne der DDR. Der Stalinanhänger und Stalinpreisträger (1953) Becher erhielt 1950 den Nationalpreis der DDR und war von 1953-1956 Präsident der Deutschen Akademie der Künste. Thomas Mann stand in Kontakt mit ihm. Becher starb am 11.10.1958 in Berlin an Krebs und wurde auf dem Dorotheenstädtischen Friedhof begraben (Ehrengrab der Stadt Berlin).

Bedford, Sybille (1911-2006): Die deutsch-biritische Journalistin, Schriftstellerin und lesbische Freundin Klaus Manns, die zu ihrem Schutz wie Erika Mann eine sog. *marriage blanc* eingegangen war, berichtet in ihrer in späten Lebensjahren verfassten Autobiografie vom Eintreffen der Familie Mann in Sanary-sur-Mer und von ihrer Begegnung mit den Geschwistern Mann (vgl. Sybille Bedford, Treibsand. Erinnerungen einer Europäerin, München 2008, 284ff.; 293f.) Darin betonte sie u. a. das soziale Gefälle unter den Emigranten (285), hob die Nazi-Gegnerschaft von Klaus und Erika Mann hervor (287) und kam auf ihr geschwisterliches Verhältnis zu Klaus Mann zu sprechen (298). Im Juni 1933 zog die Familie Mann mit den drei jüngsten Kindern in die Villa *La Tranquille*. Am Tag des Einzugs beging Thomas Mann melancholisch seinen 58. Geburtstag. Im September 1933 wohnten die Manns in Küsnacht/Schweiz. Erst drei Jahre später, im September 1936, besuchte Thomas Mann Sanary erneut. Sybille Bedford, die 1935 den englischen Homosexuellen Walter *Terry* Bedford geheiratet und dadurch die britische Staatsangehörigkeit erhalten hatte, lebte in den vierziger Jahren in Kalifornien und später in Großbritannien. Sie wurde die Biografin des britischen Schriftstellers Aldous Huxley (1894-1963). Hochbetagt starb sie in London (vgl. weiterführend Peter Brugger, Die Baroness von Feldkirch, in: FAZ v. 4.6.2010).

Beneš, Edvard (1884-1948): Der ehemalige Hochschullehrer für Soziologie war Außenminister (1918-1935), Regierungschef und Staatspräsident der Tschechoslowakei (1935-1938 und 1945-1948). Er verschaffte in seiner ersten Staatspräsidentschaft vielen von den Nazis verfolgten Deutschen und Österreichern Pässe, die sie zur Emigration nach Übersee brauchten. Er selbst trat 1938 zurück und ging ins Exil nach London, wo er eine von den Alliierten anerkannte Exilregierung gründete. Am 15. März 1939 marschierten deutsche Truppen in die Tschechoslowakei ein und das `Protektorat Böhmen und Mähren´ entstand – die Tschechoslowakei gab es nicht mehr. Beneš näherte sich später der Politik Josef Stalins (1879-1953) an und befürwortete eine Expansion der Sowjetunion nach Westen. Sein politisches Ziel war die Schaffung eines einheitlichen demokratischen tschechoslowakischen Nationalstaates zwischen den Großmächten, woran er jedoch scheiterte. Sein Rücktritt ermöglichte, dass die Kommunisten an die Macht kamen. Die Tschechoslowakei gehörte fortan zu den Ostblockstaaten. Durch die politischen Ereignisse von 1989 kam Edvard Beneš wieder zu Ehren.

Benn, Gottfried (1886-1956): Der als Arzt für Geschlechtskrankheiten und Lyriker bekannt gewordene Benn war als Sohn eines evangelischen Pfarrers in Mansfeld/Westpriegnitz geboren worden und wuchs mit sechs Geschwistern in eher bescheidenen Verhältnissen auf dem Land auf. Nach dem Abitur in Frankfurt/Oder studierte er auf Wunsch seines pietistischen Vaters zuerst Theologie und Philosophie in Marburg, wurde aber 1905 wegen `Unfleißes´ aus der Universitätsmatrikel gestrichen. Er studierte danach Medizin mit dem Berufswunsch Arzt, was sein eigentlich ursprüngliches Studienfach gewesen war, an dem ihn sein Vater aber gehindert hatte. Da die Ausbildung kostenfrei war, studierte er sechs Jahre lang an der Kaiser-Wilhelm-Akademie für das militärische Bildungswesen, mit der Auflage, für jedes Semester ein Jahr lang als Militärarzt zu dienen. In den folgenden Jahren wirkte er als Arzt beim Militär, promovierte, verließ die Armee und arbeitete als Pathologe in verschiedenen Krankenhäusern. In dieser Zeit veröffentlichte er bereits expressionistische Gedichte. 1914 heiratete er Edith Brosin (1878-1922), geb. Osterloh, mit der er eine Tochter bekam. 1917 ließ er sich als Facharzt für Haut- und Geschlechtskrankheiten in Berlin nieder. 1928 hielt Benn die Trauerrede für seinen verstorbenen Dichterfreund Klabund (1890-1928). Benn war zeitweise anfällig für das Denken des Nationalsozialismus und des italienischen Faschismus. So gelobte er beispielsweise Hitler Gefolgschaft und Treue und vertrat 1933/34 als Mitglied der Sektion für Dichtkunst der Preußischen Akademie der Künste – nach dem erzwungenen Rücktritt von Heinrich Mann zu deren kommissarischem Leiter ernannt – die NS-Ideologie. Klaus Mann forderte den von ihm anfangs verehrten Gottfried Benn in einem privaten Brief am 9.5.1933 auf, gegenüber dem Nationalsozialismus auf Distanz zu gehen. Benn antwortete darauf öffentlich mit der Aufforderung an die emigrierten Kollegen, nach Deutschland zurückzukehren und am Aufbau eines neuen Staates mitzuwirken. Mitte der dreißiger Jahre gab Benn seine Praxis auf und ging zur Wehrmacht. 1938 distanzierte er sich vom Nationalsozialismus und musste sich gegen Diffamierungsversuche wegen seines – so die Nazis – `jüdischen Namens´ zur Wehr setzen. Er wurde aus der Reichsschrifttumskammer ausgeschlossen und erhielt Schreibverbot. 1945 wirkte Benn in seiner alten Praxis wieder als Arzt. Er unterhielt zahlreiche Beziehungen, u. a. zu Wedekinds Witwe Tilly, und war dreimal verheiratet; seine zweite Frau hatte sich in den Kriegswirren das Leben genommen. 1946 heiratete er die 27 Jahre jüngere Zahnärztin Dr. Ilse Kaul (1913-1995). Ab 1948 durfte er wieder publizieren und nahm unkaschiert Stellung zu seiner Nähe zum Nationalsozialismus. In seinem Buch `Doppelleben´ (1950) gab Benn öffentlich zu, dass Klaus Mann die damalige Situation besser beurteilt und klarer eingeschätzt hatte als er. 1951 erhielt Benn den Büchner-Preis, 1953 das Bundesverdienstkreuz I. Klasse der Bundesrepublik Deutschland. Gottfried Benn starb mit 70 Jahren an Knochenkrebs und wurde in Berlin-Dahlem beerdigt. Sein Nachlass befindet sich im Deutschen Literaturarchiv in Marbach a. N.

Bernus, Baron Alexander von (1880-1965): Der Schriftsteller und Alchemist studierte in München Literaturwissenschaft, Philosophie und Medizin. 1908 fiel ihm Stift Neuburg bei Ziegelhausen durch Erbschaft zu. Das ehemalige Kloster hatte 1825 Goethes Rechtsbeistand, der Rat Schlosser, gekauft und als seinen Wohnsitz gewählt. In der Folgezeit verkehrten dort berühmte Romantiker wie Clemens von Brentano (1778-1842) und Ludwig Tieck (1773-1853), später (1909) war auch Stefan George dort zu Gast. 1911 verunglückte der kleine Sohn des Barons beim Spielen in der Schlosskapelle. Bernus ließ sich von seiner Frau scheiden, wandte sich der Magie und dem Okkultismus zu und heiratete ein Jahr später ein zweites Mal. Aus dieser Ehe ging Ulla von Bernus (1913-1998) hervor, die als eine der bekanntesten Satanistinnen und Vertreterinnen der Schwarzen Magie in Deutschland bekannt wurde. Alexander von Bernus entwickelte sog. spagyrische Arzneimittel – ähnlich der Alchemie, nur statt zur Goldgewinnung zur Medikamentenherstellung genutzt – und gründete in Stift Neuburg ein Laboratorium. 1926 verkaufte er das Stift an die Benediktiner, ließ sich erneut scheiden und heiratete ein drittes Mal; er bekam noch eine Tochter. Er übersetzte viel aus dem Englischen, veröffentlichte ca. 1000 Gedichte und verfasste ca. 450 Werke. Im Alter von 16 Jahren erfuhr er, wer seine leiblichen Eltern waren und damit auch von seiner Verwandtschaft zu Johann Wolfgang von Goethe (1749-1832). Alexander von Bernus war u. a. befreundet mit Stefan Zweig, Frank Wedekind, Rainer Maria Rilke, Thomas Mann und Hermann Hesse (1877-1962). Bis zum Tod des befreundeten österreichischen Esoterikers und Philosophen Rudolf Steiner (1861-1925) war er Mitglied der Theosophischen und Anthroposophischen Gesellschaft. Er wollte das Übersinnliche erforschen und beweisen, dass die mittelalterliche Alchemie mehr war als bloßer Aberglaube. 1943 wurde er aus der Reichsschrifttumskammer ausgeschlossen. Sein Nachlass befindet sich seit 1978 in der Badischen Landesbibliothek in Karlsruhe. Klaus Mann schreibt über von Bernus und seinen Kreis in `Kind dieser Zeit´, a. a. O., 242ff., und im `Wendepunkt´, a. a. O., 160f. Aus derselben Zeit stammt eine Beschreibung Klaus Manns von Ursula Pia von Bernus: Der junge Klaus Mann war ihrer Erinnerung zufolge sehr feminin, fesch gekleidet und geschminkt, immer von einer Parfümwolke umgeben, er rauchte viel und hatte immer eine leichte Bindehautentzündung. Klaus Mann war ihren Aussagen zufolge kein fröhlicher junger Mann, er lachte kaum.

Binswanger, Ludwig (1881-1966): Der Schweizer Psychiater gilt als Begründer der Daseinsanalyse, der Anthropologie als undogmatischer Verbindung von Psychoanalyse und Existenzphilosophie, die nach 1945 zu einer bedeutenden tiefenpsychologischen Lehrmeinung wurde. Zu ihrem freiheitlich ausgerichteten Ansatz gehörten u. a. der hohe Respekt und das tiefe Verständnis für die Individualität des Kranken. Binswanger verstand sich mehr als Wissenschaftler, denn als Therapeut, schlug aber eine universitäre Karriere aus. Er übernahm ab 1910 im Alter von 30 Jahren nach dem plötzlichen Tod seines Vaters für 45 Jahre die Leitung des Sanatoriums für Nerven- und Geisteskranke namens `Bellevue´, das sein Großvater 1857 gegründet hatte und das unter seiner Leitung als `Nervenklinik´ zur psychiatrischen Avantgarde seiner Zeit gehörte. Seine Klientel kam aus der wohlhabenden intellektuellen und künstlerisch interessierten `Oberschicht´; vor allem Angehörige des russischen, deutschen und italienischen Adels fanden sich darunter. Zu seinem therapeutischen, die Individualität eines jeden Patienten achtenden Ansatz gehörte es, keine Therapieformen anzuwenden, mit denen der Wille des Patienten gebrochen wurde, sondern den Kranken selbst zu Wort zu bringen und in seiner sprachlichen Äußerung ernst zu nehmen. Er hatte nach dem Studium der Medizin seine Promotion bei Carl Gustav Jung (1875-1961), dem Begründer der Analytischen Psychologie, verfasst, der ihn auf die Psychoanalyse aufmerksam gemacht und ihn mit Sigmund Freud (1856-1939) bekannt gemacht hatte, mit dem ihn trotz unterschiedlicher Denkansätze eine lebenslange Freundschaft verband. Seit 1908 verheiratet mit der Tochter des badischen Finanzministers, Hertha Buchenberger (1908-1966), mit der er sechs Kinder bekam, publizierte er ein umfangreiches Werk, in dem er u. a. tiefenpsychologisches Denken und kunstgeschichtliche Betrachtung miteinander ins Verhältnis setzte. Von 1925 bis 1928 war er Vorsitzender des Schweizer Vereins für Psychiatrie. 1941 verlieh ihm die Universität Basel die Ehrendoktorwürde. In seinem Hauptwerk `Grundformen und Erkenntnis menschlichen Daseins´ (1942) begründete Binswanger seinen anthropologischen Ansatz. 1956 übergab Binswanger, ganz in der Tradition des medizinischen Familienunternehmens, die Klinikleitung seinem Sohn Wolfgang Binswanger (1914-1993). 1957, ein paar Jahre vor seinem Tod, erschienen seine Schizophrenie-Studien. 1959 verlieh ihm die Universität Freiburg die Ehrendoktorwürde. Er veröffentlichte zuletzt u. a. Bücher zu Themen wie `Melancholie und Manie´ (1960) und `Wahn´ (1965). 1961 wurde er Ehrensenator der Schweizerischen Akademie der medizinischen Wissenschaften in Basel. In Binswangers Familie wurden die Kunst, die Musik und die Literatur gepflegt. Ludwig Binswanger selbst, der gebildet war und gerne Homer im Original las, stand in Kontakt zu Geistesgrößen seiner Zeit wie Karl Jaspers (1883-1969), Martin Buber (1878-1965) oder Edmund Husserl (1859-1938). Zu seinen Patienten zählten zahlreiche Künstler, u. a. der expressionistische, medikamentensüchtige Brücke-Maler Ernst Ludwig Kirchner (1880-1938), der legendäre bisexuelle russische Tänzer Vaslav Nijinsky (1889-1950), der schizoide bzw. manisch-depressive Kulturanthropologe Aby Warburg (1866-1929) und Gustaf Gründgens (s.u.). Binswanger hob im Fall von Klaus Mann auf einen Mutterkomplex ab, ließ aber den Vaterkomplex unberücksichtigt (ödipale Bindung an die Mutter, symbiotische Beziehung zur Schwester, tyrannischer Vater).

Bronnen, Arnolt (1895-1959): Der österreichische Schriftsteller, Dramatiker und Regisseur, eigentlich Arnold Bronner, wuchs als angenommener Sohn eines Gymnasiallehrers auf. Nach seiner Matura studierte er Jura und Philosophie in Wien. Im Ersten Weltkrieg wurde er schwer verletzt und geriet in Kriegsgefangenschaft. 1920, Bronnen war inzwischen nach Berlin umgezogen, erhielt er für sein Stück `Vatermord´ den Kleist-Preis. Bis 1926 arbeitete er im Film-, Funk- und Theatergeschäft u. a. mit Bertolt Brecht (1898-1956) zusammen. Seit 1927 rückte Bronnen politisch immer mehr nach rechts. Er trat in Kontakt zu Ernst Jünger (1895-1998) und den NS-Politikern Otto Strasser (1897-1974) und Joseph Goebbels (1897-1945). Er überwarf sich mit Bert Brecht und unterschrieb das sog. `Gelöbnis treuester Gefolgschaft völkischer Schriftsteller für Hitler´. Im Sinne der Nürnberger Gesetze war er sog. `Halbjude´, hatte sich aber schon 1930 seine sog. `arische Abstammung´ notariell beglaubigen lassen. 1935 brachte sich seine Frau um und er heiratete 1936 ein zweites Mal. Aus dieser Ehe entstammen die Töchter Barbara (geb. 1938) und Franziska Bronnen (geb. 1940). 1937 schlossen ihn die Nazis aus der Reichsschrifttumskammer aus – 1941 wurde er wieder aufgenommen, weil er seine sog. `arische Herkunft´ nachweisen konnte. Dennoch war es in den folgenden Jahren für ihn schwierig, zu publizieren. 1943 belegte man ihn mit Publikationsverbot und schloss ihn erneut aus der Reichsschrifttumskammer aus. Er zog ins österreichische Bad Goisern und nahm dort Kontakte zum österreichischen Widerstand auf. Im August 1944 wurde er eingezogen und bald darauf als `Wehrkraftzersetzer´ denunziert. Er kam in Haft und wurde des Hochverrats angeklagt. Eine Bombe zerstörte das Gericht – er kam frei und das Verfahren wurde eingestellt. Erneut nahm er Kontakt zum Widerstand auf und desertierte im Dezember 1944. Bis zur Befreiung durch die Amerikaner war er im lokalen Widerstand aktiv. Nach dem Krieg wurde Bronnen kurzzeitig Bürgermeister von Bad Goisern. Während Bronnens frühe Bücher 1946 in der Sowjetischen Besatzungszone, später auch in der DDR, auf den Index gesetzt wurden, arbeitete er als Kulturredakteur für die kommunistische Zeitung `Neue Zeit´ sowie für den Film und das Theater. 1947 veröffentlichte er ein Buch, in dem er seine politische Vergangenheit rechtfertigte. 1950 ließ er sich scheiden. Er wurde Dramaturg am Neuen Theater in der antifaschistischen Wiener Scala und heiratete 1952 eine 27 Jahre jüngere Schauspielerin. 1954 erschien seine Autobiografie. 1957 wurde sein Sohn Andreas Bronnen geboren. Arnolt Bronnen wurde Mitglied der Kommunistischen Partei Österreichs, wurde aber wegen seiner Goebbels-Kontakte angefeindet. 1955 zog er deshalb nach Berlin um. Dort arbeitete er am Berliner Ensemble und als Kritiker für die `Berliner Zeitung´. Als Brecht 1956 starb, mit dem er sich wieder versöhnt hatte, kam ihm sein wichtigster Fürsprecher abhanden. Er konnte kaum noch etwas veröffentlichen. Drei Jahre später starb auch er. Arnolt Bronnen liegt auf dem Dorotheenstädtischen Friedhof in Berlin begraben.

Canetti, Elias (1905-1994): Der Literaturnobelpreisträger von 1981, aus einer jüdischen Kaufmannsfamilie stammend, verbrachte seine frühe Kindheit in Bulgarien und England und lebte ab 1912 in Österreich, der Schweiz und in Deutschland. Er studierte nach dem Abitur Chemie und promovierte darin 1929, übte aber seinen Beruf nicht aus. In bescheidenen Verhältnissen lebend, betätigte er sich stattdessen schriftstellerisch; in Berlin arbeitete er für den Malik-Verlag und bekam dadurch Kontakt zur Künstler-Szene. 1935 kam sein Roman `Die Blendung´ heraus. 1938 emigrierte er mit seiner Frau Veza Taubner-Calderon (1897-1963) nach London und wurde 1952 britischer Staatsbürger. 1960 erschien sein Hauptwerk `Masse und Macht´. Der Moralist, der sechs Sprachen sprach und Träger vieler hoher literarischer Auszeichnungen (u. a. Georg-Büchner- und Nelly-Sachs-Preis, Orden *Pour le Mérite*, Großes Verdienstkreuz der Bundesrepublik Deutschland) war, veröffentlichte Werke ganz unterschiedlicher Gattungen, darunter Dramen, Essays, Reiseberichte, Tagebücher und Aufzeichnungen. Nach dem Tod seiner Frau heiratete der 66jährige ein zweites Mal 1971, die 38 Jahre alte Kunstrestauratorin Hera Buschor (1933-1988), mit der er 1972 eine Tochter bekam. Er zog nach Zürich und arbeitete an seiner Autobiografie `Die gerettete Zunge´, die 1977 erschien. Es folgten `Die Fackel im Ohr´ und `Das Augenspiel´. Der als eitel geltende jähzornige Literat lebte zurückgezogen. 1988 starb seine zweite Frau an Krebs, er selbst starb 1994 im Alter von 89 Jahren. Seinen Nachlass, den er der Zürcher Zentralbibliothek übergab, ließ er bis 30 Jahre nach seinem Tod (bis 2024) sperren. Elias Canetti wurde in einem Ehrengrab der Stadt Zürich neben James Joyce (1882-1941) begraben.

Chamberlain, Houston Stewart (1855-1927): Der britische Schriftsteller, aus einer wohlhabenden adligen Familie stammend, war der Verfasser der `Grundlagen des neunzehnten Jahrhunderts´ (1899), einem 1200 Seiten umfassenden, in 19 Monaten entstandenen Standardwerk des Antisemitismus, das u. a. Einfluss auf Hitler hatte. Der germanophile Brite wuchs mutterlos in Versailles bei seiner Tante auf, war als Kind ein Außenseiter und kehrte mit 11 Jahren nach England zurück. 1869 ging er zurück nach Frankreich und bereiste die nächsten neun Jahre Europa. Einfluss auf ihn hatte der evangelische Theologe Otto Kuntze (1841-1931), der seine Schriften auch redigierte. Später studierte er Naturwissenschaften in Genf, danach, nach einem Nervenzusammenbruch, in Dresden. Von daher rührte auch seine Freundschaft zu der Antisemitin Cosima Wagner (1837-1930), die seinen ersten Aufsatz über Richard Wagner 1888 wahrgenommen hatte und eine Unterstützerin Hitlers war. In zweiter Ehe war Chamberlain, inzwischen Privatgelehrter, mit Wagners Tochter Eva Wagner (1867-1942) verheiratet, Trägerin des Ehrenzeichens der NSDAP. 1916 wurde er deutscher Staatsbürger und trat ein Jahr später in die Deutsche Vaterlandspartei ein. Als Folge einer Quecksilbervergiftung gelähmt, empfing er 1923 den damals 34jährigen Hitler, von dem er beeindruckt war. Hitler war bei seiner Beerdigung anwesend, nachdem „einer der Erzväter des modernen Rassenwahns und ein Apostel germanischer Herrlichkeit" (DER SPIEGEL 41 v. 2.10.1967) mit 71 Jahren gestorben war

Cocteau, Jean (1889-1963): Der französische surrealistische Dichter und Maler kam in der Nähe von Paris als einziges Kind eines Anwalts zur Welt. Sein Vater beging Suizid, als Jean zehn Jahre alt war. Mit 17 Jahren veröffentlichte er seinen ersten Gedichtband. In den 30er-Jahren gehörte der bisexuelle Schriftsteller, der u. a. mit Pablo Picasso (1881-1973) und Erik Satie (1866-1925) zusammenarbeitete, ein Verhältnis mit der Cousine des Zaren, Natalia Pawlowna Paley (1905-1981) hatte und zu dem Schauspieler und Bildhauer Jean Marais (1913-1998) eine lang-jährige homosexuelle Beziehung unterhielt, zu den Filmschaffenden. 1954 wurde er in die Akademie der Künste in Frankreich und Belgien aufgenommen. Cocteau war viele Jahre drogenabhängig (Opium). Er veröffentlichte mehrere Werke, in denen er u. a. mit der Homosexualität scharf ins Gericht ging. Eine langjährige Freundschaft verband ihn zu-dem mit dem nationalsozialistischen Bildhauer Arno Breker. Jean Coc-teau starb 1963 bei Paris.

Crevel, René (1900-1935): Der französische Surrealist, der von 1918-1922 an der Pariser Sorbonne Literaturwissenschaften studiert hatte, griff in seinen Romanen die Themen Religion, Seele und Suizid auf und hatte Beziehungen zu den Dadaisten. 1925 erkrankte er an Lungentu-berkulose und verbrachte deshalb einige Monate in Schweizer Sanatori-en. Ab 1927 interessierte er sich für den Marxismus, was zwei Jahre darauf in die Mitgliedschaft in der Kommunistischen Partei Frankreichs mündete. In den Dreißiger Jahren erschienen einige seiner Romane auf Deutsch (beispielsweise war sein Buch *La mort difficile* 1930 in einer Übersetzung von Klaus Manns Freund Hans Feist erschienen). In der Gestalt des Marcel Poiret im ´Vulkan´ finden sich Persönlichkeitsmerk-male Crevels. Crevel brachte sich um, indem er den Gashahn öffnete, wie er es in seinem Roman *Detours* beschrieben hatte. In seinem Ab-schiedsbrief stand „Je suis dégouté de tout" („Alles widert mich an"). Klaus Mann war seit 1926 mit dem bisexuellen Autor befreundet gewe-sen.

Curtiss, Thomas Quinn (1915-2000): Der Film- und Theaterkritiker und Schriftsteller, geboren am 21.6.1915 in New York City/New York (nicht wie fälschlicherweise bei KMT 1940-1943, 200, für das Jahr 1907 ange-geben, und auch nicht wie bei Andrea Wüstner, „Ich war immer verär-gert...", a. a. O., 194: „...und nur ein Jahr jünger als Klaus"), starb am 17.7.2000 in Poissy bei Paris. Curtiss hatte vor dem Zweiten Weltkrieg Theater und Film in Wien und bei Sergei Eisenstein (1898-1948) in Moskau studiert. Klaus Mann lernte ihn 1937 kennen und lieben (vgl. KMT 1936-1937, 133, Eintrag v. 15.5.1937). Nach einiger Zeit der glück-lichen Beziehung – ´Vergittertes Fenster´ von Klaus Mann ist ihm ge-widmet – verließ er Klaus Mann wegen dessen Heroinabhängigkeit. Curtiss, der im Zweiten Weltkrieg im 7. New Yorker Regiment diente, war 1944 im Hauptquartier der Alliierten und bei der 8. US-Luftflotte stationiert und brachte die geheime Filmbibliothek der deutschen Luftwaffe in den Besitz der Alliierten. Nach dem Krieg schrieb er u. a. für die `New York Times´ und die `New York Herald Tribune´ und hatte Kontakt zu Marlene Dietrich (s. u.) und Paulette Goddard (1910-1990). 1980 ging er in Rente, schrieb aber weiter Kritiken. Curtiss verfasste mehrere Bücher und war u. a. später `Ritter der Ehrenlegion´.

Darwin, Charles (1809-1882): Der britische Naturforscher, Begründer der Evolutionstheorie – das heißt, der langsamen Veränderung der Vererbungsmerkmale bei Lebewesen von Generation zu Generation –, zählt heute zu den bedeutendsten Gelehrten des 19. Jahrhunderts. Zu den bekanntesten Werken des Arztsohnes gehören *On the Origin of Species* (`Über die Entstehung der Arten´). Darwin, der anglikanisch getauft worden war, studierte zunächst Medizin, dann Theologie in Cambridge (B.A.). Das Vermögen seiner Frau und sein eigenes Erbe gestatteten ihm in den folgenden Jahren eine Existenz als Privatier, Geologe, Zoologe und Taxonom. Er wurde bekannt durch seine Expeditionen und Entdeckungen in Südamerika und Afrika mit der HMS *Beagle*. Seit 1839 lebte der Vater von zehn Kindern krank und völlig zurückgezogen und verließ Großbritannien nicht mehr. Der Agnostiker starb im Alter von 73 Jahren und liegt in Londons Westminster Abbey begraben. In der zweiten Hälfte des 19. Jahrhunderts wurden die Theorien Darwins auf menschliche Gesellschaften übertragen (`Sozialdarwinismus´, `Kampf ums Dasein´). Von daher ergibt sich eine historische Verbindungslinie zur `Eugenik´ und zur nationalsozialistischen `Rassenhygiene´.

Dietrich, Marlene (1901-1992): Die Berliner Schauspielerin und Sängerin wurde in den 30er-Jahren zum internationalen Filmstar. Sie wuchs vaterlos auf, wurde aber früh musikalisch gefördert und besuchte das Gymnasium. Eine Ausbildung zur Geigerin brach sie aus gesundheitlichen Gründen ab und wurde Schauspielerin. 1922 ging sie zum Film und erlebte mit dem `Blauen Engel´ (1929) ihren internationalen Durchbruch. Bei Dreharbeiten lernte sie Rudolf Sieber (1897-1976) kennen, von dem sie 1924 eine Tochter bekam und mit dem sie 50 Jahre lang verheiratet war. Sie wurde ein Weltstar, ihr Lied `Ich bin von Kopf bis Fuß auf Liebe eingestellt´ ein Hit. In Amerika nahm sie 1939 die amerikanische Staatsbürgerschaft an und unterstützte europäische Emigranten auf der Flucht vor den Nazis. Wie ihr Geliebter Jean Gabin (1904-1976) wollte sie aktiv gegen das NS-Regime kämpfen und sang deshalb an der Front für die GIs. Mit amerikanischen Truppen war sie bei der Befreiung Süddeutschlands dabei. In Deutschland als `Verräterin´ nach dem Krieg diffamiert, erhielt sie 1947 in Amerika die *Medal of Freedom*, die höchste Auszeichnung für Zivilisten. 1950 wurde sie zum `Ritter der Fremdenlegion´ geschlagen, später für ihre Verdienste zum Kommandeur befördert. 1953 feierte sie große Erfolge als Sängerin pazifistischer Lieder (`Sag mir, wo die Blumen sind´, von Pete Seeger) im Schwanenmantel, noch mit 75 Jahren begab sie sich auf Tournee. Als erste deutsche Künstlerin trat sie nach 1945 in Russland auf. In Israel war sie die erste, die deutsche Lieder auf der Bühne singen durfte. 1961 war sie in ihrem letzten großen Film `Das Urteil von Nürnberg´ zu sehen. Im Alter alkoholabhängig und tablettensüchtig geworden, beendete sie 1975 ihre Karriere nach einem Oberschenkelhalsbruch und zog sich komplett aus der Öffentlichkeit zurück. Elf Jahre lang verließ sie ihr Pariser Appartement nicht mehr, hielt allein mit dem Telefon Kontakt zur Außenwelt und wurde von Angestellten und ihrer Tochter versorgt. 1992 starb sie in Paris an Herz- und Nierenversagen. Es gibt Vermutungen, dass sie sich nach einem zweiten Schlaganfall mit einer Überdosis Schlaftabletten das Leben genommen haben soll. Ihr Grab befindet sich auf dem II. Städtischen Friedhof Stubenrauchstraße in Berlin. 2001 entschuldigte sich das Land Berlin für Anfeindungen in der Vergangenheit, 2002 erhielt sie postum die Ehrenbürgerschaft Berlins. Marlene Dietrich, die oft den androgynen Frauentyp in Herrenkleidung repräsentierte, ist heute eine Ikone der Schwulenbewegung.

Döblin, Alfred (1878-1957): Der deutsche Arzt und Schriftsteller, in einer bürgerlichen jüdischen Familie aufgewachsen, verlebte seine Kindheit und Jugend in Berlin. Nach Abitur, Studium der Medizin und Promotion arbeitete er von 1905 bis 1930 als Nervenarzt in Regensburg, Freiburg und Berlin. Er verfasste zahlreiche Artikel und Essays, u. a. für das `Prager Tageblatt´ und die `Neue Rundschau´. Seine Skizzen über das Leben in Berlin flossen in seinen bekannten Roman `Berlin Alexanderplatz´, den ersten deutschen Großstadtroman (1929), ein. Aus seiner Ehe mit Erna Reiss im Jahre 1912 gingen vier Kinder hervor. Im Ersten Weltkrieg arbeitete er als Militärarzt in einem Seuchenlazarett. Als linksgerichteter Schriftsteller floh er im Februar 1933 vor den Nazis nach Zürich, dann nach Paris und nahm die französische Staatsbürgerschaft an. Bei Ausbruch des Krieges beteiligte er sich aktiv im französischen Propagandaministerium, floh später nach Südfrankreich und dann in die USA. Er fand als einer der wenigen eine bezahlte Anstellung bei MGM in Hollywood und verfasste Drehbücher. Wie viele dort kulturell isoliert, traten seine Familie und er 1941 zur katholischen Kirche über. Im Rang eines Obersts der französischen Militärverwaltung kehrte er als einer der ersten Exilschriftsteller nach Europa zurück. Dort war er für die Zensur von Manuskripten zuständig, schrieb für die `Neue Zeitung´, dem Millionenblatt für die Westzone, und den Südwestfunk. Enttäuscht von der Entwicklung im Nachkriegsdeutschland, lebte er ab 1953 wieder in Paris. Er erkrankte an Parkinson und musste sich verschiedenen Therapien unterziehen. Er starb in einer Klinik in Emmendingen und wurde neben seinem Sohn Wolfgang, der sich nach dem Einmarsch der Nazis 1940 das Leben genommen hatte, in Housseras/Vogesen begraben. Seine Frau Erna beging wenige Monate nach Alfred Döblins Tod Suizid und wurde ebenfalls dort beigesetzt.

Dohm, Hedwig (1831-1919): Die deutsche Schriftstellerin, Tochter eines zum Protestantismus konvertierten jüdischen Tabakfabrikanten, war Katia Manns Großmutter und Klaus Manns Urgroßmutter mütterlicherseits. Sie wurde unehelich in einer Familie mit achtzehn (!) Kindern geboren. Weil ihrem Vater die Ehe unter Androhung, enterbt zu werden, von dessen Vater untersagt worden war, war die Heirat ihrer Eltern erst nach dessen Tod und nach dem zehnten Kind 1838 möglich; der Vater erkannte aber alle Kinder als die Seinen an. Hedwig Dohm zählt zu den führenden Repräsentantinnen der bürgerlichen Frauenbewegung des 19. Jahrhunderts. Sie heiratete 1853 im Alter von 21 Jahren den 12 Jahre älteren Ernst Dohm (1819-1883), der ebenfalls aus einer zum Protestantismus konvertierten jüdischen Familie stammte. Ernst Dohm hatte Theologie und Philosophie studiert, eine Zeitlang als Hauslehrer und Journalist gejobbt und war schließlich von 1848-1883 Chefredakteur der Berliner satirischen Zeitschrift `Kladderadatsch´, einer der bedeutendsten politischen Organe im Berlin Bismarcks, geworden. Die beiden bekamen fünf Kinder, darunter die spätere Hedwig Pringsheim, die Mutter Katia Manns. Die Pazifistin, Feministin und eine der Begründerinnen der Frauenbewegung, die sich dem Kampf ums Frauenwahlrecht und der Frauenemanzipation verschrieben hatte (der Ausspruch `Menschenrechte haben kein Geschlecht´ stammt von ihr), verarbeitete die Ehe ihrer Tochter, die sie kritisch betrachtete, in dem Roman `Sibilla Dalmar´. Thomas Mann bezeichnete sie als „verdammten alten Anti-Feministen" (Thomas Mann, Gesammelte Werke 11: Reden und Aufsätze 3, a. a. O., 470); er wiederum belächelte sie und ihre Romane. Hedwig Dohm ist aufgenommen worden in das von Rita Peter herausgegebene `Buch der Vorbilder. Die 100 größten Persönlichkeiten der Menschheit´, München 2005, 16-17 (die restlichen Mitglieder der Familie Mann fehlen in dem Buch). Seit 1991 wird die Hedwig-Dohm-Urkunde vom Journalistinnenbund an herausragende Journalistinnen verliehen. Ein Überblick der Werke Hedwig Dohms befindet sich bei Marianne Krüll, Im Netz der Zauberer, a. a. O., 509.

Ebermayer, Erich (1900-1970): Der Bayer Erich Ebermayer war schon in der Weimarer Republik ein erfolgreicher Schriftsteller. Der Jurist, der als Sohn eines Reichsgerichtsrates und Professors für Strafrecht mit 22 Jahren promoviert hatte und mit 23 Jahren bereits Rechtsanwalt war, verfasste schon früh expressionistische Dramen, Novellen, Romane, Theaterstücke, Drehbücher und Berge an Unterhaltungsliteratur. Seinen ersten Bühnenerfolg inszenierte Gustaf Gründgens; mit dem Reformpädagogen Gustav Wynecken war er befreundet. Der junge Schriftsteller, Drehbuchautor und Regisseur stand wegen seines Buches `Nacht in Warschau´ (1929) auf der Liste der zu verbrennenden Autoren, wurde aber vermutlich von Goebbels beschützt, dem gegenüber er noch in seinen Erinnerungen Sympathie bekundete (vgl. Erich Ebermayer, Eh´ ich´s vergesse... Erinnerungen an Gerhart Hauptmann, Thomas Mann, Klaus Mann, Gustaf Gründgens, Emil Jannings und Stefan Zweig, hg. und mit einem Vorwort von Dirk Heißerer, München 2005, 206). Der wohlhabende Intellektuelle emigrierte nicht, sondern profitierte vom Nazi-System. 21 Filme wurden in der Zeit des sog. `Dritten Reiches´ gedreht, für die Ebermayer das Drehbuch verfasst hatte. Er schrieb schnell, hatte hohe Auflagen und verdiente sehr gut, indem er die Illustrierten- und Filmindustrie mit Geschichten belieferte. Daneben veröffentlichte er Novellen, in denen er sein Lebensthema, seine Homosexualität, thematisierte. Er hatte Kontakte bis in die NS-Spitze: Seine Cousins waren Hitlers späterer Chef der `Kanzlei des Führers´ und Verantwortlicher für die Aktion T4, den Mord an psychisch Kranken und Behinderten, Philipp

Bouhler (1899-1945), und Fritz Todt (1891-1942), Reichsminister für das Straßenwesen `Organisation Todt´. Ebermayer kaufte und bezog 1939 Schloss Kaibitz bei Bayreuth. Dorthin lud er nach dem Krieg Klaus Mann ein, als dieser in Deutschland im Zusammenhang der Kriegsverbrecherprozesse unterwegs war; Klaus Mann lehnte ab. Nach dem Krieg wurde Ebermayer kurzzeitig Bürgermeister von Kaibitz und verteidigte als Anwalt in Entnazifizierungsprozessen Hitlers Duz-Freundin Winifred Wagner (1897-1980) und Emmy Sonnemann-Göring, mit der er befreundet war und deren Memoiren er als Ghostwriter mit verfasst hatte. Seine Darstellung des Nationalsozialismus veröffentlichte er in den beiden tausend Seiten starken Tagebüchern `Denn heute gehört uns Deutschland´ (1959) und `...und morgen die ganze Welt´ (1966). Erich Ebermayer war von 1947-1949 verheiratet, lebte danach aber mit seinem Lebensgefährten Peer Baedeker (1912-1999) zusammen, den er `adoptiert´ hatte. Der Träger des Bundesverdienstkreuzes Erster Klasse war u. a. Präsident des Verbandes Deutscher Bühnenschriftsteller und Verwaltungsratsmitglied der VG Wort.

Ebert, Friedrich (1871-1925): Der Sohn eines Heidelberger Schneidermeisters, in einer kinderreichen Familie aufgewachsen, lernte selbst das Sattlerhandwerk und ging auf Wanderschaft. 1889 ist der Beginn seines politischen Engagements, u. a. in der Gewerkschaft. 14 Jahre lang lebte er in Bremen. 1893 arbeitete er ein Jahr lang als Redakteur bei der Bremer Bürger-Zeitung, einem Organ der Sozialdemokratischen Partei Deutschlands, bevor er in Neustadt eine Gastwirtschaft als Pächter übernahm. Er heiratete und gründete eine Familie mit fünf Kindern. 1905 wurde er auf dem SPD-Parteitag zum Parteisekretär gewählt, 1913 wurde er zum Vorsitzenden der SPD und von der Weimarer Nationalversammlung am 11. Februar 1919 zum ersten Reichspräsidenten der Weimarer Republik gewählt. Friedrich Ebert starb überraschend am 28.2.1925 im Alter von 54 Jahren.

Eisner, Kurt (1867-1919): Der Sohn eines jüdischen Kaufmanns, Journalist und Publizist, stand an der Spitze der Revolution, durch die die Herrschaft der Wittelsbacher in Deutschland beendet wurde. Er rief am 8.11.1918 die Republik aus und erklärte Bayern zu dem Freistaat, der er heute noch ist. Eisner wurde am 21.2.1919 von dem 22jährigen Leutnant der Infanterie und Jurastudenten Anton Graf Arco auf Valley (1897-1945) ermordet. Thomas Mann hielt in seinem Tagebuch fest, dass die Mitschüler seines Sohnes Klaus bei der Nachricht des Todes applaudiert und getanzt hätten. Im Unterschied zu ihnen trauerte Klaus Mann. An Eisners Staatsbegräbnis nahmen Hunderttausende teil (vgl. Volker Ulrich, Mord in München, in: DIE ZEIT v. 19.2.2009, 92). Wie Kurt Eisner, so wurden auch der Theoretiker des anarchistischen Sozialismus, Gustav Landauer (1870-1919), die kommunistische Politikerin Rosa Luxemburg (1871-1919), der Gründer der Kommunistischen Partei und Reichstagsabgeordnete Karl Liebknecht (1871-1919) und der liberale Reichsaußenminister Walther Rathenau (1867-1922), Mitglied der DDP und Zielscheibe antisemitischer Hetzkampagnen, von Rechtsextremisten brutal ermordet (Gustav Landauer wurde zum Beispiel im Gefängnis

Stadelheim erschlagen). Der Mord an Walther Rathenau löste ein partei-übergreifendes Erdbeben unter den demokratischen Parteien der Weimarer Republik aus (Reichskanzler Joseph Wirth: „Der Feind steht rechts!").

Epp, Franz Xaver von (1868-1946): Der Berufssoldat war bis 1945 sog. `Reichsstatthalter´ von Bayern. Er war u. a. 1900/01 an der Niederschlagung des Boxeraufstandes in China und 1904/05 am Völkermord an den Herero im damaligen Deutsch-Südwestafrika beteiligt. Im Ersten Weltkrieg kämpfte er u. a. in Serbien und Verdun. Für die Auslöschung des französischen Dorfes Fleury wurde er 1916 in den Adelsstand versetzt. Er war 1919 an der blutigen Zerschlagung der Münchner Räterepublik genauso beteiligt wie an der Niederschlagung des Ruhraufstandes 1920. In seinem berüchtigten Freikorps dienten u. a. die Nationalsozialisten Ernst Röhm (1897-1934), Hans Frank (1900-1946), Rudolf Hess (1894-1987) sowie Gregor Strasser (1892-1934) und Otto Strasser (1897-1974). Im Alter von 60 Jahren wurde der militante Antisemit Mitglied der NSDAP. 1928 wurde er als bayerischer NSDAP-Spitzenkandidat in den Reichstag gewählt. Nach der Gleichschaltung Bayerns wurde er am 9.3.1933 als Reichskommissar für Bayern eingesetzt, am 10. April dann zum `Reichsstatthalter´ ernannt. Epp wurde 1945 verhaftet und interniert. Er starb mit 78 Jahren in einem Münchener Krankenhaus.

Feist, Hans (1887-1952): Der promovierte Arzt, wegen seiner verschwommenen Ausdrucksweise von den Manns `Nebel´ genannt, hatte seit 1924 Kontakt zu Erika und Klaus Mann und bald zu deren gesamter Familie. Er flüchtete 1939 in die Schweiz, wo er als Übersetzer aus dem Englischen, Französischen und Italienischen Arbeit fand und den Krieg überlebte. 1945 kehrte er nach Berlin zurück. Dort starb er während der Premiere eines von ihm übersetzten Stückes von Christopher Fray, `Die Erstgeborenen´, an Herzschlag. In Klaus Manns `Wendepunkt´ taucht der Name dessen Freundes und Gönners nicht auf.

Feuchtwanger, Lion (1884-1958): Der Romancier, Sohn eines Industriellen, hatte eine glückliche Kindheit gehabt. Nach dem Abitur am Münchner Wilhelmsgymnasium hatte er Geschichte, Philosophie und Philologie in München und Berlin studiert und in München über Heine promoviert (1907). 1912 hatte er Marta Löffler (1891-1987), jüdischer Herkunft wie er, geheiratet. Ihrer beider Tochter starb kurz nach der Geburt. Feuchtwanger, einer der wenigen erfolgreichen deutschsprachigen Autoren von Weltrang, hatte eine eigene Zeitschrift gegründet, dann jedoch für `Die Schaubühne´ geschrieben. Im Ersten Weltkrieg hatte er nur kurz als Soldat gedient und war dann aus gesundheitlichen Gründen entlassen worden. Er hatte nach Anfängen als Autor und Dramaturg beim Theater historische Romane (wie `Jud Süß´, 1925) geschrieben, die eine hohe Auflage erzielten und ihn bald populär machten. 1925 war er in die Hauptstadt gezogen und hatte seit 1932 in einer Villa am Grunewald gewohnt. Schon früh hatten seine Frau und er sich gegen den Nationalsozialismus gewandt – bei der Reichspräsidentenwahl 1932 hatten beide Hindenburg gewählt. Von einer Vortragsreihe in England und in den USA – er hatte sich mit weiteren 34 Personen auf der ersten Ausbürgerungsliste vom 23. August befunden – war er nicht mehr nach Deutschland zurückgekehrt, sondern gleich ins Exil gegangen. Sein Haus in Berlin wurde von den Nazis geplündert. Die Universität München entzog ihm wegen seiner jüdischen Herkunft seinen Doktortitel (er erhielt ihn 1952 zurück). Seine Bücher wurden 1933 verbrannt. Das Exil führte ihn zunächst nach Sanary-sur-Mer, dann in die USA: Wie viele andere in Frankreich lebende Deutsche, wurde Feuchtwanger im Mai 1940 mit dem Vormarsch der deutschen Truppen in Les Milles bei Aix-en-Provence interniert. Von dort aus wurden die Gefangenen in ein Zeltlager in der Nähe von Nîmes verlegt. Dort schmuggelten ihn Angestellte des deutschen Konsulats, als Frau getarnt, heraus. Über Lissabon, dem einzigen freien Hafen in Europa, gelang es ihm, in die USA zu entkommen. Nach der geglückten Flucht lebte er von 1941 bis zu seinem Tod durch Nierenkrebs 1958 in Kalifornien. Dort ging es ihm im Verhältnis zu den meisten Emigranten gut, da ihm seine Bücher, von denen einige als Bestseller auch verfilmt wurden, Tantiemen einbrachten. Seine stalinfreundliche Haltung – er hatte 1936 die Sowjetunion bereist, lange mit dem Kommunismus sympathisiert und in ihm angesichts des Faschismus eine Hoffnung für Europa gesehen – verzögerte in den USA seine Einbürgerung und führte in der McCarthy-Ära, die durch die Hexenjagd auf Kommunisten als Konstitutivum die amerikanische Politik in der Zeit des Kalten Krieges prägte, wie bei anderen deutschen Emigranten zu Restriktionen. Die deutschen Emigranten saßen zwischen allen Stühlen: War zwischen 1941-1945 die Sowjetunion ein enger Verbündeter der Westalliierten gewesen, so galt ab 1947 die Devise größter Abgrenzung. Feuchtwanger, ein enger Freund Bertolt Brechts, kam später in der DDR zu Ehren. Dort erhielt er u. a. den Nationalpreis 1. Klasse für Kunst und Literatur. Er zählt zu den meistgelesenen Autoren des 20. Jahrhunderts, vgl. weiterführend Manfred Flügge, Die vier Leben der Marta Feuchtwanger. Biographie, Berlin 2010, bes. 141.

Fischer, Gottfried Bermann (1897-1995): Der einflussreiche deutsche Verleger aus Oberschlesien, ursprünglich Arzt, gab nach seiner Heirat mit der Verlegerstochter Brigitte `Tutti´ Fischer (1905-1991) seinen Beruf auf und stieg in den Verlag ihres Vaters Samuel `Sami´ Fischer (1859-1934), einem der erfolgreichsten Verleger seiner Zeit, ein, in dem er bald Geschäftsführer wurde. Er setzte Peter Suhrkamp (1891-1959) ein, der einen Verlag für `unbelastete´ Autoren im sog. `Dritten Reich´ leiten sollte, während Bermann Fischer selbst in Wien einen Verlag mit kritischen Autoren gründen wollte. Mit seiner Familie wanderte er 1936 nach Österreich aus. Dort verlegte er weiterhin Thomas Mann, Hermann Hesse und Carl Zuckmayer. 1938 floh die Familie in die Schweiz und ging dann mit dem Verlag nach Schweden, wo er u. a. Werke von Franz Werfel (1890-1945) publizierte. Nach einigen Wochen in sog. `Schutzhaft´ floh Bermann Fischer in die USA, wo er weiterhin verlegerisch tätig war, u. a. zusammen mit Fritz H. Landshoff und dem Querido Verlag als Bermann Fischer/Querido Verlag. 1950 trennte er sich von Peter Suhrkamp, der in Frankfurt einen eigenen Verlag gegründet und einen Teil der alten Autoren mitgenommen hatte. 1958 erhielt Bermann Fischer das

Große Bundesverdienstkreuz. 1969 zog sich Bermann Fischer aus dem operativen Verlagsgeschehen zurück; er starb 1995 in der Toskana. Der 1886 gegründete Fischer-Verlag gehört heute zu den drei Konzernen von Holtzbrinck, Bertelsmann und Bonnier, die achtzig Prozent des literarischen Buchmarktes kontrollieren. Vgl. weiterführend Gottfried Bermann Fischer, Bedroht – Bewahrt. Der Weg eines Verlegers, FfM 1967, 1994; ders., Wanderer durch ein Jahrhundert, FfM 1994, und Gottfried Bermann Fischer/Brigitte Bermann Fischer (Hg.), Briefwechsel mit Autoren, FfM 2001, und Barbara Hoffmeister, S. Fischer, der Verleger. Eine Lebensbeschreibung, FfM 2009. Vgl. dazu auch den Lebensbericht des Lektors im Fischer-Verlag, J. Hellmut Freund, Vor dem Zitronenbaum. Autobiographische Abschweifungen eines Zurückgekehrten, FfM 2005.

Franco, Francisco (1892-1975): Der spanische General und Diktator, der mit vollständigem Namen Francisco Paulino Hermenegildo Teódulo Franco y Bahamonde Salgado Pardo hieß, war von 1939 bis 1975 Staatschef von Spanien. Er putschte sich im Juli 1936 an die Macht, wodurch die republikanische Regierung gestürzt wurde, und regierte Spanien diktatorisch. Franco wurde als Sohn eines Offiziers geboren und durchlief eine Militärlaufbahn. Mit 26 Jahren war er der jüngste General einer europäischen Armee und danach Leiter der Obersten Militärakademie. Anfang der dreißiger Jahre wurde er Militärgouverneur, beriet den Kriegsminister und wurde Oberbefehlshaber der spanischen Armee. Nachdem die Volksfront im Februar 1936 die Wahlen gewonnen hatte, wurde Franco als solcher abgesetzt. Militäraufstände folgten, die Franco anführte. Dies führte zum Spanischen Bürgerkrieg. Mit anderen Generälen wurde eine Junta gebildet, die von Nazi-Deutschland und dem faschistischen Spanien politisch und militärisch unterstützt wurde. Franco ging gegen seine Gegner mit äußerster Härte vor, Folter und Ermordung von Regimegegnern, politische Säuberungen und die Errichtung von KZs waren an der Tagesordnung. 1939 nahmen Francos Truppen Barcelona ein und läuteten damit die Totenglocke für die spanische Demokratie. Obwohl Spanien im Zweiten Weltkrieg Sympathien für die faschistischen Achsenmächte hegte, sich aber dennoch relativ neutral verhielt, und obwohl die Chemie zwischen Franco und Hitler nicht stimmte, belieferte Spanien Deutschland mit kriegswichtigen Rohstoffen (wie Wolfram). Nach dem Krieg pflegte die Bundesrepublik Deutschland gute Beziehungen zu Spanien. Franco starb 1975 in einem Krankenhaus an einem Herzinfarkt. Nach seinem Tod wurde Spanien zur Demokratie, die Vergangenheit allerdings erst spät aufgearbeitet – so wurde das letzte Reiterstandbild Francos in Europa erst im Dezember 2008 geschleift. In letzter Zeit wurde die etwaige Wiedergutmachung an den Opfern des Regimes diskutiert. 2009 erkannte das spanische Parlament Franco sämtliche Ehrentitel ab.

Fry, Varian (1907-1967): Der amerikanische mehrsprachige Politologe, Journalist und Quäker, der 1935 als Redakteur im Auftrag einer Bostoner Zeitung nach Deutschland gereist war, hatte schon im Dezember 1942 die Weltöffentlichkeit über die Judenvernichtung informiert. Er war die

Personifikation des Rettungsunternehmens *Emergency Rescue Committee (ERC)*, das als Reaktion auf das Waffenstillstandsabkommen am 25.6.1940 gegründet worden war und das vielen namhaften deutschen Intellektuellen vor der Verfolgung durch die Nazis das Leben rettete. Unter den ca. 2200 Menschen befanden sich Hannah Arendt (1906-1975), Marc Chagall (1887-1985), Max Ernst (1891-1976), Hans Sahl (1902-1993), Alfred Polgar (1873-1955), Alma Mahler-Werfel (1879-1964, antisemitische katholische Exfrau von Gustav Mahler [1860-1911]) und Walter Gropius (1883-1969). Dabei ging Fry, u. a. unterstützt von Waitstill Sharp (1902-1984) und dessen Frau Martha Sharp (1905-1999), nach einer Dringlichkeitsliste vor, die u. a. Erika und Thomas Mann sowie Hermann Kesten und Liesl Frank (1903-1978) mit erstellt hatten. So war Lion Feuchtwangers Ausreise vorrangig, danach folgten das Ehepaar Werfel und Golo und Heinrich Mann. Für eine Rettung war das zu diesem Zweck geschaffene *Special Emergency Visitors Visum* nötig. Am 29.8.1941 wurde Varian Fry von den Vichy-Behörden verhaftet und kurze Zeit später aus Frankreich ausgewiesen. Nach dem Krieg wurde Vry für seinen Einsatz für die Menschlichkeit u. a. 1967 von Frankreich mit dem *Croix des Chevaliers* der Ehrenlegion und 1996 vom Staat Israel in der Gedenkstätte Yad Vashem als `Gerechter unter den Völkern´ geehrt. Martha und Waitstill Sharp wurden 2006 unter die `Gerechten unter den Völkern´ aufgenommen. Vgl. dazu Varian Fry, Auslieferung auf Verlangen. Die Rettung deutscher Emigranten in Marseille 1940/41, hg. von Wolfgang D. Elfe und Jan Hans, München 1986. Hans Sahl berichtet in seinen Memoiren aus den Archiven des ERC (vgl. Hans Sahl, Memoiren, a. a. O., 339-352). Eine kurze Zusammenstellung zum ERC und eine Interpretation über dessen Wirken befindet sich bei Manfred Flügge, Heinrich Mann. Eine Biographie, Reinbek 2006, 384ff. Zur Flucht, vgl. Marta Feuchtwanger, Nur eine Frau, Berlin/Weimar 1984, 294ff. Anlässlich der Wiederkehr des 100. Geburtstages veranstaltete das Aktive Museum in Berlin eine Ausstellung zu Leben und Werk Varian Frys, vgl. Aktives Museum (Hg.), Ohne zu zögern. Varian Fry. Berlin-New York-Marseille. Katalog zur Ausstellung, Berlin 2007; Anne Klein, Flüchtlingspolitik und Flüchtlingshilfe 1940-1942. Varian Fry und die Komitees zur Rettung politisch Verfolgter in New York und Marseille, Berlin 2007.

Garbo, Greta (1905-1990): Die schwedische Filmschauspielerin, eigentlich Greta Lovisa Gustafsson, geboren in einfachen Verhältnissen, gilt als eine der größten Schauspielerinnen Hollywoods der zwanziger und dreißiger Jahre. Ihr Beiname lautete zu Lebzeiten `die Göttliche´. Ihr Vater starb, als sie 14 Jahre alt war, wodurch sie gezwungen wurde, für den Lebensunterhalt der fünfköpfigen Familie mitzusorgen (u. a. in einem Friseursalon). 1922 bestand sie die Aufnahmeprüfung am Königlichen Dramatischen Theater in Stockholm, wurde kurz danach entdeckt und feierte bald große internationale Stummfilm-Erfolge. Schon 1932 gehörte sie zu den bestbezahlten Stars. Nach 1942 gab sie ihre Hollywoodkarriere auf. Die Schauspielerin, die zur Ikone der Schwulen- und Lesbenbewegung avancierte, lebte bis 1990 zurückgezogen in Klosters/Schweiz. Klaus Mann schrieb von seiner Begegnung mit der extrovertierten 22jährigen Garbo im Hause Emil Jannings im `Wendepunkt´, a. a. O., 217ff.

Geheeb, Paul (1870-1961): Der Apothekerssohn, älterer Bruder des langjährigen Geschäftsführers des Münchner Satire-Blattes `Simplicissimus´, praktizierte nach seinem Studium der Theologie, der Philosophie, der Psychologie und der Pädagogik, das er 1899 mit dem Oberlehrerexamen abgeschlossen hatte, eine aufgeklärte Reformpädagogik, die Toleranz, Mitbestimmung und Talentförderung forcierte. An der Odenwaldschule gab es keinen Drill, keinen Rohrstock und keinen Obrigkeitsgehorsam wie sonst an vielen staatlichen Schulen. Klaus Mann anerkannte, dass Paul Geheeb nicht an das sog. `Führerprinzip´ glaubte. Er leitete die erste koedukative Internatsschule Deutschlands (auf dem Hintergrund der bis in die 60er-Jahre hinein herrschenden, die Trennung der Geschlechter forcierenden staatlichen und privaten Schulen war die Koedukation ab 1910 ein Markenzeichen der Odenwaldschule) nach demokratischen Kriterien, ging mit den Kindern väterlich-beratend und vermittelnd um, legte Wert auf die schulische Förderung musischer und handwerklicher Talente und beschränkte sich auf die Rolle des Repräsentanten (`Schulgemeinde´). Geheeb wanderte 1934 mit seiner Frau und 25 Schülern in die Schweiz aus und gründete in Hasliberg-Goldern im Berner Oberland die *Ecole d´ Humanité*. Im `Wendepunkt´ berichtet Klaus Mann auch von seiner damaligen Mitschülerin in der Odenwaldschule, der Künstlerin Oda Schottmüller (1905-1943), die am 5.8.1943 als Mitglied der Widerstandsgruppe `Die Rote Kapelle´ von den Nazis in Berlin-Plötzensee mit dem Beil enthauptet wurde (vgl. Klaus Mann, Der Wendepunkt, a. a. O., 119 und 567).

Gide, André (1869-1951): Geboren als André Paul Guillaume Gide, wuchs er als Sohn eines wohlhabenden evangelischen Juraprofessors in Paris auf. Sein Vater starb, als er elf Jahre alt war. Die Erziehung durch seine Mutter war streng, seine Kindheit schwierig und von vielen Schulwechseln geprägt. 1890 entstand sein erstes Werk. Nach dem Baccalaureat reiste und experimentierte er viel, lernte Dichter wie Oscar Wilde kennen. 1893 hatte er sein *Coming Out*. 1895 heiratete er seine Cousine, um seine Homosexualität zu bekämpfen. 1896 wurde er Bürgermeister in dem kleinen Dorf La Roque-Baignard in der Normandie, wo er ein Landgut geerbt hatte. 1902 schaffte Gide den literarischen Durchbruch mit dem Werk *L´Immoraliste* (`Der Immoralist´). Er gründete mehrere Zeitschriften und einen Verlag und wurde auf diesem Wege zu einem der führenden Literaten Frankreichs, der mit vielen zeitgenössischen europäischen Autoren in Kontakt stand. Bereits 1883 aus gesundheitlichen Gründen von der Wehrpflicht befreit, betreute er im Ersten Weltkrieg mit einer Organisation Flüchtlinge aus den nordostfranzösischen Kriegsgebieten. 1916 war der Beginn eines langjährigen intimen Verhältnisses des pädophilen Gide mit Marc Allégret (1900-1973), weshalb seine Ehefrau zu ihm auf Distanz ging, nach einiger Zeit den Kontakt abbrach und alle seine Briefe an sie verbrannte. Sein Buch *La Symphonie pastorale* (`Die Pastoral-Symphonie´) erlebte eine Auflage von einer Million Exemplaren und wurde in ca. 50 Sprachen übersetzt. Gide hatte wie viele Intellektuelle der Zeit Sympathien für Russland und den Kommunismus. 1923 wurde er Vater einer außerehelich gezeugten Tochter. Mit ihrer Mutter und ihr wohnte er ab 1927 in Paris und adoptierte sie 1938, nachdem seine Ehefrau gestorben war. 1925 verkaufte er seine Pariser Villa und begab sich mit seinem Freund auf eine einjährige Reise in die französischen Kolonien Kongo und Tschad. Zurück in Frankreich, engagierte er sich ab 1932 für die französische kommunistische Partei. 1935 leitete er einen Kongress antifaschistischer Schriftsteller. 1936 kehrte er, desillusioniert vom Kommunismus, von einer Reise in die Sowjetunion zurück und ging zur Partei auf Distanz. Bei Ausbruch des Zweiten Weltkrieges zog er zunächst nach Südfrankreich, 1942 nach Nordafrika. 1946 kam sein letztes größeres Buch *Thésée* (`Theseus´) heraus. 1947, ein Jahr vor seinem Tod, erhielt er den Literaturnobelpreis.

Giehse, Therese (1898-1975): Die österreichisch-jüdische Schauspielerin, die ursprünglich Therese Gift hieß, war der Star der Münchner Kammerspiele und langjährige Lebensgefährtin Erika Manns. Sie arbeitete eng mit Bertolt Brecht und Friedrich Dürrenmatt (1921-1990) zusammen. Ihr widmete Klaus Mann seinen Roman `Mephisto´. Während Erika Mann am 15.6.1935 den britischen Schriftsteller W. H. Auden (1907-1973) heiratete (den Klaus Mann nicht mochte, vgl. KMT 1938-1939, 114, Eintrag v. 19.6.1939), stellte sich Audens homosexueller Freund, der Romancier John Frederick Norman Hampson Simpson (1901-1955), für eine Scheinheirat mit Erikas lesbischer, sieben Jahre älteren Freundin Therese Giehse zur Verfügung, um ihr den lebensrettenden britischen Pass zu verschaffen. Erika Mann nannte sich fortan bis zu ihrem Lebensende Mann-Auden (vgl. Erika Mann, Briefe und Dokumente, Bd. 1, hg. v. Anna Zanco Prestel, München 1984, ²1988, 69f.), Therese Giehse hieß ab dem 23.5.1936 Hampson-Simpson. Die Zweckehe wurde nie geschieden. Katia Mann äußerte sich über das Verhältnis: „Die Giehse war sehr häufig bei uns in Küsnacht. Sie war Erikas Freundin und wurde eine richtige Freundin der Familie" (Katia Mann, Meine ungeschriebenen Memoiren, a. a. O., 118). Auf ihre Beziehung zu Erika Mann angesprochen, hüllte sich die `diskrete Lesbe´ im Gespräch mit Monika Sperr in Schweigen und lenkte stattdessen das Gespräch auf eine Anekdote mit Bertolt Brecht, vgl. Therese Giehse, „Ich hab' nichts zum Sagen." Gespräche mit Monika Sperr, Reinbek 1980, 151, und weiterführend Renate Schmidt, Therese Giehse: „Na, dann wollen wir den Herrschaften mal was bieten!" Biografie, München 2008, 94ff.; Axel Schock/Karen-Susan Fessel, OUT! 800 berühmte Lesben, Schwule und Bisexuelle, Berlin 2004, 114f.

Giraudoux, Jean Hippolyt (1882-1944): Der Diplomat und Schriftsteller schloss die École Normale Supérieure 1905 als bester im Fach Deutsch ab, arbeitete dann zunächst als Hauslehrer bei einer wohlhabenden Münchner Familie und ging danach nach Harvard/USA. Er hat weniger Bedeutung als Romancier als vielmehr als Theaterschriftsteller erlangt. Er starb an einer Lebensmittelvergiftung.

Gobineau, Arthur de (1816-1882): Der französische Diplomat und Schriftsteller wurde durch seinen `Essay über die Ungleichheit der Menschenrassen´ (*Essai sur l´inégalité des races humaines*, 1853-1855) bekannt, in dem Gobineau verschiedene `Rassen´ erfand, von der Ungleichheit aller Menschen ausgehend die Überlegenheit der `arischen Rasse´ zu begründen versuchte und so zu einem Begründer rassistischen Denkens wurde. Das Buch beeinflusste Houston St. Chamberlain, der nicht den von Gobineau gemeinten französischen Adel für besonders `arisch´ hielt, sondern das deutsche Volk. Hitler, die völkische Bewegung und der Nationalsozialismus wurden stark von Gobineaus Denken beeinflusst.

Goebbels, Joseph (1897-1945): Der Kriegsverbrecher, zynische, boshafte, rachsüchtige, empathielose und hemmungslose Propagandist, Reichstagsabgeordnete und `Reichspropagandaleiter´, narzisstischer Erfinder des Führermythos, stammte aus einem kleinbürgerlichen katholischen Elternhaus. Er hatte in Heidelberg in Germanistik promoviert und wurde einer der einflussreichsten Politiker des NS-Regimes. Der kleine schwarzhaarige gehbehinderte Goebbels (im Volk `Schrumpfgermane´ genannt), der als Ideal den blonden, blauäugigen `Arier´ verkündete und sich mit seiner Frau Magda Goebbels (1901-1945) am Ende des Krieges selbst umbrachte, nachdem seine Frau ihre sechs Kinder – deren Vornamen einer Marotte zufolge alle mit `H´ anfingen – eigenhändig ermordet hatte (vgl. Anna Maria Sigmund, Die Frauen der Nazis, a. a. O., 147f.), war ein demagogisch-diabolischer Rhetoriker und einer der Hauptverantwortlichen für die Shoah. Mit seiner `Sportpalastrede´ schwor der fanatische Gefolgsmann, der die verbrecherische Politik des Diktators bedingungslos bis zum Untergang unterstützte, die Massen auf Hitler und den `totalen Krieg´ ein. Seine Frau Magda war in erster Ehe mit dem Industriellen Günter Quandt (1881-1954) verheiratet gewesen, aus der ein Sohn, Harald Quandt (1921-1967), stammte, der bei seiner Mutter und Goebbels aufwuchs und den Krieg überlebte. Harald Quandt war der Onkel von Susanne Klatten (geb. 1962), die mit einem Vermögen von ca. 7,8 Milliarden Euro heute als reichste Frau Deutschlands gilt (vgl. weiterführend Rüdiger Jungbluth, Die Quandts, FfM 2002, und Joachim Scholtyseck, Der Aufstieg der Quandts. Eine deutsche Unternehmerdynastie, München 2011). Zur Persönlichkeitsstruktur und zur Rolle Goebbels vgl. Peter Gathmann/Martina Paul, Narziss Goebbels. Eine psychohistorische Biografie, Wien 2009; Peter Longerich, Goebbels. Biographie, München 2010, sowie DER SPIEGEL v. 22.11.2010, 76-85 (mit DVD `Der Hetzer. Joseph Goebbels – Der Mann, der Hitler machte´, Hamburg 2010).

Göring, Hermann (1893-1946): Der Kriegsverbrecher, `Reichsmarschall´, aus großbürgerlichem Diplomatenhaushalt stammend, einer der einflussreichsten und auch brutalsten Politiker der NS-Diktatur (u. a. Präsident des Reichstags 1932-1945; Reichsminister und preußischer Ministerpräsident 1932; Oberbefehlshaber der Luftwaffe 1935; Generalfeldmarschall 1938/39; Reichsjäger/-forstmeister 1934-1945) und als solcher maßgeblich für den Aufbau des Terrorregimes verantwortlich, war ab 1934 Hitlers Stellvertreter. Im Roman 'Mephisto' ist er 'der gewaltige Dicke'. Göring, für den Geld keine Rolle spielte (allein von der Firma Reemtsma erhielt er jährlich eine Million Reichsmark – insgesamt 15 Millionen, offiziell für kulturelle Zwecke, inoffiziell ging das Geld aber in seine Privatschatulle –), der das Theater und die Kunst schätzte (sein schamloser Raub von Juwelen, Mobiliar und Bildern ist hinlänglich bekannt, vgl. DER SPIEGEL 5/2013, 32-43) und der an seinen Wohnsitzen gerne freilaufende Löwen hielt, übertrug Gründgens die Generalintendanz des Staatlichen Schauspielhauses Berlin und protegierte ihn, u. a. weil er aufgrund alter Bühnenkontakte mit seiner zweiten Frau, Emmy Sonnemann-Göring, bekannt war. Deren mondäne Hochzeit am 10. April 1935 nahm Klaus Mann zum Anlass, um einen offenen Brief 'An die Staatsschauspielerin Emmy Sonnemann-Göring' zu adressieren, die wegen Hitlers Ehelosigkeit protokollarische Verpflichtungen wahrnahm und sich deshalb gerne mittelalterlich-höfisch-exaltiert mit 'Hohe Dame' oder 'Hohe Frau' anreden ließ (vgl. das Foto in Fabrice d'Almeida, Hakenkreuz und Kaviar, a. a. O., 7, und die Beschreibung von Görings Hochzeit auf 84f. sowie Anna Maria Sigmund, Die Frauen der Nazis, a. a. O., 73-110). Er wurde in der 'Pariser Tageszeitung' publiziert und in der Tarnschrift 'Deutsch für Deutsche' illegal verbreitet. Er ist heute u. a. zugänglich in Klaus Mann, Zahnärzte und Künstler, a. a. O., 286-289. Emmy Göring wurde – ähnlich anderen Figuren des Romans, die real existierende Vorlagen hatten und von Klaus Mann satirisch überzeichnet wurden – in der Rolle der Lotte Lindenthal karikiert. Klaus Mann war dabei, als der Kriegsgefangene Göring nach Kriegsende in Augsburg der Weltpresse vorgeführt wurde. Der viele Jahre morphiumsüchtige und deshalb schwer aufgedunsene Göring, der im Gefängnis einen Entzug durchgemacht und daraufhin stark an Gewicht abgenommen hatte, wurde in den Nürnberger Kriegsverbrecherprozessen zum Tod durch den Strang verurteilt. Göring kam der Urteilsvollstreckung zuvor, indem er sich am 15.10.1946 durch Gift in der Haft in der Nacht vor der geplanten Hinrichtung selbst tötete und sich damit feige aus der Verantwortung stahl. Emmy Göring und ihre gemeinsame Tochter Edda Göring (geb. 1938) – das Produkt einer künstlichen Befruchtung, da Hermann Göring beim 'Marsch auf die Feldherrnhalle' 1923 einen Schuss in die Leistengegend erhalten hatte und dadurch zeugungsunfähig geworden war – lebten nach dem Krieg in München. Edda Göring, die einst durch NS-Reichsbischof Müller getauft wurde und deren Pate Hitler war, stellte noch viele Jahre nach dem Krieg ihren Vater und die NS- Geschichte verharmlosend dar. Das Schicksal von Görings antifaschistischen jüngerem Bruder Albert Göring (1895-1966), der vielen Verfolgten half, blieb viele Jahre unbekannt.

Gorski, Peter (1921-2007): Der Schauspieler, Regisseur, Lebensgefährte, 'Adoptivsohn' und Erbe des 1963 unerwartet gestorbenen Gründgens, klagte am 31.3.1964 vor dem Landgericht Hamburg gegen die geplante Veröffentlichung des Romans 'Mephisto' in Westdeutschland mit der Begründung, in ihm werde sein 'Adoptivvater' verächtlicht gemacht. Er machte deshalb den Persönlichkeitsschutz geltend. Am 9.6.1966 untersagte das Oberlandesgericht Hamburg die Veröffentli-

chung des `Mephisto´. Es entstand ein langjähriger Rechtsstreit, bei dem
es u. a. auch um die Kunstfreiheit in der jungen Bundesrepublik Deutsch-
land ging. Eine Verfassungsbeschwerde seitens der Nymphenburger
Verlagsbuchhandlung 1971 wurde abgewiesen. Die Veröffentlichung des
Buches blieb in der Bundesrepublik untersagt (Urteil des Bundesverfassungsgerichts v. 24.2.1971, obwohl es aus verfassungsrechtlichen
Gründen kein staatliches Verbot des Buches gab), während es in der
DDR seit 1956 legal und 1980 in Frankreich als Raubdruck erschien. Der
Rowohlt-Verlag brachte dann 1980 `Mephisto´ illegal in einer Auflage
von 30000 Stück heraus. Die folgenden Auflagen von 300000 Stück
waren wie die erste innerhalb weniger Monate vergriffen – bis dato
einmalig in der Buchgeschichte nach 1945: „Diese kaum verhüllte und
von Bitterkeit erfüllte Geschichte ... Gustaf Gründgens und seiner Büh-
nenerfolge im Dritten Reich (erstmals 1936 in Amsterdam erschienen)
wurde zwar 1956 in der DDR neu aufgelegt. (...) Erst zehn Jahre später,
nach der aufsehenerregenden Aufführung einer Theaterfassung durch
die französische Regisseurin Ariane Mnouchkine wurde der Roman
dennoch als Taschenbuch veröffentlicht und zu einem Erfolg" (Donald
A. Prater, Thomas Mann, a. a. O., 699). 1979 hatte die französische
Regisseurin Ariane Mnouchkine eine Fassung des Romans im Théâtre
du Soleil auf die Bühne gebracht, 1981 wurde das Buch durch István
Szábo mit Klaus Maria Brandauer in der Titelrolle verfilmt (der Film
erhielt einen *Oscar*).

Graf, Oskar Maria (1894-1967): Geboren als neuntes Kind eines Bä-
ckers in Bayern, besuchte Oskar Graf die Dorfschule, erlernte nach dem
Tod des Vaters das Bäckerhandwerk und arbeitete in der vom Bruder
übernommenen Bäckerei. 1911 schlug er sich in München mit Gelegenheitsarbeiten, u. a. bei der Post oder als Liftboy, durch. 1912/13 vaga-
bundierte er im Tessin und in Oberitalien. 1914 wurde er zum Kriegsdienst nach Ostpreußen und Litauen eingezogen. Er sollte wegen Be-
fehlsverweigerung verurteilt werden, kam jedoch stattdessen in eine
`Irrenanstalt´ und wurde von dort nach zehntägigem Hungerstreik ganz
aus dem Militär entlassen. 1917 heiratete er, trennte sich aber noch im
selben Jahr. Seine Tochter wuchs bei Grafs Mutter auf; die Ehe wurde
1944 geschieden. 1919 geriet er wegen Beteiligung an den revolutionären Ereignissen in München mehrfach in Haft. 1919 lernte er Mirjam
Sachs kennen, mit der er von 1944 bis zu ihrem Tod 1959 verheiratet
war. 1927 gelang ihm mit `Wir sind Gefangene´ der Durchbruch als freier
Schriftsteller. Im Februar 1933 begab er sich ins sog. `freiwillige Exil´
nach Wien. Der Individualist reagierte mit Empörung, nachdem er bemerkt hatte, dass er nicht auf der Liste der zu vernichtenden Autoren
stand. Daraufhin veröffentlichte er in der `Wiener Arbeiter-Zeitung´ einen
Artikel, in dem er unter Protest ausdrücklich die Verbrennung auch
seiner Bücher forderte. 1934 wurden diese dann von den Nazis in einer
extra für ihn organisierten Bücherverbrennung in einem Innenhof der
Münchner Universität nachträglich verbrannt. Bertolt Brecht widmete ihm
deshalb das Gedicht `Als das Regime befahl´ (1938). Grafs Werke wur-
den verboten, er selbst ausgebürgert. 1934 nahm er in Moskau am 1.
Unionskongress der Sowjetschriftsteller teil, auf dem er Klaus Mann

kennenlernte. 1938 floh er nach Amerika und zog nach New York. Sein Heimweh war so groß, dass er in Lederhosen durch New York flanierte. 1938 wurde er Präsident der *German-American Writers Association*, 1942 gründete er mit anderen deutschen Emigranten den Aurora-Verlag und erhielt 1957 die amerikanische Staatsbürgerschaft. 1960 verlieh ihm die *Wayne State University of Detroit* die Ehrendoktorwürde. 1962 heiratete er ein drittes Mal. Er reiste mehrmals nach Europa und wurde u. a. für sein Werk mit der Goldmedaille der Stadt München ausgezeichnet. 1967 starb der lebensfroh-barocke bayerische Anarchist in New York. Seine Urne wurde ein Jahr später auf den alten Bogenhausener Friedhof überführt.

Gründgens, Gustaf (1899-1963): In einer großbürgerlich-rheinischen Familie als Gustav Heinrich Arnold Gründgens geboren (Künstlername `Gustaf´ ab 1923) und zusammen mit einer Schwester, der späteren Chansonnière Marita Gründgens (1903-1985) aufgewachsen, war Gustaf Gründgens in seinen jungen Jahren ein radikaler Kommunist, der aus seiner Ablehnung gegenüber den Nazis keinen Hehl machte (dies verbindet ihn mit dem weltberühmten Schauspieler Heinrich George, der wie Gründgens die Fronten wechselte und sich ans Nazi-System anpasste, vgl. DER SPIEGEL 49/1995, 236-245). Um des eigenen Ehrgeizes und der eigenen Karriere willen wurde er später jedoch zum Unterstützer des totalitären NS-Regimes. Nach einer abgebrochenen kaufmännischen Lehre meldete er sich 1916 freiwillig zum Kriegsdienst und gründete 1918 ein Fronttheater. Er nahm Schauspielunterricht und erhielt feste Engagements an führenden deutschen Theatern, legte sich auf negative, zwielichtige Charakterrollen fest, spielte Schurken und Bösewichter, kalte Intellektuelle, zynische Snobs, Verführer, arrogante Lebemänner, Erpresser, selten und wenig überzeugend positive Figuren. In den Zwanziger Jahren dominierte er die deutschen Bühnen (zuerst in Halberstadt und Berlin, dann in Hamburg, wo er von 1923-1928 über siebzig Rollen spielte), später auch als Opernregisseur und im Filmgeschäft. Seinen künstlerischen Durchbruch erzielte er mit seinen Rolle als Mephistopheles in Goethes `Faust I´, die er 1932 zum ersten Mal unter der Regie von Max Reinhardt (1873-1943) im Berliner Staatlichen Schauspielhaus spielte. Marcel Reich-Ranicki zufolge verkörperte Gründgens „das Morbide und das Anrüchige, das Zwielichtige" (Marcel Reich-Ranicki, Mein Leben, Stuttgart [2]1999, 124). Er hatte ihm zufolge mit dem Geist der Nazis und deren Stil „nichts gemein, mehr noch: Er war der Antityp der Zeit" (Marcel Reich-Ranicki, Mein Leben, ebda.), ein Narzisst, der die Gebrochenen, Degenerierten und Schillernden auf der Bühne spielte und den Zweiflern, Ironikern und Skeptikern den Vorzug gab. Der Exodus vieler Künstler aus Deutschland hatte viele Stellen frei werden lassen und erleichterte den kometenhaften Aufstieg von Gründgens. Protegiert von Hermann Göring (1893-1946), wurde er einer der populärsten Theater- und Filmstars sowie einer der bestbezahlten kulturellen Repräsentanten des NS-Regimes: 1933 ernannte ihn Göring zum künstlerischen Leiter des Preußischen Staatstheaters und zum Senator der Reichskulturkammer. 1936 zum Preußischen Staatsrat ernannt, wurde er Generalintendant der Berliner Bühnen, der bis 1945 zuständig für eines der renommiertesten Theater in Berlin, das Preußische Staatstheater, war. Sein Jahreseinkommen betrug damals 200000 Reichsmark. Für einen Film erhielt Gründgens durchschnittlich 80000 Reichsmark. Zum Vergleich: Ein NS-Staatssekretär verdiente 20000 Reichsmark im Jahr, ein Diplomingenieur in leitender Stellung ca. 10000 Reichsmark (1939/40) jährlich. 1934 zog Gründgens in eine Villa, die zuvor einem jüdischen Bankier gehört hatte und ihm von seinem Anwalt, einem Mitglied der SA, vermittelt worden war. Der homosexuelle Gründgens musste vorsichtig sein, da Homosexualität im NS-Staat strafbar war und mit KZ-Haft geahndet wurde. Er war deshalb nach seiner am 9.1.1929 geschiedenen Ehe mit Erika Mann von 1936 bis 1946 mit dem späteren Ufa-Star Marianne Hoppe (1909-2002) verheiratet, um Gerüchte seiner Homosexualität und ihrer Bisexualität zu widerlegen und sich vor der Verfolgung zu schützen. Während die Scheinehe (Lavendelehe) von Gründgens/Hoppe kinderlos blieb, ging aus einer anderen Verbindung Marianne Hoppes mit dem britischen Journalisten Ralph Izzard deren Sohn Benedikt Hoppe (geb. 1946) hervor (vgl. weiterführend Carola Stern, An den Wassern des Lebens. Gustaf Gründgens und Marianne Hoppe, Köln 2005). Gustaf Gründgens räumte als Intendant den Klassikern großen Platz ein und verbannte zeitgenössische und moderne Stücke wie von Frank Wedekind oder Carl Sternheim vom Spielplan. Nach den Rückschlägen an der Ostfront folgte er dem Aufruf von Goebbels zum `totalen Krieg´ am 18.2.1943 und absolvierte eine militärische Ausbildung in Holland, wurde aber 1944 von Göring wieder ans Theater zurückgeholt. Mit anderen regimekonformen Künstlern stand er auf der sog. `Gottbegnadetenliste´. So bezeichneten die Nazis eine 1944 zusammengestellte, 36 Seiten umfassende Liste des `Reichsministeriums für Volksaufklärung und Propaganda´, auf der die für die NS-Propaganda wichtigsten Künstler des NS-Regimes aufgelistet wurden und die unabkömmlich für den Fronteinsatz gestellt wurden. Die Liste umfasste 1041 Kulturschaffende, die vom direkten Kriegsdienst ausgenommen waren, darunter ca. 500 Schauspieler, Filmautoren und -regisseure. Nachdem Goebbels am 1.9.1944 alle Theater hatte schließen lassen und alle Künstler in die Rüstungsindustrie abkommandiert worden waren, wurde es Gründgens gestattet, das Kriegsende in seiner Villa in Berlin abzuwarten. 1945/46 wurde er dort festgenommen und neun Monate von den Sowjets inhaftiert. Bei der Entnazifizierung verwendeten sich Kolleginnen und Kollegen für ihn, u. a. der kommunistische Schauspieler und Sänger Ernst Busch (1900-1980), den Gründgens 1943 durch Fürsprache bei Göring vor dem Tod durch den Galgen (wg. `Vorbereitung zum Hochverrat´) gerettet hatte; ferner Erich Ziegel (1876-1950), Wolfgang Kühne (1905-1969), Pamela Wedekind und Paul Henckels (1885-1967). Auch Erich Kästner (1899-1974), Axel von Ambesser (1910-1988) und Paul Wegener (1874-1948) schrieben direkt an die Sowjets und baten um die Freilassung von Gründgens. Doch Gründgens hatte schon in führenden Sowjets wie dem sowjetischen Kulturoffizier und späterem Philosophieprofessor Arsenij Gulyga (1921-1996) Fürsprecher gefunden. Sie ließen ihn unter der Bedingung frei, dass er sein Theatertalent auch im sowjetischen Sektor der Stadt einsetzen würde. Für viele ehemalige Emigranten, die bei ihrer Rückkehr in die Bundesrepublik Deutschland als `Landesverräter´ tituliert und nicht sehr willkommen geheißen wurden, völlig unverständlich, machte er nach 1945 fast bruchlos weiter Karriere (Präsident des Deutschen Bühnenvereins und des Deutschen Schauspielhauses in Hamburg) und erhielt u. a. Anfang der fünfziger Jahre von Bundespräsident Theodor Heuss (1884-1963) für seine Verdienste um das deutsche Nachkriegstheater die höchste Auszeichnung, die die Bundesrepublik Deutschland zu vergeben hat: das Große Bundesverdienstkreuz mit Stern. 1959 spielte Gründgens in Moskau und Leningrad `Faust I´, `Der zerbrochene Krug´ und `Wallensteins Tod´. 1960 entstand die legendäre Hamburger Faust-Inszenierung mit Will Quadflieg als `Faust´, Elisabeth Flickenschildt als Marthe Schwerdtlein und Gründgens als Mephisto unter der Regie von Peter Gorski. Gustaf Gründgens hatte es geschafft, einer der bekanntesten deutschen Schauspieler zu werden und mit dem Mephistopheles im `Faust´ dem Publikum im Gedächtnis zu bleiben. 1962/63 legte er überraschend die Intendanz am Deutschen Schauspielhaus in Hamburg nieder und begab sich auf eine Weltreise. In hohem Maße drogenabhängig, starb er am 7.10.1963 unter ungeklärten Umständen in Manila an einer Magenblutung bzw. an einer Überdosis Schlaftabletten. Dies und einiges anderes – seine Homosexualität, seine Eitelkeit, sein Fleiß und seine Drogensucht – verbindet ihn tragischerweise mit Klaus Mann (vgl. Eberhard Spangenberg, Karriere eines Romans. Mephisto, Klaus Mann und Gustaf Gründgens, Reinbek 1986, 7). Gründgens ist, so faszinierend er als Schauspieler wirkte, wegen seiner Nähe zum NS-Regime bis heute umstritten. Er selbst argumentierte ähnlich wie seine Kollegen Heinz Rühmann (1902-1994) oder Hans Albers (1891-1960) immer mit seiner für zweckfrei gehaltenen Schauspielerei, die ihn die Bühne als wahren Freiraum des Künstlers, als `heiligen Raum´, der von der Wirklichkeit zugunsten des Schönen und Wahren freigehalten werden müsse, sehen ließ und ihn deshalb nicht in die Emigration führte. Die Künstler, die Deutschland freiwillig verließen, wollten damit zeigen, dass sie ihren Beruf nicht in einer Diktatur ausüben wollten, in dem Andersdenkende verfolgt, rassistische Gesetze eingeführt und Demokraten verfolgt werden würden. Sie wollten dieser Diktatur auch nicht das dem Regime zugute kommende künstlerische Prestige liefern, wodurch die Diktatur den Anschein der Legitimation erhielt. Andere gingen, weil sie Juden waren und mit diesem Schritt ihr Leben retteten. So machten die einen Karriere und stiegen auf und die anderen wurden mittellos. Freundschaften zerbrachen, Beziehungen rissen irreparabel, bittere Feindschaften entstanden. Bemerkenswerteweise konnten die Theaterleute, die in Deutschland geblieben waren, auch nach 1945 weiter erfolgreich arbeiten, wie beispielsweise die Dirigenten Richard Strauss und Wilhelm Furtwängler (1886-1954), Schauspieler wie der erwähnte Heinz Rühmann oder Werner Krauß (1884-1959). Andere, wie Leopold Jessner (1878-1945), Fritz Kortner (1892-1970), Elisabeth Bergner, Tilla Durieux oder Max Reinhardt wurden entlassen, gingen ins Exil und hielten sich mit Gelegenheitsjobs über Wasser. Wieder andere, wie der Schriftsteller Hans Fallada (1893-1947), waren keine Juden, lebten im Reich unter Schwierigkeiten, wurden aber für ihre opportunistische Entscheidung von den Emigranten verachtet. Fallada, der eigent-

402

lich Rudolf Ditzen hieß, seinen Künstlernamen nach dem sprechenden Pferd gewählt hatte und der mit `Kleiner Mann, was nun´ und `Wer einmal aus dem Blechnapf frißt´ berühmt wurde, stürzte ab: Er wurde alkoholabhängig, seine Ehe zerbrach, drei Monate lang wurde er als `Geisteskranker´ in der Landesanstalt Neustrelitz-Strelitz inhaftiert. Dort entstand sein Manuskript `Der Trinker´. Die Tagebuchnotizen, die er zwischen seinen Manuskripten verschlüsselt verfasst hatte, wurden erst 2009 veröffentlicht (vgl. Hans Fallada, In meinem fremden Land. Gefängnistagebuch 1944, Berlin 2009). Die Emigranten kehrten als Namenlose in die Heimat zurück und konnten auf den Bühnen kaum wieder Fuß fassen. Klaus Mann hielt mehrfach in seinem Tagebuch fest, wie sehr er über den Werdegang seines früheren Freundes Gründgens entsetzt war, der mit einem mörderischen Regime paktierte, indem er ihm künstlerische und intellektuelle Glaubwürdigkeit verlieh und damit als künstlerischer Diener von Hitler ebenso wie breite Schichten der bürgerlichen Intellektuellen, die nicht in die Emigration gegangen waren, ein rückgratloser Komplize des NS-Regimes wurde. Historisch gesehen scheint Gründgens Haltung nicht so deutlich wie von Klaus Mann beschrieben gewesen zu sein. Bis heute herrscht in der Forschung kein einheitliches Bild über ihn. Historisch sicher ist jedoch, dass Gründgens direkten Kontakt mit Göring und Hitler hatte und von diesen als kultureller Repräsentant des Nazi-Regimes gebraucht wurde, sich aber auch für eine Reihe von Verfolgten einsetzte. Er verwendete sich nachweislich für einige von der NS-Gesetzgebung betroffene Kollegen wie den bekannten Stummfilm-Schauspieler und Pionier der deutschen Filmgeschichte, Paul Bildt (1885-1957), dem Vater der Verlobten des Theologen Helmut Gollwitzer (1908-1993), Eva Bildt (1916-1945), der mit der Jüdin Charlotte Friedländer (1885-1945) verheiratet gewesen war. Ihm und seiner Familie gewährte Gründgens Ende Januar 1944 auf seinem Gut Zeesen Unterschlupf. Die evangelisch getaufte Schauspielerin Eva Bildt, laut rassistischer NS-Ideologie als sog. `Halbjüdin´ mit Berufsverbot belegt, beging kurz vor Ende des Krieges im April 1945 nach Einmarsch der Roten Armee gemeinsam mit ihrem Vater in Zeesen Suizid; Paul Bildt überlebte nach langem Koma (vgl. Friedrich Künzel/Ruth Pabst [Hg.], „Ich will dir schnell sagen, dass ich lebe, Liebster." Helmut Gollwitzer/Eva Bildt, Briefe aus dem Krieg 1940-1945, München 2008, 326). So ist inzwischen Gustaf Gründgens helfende Rolle im sog. `Dritten Reich´ korrigiert worden. Gründgens sagte nach dem Zweiten Weltkrieg: „Ich möchte einmal der gewesen sein, der die Flamme in einer dunklen Zeit bewahrt und gehütet hat und dem man vielleicht abnehmen kann, wie es war, wie es ist und von dem aus man vielleicht weiterbauen kann." Dieses Zitat Gründgens hing am Eingang einer Ausstellung anlässlich seines 100. Geburtstages. Im Unterschied zu denen, die Gründgens für das Sinnbild des Intellektuellen hielten, der sich und seine Karriere über seine Prinzipien stellte, meinten einige, dass Gründgens bewusst mit den Nazis kollaboriert hätte, um eine künstlerische Tradition, die die Reinheit der Kunst betonte, zu bewahren und zu retten. Zur Vita G. Gründgens vgl. weiterführend Curt Riess, Gustaf Gründgens. Eine Biographie, unter Verwendung bisher unveröffentlichter Dokumente aus dem Nachlass, Hamburg 1965, Freiburg 1988; Heinrich Goertz, Gustaf

Gründgens. Mit Selbstzeugnissen und Bilddokumenten (rm; 315), Reinbek 1982; Peter Michalzik, Gustaf Gründgens. Der Schauspieler und die Macht, Berlin 1999; Dagmar Walach „Aber ich habe nicht mein Gesicht." Gustaf Gründgens – eine deutsche Karriere, Berlin 1999; Thomas Blubacher, Gustaf Gründgens, Berlin 1999.

Gumpert, Martin (1897-1955): Der deutsch-amerikanische Schriftsteller stammte aus einer großbürgerlich-jüdischen Arztfamilie. Während des Ersten Weltkrieges diente er als Sanitäter in der Türkei und studierte danach in Berlin und in Heidelberg Medizin. Dort schloss er sich sozialistischen Studentengruppen an. Er promovierte 1923 über den ʼStreit um den Ursprung der Syphilisʼ und heiratete die Tochter seines Freundes, des sozialdemokratischen Sozialhygienikers Alfred Blaschko (1858-1922), die Ärztin Charlotte Blaschko (1898-1933), mit der er eine Tochter bekam. Nach Jahren als Assistenzarzt war er ab 1927 niedergelassener Facharzt und Leiter der Ambulanz für Geschlechtskrankheiten, wobei er das erste Beratungs- und Behandlungszentrum in Deutschland einführte. Mittellose Patienten behandelte er unentgeltlich. Nachdem ihm die Nazis 1933 seine Tätigkeiten verboten hatten und Ende des Jahres seine Frau gestorben war, wurde das Leben in Deutschland für ihn immer beschwerlicher, so dass er 1936 in die USA emigrierte. In New York gelang es ihm, noch im selben Jahr eine dermatologische Praxis zu eröffnen. Im Hotel Bedford traf er sich oft mit einer Gruppe deutscher Exilschriftsteller. Klaus Mann, der bei ihm in Behandlung war, setzte ihm im ʼVulkanʼ in der Person des Professor Abel ein Denkmal, Thomas Mann in der Figur des Mai Sachme in ʼJoseph und seine Brüderʼ. Zeitweise wohnte er mit Erika Mann zusammen, die von ihm ein Kind erwartete. Gumpert veröffentlichte mehrere Prosa- und Lyrikbände sowie seine Autobiografie ʼHölle im Paradiesʼ, Stockholm 1939, zudem regelmäßige wissenschaftsjournalistische Beiträge zu medizinhistorischen Themen. Er gilt als Pionier auf dem Gebiet der Gerontologie. Der Herausgeber einer medizinischen Fachzeitschrift war als medizinischer Gutachter für das Nachrichtenmagazin TIME tätig und zum Schluss Leiter der geriatrischen Klinik des *Jewish Memorial Hospital New York*. Sein Nachlass befindet sich heute im Martin-Gumpert-Archiv der Berliner Akademie der Künste, vgl. weiterführend Jutta Ittner, Augenzeuge im Dienst der Wahrheit. Leben und literarisches Werk Martin Gumperts (1897–1955), Bielefeld 1998 (diss. 1994); Doina Rosenberg, Martin Gumpert – Arzt und Schriftsteller, Berlin 2000 (diss. 2000); Karin Geiger, Der diagnostische Blick. Martin Gumpert als Arzt, Medizinhistoriker und ärztlicher Schriftsteller (diss. 2003), Remscheid 2004.

Habe, Hans (1911-1977): Der österreichische Journalist und Schriftsteller Hans Habe (eigentlich János Békessy) war nach dem Abitur und seinem Versuch, in Heidelberg Jura und Germanistik zu studieren – als evangelisch getaufter Jude fiel er unter die rassistische Gesetzgebung –, in den dreißiger Jahren journalistisch tätig. 1938 wurde er ausgebürgert, seine Bücher wurden verboten. Er ging ins französische Exil und kämpfte in der französischen Armee gegen die Nazis. 1940 wurde er gefangen genommen, konnte jedoch nach Portugal und schließlich in die USA fliehen. Dort kam er 1942 zur Army und wurde in psychologischer Kriegsführung ausgebildet. Von Nordafrika aus nahm er am Italienfeldzug teil und wurde vierzehn Mal verwundet. Habe übernahm 1944 eine Abteilung der Stabsgruppe für Propaganda und Psychologische Kriegsführung, die für die Herausgabe deutscher Zeitungen zuständig war, und suchte sich als Mitarbeiter u. a. die Schriftsteller Stefan Heym und Klaus Mann aus. Bis November 1945 gründete er in der amerikanischen Besatzungszone 18 Zeitungen. Er arbeitete bis 1953 journalistisch und zog dann als freier Schriftsteller nach Ascona/Schweiz. Habe, der sechsmal verheiratet war und dessen achtzehnjährige Tochter ermordet wurde, erhielt 1976 das Große Bundesverdienstkreuz der Bundesrepublik Deutschland.

Hallgarten, Richard `Ricki´ (1905-1932): Der Sohn des jüdischen Juristen und Germanisten Robert Hallgarten (1870-1924) und der Frauenrechtlerin Constance Hallgarten (1881-1969) zählt seit der gemeinsamen Schulzeit zu den engen Freunden Klaus und Erika Manns. Er taucht häufig namentlich in Klaus Manns Büchern auf, z. B. in `Kind dieser Zeit´, das ihm gewidmet ist, oder im `Wendepunkt´. Die Gleichaltrigen verbringen ihre Freizeit zusammen, gehen ins Kino oder ins Theater. Ricki Hallgarten hatte Erika Manns Kinderbücher `Jan´s Wunderhündchen. Ein Kinderstück in sieben Bildern´ von Erika Mann und Richard Hallgarten, Berlin 1932, und `Stoffel fliegt übers Meer´. Bilder und Ausstattung von Richard Hallgarten, Stuttgart 1932 illustriert (das Buch erlebte innerhalb kürzester Zeit zehn Auflagen und wurde ein Bestseller [Neuaufl. München 1999]). Vom 24.5. bis 6.6.1931 nahm er als Vorsitzende der Münchner Pazifistischen Liga als Beifahrer von Erika Mann, die den sensiblen, manisch-depressiven und suizidalen Freund aus der Nachbarschaft dadurch auf andere Gedanken bringen wollte, an einer von Ford und dem ADAC veranstalteten 10000-Kilometer-Autorallye durch Europa teil. Nachdem sie mit vierzehn anderen Paaren in Berlin an den Start gegangen waren und täglich ein Pensum von 1000-1200 km zurückgelegt hatten, schafften sie es schließlich auf den ersten Platz. Ihn vom Suizid abzuhalten, gelang ihr aber nicht: Ricki Hallgarten erschoss sich im Alter von 27 Jahren am 5.5.1932 in seinem Atelierhaus in Utting am Ammersee (Ortsteil Holzhausen).

Henning, Magnus (1904-1995): Der deutsche Komponist und Pianist vertonte und inszenierte die Texte der `Pfeffermühle´ und begleitete die Akteure jeden Abend am Klavier. Der Barpianist kehrte 1937 nach München zurück, arbeitete dort in dem berühmten Münchner Kabarett-Lokal `Simplicissimus´ und war danach bei der Wehrmacht. Er starb in hohem Alter in Imst/Tirol, vgl. weiterführend Maria Ruetz, Sand ins Getriebe der Kriegstreiber. Magnus Henning und `Die Pfeffermühle´, in: Mit der Ziehharmonika. Zeitschrift der Theodor Kramer Gesellschaft, 6. Jg., Heft 3, November 1989, 5-7.

Herrmann Mirlington, Eva (1901-1978): Die Tochter des amerikanischen Malers Frank S. Herrmann und einer Deutschen, mit der Klaus Mann seit langem bekannt war, hatte die amerikanische Staatsangehörigkeit, war aber in Deutschland aufgewachsen. Sie hatte in Berlin Kunst studiert und arbeitete danach als Zeichnerin und Karikaturistin. Schon 1927 hatte Klaus Mann mit ihr seinen 21. Geburtstag in New York gefeiert. Eva Herrmann, lange Jahre die Geliebte des Schriftstellers Johannes R. Becher (s. o.), lebte 1933 in der Emigrantenkolonie Sanary-sur-Mer. 1935 wurde sie die Geliebte von Lion Feuchtwanger, den sie 1937 auf seiner Moskaureise begleitete. Sie war häufig zu Gast im Hause Thomas Manns. Im Auftrag Bechers sollte sie Heinrich Mann zur Rückkehr nach Deutschland/Ost bewegen. Ab den vierziger Jahren wandte sie sich dem Spiritismus zu, nahm an spiritistischen Sitzungen, den sog. Séancen, teil und trat mit Publikationen als mediale Übermittlerin von Botschaften aus dem Jenseits an die Öffentlichkeit ('Von Drüben', 1976; 'Von Drüben II', 1978). Sie starb 1978 in Südkalifornien, wo sie seit 1939 gelebt hatte. Sie inspirierte Klaus Mann zu dem Drama 'Der siebente Engel'. Manfred Flügge hat vor ein paar Jahren die These aufgestellt, dass Eva Herrmann eine langjährige sowjetische Agentin war, die für die Komintern gearbeitet hätte, vgl. Manfred Flügge, Heinrich Mann – Eine Biographie, Reinbek 2006, 309. Zu ihrem Lebensweg vgl. weiterführend Anita Overwien-Neuhaus, Eva Herrmann – Zeugin des Exils, Köln 1995.

Himmler, Heinrich Luitpold (1900-1945): Der zweimächtigste Mann im sog. 'Dritten Reich', Sohn eines katholischen Oberstudiendirektors, hatte die Kontrolle über den gesamten Polizeiapparat (Sicherheitsdienst, Gestapo, SA und SS) und über alle Konzentrationslager, war einer der Hauptverantwortlichen für die Vernichtung der europäischen Juden und Organisator der sog. 'Endlösung'. Ab 1943 war der studierte Landwirt über eine innerparteiliche Karriere Reichsinnenminister und 1944 Chef des Ersatzheeres. Er baute ein System der Überwachung und des Terrors auf und verfolgte als Endziel ein 'großgermanisches Imperium', wobei der Rassist Völkermord als notwendiges Mittel zum Zweck sah. Himmler war auch der Hauptverantwortliche bei der Verfolgung Homosexueller. Mit seiner Ehefrau Margarethe Siegroth hatte er eine leibliche Tochter, Gudrun Burwitz (geb. 1929), noch heute eine unverbesserliche Nationalsozialistin, und einen Adoptivsohn (geb. 1928). Mit seiner Geliebten und 'Nebenfrau' – Himmler vertrat unter Berufung auf die germanische Tradition die Zweitehe –, Hedwig Potthast (1912-1994), seiner einstigen Privatsekretärin, hatte er den Sohn Helge (geb. 1942) und die Tochter Nanette-Dorothea (geb. 1944). Er beging in alliierter Gefangenschaft Suizid und wurde anonym bei Lüneburg bestattet. Vgl. weiterführend Katrin Himmler, Die Brüder Himmler. Eine deutsche Familiengeschichte, FfM 2005, und Peter Longerich, Heinrich Himmler. Biographie, München 2008.

Hindenburg, Paul von (1847-1934): Hindenburg ist historisch eine umstrittene Person. Fest steht, dass er den Nazis zur Macht verholfen hat. Geboren in die Familie eines ostpreußischen Adelsgeschlechts, schlug er nach der Schule die Militärlaufbahn ein. Er machte sowohl im Deutsch-Französischen Krieg (1870/71) als auch im Ersten Weltkrieg militärisch Karriere (1914-1918, höchste Auszeichnung im März 1918: 'Stern zum Großkreuz des Eisernen Kreuzes'). 1888 gehörte der verhei-

ratete spätere Generalfeldmarschall und Chef der Obersten Heereslei-
tung zu den die Totenwache für Kaiser Wilhelm I. haltenden Offizieren.
Er riet Kaiser Wilhelm II. (1859-1941) zur Flucht, trat nach Abschluss des
Versailler Vertrages 1919 zurück und verbreitete mit Erich Ludendorff
(1865-1937), einem der populärsten Generäle im Ersten Weltkrieg, die
sog. `Dolchstoßlegende´, der zufolge das deutsche Heer `im Felde
unbesiegt´, aber durch den Waffenstillstand der `Novemberrevolutionäre´
von hinten erdolcht worden sei. Bei der Reichspräsidentenwahl 1925
wurde der machtbewusste Monarchist und erklärte Antidemokrat Hindenburg, der im Laufe seiner Amtszeit immer stärker unter Einfluss der
politischen Rechten (`Kamarilla´) geriet, im zweiten Wahlgang mit 77
Jahren als Nachfolger Friedrich Eberts zum zweiten Reichspräsidenten
der Republik gewählt und bei der Wahl von 1932 für weitere sieben
Jahre im Amt bestätigt. Um Hitler als Reichspräsidenten zu verhindern,
hatten alle demokratischen Parteien für Hindenburg gestimmt. Am
19.11.1932 gaben führende deutsche Industrielle, Vertreter der Banken
und Bauern, darunter der Schwerindustrielle Fritz Thyssen (1873-1951),
unter Federführung von Reichsbankpräsident Hjalmar Schacht (1877-
1970) eine Eingabe ab, in der sie Hindenburg aufforderten, Hitler zum
Reichskanzler zu ernennen – was trotz dessen persönlicher Abneigung
gegen den sog. `böhmischen Gefreiten´ bekanntlich am 30. Januar 1933
geschah. Hindenburg löste am 1.2.1933 den Reichstag auf; mit der
`Verordnung des Reichspräsidenten zum Schutz von Volk und Staat´
wurden bis zum Ende des Krieges die Grundrechte (Meinungsfreiheit,
Pressefreiheit, Vereins- und Versammlungsfreiheit) außer Kraft gesetzt
und infolgedessen die Mitglieder und Anhänger von KPD und SPD verhaftet. Zeitungen wurden verboten und die Todesstrafe ausgedehnt.
Hindenburg stimmte dem `Ermächtigungsgesetz´ von 1933 zu und setzte
das Parlament außer Kraft. Am 1.8.1934, einen Tag bevor Hindenburg
starb, initiierte Hitler – unterstützt von Hindenburgs Sohn Oskar von
Hindenburg (1883-1960) – eine Volksabstimmung auf den 19.8.1934,
damit er als `Führer´ nun Reichskanzler und Reichspräsident in Perso-
nalunion sein durfte. Hindenburgs sterbliche Überreste wurden zuerst im
`Denkmal der Schlacht von Tannenberg´ beigesetzt, dann im Januar
1945 beim Anrücken der Roten Armee über Umwege nach Stettin gebracht. Von dort aus überführte man ihn zusammen mit den Särgen der
Preußenkönige Friedrich II. (1712-1786) und Friedrich Wilhelm I. (1688-
1740) in ein Salzbergwerk nach Thüringen. Die amerikanischen Sieger
brachten schließlich ihn und seine Frau nach Kriegsende nach Marburg
in die Elisabethkirche, wo sie bis heute in der Nordturmkapelle ruhen.
Obwohl der antidemokratische Hindenburg historisch als der Verantwort-
liche gilt, der mit zum Untergang der Weimarer Republik beitrug, indem
er Hitler zum Reichskanzler ernannt und dem Reichsermächtigungsge-
setz zugestimmt hatte, tragen bedauernswerterweise noch heute einige
öffentliche Gebäude seinen Namen (wie z. B. der Sylter Eisenbahn-
damm von 1927).

Hirschfeld, Magnus (1868-1935): Der Arzt und Sexualforscher Magnus
Hirschfeld kämpfte als einer der ersten für die Freiheit, Toleranz und
Gleichberechtigung Homosexueller sowie gegen deren staatliche Verfol-

gung und gesellschaftliche Ächtung. Als Begründer und Vorsitzender des `Wissenschaftlich-humanitären Komitees´, das es sich zum Ziel gesetzt hatte, sexuelle Handlungen zwischen Männern zu entkriminalisieren, war er 1901 der Initiator einer Kampagne zur Aufhebung des §175. Er wollte beweisen, dass Homosexualität angeboren war. Hirschfeld prägte 1910 den noch heute üblichen Begriff `Transvestit´. 1919 gründete er das `Institut für Sexualkunde´ in Berlin. In völkischen Kreisen war er verhasst, einen Anschlag auf sein Leben überlebte er knapp. Hirschfeld wurde der Berater von Richard Oswald (1880-1963), der beim ersten Schwulenfilm der Filmgeschichte Regie führte. Oswald war Jude, emigrierte in die USA und war der Vater des Regisseurs Gerd Oswald (1919-1989), der später u. a. bei den populären Sendungen `Bonanza´ und `Star Trek´ Regie führte. Richard Oswald begründete den Aufklärungsfilm, denn auch mit diesem relativ neuen Medium sollten rechtliche Verbesserungen herbeigeführt werden. Doch dem ersten Film zum Thema Homosexualität mit dem Titel `Anders als die Andern´, der 1919 gedreht wurde und die Abschaffung des §175 forderte, war kein Erfolg beschieden.

Hitler, Adolf (1889-1945): Über den Diktator, der blauäugig war, den Antisemiten Richard Wagner (1813-1883) verehrte und sich vegetarisch ernährte; der unter dem Decknamen `Wolf´ Hotelzimmer buchte, die ihm unter dem Namen Hitler verweigert worden wären, und nach dem die künstlich errichtete VW-Stadt `Wolfsburg´ benannt wurde; der Schnittblumen verabscheute, weil er nichts Totes um sich haben wollte; der im Wahlkampf einen Stimmtrainer für seine lädierte Stimme beschäftigte; der vom TIME Magazine 1938 zum Mann des Jahres gewählt und 1939 von einem Mitglied des Schwedischen Parlaments für den Friedensnobelpreis vorgeschlagen wurde; der darauf bedacht war, dass seine Brille auf Fotos nicht auftauchte; der seine 23 Jahre jüngere Freundin Eva Braun (1912-1945) jahrelang vor der Öffentlichkeit versteckte; der in Thomas Mann Parallelen zum Künstler hervorrief (`Bruder Hitler´); der katholisch war und bis an sein Lebensende pünktlich die Kirchensteuer zahlte (vgl. Anna Maria Sigmund, „Das Geschlechtsleben bestimmen wir". Sexualität im Dritten Reich, München 2008, 44, die aus der Steuerakte Hitlers, FIN A 496 aus dem Bayerischen Hauptstaatsarchiv in München zitiert) und oft das Patenamt für Kinder von Parteifreunden übernahm – über Adolf Hitler gibt es Berge von Literatur! Auf sie einzugehen, würde den Umfang dieser Ausführungen vollends überschreiten (vgl. weiterführend https://en.wikipedia.org/wiki/Adolf_Hitler, aufgerufen am 18.12.2009). Hitlers Überreste wurden nach seinem Suizid verbrannt und zunächst in Berlin, dann in Magdeburg bestattet, später auf Geheiß Stalins von den Sowjets schließlich erneut verbrannt. Ob Überreste Hitlers, ein Teil seines Schädels und seiner kariösen Zähne heute im Moskauer Staatsarchiv und im Archiv des ehemaligen KGB aufbewahrt werden, ist letztlich nicht zweifelsfrei geklärt; eine DNA-Analyse steht noch aus. Aus. Vgl. dazu die weiterführenden Publikationen, insbesondere den Leitfaden zu Hitler-Bibliografien von John Lukacs, Hitler. Geschichte und Geschichtsschreibung, Berlin 1999, und die Hitler-Biografien von Rudolf Olden, Hitler (Amsterdam 1935), Frankfurt 1984;

Alan Bullock, Hitler. Eine Studie über Tyrannei, Düsseldorf 1953, 1967, 1989; Joachim Fest, Hitler. Eine Biographie (1973), Hamburg 2007; Hans Bernd Gisevius, Adolf Hitler: Versuch einer Deutung (1963), München 1967; Kurt Pätzold/Manfred Weißbäcker, Adolf Hitler. Eine politische Biographie, Leipzig 1995; Brigitte Hamann, Hitlers Wien. Lehrjahre eines Diktators, München-Zürich 1996; Ian Kershaw, Hitler, Stuttgart-München 1998 und 2000; Konrad Heiden, Adolf Hitler. Eine Biographie, Bde. 1 und 2, Zürich 2007; Ludolf Herbst, Hitlers Charisma. Die Erfindung eines deutschen Messias, FfM 2010, und, last but not least, Thomas Sandkühler, Adolf H. Lebensweg eines Diktators, München 2015. Das Deutsche Historische Museum in Berlin widmete dem Diktator 2010/11 eine Ausstellung mit dem Titel: `Hitler und die Deutschen. Volksgemeinschaft und Verbrechen´.

Hoffmannsthal, Hugo von (1874-1929): Der österreichische Schriftsteller, der eigentlich Hugo Laurenz August Hofmann, Edler von Hofmannsthal, gen. Hugo von Hofmannsthal, hieß, jüdischer Herkunft, konservativ und monarchistisch war, war Mitbegründer der Salzburger Festspiele und ein wichtiger Vertreter der Wiener Moderne. Er selbst sah sich als katholischer Aristokrat. 1892 absolvierte er die Matura mit Auszeichnung und studierte Jura und französische Philologie. 1898 promovierte er und arbeitete danach an seiner Habilitation, die er 1901 an der Wiener Universität einreichte. Doch anstelle eines Lebens als Professors entschied er sich, beeinflusst von Friedrich Nietzsche und Stefan George (1868-1933), Dichter zu werden. In diesem Jahr heiratete er die 21jährige Gertrud Schlesinger und bekam mit ihr drei Kinder. Im Ersten Weltkrieg, im Alter von 40 Jahren, wurde der konservative Patriot für kriegsuntauglich erklärt, schrieb aber aus dem Innenministerium kriegspropagandistische Texte. 1919 wurde er für den Literaturnobelpreis vorgeschlagen, den er allerdings nie erhielt. Hoffmansthal pflegte Kontakt zu zahlreichen Intellektuellen und Künstlern, darunter zu Thomas Mann. 1929 erschoss sich sein ältester Sohn mit 26 Jahren. Zwei Tage nach diesem Suizid starb Hofmannsthal an den Folgen eines Schlaganfalls, nachdem er aufgebrochen war, um zur Beerdigung zu gehen. Er wurde seinem Wunsch gemäß im Habit eines Franziskaners beigesetzt, da er sich den Mönchen dieses Ordens besonders verbunden wusste. Das Vermögen der Hoffmannsthals wurde 1938 von den Nazis beschlagnahmt; seiner Witwe gelang die Emigration nach England.

Huxley, Aldous Leonard (1894-1963): Der Schriftsteller entstammte einer britischen Intellektuellenfamilie. Sein Vater war der Schriftsteller Leonard Huxley, sein Bruder der UNESCO-Generalsekretär Julian Huxley (1887-1975), sein Halbbruder der Medizin-Nobelpreisträger Andrew Fielding Huxley (1917-2013). Sein erstes Buch veröffentlichte der humanistisch gesonnene Autor im Alter von 22 Jahren, als er ein Literaturstudium in Oxford mit der Schriftstellerei verband. Die Themen des Satirikers in zahlreichen Essays, Kurzgeschichten, Gedichten, Reiseberichten und Drehbüchern waren die Kritik an der Entmenschlichung der Gesellschaft (dystopischer Roman *Brave New World*) und der wissenschaftlich-technische Fortschrittsglaube. Huxley war verheiratet, arbeitete nach dem Ersten Weltkrieg als Journalist und wandte sich später, vor allem nach seinem Umzug 1937 nach Kalifornien, der Mystik und der Parapsychologie zu. 1953 machte er Selbstversuche mit der psychedelischen Droge Meskalin, was damals in den USA noch nicht strafbar war, und verarbeitete dies literarisch (utopischer Roman *Island*). Zehn Jahre später starb er an Kehlkopfkrebs; kurz vor seinem Tod ließ er sich von seiner zweiten Ehefrau LSD spritzen.

Ihering, Herbert (1888-1977): Der Sohn eines Juristen aus Springe wurde Dramaturg, Regisseur, Journalist und Lektor. Er galt als einer der bedeutendsten Theater- und Filmkritiker der Weimarer Republik. So förderte er beispielsweise die Karriere des jungen Bertolt Brecht, indem er ihn für den Kleist-Preis vorschlug. Sein größter Gegenspieler war der Kritiker Alfred Kerr (s. u.). Während jener Nazi-Deutschland verlassen musste, konnte Ihering im Land bleiben, weiter arbeiten und überlebte den Krieg. 1942 wurde er als Dramaturg ans Wiener Burgtheater berufen. Von 1945 bis 1953 war er Chefdramaturg des Deutschen Theaters Berlin. An seine Karriere im sog. `Dritten Reich´ schloss sich nahtlos eine in der DDR an: Er war Gründungsmitglied der Sektion Darstellende Kunst der Akademie der Künste Ost und verfasste Theaterkritiken für den `Sonntag´, die Wochenzeitung des Kulturbundes der DDR (u. a. wurde er 1955 mit dem Lessingpreis der DDR ausgezeichnet und erhielt die Ehrendoktorwürde der Berliner Humboldt-Universität). Er wurde auf dem Friedhof Zehlendorf begraben. Klaus Mann karikierte ihn im `Mephisto´ als opportunistischen geschwätzigen Journalisten Dr. Ihrig.

Jannings, Emil (1884-1950): Der deutsch-amerikanische Schauspieler wuchs als deutscher Staatsbürger in der Schweiz sowie in Leipzig und Görlitz auf. Das Gymnasium brach er ab, fuhr als Schiffsjunge ein Jahr zur See und begann danach ein Schauspielvolontariat in Görlitz, wo man ihm aber fehlendes Talent bescheinigte. Dennoch spielte Jannings in Wanderbühnen-Ensembles von 1901-1908 und erhielt danach feste Engagements. 1915 war er auf allen großen Bühnen Berlins mit großem Erfolg zu Hause, unter anderem bei Max Reinhardt (s. u.). Ab 1919 spielte er im Film mit dem Schauspieler und späteren berühmtem Regisseur Ernst Lubitsch (1892-1947) und Pola Negri (1894/97-1987) zusammen. Er wurde für seine Leistungen als der `Beste Schauspieler der Welt´ bezeichnet, was ihm u. a. einen Vertrag mit Paramount einbrachte. In dieser Zeit kam er zu großem Reichtum. Er befreundete sich mit Greta Garbo. 1929 erhielt er den ersten `Oscar´ als bester Schauspieler. In diesem Jahr kehrte er nach Deutschland zurück. Im `Blauen Engel´ spielte er neben Marlene Dietrich. Nach 1933 wirkte Jannings in Nazi-Propagandastreifen mit, u. a. in `Ohm Krüger´. Wegen seiner Unterstützung des Nationalsozialismus wurde Jannings nach 1945 von den Alliierten mit lebenslangem Auftrittsverbot belegt. Er starb vereinsamt an Leberkrebs.

Jens, Inge (1927-2021) und **Jens, Walter** (1923-2013): Inge Jens, Literaturwissenschaftlerin, Publizistin und u. a. Herausgeberin der Thomas-Mann-Werke, war die Tochter eines SS-Sturmführers, `Jungmädel´ und BDM-Führerin, die Hitler als zehnjähriges Mädchen die Hand gab (vgl. Inge Jens, Unvollständige Erinnerungen, Reinbek [2]2009, 30f.). Ihr Mann, der Rhetorikprofessor und Schriftsteller Walter Jens, der, vom Kriegsdienst aus gesundheitlichen Gründen befreit, von 1941 bis 1945 Germanistik in Hamburg und Freiburg studiert hatte, war Mitglied der Hitlerjugend, des NS-Studentenbundes und der NSDAP (was erst 2003 bekannt wurde). Nach dem Krieg wurde Walter Jens – Mitglied der Nachkriegs-Schriftstellervereinigung `Gruppe 47´ und der Bürgerrechts-bewegung `Humanistische Union´ – bekannt als moralische Instanz in der Bundesrepublik Deutschland, etwa, als es um die Umsetzung des NATO-Doppelbeschlusses und die Verhinderung von Pershing-II-Raketen mit einhergehenden Demonstrationen in schwäbischen Mutlangen ging. Sein Sohn Tilman Jens (1954-2020) rechnete mit seinem Vater, der trotz seiner Herausgeberschaft verschwiegen hatte, dass er in seiner Jugend Thomas Mann und den `Zauberberg´ verurteilt hatte, öffentlich ab, vgl. Tilman Jens, Demenz. Abschied von meinem Vater, Gütersloh [3]2009.

Johst, Hanns (1890-1978): Der Dramatiker Johst, einst von Thomas Mann `geliebt´ (vgl. dessen Brief v. 16.9.1920), schrieb an den mit ihm befreundeten Reichsführer-SS, Polizeichef und späteren Reichsinnen-minister Himmler, dem Organisator der `Endlösung: „In Amsterdam erscheint das derzeitig unflätigste Emigrantenblatt `Die Sammlung´... Als Herausgeber zeichnet der hoffnungsvolle Sproß des Herrn Thomas Mann, Klaus Mann. Da dieser Halbjude schwerlich zu uns herüber wechselt,... würde ich in diesem wichtigen Angelegenheit das Geiselver-fahren vorschlagen. Könnte man nicht vielleicht Herrn Thomas Mann, München, für seinen Sohn ein wenig inhaftieren? Seine geistige Produk-tion würde ja durch eine Herbstfrische in Dachau nicht leiden..." (F. Kroll, Klaus-Mann-Schriftenreihe Bd 4/1 [1933-1937: Repräsentant des Exils], Wiesbaden 1992, 127). Vgl. weiterführend Rolf Düsterberg, Hanns Johst: `Der Barde der SS´. Karrieren eines deutschen Dichters, Paderborn 2004. Am 3.2.1936 erklärte sich Thomas Mann mit den Exilschriftstellern solidarisch – was zum offenen Bruch mit dem NS-Regime führte und den Verlust der deutschen Staatsbürgerschaft und seines Eigentums nach sich zog. Klaus Mann und Erika forderten Thomas Mann auf, sich vom Fischer-Verlag zu trennen, da dieser infolge eines Wechsels in der Ver-lagsleitung sein Programm unter den Nazis weiterführen wollte. Statt-dessen sollten die Werke Thomas Manns im Amsterdamer Querido-Verlag erscheinen, in dem neben der Exilliteratur auch die von Klaus Mann herausgegebene Zeitschrift `Die Sammlung´ erschien. Thomas Mann wechselte jedoch nicht und unterstützte Klaus auch nicht in seinem Zeitschriften-Projekt. Es kam darauf hin zu heftigen emotionalen Äußerungen von Klaus und Erika Mann gegenüber ihrem Vater. Erst 1936 kam es zu einem Einstellungswechsel Thomas Manns. Dieser wurde in den folgenden Jahren zu einem der prominentesten Gegner des NS-Regimes. Er gehörte zu den wenigen deutschen Schriftstellern, über die sich Hitler in seinen Reden öffentlich ärgerte.

Kerr, Alfred (eigentlich Alfred Kempner, 1867-1948): Der Schriftsteller und Journalist, Sohn eines Breslauer Weinhändlers und Fabrikbesitzers, zählte zu den großen Theaterkritikern und Förderern zahlreicher Autoren der Weimarer Republik. Im Unterschied zu seinem Antipoden, dem Journalisten und Theaterkritiker Herbert Ihering, flüchtete Alfred Kerr, der Jude war, mit seiner Familie vor den Nazis nach England. Sein Studium der Geschichte, Philosophie und Germanistik hatte er 1894 mit einer Promotion über die Romantik abgeschlossen. Schon währenddessen hatte er Theaterkritiken veröffentlicht. Kritiker wurde sein Beruf. Von 1900 bis 1919 schrieb er für die in Berlin erscheinende Zeitung `Der Tag`, von 1919 bis 1933 für das `Berliner Tageblatt` und die `Frankfurter Zeitung`. Er zählte zu den Förderern von Henrik Ibsen (1828-1906) und Gerhart Hauptmann (1862-1946), war mit Außenminister Walther Rathenau (1867-1922) befreundet und gehörte zu den Intimfeinden Thomas Manns. Vor seiner Emigration bezog der sarkastische Satiriker im Berliner Rundfunk in Glossen Stellung gegen die Nazis. 1933 wurden seine Bücher verbrannt und er im Juli 1933 ausgebürgert (sein Name befand sich auf der ersten Ausbürgerungsliste). Sein Weg ins Exil führte über Prag, Lugano, Zürich und Paris nach London. Kerrs Sohn Michael Kerr (1921-2002) wurde in England der erste Richter am High Court, der nicht in England geboren worden war, und seine Tochter Judith Kerr (1923-2019) wurde eine bekannte Schriftstellerin (`Als Hitler das rosa Kaninchen stahl`). Alfred Kerr erlitt während einer Theateraufführung einen Schlaganfall und beging daraufhin Suizid mit einer Überdosis Schlaftabletten. Er liegt in Hamburg-Ohlsdorf begraben.

Kesten, Hermann (1900-1996): Der Romancier, Essayist, Lyriker und literarische Leiter des Allert de Lange Verlags, Förderer vieler Schriftsteller, veröffentlichte vierzehn Romane, die in 22 Sprachen übersetzt wurden. Sein berühmtestes Buch ist seine Dichter-Porträt-Sammlung `Meine Freunde, die Poeten` (1953). Der in Galizien geborene Schriftsteller war in Nürnberg aufgewachsen, wo er auch Abitur gemacht hatte. Von 1919 bis 1923 studierte er Jura und Nationalökonomie, Geschichte, Germanistik und Philosophie. Eine Promotion über Heinrich Mann brach er ab. Bis 1926 arbeitete er im Trödelhandel seiner Mutter, bereiste Europa und Nordafrika und veröffentlichte erste schriftstellerische Arbeiten. 1927 zog er nach Berlin und wurde Autor und Lektor beim Kiepenheuer-Verlag. Zeitweise arbeitete er dort mit Ernst Toller (s. u.) zusammen. 1933 floh der Vertreter der `Neuen Sachlichkeit` nach Paris und nach Sanary-sur-Mer. In Amsterdam leitete er die deutsche Abteilung des Allert de Lange-Verlags, von der aus er auch mit dem Querido-Verlag kooperierte. 1934 lebte er in einer Hausgemeinschaft in Nizza mit Joseph Roth (s. u.) und Heinrich Mann zusammen. 1939 wurde er interniert, 1940 gelang ihm die Flucht in die USA. In New York half er im `Emergency Rescue Committee` für die Rettung deutschsprachiger Künstler mit. 1949 wurde er amerikanischer Staatsbürger. Ein Jahr später zog es ihn zurück nach Europa: Als Mitglied der Akademie der Wissenschaften und der Literatur in Mainz und der Deutschen Akademie für Sprache und Dichtung in Darmstadt lebte er von 1953-1977 in Rom. Von 1972 bis 1976 war er Präsident des P.E.N.-Zentrums der Bundesrepublik. 1974 wurde er mit dem Georg-Büchner-Preis ausgezeichnet, verschiedene Ehrendoktorate folgten. Seinen Lebensabend verbrachte er im Jüdischen Altersheim in Riehen/Basel, wo er im Mai 1996 starb. Über seinen Freund Klaus Mann, ihm in den 30er und 40er Jahren besonders nahe stehend, schrieb er: „Er war ein beständiger Freund, ein charmanter Mensch, ein reizender Literat, immer angeregt, immer anregend, medisant ohne große Bosheit, weltläufig und amüsant, gesprächig und gescheit, intim und distanziert. (...) Er war kokett und ernsthaft und beredt wie die meisten Melancholiker" (H. Kesten, zitiert nach Armin Strohmeyr, Klaus und Erika Mann, a. a. O., 109). Ausführliche und weiterführende Informationen zu Leben und Werk sind online zugänglich unter: https://kesten.de (aufgerufen am 19.8.2015).

Klopstock, Robert (1899-1972): Der ungarisch-jüdische Arzt mit literarischen Ambitionen war mit Thomas Mann befreundet. Er betreute Klaus Mann medizinisch während seiner Drogenentziehungskur 1937 in Budapest. Der Arzt, der nach seinem Studium ab 1929 in der Berliner Charité und danach in einer Lungenspezialklinik gearbeitet hatte, emigrierte 1938 mit Unterstützung von Albert Einstein und Thomas Mann, der sich schon 1936 für ihn eingesetzt hatte, in die Vereinigten Staaten. Dort entwickelte sich zwischen Klaus Mann und Klopstock ein näheres Vertrauensverhältnis: Es hat den Anschein, als ob der Arzt seinen schwer abhängigen Patienten zur Entwöhnung und zur Milderung der Entzugserscheinungen mit dünnen Opiaten versorgte. Mit Thomas Mann traf sich Klopstock wöchentlich zum Lunch; dieser fachsimpelte mit jenem und gab an ihn Informationen den Gesundheitszustand des Sohnes betreffend weiter. Klopstock berichtete Klaus Mann von den letzten Momenten im Leben Franz Kafkas, den er 1921 kennengelernt, in den letzten Wochen seines Lebens begleitet und ihm wahrscheinlich das Sterben mittels der Gabe von Morphium erleichtert hatte, und trug somit dazu bei, dass dieser in Amerika postum den Ruf eines Kafka-Experten haben würde. 1945 wurden Klopstock und seine Frau amerikanische Staatsbürger. 1958 trat Robert Klopstock, inzwischen in New York als Spezialist für Lungenchirurgie tätig, zum Christentum über. Er starb am 15. Juni 1972 in New York.

Kolb, Annette (1870-1967): Die Schriftstellerin widmete sich der deutsch-französischen Verständigung und setzte sich als überzeugte Pazifistin für den Frieden ein. Ihr Vater Max Kolb (1829-1915), so das Gerücht, war ein illegitimes Kind von König Maximilian II oder Herzog Max Joseph in Bayern. Als Tochter einer Französin emigrierte sie 1933 nach Paris und nahm drei Jahre später die französische Staatsbürgerschaft an. 1941 emigrierte sie im Alter von 71 Jahren nach New York. Nach dem Krieg kehrte sie nach Deutschland zurück. Sie starb, vielfach geehrt und ausgezeichnet, hochbetagt in München, wo sich auch ihr Grab befindet, vgl. weiterführend Armin Strohmeyr, Annette Kolb. Dichterin zwischen den Völkern, München 2002, und online: https://www.phil-fak.uni-duesseldorf.de/frauenarchiv/ausstellungen/europa/kolb/ (aufgerufen am 19.8.2015).

Landshoff, Fritz H. (1901-1988): Landshoff, einer der bedeutenden Verleger des deutschen Exils, war Klaus Manns bester Freund und Schwarm seiner jüngsten Schwester Elisabeth (vgl. Anja M. Dohrmann, Erika Mann, a. a. O., 203f.). In den zwanziger Jahren hatte er Autorinnen und Autoren wie Marieluise Fleißer, Georg Kaiser (1878-1945), Arnold Zweig oder Anna Seghers zum Durchbruch verholfen. Klaus Mann und er hatten sich 1930 kennengelernt, als Landshoff das Buch ´Geschwister´ verlegt hatte. Zu einem herzlichen Verhältnis kam es aber erst im Zusammenhang mit der Arbeit an der ´Sammlung´. Landshoff bezeichnete ihre Freundschaft als den „größte(n) menschlichen Gewinn des Exils" (Fritz H. Landshoff, Amsterdam, Keizersgracht 333. Erinnerungen eines Verlegers, Berlin-Weimar 1991, 47). Ab 1927 war er Teilhaber und Geschäftsführer beim Gustav-Kiepenheuer-Verlag in Potsdam und von 1933-1940 sowie von 1946-1951 der Leiter der deutschsprachigen Abteilung des Amsterdamer Querido-Verlages. Nachdem der Kiepenheuer-Verlag, bis dato ein Sammelbecken bürgerlich-liberaler Autoren, 1933 von den Nazis beschlagnahmt worden war, verließ er 1933 Deutschland und ging über Mexiko ins amerikanische Exil. 1938 wurde er mit Bruno Frank (1887-1945) und Max Hermann Neiße (1886-1941) aus Deutschland ausgebürgert. Wie Klaus Mann war Landshoff drogenabhängig und suizidal. Klaus Mann holte sich oft Rat in literarischen Dingen bei ihm und bedauerte später, dass es nicht zu einem Verhältnis gekommen war (vgl. KMT 1934-1935, 108, Eintrag v. 18.5.1935). Ende 1939 war die Freundschaft beendet. Fritz Landshoff, der zweimal verheiratet war, arbeitete von 1953 bis 1986 an leitender Position im New Yorker Kunstverlag Harry N. Abrams. 1982 erhielt er die Ehrendoktorwürde der Freien Universität Berlin und 1987 den Leipziger Gutenberg-Preis.

Lessing, Theodor (1872-1933): Der jüdische Philosoph und Publizist wechselte vom Studium der Medizin zur Literatur, Philosophie und Psychologie und schloss seine Studien mit Promotion ab. Da ein Habilitationsprojekt scheiterte, weil er Jude war, schlug er sich zeitweise als Aushilfslehrer und Vortragsredner durch, wobei er in der Wartehalle des Dresdner Hauptbahnhofs u. a. Einführungen in die moderne Philosophie hielt. 1907 wurde er Privatdozent für Philosophie an der TU in Hannover. Im Ersten Weltkrieg meldete er sich freiwillig und diente als Lazarettarzt. Ab 1919 baute er in Hannover die Volkshochschule auf. Publizistisch sehr rege, wurde er bald einer der bekannten politischen Schriftsteller der Weimarer Republik – ein gesellschaftskritischer Provokateur und politischer Nonkonformist. Er engagierte sich für den Frieden, für die kolonisierten Völker, für die Rechte der Frauen, aber auch für die Rechte der Tiere. 1925 wurde er einer breiten Öffentlichkeit bekannt, als er einer der Berichterstatter im Prozess gegen den berüchtigten Massenmörder Fritz Haarmann (1879-1925) war, in diesem Zusammenhang die Machenschaften der Polizei aufdeckte und daraufhin vom Prozess ausgeschlossen wurde. In einem Artikel warnte der demokratisch-republikanische Journalist, der Thomas Mann nicht wohlgesonnen war (und umgekehrt, vgl. Werner Kraft, Die Dinge sind ein wenig komplizierter, in: DIE ZEIT v. 3.5.1991, 59), vor der Wahl Paul von Hindenburgs zum Reichspräsidenten, was Proteste völkisch-nationalsozialistischer Kreise unter Führung von Goebbels und Röhm und 1926 seine Beurlaubung vom Amt bei reduzierten Bezügen nach sich zog. Am 1.3.1933 emigrierte Lessing, nachdem die Schikanen des deutschnationalen Mobs gegen ihn und seine Familie unerträglich geworden waren, nach Marienbad/Tschechoslowakei. Im Juni wurde von den Nazis ein Kopfgeld in Höhe von 80000 Reichsmark auf ihn ausgesetzt. Im August 1933 wurde er von nationalsozialistischen Attentätern in seinem Arbeitszimmer heimtückisch erschossen. Am darauf folgenden Tag erlag er im Krankenhaus im Alter von 61 Jahren seinen Verletzungen.

Liebknecht, Karl (1871-1919): Der Marxist und Antimilitarist, ab 1900 Vertreter des linken Flügels der Sozialdemokratischen Partei Deutschlands (SPD) und Stadtverordneter in Berlin, zog als einer der jüngsten SPD-Abgeordneten 1912 in den Reichstag ein. 1916 wurde er wegen seiner antimilitaristischen Haltung aus seiner Partei ausgeschlossen und wegen Kriegsverrats zu vier Jahren Zuchthaus verurteilt, von denen er zwei Jahre verbüßte. Am 9. November 1918 rief der promovierte Rechtsanwalt vor dem Berliner Schloss die `freie sozialistische Republik´ aus und gründete mit Rosa Luxemburg und anderen zusammen den Spartakusbund, aus dem die Kommunistische Partei Deutschlands (KPD) hervorging. Zusammen mit Rosa Luxemburg wurde er von rechtsextremistischen Freikorps-Offizieren ermordet. Liebknecht war der zweite von fünf Söhnen Wilhelm Liebknechts (1826-1900), dem Mitbegründer der SPD. Karl Liebknecht wurde in der Leipziger Thomaskirche evangelisch getauft; seine Paten waren Karl Marx und Friedrich Engels.

Löhr, Julia Elisabeth Therese, geb. Mann, genannt Lula (1877-1927): Die mit dem fünfzehn Jahre älteren Bankdirektor Josef Löhr verheiratete Tante Klaus Manns und Mutter von drei Töchtern nahm sich im Mai 1927 durch Erhängen das Leben, nachdem sie jahrelang morphiumsüchtig gewesen war und nach dem Tod ihres Mannes 1922 durch die Inflation ihren Lebensunterhalt verloren hatte (Klaus Mann erwähnt sie im `Wendepunkt´, a. a. O., 303f.). Klaus Mann, ihr Neffe, schrieb: „Sie erhängte sich. Sie war stets sehr bürgerlich und fein gewesen... (Klaus Mann, Der Wendepunkt, a. a. O., 257). Heinrich Mann äußerte sich über sie: „Meine Schwester war die inkarnierte Konvention. Daran lag ihr mehr als an allem anderen: nicht aufzufallen; zu erscheinen, wie man muß. Daran ging sie zugrunde" (Heinrich Mann, zitiert nach Golo Mann, Eine Jugend in Deutschland, a. a. O., 221). Thomas Mann verewigte sie in der Romanfigur der `Ines Institoris´ im `Doktor Faustus´.

Lubbe, Marinus van der (1909-1934): Der kommunistische Arbeiter aus dem niederländischen Leiden wurde im brennenden Reichstag am 27.2.1933 festgenommen und gab die Brandstiftung zu. Am 22.12.1933 wurde er wegen `Hochverrats in Tateinheit mit vorsätzlicher Brandstiftung´ im sog. Reichstagsbrandprozess (21.9.-23.12.1933) durch das Leipziger Reichsgericht zum Tode verurteilt; vier mitangeklagte kommunistische Politiker wurden freigesprochen. Marinus van der Lubbe wurde am 10. Januar 1934 durch das Fallbeil in Leipzig hingerichtet und anschließend anonym bestattet. Wenig später wurden Zweifel an der Schuld van der Lubbes und an seinem Geständnis geäußert, da er geistig verwirrt schien und widersprüchliche Angaben gemacht hatte. Es schien kaum glaubhaft, dass er allein den Reichstag angezündet hatte, da an mehreren, weit voneinander liegenden Stellen im Gebäude Spuren von Brandbeschleunigern gefunden worden waren. So machte damals schnell das Gerücht die Runde, die Nazis hätten das Feuer selbst gelegt. Karl Bonhoeffer (1868-1948), umstrittener Psychiater und Vater des Widerstandskämpfers Dietrich Bonhoeffer (1906-1945), bescheinigte van der Lubbe jedoch geistige Zurechnungsfähigkeit. Bis heute gibt es einen Streit unter deutschen Historikern, ob van der Lubbe als Alleintäter handelte oder ob die Nazis die Hauptschuld trifft, vgl. weiterführend online: https://www.georg-elser-arbeitskreis.de (aufgerufen am 20.8.2015). Fest steht, dass es sich bei dem Urteil eindeutig um Rechtsbeugung handelte, denn auch im sog. `Dritten Reich´ stand auf Brandstiftung nicht die Todesstrafe. 2007 wurde das Urteil aufgrund des `Gesetzes zur Aufhebung nationalsozialistischer Unrechtsurteile in der Strafrechtspflege´ von 1998 aufgehoben.

**Mann, Angelus Gottfried `Golo´** (1909-1994): Der konservative Historiker, Schriftsteller und Philosoph wurde `Golo´ genannt, weil er als kleines Kind seinen Namen (An-)Gelus nicht aussprechen konnte. Der zweitälteste Sohn Thomas Manns und der Lieblingsbruder Klaus Manns promovierte nach dem Abitur und dem Studium der Rechte, der Philosophie und der Geschichte 1932 in Heidelberg bei Karl Jaspers (1883-1969) über Hegel (`cum laude´). Zum bestandenen Doktorexamen bekam er von seinen Eltern einen DKW geschenkt, mit dem er anschließend Deutschland bereiste. 1933 emigrierte er mit seinen Eltern über Sanary-sur-Mer nach Küsnacht/ZH. Er organisierte von München aus die Ausreise der drei jüngeren Geschwister, brachte Geld (60000 Mark, ein Vermögen damals) und weite Teile des Eigentums seiner Eltern ins Ausland und bewahrte die in München verbliebenen Tagebücher seines Vaters vor dem Zugriff der Nazis, indem er sie in die Schweiz schickte. Während die Familie in die Schweiz zog, blieb Golo Mann 1933 in Frankreich, wo er zunächst als Lektor für Deutsch an der Ecole Normale Supérieure in Saint-Cloud bei Paris wurde, ab 1935 an der Universität Rennes. 1936 erhielt er die tschechische Staatsbürgerschaft und wurde aus dem Deutschen Reich ausgebürgert. Er arbeitete in dieser Zeit an der von Klaus Mann herausgegebenen Zeitschrift `Die Sammlung´ mit, später, im Sommer 1939, als Redakteur auch noch an `Maß und Wert. Zweimonatsschrift für freie deutsche Kultur´, der von seinem Vater mit herausgegebenen Zeitschrift, die von Herbst 1937 bis September 1940 erschien. 1940 meldete er sich nach dem Einmarsch der deutschen Truppen in Frankreich als Kriegsfreiwilliger in einer tschechischen Einheit, um gegen die Nazis zu kämpfen, wurde aber von den Franzosen gefangen genommen und interniert. Es gelang ihm die Flucht, doch wurde er erneut gefasst und diesmal in Nîmes interniert. Im August 1940 konnte er von dort nach Le Lavandou entkommen und es gelang ihm, mit Heinrich Mann und seiner Frau sowie dem Ehepaar Werfel über die Pyrenäen nach New York zu fliehen. Von 1940-1942 lebte er bei seinen

Eltern in Princeton und in Pacific Palisades und arbeitete bei Klaus Manns `Decision´ mit. 1943 meldete er sich freiwillig zur US-Armee, erhielt die amerikanische Staatsbürgerschaft (bis 1968) und wurde nach England, Luxemburg und Deutschland entsandt, wo er später als Beobachter an den Nürnberger Kriegsverbrecherprozessen teilnahm. 1946 schied er ehrenvoll aus der Armee aus. Von 1947-1958 lehrte er, der 1921/22 sitzen geblieben war, am Men´s College in Claremont/Kalifornien. Durch seinen Bestseller `Deutsche Geschichte des 19. und 20. Jahrhunderts´ kehrte Golo Mann, der erst literarisch in Erscheinung getreten war, nachdem sein Vater Thomas, sein Onkel Heinrich und sein Bruder Klaus gestorben waren, 1958 nach Deutschland zurück und übernahm 1960 eine Professur für Politische Wissenschaften an der Technischen Hochschule in Stuttgart (das Buch erschien erstmals 1958 – wie Golo Mann übrigens selbst im Vorwort zur Sonderausgabe schreibt [11] – und nicht, wie fälschlicherweise im Brockhaus angegeben, im Jahr 1959, vgl. Art. Golo Mann, in: Brockhaus Enzyklopädie in zwanzig Bänden, 17. völlig neubearbeitete Auflage des Großen Brockhaus, Bd. 12, Wiesbaden 1971, 93). 1961 wurde er durch den Bau eines Ferienhauses im Tessiner Berzona, wohin er sich regelmäßig zum ungestörten Schreiben zurückzog, zum Nachbarn von Alfred Andersch (1914-1980) und Max Frisch (1911-1991). Seine Berufung an die sozialwissenschaftliche Fakultät in Frankfurt am Main wurde durch Max Horkheimer (1895-1973) und Theodor W. Adorno (1903-1969) verhindert. 1964 gab er seine Professur zugunsten einer Tätigkeit als freier Schriftsteller auf und war ab dann ausschließlich publizistisch tätig. Sein `Wallenstein´-Buch (1971) wurde über eine viertel Million Mal verlegt, übersetzt und verfilmt. In seiner Jugend sozialistisch orientiert, betätigte er sich bis 1973 als Ghostwriter für Bundeskanzler Willy Brandt (1913-1992), ging jedoch später wegen der Ostverträge auf Abstand zur SPD und zur 68er-Bewegung. Ab 1974 führte er als Nachfolger von Günter Gaus (1929-2004) Fernsehinterviews mit Prominenten und veröffentlichte Kommentare zu politischen Fragen. 1976 nahm er zusätzlich zur schweizerischen (seit 1968) die ihm von den Nazis aberkannte deutsche Staatsbürgerschaft wieder an. Anfang der achtziger Jahre betätigte er sich als Wahlhelfer für den reaktionären Unionskanzlerkandidaten Franz-Joseph Strauß (1915-1988). Golo Mann erhielt im Laufe seines Lebens mehrere Ehrendoktorwürden, das Große Bundesverdienstkreuz (1972) und den Orden Pour le Mérite (1973). Von 1964 wohnte er – bis 1969 mit seiner Schwester Erika und bis 1980 mit seiner Mutter Katia – im elterlichen Haus in Kilchberg. Im Alter pessimistisch, schwermütig und altersdement geworden, nahm er täglich Sedativa und Alkohol zu sich. Er erlitt 1989 einen Herzinfarkt, erkrankte an Parkinson und an Prostatakrebs. Golo Mann starb am 7.4.1994 im Haus der Witwe seines `Adoptivsohnes´ Hans Beck-Mann (1936-1986) in Leverkusen, den er als Abiturient 1955 auf einer Zugfahrt in Süddeutschland kennen gelernt, ihn in dessen Pharmazie-Studium unterstützt hatte und mit ihm liiert war, im Alter von 85 Jahren (vgl. dazu das Interview von Ingrid Beck-Mann in DER SPIEGEL 12/2004 v. 15.3.2004). Erst kurz vor seinem Tod bekannte sich Golo Mann öffentlich zu seiner Homosexualität. Ingrid Beck-Mann (1937-2005) erbte sein gesamtes Vermögen: das Haus in Kilchberg, seine und

Monika Manns Tantiemen sowie seine und ihre Anteile an den Tantiemen von Thomas, Katia, Klaus und Erika Mann. Auch Monika Mann hatte zuletzt in Leverkusen gelebt und war zwei Jahre zuvor gestorben. Ingrid Beck-Mann verkaufte das Haus in Kilchberg, in dem Golo Mann bis 1992 gelebt hatte, ohne sich vorher mit den anderen Mann-Erben kurzzuschließen. Nach ihrem Tod erbten ihr Vermögen ihre Töchter Claudia Beck-Mann (Leichlingen) und Katja Geb-Mann (Leverkusen). Um Monika Manns Erbe und ihre Tantiemen entbrannte ein Rechtsstreit, der 1996 mit einem Vergleich beendet wurde. Golo Mann liegt in Kilchberg, auf seinen Wunsch hin so weit wie möglich vom Familiengrab der Manns entfernt, in einem Einzel-Reihengrab begraben. Vgl. weiterführend Jeroen Koch, Golo Mann und die deutsche Geschichte. Eine intellektuelle Biographie, Paderborn u. a. 1998; Urs Bitterli, Golo Mann – Instanz und Außenseiter. Eine Biographie, Zürich-Berlin 2004; Klaus W. Jonas/Holger Strunz, Golo Mann. Leben und Werk. Chronik und Bibliographie (1929-2003), Wiesbaden 2004. Anlässlich seines 100. Geburtstages erschien eine Biografie von Tilmann Lahme, Golo Mann, FfM 2009. Unter der Herausgeberschaft von Tilman Lahme und Hans-Martin Gauger kam zu diesem Anlass auch Golo Mann, Man muss über sich selber schreiben. Erzählungen, Familienporträts, Essays, FfM 2009, heraus. Der Nachlass Golo Manns befindet sich seit 1994 im Schweizerischen Literaturarchiv, Hallwylstr. 15, CH-3003 Bern, Tel: 0041-31-3229258.

Mann, Carla (1881-1910): Klaus Manns Tante Carla, als Schauspielerin gescheitert, nahm sich am 30. Juli 1910 im Alter von 28 Jahren in Polling mit Zyankali das Leben und bewirkte dadurch einen Einbruch in die Wohlgeordnetheit des bisherigen Lebens der Familie Mann. Heinrich Mann verarbeitete den Tod seiner Schwester in Form des Dramas `Schauspielerin´, das im November 1911 in Berlin seine Uraufführung erlebte. Thomas Mann setzte sich mit ihrem Ableben in seiner Novelle `Der Tod in Venedig´, entstanden zwischen Herbst 1911 und Frühjahr 1912, auseinander. In einem Brief an seinen Bruder Heinrich reagierte er so, wie er 39 Jahre später in seinem Tagebuch festhielt: Carla habe mit ihrer Tat die Solidarität mit der Familie aufgekündigt und war für ihren Selbstmord selbst verantwortlich. Auch in `Dr. Faustus´ war die Figur von Clarissa Rogge der Carlas ähnlich (vgl. dazu weiterführend Willi Jasper, Carla und ihre Brüder, in: DIE ZEIT v. 22.7.2010, der in seinem Artikel auf die Hintergründe des Suizids von Carla Mann näher eingeht).

Mann, Erika Julia Hedwig (1905-1969): Die Schauspielerin, Rennfahrerin und temperamentvolle, hektisch-fröhliche, Zeit ihres Lebens polarisierende, geschäftig-optimistisch-dynamische luxus- und abenteuerorientierte Reiseschriftstellerin, Journalistin, Theaterdirektorin, Unternehmerin, Kabarettistin, Kolumnistin, Kriegsberichterstatterin, Vortragsreisende, Lektorin, Kinderbuch- und Drehbuchautorin, Rundfunkmitarbeiterin, Übersetzerin, Publizistin und Nachlassverwalterin nimmt eine zentrale Rolle im Leben und Werk Klaus Manns ein. In München erhielt die als humorvoll, clownesk, verspielt und frech (im Alter von Familienangehörigen auch als streitlustig, neidisch, eifersüchtig, missgünstig und böse) beschriebene Erika Mann, die als einzige der Familie den bayrischen Dialekt beherrschte, ab 1912 Privatunterricht und wechselte 1914 auf die staatliche Grundschule in München. Sie besuchte in der Folgezeit verschiedene Schulen und machte schließlich 1924 ihr Abitur am Münchner Luisengymnasium. Von 1925 bis 1932 war die Nonkonformistin als Schauspielerin unterwegs, spielte oft an der Seite ihres Bruders Klaus Mann, veranstaltete Lesungen (so im Oktober 1926 im Berliner Rundfunk aus dem `Zauberberg´) und war an Hörspielen beteiligt (so als Gräfin von Scandiano, Leonore Sanvitale in Goethes `Tarquato Tasso´ im Dezember 1931). Von 1926-1929 war sie mit dem homosexuellen Schauspieler, Regisseur und späteren Intendanten Gustaf Gründgens (s. o.) verheiratet, wobei Experten von einer Scheinheirat ausgehen, da Gründgens seine Homosexualität lebte und vermutlich Erika Mann zeitgleich eine lesbische Beziehung zu Pamela Wedekind (s. u.) pflegte (vgl. Marianne Krüll, Im Netz der Zauberer, a. a. O., 318). Die Quellenlage für diese Hypothese ist jedoch bislang dünn, da u. a. die Korrespondenz von Pamela Wedekind und Erika Mann auf unbekannte Zeit gesperrt ist: Im Zeitraum von 1924-1929 gibt es 35 handschriftliche unveröffentlichte Briefe Erika Manns an Pamela und von 1946-1969 gibt es ca. 70 Briefe, die größtenteils ebenfalls noch unveröffentlicht sind (vgl. Irmela von der Lühe, Erika Mann, Eine Lebensgeschichte, a. a. O., 386, Anm. 3). In den dreißiger Jahren bereiste Erika Mann in Begleitung ihres Bruders Klaus die Welt und veröffentlichte mit ihm zusammen mehrere Bücher. Sie selbst schrieb sieben Kinderbücher. Erika Mann war eine begeisterte Autofahrerin: Im Mai 1931 nahm sie mit ihrem Ford in Begleitung ihres Freundes Ricki Hallgarten (s. o.) an einer 10000 km langen Autorallye durch Europa teil und gewann eine der ersten Preise; Ford schenkte ihr daraufhin den Wagen. Im Berliner Magazin `Tempo´ berichtete sie später darüber. Zeichen ihrer Autobegeisterung war auch, dass sie vor ihrer Afrikafahrt 1929/30 einen Lehrgang zur Automechanikerin absolvierte. Am 11.6.1935 – sie stand auf der vierten Ausbürgerungsliste vom Juni 1935 – wurde Erika Mann von den Nazis ausgebürgert. Am 15.6.1935 heiratete sie in Lebury/Worcestershire einen Freund ihres Bruders Klaus, den britischen homosexuellen Schriftsteller Wystan H. Auden (1907-1973), der ihr durch diese Scheinheirat die Staatenlosigkeit ersparte und zu einem britischen Pass verhalf – ohne sie zuvor je gesehen zu haben! Bereits einen Tag später verließ sie England wieder, pflegte aber danach eine freundschaftliche Beziehung zu Auden. Zeit ihres Lebens hatte die offene, manchmal alberne und lebenslustige Frau Liebesbeziehungen zu Frauen und Männern, darunter lange Jahre zur Schauspielerin Therese Giehse (s. o.) und zu dem 29 Jahre älteren, verheirateten Bruno Walter (1876-1962), dem Generalmusikdirektor und Dirigent der Münchner Hof-bzw. Staatsoper, einem Vertrauten Gustav Mahlers (1860-1911), den sie seit ihrer Jugend kannte (vgl. Marianne Krüll, Im Netz der Zauberer, a. a. O., 434, und Viola Roggenkamp, Erika Mann, a. a. O., 193). Bruno Walter, Altersgenosse Thomas Manns, war verheiratet mit Elsa (1871-1945), mit der er zwei Töchter hatte. Nach dem Tod seiner Frau durch einen Schlaganfall heiratete Walter, der zu den bedeutendsten Dirigenten des Zwanzigsten Jahrhunderts zählt, die wesentlich jüngere Sängerin Delia Reinhardt (1892-1974). 1948 beendete Erika Mann das Verhältnis. 1944 war sie mit der US-amerikanischen Kriegsberichterstatterin Betty Knox (1906-1963) liiert. Erika Mann rettete in München 1933 die Manuskripte der Josephsromane Thomas Manns vor dem Zugriff der Nazis und ging mit ihren Eltern ins Exil. Den Kriegsausbruch erlebte sie mit ihnen am 30. August in Saltsjöbaden/Schweden. Während des Krieges arbeitete sie in London als Journalistin, vor allem für den *Toronto Star Weekly* und das Magazin *Liberty* sowie für die britische Tageszeitung *Evening Standard*. Von August bis Oktober 1940 sprach Erika Mann für den Deutschen Dienst der BBC in London im Rahmen der psychologischen Kriegsführung neunmal in der BBC zu den Deutschen und verdeutlichte ihnen die Sinnlosigkeit des Krieges. Noch einmal sprach sie von Juni bis September 1941 auf BBC. Dann arbeitete sie ab Januar 1942 im Amt des *Coordinator of Information* in New York. Als Mitglied der Streitkräfte der 9. US-Army berichtete sie im Juli/August 1943 als Kriegsberichterstatterin mit britischem Pass aus dem Nahen Osten (u. a. aus Ägypten und Persien). In diesem Jahr arbeitete sie an der Fragment gebliebenen Autobiografie `I of all People´, in dem es heißt: „Ich habe nie irgendeiner politischen Partei angehört, noch habe ich mich je um die spitzfindigen Argumente und zwielichtigen Intrigen von Berufspolitikern gekümmert. Meine Sicht der entscheidenden Themen der modernen Gesellschaft ist eher emotional als intellektuell – nicht dogmatisch, sondern menschlich. (...) Das einzige `Prinzip´, an das ich mich halte, ist mein hartnäckiger Glaube an einige grundlegende moralische Ideale – Wahrheit, Ehre, Anstand, Freiheit, Toleranz..." (Erika Mann, Ausgerechnet Ich, zit. nach: Uwe Naumann [Hg.], Die Kinder der Manns, a. a. O., 190). 1944 berichtet sie dann aus Frankreich (sie war beim D-Day am 6.6.1944 als Kriegskorrespondentin dabei), Belgien und Holland. Nach 1945 besichtigte sie in amerikanischer Uniform, in Rang und Sold einem Captain gleichgestellt, München und andere zerstörte Städte und war über die geistige Lage Deutschlands erschüttert. Sie lehnte es ab, Deutsch zu sprechen. Als amerikanische Presseoffizierin verschaffte sie sich Zugang zum *Palace Hotel* im luxemburgischen Bad Mondorf, in dem Hermann Göring und die anderen Kriegsverbrecher interniert waren, und war 1945 bei den Nürnberger Kriegsverbrecherprozessen dabei, worüber sie im *Evening Standard* berichtete (vgl. Erika Mann, Ausgerechnet ich, a. a. O., 234ff.). Inkognito interviewte sie Ilse Hess (1900-1995), die Frau von Hitlers Stellvertreter Rudolf Hess, und berichtete empört in einer britischen Zeitung, dass Ilse Hess weder von KZs noch von der Shoah gewusst haben wollte. Ab Februar 1948 wurde Erika Mann die Assistentin Thomas Manns, dessen Werk sie fortan als Editorin, Beraterin und Gesellschafterin betreute. So bezeichnet er sie als „Sekretärin, Nachlasshüterin, Tochter-Adjutantin" (Thomas Mann Tagebücher, Bd. 7, 1946-1948, Eintrag vom 1.2.1948, 219). Nach einigen gescheiterten Bemühungen, die amerikanische Staatsbürgerschaft zu erhalten, zog sie im Dezember 1950 ihren Einbürgerungsantrag zurück. Wie fast alle deutschen Emigranten war sie vom FBI bespitzelt worden: Die 200 Seiten umfassende FBI-Akte über sie war 1940 angelegt worden und wurde erst 1954 (!) geschlossen (vgl. Alexander Stephan, Die Akte Erika Mann, in: Neue deutsche Literatur, 7/1993, 124-142). 1952 verließ sie mit ihren Eltern endgültig das Amerika der

McCarthy-Ära, in dem sie zuletzt wie viele andere unter der hysterischen Kommunistenhatz zu leiden hatte. In den USA war bekanntlich nach 1945 das Klima immer antikommunistischer geworden, wobei `Kommunismus´ nicht klar definiert wurde. Unter denen, die die USA deshalb verließen, befand sich auch Bertolt Brecht, nachdem er sich vor dem `Ausschuss für unamerikanische Tätigkeiten´ verantworten musste (vgl. APuZ 23-24/2006 v. 6. Juni 2006, Beilage zur Wochenzeitung `Das Parlament´, Editorial, und Werner Hecht, Brecht und die DDR, Berlin 2013, 35ff.). Nachkriegsdeutschland und den Deutschen gegenüber verhielt sich Erika Mann anfangs kompromisslos. Sie war am 22.10.1948 von einem deutschen Journalisten als kommunistische Agentin und Mitarbeiterin von Stalins `fünfter Kolonne´ bezeichnet worden und behielt sich rechtliche Schritte vor. Sie versuchte Thomas Mann 1949 von einer Europareise, zu der er anlässlich Goethes 200. Geburtstages nach Frankfurt und Weimar eingeladen war, abzuhalten – vergeblich. Ihr blieb das `Land der Nazis´ verhasst – zu viele Nazis waren in der Adenauer-Ära wieder zu Amt und Würden gekommen. Erst auf der Reise Thomas Manns im Mai 1955 anlässlich des 150. Todestages von Friedrich von Schiller (1759-1805) begleitete sie ihre Eltern nach Stuttgart und Weimar. Erika Mann, die von 1953 bis 1956 eine `Zugvögel´-Kinderbuchserie veröffentlicht hatte, erwarb sich vor allem dadurch bleibende literarische Verdienste, dass sie nach dem Tod Thomas Manns 1955 zu dessen Nachlassverwalterin wurde: Die einstige „mutige Kabarettistin, die politische Journalistin, die Emigrantin und Widerstandskämpferin" (Viola Roggenkamp, Erika Mann, a. a. O., 76) übersetzte Thomas Manns amerikanische Vorträge, edierte eine Neuausgabe der `Betrachtungen eines Unpolitischen´, schrieb über ihren Vater den Bericht `Das letzte Jahr´ (FfM 1956), gab von 1960 bis 1965 eine dreibändige Ausgabe der Briefe Thomas Manns heraus (dabei wählte sie 1300 von 10000 Briefen aus) und beteiligte sich beratend an den Verfilmungen der Bücher Thomas Manns (z. B. der `Buddenbrooks´ 1959), in denen sie hin und wieder auch selbst zu sehen war (z. B. 1953 in `Königliche Hoheit´ oder 1957 in `Bekenntnisse des Hochstaplers Felix Krull´). Sie sorgte außerdem dafür, dass das Werk ihres Bruders Klaus nach dessen Tod – sie hatte von ihm den Nachlass und die Urheberrechte geerbt – der Öffentlichkeit zugänglich gemacht und verbreitet wurde. Dabei griff sie abschwächend oder auslassend in die Texte ein (etwa, wenn es um die Eliminierung von Thomas Manns Homosexualität in seinen Briefen oder im `Wendepunkt´ um Klaus Manns Ausführungen zu Gustaf Gründgens ging). Sie protestierte in der Zeit, als mit Kurt Georg Kiesinger (1904-1988) ein ehemaliges NSDAP-Mitglied deutscher Bundeskanzler geworden war, gegen Atomversuche (1958), die Teilung Berlins und den Vietnamkrieg und sympathisierte mit der 68er Bewegung. Alkohol-, nikotin- und tablettenabhängig geworden und mit ihren Geschwistern im Dauerclinch liegend, war Erika Mann gegen Ende ihres Lebens sehr krank (Oberschenkelhalsbruch, Bronchitis, Magen- und Kreislaufbeschwerden). Man kann sagen, dass nach dem Suizid ihres Lieblingsbruders die Lebenskräfte der energiegeladenen Frau langsam gewichen waren (vgl. weiterführend Ludwig Marcuse, Die graziöse Amazone. Erika Mann wird am 9. November 60 Jahre alt, in: DIE ZEIT v.

5.11.1965, und Martin Gregor-Dellin, Wotanskind. Erika Mann zum 60. Geburtstag, in: FAZ v. 9.11.1965). Erika Mann konnte sich nach zahlreichen Operationen (Unterleib, Hüfte) nicht mehr ohne Gehhilfen fortbewegen (progressive Knochenatrophie) und starb am 27.8.1969 im Kantonsspital in Zürich im Alter von 64 Jahren an den Folgen eines Gehirntumors (vgl. Martin Gregor-Dellin, „Kühnes, herrliches Kind". Zum Tode von Erika Mann, in: SZ v. 29.8.1969). Sie wurde am 30.8.1969 im Familiengrab in Kilchberg (dort hatte sie mit ihren Eltern seit Anfang 1954 in der Alten Landstraße 39 gewohnt) zur Linken ihres Vaters beerdigt (und nicht in Küsnacht, wie Anja M. Dohrmann, Erika Mann, a. a. O., 175, schreibt). Die Trauerfeier für sie gestaltete der `Dichterpfarrer' Albrecht Goes (1908-2000). Da sie kinderlos blieb, vermachte sie ihren Nachlass ihrem Bruder Golo Mann und hinterließ „ein umfangreiches Werk aus politischen Essays, Reportagen, Reiseberichten und Kinderbüchern" (Art. `Erika Mann´, in Wikipedia: http://de.wikipedia.org/wiki/Erika_Mann, aufgerufen am 27.8.2015). 1976 übergab dieser der Bibliothek Monacensia ihren Nachlass. Seit dem 8. November 1999 trägt eine Grundschule in Berlin-Wedding ihren Namen und in München und Hamburg wurden 2004 und 2006 Straßen nach ihr benannt (`Erika-Mann-Bogen´). Im Unterschied zu ihrem Bruder Klaus fehlt bei ihr eine Gesamtausgabe ihrer Werke samt einer ausführlichen Bibliografie. Erika Manns Stimme ist zu hören in Originaltondokumenten in: Lisbeth Exner, Erika Mann, 1 CD Feature (Die Kinder der Manns), 2006, Track 14.

Mann, Katharina, gen. `Katia´, geb. Pringsheim (1883-1980): Es waren liberale großbürgerliche Verhältnisse, in die Katia Mann als jüngstes Kind und einzige Tochter des Mathematikprofessors und Kunstmäzens Alfred Pringsheim (s. u.) und der Schauspielerin Hedwig Pringsheim, geb. Dohm (1855-1942), eine der wohlhabendsten Familien Münchens, hineingeboren wurde. Sie wuchs dort zusammen mit vier Geschwistern auf: Erik (s. u.), Peter (s. u.), Heinz (s. u.) und ihrem Zwillingsbruder Klaus (s. u.). Katia Pringsheim war die erste Abiturientin Münchens. Ihrem späteren Mann Thomas begegnete sie erstmals in der Straßenbahn. Er verarbeitete diese Begegnung später literarisch in `Königliche Hoheit´ und hielt seine Eindrücke in einem Brief an seinen Bruder fest (vgl. Thomas Mann an Heinrich Mann, Brief v. 27.2.1904, in: Thomas Mann/Heinrich Mann, Briefwechsel. 1900-1949, FfM 1995, 50; Katia Mann berichtete darüber in: Katia Mann, Memoiren, a. a. O., 24f.). Über Thomas Manns Schreibtisch hing Jahre zuvor der Zeitungsausriss eines Ölgemäldes des Malers Friedrich August von Kaulbach (1850-1920), das alle Pringsheim-Kinder verkleidet beim Kinderkarneval zeigte. Thomas Mann war also, ohne zu wissen, dass es ihres war, das Gesicht seiner Frau lange vertraut gewesen, bevor er mit ihr selbst persönlich bekannt gemacht wurde – da war er 28 Jahre alt und mit den `Buddenbrooks´ und `Tonio Kröger´ schon ein berühmter Schriftsteller und Katia Pringsheim zwanzig Jahre alt. Politisch stand Katia Mann in der Weimarer Republik der DVP und später der DDP nahe. Sie organisierte später das Exil. Thomas Mann konnte nur in absolut geordneter Atmosphäre schreiben (vgl. Marcel Reich-Ranicki, Thomas Mann und die Seinen, a. a. O., 237). Sie diente ihm als Vorlage für seine Figuren `Imma Spoelmann´ (`Königliche Hoheit´, 1909), Sieglind (`Walpurgisnacht´, 1906) und `Frau Professor Cornelius´ (`Unordnung und frühes Leid´, 1926). Sie fungierte darüber hinaus als seine Sekretärin und unterschrieb auch noch nach seinem Tod ihre Briefe mit `Frau Thomas Mann´. Zeit ihres Lebens unterstützte sie ihre Kinder finanziell, litt aber auch unter deren Drogen- und Alkoholproblemen (Erika, Klaus und Michael) bzw. Depressionen (Monika). Nach Ablauf der von Thomas Mann verhängten Sperrfrist ließ sie 1975 dessen Tagebücher öffnen; ihrem Sohn Michael übergab sie die Vorbereitungen zu deren Veröffentlichung. In diesen Tagebüchern hatte Thomas Mann seine Vorlieben für Männer festgehalten. Aus ihnen ging hervor, dass er bis ins hohe Alter unter seiner nicht ausgelebten Homosexualität gelitten hatte (vgl. Thomas Mann, Tagebücher 1949-1950, 238f., Eintrag v. 6.8.1950). Im Alter unter manch körperlichen Molesten leidend und Berichten zufolge in ihren letzten Lebensjahren jähzornig, ungeduldig, streng, aufbrausend und dement geworden, wohnte Katia Mann bis zu ihrem Tod im Kilchberger Haus, das ihr Sohn Golo als Hauptwohnsitz übernommen hatte. Als sie im Alter von 96 Jahren als Schweizer Staatsbürgerin (Einbürgerung nach den erforderlichen zehn Jahren und einem Einbürgerungsverfahren im November 1962) in Kilchberg starb, hinterließ sie ein geschätztes Vermögen von ca. drei Millionen Schweizer Franken, die Kilchberger Villa und die Tantiemen am Werk Thomas Manns. In Kilchberg liegt sie im Familiengrab begraben. Marcel Reich-Ranicki zufolge kommt ihr eine ähnliche literarische Bedeutung zu wie Christiane Vulpius für J. W. von Goethe, als „literaturhistorische Figur, (...) – in einer Reihe also mit Goethes Christiane und Schillers Charlotte, mit Heines Mathilde und Fontanes Emilie" (Marcel Reich-Ranicki, in: FAZ v. 29.4.1980).

Mann, Luiz Heinrich (1871-1950): Heinrich Mann, der ältere Bruder Thomas Manns, wurde Schriftsteller. Er war in erster Ehe mit Maria (`Mimi´) Kanová (1886-1947) verheiratet, mit der zusammen er eine Tochter, Carla Henriette Maria Leonie `Goschi´ Mann (1916-1986), hatte. Im August 1933, als ihm die deutsche Staatsbürgerschaft aberkannt wurde, emigrierte Heinrich Mann über Sanary-sur-Mer nach Nizza. Er war als Präsident der Akademie für Dichtung in Berlin abgesetzt worden: Führende Mitglieder hatten ihm vorgeworfen, einen Appell des Internationalen Sozialistischen Kampfbundes unterschrieben zu haben, der durch die taktische Verbindung von SPD und KPD bei den Reichstagswahlen im Juli den Sieg der NSDAP verhindern wollte. Die Nazis eröffneten eine Hetzkampagne gegen ihn, so dass seine Verhaftung kurz bevorstand, woraufhin er Deutschland sofort verließ. Es wird angenommen, dass er von dem ehemaligen linksliberalen Ministerialdirigenten und preußischen Staatssekretär, Dr. Wilhelm Abegg (1876-1951), gewarnt worden war, der 1933 selbst in die Schweiz emigrierte. Heinrich Mann war im Besitz eines bis September 1933 gültigen Visums. Am 22. Februar 1933 überquerte er in Kehl zu Fuß die Grenze, Nizza als Ziel vor Augen. Er berichtet über seine Flucht aus Deutschland in seinen Erinnerungen (vgl. Heinrich Mann, Ein Zeitalter wird besichtigt, FfM 2003, 377). 1936 wurde der Autor des `Professor Unrat´ mit Hilfe des Textilfabrikanten Rudolf Fleischmann aus Mittelböhmen tschechischer Staatsbürger.

Zeit seines Lebens war er ein Freund der Frauen (vgl. Marianne Krüll, Im Netz der Zauberer, a. a. O., 71, 148, und 281). Thomas Mann kritisierte die Darstellung der Erotik und Sexualität von Heinrich Mann, u. a. in Heinrich Manns Werk `Jagd nach Liebe´ (vgl. Marianne Krüll, Im Netz der Zauberer, a. a. O. 155f.; vgl. dazu den Brief Thomas Manns an Heinrich Mann v. 5.12.1903, in: Thomas Mann-Heinrich Mann-Briefe, a. a. O. [1995], 86f.). 1940 glückte Heinrich Mann mit seiner zweiten Frau Nelly Mann, geb. Westphal, adoptierte Kröger (1898-1944), mit Hilfe des legendären US-amerikanischen Freiheitskämpfers Varian Fry (s. o.) die Flucht über die Pyrenäen in die USA. Dort gelang es ihnen aber nicht, richtig Fuß zu fassen. Heinrich Mann lebte in bescheidenen Verhältnissen, zuletzt unterstützt von seinem Bruder Thomas und dessen Frau Katia, die ihr Leben lang mit ihrem Schwager per `Sie´ blieb und mit ihrem Mann wenig Gutes an Nelly Mann ließ. Heinrich Manns alkoholabhängige Frau, sowohl in der Familie als auch unter den sich aristokratisch gebenden deutschen Emigranten wenig gelitten, Golo Mann zufolge allerdings „nicht ohne Charme, nicht ohne Güte" (Golo Mann, Die Brüder Mann und Bertolt Brecht, in: DIE ZEIT v. 23.2.1973), verübte am 17. Dezember 1944 (nach fünf vorangegangen missglückten Versuchen) Suizid mit einer Überdosis Schlaftabletten – einen Tag, bevor sie sich wegen Alkohols am Steuer vor Gericht verantworten musste (vgl. Ludwig Marcuse, Das sonderbare Ehepaar Nelly und Heinrich Mann, in: DIE ZEIT v. 25.3.1960). Sie liegt auf dem Woodlawn Cemetery Ecke Pico Boulevard und 14th Street in Santa Monica, im Winkel von Myrtle Avenue und Maple Avenue, begraben. Heinrich Manns erste Frau Maria Kanová war von 1940-1944 wegen ihrer jüdischen Herkunft im KZ Theresienstadt gefangen und starb an den Folgen der Haft im Jahre 1947. Während er in den USA lebte, erhielt Heinrich Mann 1949 den DDR-Nationalpreis I. Klasse für Kunst und Literatur zugesprochen und wurde, in Anlehnung an das Amt, das er bis zu seiner Emigration 1933 bekleidet hatte, zum Präsidenten der Deutschen Akademie der Künste gewählt. Zwei Jahre zuvor hatte ihm die Ost-Berliner Humboldt-Universität die Ehrendoktorwürde verliehen. Vor seiner bereits geplanten Rückkehr nach Deutschland/Ost starb Heinrich Mann plötzlich am 11.3.1950 gegen Mitternacht an einer Gehirnblutung (Schlaganfall) in Santa Monica. Dort wurde er am 14.3.1950 bestattet. Heinrich Mann hinterließ ein Testament, in dem er sein Eigentum Nelly und alle künftigen Einnahmen aus seiner schriftstellerischen Tätigkeit Nelly und Goschi zu gleichen Teilen vermachte. 1960 wurden seine sterblichen Überreste exhumiert, kremiert und seine Urne am 25.3.1961, elf Jahre nach seinem Tod und zwei Tage vor der Wiederkehr seines 90. Geburtstages, auf den Dorotheenstädtischen Friedhof nach Ost-Berlin/DDR überführt und in einem Staatsakt beigesetzt. Heinrich Manns Enkel sind Jindrich Mann (geb. 1948, der Sohn seiner Tochter Leonie Mann [1916-1986] und des kommunistischen Schriftstellers Ludvík Ashkenazy [1921-1986]), der als Autor und Regisseur nach dem `Prager Frühling´ nach München emigrierte und heute [verheiratet, zwei Töchter] in Berlin und Prag lebt; er publizierte zuletzt `Prag, poste restante. Eine unbekannte Geschichte der Familie Mann´, Reinbek 2007), und Ludvik Mann (geb. 1956, er ist Filmemacher und lebt in Berlin). Ludvik Mann hat die brasilianische

Amazonasinsel Fortaleza gekauft und ist dort mit der Heinrich-Mann-Stiftung aktiv. Das Heinrich-Mann-Archiv befindet sich in der Stiftung Archiv der Akademie der Künste zu Berlin, Robert-Koch-Platz 10, 10115 Berlin, Tel: 030-30884; Heinrich Manns Nachlass befindet sich ebenfalls dort. Vgl. weiterführend Klaus Schröter, Heinrich Mann, Reinbek 1990; Willi Jasper, Der Bruder Heinrich Mann. Eine Biographie, Frankfurt am Main ²2001; Manfred Flügge, Heinrich Mann. Eine Biographie, Reinbek 2006; Kirsten Jüngling, „Ich bin doch nicht nur schlecht:" Nelly Mann. Die Biografie, Berlin 2008.

Mann, Michael Thomas (1919-1977), stimmlich seinem älteren Bruder Klaus ähnlich, war mit der Schulfreundin seiner Schwester Elisabeth, der Schweizerin Gret Moser (1916-2007), verheiratet. Aus der Ehe gingen zwei Kinder hervor: Prof. Dr. Frido(lin) Mann, geb. 1940, Psychologe und Schriftsteller (lebt in Göttingen und in Pfäffikon/Zürich und ist verheiratet mit Christine Heisenberg) und Anthony (`Toni´) Mann, geb. 1942 (seit seiner Geburt auf einem Auge blind und sprachbehindert, der als Gärtner gearbeitet hat und heute im Ruhestand in Zürich lebt); 1970 adoptierte das Paar ein Mädchen aus Indien, Raju Mann (geb. 1963). Michael Mann, den Thomas Mann in seiner Novelle `Unordnung und frühes Leid´ als `Beißer´ verewigt hatte, erhielt schon früh Geigenunterricht; bereits 1926 trug er ein Violinkonzert vor, das vom Bayerischen Rundfunk über-tragen wurde. Er ging mit den Eltern 1933 – von einem Schulausflug aus – ins Exil nach Frankreich und zog dann mit der Familie nach Küs-nacht/Schweiz. Von dort aus ließ er sich am Zürcher Konservatorium zum Bratschisten und Geiger ausbilden (er studierte u. a. bei Carl Flesch [1873-1944]). Wegen seines erratischen Temperaments kam es zu einer handfesten Auseinandersetzung mit dessen Direktor, die für ihn nicht ohne Folgen blieb. 1936 machte er sein Lehrerdiplom, erhielt mit seinen Eltern und seiner Schwester Elisabeth die tschechische Staatsbürger-schaft und setzte seine Studien in Paris und New York fort. 1939 heirate-te er Gret Moser in New York. 1940 emigrierte er – zuerst nach New York, dann nach Kalifornien. Von 1942-1949 war er Geiger im San Fran-cisco Symphony Orchestra, ging auch solistisch auf Tournee und zog zurück in die Schweiz. Von 1950 bis 1952 wohnte er in Österreich und konzertierte von dort aus solistisch. Von 1952 bis 1954 zog er wieder in die USA, begab sich von dort aus auf eine Welttournee, hielt Vorträge in Japan und Indien. 1954 wohnte er kurzzeitig in Italien und kehrte ein Jahr später in die USA zurück. Michael Mann wurde von Zeitgenossen ambivalent beschrieben; er galt als egoistisch, unbeherrscht, unbere-chenbar und aggressiv, der seine Frau, seine Kinder und seine Freundin Yaltah Menuhin (1921-2001) schlug und im Alkoholrausch seinen Hund tötete (vgl. Thomas Mann Tagebücher 4, 1937-1939, Eintrag v. 22.1.1938, 163). 1957 gab er seinen Beruf als Musiker auf, studierte Germanistik und promovierte in Harvard über Heines Musikkritiken. Er arbeitete von 1964-1977 als Dozent für Deutsche Literatur an der Uni-versity of California in Berkeley. Ab 1973 publizierte er als Schriftsteller (Novellen und Erzählungen) und gab die Werke Thomas Manns, u. a. die zwanzig Jahre gesperrten Tagebücher, mit heraus. Michael Mann beging in der Silvesternacht 1976/1977 im Alter von 57 Jahren in Orinda/USA

Suizid. Er starb an einer Mischung aus Alkohol und Barbituraten. Der amerikanische Staatsbürger liegt im Familiengrab in Kilchberg begraben. Sein Sohn Frido Mann, der eigentliche Sachwalter Thomas Manns – auch wenn die erbrechtliche Situation dem nicht entspricht – hat gemeinsam mit seinem Cousin den Verein `Casa Mann´ gegründet, der im brasilianischen Paraty im erhaltenen Geburtshaus Julia Manns, der Mutter Thomas Manns, ein euro-brasilianisches Kulturzentrum errichtete. Frido Manns Sohn Stefan Mann (geb. 1968) ist verheiratet mit Kristina Zschigner (geb. 1968); gemeinsam haben die beiden die Kinder Lukas (Lukacz, geb. 1994), Julia (geb. 1996) und Konstantin (geb. 1998). Zuletzt hat Frido Mann seine Kindheit und sein Leben im Hause Thomas und Katia Mann in seiner Autobiographie `Achterbahn´ beschrieben.

Mann, Monika (1910-1992): Die zweitälteste Tochter und das vierte Kind Thomas Manns wuchs in München auf und schloss die Schule im Internat Schloss Salem 1925/26 ab. Anschließend studierte sie in München und Paris Musik und Kunst und ging mit ihren Eltern 1933 ins französische Exil. 1934 zog sie nach Florenz, wo sie den ungarisch-jüdischen Kunsthistoriker Dr. Jenö Lányi (1902-1940) kennenlernte und heiratete (1938). 1936 wurde sie aus Deutschland ausgebürgert und zog nach Wien. Während sie 1938 in der Schweiz bei ihren Eltern zu Besuch war, marschierten deutsche Truppen in Österreich ein und machten ihr eine Rückkehr nach Wien unmöglich. Nach diesem sog. `Anschluss Österreichs´ ans Deutsche Reich zog sie zurück in die Schweiz, in der sie die tschechische Staatsangehörigkeit erhielt. Sie emigrierte nach London und versuchte von dort aus im September 1940 nach Halifax/Kanada zu emigrieren. Der britische Passagierdampfer, die `City of Benares´, den sie gebucht hatte und der im Konvoi mit achtzehn weiteren Schiffen fuhr, wurde am 17.9.1940 durch ein deutsches U-Boot torpediert und sank. Den Tod ihres Mannes und von dreiundachtzig Kindern durch Ertrinken musste sie mit ansehen. Sie trieb nach eigenen Angaben zwanzig Stunden lang im Atlantik. Von den 406 Besatzungsmitgliedern verloren 250 Personen ihr Leben (was Erika Mann später in ihrem 1942 erschienenen Buch `A Gang of Ten´ verarbeitete). Zwar glückte Monika Mann nach ihrer Genesung in einem schottischen Krankenhaus das Wiedersehen mit ihren Eltern Ende Oktober 1940, allerdings wurde sie im amerikanischen Exil depressiv. 1941 schrieb Katia an Klaus Mann: „Daß auch beim Mönle die Gaben mangeln, ist ja gar kein Zweifel, aber mein Gott, das ist eben nicht das Einzige, und das Zusammenleben mit dem egozentrischen, verstiegenen, narzisstischen, dabei oft sonderbar aggressiven und ungnädigen Geschöpf hat sein Trostloses" (Brief v. 23.9.1941, zit. nach Hildegard Möller, Die Frauen der Familie Mann, a. a. O., 265). 1942 wohnte sie bei ihren Eltern, zog 1942 nach New York, musizierte und publizierte. Wegen ihrer Depressionen schloss sich 1948 der Aufenthalt in einem anthroposophisch geführten Heim an. Danach lebte sie kurzzeitig in New York mit der Autorin, Schauspielerin und Journalistin Kadidja Wedekind (1911-1994) zusammen, die 1937 in die USA emigriert war. 1952 nahm Monika Mann die amerikanische Staatsbürgerschaft an – nach deutscher, tschechischer und ungarischer war es die für sie vierte – und kehrte im selben Jahr mit ihren Eltern nach Europa zurück. Seit 1953 war die Pianistin und Malerin befreundet mit dem drei Jahre älteren Maurer, Verkäufer und Fischer Antonio Spadaro (1907-1985), mit dem sie ab 1955 auf Capri dreißig Jahre lang zusammenlebte. In ihrem Haus auf Capri hatte Monika Mann ihrem Bruder Klaus „eine kleine Gedächtnisecke" (Heinrich Breloer/Horst Königstein [Hg.], Die Manns, a. a. O., 448) eingerichtet. 1958 nahm sie die deutsche Staatsbürgerschaft wieder an. Nach dem plötzlichen Tod ihres Lebensgefährten (Herzinfarkt) zog sie 1986 zu ihrem Bruder Golo nach Kilchberg, danach nach Leverkusen ins Haus der Witwe von dessen Adoptivsohn, der Krankenschwester Ingrid Beck-Mann, wo sie – altersdement und u. a. durch ihre Anteile an den Tantiemen Thomas Manns sehr vermögend geworden – am 17.3.1992 im Alter von fast 82 Jahren starb und anschließend im Grab der Eltern in Kilchberg, unbemerkt von der Öffentlichkeit, beigesetzt wurde. Monika Mann, zeitlebens das ungeliebte Kind ihres Vaters, veröffentlichte – obwohl ihr Schreiben innerhalb der Familie stets belächelt wurde – mehrere Bücher. Sie blieb kinderlos und setzte ihren Bruder Golo Mann als ihren Alleinerben ein. Zu ihrem 100. Geburtstag erschien die erste Biografie über sie, vgl. Karin Andert, Monika Mann. Eine Biografie, Hamburg 2010. Sie enthält einige unveröffentlichte Texte, u. a. das `New Yorker Tagebuch´ von 1945.

Mann, Paul Thomas (1875-1955): Der Sohn des Lübecker Großkaufmanns und Senators Thomas J. H. Mann (1840-1891) und dessen elf Jahre jüngeren brasilianischen Frau Julia da Silva-Bruhns (1851-1923) wuchs in bürgerlichen Verhältnissen, aber bald vaterlos (Tod des Vaters mit 51 Jahren durch Blutvergiftung), auf. Er hatte vier Geschwister: Heinrich (1871-1950), Julia (1877-1927), Carla (1881-1910) und Viktor (1890-1949). Thomas Mann blieb in der Schule zweimal sitzen, ging dann vor dem Abitur von der Schule ab und beendete auch die Lehre in einer Münchner Versicherungsgesellschaft nicht. Seit 1893 lebte er in München. Dort heiratete er am 11. Februar 1905 Katharina `Katia´ Pringsheim (s. u.), der er 1904 begegnet war. Innerhalb von 15 Jahren wurden dem Paar sechs Kinder geboren. Finanziell ging es der Familie sehr gut; man hatte beispielsweise schon 1905 ein Telefon, was damals sehr kostspielig war. Thomas Manns Bücher erzielten gute Verkaufserlöse. 1920 erhielt er die Ehrendoktorwürde der Universität Bonn, 1926 wurde er vom Lübecker Senat zum Professor ernannt. 1929 wurde er mit dem Literaturnobelpreis für sein 1901 veröffentlichtes Werk `Buddenbrooks´ geehrt. Die damit verbundene Erhöhung der Auflage seiner Bücher – insbesondere `Der Zauberberg´ wurde in Amerika zu einem Bestseller – brachte Thomas Mann auf einen Schlag zu großem Reichtum. 1933 emigrierte er mit seiner Frau und einem Teil der Familie über Sanary-sur-Mer nach Küsnacht/Schweiz. 1936 wurde der Familie Mann kollektiv durch die Nazis die deutsche Staatsbürgerschaft aberkannt; in diesem Jahr erwarb Thomas Mann jedoch die tschechische Staatsangehörigkeit und entging dadurch der Staatenlosigkeit, was vor allem für das freie Reisen wichtig war. So gelang es ihm, nach dem sog. `Anschluss Österreichs´ ans Reich im März 1938, für den die Mehrheit der Österreicher gestimmt hatte, mit seiner Frau in die USA überzusiedeln. Historisch gesehen war dieser sog. `Anschluss Österreichs´ eine Annexion:

Bis 1860 waren die deutschen Länder und Österreich im Heiligen Römischen Reich miteinander verbunden gewesen. 1871 hatte Bismarck eine kleindeutsche Lösung durchgesetzt. Im Ersten Weltkrieg waren Österreich und Deutschland Verbündete gewesen und hatten ihn gemeinsam verloren. Am 12. März 1938 überschritten deutsche Truppen die österreichische Grenze und wurden jubelnd begrüßt; einen Tag später wurde der `Anschluss´ gesetzlich beschlossen. Am 10. April stimmten 99,73% für den `Anschluss Österreichs´. Österreich wurde in die `Ostmark´ im `Großdeutschen Reich´ umbenannt. Schon in der ersten Zeit nach dem Anschluss kam es zu Verhaftungen und Verschleppungen von ca. 72000 Österreichern ins KZ Dachau. Zeitgleich bediente sich Deutschland an den Gold- und Devisenreserven Österreichs. Die NSDAP hatte großen Zulauf, so dass die Anzahl der Mitglieder im Verhältnis höher war als im übrigen Reich. Mit Verordnung vom 3. Juli 1938 wurden alle Österreicher Bürger des Deutschen Reiches. Nach dem Anschluss wurde das Land mit Nazi-Propaganda überzogen. Dank der Vermittlung seiner Gönnerin, der fünfzigjährigen Journalistin Agnes E. Meyer (1887-1970), deren Mann Eugen Meyer (1875-1959) Zeitungsmagnat (u. a. war er Eigentümer der *Washington Post*) und der erste Chef der Weltbank war, konnte Thomas Mann einen Lehrauftrag der *Princeton University* annehmen und Europa verlassen. 1941 schloss er einen Vertrag mit den Warner Bros. ab; er ermöglichte ihm das Leben mit Personal am San Remo Drive 1150 in Pacific Palisades. Am 23.6.1944 erhielten seine Frau und er die amerikanische Staatsbürgerschaft. Zwei Jahre später erkrankte der Raucher an Lungenkrebs, konnte aber erfolgreich operiert werden, genesen und danach seine Vortrags- und Reisetätigkeit wieder aufnehmen. 1952 kehrte er mit Ehefrau Katia und Tochter Erika nach Europa zurück und ließ sich in der Schweiz nieder. 80jährig starb er am 12. August 1955 im Kantonsspital Zürich an den Folgen von Arteriosklerose (Ruptur der unteren Bauchschlagader). Er liegt in Kilchberg/CH begraben (vgl. weiterführend Thomas Sprecher/Fritz Gutbrodt [Hg.], Die Familie Mann in Kilchberg, Zürich 2000.) Bis 2025 erhalten die Erben Thomas Manns dessen Tantiemen (die 5 Kinder erhalten 75%, pro Kind 15%). Thomas Mann, mit 15 Ehrendoktortiteln ausgezeichnet, hinterließ ein umfangreiches Werk und eine ausgedehnte Korrespondenz. Er schrieb in seinem Leben ca. 50000 Briefe (fast zwei bis zehn Briefe täglich), von denen ca. 25000 an ca. 9000 Empfänger erhalten sind. Einige seiner Werke sind verfilmt worden. Mehrere Schulen tragen seinen Namen, u. a. in Lübeck, München und Stutensee. Sein Nachlass befindet sich im Thomas-Mann-Archiv in Zürich. Vgl. weiterführend Thomas Sprecher (Hg.), Im Geiste der Genauigkeit. Das Thomas-Mann-Archiv der ETH Zürich 1956-2006, FfM 2006. Zudem befindet sich eine bis in die 20er-Jahre des vergangenen Jahrhunderts zurückreichende Sammlung zu Thomas Mann und seiner Familie in der ULB Düsseldorf, die diese zu einer der bedeutendsten Mann-Forschungsstätten im deutschsprachigen Raum macht (Erstausgaben, Übersetzungen, Zeitungsausschnitte, Sekundärliteratur, Datenbank mit über 28000 Titelaufnahmen). Seit 2009 gibt es dort eine Thomas-Mann-Gesellschaft. Bei Hans Wißkirchen, Die Familie Mann, Reinbek 1999, 184, findet man eine gute Zusammenstellung der Archive, Forschungs- und Gedenkstätten zur Familie Mann auf einen Blick: Thomas-Mann-Archiv der Eidgenössischen Technischen Hochschule Zürich, Schönberggasse 15, CH-8001 Zürich, Tel: 0041-1-6324045; Heinrich-und-Thomas-Mann-Zentrum, Buddenbrookhaus, Mengestr. 4, 23552 Lübeck, Tel: 0451-1224192 (seit 1993); Thomas-Mann-Kulturzentrum, Skruzdynès 17, 5870, Nida, Litauen, Tel: 00377059-58860 (seit 1996); die Thomas-Mann-Sammlung Dr. Hans-Otto Mayer in der Universitäts- und Landesbibliothek Düsseldorf enthält alle Werkausgaben, so gut wie alle Erstveröffentlichungen, Sekundärliteratur sowie Übersetzungen in ca. 40 Sprachen. Die Sammlung Jonas in der Augsburger Universitätsbibliothek enthält eine der größten Thomas-Mann-Bibliografien. Vgl. dazu auch die folgenden Links: https://www.thomasmann.de und https://tma.ethz.ch; https://buddenbrookhaus.de/; http://de.wikipedia.org/wiki/Thomas_Mann; http://d-nb.info/gnd/118577166; http://thomas-mann-haus.de. Frei zugängliche Werke findet man online unter: https://commons.wikimedia.org/wiki/Thomas_Mann?uselang=de und www.gutenberg.org/browse/authors/m#a4200 (alle Links aufgerufen am 27.6.2015).

Mann, Viktor `Vicco´ Carl (1890-1949): Viktor Mann, der jüngste Bruder Thomas Manns, ging bemerkenswerterweise als einziger der Familie nicht in die Emigration, sondern blieb während der gesamten NS-Zeit in Deutschland. Er studierte Agrikultur, diente beim Militär und wechselte später zur Bank. 1914 heiratete er Magdalena Kilian (1895–1962), genannt Nelly; die Ehe blieb kinderlos. Nach 1945 arbeitete er zunächst beim Landesamt für Milchwirtschaft im Außendienst und ging danach zur Bayrischen Landesbank. Viktor Mann starb am 21. April 1949 im Alter von 59 Jahren, vermutlich an einem Herzinfarkt. Gibt man bei `Google´ folgende Stichworte für die berühmtesten Manns ein, so ist ein ungleichzeitiges Ranking festzustellen. Es erscheinen für „Die Manns" 9.160.000 Einträge, für „Thomas Mann" 8.200.000, für „Monika Mann" 3.170000, für „Erika Mann" 2.300.000, für „Elisabeth Mann" 1.540000, für „Heinrich Mann" 853.000, für „Klaus Mann" 737.000, für „Golo Mann" 82.700 und für „Viktor Mann" 32.300.000! Sucht man bei `Google Bücher´ unter denselben Stichwörtern, so erhält man für „Heinrich Mann" 17.367 Ergebnisse, für „Thomas Mann" 17.346, für „Klaus Mann" 5.588, für „Erika Mann" 2.806, für „Monika Mann" 5.104, für „Golo Mann" 2.387, für „Elisabeth Mann" 8700 und für „Viktor Mann" 42.000! Damit ist erstaunlicherweise beide Male der in der Literatur am unbedeutendsten Mann im Internet derjenige, der am meisten in den Internetsuchmaschinen vorkommt (Internet-Recherche am 20.6.2009). Viktor Manns Familienchronik erschien posthum, vgl. Viktor Mann, Wir waren fünf. Bildnis der Familie Mann, FfM 1976, bes. 386.

Mann Borgese, Elisabeth Veronika (1918-2002): Sie ist als erklärter „Liebling des Vaters" (Klaus Mann, Der Wendepunkt, a. a. O., 86), als das fünfte `Kindchen´ Thomas Manns und als `Medi´ in die Literaturgeschichte eingegangen. Schon früh erhielt sie Privatunterricht. Später besuchte sie das Luisengymnasium in München, in dem sie eine Klasse übersprang. Sie emigrierte 1933 mit ihren Eltern, zunächst in die

Schweiz. Als einzige der Mann-Kinder besuchte sie kein Internat. 1935 machte sie mit 17 Jahren am Freien Gymnasium Zürich, das sie seit 1933 besuchte, ihr Abitur und begann am Zürcher Konservatorium eine Ausbildung zur Pianistin, die sie 1937 mit Konzertexamen abschloss. 1936 hatte sie die tschechische Staatsangehörigkeit angenommen. Im weiteren Exil in den USA, in das sie mit den Eltern 1938 ging, nahm sie weiter Klavierstunden, u. a. bei Isabella Vengerova (1877-1956), der Klavierlehrerin von Leonard Bernstein (1918-1990). Dort lernte sie den Sizilianer Guiseppe Antonio Borgese (1883-1952), Professor für italienische Literatur, Politische Wissenschaft und Geschichte und ein bedeutender Vertreter italienischer Exilliteratur, kennen und heiratete ihn – 36 Jahre älter als sie und nur sieben Jahre jünger als ihr eigener Vater. Borgese hatte sich mit Schriften gegen den Faschismus einen Namen gemacht (vgl. exemplarisch Guiseppe Antonio Borgese, Der Marsch des Fascismus, Amsterdam 1938). Von ihm bekam Elisabeth Mann zwei Kinder: Angelica `Gogoi´ Borgese (geb. 1940) und Domenica `Nica´ Borgese (geb. 1944). Angelica Borgese, verh. Marracino, gesch. Colloci, ist Professorin für Physik und lebt heute in New York; sie hat zwei erwachsene Kinder, einen Sohn und eine Tochter. Domenica Borgese, verh. Guidi, ist Professorin für Biologie; sie lebt in Mailand und hat eine erwachsene Adoptivtochter. 1948 arbeitete Elisabeth Mann Borgese als wissenschaftliche Mitarbeiterin ihres Mannes an diversen internationalen Projekten. Nachdem Antonio Borgese 1952 in Fiesole bei Florenz an einem Hirnschlag gestorben war, zog Elisabeth Mann nach Italien, begann eigenständig als Meeresforscherin und -schützerin zu arbeiten und ging mehrere Beziehungen ein, u. a. zu dem verwitweten norditalienischen Schriftsteller Corrado Tumiati (1885-1967), der damals mit seinen 70 Jahren so alt wie ihre Mutter war, oder zu dem UN-Botschafter von Malta in den USA, Arvid Pardo (1914-1999), der ab 1967 ihr Lebensgefährte wurde. Seit 1960 publizierte sie als Schriftstellerin und wirkte u. a. an der `Encyclopaedia Britannica´ mit. 1970 war sie als einzige Frau Gründungsmitglied des Club of Rome. Seit 1980 lehrte und forschte sie als Professorin an der kanadischen *Dalhousie University of Halifax* und wirkte lange Jahre als Leiterin des *International Ocean Institute* mit Sitz auf Malta. 1984 nahm sie die kanadische Staatsangehörigkeit an. Der bekannten Seerechtlerin und vielfach Ausgezeichneten ist es zu verdanken, dass im Seerecht heute die Meere als Gemeinerbe der Menschheit angesehen werden (2011 wurde ihr zu Ehren ein Schiff auf ihren Namen `getauft´). Elisabeth Mann starb am 8. Februar 2002 während eines Skiurlaubs im Schweizer St. Moritz. Sie liegt im Familiengrab in Kilchberg begraben. Eine Auswahlbibliografie mit ihren Veröffentlichungen befindet sich bei Kerstin Holzer, Elisabeth Mann Borgese, a. a. O., auf 232-234.

Mühsam, Erich (1878-1934): Der jüdische Autor und Publizist aus Lübeck, ein Freund Heinrich Manns und Gustav Landauers, war an der Münchner Räterepublik beteiligt und wurde deshalb zu 15 Jahren Festungshaft verurteilt. Er kam allerdings nach 5 Jahren im Zuge einer Amnestie frei. Mühsam wurde erneut in der Nacht des Reichstagsbrands von der SA verhaftet und im KZ Oranienburg nach 16 Monaten `Schutzhaft´, d. h. Folter und Misshandlungen, von einem SS-Kommando in einer Latrine des KZs erhängt. Mühsams Ehefrau Kreszentia `Zenzl´ (1884-1962), die nach dem Mord an ihrem Mann entgegen seinen Warnungen vor den Nazis mit seinem Nachlass ins Moskauer Exil floh, wurde dort wegen `konterrevolutionärer Agitation´ angeklagt und verbrachte als mutmaßliche Trotzkistin zwanzig Jahre als Gefangene Stalins in sowjetischen Lagern im Gulag. Die sterblichen Überreste beider befinden sich seit 1990 auf dem Waldfriedhof in Dahlem in einem Ehrengrab der Stadt Berlin.

Murnau, Friedrich Wilhelm (eigentlich Plumpe, 1888-1931) wurde von Max Reinhardt als Schauspieler entdeckt und schlug nach dem Ersten Weltkrieg eine Laufbahn als Regisseur ein, die ihm rasch Erfolge brachte. Durch seinen Film `Nosferatu. Eine Symphonie des Grauens´ begründete der homosexuelle Filmemacher das Genre des Vampirfilms. Er starb an den Folgen eines Autounfalls im kalifornischen Santa Barbara.

Negri, Pola (1894-1987): Die Stummfilm-Legende aus Polen hieß mit bürgerlichem Namen Barbara Apolonia Chałupiec. Aufgewachsen in armen Verhältnissen in Warschau und als Kind an Tuberkulose erkrankt, besuchte sie eine Schauspielschule und begann, Theater zu spielen. Bereits mit 17 Jahren war sie in Warschau populär. Nach dem Ersten Weltkrieg wurde sie fürs große Theater entdeckt, später auch für den Film. Sie arbeitete mit Ernst Lubitsch (1892-1947) zusammen und ging mit einem lukrativen Vertrag der Filmgesellschaft Paramount nach Amerika. Der Tonfilm beendete ihre Karriere. Im Zentrum des Interesses standen lange Zeit Pola Negris Beziehungen zu Charlie Chaplin (1889-1977) und Rudolph Valentino (1895-1926). Sie war verheiratet mit dem vermögenden Serge Mdivani (1903-1936). Durch aufwändigen Lebensstil in finanzielle Schwierigkeiten geraten, kehrte sie nach Europa zurück, drehte Filme für die deutsche UfA (Universum Film AG) und nahm Schallplatten auf. 1938 beendete sie ihre zweite Karriere in Deutschland und ging wieder zurück nach Amerika, wo sie nur noch zwei Filme drehte und anschließend als Grundstücksmaklerin in Texas lebte. Dort starb sie hoch betagt.

Ossietzky, Carl von (1889-1938): Der deutsche Journalist und Schriftsteller, Herausgeber der `Weltbühne´, einem damals bekannten undogmatischen Forum der bürgerlichen Linken, wurde von den Nazis wegen seines pazifistischen Engagements inhaftiert. Der angriffslustige Publizist hatte in einem Artikel Verstöße gegen den Versailler Vertrag aufgedeckt und wurde daraufhin 1931 wegen `Landesverrats´ und `Spionage´ angeklagt. Bei der Reichspräsidentenwahl 1932 rief er dazu auf, statt Hindenburg den KPD-Führer Ernst Thälmann zu wählen. Im Mai 1932 trat er seine Haft an und wurde nach 227 Tagen aufgrund einer Weihnachtsamnestie vorzeitig aus dem Gefängnis entlassen. Am 28.2.1933 wurde er erneut verhaftet, als er sich in der Wohnung seiner Freundin aufhielt. Seine Schriften wurden öffentlich verbrannt. Er wurde im April 1933 zunächst ins KZ Sonneburg bei Küstrin, dann in das berüchtigte Moorlager, das KZ Papenburg-Esterwegen/Emsland, verschleppt und blieb drei

Jahre in Haft. In der Haft wurde er besonders brutal behandelt, weil man ihn fälschlicherweise für einen Juden hielt. Er wurde isoliert und gefoltert, u. a. schlugen ihm die Nazis die Zähne aus. Ossietzky magerte ab, wurde krank (offene Lungentuberkulose) und kam unter permanenter Bewachung ins Staatskrankenhaus nach Berlin. Am 23.11.1936 sprach man ihm rückwirkend den Friedensnobelpreis für 1935 zu; er wurde aber an der persönlichen Entgegennahme von Hitler gehindert. Sein Rechtsanwalt veruntreute später das Friedensnobelpreisgeld. Carl von Ossietzky starb am 4. Mai 1938 an den Folgen von TB im Krankenhaus Nordend in Berlin. Sein Grab befindet sich auf dem Friedhof 4 am Herthaplatz in Berlin-Niederschönhausen. Ossietzky war seit 1913 mit der englischen Frauenrechtlerin Maud Lichfield-Woods (1888-1974) verheiratet, mit der er eine Tochter, Rosalinde von Ossiezky-Palm (1919-2000), hatte. Heute sind mehrere öffentliche Institutionen, u. a. eine Universität und mehrere Schulen, nach ihm benannt. Vgl. weiterführend Elke Suhr, Carl von Ossietzky. Eine Biografie, Köln 1998.

Pétain, Henri Philippe (1856-1951): Der Antikommunist, Staatschef des unbesetzten nazifreundlichen Teils von Frankreich, errichtete innerhalb kürzester Zeit eine Diktatur in Frankreich, bereitete eine antisemitische Gesetzgebung vor, ersetzte *Liberté*, *Égalité* und *Fraternité* durch *Travail*, *Famille* et *Patrié* und arbeitete mit den Nazis zusammen. Er bat am 18.6.1940 die Nazis um Waffenstillstand. Für die Unterzeichnung des Waffenstillstandsvertrages am 22.6. nahe Compiègne wurde eigens der Eisenbahnwaggon, in dem Deutschland 22 Jahre vorher seine Niederlage besiegeln musste, wieder aus dem Museum geholt. Die Nazis feierten den schnellen Sieg über Deutschlands sog. `Erbfeind´ und erwarteten das bevorstehende Ende des Krieges. Hitlers Rückkehr nach Berlin trug messianische Züge, Tausende jubelten ihm zu und warfen Blumen vor seinen Wagen. Aufgrund der Kollaboration des Vichy-Regimes mit den Nazis bildete sich dagegen in Frankreich die aus Kommunisten, Sozialisten und Bürgerlichen bestehende französische Widerstandsbewegung, die *Résistance*. Ministerpräsident Pétain wurde nach dem Krieg wegen seiner Kollaboration mit den Nazis zum Tode verurteilt. Sein Nachfolger als Staatspräsident, der ehemalige Widerstandskämpfer Charles de Gaulle (1890-1970), wandelte die Strafe in eine lebenslange Haft und Verbannung um.

Plievier, Theodor Otto Richard (1892-1955): Der deutsche Schriftsteller wuchs als Sohn eines Feilenhauers in Berlin auf. Nach einer abgebrochenen Lehre als Stuckateur ging er mit 16 Jahren auf Wanderschaft durch Deutschland, Österreich-Ungarn und die Niederlande und meldete sich als Matrose zur deutschen Handelsflotte. So gelangte er 1910 nach Südamerika, wo er drei Jahre lang in chilenischen Salpeterminen arbeitete. Mit 17 veröffentlichte er seinen ersten Aufsatz in einer Arbeiterzeitung. Zurück in Deutschland, wurde er 1914 für die Kriegsmarine zwangsrekrutiert und diente bis 1918 auf dem `Hilfskreuzer Wolf´. Im November 1918 war er am Kieler Matrosenaufstand beteiligt. Er verließ das Militär, schloss sich der lebensreformerisch geprägten `Kommune am Grünen Weg´ an und wurde, beeinflusst von Michael Bakunin (1814-

1876), Anarchist. Er heiratete 1920 eine Schauspielerin und bekam mit ihr drei Kinder, von denen zwei in der Hungersnot der Inflationszeit 1923 starben. In der Folgezeit arbeitete er als Journalist und Übersetzer, u. a. als Sekretär des deutschen Vizekonsuls in Pisagua/Südamerika. Nach seiner Scheidung heiratete er 1931 die Schauspielerin Hildegard Piscator (1900-1970). 1933 emigrierte er mit seiner Frau in die Sowjetunion. Er enthielt sich dort jeglicher politischer Äußerungen, wurde aber nach dem Angriff von Hitlers Armee auf Moskau 1941 mit anderen Deutschen nach Taschkent verbracht. Sein 1945 erschienener Roman `Stalingrad´, der den Untergang der 6. Armee beschrieb, brachte ihm großen schriftstellerischen Erfolg. Er arbeitete als Landtagsabgeordneter und Verlagsleiter und wurde Teilhaber des Gustav-Kiepenheuer-Verlags. In Hamburg ließ er sich als freier Schriftsteller nieder und heiratete ein drittes Mal. 1953 zog er ins Tessin, wo er am 12.3.1955 im Alter von 63 Jahren an einem Herzinfarkt starb.

Pringsheim, Alfred (1850-1941): Der Erbe eines schlesischen Eisenbahnunternehmens hatte es durch die Industrialisierung im Berg- und Eisenbahnbau zu großem Reichtum gebracht. Ursprünglich jüdischer Herkunft, war die Familie zum Protestantismus übergetreten (viele Juden konvertierten damals zum Protestantismus, da er ihnen als liberal und modern galt). Sich selbst als religiös indifferent bezeichnend, hatten Hedwig und Alfred Pringsheim ihre Kinder evangelisch taufen lassen und größten Wert auf deren Bildung gelegt (vgl. F. Kroll [Hg.], Klaus-Mann-Schriftenreihe, Bd. 4/1, Wiesbaden 1992, 334). In Pringsheims Haus, der sich als Kunstsammler und Musikliebhaber einen Namen gemacht hatte, wehte ein linksliberaler Wind. „Alfred Pringsheim zählte zu den ganz Reichen, nicht nur in München. Sein Vermögen im Jahr 1914 wurde im Jahrbuch des Vermögens und Einkommens der Millionäre in Bayern mit 13 Millionen Mark bei einem Jahreseinkommen von 800000 Mark angegeben" (Hildegard Möller, Die Frauen der Familie Mann, a. a. O., 23). Sein Jahreseinkommen entsprach umgerechnet etwa acht Millionen Euro, sein Gesamtvermögen lag bei ungefähr 120 Millionen Euro. Zusätzlich verfügte er als ordentlicher Professor über ein durchschnittliches monatliches Einkommen von ca. 5000-10000 Reichsmark. Die Münchner Villa in der Arcisstraße 12, in der die Familie ab 1889 wohnte, hatte eine Fläche von 1500 Quadratmetern (Dienstbotentrakt, Musiksaal und Bibliothek) und – damals selten in Privathäusern – Zentralheizung und elektrisches Licht. Prominente wie der Komponist Richard Strauss, die Dichter Annette Kolb (1870-1967) und Hugo von Hoffmannsthal (1874-1929) und Außenminister Walther Rathenau (1867-1922) gingen in Pringsheims Haus in den 20er-Jahren ein und aus. Thomas Mann hat später seinen Schwiegervater, der ihn nicht leiden konnte und den er Zeit seines Lebens siezte, als `Samuel Spoelmann´ in `Königliche Hoheit´ verfremdet dargestellt (vgl. weiterführend Emily Bilski [Hg.], „Nichts als Kultur". Die Pringsheims, München 2007, sowie Inge und Walter Jens, Katias Mutter. Das außerordentliche Leben der Hedwig Pringsheim, Reinbek 2005). Die schon lange evangelisch gewordenen Pringsheims wurden von den Nazis per rassistische Gesetzgebung zu Juden gemacht. 1933 wurde ihr Familienbesitz enteignet. Die alten Leute wurden gezwungen, ihre Stadtvilla am Königsplatz in der Münchner Arcisstr. 12, die sie 1890 neu gebaut hatten, an den `Nationalsozialistischen Deutschen Arbeiterverein e.V.´ zu verkaufen. Das Gebäude wurde im Herbst 1935 abgerissen, auch die Nachbarhäuser mussten zwei neu errichteten neoklassizistischen NSDAP-Verwaltungsbauten weichen. In eines davon, den sog. `Führerbau´, zogen Hitler und sein Stab. Das alte Ehepaar Pringsheim zog in eine Wohnung. Seine 450 Stück umfassende, auch nach heutigen Maßstäben millionenschwere Majolika-Sammlung wurde am 21./22. Juli 1939 bei Sotheby´s erzwungenermaßen in London versteigert. Pringsheim musste auch einiges `verschenken´: Der Verkauf war die Bedingung für die Ausreise. Vom Erlös erhielten die beiden 2997 Sterling, das sind ca. 17% des eigentlichen Wertes; der Rest fiel an die Reichsbank. Heute, die einstige kostbare Sammlung ist in Museen in aller Welt verstreut (darunter allein 38 kostbare Keramiken im Metropolitan Museum of Art in New York), klagen die Erben Pringsheim und Mann auf Schadensersatz (vgl. DER SPIEGEL 50/2011, 38f.). In den letzten Minuten, am 31.10.1939, gelang den beiden enteigneten Pringsheims mit Unterstützung des `Hauses Wahnfried´ und weiterer Verbindungen die Ausreise in die Schweiz, die sie vor der Deportation bewahrte. Golo Mann kümmerte sich dort um seine Großeltern, die wie sein Großvater sarkastisch meinte, nun `von der Wand in den Mund lebten´. Alfred Pringsheim starb im Juni 1941 deprimiert einundneunzigjährig, seine Frau ein Jahr später mit siebenundachtzig Jahren an Krebs – verarmt und vereinsamt. Ihr Vermögen hatte sich in Nichts aufgelöst.

Pringsheim, Erik (1879-1909): Katia Manns Lieblingsbruder, ein Jurist, starb unter mysteriösen Umständen in Argentinien: Dorthin war er von seinem Vater Alfred Pringsheim geschickt worden, u. a., weil er hohe Spielschulden hatte. Man spekulierte in der Familie, dass er von seiner Frau Mary und ihrem Liebhaber vergiftet worden war – eine nicht beweisbare Mordtheorie, der aber noch 1976 Golo Mann anhing (die Todesursache war eine Mischung aus Kokain, Strychnin, Antipyrin, Hitze und körperlicher Überanstrengung). Infolge des fortgeschrittenen Verwesungsprozesses – die Witwe hatte den Leichnam nach Deutschland auf dem Seeweg überführen lassen – war eine medizinische und juristische Klärung letztlich nicht mehr möglich. Die Pringsheims verboten ihrer Schwiegertochter die Teilnahme an der Beerdigung ihres Sohnes und erwirkten, dass sie den Namen Pringsheim ablegen musste (vgl. Klaus Mann, Der Wendepunkt, a. a. O., 48f.). Erik Pringsheims Frau drohte bei Erscheinen des `Wendepunkts´ mit einer Verleumdungsklage, zu der es jedoch nicht kam (vgl. weiterführend Rainer Schachner, Im Schatten der Titanen: Familie und Selbstmord in Klaus Manns erster Autobiographie `Kind dieser Zeit´, Würzburg 2000, bes. 417ff., sowie Inge und Walter Jens, Auf der Suche nach dem verlorenen Sohn. Die Südamerika-Reise der Hedwig Pringsheim 1907/08, Reinbek 2006, neu bearbeitete Taschenbuchausgabe Reinbek 2008). Thomas Mann holte sich Anregungen für seinen `Felix Krull´ von dem abenteuerlichen Leben und den Ereignisse von Hedwig und Alfred Pringsheims ältestem Sohn.

Pringsheim, Klaus (1883-1972): Der homosexuelle Zwillingsbruder Katia Manns, der den Beruf des Komponisten, Dirigenten, Opernregisseurs und Musikpädagogen ergriff – seit 1918 musikalischer Leiter der Berliner Max-Reinhardt-Bühnen –, fungierte als Mentor Klaus Manns, etwa, indem er die Arbeiten seines 17jährigen Neffen dem Herausgeber der `Weltbühne´, Siegfried Jacobson (1881-1926), vorlegte, der diese dann veröffentlichte und damit den Beginn von Klaus Manns schriftstellerischer Karriere einläutete. Klaus Pringsheim war „ein Linksliberaler" (Inge und Walter Jens, Frau Thomas Mann, a. a. O., 286), der 1931 nach Tokio ging und 1946 nach Kalifornien auswanderte. Was in der Familie Mann anscheinend ein offenes Geheimnis war, erfuhr Klaus Pringsheims Sohn, Klaus Pringsheim jr. (1923-2001), erst im Erwachsenenalter: dass er einen anderen leiblichen Vater hatte, nämlich den Opernsänger Hans Winckelmann (1881-1943), vgl. Klaus Pringsheim, jr., Wer zum Teufel sind Sie?, Lebenserinnerungen, geschrieben mit Victor Boesen, Bonn 1995.

Pringsheim, Peter (1881-1963): Der Bruder Katia Manns, der in München Physik studiert und darin promoviert hatte, wurde später Professor für Physik, u. a. in Berkeley. Während des Ersten Weltkriegs wurde er in Australien, wo er sich zufällig zu Forschungszwecken aufhielt, interniert. In der Nazizeit wurde er dann, obwohl evangelisch getauft, wegen seiner jüdischen Abstammung verfolgt und erhielt Berufsverbot. Es gelang ihm aber, in Belgien eine Stelle zu erhalten. Nach dem dortigen Einmarsch der Deutschen wurde er am 10. Mai 1940 verhaftet und ins KZ Gurs verschleppt. Thomas Mann konnte es erreichen, dass sein Schwager am 6. Dezember 1940 in die Freiheit entlassen wurde. Es gelang ihm, in die USA zu emigrieren. Nach dem Krieg kehrte Peter Pringsheim nach Europa zurück: 1961 empfing er die Ehrendoktorwürde der Universität Gießen. Er starb in Antwerpen, wo er zuletzt gelebt hatte.

Pringsheim, Heinz (1882-1974): Der Bruder Katia Manns machte 1899 sein Abitur in München, studierte und promovierte dann 1905 in Archäologie. Er widmete sich jedoch danach der Musik: Er wurde Korrepetitor bei Richard Strauss (1864-1949), zog nach Berlin und wurde Musikkritiker und Komponist, bis er 1933 von den Nazis Berufsverbot erhielt. Er überlebte die Nazizeit in dem kleinen bayrischen Dorf Icking bei München und war nach dem Krieg am Aufbau des Bayrischen Rundfunks beteiligt.

Radiguet, Raymond (1903-1923): Der französische Schriftsteller, Dichter, Librettist und Dramatiker, Sohn eines Zeichners, brach mit fünfzehn Jahren die Schule ab, um Journalist zu werden. Mit siebzehn Jahren veröffentlichte er den Roman Le Diable au Corps (dt.: `Den Teufel im Leib´). Der Freund Jean Cocteaus starb 20jährig an Typhus und wurde auf dem Friedhof Père Lachaise in Paris bestattet. 2012 erschien die Gesamtausgabe seiner Werke.

Reinhardt, Max (1873-1943): Der österreichische Theaterregisseur, Intendant und Theatergründer, der eigentlich Maximilian Goldmann hieß, nahm parallel zu einer Banklehre Schauspielunterricht und war 1890 erstmals auf einer Wiener Privatbühne zu sehen. Von 1902 bis 1933 führte er an mehreren Bühnen Regie, leitete von 1905 bis 1930 das Berliner `Deutsche Theater´ sowie von 1915 bis 1918 die Berliner Volksbühne. Die Gründung des `Theaters am Schiffbauerdamm´ ging mit auf seine Inititative zurück, ebenso die `Komödie am Kurfürstendamm´. Er gründete 1905 die `Schauspielschule Berlin´, 1920 die `Salzburger Festspiele´ und 1929 das Wiener `Max-Reinhardt-Seminar´. 1918 kaufte er das Schloss Leopoldskron in Salzburg und machte es zu einem kulturellen Treffpunkt. 1933 emigrierte er in die USA, wo er im Filmgeschäft als Regisseur und Produzent ebenfalls großen Erfolg hatte. Er war zweimal verheiratet und hatte zwei Söhne, die wie er beim Film blieben. Reinhard förderte den Film und das junge Genre, das Kino, und ermunterte seine Schauspieler für dieses Medium. 1909 wurde er zum Professor ernannt, 1912 zum Ritter der Ehrenlegion, 1930 mit dem Dr. h.c. in Frankfurt und Kiel sowie 1933 in Oxford geehrt. Er liegt begraben in Westchester County/New York.

Roosevelt, Franklin Delano (1882-1945): Von 1933 bis 1945 war der einzige Sohn eines wohlhabenden Unternehmers aus New York der 32. Präsident der USA. Das Mitglied der Demokratischen Partei war der einzige Präsident, der länger als zwei Wahlperioden amtierte (1936, 1940 und 1944). In seine Amtszeit fielen die Bekämpfung der Weltwirtschaftskrise und der Eintritt der Vereinigten Staaten in den Zweiten Weltkrieg. Katia und Thomas Mann folgten am 13. Januar 1941 der Einladung des Präsidenten ins Weiße Haus. Der Freimaurer und Rotarier, verheirateter Vater von sechs Kindern, gilt heute als einer der bedeutendsten Präsidenten der USA und einer der führenden Politiker des Zwanzigsten Jahrhunderts.

Rossellini, Roberto (1906-1977): Der Katholik gehörte zu den Filmemachern der neorealistischen Schule Italiens und war befreundet mit dem damaligen Zensor der italienischen Filmindustrie, Vittorio Mussolini (1916-1997), dem Sohn des italienischen `Duce´ Benito Mussolini (1883-1945), wodurch er unter anderem rasch Karriere machte. Von 1950-1957 war er mit der Schauspieler-Ikone Ingrid Bergman (1915-1982) verheiratet. Heute zählt er zusammen mit Federico Fellini (1920-1993) und Luchino Visconti (1906-1976) zu den bedeutendsten Filmemachern Italiens.

Roth, Joseph (1894-1939): In Ostgalizien in einer chassidischen Familie geboren, verlor Joseph Roth früh seinen Vater und wuchs in bürgerlichen Verhältnissen bei seiner Mutter auf. Er erhielt Geigenunterricht und besuchte das Gymnasium, das er als einziger Jude seines Jahrgangs 1913 mit der Matura beendete. Er zog nach Wien und studierte dort Germanistik. Am Ersten Weltkrieg nahm er bei den Feldjägern teil. Nach dem Krieg konnte er sein Studium nicht forsetzen, sondern musste seinen Lebensunterhalt bestreiten. Er arbeitete als Journalist und wurde 1919 Redakteur bei der Tageszeitung `Der Neue Tag´. 1920 zog Roth nach Berlin um. Dort arbeitete er ab 1921 für den `Berliner Börsen-

Courier´, ab 1922 für den sozialdemokratischen `Vorwärts´, ab 1923 für die `Frankfurter Zeitung´. Hinzu kamen u. a. die `Wiener Sonn- und Montagszeitung´, `Der Tag´, das `Prager Tagblatt´. Im Mai 1925 ging er für ein Jahr als Korrespondent nach Paris und berichtete danach drei Jahre als Reisereporter, u. a. aus der Sowjetunion, Polen und Italien. 1926 erkrankte Friederike Reichler, die er 1922 geheiratet hatte, an einer unheilbaren Nervenkrankheit; sie wurde 1940 in der NS-Tötungsanstalt Hartheim ermordet, ein Opfer der sog. `T4-Aktion´. In die Anfänge ihrer Krankheit reichte Roths Alkoholabhängigkeit. Von 1929 bis 1938 war er mit Andrea Manga Bell, einer Hamburger Journalistin kamerunischer Herkunft, liiert. Mit ihr und ihren zwei Kindern aus einer missglückten Ehe mit einem Prinzen aus der deutschen Kolonie Kamerun zog er in eine gemeinsame Wohnung und versorgte die Familie. Roth erkannte schon sehr früh die Gefahr des Nationalsozialismus; nur der Monarchie und der katholischen Kirche traute er zu, ihm Widerstand zu leisten. Als er am 30. Januar 1933 ins Exil ging, folgte ihm Manga Bell nach. Von 1936 bis 1938 war er mit der deutschen Schriftstellerin Irmgard Keun (1905-1982) befreundet, mit der er zusammen in Paris lebte. Die Nazis verbrannten die Bücher des österreichischen Schriftstellers, Angehöriger der literarischen Richtung der `Neuen Sachlichkeit´, einer Gegenbewegung zum Expressionismus. Von 1934 bis 1935 hielt sich Roth mit vielen anderen Emigranten an der französischen Riviera auf. Im Unterschied zu vielen anderen gelang es ihm, weiterhin zu publizieren. Als er die Nachricht vom Suizid Ernst Tollers erhielt, brach er zusammen und wurde ins Armenspital Hôpital Necker gebracht. Dort starb er im Alter von 44 Jahren an einer doppelseitigen Lungenentzündung, die durch ein Alkoholdelirium begünstigt worden war. Er wurde nach katholischem Ritus auf dem *Cimetière parisien de Thiais* beerdigt. Vgl. weiterführend Wilhelm von Sternburg, Joseph Roth. Eine Biographie, Köln 2009.

Scheidemann, Philipp (1865-1939): Der Sohn eines Handwerkers, der zu einem der einflussreichsten Politiker der Weimarer Republik wurde, erlernte nach dem Besuch der Höheren Bürgerschule zunächst das Handwerk des Schriftsetzers und arbeitete dann als Redakteur bei mehreren sozialdemokratischen Zeitungen. Von 1903 bis 1933 war er für die SPD Mitglied des Deutschen Reichstags. Nach dem Tod August Bebels (1840-1913) war er von 1913 bis 1918 Fraktionsvorsitzender der Partei, ab 1917 neben Reichspräsident Friedrich Ebert (1871-1925) Mitglied im Parteivorstand. Nach der Abdankung Kaiser Wilhelms II. rief er von einem der Balkone des Berliner Reichstages die `deutsche Republik´ aus. 1933 emigrierte Philipp Scheidemann, der nach Morddrohungen und seit einem missglückten Blausäureanschlag auf sein Gesicht bewaffnet war, auf der Flucht vor den Nazis über Prag, die Schweiz, Frankreich und die USA nach Dänemark. Dort starb er sechs Jahre später.

Schickele, René (1883-1940): Der deutsch-französische Schriftsteller wurde als Sohn eines deutschen Polizeibeamten und einer französischen Mutter im elsässischen Oberehnheim (Obernai) geboren, besuchte zunächst ein humanistisches, dann ein bischöfliches Gymnasium, studierte danach von 1901-1904 Literaturgeschichte, Naturwissenschaft und Philosophie in Straßburg, München, Paris und Berlin und arbeitete politisch und journalistisch. Von 1915-1919 gab der Satiriker u. a. `Die weißen Blätter´ heraus, eine antimilitaristische expressionistische Zeitschrift. Seine Komödie `Hans im Schnakenloch´ schrieb er in nur acht Tagen nieder; sie ist eine Groteske auf den Ersten Weltkrieg. Er trat für Völkerverständigung in Europa und für die Überwindung von Revanchismus ein. Nach dem Ersten Weltkrieg setzte er sich für die Völkerverständigung von Deutschen und Franzosen ein. Schickele veröffentlichte in der Weimarer Republik mehrere Bücher. Er gehörte zu den ersten, die die ernsthafte Bedrohung durch die Nazis wahrnahmen, und ging deshalb bereits 1932 ins Exil nach Sanary-sur-Mer. Da er auf keiner Liste stand, wurden seine Bücher erst später aus den Bibliotheken entfernt. Von 1938 bis zu seinem Tod durch Herzversagen am 31. Januar 1940 lebte der liberale Demokrat in Vence/Südfrankreich. Seine sterblichen Überreste wurden nach Badenweiler überführt. Obwohl bei vielen inzwischen in Vergessenheit geraten, gilt er noch heute als bedeutender elsässischer Schriftsteller. Vgl. dazu weiterführend Manfred Flügge, Das flüchtige Paradies, a. a. O., 147-168, wo u. a. auch das Haus des Schriftstellers (151) abgebildet ist.

Schirach, Baldur v. (1907-1974): Der spätere `Reichsjugendführer´ stammte aus einem großbürgerlichen Elternhaus und hatte eine reformpädagogische Erziehung genossen. 1932 heiratete er die Tochter von Hitlers Fotografen Heinrich Hoffmann (1885-1957), Henriette Hoffmann (1913-1992). 1936 wurde er Staatssekretär und machte die Hitlerjugend zur Staatsjugend, in der alle Zehn- bis Achtzehnjährigen Mitglied werden mussten. Durch diese Pflichtmitgliedschaft wuchs die Hitlerjugend bald auf 6 Millionen Mitglieder an. 1940 war er für die Kinderlandverschickung verantwortlich, mittels derer Kinder aus den Großstädten vor dem Luftkrieg in Sicherheit gebracht werden sollten. Von 1941 bis 1945 war der erklärte Antisemit Gauleiter und Reichsstatthalter von Wien und als solcher für die Verschleppung der Wiener Juden verantwortlich. Schirach tauchte nach dem Krieg kurz unter, arbeitete für die US-Truppen als Dolmetscher, stellte sich dann jedoch. Er wurde als einer der Hauptkriegsverbrecher bei den Nürnberger Prozessen wegen Verbrechen gegen die Menschlichkeit 1946 zu zwanzig Jahren Haft verurteilt. Sein Enkel ist der Strafrechtler und SPIEGEL-Bestseller-Autor Ferdinand von Schirach (geb. 1964).

Schönthan, Doris von, (1905-1961): Die deutsche Journalistin und Fotografin, mit Klaus Mann seit den 30er-Jahren befreundet, war die Tochter des Schriftstellers Franz von Schönthan (1849-1913). Sie war nach Paris emigriert und hatte sich in den letzten Lebensjahren um Klaus Mann gekümmert. Sie war verheiratet mit dem politischen Aktivisten und Mitglied der Résistance, Bruno von Salomon (1900-1952). 1952 kehrte sie nach Deutschland zurück, vgl. M. L. Nieradka, Der Meister der leisen Töne. Biographie des Dichters Franz Hessel, Hamburg [2]2014, 86.

Schwarzenbach, Annemarie (1908-1942): Die Schriftstellerin, Archäologin, Reisejournalistin und Fotografin, von Klaus Mann `Miro´ genannt, war die Tochter eines Seidengroßfabrikanten, eines der wohlhabendsten Männer der Schweiz. Die Cousine von Gundalena von Weizsäcker-Wille (1908-2000), die 1937 den Physiker Carl-Friedrich von Weizsäcker (1912-2007), den Bruder des späteren Bundespräsidenten Richard von Weizsäcker (1920-2015) heiratete, wurde als Junge erzogen, studierte in Zürich und Paris Geschichte und schloss mit 23 Jahren ihr Studium mit Promotion ab. In den 30er-Jahren arbeitete die nach Aussagen von Zeitgenossen attraktive, extravagante und androgyne Frau in München und Berlin als Journalistin; in dieser Zeit entstand ihr Roman `Freunde um Bernhard´ (1931). Mit Erika und Klaus Mann, die sie 1930 kennen gelernt hatte, war sie eng befreundet; in Erika Mann war sie zeitweise verliebt (die Liebe blieb unerwidert – weil Erika Mann mit Therese Giehse eine Beziehung hatte –, was sich in ihrer `Lyrischen Novelle´ [1933] niederschlug) und teilte deren antifaschistische Haltung. Obwohl Annemarie Schwarzenbach lesbisch war, gab es offenbar zeitweise Heiratspläne zwischen ihr und Klaus Mann (vgl. KMT 1934-1935, 60, Eintrag v. 5.9.1934). Sie lebte ein exzessives Leben mit Drogen und Alkohol. Klaus Mann setzte dem `Schweizerkind´, wie er sie noch nannte, in zwei Romanen ein literarisches Denkmal: als `Johanna´ in `Flucht in den Norden´ (1934, vgl. F. Kroll [Hg.], Klaus-Mann-Schriftenreihe, Bd. 4/1, Wiesbaden 1992, 334) und als `Engel der Heimatlosen´ im `Vulkan´ (1939). Nachdem Annemarie Schwarzenbach bis 1933 in Berlin als freie Schriftstellerin gelebt hatte, reiste sie danach viel. Psychisch labil, unternahm sie im Januar 1935 ihren ersten Suizidversuch (vgl. KMT 1934-1935, 92, Eintrag v. 14.1.1935). Am 21.5.1935 heiratete sie den homosexuellen französischen Diplomaten Claude Clarac (1903-1999). Innerhalb von zehn Jahren führte sie ihr Weg viermal nach Persien, viermal nach Amerika, mehrmals durch Europa, 1939 per Auto von Genf nach Kabul, auch nach Israel und in den Irak (eine interaktive Karte ihrer Reisen ist online zugänglich unter https://www.nb.admin.ch/snl/de/home/ueberuns/sla/nachlaesse-archive/fokus/schwarzenbach.html (aufgerufen am 28.8.2015). Sie veröffentlichte ihr Reisetagebuch als `Winter in Vorderasien´. 1940 zog sie nach Amerika, erlitt dort nach dem Tod ihres Vaters und nach einer gescheiterten Liebesbeziehung zu der US-amerikanischen Schriftstellerin Carson McCullers (1917-1967) einen mit schweren Depressionen verbundenen Nervenzusammenbruch und wurde in eine Klinik eingeliefert, aus der sie kurzerhand floh. Nur mit einem Pullover gekleidet trampte sie bei Eiseskälte nach New York und kehrte im Februar 1941 in die Schweiz zurück. Klaus und Erika Mann sahen sie nie wieder (vgl. F. Kroll [Hg.], KMS 5, a. a. O., 269f.). 1941 bereiste sie den Kongo, aus dem sie 1942 wieder in die Schweiz zurückkehrte. Wie Klaus Mann morphiumsüchtig, versuchte sie sich immer wieder in teuren Klinikaufenthalten in der Schweiz von der Droge zu befreien. Am 15.11.1942 starb sie nach einem Fahrradunfall bei ihrem Haus in Sils im Engadin, nach einigen Wochen im Koma, an den Folgen einer schweren Kopfverletzung im Alter von 34 Jahren. Ihre Mutter Renée Schwarzenbach-Wille und deren Mutter Clara vernichteten nach dem Tod von Annemarie Schwarzenbach ihre Tagebücher und hunderte von Briefen, u. a. von Klaus und Erika Mann und Erich Maria Remarque (1898-1970). Annemarie Schwarzenbach geriet in Vergessenheit. 1987 wurden sie und ihr Werk wieder entdeckt und schlagartig ins Licht der literarischen Öffentlichkeit zurückgeholt; bald galt sie in der Literaturszene als Kultfigur. Der Nachlass Annemarie Schwarzenbachs befindet sich heute im Schweizerischen Literaturarchiv in Bern: Er wurde Mitte der achtziger Jahre von ihrer Erbin Anita Forrer (1901-1996) und ihrer Schwester, Suzanne Öhman-Schwarzenbach (1906-1999), der Schweizerischen Landesbibliothek, einer Vorläuferin des Literaturarchivs, übergeben. Zu Leben und Werk dieser Frau, die zu den tragischen Figuren der deutschsprachigen Literaturszene des Zwanzigsten Jahrhunderts gehört, sind kürzlich einige Biografien erschienen, vgl. beispielsweise Annemarie Schwarzenbach, Eine Frau zu sehen, hg. von Alexis Schwarzenbach, Zürich 2008; Dominique Laure Miermont, Annemarie Schwarzenbach. Eine beflügelte Ungeduld. Biografie (aus dem Französischen von Susanne Wittek), Zürich 2008; Alexis Schwarzenbach, Auf der Schwelle des Fremden. Das Leben der Annemarie Schwarzenbach, München 2008; Areti Georgiadou, „Das Leben zerfetzt sich mir in tausend Stücke". Annemarie Schwarzenbach. Eine Biographie, FfM 1995; Alexandra Lavizzari, Fast eine Liebe. Annemarie Schwarzenbach und Carson McCullers, Berlin 2008; Charles Linsmayer, Annemarie Schwarzenbach. Ein Kapitel tragische Schweizer Literaturgeschichte, Frauenfeld 2008. Zu ihrem 100. Geburtstag schrieb ihr Großneffe, der Zürcher Historiker Alexis Schwarzenbach, den Artikel `Dieses bittere Jungsein´, in: DIE ZEIT v. 15.5.2008, in dem er das Leben seiner illustren Großtante porträtiert. Ihr Verhältnis zu Klaus und Erika Mann kommt in dem Briefwechsel 1930-1942 zum Ausdruck, vgl. „Wir werden es schon zuwege bringen, das Leben." Annemarie Schwarzenbach an Erika und Klaus Mann. Briefe 1930-1942, hg. v. Uta Fleischmann, Pfaffenweiler 1993. Vgl. weiterführend auch Walter Fähnders/Sabine Rohlf (Hg.), Annemarie Schwarzenbach. Analysen und Erstdrucke. Mit einer Schwarzenbach-Bibliographie, Bielefeld 2005.

Sternheim, Carl (1878-1942): Geboren als ältestes von sieben Kindern des jüdischen Bankiers Jakob Sternheim in Leipzig, hatte Carl Sterheim nach seinem Abitur und evangelischer Taufe Philosophie, Literatur und Jura, später noch Psychologie und Kunst studiert und ab 1900 als freier Schriftsteller gearbeitet. Bald wurde er einer der meistgespielten Autoren des deutschen Expressionismus. Finanziell abgesichert durch das Vermögen seiner zweiten Frau, Thea Löwenstein (1873-1971), konnte er sich ganz auf die Schriftstellerei konzentrieren. 1915 erhielt er den Fontane-Preis und stiftete das Preisgeld Franz Kafka (1883-1924). Seine Werke, in denen er die spießbürgerliche Welt des Kaiserreichs mit Hohn und Spott überzieht (darunter `Die Hose´ [1911] und `Der Snob´ [1914], die ihn in Deutschland bekannt machten), setzten die Nazis 1933 auf den Index. Sternheim, der an den Folgen einer Syphiliserkrankung litt, wurde im Alter derart von Nervenzusammenbrüchen, Geruchshalluzinationen, plötzlichen Ohnmachtsanfällen und Depressionen heimgesucht, dass er sich in Sanatorien behandeln lassen musste. Er war dreimal verheiratet: mit Eugenie Hauth (1900 Heirat, 1906 Scheidung), der Schriftstellerin Thea Löwenstein (Heirat 1907, Scheidung 1927), mit der zusammen er zu den ersten Sammlern der Werke van Goghs und Renoirs in Deutschland gehört hatte, sowie mit Pamela Wedekind, die er 1925 kennen gelernt hatte (Heirat 1930, Scheidung 1934). Sternheim kam später in Klaus Manns `Wendepunkt´ schlecht weg.

Sternheim, Dorothea `Mopsa´ (1905-1954): Die bisexuell veranlagte Tochter der beiden deutschen Schriftsteller Thea Sternheim (1883-1971) und Carl Sternheim (1878-1942) besuchte die Dresdner Kunstakademie und war in den zwanziger Jahren vor ihrer Emigration nach Frankreich eine erfolgreiche Bühnenbildnerin. Als solche arbeitete sie mit den Mann-Kindern im Theater zusammen. Sie heiratete später den surrealistischen Maler Rudolph Carl von Ripper (1905-1960). Im Februar 1940 wurde sie wegen der Zugehörigkeit zur Résistance ins KZ Ravensbrück verschleppt. 1954 starb sie qualvoll an Krebs. Klaus Mann berichtet von der Begegnung mit ihr, der die Nazis alle Zähne ausgeschlagen hatten, im `Wendepunkt´, a. a. O., 568f.

Süskind, Wilhelm Emanuel (1901-1970): Seit 1920 war der Sohn eines Tierarztes und Ministerialrats mit Klaus Mann befreundet. Er studierte Geschichte und Rechtswissenschaft in München, gab sein Studium aber auf, um Schriftsteller zu werden. Ab 1928 arbeitete er als Lektor in der `Deutschen Verlagsanstalt´, daneben als Übersetzer (der Werke von Tania Blixen und Hermann Melville), Kritiker und Journalist. Er blieb im nationalsozialistischen Deutschland, machte unter den Nazis Karriere und übernahm 1933 die Schriftleitung der Zeitschrift `Die Literatur´. Im Generalgouvernement Polen unter der brutalen Herrschaft von Hans Frank (1900-1946), der später als Kriegsverbrecher hingerichtet wurde, war er von 1943 bis 1945 Feuilletonchef der `Krakauer Zeitung´. Nach 1945 fand er Arbeit bei der neu gegründeten `Süddeutschen Zeitung´ und wurde Sonderberichterstatter vom Nürnberger Kriegsverbrecherprozess, ab 1949 war er politischer Redakteur der SZ. Süskind war Vater von zwei Kindern, u. a. des Autors Patrick Süskind (geb. 1949), der mit dem populären Einakter `Der Kontrabass´ bekannt wurde und dessen Weltbestseller `Das Parfum´ 15 Millionen Mal verkauft, in 37 Sprachen übersetzt und verfilmt wurde. Patrick Süskind, ein Nachkomme des schwäbischen Reformators Johannes Brenz (1499-1570) und des Pietisten Johann Albrecht Bengel (1687-1752), lässt sich nicht fotografieren und gibt auch keine Interviews.

Suttner, Bertha von (1843-1914): Der österreichischen Schriftstellerin, die eigentlich Bertha Sophia Felicita Baronin von Suttner, geb. Gräfin Kinsky von Wchinitz und Tettau hieß, wurde wegen ihres pazifistischen Werkes 1905 als erster Frau der Friedensnobelpreis verliehen. Nachdem ihre spielsüchtige Mutter das Vermögen ihres vor ihrer Geburt verstorbenen 75jährigen Vaters verspielt hatte, nahm sie eine Stelle als Gouvernante im Hause des Freiherrn von Suttner in Wien an und verliebte sich dabei in den sieben Jahre jüngeren Arthur Gundaccar von Suttner (1850-1902). Die Heirat erfolgte 1876 gegen den Willen der Eltern, die Eheleute schlugen sich acht Jahre lang mit journalistischen Gelegenheitsarbeiten durch. Nach der Aussöhnung mit der Familie 1885 zogen sie auf das Familienschloss Harmannsdorf/Niederösterreich. Ein Jahr später lernte sie den Industriellen Alfred Nobel (1833-1896) kennen, der ihre Arbeiten, in denen sie als überzeugte Pazifistin zum Vorschein trat, unterstützte. Mit 46 Jahren veröffentlichte sie den Roman `Die Waffen nieder!´, in dem sie die Schrecken des Krieges aus Sicht einer Ehefrau beschrieb. Ihr Buch erschien in 37 Auflagen und wurde in zwölf Sprachen übersetzt. Die Autorin wurde so zu einer prominenten Repräsentantin der Friedensbewegung ihrer Zeit. Sie gründete mehrere `Friedensgesellschaften´ und übernahm politische Ämter. 1892 gründete sie die `Deutsche Friedensgesellschaft´ und war 1899 an den Vorbereitungen zur `Ersten Haager Friedenskonferenz´ in Den Haag beteiligt. Nachdem ihr Mann 1902 gestorben war, musste das verschuldete Gut des Paares versteigert werden und Bertha von Suttner nach Wien zurück ziehen. 1904 nahm sie an der `Internationalen Frauenkonferenz´ in Berlin teil und hielt erfolgreich Vorträge in den USA. Dort wurde sie von Präsident Theodore Roosevelt (1858-1919) im Weißen Haus empfangen. Bereits zu ihren Lebzeiten erschien eine zwölfbändige Gesamtausgabe ihrer Werke und schon 1913 wurde `Die Waffen nieder!´ verfilmt. Heute sind zahlreiche Plätze und Schulen sowie ein Asteroid nach ihr benannt und ihr Porträt befindet sich auf der österreichischen 2-Euro-Münze.

Thälmann, Ernst (1886-1944): Von 1925-1933 Vorsitzender der Kommunistischen Partei Deutschlands (KPD), war Ernst Thälmann in Hamburg als Sohn eines Gemischtwarenhändlers aufgewachsen. Nachdem dieser mit seiner Frau 1892 wegen Unterschlagung zu zwei Jahren Zuchthaus verurteilt worden war, wurden der junge Ernst Thälmann und seine Schwester Frieda in Pflegefamilien gegeben. Er besuchte die Volksschule (1893-1900) und arbeitete nach der Haftentlassung der Eltern als unbezahlte Aushilfe in deren Geschäft mit. Ein guter Schüler, wollte er Lehrer oder Handwerker werden, wurde aber in seinem Berufswunsch nicht von seinen Eltern unterstützt. Deshalb trennte er sich 1902 im Streit mit seinen Eltern, fand als ungelernte Kraft Arbeit im Hamburger Hafen, wohnte in einem Obdachlosenasyl und fuhr als Heizer auf einem Frachter zur See bis nach Amerika. 1903 trat er in die SPD ein. Von 1907-1915 verdiente er seinen Lebensunterhalt u. a. als Kutscher bei Hamburger Betrieben. Im Ersten Weltkrieg kämpfte er ab 1915 an der Westfront. Einen Tag vor seiner Einberufung heiratete er Rosa Koch (1890-1962), mit der er eine Tochter (Irma Gabel-Thälmann, 1919-2000) hatte. 1918 desertierte er. Er trat der Unabhängigen Sozialdemokratischen Partei Deutschlands (USPD) bei und wurde deren Vorsitzender in Hamburg. Ende November 1920 ging aus der USPD die Hamburger Kommunistische Partei (KPD) hervor, der 98 Prozent der USPD-Mitglieder beitraten. Inzwischen Mitglied im Zentralausschuss der KPD, nahm er als Delegierter am III. Kongress der Komintern in Moskau teil, wo er W. I. Lenin persönlich kennen lernte. Ab Sommer 1923 arbeitete er nicht mehr in seinem Beruf, sondern hauptamtlich als Parteifunktionär. Bereits im Oktober 1923 organisierte er den Hamburger Arbeiteraufstand. Ab Mai 1924 war er Reichstagsabgeordneter der KPD (bis 1933) und wurde ins Präsidium der Partei gewählt. 1925 wurde der Agitator und Volkstribun Vorsitzender des `Roten Frontkämpferbundes´, der sich 1914-1929 Straßenschlachten mit der SA lieferte. Thälmann kandidierte bei der Wahl zum Reichspräsidenten; bei den Reichstagswahlen 1932 war er, inzwischen auf hartem Konfrontationskurs zur SPD, gegen Hitler und Hindenburg als Kandidat der KPD angetreten, hatte aber relativ wenig Stimmen erhalten. Sein Wahlslogan damals war erschreckend vorausschauend: `Wer Hindenburg wählt, wählt Hitler, wer Hitler wählt, wählt den Krieg.´ Nach der Machtübernahme der Nazis rief Thälmann zum Generalstreik und zur Volksfront gegen die Nazis auf, mit dem Ziel, Hitler gewaltsam zu stürzen. Am 3.3.1933 wurde Thälmann − nur wenige Tage nach dem Reichstagsbrand − in der Wohnung seiner Freundin Martha Kluczynski in Berlin verhaftet und in Isolationshaft gebracht. Über seine Frau und seine Anwälte gelang es ihm, Kontakt zur Außenwelt zu halten. Die Erinnerung an ihn wurde wach gehalten; Grüße zu seinem 50. Geburtstag trafen u. a. von Heinrich Mann ein. Die `Internationalen Brigaden´ benannten das `Ernst-Thälmann-Bataillon´ nach ihm. Die Umstände seines Todes sind bis heute ungeklärt. Mehrheitlich geht man davon aus, dass Ernst Thälmann im August 1944 auf persönlichen Befehl Hitlers im KZ Buchenwald ermordet wurde. Seine Leiche gilt als verschollen, sie wurde vermutlich mit vielen anderen verbrannt. Nach dem Krieg erfuhr Ernst Thälmann zahlreiche internationale Ehrungen, vor allem in der DDR und in Berlin/Ost, aber auch in Hamburg, wo seit 2009 ein Stolperstein an ihn erinnert. Historisch ist seine Rolle umstritten, gerade auch, was das Verhältnis zur SPD angeht, deren politische Bekämpfung unter Thälmann das primäre Ziel der KPD war.

Toller, Ernst (1893-1939): Der deutsche Schriftsteller, Politiker und Revolutionär, Sohn eines wohlhabenden jüdischen Getreidegroßhändlers, ging in Bromberg zur Schule und erhielt 1914 ein Stipendium für die Universität Grenoble/Frankreich. 1914 meldete er sich freiwillig und kämpfte bei Verdun. Er wurde ausgezeichnet und zum Unteroffizier befördert. 1916 erlitt er einen psychischen und physischen Zusammenbruch, so dass er 1917 schließlich nicht mehr kriegsverwendungsfähig war. Dadurch hatte er die Möglichkeit, in München Jura und Philosophie zu studieren. In diese Zeit fiel die Bekanntschaft mit Thomas Mann, Rainer Maria Rilke und Max Weber (1864-1920). Politisch stand er in Kontakt mit den Kriegsgegnern Oskar Maria Graf (s. o.) und Erich Mühsam (s. o.). Auch war er durch den Krieg zum Pazifisten und Sozialisten geworden. 1919 war er an der Bildung der Münchner Räterepublik beteiligt. Durch Fürsprache Max Webers blieb ihm im Prozess nach der Niederschlagung der Räterepublik durch Freikorpsverbände und die Reichswehr die Todesstrafe erspart; stattdessen wurde er fünf Jahre lang ins Gefängnis gesteckt. In der Haft entstand sein `Schwalbenbuch´ (1924). Toller verfasste expressionistische Gedichte und schrieb in den Zwanziger Jahren erfolgreich Theaterstücke. `Hoppla, wir leben´ wurde beispielsweise an der Avantgarde-Theaterbühne Erwin Piscators uraufgeführt. 1933 emigrierte er in die USA, nachdem ihn die Nazis auf die erste Ausbürgerungsliste gesetzt hatten, zusammen mit Philipp Scheidemann, Willi Münzenberg (1889-1940), Wilhelm Pieck (1876-1960) und Otto Wels (1873-1939). Der Exilschriftsteller − im Exil entstand u. a. seine Autobiografie `Eine Jugend in Deutschland´ − wurde nach einer

Tagung des P.E.N.-Clubs, an der er letztmalig teilgenommen hatte, ins Weiße Haus eingeladen und Präsident Franklin D. Roosevelt vorgestellt. Am 22.5.1939 beging er Suizid durch Erhängen, was unter den deutschen Emigranten, unter ihnen auch Klaus Mann, einen Schock auslöste, denn Ernst Toller, gefeierter Star der Linken in der Weimarer Republik, war ein optimistischer, entschlossener Mann, ein Kämpfer, gewesen. Thomas Mann ließ bei der Trauerfeier für ihn in New York durch Klaus Mann ein Grußwort verlesen. Tollers Leichnam wurde eingeäschert und, da die Asche von niemandem abgeholt wurde, in einem billigen Sammelurnengrab in Hartsdale, New York, beigesetzt.

Tschaikowsky, Pjotr Iljitsch (1840-1893): Der große russische Komponist wuchs als zweiter Sohn eines Bergbauunternehmers in einer nicht besonders ausgeprägt musikalischen Familie auf. Er erhielt bereits im Alter von vier Jahren Klavierunterricht. 1854 starb seine Mutter. 1858 verlor sein Vater sein gesamtes Vermögen durch Spekulation. Tschaikowsky, der nach der Schule in St. Petersburg eigentlich eine Karriere als Jurist im Staatsdienst angestrebt hatte, begann stattdessen 1861 Musik zu studieren und trat ins Petersburger Konservatorium ein. 1866 erhielt der mittellose Musiker in Moskau eine Stelle als Dozent am Konservatorium. Zeitgleich wurde er immer depressiver und neurotischer. Besonders litt er unter seiner Homosexualität. Er reiste viel, u. a. nach Neapel und Paris, verschuldete sich und litt zunehmend an Asthma. Seit 1877 wurde er durch die Mäzenin Nadeschda von Meck (1831-1894) finanziell unterstützt; trotzdem hatte er permanent Geldsorgen. Mitte 1877 heiratete er Antonina Miljukowa – eine belastete Beziehung, die nur drei Monate dauerte, aber nie geschieden wurde. Inzwischen erhielt er von Nadeschda von Meck eine Jahresrente von 6000 Rubeln. 1884 riss ihn die Verleihung des Wladimirordens durch Zar Alexander III. (1845-1894) aus einer persönlichen Krise. Als problematisch erwies sich seine unerwiderte Liebe zu seinem Neffen Wladimir (`Bob'), den er als seinen Erben einsetzte. Gegen Ende seines Lebens erhielt er in Cambridge die Ehrendoktorwürde. Am 6.11.1893 starb er plötzlich mit 53 Jahren. Die Todesursache ist bis heute ungeklärt. Einige meinen, dass sich der Komponist freiwillig selbst mit Cholera infiziert hatte – wie auch Klaus Mann schrieb –, als er in einem Restaurant ein Glas nicht abgekochtes Wasser trank. Für andere ist die Todesursache eine Selbstvergiftung durch Arsen, nachdem seine Homosexualität öffentlich bekannt geworden war. Die Uraufführung der 6. Symphonie h-Moll (Pathétique) leitete er am 28.10.1893 selbst, bevor er wenige Tage darauf starb.

Vesper, Will (1882-1962): Er gehörte – ähnlich wie Hans Grimm (1875-1959), einer der völkischen Lieblingsschriftsteller Hitlers – zu den Blut- und Boden-Dichtern des sog. `Dritten Reiches'. Aufgewachsen in einer evangelischen Bauersfamilie, arbeitete er nach dem Geschichts- und Germanistikstudium in München zunächst als Übersetzer, nahm am Ersten Weltkrieg erst als Infanterist, später als Mitarbeiter im Generalstab teil und leitete dann zwei Jahre lang den Kulturteil der `Deutschen Allgemeinen Zeitung'. Danach gab er von 1923-1943 die NS-Literaturzeitschrift `Die schöne Literatur' heraus, arbeitete auf seinem

Gut als Landwirt und verfasste nebenher Romane. In seinen Büchern verherrlichte das NSDAP-Mitglied – für Thomas Mann schon „immer einer der ärgsten nationalistischen Narren" (Thomas Mann an Hermann Hesse, Brief v. 16.2.1936, in: Hermann Hesse/Thomas Mann, Briefwechsel, FfM 1968, 64f.) – die nationalsozialistischen Werte und den Krieg. Er wurde in die Deutsche Akademie der Dichtung berufen und war im Vorstand des Reichsverbandes Deutscher Schriftsteller. Bei der Bücherverbrennung am 10.5.1933 in Dresden hielt er die Festrede. Zusammen mit 87 weiteren Schriftstellern, darunter Gottfried Benn (s. o.) und Arnolt Bronnen (s. o.), unterschrieb Vesper im Oktober 1933 das `Gelöbnis treuester Gefolgschaft für Adolf Hitler´. Er veröffentlichte zahlreiche `Führergedichte´, hetzte gegen Juden und Exilschriftsteller und stellte sich voll in den Dienst der NS-Propaganda. Nach 1945 arbeitete er im Bertelsmann-Verlag. Er hatte weiterhin regen Kontakt zu rechtsextremistischen Kreisen, in denen sich zeitweise auch sein Sohn Bernward Vesper (1938-1971) bewegte. Dieser wurde ebenfalls Schriftsteller und Verleger und schloss sich später der 68er-Bewegung an. Bekannt wurde Bernward Vesper auch als Verlobter der RAF-Terroristin Gudrun Ensslin (1940-1977). Mit ihr hatte er einen Sohn, Felix Ensslin (geb. 1967), seit 2009 Professor für Ästhetik und Kunstvermittlung an der Kunstakademie Stuttgart. Bernward Vesper wurde 1971 in die Psychiatrie eingeliefert und brachte sich mit einer Überdosis Schlaftabletten ums Leben.

Wassermann, Jakob (1873-1934): Der Sohn eines jüdisch-österreichischen Spielwarenfabrikanten besuchte die Realschule und sollte im Anschluss daran nach dem Willen des Vaters ebenfalls Kaufmann werden. Der Sohn brach jedoch seine Lehre ab und arbeitete nach dem Militärdienst u. a. als Sekretär bei dem Romancier Ernst von Wolzogen (1855-1934), der 1901 das erste deutsche Kabarett gründete. Durch ihn machte er 1896 die Bekanntschaft des Verlegers Albert Langen (1869-1909), der ihn in die Redaktion des `Simplicissimus´ holte. Dort erschienen mehrere seiner Werke (z. B. `Melusine. Ein Liebesroman´, 1896, und `Die Juden von Zirndorf´, 1897). Von München aus, wo er Thomas Mann kennenlernte, schrieb er seit 1897 im Feuilleton der `Frankfurter Zeitung´. Er zog um nach Wien, schloss sich den Dichtern des Jung-Wien an und wechselte 1899 zum Samuel-Fischer-Verlag. 1901 heiratete er die wohlhabende Witwe Julie Speyer (1876-1963) und bekam mit ihr vier Kinder. Er veröffentlichte parallel journalistische, biografische, essayistische und erzählerische Arbeiten (z. B. `Caspar Hauser oder die Trägheit des Herzens´, 1908; `Das Gänsemännchen´, 1915). Seinen Roman `Christian Wahnschaffe´ (1919) widmete er seiner neuen Lebensgefährtin Marta Stross, geb. Karlweiss (1889-1965), die er 1915 kennengelernt und um derentwillen er seine Frau verlassen hatte und 1919 nach Altaussee gezogen war. 1926 wurde die Ehe geschieden und er konnte seine Freundin, die seine Biografin wurde, heiraten und ihren gemeinsamen Sohn legitimieren lassen. 1933 kam er einem Ausschluss aus der Preußischen Akademie der Künste zuvor; seine Werke wurden in Deutschland verbrannt. Danach wurde der bis dato viel gelesene Autor – sein Buch `Der Fall Maurizius´ hatte sich in Amerika über eine Million Mal verkauft und Wassermann Weltruhm gebracht – in Nazi-

Deutschland verboten. Ein Jahr später starb er, psychisch krank und verarmt, an einem Schlaganfall. Er gibt über sein Leben Auskunft in seiner Autobiografie Jakob Wassermann, Mein Weg als Deutscher und Jude, Berlin 1912, München [3]2005.

Wedekind, Anna Naema Pamela Kadega, 1906-1986): Die Tochter des Dramatikers Frank Wedekind (1864-1918) und seiner Frau Tilly (1886-1970) war eine deutsche Schauspielerin und Übersetzerin. Frank Wedekind, Enkel des Streichholz-Erfinders Friedrich Kammerer (1796-1857), war ein enger Freund Heinrich Manns, in dessen Haus Klaus Mann Pamela Wedekind kennenlernte. Von 1924-1928 war die junge Frau mit Klaus Mann verlobt und von 1930 bis zu ihrer Scheidung 1934 mit dem älteren Dramatiker Carl Sternheim (s. o.) verheiratet. Im Unterschied zu ihrer jüngeren Schwester Kadidja Wedekind (1911-1994) emigrierte sie wie ihre Mutter nicht in die USA, sondern blieb im `Dritten Reich`. Sie arrangierte sich mit den Nazis, um Karriere zu machen. Auf Vermittlung von Görings Frau, Emmy Sonnemann-Göring, erhielt sie ein festes Engagement im Ensemble des Preußischen Staatstheaters Berlin mit 500 Mark Monatsgage. 1941 heiratete Pamela Wedekind den Schauspieler Charles Regnier (1914-2001, eigentlich Karl Friedrich Anton Hermann `Charles` Regnier), der wegen Homosexualität im KZ Lichtenburg inhaftiert gewesen war und danach mit seinem Freund, dem norwegischen Tänzer, Pianisten und Übersetzer Kai Molvig (eigentlich Johannes Jakubus Molvig,1911-1996) zusammenlebte (ab 1942 zu dritt in einer gemeinsamen Wohnung in Schwabing). Von Charles Regnier, mit dem Pamela Wedekind in dritter Ehe bis zu ihrem Tod verheiratet war, bekam sie zwei Töchter und einen Sohn, u. a. den Konzertgitarristen und Autor Anatol Regnier (geb. 1945). Pamela Regnier erkrankte an Parkinson und starb 1986 (nicht 1937, wie fälschlicherweise bei A. Strohmeyr, Klaus Mann, a. a. O., 29, steht). Charles Regnier heiratete nach ihrem Tod die Schauspielerin, Tänzerin und Sängerin Sonja Ziemann (1926-2020), für die es die dritte Ehe war.

Zweig, Stefan (1881-1942): Der österreichische Schriftsteller, Sohn eines jüdischen Industriellen, wuchs in behüteten Verhältnissen auf und schloss das Gymnasium mit der Matura ab. Schon als Schüler veröffentlichte er Gedichte, später Novellen, Erzählungen und Essays. Er studierte Philosophie, Germanistik und Romanistik und arbeitete als Übersetzer und Journalist. 1904 wurde er zum Doktor der Philosophie promoviert. Er reiste viel (1910 nach Indien, 1912 nach Amerika, 1928 in die Sowjetunion, 1934 nach Südamerika). Im Ersten Weltkrieg meldete er sich freiwillig, wurde jedoch ausgemustert. Als humanistisch gesinnter Pazifist arbeitete er in Zürich als Korrespondent. Später kehrte er nach Österreich zurück und ließ sich in Salzburg nieder. Er heiratete 1920 die geschiedene Friderike von Winternitz (1882-1971). Stefan Zweig pflegte freundschaftliche Kontakte zu Maxim Gorki (1868-1936), Albert Einstein und anderen Intellektuellen seiner Zeit. Er engagierte sich gegen Nationalismus und favorisierte ein geistig geeintes, freies Europa. 1934 emigrierte er nach England. Zweigs Werke wurden 1933 in Deutschland öffentlich verbrannt und 1936 verboten. Seine erste Ehe wurde zwei

Jahre später geschieden. 1939 heiratete er die 28 Jahre jüngere Charlotte Altmann und nahm die britische Staatsbürgerschaft an. Über London, New York, Argentinien und Paraguay floh er 1940 nach Brasilien. Seine zum Teil verfilmten Bücher `Sternstunden der Menschheit´ (1927), `Brennendes Geheimnis´ (1911) oder `Schachnovelle´ (1942) verkauften sich schon zu Lebzeiten Zweigs sehr gut. 1942 beging Stefan Zweig, dessen Werk von Tragik, Melancholie und Resignation gekennzeichnet ist, gemeinsam mit seiner Frau Suizid. Heute befindet sich in Zweigs letztem Wohnhaus in Petrópolis bei Rio de Janeiro die `Casa Stefan Zweig´, ein Museum, das seinem Werk und der Emigration nach Brasilien gewidmet ist.

Literaturverzeichnis

Ich habe mich um eine sinnvolle Anwendung der neuen Rechtschreibung bemüht. Es wurden – mit wenigen signifikanten Ausnahmen – zugunsten der Einheitlichkeit des Textes auch zitierte Quellen und Dokumente modernisiert. Zitate als solche wurden kenntlich gemacht. Die im Anmerkungsapparat zitierten Zeitungsartikel wurden nicht ins Literaturverzeichnis aufgenommen.

1. Publikationen von Klaus Mann

Mann, Klaus, Abenteuer. Novellen, Leipzig 1929.

___, Abenteuer eines Brautpaars. Die Erzählungen, hg. v. Martin Gregor-Dellin, München 1976.

___, Afrikanische Romanze, in: ders., Speed. Die Erzählungen aus dem Exil, hg. v. Uwe Naumann, Reinbek 1990, ⁴2003, 199-216.

___, Alexander. Roman der Utopie, Berlin 1929.

___, Alexander. Roman der Utopie. Mit einem Vorwort von Jean Cocteau, Reinbek 1983.

___, Alexander. Roman der Utopie, erweiterte Neuausgabe, Reinbek 2006.

___, `Als ich heiraten wollte´, in: Klaus Mann, Die neuen Eltern. Aufsätze, Reden, Kritiken 1924-1933, hg. v. Uwe Naumann und Michael Töteberg, Reinbek 1992, 126-128.

___, Anja und Esther. Ein romantisches Stück in sieben Bildern, Berlin 1925.

___, Anja und Esther, Leipzig 2003.

___, André Gide. Die Geschichte eines Europäers, Zürich 1948.

___, André Gide and the Crisis of Modern Thought, New York 1943.

___, André Gide und die Krise des modernen Denkens, Reinbek 1984.

___, André Gide und die Krise des modernen Denkens, Neuausgabe, Reinbek 1995.

___, Auf der Suche nach einem Weg. Aufsätze, Berlin 1931.

___, Auf verlorenem Posten. Aufsätze, Reden, Kritiken 1942-1949, hg. v. Uwe Naumann und Michael Töteberg, Reinbek 1994.

___, Athen. Fünf Bilder (geschrieben unter dem Pseudonym Vincenz Hofer), Berlin 1932.

___, Briefe, hg. v. Friedrich Albrecht, Berlin-Weimar 1988.

___, Briefe und Antworten. Band I: 1922-1937; Band II: 1937-1949, hg. v. Martin Gregor-Dellin, München 1975.

Klaus Mann, Briefe und Antworten, 1922-1949, hg. v. Martin Gregor-Dellin, mit einem Nachwort von Golo Mann, München 1987.

___, Briefe und Antworten 1922-1949, hg. und mit einem Vorwort von Martin Gregor-Dellin, Reinbek 1991.

___, Das zwölfhundertste Hotelzimmer. Ein Lesebuch, ausgewählt von Barbara Hoffmeister, Reinbek 2006.

___, Das Wunder von Madrid. Aufsätze, Reden, Kritiken 1936 – 1938, hg. von Uwe Naumann und Michael Töteberg, Reinbek 1993.

___, Der Bauchredner. Erzählungen (Reclams Universalbibliothek, Bd. 844), Leipzig 1980.

___, Der fromme Tanz. Das Abenteuerbuch einer Jugend, Hamburg 1926.

___, Der fromme Tanz. Das Abenteuerbuch einer Jugend, Reinbek 1986, erweiterte Neuausgabe, Reinbek 2004.

___, Der siebente Engel. Drei Akte, Zürich 1946.

___, Der siebente Engel. Die Theaterstücke, hg. von Uwe Naumann und Michael Töteberg, Reinbek 1989.

___, Der Vater lacht, in: ders., Der Vater lacht. Erzählungen, Reinbek 1996, 15-63.

___, Der Vater lacht. Erzählungen, Reinbek 1996.

___, Der Vulkan. Roman unter Emigranten, Amsterdam 1939.

___, Der Vulkan. Roman unter Emigranten. Mit einem Nachwort von Martin Gregor-Dellin, Reinbek 1981.

___, Der Vulkan. Roman unter Emigranten, überarbeitete und erweiterte Neuausgabe, Reinbek 1999, 2002, ^{3}2004, ^{4}2006.

___, Der Wendepunkt. Ein Lebensbericht, FfM 1952.

___, Der Wendepunkt. Ein Lebensbericht (Sonderausgabe zum 75. Geburtstag von Klaus Mann, mit einem Nachwort von Frido Mann), München 1981.

___, Der Wendepunkt. Ein Lebensbericht. Mit einem Nachwort von Frido Mann, Reinbek 1984,1993, ^{17}2001, ^{19}2007.

___, Der Wendepunkt. Ein Lebensbericht. Erweiterte Neuausgabe, mit Textvariationen und Entwürfen im Anhang herausgegeben und mit einem Nachwort von Fredric Kroll, Reinbek 2006.

___, Die Heimsuchung des europäischen Geistes, in: Klaus Mann, Heute und Morgen. Schriften der Zeit, hg. v. Martin Gregor-Dellin, München 1969, 317-338.

___, Die Heimsuchung des europäischen Geistes, Essay 1948 (Neuausgabe), Berlin 1993.

___, Die neuen Eltern. Aufsätze, Reden, Kritiken 1924-1933, hg. v. Uwe Naumann und Michael Töteberg, Reinbek 1992.

___, Distinguished Visitors. Der amerikanische Traum, hg. v. Heribert Hoven, München 1992.

___, Distinguished Visitors. Der amerikanische Traum, Reinbek 1996.

___, Fluch und Segen. Fragment einer Kantate aus dem Nachlaß, hg. v. Uwe Naumann, Schriesheim 1997.

___, Flucht in den Norden. Roman, Amsterdam 1934.

___, Flucht in den Norden. Roman. Mit einem Nachwort von Martin Gregor-Dellin, Reinbek 1981, erw. Neuausgabe Reinbek 2003

___, Gedichte und Chansons, hg. von Uwe Naumann und Fredric Kroll, Schriesheim 1999.

___, Gegenüber von China. Komödie in sechs Bildern, Berlin 1929.

___, Geschwister. Vier Akte nach Motiven aus dem Roman `Les enfants terrible´ von Jean Cocteau, Berlin 1930.

___, Heute und Morgen. Zur Situation des jungen geistigen Europas, Hamburg 1927.

___, Heute und morgen. Schriften zur Zeit, hg. v. Martin Gregor-Dellin, München 1968.

___, Kindernovelle, Erzählung, Hamburg 1926.

___, Kindernovelle, in: Klaus Mann, Der Bauchredner (Reclam Universal Bibliothek; 844), Leipzig 1980, 28-75.

___, Kind dieser Zeit. Autobiographie, Berlin 1932.

___, Kind dieser Zeit. Mit einem Nachwort von William L. Shirer, München 1965.

___, Kind dieser Zeit. Autobiographie (Erweiterte Neuausgabe), Reinbek 2000, 2. Auflage 2005.

___, Letztes Gespräch. Erzählungen, hg. v. Friedrich Albrecht, Berlin-Weimar 1986.

___, Maskenscherz. Die frühen Erzählungen, hg. v. Uwe Naumann, Reinbek 1990, ^{3}2007.

___, Mephisto. Roman einer Karriere, Amsterdam 1936.

___, Mephisto. Roman einer Karriere. Neuausgabe. Mit einem Vorwort von Berthold Spangenberg, Reinbek 1980, ^{2}1981.

___, Mephisto. Roman einer Karriere, überarbeitete Neuausgabe, Reinbek 2000, 2002, ^{13}2007.

___, Mit dem Blick nach Deutschland. Der Schriftsteller und das politische Engagement, hg. v. Martin Gregor-Dellin, München 1985.

___, Nach dem Sturze Hitlers (1939), in: ders., Zweimal Deutschland. Aufsätze, Reden, Kritiken 1938-1942, hg. v. Uwe Naumann und Michael Töteberg, Reinbek 1994, 88-91.

___, Pathetic Symphony. A Novel about Tchaikovsky, New York 1948.

___, Prüfungen. Schriften zur Literatur, hg. v. Martin Gregor-Dellin, München 1968.

___, Revue zu Vieren. Komödie in drei Akten, Berlin 1926.

___, Speed. Die Erzählungen aus dem Exil, hg. von Uwe Naumann, Reinbek 1990.

___, Symphonie Pathétique. Ein Tschaikowsky-Roman, Amsterdam 1935.

___, Symphonie Pathétique. Ein Tschaikowsky-Roman. Mit einem Nachwort von Martin Gregor-Dellin, Reinbek 1981, erw. Neuausgabe, Reinbek 1999.

___, Tagebücher 1931–1949 (Auszüge), 6 Bände, hg. v. Joachim Heimannsberg, Peter Laemmle, Wilfried F. Schoeller. Neubearbeitung des Anhangs unter Mitarbeit von Fredric Kroll und Roger Perret, Reinbek 1995.

___, Tagebücher (in Auswahl), hg. von Joachim Heimannsberg, Peter Laemmle und Wilfried F. Schoeller, 6 Bände, München 1989, ^{2}1989-1991.

___, The Turning Point. Thirty-five Years in this Century, New York 1942.

___, The Turning Point. With a new introduction by Shelley L. Frisch, New York 1984.

___, Treffpunkt im Unendlichen. Roman, Berlin 1932.

___, Treffpunkt im Unendlichen, Reinbek 1987.

___,Treffpunkt im Unendlichen. Roman, erw. Neuausgabe mit einem Nachwort von Fredric Kroll, Reinbek 1998.

___, The Last Day, 1949 (unveröffentlichtes Fragment).

___, Vergittertes Fenster. Novelle um den Tod des Königs Ludwig II. von Bayern, Amsterdam 1937.

___, Vor dem Leben, Erzählungen, Hamburg 1925.

___, Wohin wir kommen und wohin wir müssen. Frühe und nachgelassene Schriften, hg. v. Martin Gregor-Dellin, München 1981.

___, Zahnärzte und Künstler. Aufsätze, Reden, Kritiken 1933–1936, hg. von Uwe Naumann und Michael Töteberg, Reinbek 1993.

___, Zweimal Deutschland. Aufsätze, Reden, Kritiken 1938–1942, hg. v. Uwe Naumann und Michael Töteberg, Reinbek 1994.

Klaus Mann (Hg.), Die Sammlung. Literarische Monatsschrift. Unter dem Patronat von André Gide, Aldous Huxley, Heinrich Mann herausgegeben von Klaus Mann, Amsterdam September 1933–August 1935 (Neuausgabe), München 1986.

Klaus Mann (ed.), Decision. A Review of Free Culture, New York Januar 1941-Februar 1942.

Klaus Mann/Hermann Kesten (ed.), Heart of Europe. An Anthology of Creative Writing in Europe 1920–1940, New York 1943.

Klaus Mann/Willi R. Fehse (Hg.), Anthologie jüngster Lyrik. Geleitwort von Stefan Zweig, Hamburg 1927.

___, Anthologie jüngster Lyrik. Neue Folge. Geleitwort von Rudolf G. Binding, Hamburg 1929.

Klaus Mann/Erich Ebermayer/Hans Rosenkranz (Hg.), Anthologie jüngster Prosa, Berlin 1928.

2. Publikationen von Erika Mann

Mann, Erika, A Gang of Ten, New York 1942.

___, Ausgerechnet Ich. Ein Lesebuch, ausgewählt von Barbara Hoffmeister, Reinbek 2005.

___, Blitze überm Ozean, Aufsätze, Reden, Reportagen, hg. v. Irmela von der Lühe und Uwe Naumann, Reinbek 2000.

___, Briefe und Antworten, hg. v. Anna Zanco-Prestel, 2 Bde (1922-1950 und 1951-1969), München 1984-1985.

___, Briefe und Antworten, hg. v. Anna Zanco-Prestel (Neuausgabe), Reinbek 1998.

___, Christoph fliegt nach Amerika. Eine abenteuerliche Luftreise, München 1953.

___, Das letzte Jahr. Bericht über meinen Vater, FfM 1956.

___, Das letzte Jahr. Bericht über meinen Vater (Neuausgabe), Frankfurt/Main 2005.

___, Die Zugvögel. Sängerknaben auf abenteuerlicher Fahrt, Bern 1959.

___, Don't Make the Same Mistakes, in: Stephen Vincent Benet u. a., Zero Hour. A Summons to the Free, New York 1940, 13-76.

___, Jan's Wunderhündchen. Ein Kinderstück in sieben Bildern von Erika Mann und Richard Hallgarten, Berlin 1932.

___, Jan's Wunderhündchen. Ein Kinderstück in sieben Bildern (zusammen mit Richard Hallgarten). Mit einer Erklärung von Erika Mann, hg. und mit einem Nachwort von Dirk Heißerer (Thomas-Mann-Schriftenreihe, Fundstücke 1), München 2005.

___, Klaus Mann zum Gedächtnis. Mit einem Vorwort von Thomas Mann, Amsterdam 1950.

___, Klaus Mann zum Gedächtnis. Neuausgabe mit einem Nachwort von Fredric Kroll, Hamburg 2003.

___, Mein Vater, der Zauberer, hg. v. Irmela von der Lühe und Uwe Naumann, Reinbek 1996, 1998, ²2005.

___, Mein Vater, der Zauberer, hg. von Irmela von der Lühe und Uwe Naumann. Einmalige Sonderausgabe, Reinbek 1999.

___, `Mein Vaterland, der Pullman-Wagen´ und `Aus dem Leben einer Vortragsreisenden´, in: dies., Blitze überm Ozean, Aufsätze, Reden, Reportagen, hg. v. Irmela von der Lühe und Uwe Naumann, Reinbek 2000, 261-276.

___, Muck, der Zauberonkel, Basel 1934.

___, Plagiat. Komödie in fünf Bildern, Berlin 1931; Neudruck Reinbek 1997.

___, School for Barbarians. Education under the Nazis. Introduction by Thomas Mann, New York 1938.

___, Stoffel fliegt übers Meer. Bilder und Ausstattung von Richard Hallgarten, Stuttgart 1932.

___, Stoffel fliegt übers Meer. Bilder und Ausstattung von Richard Hallgarten, München 1999.

___, Stoffel fliegt übers Meer. Mit Bildern von Richard Hallgarten, Nachwort von Dirk Heißerer, Reinbek 1999, 2005.

___, The Lights Go Down, New York 1940.

___, Unser Zauberonkel Muck, München 1952.

___, Wenn die Lichter ausgehen. Geschichten aus dem Dritten Reich [The Lights Go Down; 1940; engl.], Übersetzung von Ernst-Georg Richter. Mit einem Nachwort von Irmela von der Lühe, Reinbek 2005, ²2005.

___, Zehn jagen Mr. X. Aus dem Englischen von Elga Abramowitz. Mit einem Nachwort von Golo Mann, Berlin 1990.

___, Zehn Millionen Kinder. Die Erziehung der Jugend im Dritten Reich. Mit einem Geleitwort von Thomas Mann, Amsterdam 1938.

___, Zehn Millionen Kinder. Die Erziehung der Jugend im Dritten Reich. Mit einem Geleitwort von Thomas Mann und einem Nachwort von Irmela von der Lühe, Reinbek 1997.

___, Zugvögel-Reihe: Wenn ich ein Zugvogel wär. Till will singen und fliegt aus dem Nest (Bd. 1); Till bei den Zugvögeln. Auf der Lachburg singt und klingt es (Bd. 2); Die Zugvögel auf Europa-Fahrt ... und Till ist dabei (Bd. 3); Die Zugvögel singen in Paris und Rom (Bd. 4), München 1953-1956.

Erika Mann (Hg.), Thomas Mann. Briefe I-III (1889-1955): Briefe I: 1889-1936/Briefe II: 1937-1947/Briefe III: 1948-1955 und Nachlese, FfM 1961/1963/1965.

3. Von Erika und Klaus Mann gemeinsam verfasste Publikationen

Mann, Erika/Mann, Klaus, Das Buch von der Riviera. Was nicht im `Baedeker´ steht, München 1931, Leipzig 1997.

___, Das Buch von der Riviera. Was nicht im Baedeker steht (mit Originalzeichnungen von Walther Becker, Rudolf Großmann, Henri Matisse u. a., fotomechanischer Nachdruck der Ausgabe von 1931), Reinbek 2002.

___, Das Buch von der Riviera. Neuausgabe, Reinbek 2004.

___, Escape to Life, Boston 1939.

___, Escape to Life. Deutsche Kultur im Exil, hg. v. Heribert Hoven, München 1991.

___, Escape to Life. Deutsche Literatur im Exil. Essays, Neuausgabe, Reinbek 1996, ²2001.

___, Reportagen aus dem Spanischen Bürgerkrieg, in: Sinn und Form, Januar/Februar 1987, 23-40.

___, Rundherum. Das Abenteuer einer Weltreise, Berlin 1929.

___, Rundherum. Abenteuer einer Weltreise. Mit Originalfotos. Nachwort von Uwe Naumann, erweiterte Neuausgabe, Reinbek 1996.

___, The Other Germany, New York 1940.

___, Zurück von Spanien, in: Das Wort, Heft 10, 1938, 39-43.

4. Publikationen weiterer Mitglieder der Familie Mann (in Auswahl)

Mann Borgese, Elisabeth, Aufstieg der Frau. Abstieg des Mannes?, München 1965.

___, Das Drama der Meere, FfM 1977.

___, Der unsterbliche Fisch. Erzählungen (Neuauflage), hg. von Thomas B. Schumann, Hürth bei Köln 1998.

___, Die Zukunft der Weltmeere. Ein Bericht an den Club of Rome, mit einem Vorwort von Alexander King, Wien 1985.

___, Goliath – Der Marsch des Fascismus, in: Uwe Naumann (Hg.), Verführung zum Lesen. Zweiundfünfzig Prominente über Bücher, die ihr Leben prägten, Reinbek 2003, 153-156.

___, Meine Zeit, in: Neue Rundschau, Jg. 111, 1/2000, 109-128.

___, Mit den Meeren leben. Über den Umgang mit den Ozeanen als globaler Ressource. Ein Bericht an den Club of Rome, Hamburg-Köln 1999.

___, Wie Gottlieb Hauptmann die Todesstrafe abschaffte. Erzählungen, hg. v. Thomas B. Schumann, Hürth bei Köln 2001.

___, „Wie man mit den Menschen spricht...", hg. von Peter K. Wehrli, Zürich-Bern-München-Wien 1971.

___, Zwei Stunden. Geschichten am Rande der Zeit, Hamburg 1965

Mann, Frido, Achterbahn. Ein Lebensweg, Reinbek 2008.

___, Brasa, München 1999.

___, Das Versagen der Religion. Betrachtungen eines Gläubigen, München 2013.

___, Der Wendepunkt gestern und heute, in: Klaus Mann, Der Wendepunkt, München 1981, 585-601.

___, Nachthorn, München 2002.

___, Geleitwort, in: Naumann, Uwe (Hg.), Die Kinder der Manns. Ein Familienalbum, in Zusammenarbeit mit Astrid Roffmann, Hamburg 2005, ²2006, 9-11.

___, Professor Parsifal. Autobiographischer Roman, München 1985.

___, Terezín oder Der Führer schenkt den Juden eine Stadt, Münster 1994.

Mann, Golo, Briefe 1932-1992, hg. v. Tilmann Lahme und Kathrin Lüssi, Göttingen 2007.

___, Deutsche Geschichte des 19. und 20. Jahrhunderts, FfM 1958, 1992.

___, Erinnerungen und Gedanken. Eine Jugend in Deutschland, FfM 1986, 1997, ^{9}2002.

___, Erinnerungen an meinen Bruder Klaus, in: Klaus Mann, Briefe und Antworten 1922-1949, hg. und mit einem Vorwort von Martin Gregor-Dellin, Reinbek 1991, 629-661.

___, Erinnerungen an meinen Vater, in: Thomas Mann 1975-1965, Bonn 1965, 5-21.

___, Erinnerungen und Gedanken. Lehrjahre in Frankreich, FfM 1999, 2001.

___, Geschichte und Geschichten, FfM 1961.

___, „Man muss über sich selbst schreiben". Erzählungen. Familienporträts. Essays, hg. v. Tilmann Lahme, FfM 2009.

___, Nachtphantasien. Erzählte Geschichte, FfM 1982.

___, Vom Geist Amerikas. Eine Einführung in amerikanisches Denken und Handeln im zwanzigsten Jahrhundert, Stuttgart 1954.

___, Wallenstein. Sein Leben erzählt von Golo Mann, FfM 1971, 1997.

___, Wir alle sind, was wir gelesen. Aufsätze und Reden zur Literatur, FfM 1989.

___, Zeiten und Figuren. Schriften aus vier Jahrzehnten, FfM 1979.

Mann, Golo/Reich-Ranicki, Marcel, Ein Briefwechsel, Aufsätze und Portraits, hg. v. Volker Hage, FfM 2000.

Mann, Heinrich, Blick hinter die Liste 2/Wir wählen (1932), in: Heinrich Mann, Das öffentliche Leben, Berlin-Wien-Leipzig 1932.

___, Das Kind. Geschichten aus der Familie, hg. v. Kerstin Schneider, FfM 2001.

___, Der Untertan, FfM 2008.

___, Die ersten zwanzig Jahre. Fünfunddreißig Zeichnungen, Berlin-Weimar 1984.

___, Ein Zeitalter wird besichtigt, Düsseldorf 1974.

___, Ein Zeitalter wird besichtigt. Erinnerungen. Mit einem Nachwort von Klaus Schröter und einem Materialienanhang, zusammengestellt von Peter-Paul Schneider, FfM 1988.

___, Gesammelte Werke, 24 Bde., hg. v. der Deutschen Akademie der Künste, kommentiert von Sigrid Anger u. a., Berlin-Weimar 1965-1985.

___, Gesammelte Werke in Einzelbänden, hg. v. Peter-Paul Schneider, FfM 1994ff.

___, Liebschaften und Greuelmärchen. Die unbekannten Zeichnungen von Heinrich Mann, hg. v. Volker Skierka, Göttingen 2001.

___, Studienausgabe in Einzelbänden, hg. v. Peter-Paul Schneider, FfM 1986ff.

Mann, Jindrich, Prag, poste restante. Eine unbekannte Geschichte der Familie Mann, Reinbek 2007.

Mann, Julia, Ich spreche so gern mit meinen Kindern. Erinnerungen, Skizzen, Briefwechsel mit Heinrich Mann, hg. v. Rosemarie Eggert, Berlin-Weimar 1991, 1999, 2008.

455

Mann, Katia, Briefe an Heinrich Mann, in: Thomas Mann Jahrbuch 1, 1988, 167-230.

___, Liebes Rehherz. Briefe an Thomas Mann 1920-1950, hg. und mit einem Kommentar versehen von Inge Jens, München 2008.

___, Meine ungeschriebenen Memoiren, hg. v. Elisabeth Plessen und Michael Mann, FfM 1976, 2000.

Mann, Michael, Fragmente eines Lebens. Lebensbericht und Auswahl seiner Schriften, hg. v. Fredric C. und Sally P. Tubach, München 1983.

___, Heinrich Heines Musikkritiken (Heine-Studien, hg. von Manfred Windfuhr; 1), Hamburg 1971.

___, `Sturm und Drang-Drama´. Studien und Vorstudien zu Schillers `Räuber´, Bern 1974.

___, Verwechslungen, in: Merkur. Deutsche Zeitschrift für europäisches Denken, 27. Jg., H. 9/1973, 846-853.

Mann, Michael (Hg.), Das Thomas Mann-Buch. Eine innere Biographie in Selbstzeugnissen, FfM 1965.

___, Zeitungsberichte über Musik und Malerei. Heinrich Heine, FfM 1964

___, Thomas Mann. Essays, Band 1: Ausgewählte Schriften zur Literatur. Begegnungen mit Dichtern und Dichtung (in Zusammenarbeit mit Hunter Hannum), FfM 1977.

Mann, Monika, Autobiographisches, in: Neue Deutsche Hefte 166, 2/1980, 275-277.

___, Das fahrende Haus. Aus dem Leben einer Weltbürgerin, hg. v. Karin Andert, Reinbek 2007.

___, Der letzte Häftling. Eine wahre Legende in onore eines (letzten) Komponisten, München 1967.

___, Der Start. Ein Tagebuch, Fürstenfeldbruck 1960.

___, Mein Bruder Klaus, in: Neue Deutsche Hefte 143, 3/1974, 520f.

___, New Yorker Tagebuch. Englische Originalfassung, Deutsch von Heiko Arntz, hg. v. Karin Andert, in: Karin Andert, Monika Mann. Eine Biografie, Hamburg 2010, 225-326.

___, Past & Present, New York 1960.

___, Recuerdos de ayer y de hoy, Barcelona 1968.

___, Tupfen im All, Köln 1963.

___, Vergangenes und Gegenwärtiges. Erinnerungen, München 1956.

___, Vergangenes und Gegenwärtiges. Erinnerungen. Ergänzte Ausgabe (Nachwort von Inge Jens), Reinbek 2001.

___, Versuch über Erika Mann, in: Neue Deutsche Hefte 184, 4/1984, 830.

___, Wunder der Kindheit. Bilder und Impressionen, Köln 1966.

Mann, Thomas, An die gesittete Welt. Politische Schriften und Reden im Exil, hg. v. Peter de Mendelssohn, FfM 1986.

___, An Ernst Bertram. Briefe aus den Jahren 1910-1955, hg. v. Inge Jens, Pfullingen 1960.

___, Ausgewählte Erzählungen, Berlin-Ost 1954.

___, Betrachtungen eines Unpolitischen, Berlin 1918.

___, Betrachtungen eines Unpolitischen. Mit einer Einleitung von Erika Mann, FfM 1956.

___, Betrachtungen eines Unpolitischen. Text und Kommentar, hrsg. und textkritisch durchgesehen von Hermann Kurzke, FfM 2009.

___, Briefe 1889 – 1955, I-III, hg. von Erika Mann, 3 Bde (Bd. I: Briefe I [1889-1936], FfM 1961; Bd. II: Briefe II [1937-1947], FfM 1963; Bd. III: Briefe III [1948-1955]) und Nachlese, FfM 1961-1965, 2004.

___, Briefe I: 1889-1913, ausgewählt und herausgegeben von Thomas Sprecher, Hans R. Vaget und Cornelia Bernini (= Thomas Mann, Große kommentierte Frankfurter Ausgabe [GKFA] Bd. 21), FfM 2002.

___, Briefe II: 1914-1923, ausgewählt und herausgegeben von Thomas Sprecher, Hans R. Vaget und Cornelia Bernini (= Thomas Mann, Große kommentierte Frankfurter Ausgabe [GKFA] Bd. 22), FfM 2004.

___, Briefwechsel mit Autoren, hg. v. Hans Wysling, FfM 1988.

___, Briefwechsel mit seinem Verleger Gottfried Bermann Fischer, hg. v. Peter de Mendelssohn, FfM 1973.

___, Buddenbrooks. Verfall einer Familie, 2 Bde, Berlin 1901.

___, Buddenbrooks. Frankfurter Ausgabe, hg. und kommentiert von Peter de Mendelssohn, FfM 1981.

___, Buddenbrooks. Große kommentierte Frankfurter Ausgabe, Band 1/1–2, FfM 2002.

___, Deutsche Hörer. Radiosendungen nach Deutschland aus den Jahren 1940-1945, FfM 2004.

___, Die Bekenntnisse des Hochstaplers Felix Krull, FfM 2005.

___, Die Briefe Thomas Manns. Regesten und Register, 5 Bde., hg. v. Hans Bürgin und Hans-Otto Mayer (Bd. 1: Die Briefe von 1889-1933, FfM 1976; Bd. 2: Die Briefe von 1934-1943, FfM 1980; Bd. 3: Die Briefe von 1944-1950, FfM 1952; Bd. 4: Die Briefe von 1951-1955 und Nachträge, FfM 1984; Bd. 5: Empfängerverzeichnis, Gesamtregister, FfM 1987), FfM 1976-1987.

___, Doktor Faustus, FfM 2007.

___, Erzählungen. Fiorenza. Dichtungen, in: ders., GW in dreizehn Bänden, Bd. VIII, FfM 1974.

___, Frage und Antwort. Interviews mit Thomas Mann 1909-1955, hg. v. Volkmar Hansen und Gert Heine, Hamburg 1983.

___, Frühe Erzählungen 1893-1912, FfM 2004.

___, Gesammelte Werke in dreizehn Bänden, 2. durchgesehene Auflage, FfM 1960-1974 (Taschenbuchausgabe, FfM 1990).

___, Große kommentierte Frankfurter Ausgabe (GKFA): Werke – Briefe – Tagebücher, hg. v. Heinrich Detering, Eckhard Heftrich et al., in Zusammenarbeit mit dem Thomas-Mann-Archiv der ETH Zürich, 38 Bde., FfM 2001ff.

___, Herr und Hund, in: ders., Ausgewählte Erzählungen, Berlin-Ost 1954, 180-273.

___, Joseph und seine Brüder, FfM 2007.

___, Königliche Hoheit, in: ders., GW in dreizehn Bänden, Bd. II, FfM 1974, 7-363.

___, Lotte in Weimar. Roman, hg. v. Peter de Mendelssohn, FfM 1982.

___, Nachträge, in: ders., GW in dreizehn Bänden, Bd. XIII, FfM 1974.

___, Notizbücher, hg. v. Hans Wysling, FfM 1991.

___, Reden und Aufsätze, Bde. 1- 4, in: ders., GW in dreizehn Bänden, Bd IX-XII, FfM 1974.

___, Späte Erzählungen, hg. v. Peter de Mendelssohn, FfM 1981.

___, Selbstkommentare: Buddenbrooks, FfM 1989.

___, Stockholmer Gesamtausgabe der Werke von Thomas Mann, 20 Bde., Stockholm 1939-1948, Amsterdam 1948, Wien 1949, Berlin-FfM 1950ff.

___, Tagebücher in zehn Bänden, hg. von Peter de Mendelssohn und Inge Jens, FfM 1979-1982, 1986, 1989, 1991, 1993, 2001, 2003.

___, Ton- und Filmaufnahmen. Ein Verzeichnis, zusammengestellt von Ernst Loewy, hg. v. Deutschen Rundfunkarchiv, FfM 1974.

___, Über die Ehe, in: ders., Gesammelte Werke in dreizehn Bänden, Bd. X, FfM 1974, 191-207.

___, Über mich selbst. Autobiographische Schriften, hg. v. Peter de Mendelssohn, FfM 1986, 1994.

___, Unordnung und frühes Leid. Erzählungen 1919-1930, FfM ⁹2005.

___, Vorwort zu Erika Mann (Hg.), Klaus Mann zum Gedächtnis, Hamburg 2003, 7-11.

Mann, Thomas/Adorno, Theodor W., Briefwechsel 1943-1955, hg. von Christoph Gödde und Thomas Sprecher, FfM 2002.

Mann, Thomas/Hesse, Hermann, Briefwechsel, FfM 1968.

Mann, Thomas/Mann, Heinrich, Briefwechsel 1900-1949, hg. v. Hans Wysling, FfM 1975, erw. Neuausgabe FfM 1984, 1994, 1995.

Mann, Thomas/Meyer, Agnes E., Briefwechsel 1937-1955, hg. v. Hans Rudolf Vaget, FfM 1992.

Mann, Viktor, Wir waren fünf. Bildnis der Familie Mann, Konstanz 1949.

___, Wir waren fünf, Neuauflage Frankfurt 1976, 2001.

4. Weitere Literatur

Abel, Angelika, Thomas Mann im Exil. Zum zeitgeschichtlichen Hintergrund der Emigration, München 2003.

Ackermann, Karin, Talent zum Dialog. Klaus Mann und sein journalistisches Werk, München 1997.

Adorno, Theodor W., Erziehung zur Mündigkeit, hg. v. Gerd Kadelbach, FfM 1971.

___, Negative Dialektik, FfM 1966, 1967, 1970, 1973, 1988.

Adorno, Theodor W./Horkheimer, Max, Dialektik der Aufklärung, FfM 1969, 1971, 1984.

Adalbert Stifter Verein (Hg.), Drehscheibe Prag. Deutsche Emigranten 1933-1939, München 1989.

Adler, H. G./Langbein, Hermann/Lingens-Reiner, Ella (Hg.), Auschwitz. Zeugnisse und Berichte, ²Köln 1979.

Adler, Wulf-Jürgen (Hg.), Klaus Mann 1906-1949: Leben und Werk in Texten und Dokumenten, Ahlen 1981.

Ahrendt, Hannah, Eichmann in Jerusalem: Ein Bericht von der Banalität des Bösen, München 2011.

___, Elemente und Ursprünge totaler Herrschaft: Antisemitismus, Imperialismus, totale Herrschaft, München 1991.

Aktives Museum (Hg.), Ohne zu zögern. Varian Fry. Berlin-New York-Marseille. Katalog zur Ausstellung, Berlin 2007.

Albrecht, Friedrich, Klaus Mann der Mittler. Studien aus vier Jahrzehnten, Bern 2009.

Almeida, Fabrice d´, Hakenkreuz und Kaviar. Das mondäne Leben im Nationalsozialismus, Düsseldorf ²2008.

Aly, Götz, Endlösung. Völkerverschiebung und der Mord an den europäischen Juden, FfM 1995.

Aly, Götz (Hg.), Aktion T4 – 1939-1945. Die `Euthanasie´-Zentrale in der Tiergartenstraße 4, Berlin ²1989.

Améry, Jean, Hand an sich legen. Diskurs über den Freitod, Stuttgart 1976.

Amthor, Wiebke/von der Lühe, Irmela (Hg.), Auf der Suche nach einem Weg. Neue Forschungen zu Leben und Werk Klaus Manns (Berliner Beiträge zur Literatur- und Kulturgeschichte; 4), FfM-Berlin-Bern 2008.

Andert, Karin, Monika Mann. Eine Biografie, Hamburg 2010.

Anger, Sigrid (Hg.), Heinrich Mann 1871-1950. Werk und Leben in Dokumenten und Bildern. Mit unveröffentlichten Dokumenten aus dem Nachlaß, hg. v. der Deutschen Akademie der Künste zu Berlin, Berlin 1971, ²1977.

Anne Frank Tagebuch, hg. v. Otto H. Frank und Mirjam Pressler, FfM 1991.

Anselm, Sigrun/Barbara Beck (Hg.), Triumph und Scheitern in der Metropole. Zur Rolle der Weiblichkeit in der Geschichte Berlins, Berlin 1987.

Armbrust, Heinz J./Heine, Gert, Wer ist wer im Leben von Thomas Mann, FfM 2008.

Arndt, Gudrun, Spaziergänge durch das literarische New York, Zürich-Hamburg 1997.

Arnold, Heinz Ludwig (Hg.), Ernst Bloch (Text+Kritik, Sonderheft), München 1985.

___, Heinrich Mann. 1871-1950. Werk und Leben in Dokumenten und Bildern, Berlin 1977.

___, Heinrich Mann (Text+Kritik, Sonderheft), München 1971, ⁴1986.

___, Klaus Mann (Text+Kritik 93/94), München 1987, ²1996.

___, Thomas Mann (Text+Kritik, Sonderheft), München ²1982.

Assmann, Jan, Thomas Mann und Ägypten. Mythos und Monotheismus in den Josephsromanen, München 2006.

Bachmann, Dieter/Schneider, Rolf (Hg.), Das verschonte Haus. Das Zürcher Schauspielhaus im Zweiten Weltkrieg, Zürich 1987.

Baden, Hans Jürgen, Literatur und Selbstmord. Cesare Pavese, Klaus Mann, Ernest Hemingway, Stuttgart 1965.

Badenhausen, Rolf (Hg.), „Laß mich ausschlafen". Neue Quellen zur Wirklichkeit und Legende des großen Theatermannes, München-Wien 1982.

Backhaus-Lautenschläger, Christine, Und standen ihre Frau. Das Schicksal deutschsprachiger Emigrantinnen in den USA nach 1933, Pfaffenweiler 1991.

Baer, Udo/Frick-Baer, Gabriele, Wie Traumata in die nächste Generation wirken. Untersuchungen, Erfahrungen, therapeutische Hilfen (Fachbücher therapie kreativ; 11), Neukirchen-Vluyn 2010 .

Bagel-Bohlen, Anja/Salewski, Michael, Sexualmoral und Zeitgeist im 19. und 20. Jahrhundert, Opladen 1990.

Barbian, Jan-Pieter, Literaturpolitik im NS-Staat. Von der `Gleichschaltung´ bis zum Ruin, FfM 2010.

Blazek, Helmut, Rosa Zeiten für rosa Liebe, FfM 1996.

Becher, Peter (Hg.), Drehscheibe Prag. Deutsche Emigranten 1933-1939, München 1989.

Bedford, Sybille, Treibsand. Erinnerungen einer Europäerin (Quicksands. A Memoir, London 2005), München 2006, 2008.

___, Zeitschatten. Ein biografischer Roman, Reinbek 1994.

Beevor, Antony, Der Spanische Bürgerkrieg, München 2006.

Begegnungen. Golo Mann zum 80. Geburtstag (Redaktion: Regula Zweifel), Kilchberg 1989.

Beimler, Hans, Im Mörderlager der braunen Banditen, Moskau 1933.

Bemmann, Helga, Erich Kästner. Leben und Werk, Berlin 1998.

Benjamin, Walter, Über Haschisch, FfM 1972.

Benn, Gottfried, Antwort an die literarischen Emigranten, in: ders., Vermischte Schriften. Autobiographische Schriften, hg. von Dieter Wellershoff, FfM 2003 (= Gottfried Benn, GW III), 1695-1704.

___, Doppelleben. Zwei Selbstdarstellungen, Wiesbaden 1950.

___, Gesammelte Werke in vier Bänden, hg. v. Dieter Wellershoff, Wiesbaden 1961.

Benz, Wolfgang, Die 101 wichtigsten Fragen: Das Dritte Reich, München 2006, ²2008.

___, Dimension des Völkermords. Die Zahl der jüdischen Opfer des Nationalsozialismus, München 1996.

Benz, Wolfgang (Hg.), Das Exil der kleinen Leute, München 1991.

___, Die Juden in Deutschland 1933-1945. Leben unter nationalsozialistischer Herrschaft, München 1993.

Benz, Wolfgang/Distel, Barbara (Hg.), Der Ort des Terrors. Geschichte der nationalsozialistischen Konzentrationslager, 9 Bände, München 2005ff.

Benz, Wolfgang/Graml, Hermann/Weiß, Hermann, Enzyklopädie des Nationalsozialismus, München 1992, 1997.

Berendsohn, Walter A., Thomas Mann und die Seinen, Bern-München 1973.

Berendsohn, Walter A., Klaus Mann, in: ders., Thomas Mann und die Seinen, Bern-München 1973, 177-263.

Bermann Fischer, Gottfried, Bedroht – Bewahrt. Der Weg eines Verlegers, FfM 1967, 1994.

___, Wanderer durch ein Jahrhundert, FfM 1994.

___, Lebendige Gegenwart: Reden und Aufsätze, ²Zürich-Stuttgart 1987.

Bermann Fischer, Gottfried/Bermann Fischer, Brigitte (Hg.), Briefwechsel mit Autoren, FfM 2001.

Bergner, Elisabeth, Bewundert viel und viel gescholten... Elisabeth Bergners unordentliche Erinnerungen, Gütersloh 1978.

Berninger, Frank (Hg.), Franz Schoenberner/Hermann Kesten: Briefwechsel im Exil 1933-1945, Göttingen 2008.

Bernecker, Walther L., Krieg in Spanien 1936–39, Darmstadt 1991.

Bernecker, Walther L. (Hg.), Der Spanische Bürgerkrieg. Materialien und Quellen, FfM ²1986.

Berthold Viertel im amerikanischen Exil, bearbeitet von Friedrich Pfäfflin (Marbacher Magazin 9/1978, hg. v. Bernhard Zeller), Marbach 1978.

Bertram, Mijndert, Bombenhagel und `Hasenjagd´ – Die Häftlingstransporte von Holzen nach Bergen-Belsen, in: D. Creydt/A. Meyer, Zwangsarbeit für die Wunderwaffen in Südniedersachsen 1943-1945, Bd. 1, Braunschweig 1993, 226-230.

Bethge, Eberhard, Dietrich Bonhoeffer. Eine Biographie, Gütersloh [8]1994 (Taschenbuchausgabe, entspricht: Dietrich Bonhoeffer. Theologe - Christ - Zeitgenosse. Eine Biographie, München 1967, 1989).

Bialas, Wolfgang/Georg G. Iggers (Hg.), Intellektuelle in der Weimarer Republik, FfM 1997.

Bilski, Emily (Hg.), „Nichts als Kultur." Die Pringsheims, München 2007.

Bittel, Karl Heinz, Eine Art Verrat. Roman, Berlin 2008.

Bitterli, Urs, Golo Mann – Instanz und Außenseiter. Eine Biographie, Zürich-Berlin 2004.

Blaich, Fritz, Der schwarze Freitag. Inflation und Wirtschaftskrise, München 1990.

Bleuel, Hans Peter, Das saubere Reich. Die verheimlichte Wahrheit. Eros und Sexualität im Dritten Reich, Bern-München 1972.

Bloch, Ernst, Gesamtausgabe in 16 Bänden, FfM 1977.

Blubacher, Thomas, Gustaf Gründgens, Berlin 1999.

Böhm, Karl Werner, Zwischen Selbstzucht und Verlangen: Thomas Mann und das Stigma Homosexualität, Würzburg 1991.

Borgese, Antonio Guiseppe, Der Marsch des Fascismus, Amsterdam 1938.

Bormann, Alexander von, Das Werk als Auftrag. Formsemantische Hinweise zu Klaus Manns Romanen, in: Heinz Ludwig Arnold (Hg.), Klaus Mann, Klaus Mann (Text+Kritik 93/94), München 1987, 62-71.

Brandt, Heike, „Die Menschenrechte haben kein Geschlecht". Die Lebensgeschichte der Hedwig Dohm, Weinheim-Basel 1989.

Brandt, Willy, Links und frei. Mein Weg 1930-1950, Hamburg 1982.

Brecht, Bertolt, Arbeitsjournal 1938-1955, Berlin 1977.

___, Gesammelte Werke in 20 Bänden (hg. v. Suhrkamp Verlag in Zusammenarbeit mit Elisabeth Hauptmann), FfM 1967-1969, 1977.

___, Große kommentierte Berliner und Frankfurter Ausgabe, hg. v. Werner Hecht, Jan Knopf, Werner Mittenzwei, Klaus-ff Müller, FfM 1990-1998.

___, Wenn der Vater mit dem Sohne mit dem Uhu, in: ders., Gesammelte Werke in 20 Bänden, FfM 1977, Bd. 18, 40-42.

___, Schriften zur Literatur und Kunst 1, Gesammelte Werke, Bd. 18, FfM 1967, 1977.

Brechtken, Magnus, Die nationalsozialistische Herrschaft 1933-1939, Darmstadt 2004.

Breloer, Heinrich, Unterwegs zur Familie Mann. Begegnungen, Gespräche, Interviews, FfM 2001.

___, Thomas Manns `Buddenbrooks´. Ein Filmbuch von Heinrich Breloer, FfM 2008.

Breloer, Heinrich/Königstein, Horst, Die Manns. Ein Jahrhundertroman, FfM 2001, [2]2003.

Brenner, Peter J. (Hg.), Der Reisebericht. Die Entwicklung einer Gattung in der deutschen Literatur, FfM 1989.

___, Reisekultur in Deutschland. Von der Weimarer Republik zum `Dritten Reich´, Tübingen 1997.

Breuer, Stefan, „Das `Zwanzigste Jahrhundert´ und die Brüder Mann", in: Thomas Mann und das Judentum, hg. v. Manfred Dierks/Ruprecht Wimmer, FfM 2004, 75-95.

Browning, Christopher, Die Entfesselung der `Endlösung´. Nationalsozialistische Judenpolitik 1939-1942, München 2003.

Budzinski, Klaus, Pfeffer im Getriebe. So ist und wurde das Kabarett, München 1982.

Bülow, Carola v., Der Umgang der nationalsozialistischen Justiz mit Homosexuellen (diss. phil.), Oldenburg 2000.

Bürgin, Hans/Mayer, Hans-Otto (Hg.), Thomas Mann. Eine Chronik seines Lebens, FfM 1965.

Buhl, Wolfgang/Dewitz, Ulf von (Hg.), „Ich hatte Glück mit den Menschen". Zum 100. Geburtstag des Dichters Hermann Kesten. Texte von ihm und über ihn (Stadtbibliothek Nürnberg), Nürnberg 2000.

Bullock, Alan, Hitler. Eine Studie über Tyrannei, Düsseldorf 1953, 1967, 1989.

Bunner, Horst/Moritz, Rainer (Hg.), Literaturwissenschaftliches Lexikon. Grundbegriffe der Germanistik, Berlin 1997.

Canetti, Elias, Das Geheimherz der Uhr. Aufzeichnungen 1973-1985, München-Wien 1987.

___, Die gerettete Zunge. Geschichte einer Jugend, FfM 1979 und 1994.

___, Masse und Macht, FfM 1992.

Carpenter, Humphrey, W. H. Auden. A Biography, London 1983.

Cesarani, David, Adolf Eichmann, Berlin 2004.

Chrambach, Eva, Klaus Mann: Ein vielversprechendes Talent. Zum 40. Todestag eines Münchner Weltbürgers, in: SZ 102 v. 5.5.1989, 14.

Cocteau, Jean, Das Blut der Liebe. Gedichte, hg. v. Franz Joseph Hall, Bielefeld 1992.

___, Les enfants terribles, Brussel-Den Haag 1929, 1967.

___, Vollendete Vergangenheit, Bd. 1: Tagebücher 1951-1952, hg. v. Pierre Chanel, München-Zürich 1989.

Comité International de Dachau (Hg.), Konzentrationslager Dachau (Das erste KZ in Deutschland – Das Leben im Konzentrationslager – Medizinische Versuche – Transporte – Exekutionen – Befreiung der Häftlinge), im Selbstverlag, Eigendruck 1972, 1-28.

Comité International de Dachau (Hg.), `Konzentrationslager Dachau 1933-1945´, München [10]1978.

Conze, Eckart/Frei, Norbert/Hayes, Peter/Zimmermann, Moshe, Das Amt und die Vergangenheit. Deutsche Diplomaten im Dritten Reich und in der Bundesrepublik, München 2010.

Crevel, Réne, Lettres à Mopsa, Paris 1997.

Creydt, Detlef/Meyer, August, Zwangsarbeit für die Wunderwaffen in Südniedersachsen 1943-1945, Bd. 1, Braunschweig 1993.

___, Zwangsarbeit für die Rüstung im südniedersächsischen Bergland 1939-1945: Solling – Hils – Ith – Vogler, Bd. 2, Braunschweig 1994.

Creydt, Detlef, Zwangsarbeit für Rüstung, Landwirtschaft und Forsten im Oberwesergebiet 1939-1945, Bd. 3, Holzminden 1995.

___, Zwangsarbeit für Industrie und Rüstung im Hils 1943-1945, Bd. 4, Holzminden 2001.

Czarnowski, Gabriele, Das kontrollierte Paar. Ehe- und Sexualpolitik im Nationalsozialismus, Weinheim 1991.

Degen, Michael, Nicht alle waren Mörder, Berlin 1999.

Detering, Heinrich, „Juden, Frauen und Literaten." Zu einer Denkfigur beim jungen Thomas Mann, FfM 2005.

___, Thomas Manns amerikanische Religion. Theologie, Politik und Literatur im kalifornischen Exil. Mit einem Essay von Frido Mann, FfM 2012.

Deutsche Intellektuelle im Exil. Katalog zur Ausstellung Deutsches Exilarchiv 1933-1945, München, London u. a. 1993.

Deutschkron, Inge, Ich trug den gelben Stern, München 1992.

Dierks, Manfred/Wimmer, Ruprecht (Hg.), Thomas Mann und das Judentum (Thomas Mann-Studien; 30), FfM 2004.

Die Geschichte der Anne Frank, hg. v. Anne Frank Haus (Amsterdam 2004), Hamburg 2005.

Die Tagebücher der Anne Frank, Vollständige, textkritische, kommentierte Ausgabe, hg. vom Niederländischen Staatlichen Institut für Kriegsdokumentation, aus dem Niederländischen von Mirjam Pressler, Frankfurt/M. 1988.

Dietrich Bonhoeffer Werke, hg. v. Eberhard Bethge, Ernst Feil, Christian Gremmels, Wolfgang Huber, Hans Pfeifer, Albrecht Schönherr und Heinz Eduard Tödt, Gütersloh 1986-1998.

Dirschauer, Wilfried, Klaus Mann und das Exil (Deutsches Exil 1933-1945. Eine Schriftenreihe, Nr. 2, hg. v. Georg Heintz), Worms 1973.

Ditfurth, Jutta, Ulrike Meinhof. Die Biografie, Berlin 2007.

Döscher, Hans-Jürgen, Das Auswärtige Amt im Dritten Reich, Berlin 1987.

___, „Reichskristallnacht". Die Novemberpogrome 1938, FfM 1988.

Dohrmann, Anja Maria, Erika Mann – Einblicke in ihr Leben (diss. phil.), Freiburg 2003.

Düsterberg, Rolf, Hanns Johst: `Der Barde der SS´. Karrieren eines deutschen Dichters, Paderborn 2004.

Durzak, Manfred (Hg.), Die Deutsche Exilliteratur 1933-1945, Stuttgart 1973.

Ebermayer, Erich, `Denn heute gehört uns Deutschland...´. Persönliches und politisches Tagebuch. Von der Machtergreifung bis zum 31. Dezember 1935, Hamburg-Wien 1959.

___, Eh´ ich´s vergesse... Erinnerungen an Gerhart Hauptmann, Thomas Mann, Klaus Mann, Gustaf Gründgens, Emil Jannings und Stefan Zweig, hg. und mit einem Vorwort von Dirk Heißerer, München 2005.

___, `... und morgen die ganze Welt.´ Erinnerungen an Deutschlands dunkle Zeit, Hamburg-Wien 1966.

Eickhölter, Manfred/Dittmann, Britta, Allen zu gefallen – ist unmöglich. Thomas Mann und Lübeck 1875-2000. Eine Chronik, Lübeck 2001.

Eickhölter, Manfred/Wißkirchen, Hans (Hg.), Buddenbrooks – Neue Blicke in ein altes Buch, Lübeck 2000.

Eitner, Hans-Jürgen, Hitlers Deutsche. Das Ende eines Tabus, Gerns-bach 1990, ²1991.

Eldorado. Homosexuelle Frauen und Männer in Berlin 1850-1950. Geschichte, Alltag und Kultur (Redaktion: Michael Bollé), Berlin 1984.

Elsaghe, Yahya, Die imaginäre Nation. Thomas Mann und das `Deut-sche´, München 2000.

Engelhardt, Gabriele, Die Zeit in Klaus Manns früher Prosa. Untersu-chungen zur Geistes- und Ideengeschichte seines Werkes (diss. phil.), München 1982.

Ernesti, Christoph, Sie waren unsere Nachbarn. Die Geschichte der Juden in Stadtoldendorf. Ein Gedenkbuch, mit Beiträgen von Günther Lilge, hg. von der Stadt Stadtoldendorf, Holzminden ²1996.

Eschershausen um 1900, erarbeitet und zusammengestellt von Jutta Henze und Andreas Reuschel, Horb am Neckar 2002.

Eschershausen 1918-1933, erarbeitet und zusammengestellt von Jutta Henze und Andreas Reuschel, Horb am Neckar 2006.

Escherhausen in den 60-er Jahren, erarbeitet und zusammengestellt von Dr. Andreas Reuschel, Horb am Neckar 2013.

Fallada, Hans, Der Trinker, Berlin 2011.

___, In meinem fremden Land. Gefängnistagebuch 1944, Berlin 2009.

___, Kleiner Mann, was nun? (1932), Berlin 1995.

___, Wer einmal aus dem Blechnapf frißt (1934), Berlin 2011.

Fähnders, Walter/Weber, Hendrik (Hg.), Dichter, Literat, Emigrant. Über Hermann Kesten, Bielefeld 2005.

Fähnders, Walter/Rohlf, Sabine (Hg.), Annemarie Schwarzenbach. Analysen und Erstdrucke. Mit einer Schwarzenbach-Bibliographie, Biele-feld 2005.

Fell, Karolina Dorothea, Kalkuliertes Abenteuer. Reiseberichte deutschsprachiger Frauen (1920-1945), Stuttgart 1998.

Ferber, Christian (Hg.), Berliner Illustrirte Zeitung. Zeitbild, Chronik, Moritat für Jedermann 1892-1945, Berlin 1982.

___, Uhu, das Monats-Magazin Berlin, Oktober 1924 bis Oktober 1934, Berlin 1979.

Fest, Joachim, Die unwissenden Magier. Über Thomas und Heinrich Mann, Berlin 1985.

___, Begegnungen, Reinbek 2006.

___, Hitler. Eine Biographie, Berlin 1973, ⁷2005, Hamburg 2007.

Feuchtwanger, Lion, Briefwechsel mit Freunden 1933-1958, Bd. 1, Berlin 1991.

___, Ein Buch nur für meine Freunde, FfM 1984.

___, Narrenweisheit oder Tod und Verklärung des Jean-Jacques Rousseau, Berlin 2001.

___, Der Teufel in Frankreich. Erlebnisse. Tagebuch 1940. Briefe, Berlin-Weimar 1992.

Feuchtwanger, Marta, Nur eine Frau. Jahre – Tage – Stunden, Mün-chen 1983, Berlin-Weimar 1984.

Finney, Brian, Christopher Isherwood. A Critical Biography, New York 1979.

Fittko, Lisa, Mein Weg über die Pyrenäen. Erinnerungen 1940/41, München 1985, Ravensburg 1992.

___, Solidarität unerwünscht. Meine Flucht durch Europa. Erinnerungen 1933-1940, München 1992.

Fliedner-Lorenzen, Sieglinde, Marta Feuchtwanger, Nelly Mann, Salka Viertel, drei Schriftstellerehefrauen im Exil 1933-1945 (diss. phil.), Bonn 2003.

Flügge, Manfred, Das flüchtige Paradies. Künstler an der Côte d'Azur, Berlin 2008.

___, Die vier Leben der Marta Feuchtwanger. Biographie, Berlin 2008, 2010.

___, Heinrich Mann. Eine Biografie, Reinbek 2006.

___, Wider Willen im Paradies. Deutsche Schriftsteller im Exil in Sanary-sur-Mer, Berlin 1996.

Focke, Harald/Reimer, Uwe, Alltag unterm Hakenkreuz. Wie die Nazis das Leben der Deutschen veränderten, Bd. 1, Reinbek 1979.

Förderverein Ehemaliges Jüdisches Gemeindehaus Breisach e.V. (Hg.), Die Synagoge brennt, Breisach 2010.

Forrest, Andrew, The Spanish Civil War, London 2000.

Frank, Hermann, Auf der Suche nach einem Weg. Klaus Mann (1906 München – 1949 Cannes), Ausstellungskatalog. Mit einem Essay von Uwe Naumann, Düsseldorf 1994.

Frank, Niklas, Der Vater. Eine Abrechnung, München 1987.

___, Meine deutsche Mutter, München 2005.

Freund, Gisèle, Photographien. Mit autobiographischen Texten und einem Vorwort von Christian Caujolle, München 1985.

Freund, Joachim Hellmut, Vor dem Zitronenbaum. Autobiographische Abschweifungen eines Zurückgekehrten, FfM 2005.

Friedländer, Saul, Das Dritte Reich und die Juden. Bd. 1: Die Jahre der Verfolgung 1933-1939; Bd. 2: Die Jahre der Vernichtung 1939-1945, München 1998 und 2006.

Frühwald, Wolfgang/Wolfgang Schieder (Hg.), Leben im Exil. Probleme der Integration deutscher Flüchtlinge im Ausland 1933-1945, Hamburg 1981.

Fry, Varian, Auslieferung auf Verlangen. Die Rettung deutscher Emigranten in Marseille 1940/41, hg. von Wolfgang D. Elfe und Jan Hans, München 1986.

Fuhrmann, Manfred/Jauß, Hans Robert/Pannenberg, Wolfhart (Hg.), Text und Applikation. Theologie, Jurisprudenz und Literaturwissenschaft im hermeneutischen Gespräch, München 1981, 599-633.

Fulton, Birgit, Klaus Mann. Das Scheitern am „missratenen Leben". Untersuchungen zum Identitätskonstrukt Klaus Manns (diss. phil.), Wien 2009.

Gangl, Manfred/Raulet, Gérard (Hg.), Intellektuellendiskurse in der Weimarer Republik. Zur politischen Kultur einer Gemengelage, Darmstadt 1994.

Gathmann, Peter/Paul, Martina, Narziss Goebbels. Eine psychohistorische Biografie, Wien 2009.

Geiger, Karin, Der diagnostische Blick. Martin Gumpert als Arzt, Medizinhistoriker und ärztlicher Schriftsteller (diss. 2003), Remscheid 2004.

Gelderblom, Bernhard, Die Reichserntedankfeste auf dem Bückeberg 1933-1937, Hameln 1998.

Georgiadou, Areti, „Das Leben zerfetzt sich mir in tausend Stücke". Annemarie Schwarzenbach. Eine Biographie, FfM 1995.

Giehse, Therese, „Ich hab´ nichts zum Sagen." Gespräche mit Monika Sperr, Reinbek 1980.

Gilbert, Martin, Der Zweite Weltkrieg. Eine chronologische Gesamtdarstellung, München 1991.

___, Endlösung. Die Vertreibung und Vernichtung der Juden. Ein Atlas, Reinbek 1982.

Gimmel, Jürgen, Die politische Organisation kulturellen Ressentiments. Der `Kampfbund für deutsche Kultur´ und das bildungsbürgerliche Unbehagen an der Moderne, Berlin 2001.

Gisevius, Hans Bernd, Adolf Hitler: Versuch einer Deutung (1963), München 1967.

Glaser, Hermann, Kleine Kulturgeschichte der Bundesrepublik Deutschland 1945-1989, München 1991.

Goebbels, Joseph, Tagebücher 1924-1945, Bde. 1-5, hg. v. Ralf Georg Reuth, München 2000.

Goertz, Heinrich, Gustaf Gründgens. Mit Selbstzeugnissen und Bilddokumenten (rm; 315), Reinbek 1982.

Göring, Emmy, An der Seite meines Mannes. Begebenheiten und Bekenntnisse, Preußisch-Oldendorf [3]1980, [4]1996.

Görtemaker, Heike B., Eva Braun. Leben mit Hitler, München 2010.

Görtemaker, Manfred, Thomas Mann und die Politik, Frankfurt am Main 2005.

Görtz, Franz Josef/Sarkowicz, Hans, Erich Kästner. Eine Biographie, München-Zürich 1998.

Goldhagen, Daniel Jonah, Hitlers willige Vollstrecker. Ganz gewöhnliche Deutsche und der Holocaust, München 2000.

Goll, Klaus Reiner, „Rebellion der Hoffnungslosen". Zum 25. Todestag Klaus Manns, in: Der Literat 16 (1974), 131-132.

Gombocz, István, Klaus Manns amerikanische Zeitschrift `Decision´: ein unbeachteter Beitrag zum militanten Humanismus, in: Acta Literaria Academiae Scientiarum Hungaricae 30/1988, 87-97.

Goodbye to Berlin? 100 Jahre Schwulenbewegung. Ausstellungskatalog des Schwulen Museums und der Akademie der Künste, Berlin 1997.

Graf, Oskar Maria, Reise in die Sowjetunion 1934. Mit Briefen von Sergej Tretjakow, hg. von Hans-Albert Walter, Darmstadt-Neuwied 1974.

Grau, Günter (Hg.), Homosexualität in der NS-Zeit. Dokumente einer Diskriminierung und Verfolgung, FfM 1993, [2]2004.

Gregor-Dellin, Martin, Klaus Mann und seine Generation, in: Neue Deutsche Hefte, 2/1969, 42-64.

___, Klaus Mann als Exilschriftsteller, in: Welt und Wert. Zeitschrift für Literatur, 3/1973, 272-277.

___, Klaus Mann. Zeitgenosse zwischen den Fronten, in: ders., Im Zeitalter Kafkas. Essays, München-Zürich 1979, 94-121.

___, Klaus Manns Exilromane (Nachwort), in: Klaus Mann, Der Vulkan. Roman unter Emigranten, Reinbek 1988, 563-571.

Gründgens, Gustaf, Briefe, Aufsätze, Reden, hg. von Rolf Badenhausen und Peter Gründgens-Gorski, Hamburg 1967.

___, Über Klaus Mann, in: Der Freihafen 2, Hamburg 1925/26.

Grumbach, Detlef (Hg.), Treffpunkt im Unendlichen. Fredric Kroll – Ein Leben für Klaus Mann, Hamburg 2015.

Grunewald, Michel, Klaus Mann 1906-1949. 2 Bände, Bern-FfM-New York 1984.

___, Klaus Mann. 1906-1949. Eine Bibliographie. Verzeichnis des Werks und Nachlasses von Klaus Mann mit Inhaltsbeschreibung der unveröffentlichten Schriften, Namensregister und Titelverzeichnis, München 1984.

___, Klaus Mann und Frankreich, in: Heinz Ludwig Arnold (Hg.), Klaus Mann, (Text+Kritik 93/94), München 1987, 37-61.

___, Klaus Mann und das politische Engagement (Nachwort), in: Klaus Mann, Mit einem Blick nach Deutschland. Der Schriftsteller und das politische Engagement, hg. v. Michel Grunewald, München 1985, 139-156.

___, Klaus Mann und die Volksfrontdiskussion. Ein Beitrag zur Typologie des linksbürgerlichen Intellektuellen in den 30er-Jahren, in: Exil. Sonderband 1/1987, 24-33.

Gumpert, Martin, Hölle im Paradies, Stockholm 1939.

Gumprecht, Holger, Weimar unter Palmen, Berlin 1998.

Gustaf Gründgens. Katalog zur Ausstellung anlässlich seines achtzigsten Geburtstages am 22. Dezember 1979, hg. v. Dumont-Lindemann-Archiv und dem Theaterarchiv Düsseldorf (Redaktion: Heinrich Riemenschneider), Düsseldorf 1980.

Gutman, Israel (Hg.), Enzyklopädie des Holocaust. Die Verfolgung und Ermordung der europäischen Juden, mit herausgegeben von Eberhard Jäckel/Peter Longerich/Julius H. Schoeps (für die deutsche Ausgabe), 3 Bde., Berlin 1993.

Gutsche, Reinhardt, Die Sammlung. Amsterdam 1933-1935. Bibliographie einer Zeitschrift, mit einem Vorwort von Günter Hartung, Berlin-Weimar 1974.

Habe, Hans, Ich stelle mich. Meine Lebensgeschichte, München 1986.

___, Im Jahre Null. Ein Beitrag zur Geschichte der deutschen Presse, München 1966.

Haffner, Sebastian, Anmerkungen zu Hitler, München [22]1978.

Hage, Volker/Mann, Golo/Reich-Ranicki, Marcel (Hg.), Enthusiasten in der Literatur. Aufsätze und Portraits, FfM 2000.

Halder, Winfrid, Exilrufe nach Deutschland. Die Rundfunkreden von Thomas Mann, Paul Tillich und Johannes R. Becher 1940-1945. Analyse, Wirkung, Bedeutung, Münster 2002.

Hallgarten, George W. F., Als die Schatten fielen. Erinnerungen vom Jahrhundertbeginn zur Jahrtausendwende, Berlin 1969.

Hamann, Brigitte, Bertha von Suttner. Ein Leben für den Frieden, München 2002.

___, Der erste Weltkrieg. Wahrheit und Lüge in Bildern und Texten, München 2004.

___, Hitlers Wien. Lehrjahre eines Diktators, München-Zürich 1996, 2003.

Häntzschel, Hiltrud, „Pazifistische Friedenshyänen"? Die Friedensbewegung der Münchener Frauen in der Weimarer Republik und die Familie Mann, in: Jahrbuch der Deutschen Schillergesellschaft 36, 1992, 307-330.

Härle, Gerhard, Enfant terrible – Enfant perdu. Ein Bild von Klaus Mann, in: Forum Homosexualität und Literatur, Heft 6, 1989, 93-102.

___, Männerliebe – Männlichkeitshaß. Überlegungen zum Sinn der Homosexualität bei Klaus Mann, in. Dietrich Molitor/Wolfgang Popp (Hg.), Siegener Hans Henny Jahnn Kolloquium, Essen 1986, 152-170.

___, Männerweiblichkeit. Zur Homosexualität bei Klaus und Thomas Mann, FfM 1988.

___, Rezensionen. Klaus Manns Tagebücher 1931-1933, in: Forum Homosexualität und Literatur, Heft 7, 1989, 119-123.

___, Rezensionen. Klaus Manns Tagebücher 1934-1935, in: Forum Homosexualität und Literatur, Heft 9, 1990, 106-111.

Hansen, Volkmar, Thomas Mann. Romane und Erzählungen. Interpretationen: Romane und Erzählungen, Stuttgart 1993.

Hanstedt, Birgit, Die wilden Jahre in Berlin, Dortmund 1999.

Hanuschek, Sven, Elias Canetti. Biographie, München 2005.

___, Erich Kästner (rm 50640), Reinbek 2004.

___, Keiner blickt dir hinter das Gesicht. Das Leben Erich Kästners, München/Wien 1999, ²1999.

Harpprecht, Klaus, Thomas Mann – Eine Biographie, Reinbek 1995.

Haupt, Jürgen, Heinrich Mann, Stuttgart 1980.

Hauptmeyer, Carl-Hans, Geschichte Niedersachsens, München 2009.

Haustedt, Birgit, Die wilden Jahre in Berlin. Eine Klatsch-und Kulturgeschichte der Frauen, Dortmund 1999.

Hecht, Werner, Brecht und die DDR. Die Mühen der Ebenen, Berlin 2013.

Heckner, Nadine/Walter, Michael, Klaus Mann. Mephisto. Roman einer Karriere (Reihe Königs Erläuterungen, Bd. 437), Hollfeld 2005 .

Heftrich, Eckhard/Schneider, Peter-Paul/Wißkirchen, Hans (Hg.), Heinrich und Thomas Mann. Ihr Leben und Werk in Text und Bildern. Katalog zur ständigen Ausstellung im Buddenbrookhaus der Hansestadt Lübeck, Lübeck 1994.

Hegemann, Helene, Axolotl Roadkill, Berlin 2010.

Heger, Heinz, Die Männer mit dem rosa Winkel, Hamburg, 1972.

Heiden, Konrad, Adolf Hitler. Eine Biographie, Bde. 1+2, Zürich 2007.

Heilbut, Anthony, Exiled in Paradise. German Refugee Artists and Intellectuals in America from the 1930s to the Present, New York 1983.

___, Kultur ohne Heimat. Deutsche Emigranten in den USA nach 1930, Berlin 1987.

Heimannsberg, Joachim, Nachwort, in: Klaus Mann Tagebücher, Bd. V (1940-1943), hg. v. Joachim Heimannsberg, Peter Laemmle und Wilfried F. Schoeller, München 1991, 187-197.

Heine, Gert/Schommer, Paul, Thomas Mann Chronik, FfM 2004.

Heine, Gert/Schommer, Paul (Hg.), „Herzlich zugeeignet". Widmungen von Thomas Mann 1887-1955, Lübeck 1998.

Heine, Heinrich (1797-1856), Historisch-kritische Gesamtausgabe der Werke, in Verbindung mit dem Heinrich-Heine-Institut hg. v. Manfred Windfuhr, Bde. 1- 16, Hamburg 1973-1997.

Heißerer, Dirk, Im Zaubergarten. Thomas Mann in Bayern, München 2005.

___, Wo die Geister wandern. Eine Topographie der Schwabinger Bohème um 1900, München 1993.

Heinrich Mann 1871-1950. Werk und Leben in Dokumenten und Bildern. Mit unveröffentlichten Manuskripten und Briefen aus dem Nachlaß, hg. von der Deutschen Akademie der Künste zu Berlin (Ausstellung und Katalog), Berlin-Weimar 1971.

Hellfeld, Matthias von/Klöne, Arno, Die betrogene Generation. Jugend in Deutschland unter dem Faschismus. Quellen und Dokumente, Köln 1985.

Herbert, Ulrich/Orth, Karin/Dieckmann, Christoph, Die nationalsozialistischen Konzentrationslager, FfM 2002.

Herbst, Ludolf, Hitlers Charisma. Die Erfindung eines deutschen Messias, FfM 2010.

Hermann, Frank (Hg.), Auf der Suche nach einem Weg. Klaus Mann (1906 München – 1949 Cannes), mit einem Essay von Uwe Naumann (Veröffentlichungen des Heinrich-Heine-Instituts), Düsseldorf 1994.

Hermann, Ingo (Hg.), Elisabeth Mann Borgese: Die Meer-Frau. Gespräch mit Amadou Seitz in der Reihe `Zeugen des Jahrhunderts´ (Redaktion: Jürgen Voigt), Göttingen 1993.

Hermand, Jost/Trommler, Frank, Die Kultur der Weimarer Republik, München 1978.

Herrmann, Eva, Von Drüben. Botschaften, Informationen, Praktische Ratschläge. Autobiographie, Remagen 1976.

Herzog, Dagmar, Die Politisierung der Lust. Sexualität in der deutschen Geschichte des 20. Jahrhunderts, München 2005.

Hesse, Hermann, Beim Lesen eines Romans, in: Die Neue Rundschau LXIV, Heft 5, Berlin/Leipzig Mai 1933, 698-702.

Hesterberg, Trude, Was ich noch sagen wollte..., Berlin 1971.

Heydecker, Joe J./Leeb, Johannes, Der Nürnberger Prozeß. Mit einem Vorwort von Eugen Kogon und Robert M. W. Kempner (Köln 1958, 1979, 1985). Überarbeitete Neuausgabe, Köln 1995.

Hildebrandt, Irma, Die Frauenzimmer kommen. 15 Zürcher Portraits, München 1994.

Hilmes, Oliver, Witwe im Wahn. Das Leben der Alma Mahler-Werfel, München 2004, [6]2005.

Himmler, Katrin, Die Brüder Himmler. Eine deutsche Familiengeschichte, FfM 2005.

Hirschbach, D./S. Nowoselsky (Hg.), Zwischen Aufbruch und Verfolgung. Künstlerinnen der zwanziger und dreißiger Jahre, Bremen 1993.

Hitler, Adolf, Mein Kampf, 291./295. Auflage, München 1938.

Hitler und die Deutschen. Volksgemeinschaft und Verbrechen. Im Auftrag der Stiftung Deutsches Historisches Museum Berlin herausgegeben von Hans-Ulrich Thamer und Simone Engel, Dresden 2010.

Hofmann, Thomas/Loewy, Hanno/Stein, Harry (Hg.), Pogromnacht und Holocaust. Frankfurt, Weimar, Buchenwald.... Die schwierige Erinnerung an die Stationen der Vernichtung, Köln 1994.

Hoffer, Peter T., Klaus Mann, Boston 1978.

Hoffmeister, Barbara (Hg.), Familie Mann. Ein Lesebuch, Reinbek 1999, 2001, 2003.

___, S. Fischer, der Verleger. Eine Lebensbeschreibung, FfM 2009.

Hohmann, Joachim S. (Hg.), Der heimliche Sexus. Homosexuelle Belletristik in Deutschland von 1900 bis heute, FfM 1979.

Holzer, Kerstin, Elisabeth Mann Borgese. Ein Lebensportrait, FfM 2003, ⁴2004.

Horváth, Ödön von, Jugend ohne Gott (1938), Köln 2009.

Hoven, Heribert, Nachwort, zu Klaus und Erika Mann, Escape to life. Deutsche Kultur im Exil, hg. v. Heribert Hoven, München 1991, 403-411.

Huder, Walter (Hg.), Das war ein Vorspiel nur. Bücherverbrennung Deutschland 1933. Voraussetzungen und Folgen. Katalog zur Ausstellung der Akademie der Künste, Berlin 1983.

Isherwood, Christopher, Diaries, Volume One: 1933-1960, edited and introduced by Katherine Bucknell, London 1996.

___, Goodbye to Berlin? London 1939.

___, Christopher and his kind, 1929-1939, New York 1976.

Ittner, Jutta, Augenzeuge im Dienst der Wahrheit. Leben und literarisches Werk Martin Gumperts (1897-1955), Bielefeld 1998 (diss. 1994).

Jacobs, Reinhard, Terror unterm Hakenkreuz – Orte des Erinnerns in Niedersachsen und Sachsen-Anhalt, Studie im Auftrag der Otto Brenner Stiftung, Berlin, März 2001.

Jäckel, Eberhard, Hitlers Weltanschauung. Entwurf einer Herrschaft, Tübingen 1969.

Jaretzky, Reinhold, Lion Feuchtwanger, in Selbstzeugnissen und Bilddokumenten dargestellt, Reinbek 1984, ⁵1998.

Jasper, Willi, Der Bruder Heinrich Mann. Eine Biographie, FfM 1992, ²2001.

___, Die Jagd nach Liebe: Heinrich Mann und die Frauen, FfM 2007.

Jay, Mike, High Society. Eine Kulturgeschichte der Drogen, Darmstadt 2011, ²2015

Jehring, Herbert, Theater in Aktion. Kritiken und Reden aus drei Jahrzehnten 1913-1933, Berlin 1987.

Jellonnek, Burkhard, Homosexuelle unter dem Hakenkreuz. Die Verfolgung von Homosexuellen im Dritten Reich, Paderborn 1990.

Jellonnek, Burkhard/Lautmann, Rüdiger (Hg.), Nationalsozialistischer Terror gegen Homosexuelle. Verdrängt und ungesühnt, Paderborn 2002.

Jens, Inge, Nachwort zu: Monika Mann, Vergangenes und Gegenwärtiges. Erinnerungen (zuerst München 1956), Reinbek ²2002, 125-140.

___, Unvollständige Erinnerungen, Reinbek ²2009.

Jens, Inge (Hg.), Dichter zwischen rechts und links. Die Geschichte der Sektion für Dichtkunst der Preußischen Akademie der Künste, München 1979.

___, Thomas Mann an Ernst Bertram. Briefe aus den Jahren 1910-1955 (in Verbindung mit dem Schillernationalmuseum), Pfullingen 1960.

Jens, Inge und Walter, Auf der Suche nach dem verlorenen Sohn. Die Südamerika-Reise der Hedwig Pringsheim 1907/08, Reinbek 2006, neu bearbeitete Taschenbuchausgabe Reinbek 2008.

___, Frau Thomas Mann. Das Leben der Katharina Pringsheim, Reinbek 2003, ⁸2006, ¹²2010.

___, Katias Mutter. Das außerordentliche Leben der Hedwig Pringsheim, Reinbek 2005.

Jens, Tilman, Demenz. Abschied von meinem Vater, Gütersloh ³2009.

Jens, Walter/Reich-Ranicki, Marcel, Bibliothek des 20. Jahrhunderts, München-Stuttgart 1989.

Jonas, Klaus W., Die Thomas-Mann-Literatur, 3 Bde., Berlin 1972, 1980 und FfM 1997.

Jonas, Klaus W./Strunz, Holger, Golo Mann. Leben und Werk. Chronik und Bibliographie (1929–2003), Wiesbaden 2004.

Jünger, Ernst, Annäherungen. Drogen und Rausch, München 1994.

Jüngling, Kirsten, „Ich bin doch nicht nur schlecht." Nelly Mann. Die Biografie, Berlin 2008.

Jüngling, Kirsten/Roßbeck, Brigitte, Katia Mann. Die Frau des Zauberers. Biografie, München–Zürich 2003, ²2003, 2004, 2005.

Julia Mann – Brasilien, Lübeck, München. Lebensstationen der Mutter der Brüder Mann. Katalogbuch zur Ausstellung im Buddenbrookhaus, hg. v. Heinrich-und-Thomas-Mann-Zentrum, Lübeck 1999.

Jungbluth, Rüdiger, Die Quandts, FfM 2002.

Kadelbach, Ada/Schwöbel, Christoph, Thomas Mann und seine Kirche. Zwei Vorträge, herausgegeben vom Kirchenamt der Evangelischen Kirche in Deutschland (EKD, Texte Nr. 70), Hannover 2002.

Kaiser, Thomas O. H., Heinrich Mann. Auf den Spuren eines vergessenen Schriftstellers, in: Horst Lickert (Hg.), Grenzgänge. Festgabe für Hans Geißer, Zürich 2003, 267-284.

Kammer, Hilde/Bartsch, Elisabet/Eppenstein-Baukhage, Manon, Lexikon des Nationalsozialismus, Berlin 1999.

Kantorowicz, Alfred, Heinrich und Thomas Mann. Die persönlichen, literarischen und weltanschaulichen Beziehungen der Brüder, Berlin 1956.

___, Spanisches Kriegstagebuch, FfM 1982.

Kappeler, Manfred, `Wir wurden in ein Landerziehungsheim geschickt...´: Klaus Mann und seine Geschwister in Internatsschulen, Berlin 2011.

Karl, Willibald (Hg.), Bogenhausen. Vom bäuerlichen Pfarrdorf zum noblen Stadtteil, München 1992.

Karthaus, Ulrich, Thomas Mann. Literaturwissen für Schule und Studium, Stuttgart 1994.

Kasper, Annette, Das autobiographische Werk Klaus Manns. Individuelle Erfahrungen und gesellschaftliche Repräsentanz, Jena 1981.

Keiser, César, Wer lacht, lebt länger! Mein Cabaret-Jahrhundert, Bern-Stuttgart-Wien 2001.

Keiser-Hayne, Helga, Erika Mann und ihr politisches Kabarett `Die Pfeffermühle´ 1933–1937. Texte, Bilder, Hintergründe (erweiterte Neuausgabe), Reinbek 1995.

Keller, James Robert, The Role of Political and Sexual Identity in the Works of Klaus Mann, New York 2001.

Kerker, Armin, Ernst Jünger – Klaus Mann. Gemeinsamkeit und Gegensatz in Literatur und Politik. Ein Beitrag zur Typologie des literarischen Intellektuellen im zwanzigsten Jahrhundert, Bonn 1974.

Kerker, Elke, Weltbürgertum – Exil – Heimatlosigkeit. Die Entwicklung der politischen Dimension im Werk Klaus Manns von 1924-1936 (diss. phil.), Meisenheim am Glan 1977.

Kerner, Charlotte (Hg.), Madame Curie und ihre Schwestern. Frauen, die den Nobelpreis bekamen, Weinheim-Basel 1997.

Kershaw, Ian, Das Ende. Kampf bis in den Untergang. NS-Deutschland 1944/45 (aus dem Englischen von K. Binder/B. Leineweber/M. Pfeiffer), München 2011.

___, Der NS-Staat, Hamburg 1985, [4]2009.

___, Hitler, Stuttgart/München 1998 und 2000.

Kerr, Judith, Als Hitler das rosa Kaninchen stahl (= When Hitler stole pink rabbit; London 1971), Ravensburg 1973, 1980, 1987.

Kesten, Hermann, Klaus Mann, in: ders., Meine Freunde, die Poeten. Essays, München 1959, 411-422.

___, Lauter Literaten. Porträts. Erinnerungen, Wien-München-Basel 1963.

___, Meine Freunde, die Poeten. Essays, München 1959.

Kesten, Hermann (Hg.), Deutsche Literatur im Exil. Briefe europäischer Autoren 1933-1949, FfM 1973.

___, Joseph Roth. Briefe 1911-1939, Köln-Berlin 1970.

Kettenacker, Lothar (Hg.), Das ´Andere Deutschland´ im Zweiten Weltkrieg. Emigration und Widerstand in internationaler Perspektive, Stuttgart 1977.

Kieckbusch, Klaus, Von Juden und Christen in Holzminden 1557-1945. Ein Geschichts- und Gedenkbuch, Holzminden 1998.

Klaus und Erika Mann, Bilder und Dokumente. Katalogbuch zur Ausstellung des Erika und Klaus Mann-Archivs der Handschriften-Abteilung der Münchner Stadtbibliotheken am Gasteig (Konzeption: Ursula Hummel, Text: Eva Chrambach), München 1990, [2]1991.

Klee, Ernst, Auschwitz. Täter, Gehilfen, Opfer und was aus ihnen wurde. Ein Personenlexikon, FfM 2013.

___, Das Personenlexikon zum Dritten Reich. Wer war was vor und nach 1945, FfM 2003.

___, ´Euthanasie´ im NS-Staat. Die ´Vernichtung unwerten Lebens´, FfM 1983.

___, Kulturlexikon zum Dritten Reich. Wer war was vor und nach 1945, FfM 2007.

___, Was sie taten – Was sie wurden. Ärzte, Juristen und andere Beteiligte am Kranken- oder Judenmord, FfM 1986, [2]1990, [12]1998.

Klein, Anne, Flüchtlingspolitik und Flüchtlingshilfe 1940-1942. Varian Fry und die Komitees zur Rettung politisch Verfolgter in New York und Marseille, Berlin 2007.

Klemperer, Victor, Ich will Zeugnis ablegen bis zum letzten. Tagebücher 1933-1945, I-VIII, hg. v. Walter Nowojski unter Mitarbeit von Hadwig Klemperer, Berlin 1995, [3]1999.

___, Leben sammeln, nicht fragen wozu und warum. Tagebücher 1925-1932, hg. v. Walter Nowojski, Berlin 1996.

___, LTI. Notizbuch eines Philologen (Neudruck), Köln 1987.

Klepsch, Michael Carlo, Picasso und der Nationalsozialismus, Düsseldorf 2007.

Klöss, Susanne, Die `Zeit´-Problematik in der deutschsprachigen Schriftsteller-Autobiographie des 20. Jahrhunderts unter spezieller Berücksichtigung von Klaus Mann. Ein Beitrag zur autobiographischen Paradoxie, Augsburg 1989.

Klönne, Arno, Jugend im Dritten Reich. Die Hitler-Jugend und ihre Gegner, Köln 1982, München 1990.

Klostermann, Vittorio/Soden, Kristine von/Schmidt, Maruta (Hg.), Neue Frauen. Die zwanziger Jahre, BilderLeseBuch, Berlin 1988.

Klüger, Ruth, Weiter leben, München 1994.

Koch, Jeroen, Golo Mann und die deutsche Geschichte. Eine intellektuelle Biographie, Paderborn-München-Wien-Zürich 1998.

Koebner, Thomas (Hg.), Deutschland nach Hitler. Zukunftspläne im Exil und aus der Besatzungszeit 1939-1949, Opladen 1987.

___, Erinnerungen ans Exil. Kritische Lektüre der Autobiographien nach 1933 und andere Themen (Exilforschung; 2), München 1984.

___, Fluchtpunkte des Exils und andere Themen (Exilforschung; 5) München 1987.

___, Stalin und die Intellektuellen und andere Themen (Exilforschung; 1), München 1983.

Kogon, Eugen/Langbein, Herman (Hg.), Nationalsozialistische Massentötungen durch Giftgas. Eine Dokumentation, FfM 1983.

Kohut, Heinz, Narzissmus. Eine Theorie der psychoanalytischen Behandlung von narzisstischen Persönlichkeitsstörungen, FfM 1973.

Kolb, Eberhard, Bergen-Belsen 1943-1945. Vom `Aufenthaltslager´ zum Konzentrationslager, Göttingen 2002.

Kolbe, Jürgen, Heller Zauber. Thomas Mann in München 1894-1933, unter Mitarbeit von Karl Heinz Bittel, hg. von der Münchner Rück, Berlin 1987, München 2001.

Konzentrationslager Dokument F 321 für den Internationalen Militärgerichtshof Nürnberg, hg. v. Französischen Büro des Informationsdienstes über Kriegsverbrechen, FfM [18]2005.

Koop, Volker, Dem Führer ein Kind schenken – die SS-Organisation `Lebensborn e.V.´, Köln 2007.

Koopmann, Helmut, Thomas Mann – Heinrich Mann. Die ungleichen Brüder, München 2005.

Koopmann, Helmut (Hg.), Thomas-Mann-Handbuch, Stuttgart [2]1995.

Koopmann, Helmut/Post, Klaus Dieter (Hg.), Exil. Transhistorische und transnationale Perspektiven, Paderborn 2001.

Kreis, Gabriele, Frauen im Exil. Dichtung und Wirklichkeit, Düsseldorf 1984.

Kröger, Ute, „Wie ich leben soll, weiss ich noch nicht". Erika Mann zwischen `Pfeffermühle´ und `Firma Mann´. Ein Porträt, Zürich 2005.

Kröger, Ute/Exinger, Peter, „In welchen Zeiten leben wir!" Das Schauspielhaus Zürich 1938-1998, Zürich 1998.

Kröll, Friedhelm, Die Archivarin des Zauberers – Ida Herz und Thomas Mann, Cadolzburg 2001.

Krohn, Claus-Dieter (Hg.), Aspekte der künstlerischen Inneren Emigration 1933 bis 1945 (Exilforschung; 12) München 1994.

___, Frauen und Exil. Zwischen Anpassung und Selbstbehauptung (Exilforschung; 11), München 1993.

____, Exil und Widerstand (Exilforschung; 15), München 1997.

Krohn, Claus-Dieter u. a. (Hg.), Handbuch der deutschsprachigen Emigration 1933-1945, Darmstadt 1998.

Kroll, Fredric (Hg.), Klaus-Mann-Schriftenreihe, 6 Bände, Wiesbaden-Hannover-Hamburg 1976-2006 (alle sechs Bände in neuer Ausgabe, Hamburg 2006).

____, Bd. 1: Bibliographie, mit einer Vorrede von Klaus Blahak und Fredric Kroll, 1976.

____, Bd. 2: 1906-1927, Unordnung und früher Ruhm, 1977, 2006.

____, Bd. 3: 1927-1933, Vor der Sintflut, 1979.

____, Bd. 4, 1: 1933-1937, Sammlung der Kräfte, bearbeitet von Fredric Kroll und Klaus Täubert, 1992.

____, Bd. 4, 2: 1935-1937, Im Zeichen der Volksfront, 2006.

____, Bd. 5: 1937-1942, Trauma Amerika, 1986.

____, Bd. 6: 1943-1949, Der Tod in Cannes, 1996.

Krüll, Marianne, Im Netz der Zauberer. Eine andere Geschichte der Familie Mann, Zürich 1991, FfM 1993. Überarbeitete Ausgabe FfM 1999, durchgesehene und ergänzte Neuauflage FfM 2005.

Künzel, Friedrich/Pabst, Ruth (Hg.), „Ich will dir schnell sagen, dass ich lebe, Liebster." Helmut Gollwitzer/Eva Bildt, Briefe aus dem Krieg 1940-1945, München 2008.

Künzli, Lis (Hg.), Hotels. Ein literarischer Führer, FfM 1996.

Kulka, Otto Dov/Jäckel, Eberhard (Hg.), Die Juden in den geheimen NS-Stimmungsberichten 1933-1945, Düsseldorf 2004.

Kurzke, Hermann, Thomas Mann. Das Leben als Kunstwerk. Eine Biographie, München 1999, 2000, 2005.

____, Thomas Mann. Epoche, Werk, Wirkung, München 1997.

____, Thomas Mann. Ein Porträt für seine Leser, München 2009.

Kurzke, Hermann/Mann, Golo/Reich-Ranicki, Marcel, Enthusiasten in der Literatur. Ein Briefwechsel. Aufsätze und Portraits, hg. v. Volker Hage, FfM 2000.

KZ-Gedenkstätte Neuengamme (Hrsg.), Verfolgung Homosexueller im Nationalsozialismus – Beiträge zur Geschichte der nationalsozialistischen Verfolgung in Norddeutschland, Bremen 1999.

Laemmle, Peter, Nachwort, in: Klaus-Mann-Tagebücher I (1931-1933), hg. v. Joachim Heimannsberg, Peter Laemmle und Wilfried F. Schoeller, München 1989, 189-207.

____, Nachwort, in: Klaus-Mann-Tagebücher III (1936-1937), hg. v. Joachim Heimannsberg, Peter Laemmle und Wilfried F. Schoeller, München 1990, 181-190.

Ladeur, Karl-Heinz/Gostomzyk, Tobias, Mephisto reloaded – Zu den Bücherverboten der Jahre 2003/2004 und der Notwendigkeit, die Kunstfreiheit auf eine Risikobetrachtung umzustellen, in: Neue Juristische Wochenschrift 9 (2005), 566-569.

Laharie, Claude, Gurs: 1939-1945. Ein Internierungslager in Südwestfrankreich, hg. von der Evangelischen Landeskirche in Baden, Karlsruhe 2005.

Lahme, Tilmann, Golo Mann. Biografie, FfM 2009.

Lahme, Tilmann/Gauger, Hans-Martin (Hg.), Golo Mann. Man muss über sich selbst schreiben. Erzählungen, Familienportraits, Essays, FfM 2009.

Landshoff, Fritz H., Amsterdam, Keizersgracht 333. Erinnerungen eines Verlegers, mit Briefen und Dokumenten, Berlin-Weimar 1991, [2]2001.

Landshoff-York, Ruth, Klatsch, Rum und kleine Feuer. Biographische Impressionen, FfM 1997.

Lang, Daniel, „Nicht auf der Rasenkante gehen". Die Familie Mann und ihr Landhaus in Bad Tölz 1908-1917, München 2007.

Langer, Daniela, Die Abwesenheit der Mütter. Familienmodelle im Zauberberg, Homoerotik und Thomas Manns Essay Die Ehe im Übergang, in: Buddenbrooks, Houwelandt & Co. Zur Psychoanalyse der Familie am Beispiel des Werks von Thomas Mann und John Düffel (Tagung der Evangelischen Akademie Iserlohn im Institut für Kirche und Gesellschaft der EKvW, Tagungsprotokolle 2006), hg. v. R. Sareika, Iserlohn 2007, 65-92.

Langhoff, Wolfgang, Die Moorsoldaten. Unpolitischer Tatsachenbericht, Zürich 1935.

Langkau-Alex, Ursula, Deutsche Volksfront 1932-1939. Zwischen Berlin, Paris, Prag und Moskau, 3 Bände, Berlin 2004f.

Langkau-Alex, Ursula/Thomas M. Ruprecht (Hg.), Was soll aus Deutschland werden? Der Council for a Democratic Germany in New York 1944-1945. Aufsätze und Dokumente, FfM 1995.

Large, David Clay, Hitlers München. Aufstieg und Fall der Hauptstadt der Bewegung, München 2001.

Lavizzari, Alexandra, Fast eine Liebe. Annemarie Schwarzenbach und Carson McCullers, Berlin 2008.

Legner, Florian (Hg.), Solidaridad! Deutsche im Spanischen Bürgerkrieg, Berlin 2006.

Lendenmann, Fritz (Hg.), Eine große Zeit. Das Schauspielhaus Zürich in der Ära Wälterlin 1938/39-1960/61, Zürich 1995.

Lentz, Michael, Pazifik Exil, FfM [2]2007.

Lilienthal, Georg, Der `Lebensborn e.V.´ Ein Instrument nationalsozialistischer Rassenpolitik, FfM 2003.

Linsmayer, Charles, Annemarie Schwarzenbach. Ein Kapitel tragische Schweizer Literaturgeschichte, Frauenfeld 2008.

Loewy, Ernst (Hg.), Literarische und politische Texte aus dem deutschen Exil 1933-1945 (Band 2: Erbärmlichkeit und Größe), FfM 1982.

Lohmeier, Anke-Marie, Es ist also doch ein sehr privates Buch. Über Klaus Manns `Mephisto´, Gustaf Gründgens und die Nachgeborenen, in: Heinz Ludwig Arnold (Hg.), Klaus Mann (edition text+kritik 93/94), München 1987, [2]1996, 100-128.

Longerich, Peter, Goebbels. Biographie, München 2010.

___, Heinrich Himmler. Biographie, München 2008.

Longerich, Peter (Hg.), Die Ermordung der europäischen Juden. Eine umfassende Dokumentation des Holocaust 1941-1945, München-Zürich 1989.

Lühe, Irmela von der, Erika Mann. Eine Biographie, FfM 1993, [2]1994, 1996, [4]1999, [5]2001, Reinbek 2009.

___, Erika Mann: Eine Lebensgeschichte, Rowohlt, Reinbek 2009.

___, Geschwister im Exil: Erika und Klaus Mann, in: Krohn, Claus-Dieter (Hg.), Frauen und Exil. Zwischen Anpassung und Selbstbehauptung (Exilforschung; 11), München 1993, 68-87.

___, Szenen einer Ehe. Gustaf Gründgens und Erika Mann, in: Erika Fischer-Lichte/Dagmar Walach (Hg.), „Als Schauspieler fühle ich mich". Gustaf Gründgens (1899-1963), Berlin 2000, 69-78.

Lukacs, John, Hitler. Geschichte und Geschichtsschreibung, Berlin 1999.

Lustiger, Arno, Schalom Libertad! Juden im Spanischen Bürgerkrieg, Berlin 1998.

Maas, Lieselotte, `Die Sammlung´, in: Handbuch der deutschen Exilpresse 1933-1945, hg. v. Eberhard Lämmert, Bd. 4: Die Zeitungen des deutschen Exils in Europa von 1933 bis 1939 in Einzeldarstellungen, München 1990, 184-191.

Mahler-Werfel, Alma, Mein Leben, FfM 1973.

Mai, Gunther, Die Weimarer Republik, München 2009.

Maissen, Anna Pia, Gab es in Zürich eine `Lex Pfeffermühle´?, in: Bertolt Brecht im Plakat – Therese Giehse in Zürich, hg. v. Präsidialdepartment der Stadt Zürich, Zürich 1998, 25-30.

Marcuse, Ludwig, Mein zwanzigstes Jahrhundert. Auf dem Weg zu einer Autobiographie, München 1960, Zürich 1975.

Maltzahn, Carlotta von, Masochismus und Macht. Eine kritische Untersuchung am Beispiel von Klaus Manns `Mephisto. Roman einer Karriere´ (diss. phil.), Stuttgart 2001.

Marks, Stephan, Warum folgten sie Hitler? Die psychologischen Ursachen des Nationalsozialismus, Düsseldorf 2007.

Maschmann, Melita, Fazit. Mein Weg in die Hitler-Jugend, Stuttgart 1963, München 1979, [5]1983.

Maser, Werner, Hermann Göring. Hitlers janusköpfiger Paladin, Berlin 2000.

Matzigkeit, Michael/Meiszies, Winrich (Hg.), Gustaf Gründgens – Ansichten eines Schauspielers. Bilder einer Legende (Ausstellungskatalog), Düsseldorf 1999.

Mauch, Christof, Schattenkrieg gegen Hitler. Das Dritte Reich im Visier der amerikanischen Geheimdienste 1941-1945, Stuttgart 1999.

Meder, Thomas, Vom Sichtbarmachen der Geschichte: Der italienische `Neorealismus´, Rosselinis PAISÀ und Klaus Mann, München 1993.

Meienberg, Niklaus, Die Welt als Wille und Wahn. Elemente zur Naturgeschichte eines Clans, Zürich 1987.

Mendelssohn, Peter de, Der Zauberer. Das Leben des deutschen Schriftstellers Thomas Mann, 3 Bde., überarbeitete und erweiterte Neuausgabe FfM 1996.

___, Jahre der Schwebe. 1919 und 1933. Nachgelassene Kapitel, FfM 1992.

Mendelssohn, Peter de (Hg.), Thomas Mann. Briefwechsel mit seinem Verleger Gottfried Bermann Fischer 1932 – 1955, FfM 1975.

Mertz, Peter, Und das wurde nicht ihr Staat. Erfahrungen emigrierter Schriftsteller mit Westdeutschland, München 1985.

Meyer, Hans, Erinnertes (im Selbstverlag), Rheinheim 1996.

Meyer-Moses, Hanna, Reise in die Vergangenheit. Eine Überlebende des Lagers Gurs erinnert sich an die Verfolgung während der NS-Diktatur, hg. von der Evangelischen Landeskirche in Baden, Ubstadt-Weiher u. a. 2009.

Michalzik, Peter, Gustaf Gründgens. Der Schauspieler und die Macht, Berlin 1999.

Miermont, Dominique Laure, Annemarie Schwarzenbach. Eine beflügelte Ungeduld. Biographie (aus dem Französischen von Susanne Wittek), Zürich 2008.

Mitgang, Herbert, Überwacht. Große Autoren in den Dossiers amerikanischer Geheimdienste, Düsseldorf 1992.

Mittenzwei, Werner, Exil in der Schweiz (Kunst und Literatur im antifaschistischen Exil 1933-1945; 2), FfM 1979.

Möller, Hildegard, Die Frauen der Familie Mann, München-Zürich 2004, ³2004, 2005.

Morgenstern, Soma, Joseph Roths Flucht und Ende. Erinnerungen, hg. und mit einem Nachwort von Ingolf Schulte, Köln 2008.

Mosse, George L., Der nationalsozialistische Alltag. So lebte man unter Hitler, Königstein/Ts. 1978.

Mühlen, Irmgard von zur, Berlin in den Zwanziger Jahren (DVD), Chronos Media GmbH, Berlin 2002.

Mühlen, Patrik von zur, Spanien war ihre Hoffnung. Die deutsche Linke im Spanischen Bürgerkrieg 1936 bis 1939, Bonn 1983.

Mühr, Alfred, Mephisto ohne Maske: Gustaf Gründgens. Legende und Wahrheit, München 1981.

Mühsam, Erich, Tagebücher 1910-1924, München 1994.

Müller, Willi, Mein Marsch in die Gefangenschaft. Tagebuch 1944/45, unveröffentlichtes Manuskript, Eschershausen 1995.

Murken, Barbara, Gedanken zum Kinder- und Jugendbuchwerk von Erika Mann. Ein biographisches Puzzle, Münster 1995.

Naumann, Uwe, Der Pazifist als Soldat. Klaus Mann im Zweiten Weltkrieg, in: Heinz Ludwig Arnold (Hg.), Klaus Mann (Text+Kritik 93/94), München 1987, 88-99.

___, Klaus Mann mit Selbstzeugnissen und Bilddokumenten (rm 332), Reinbek 1984.

___, Klaus Mann. Überarbeitete Neuausgabe, Reinbek 2006.

___, Mit den Waffen des Geistes. Klaus Mann im Zweiten Weltkrieg, in: H. F. Pfanner (Hg.), Der Zweite Weltkrieg und die Exilanten. Eine literarische Antwort, Bonn 1991, 209-220.

Naumann, Uwe (Hg.), Die Kinder der Manns. Ein Familienalbum, in Zusammenarbeit mit Astrid Roffmann, Reinbek 2005, ²2006.

___, Mann oh Mann. Satiren und Parodien zur Familie Mann, Reinbek 2003.

___, `Ruhe gibt es nicht, bis zum Schluss´. Klaus Mann (1906-1949). Bilder und Dokumente, Reinbek 1999, ²2001.

Nestler, Brigitte, Heinrich Mann Bibliographie, Morsum 2000.

Nicolai, Elke, "Wohin es uns treibt...". Die literarische Generationsgruppe Klaus Manns 1924-1933. Ihre Essayistik und Erzählprosa, FfM 1998.

Nieden, Susanne zur (Hgin.), Homosexualität und Staatsräson. Männlichkeit, Homophobie und Politik in Deutschland 1900-1945, FfM 2005.

Nieradka, Magali Laure, Der Meister der leisen Töne. Biographie des

477

Dichters Franz Hessel, Hamburg ²2014.

Nieradka, Magali Laure (Hg.), Wendepunkte – Tournants. Beiträge zur Klaus-Mann-Tagung aus Anlass seines 100. Geburtstages, Bern 2008.

Nitschke, August/Gerhard A. Ritter (Hg.), Jahrhundertwende. Der Aufbruch in die Moderne 1880-1930, Reinbek 1990.

Obst, Dieter, „Reichskristallnacht". Ursachen und Verlauf des antisemitischen Pogroms vom November 1938, FfM 1991.

Oettinger, Klaus, Kunst ist als Kunst nicht justitiabel – Der Fall Mephisto. Zur Begründungsmisere der Justiz in Entscheidungen zur Sache, in: Text und Applikation. Theologie, Jurisprudenz und Literaturwissenschaft im hermeneutischen Gespräch, hg. v. Manfred Fuhrmann u. a., München 1981, 163-177.

Olden, Rudolf, Hitler (Amsterdam 1935), Frankfurt 1984.

Olsen, Kare, Vater: Deutscher. Das Schicksal der norwegischen Lebensbornkinder und ihrer Mütter von 1940 bis heute, München 2002.

Ortsverein Eschershausen der Sozialdemokratischen Partei Deutschlands (Hg.), Jubiläumsschrift im Druck und auf CD zum 100jährigen Bestehen der SPD-Ortsvereine Eschershausen und Holzen, Eschershausen 2001.

Overwien-Neuhaus, Anne (Hg.), Eva Herrmann – Zeugin des Exils, Köln 1995.

Papajorgis, Kostis, Der Rausch. Ein philosophischer Aperitif, München 1998.

Pasche, Wolfgang, Interpretationshilfen Exilromane. Klaus Mann, Mephisto; Irmgard Keun, Um Mitternacht; Anna Seghers, Das siebte Kreuz, Stuttgart-Dresden 1993.

Pätzold, Kurt/Runge, Irene, „Kristallnacht". Zum Pogrom 1938, Köln 1988.

Pätzold, Kurt (Hg.), Verfolgung, Vertreibung, Vernichtung. Dokumente des faschistischen Antisemitismus 1933 bis 1942, FfM 1984.

Pätzold, Kurt/Weißbäcker, Manfred, Adolf Hitler. Eine politische Biographie, Leipzig 1995.

Peitsch, Helmut, `No politics´? Die Geschichte des deutschen PEN-Zentrums in London 1933-2002, Göttingen 2006.

Pehle, Walter H./Walter H. (Hg.), Der Judenpogrom 1938. Von der „Reichskristallnacht" zum Völkermord. Mit Beiträgen v. Uwe Dietrich Adam u. a., FfM 1988.

Peter, Niklaus/Sprecher, Thomas, Der ungläubige Thomas. Zur Religion in Thomas Manns Romanen (Thomas-Mann-Studien; 45), FfM 2012

Peter, Rita (Hg.), Buch der Vorbilder. Die 100 größten Persönlichkeiten der Menschheit, München 2005.

Petersen, Carol, Klaus Mann (Köpfe des 20. Jahrhunderts; 123), Berlin 1996.

Petri, Dieter, Die Tiengener Juden und die Waldshuter Juden, Zell am Hammersbach 1984.

Peukert, Detlev J. K., Die Edelweißpiraten. Protestbewegung jugendlicher Arbeiter im Dritten Reich. Eine Dokumentation, Köln 1983.

___, Die Weimarer Republik. Krisenjahre der Klassischen Moderne, FfM 1987.

Pfanner, Helmut F. (Hg.), Der Zweite Weltkrieg und die Exilanten. Eine literarische Antwort (Studien zur Literatur der Moderne; 21), hg. v. Helmut Koopmann, Bonn-Berlin 1991.

Pfäfflin, Friedrich/Kussmaul, Ingrid (Hg.), S. Fischer, Verlag. Von der Gründung bis zur Rückkehr aus dem Exil. Eine Ausstellung des Deutschen Literaturarchivs im Schiller-Nationalmuseum (Marbacher Katalog; 40), Marbach am Neckar [2]1986.

Pini, Udo, Leibeskult und Liebeskitsch. Erotik im Dritten Reich, München 1992.

Piper, Ernst, Kurze Geschichte des Nationalsozialismus. Von 1919 bis heute, Hamburg 2007.

Plachta, Bodo, „gelebtes Material". Was bedeuten biographische Fakten und deren Verschlüsselungen für die Arbeit am Text? – Das Beispiel `Mephisto´ von Klaus Mann, in: Die Herkulesarbeiten der Philologie, hg. von Sophie Berto und Bodo Plachta, Berlin 2008, 232-252.

___, Zensur, Stuttgart 2006.

Plachta, Bodo (Hg.), Klaus Mann, Mephisto. Erläuterungen und Dokumente, Stuttgart 2008.

Plant, Richard, Rosa Winkel. Der Krieg der Nazis gegen die Homosexuellen, FfM 1991.

Plathe, Axel, Klaus Mann und André Gide. Zur Wirkungsgeschichte französischer Literatur in Deutschland (Abhandlungen zur Kunst-, Musik- und Literaturwissenschaft; 376), Bonn 1987.

Pohl, Dieter, Verfolgung und Massenmord in der NS-Zeit 1933-1945, Darmstadt 2003.

Potempa, Georg, Thomas-Mann-Bibliographie: Das Werk, Morsum 1992.

___, Übersetzungen/Interviews, Morsum 1997.

Prater, Donald A., Thomas Mann. Deutscher und Weltbürger. Eine Biographie (Thomas Mann: A Life, Oxford University Press 1995), München – Wien 1995, 2003.

Preis, K., München unterm Hakenkreuz 1933-1945. Die Hauptstadt der Bewegung zwischen Pracht und Trümmern, München 1989.

Pressler, Mirjam, „Grüsse und Küsse an alle". Die Geschichte der Familie von Anne Frank, FfM 2009.

Pretzel, Andreas/Rossbach, Gabriele, „Wegen der zu erwartenden hohen Strafe". Homosexuellenverfolgung in Berlin 1933-1945 (hg. v. Kulturring in Berlin e. V.), Berlin 2000.

Pringsheim, Hedwig, Meine Manns. Briefe an Maximilian Harden 1900-1922, hg. v. Helga und Manfred Neumann, Berlin 2006.

Pringsheim jr., Klaus H., Wer zum Teufel sind Sie? Lebenserinnerungen, geschrieben mit Victor Boesen, aus dem Amerikanischen von Tilman Lang, Bonn 1995, München [2]2001.

Reents, Edo, Thomas Mann, München 2001.

Regnier, Anatol, Du auf deinem höchsten Dach. Tilly Wedekind und ihre Töchter. Eine Familienbiographie, München [2]2003, [3]2005.

___, Frank Wedekind. Eine Männertragödie, München 2008.

Reich-Ranicki, Marcel, Heinrich Mann, in: ders., Thomas Mann und die Seinen, FfM 1990, [12]2002, 109-151.

___, Mein Leben. Autobiografie, Berlin 1999, Stuttgart [21]1999.

___, Nachprüfung. Aufsätze über deutsche Schriftsteller von gestern, München-Zürich 1977.

___, Thomas Mann und die Seinen, FfM 1990, [12]2002.

___, Thomas Manns treue Tochter, in: FAZ v. 18.1.1986.

Reinert, Bastian, Homosexualitätsdarstellung in Klaus Manns Exilromanen `Mephisto´ und `Der Vulkan´, Berlin 2000.

Reinhold, Ursula/Schlenstedt, Dieter/Tanneberger, Horst (Hg.), Erster Deutscher Schriftstellerkongreß, 4.-8. Oktober 1947. Protokolle und Dokumente, Berlin 1997.

Richter, Gabriel (Hg.), Die Fahrt ins Graue(n). Die Heil- und Pflegeanstalt Emmendingen 1933-1945 – und danach, Emmendingen 2002, [2]2005.

Riedel, Nicolai, Klaus Mann. Bibliographie, in: Heinz Ludwig Arnold (Hg.), Klaus Mann (Text+Kritik 93/94), München [2]1996, 132-139.

Riess, Curt, Gustaf Gründgens. Eine Biographie, unter Verwendung bisher unveröffentlichter Dokumente aus dem Nachlass, Hamburg 1965, Freiburg 1988.

Rietra, Madeleine/Siegel, Rainer Joachim (Hg.), „Jede Freundschaft mit mir ist verderblich". Joseph Roth und Stefan Zweig. Briefwechsel 1927-1938, Göttingen 2011.

Ringel, Stefan, Heinrich Mann. Ein Leben wird besichtigt, Darmstadt 2000.

Ritter, Gerhard A./Miller, Susanne, Die deutsche Revolution 1918/1919, FfM [2]1983.

Röder, Werner (Hg.), Biographisches Handbuch der deutschsprachigen Emigration nach 1933, 4 Bände, München 1980-1985.

Röder, Werner u. Strauss, Herbert A. (Hg.), Biographisches Handbuch der deutschsprachigen Emigration nach 1933. Bd. I: Politik, Wirtschaft, Öffentliches Leben; München [u. a.] 1980; Bd. II: The Arts, Sciences, and Literature. München 1983.

Roggenkamp, Viola, Erika Mann. Eine jüdische Tochter. Über Erlesenes und Verleugnetes in der Frauengenealogie der Familie Mann-Pringsheim, Zürich-Hamburg [2]2005.

Roloff, Gerhard, Die Erforschung der deutschen Exilliteratur. Stand – Probleme – Aufgaben (Veröffentlichungen der Hamburger Arbeitsstelle für deutsche Exilliteratur; 2), Hamburg 1973.

Rosenberg, Doina, Martin Gumpert – Arzt und Schriftsteller, Berlin 2000 (diss. 2000).

Rosenthal, Hans, Zwei Leben in Deutschland, Bergisch-Gladbach 1980.

Roth, Joseph, Briefe 1911–1939, hg. v. Hermann Kesten, Köln 1970.

Roussel, Hélène/Winckler, Lutz (Hg.), Pariser Tageblatt/Pariser Tageszeitung. Konzepte und Praxis der Tageszeitung der deutschen Emigranten in Frankreich, Bremen 1989.

Ruck, Michael, Bibliographie zum Nationalsozialismus, Darmstadt 2000.

Rühle, Jürgen, Literatur und Revolution. Die Schriftsteller und der Kommunismus, FfM-Wien-Olten 1987.

Ruetz, Maria, Sand ins Getriebe der Kriegstreiber. Magnus Henning und `Die Pfeffermühle´, in: Mit der Ziehharmonika. Zeitschrift der Theodor Kramer Gesellschaft, 6. Jg., Heft 3, November 1989, 5-7.

Ruffmann, Karl-Heinz, Sowjetrussland 1917-1977, München [10]1984.

Sahl, Hans, Memoiren eines Moralisten. Erinnerungen/Das Exil im Exil, 1983/1990, München 2008.

Sagel-Grande, Irene/Rüter-Ehlemann, Adelheid/Rüter, C. F. u. a. (Hg.), Justiz und NS-Verbrechen. Sammlung deutscher Strafurteile wegen nationalsozialistischer Tötungsverbrechen, 1945-1966, 22 Bde., Amsterdam 1968-1981.

Sandkühler, Thomas, Adolf H. Lebensweg eines Diktators, München 2015.

Sarkowicz, Hans (Hg.), Hitlers Künstler. Die Kultur im Nationalsozialismus, FfM-Leipzig 2004.

Sassin, Horst, Widerstand, Verfolgung und Emigration Liberaler 1933-1945, Friedrich-Naumann-Stiftung, Bonn 1983.

Sauder, Gerhard (Hg.), Die Bücherverbrennung. Zum 10. Mai 1933, München 1983.

Schaenzler, Nicole, Klaus Mann als Erzähler. Studien zu seinen Romanen `Der fromme Tanz´ und `Der Vulkan´, Paderborn 1995.

___, Klaus Mann. Eine Biographie, FfM-New York 1999.

___, Klaus Mann. Die Biographie, Berlin 2001, ²2006.

Schachner, Rainer, Im Schatten wächst das Werk. Familie und Selbstmord in Klaus Manns erster Autobiographie `Kind dieser Zeit´ (diss. phil.), Salzburg 1996.

___, Im Schatten der Titanen: Familie und Selbstmord in Klaus Manns erster Autobiographie `Kind dieser Zeit´, Würzburg 2000.

Schauff, Frank, Der verspielte Sieg. Sowjetunion, Kommunistische Internationale und Spanischer Bürgerkrieg 1936–1939, FfM ²2005.

___, Der Spanische Bürgerkrieg, Göttingen 2006.

Schickele, René, Werke in 3 Bänden, hg. v. Hermann Kesten unter Mitarbeit von Anna Schickele, Berlin 1959.

Schilling, Heinz Dieter (Hg.), Schwule und Faschismus, Berlin 1983.

Schirnding, Albert von, Die 101 wichtigsten Fragen: Thomas Mann, München 2008.

Schlüter, Herbert, Der Freund, in: Klaus Mann zu Gedächtnis, hg. v. Erika Mann, Hamburg 2003, 135-142.

___, Nachwort, in: Klaus Mann, Kindernovelle. Mit einem Nachwort von Herbert Schlüter, FfM 1978, 112ff.

Schmidinger, Veit J., „Wo freilich ich ganz daheim sein werde..." Klaus Mann und Frankreich, Hamburg 2006.

Schmidinger, Veit Johannes/Schoeller, Wilfried F., Transit Amsterdam. Deutsche Künstler im Exil 1933-1945 (edition monacensia), München 2007.

Schmidt, Arwed, Exilwelten der 30er Jahre. Untersuchungen zu Klaus Manns Emigrationsromanen `Flucht in den Norden´ und `Der Vulkan´. Roman unter Emigranten´, Würzburg 2003.

Schmidt, Helmut, Politischer Rückblick auf eine unpolitische Jugend, in: Kindheit und Jugend unter Hitler. Helmut Schmidt u. a., Berlin 1994, 209-282.

Schmidt, Helmut/Stern, Fritz, Unser Jahrhundert. Ein Gespräch, München 2010.

Schmidt, Renate, Therese Giehse: „Na, dann wollen wir den Herrschaften mal was bieten!" Biografie, München 2008.

Schmitt, Hans-Jürgen (Hg.), Die Expressionismusdebatte. Materialien zu einer marxistischen Realismuskonzeption, FfM 1973.

Schmitt, Hans-Jürgen/Schramm, Godehard (Hg.), Sozialistische Realismuskonzeptionen. Dokumente zum 1. Allunionskongreß der Sowjetschriftsteller, FfM 1974.

Schmitz-Berning, Cornelia, Vokabular des Nationalsozialismus, Berlin-New York 1998.

Schmitz-Köster, Dorothee, „Deutsche Mutter, bist du bereit". Alltag im Lebensborn, Berlin 1997.

___, Kind L 364. Eine Lebensborn-Familiengeschichte, Berlin 2007.

Schneider, Kerstin (Hg.), Heinrich Mann: Das Kind. Geschichten aus der Familie, FfM 2002.

Schneider-Philipp, Sybille, Überall heimisch und nirgends. Thomas Mann – Spätwerk und Exil, Bonn 2001.

Schock, Axel/Fessel, Karen-Susan, OUT! 800 berühmte Lesben, Schwule und Bisexuelle, Berlin 2004.

Schock, Ralph (Hg.), Haltet die Saar, Genossen! Antifaschistische Schriftsteller im Abstimmungskampf 1935, Bonn 1984.

Schoeller, Wilfried F., Heinrich Mann. Bilder und Dokumente, München 1991.

___, Unerwünschte Zeugenschaft – Klaus Mann, in: Schriftsteller vor Gericht. Verfolgte Literatur in vier Jahrhunderten. Zwanzig Essays, hg. von Jörg-Dieter Kogel, FfM 1996, 266-280.

___, Nachwort, in: Klaus-Mann-Tagebücher 1934-1935, hg. v. J. Heimannsberg, P. Laemmle und W. F. Schoeller, München 1989, 159-183.

___, Nachwort, in: Klaus-Mann-Tagebücher 1938-1939, hg. v. J. Heimannsberg, P. Laemmle und W. F. Schoeller, München 1990, 153-165.

___, Nachwort, in: Klaus-Mann-Tagebücher 1944-1949, hg. v. J. Heimannsberg, P. Laemmle und W. F. Schoeller, München 1991, 221-233.

Schoenberner, Gerhard, Der gelbe Stern. Die Judenverfolgung in Europa 1933 bis 1945, Hamburg 1960 und FfM 1991.

Schöne, Lothar, Neuigkeiten vom Mittelpunkt der Welt. Der Kampf ums Theater in der Weimarer Republik, Darmstadt 1995 .

Scholdt, Günter, Autoren über Hitler. Deutschsprachige Schriftsteller 1919-1945 und ihr Bild vom `Führer´, Bonn 1993.

Scholtyseck, Joachim, Der Aufstieg der Quandts. Eine deutsche Unternehmerdynastie, München 2011.

Schoppmann, Claudia, Nationalsozialistische Sexualpolitik – weibliche Homosexualität (diss. phil.), Berlin 1990.

___, Verbotene Verhältnisse. Frauenliebe 1938-1945, Berlin 1999 .

Schoppmann, Claudia (Hg.), Im Fluchtgepäck die Sprache. Deutschsprachige Schriftstellerinnen im Exil, FfM 1995.

Schreckenberger, Helga, Die politische Rednerin. Erika Mann im amerikanischen Exil, in: Helmut Koopmann/Klaus Dieter Post (Hg.), Exil. Transhistorische und transnationale Perspektiven, Paderborn 2001, 189-201.

Schröder, Peter, Klaus Mann zur Einführung, Hamburg 2002.

Schröter, Klaus, Heinrich und Thomas Mann, Hamburg 1993.

___, Heinrich Mann in Selbstzeugnissen und Bilddokumenten, Reinbek 1967, 1990, 1996, 2002.

___, Thomas Mann in Selbstzeugnissen und Bilddokumenten, Reinbek 1964, 1995, überarbeitete Neuausgabe Reinbek 2005.

Schröter, Michael (Hg.), Sigmund Freud: Unterdess halten wir zusammen, Berlin 2010.

Schulte, Jan Erik (Hg.), Die SS, Himmler und die Wewelsburg, Paderborn 2009.

Schultenkämper, Sabine, Klaus Mann und Deutschland – eine Untersuchung seiner journalistischen Arbeiten (1933-1949): Hoffnungen, Erwartungen, Enttäuschungen, Bonn 1992.

Schwarzenbach, Annemarie, Eine Frau zu sehen, hg. von Alexis Schwarzenbach, Zürich 2008.

Schwarzenbach, Alexis, Auf der Schwelle des Fremden. Das Leben der Annemarie Schwarzenbach, München 2008.

___, Auf der Schwelle des Fremden. Das Leben der Annemarie Schwarzenbach (Collection Rolf Heyne), München 2011.

___, Die Geborene. Renée Schwarzenbach-Wille und ihre Familie, Zürich 2004.

Schweikle, Günther u. Irmgard (Hg.), Metzler-Literatur-Lexikon, Stuttgart 1984.

Seghers, Anna, Das siebte Kreuz. Roman, Darmstadt und Neuwied 1962, [21]1983.

Seibel, Wolfgang, Macht und Moral. Die `Endlösung der Judenfrage´ in Frankreich 1940-1944, Konstanz 2010.

Seidel, Carlos Collado, Der Spanische Bürgerkrieg. Geschichte eines europäischen Konflikts, München 2006.

Seligman, Rafael, Hitler. Die Deutschen und ihr Führer, Berlin 2005.

Serke, Jürgen, Die verbrannten Dichter, Hamburg 1976.

Shirer, W. L., Nachwort zur ersten deutschen Nachkriegsausgabe von `Kind dieser Zeit´, München 1965, 262-264.

Sigmund, Anna Maria, „Das Geschlechtsleben bestimmen wir". Sexualität im Dritten Reich, München 2008.

___, Diktator, Dämon, Demagoge. Fragen und Antworten zu Adolf Hitler, München 2006.

___, Des Führers bester Freund: Adolf Hitler, seine Nichte Geli Raubal und der `Ehrenarier´ Emil Maurice – eine Dreiecksbeziehung, München 2003.

___, Die Frauen der Nazis. Die drei Bestseller vollständig aktualisiert in einem Band, München 2005.

Silver, Daniel B., Überleben in der Hölle. Das Berliner Jüdische Krankenhaus im `Dritten Reich´ [engl.: New York 2003], Berlin 2006.

Sitter, Carmen, „Die eine Hälfte vergißt man(n) leicht!". Zur Situation von Journalistinnen in Deutschland unter besonderer Berücksichtigung des 20. Jahrhunderts, Pfaffenweiler 1998.

Skierka, Volker, Lion Feuchtwanger. Eine Biographie, hg. v. Stefan Jaeger, Berlin 1984.

Slattery, J. F., Erika Mann und die BBC, in: Thomas Mann Jahrbuch 12, 1999, 310-347.

Smelser, Ronald/Syring, Enrico/Zitelmann, Rainer (Hg.), Die braune Elite I und II, Darmstadt 1994.

Sommer, Monika, Literarische Jugendbilder zwischen Expressionismus und Neuer Sachlichkeit, FfM 1996.

Spalek, J. M./J. Strelka (Hg.), Deutsche Exilliteratur seit 1933, Kalifornien-Bern-München 1976.

___, Deutschsprachige Exilliteratur seit 1933, New York-Bern 1989.

___, Deutschsprachige Exilliteratur seit 1933, New York-Bern 2002.

Spangenberg, Berthold, Zur Veröffentlichung dieser Ausgabe, in: Klaus Mann, Mephisto, München 1980, ^{2}1981, I-XVII.

Spangenberg, Eberhard, Karriere eines Romans. Mephisto, Klaus Mann und Gustaf Gründgens. Ein dokumentarischer Bericht aus Deutschland und dem Exil 1925-1981, München 1982, Reinbek 1986.

Spiegel, Marga, Retter in der Nacht, FfM 1969.

Spiel, Hilde, Die hellen und die finsteren Zeiten. Erinnerungen 1911-1946, München 1989.

___, Welche Welt ist meine Welt? Erinnerungen 1946-1989, München 1990.

Sprecher, Thomas, Thomas Mann in Zürich, München 1992.

___, Davos im Zauberberg. Thomas Manns Roman und sein Schauplatz, Zürich 1996.

Sprecher, Thomas (Hg.), Im Geiste der Genauigkeit. Das Thomas-Mann-Archiv der ETH Zürich 1956-2006, FfM 2006.

Sprecher, Thomas/Gutbrodt, Fritz (Hg.), Die Familie Mann in Kilchberg, Zürich 2000.

Stark, Christl, Idee und Gestalt einer Schule im Urteil des Elternhauses (diss. phil.), Heidelberg 1998.

Steffahn, Harald, Bertha von Suttner, Reinbek 1998.

Steinbacher, Sybille, Wie der Sex nach Deutschland kam. Der Kampf um Sittlichkeit und Anstand in der frühen Bundesrepublik, München 2011.

Steinke, Ronen, Fritz Bauer – oder Auschwitz vor Gericht, München 2013.

Stephan, Alexander, Die Akte Erika Mann, in: Neue deutsche Literatur, 7/1993, 124-142.

___, Die deutsche Exilliteratur 1933-1945. Eine Einführung, München 1979.

___, Im Visier des FBI. Deutsche Exilschriftsteller in den Akten amerikanischer Geheimdienste, Stuttgart-Weimar 1995.

___, Überwacht und ausgebürgert. Klaus Mann und Erika Mann in den Akten des Dritten Reiches, in: German Life & Letters 51 (1998), 185-203.

Stephan, Alexander (Hg.), Exil. Literatur und die Künste nach 1933, Bonn 1990.

Stephan, Alexander/Wagener, Hans (Hg.), Schreiben im Exil. Zur Ästhetik der deutschen Exilliteratur 1933-1945, Bonn 1985.

Stern, Carola, Auf den Wassern des Lebens. Gustaf Gründgens und Marianne Hoppe, Köln 2005, Reinbek 2007.

Stern, Fritz, Fünf Deutschland und ein Leben. Erinnerungen, München 2007.

Sternburg, Wilhelm von, Joseph Roth, Köln 2009.

___, Lion Feuchtwanger. Ein deutsches Schriftstellerleben, Berlin u. a. 1994.

Sternfeld, Wilhelm/Tiedemann, Eva, Deutsche Exil-Literatur 1933-1945. Eine Bio-Bibliographie, Heidelberg ²1970.
Sternheim, Thea, Erinnerungen, Freiburg 1995.
___, Tagebücher 1903-1971, Göttingen 2002, 5 Bde.
___, Tagebücher 1905-1927. Die Jahre mit Carl Sternheim, Mainz 1995.
Strohmeyr, Armin, Annette Kolb. Dichterin zwischen den Völkern, München 2002.
___, Klaus Mann, München 2000.
___, Klaus und Erika Mann. Les enfants terribles, Berlin 2000.
___, Klaus und Erika Mann. Eine Biografie, Leipzig 2004.
___, Traum und Trauma. Der androgyne Geschwisterkomplex im Werk Klaus Manns, Augsburg 1997.
Stübbe, Michael, Die Manns. Genealogie einer deutschen Schriftstellerfamilie, Neustadt a. d. Aisch 2004.
Stümke, Hans-Georg, Homosexuelle in Deutschland. Eine politische Geschichte, München 1989.
Stümke, Hans Georg/Finkler, Rudi, Rosa Winkel, Rosa Listen. Homosexuelle und `Gesundes Volksempfinden´ von Auschwitz bis heute, Reinbek 1981.
Süskind, Wilhelm E., Thomas´ Tochter. Zum Tode Erika Manns, in: Deutsches Allgemeines Sonntagsblatt v. 14.9.1969.
Suhr, Elke, Carl von Ossietzky. Eine Biografie, Köln 1998.
Suttner, Bertha von, Die Waffen nieder, 2 Bde., Dresden und Leipzig 1889; Neuauflage Berlin 2008.
Szepansky, Gerda, `Blitzmädel´, `Heldenmutter´, `Kriegerwitwe´. Frauenleben im Zweiten Weltkrieg, FfM 1986, 1990.
Täubert, Klaus (Hg.), Klaus Mann und Decision: zum 80. Geburtstag (Europäische Ideen; 63), Köln 1986.
Thiede, Rolf, Stereotypen vom Juden. Die frühen Schriften von Heinrich und Thomas Mann. Zum antisemitischen Diskurs der Moderne und seiner Überwindung, Berlin 1998.
Thiel, Marlis, Klaus Mann. Die Sucht, die Kunst und die Politik, Pfaffenweiler 1998.
Thomas Mann in Nidden, bearbeitet von Thomas Sprecher. Marbacher Magazin 89/2000, Deutsche Schillergesellschaft Marburg 2000.
Töteberg, Michael, `Eine unglückliche Liebe zum Theater´. Unbekanntes und Unveröffentlichtes im Werk Klaus Manns: Sechs Theaterstücke in zwanzig Jahren, in: Heinz Ludwig Arnold (Hg.), Klaus Mann (Text+Kritik 93/94), München 1987, ²1996, 14-36.
___, Nachwort, in: Klaus Mann, Der siebente Engel. Die Theaterstücke, Reinbek 1989, 419-438.
___, Nachwort, in: Klaus Mann, Der Vulkan. Roman unter Emigranten, Reinbek ⁴2006, 559-571.
Toller, Ernst, Eine Jugend in Deutschland (1933), Reinbek ¹⁹2006.
Trapp, Frithjof, Art. Deutsche Literatur im Exil, in: Brockhaus: Die Bibliothek, Bd. 6, Leipzig/Mannheim 1999, 301-311.
Trapp, Frithjof u. a. (Hg.), Handbuch des deutschsprachigen Exiltheaters 1933-1945, Bd. 1: Verfolgung und Exil deutschsprachiger Theaterkünstler; Bd. 2: Biographisches Lexikon der Theaterkünstler, München 1999.

Tucholsky, Kurt, Gesammelte Werke in zehn Bänden, hg. v. Mary Gerold-Tucholsky/Fritz J. Raddatz, Reinbek 1961, 1975.

___, Gesamtausgabe. Texte und Briefe, hg. von Antje Bonitz/Dirk Grathoff/Michael Hepp/Gerhard Kraiker, 22 Bde., Reinbek 1996ff.

Uhl, Michael, Mythos Spanien. Das Erbe der Internationalen Brigaden in der DDR (diss. phil.), Bonn 2004.

Vaget, Hans Rudolf, Seelenzauber. Thomas Mann und die Musik, FfM 2006.

___, Thomas Mann. Kommentar zu sämtlichen Erzählungen, München 1984.

Viertel, Salka, Das unbelehrbare Herz. Ein Leben mit Stars und Dichtern des 20. Jahrhunderts (mit einem Vorwort von Carl Zuckmayer), Hamburg 1987.

Völklein, Ulrich, Josef Mengele – Der Arzt von Auschwitz, Göttingen 1999.

Vogtmeier, Michael, Die Familien Mann und Buddenbrook im Lichte der Mehrgenerationen-Familientherapie. Untersuchungen zu Thomas Manns `Buddenbrooks. Verfall einer Familie´, FfM 1987.

Vollmer-Heitmann, Hanna, Wir sind von Kopf bis Fuß auf Liebe eingestellt: Die Zwanziger Jahre (Frauenleben, hg. von Viola Eigenberz), Hamburg 1993.

Volkshochschule der Stadt Ahlen/Kulturgesellschaft der Stadt Ahlen e.V. (Hg.), Klaus Mann (1906-1949). Leben und Werk in Texten und Dokumenten. Ausstellung zum 75. Geburtsjahr (Redaktion: Wulf-Jürgen Adler), Ahlen 1981.

Volz, Gunter, Sehnsucht nach dem ganz Anderen. Religion und Ich-Suche am Beispiel von Klaus Mann (diss.), Marburg 1992.

Voswinckel, Ulrike/Berninger, Frank (Hg.), Exil am Mittelmeer. Deutsche Schriftsteller in Südfrankreich von 1933-1941 (edition monacensia), München ²2008.

Walach, Dagmar, „Aber ich habe nicht mein Gesicht." Gustaf Gründgens – eine deutsche Karriere, Berlin 1999.

Walk, Joseph (Hg.), Das Sonderrecht für die Juden im NS-Staat. Eine Sammlung der gesetzlichen Maßnahmen und Richtlinien – Inhalt und Bedeutung, Heidelberg 1981.

Wall, Renate, Lexikon deutschsprachiger Schriftstellerinnen im Exil 1933-1945, Freiburg 1995.

Walter, Bruno, Thema und Variationen. Erinnerungen und Gedanken, New York-FfM 1947, 1960, 1988.

Walter, Hans Albert, Asylpraxis und Lebensbedingungen in Europa. Deutsche Exilliteratur 1933-1950, Darmstadt 1972.

___, Deutsche Exilliteratur 1933-1950, 7 Bände, Darmstadt-Neuwied 1972-74.

___, Fritz H. Landshoff und der Querido Verlag 1933-1950. Mit einer Bibliographie (Marbacher Magazin; Sonderheft 78), Marbach am Neckar 1997.

Walter, Sabine (Hg.), `Wir sind so jung – so sonderbar´. Klaus Mann und die Hamburger Kammerspiele, Hamburg 1999.

Washausen, Klaus, Lion Feuchtwanger – von Erfolg zu Erfolg (1925-1932). Ein Lion-Feuchtwanger-Roman, Halle 2008.

Wassermann, Jakob, Mein Weg als Deutscher und Jude, Berlin 1912, München ³2005.

Wedekind, Tilly, Lulu, die Rolle meines Lebens, München-Bern-Wien 1969.

Wehrli, Peter K., Nachruf auf Elisabeth Mann Borgese, in: Blätter der Thomas Mann Gesellschaft Zürich, Nr. 29, 2000-2001, 5-9.

Weidermann, Volker, Das Buch der verbrannten Bücher, Köln ⁴2008.

___, Lichtjahre. Eine kurze Geschichte der deutschen Literatur von 1945 bis heute, Köln ⁴2006.

Weil, Bernd A., Klaus Mann. Leben und literarisches Werk im Exil, FfM 1983, 1995.

Weiss, Andrea, Flucht ins Leben. Die Erika und Klaus Mann-Story. Reinbek 2000, ²2001, ³2002.

Weissenberger, Friedrich, Kinder der Genies: August von Goethe, Siegfried Wagner, Anna Freud, Klaus und Erika Mann, Anna Mahler, München 2007.

Wie war das im KZ Dachau? Ein Versuch, der Wahrheit näherzukommen, von Dr. Johannes Neuhäusler 1888-1973, Weihbischof von München, München ¹⁶1996.

Wiedemann, Hans-Rudolf (Hg.), Thomas Manns Schwiegermutter erzählt. Lebendige Briefe aus großbürgerlichem Hause – Hedwig Pringsheim-Dohm an Dagny Langen-Sautreau, mit einem Geleitwort von Golo Mann, Lübeck 1985.

Winckler, Lutz, „...ein richtig gemeines Buch, voll von Tücken." Klaus Manns Roman `Mephisto´, in: Rudolf Wolff (Hg.), Klaus Mann. Werk und Wirkung, Bonn 1984, 46-80.

___, Klaus Mann: Mephisto. Schlüsselroman und Gesellschaftssatire, in: Exilforschung. Ein internationales Jahrbuch, Bd. 1, München 1983, 322-342.

Winkler, Andreas, Hermann Kesten im Exil (1933-1940). Sein politisches und künstlerisches Selbstverständnis und seine Tätigkeit als Lektor in der deutschen Abteilung des Allert de Lange Verlages. Mit einem Anhang unveröffentlichter Verlagskorrespondenz von und an Hermann Kesten, Hamburg 1977.

Winkler, Heinrich August, Weimar 1918-1933. Die Geschichte der ersten deutschen Demokratie, München 1998.

Winston, Richard, Thomas Mann. Das Werden eines Künstlers 1875-1911, München 1985.

„Wir werden es schon zuwege bringen, das Leben". Annemarie Schwarzenbach an Erika und Klaus Mann. Briefe 1930-1942, hg. v. Uta Fleischmann, Pfaffenweiler 1993.

Wißkirchen, Hans, Die Familie Mann (rororo 50630), Reinbek 1999.

___, Spaziergänge durch das Lübeck von Heinrich und Thomas Mann, Zürich-Hamburg ²1997.

Wißkirchen, Hans (Hg.), Die Welt der Buddenbrooks. Mit Beiträgen von Britta Dittmann, Manfred Eickhölter und Hans Wißkirchen, FfM 2008.

Wohlfahrt, Annette, Die Vater-Sohn-Problematik im Leben von Thomas und Klaus Mann (Europäische Hochschulschriften; 1108), FfM 1989.

Wolbold, Matthias, Zwischen Ablehnung, Anpassung und Zerrissenheit. Deutsche Exilautoren in den USA, Hamburg 1999.

Wolf, Christa, Stadt der Engel oder The Overcoat of Dr. Freud, Berlin 2011.

Wolff, Rudolf (Hg.), Klaus Mann. Werk und Wirkung, Bonn 1984.

Wolfram, Susanne, Die tödliche Wunde. Über die Untrennbarkeit von Tod und Eros im Werk von Klaus Mann, FfM 1986.

Wüstner, Andrea, „Ich war immer verärgert, wenn ich ein Mädchen bekam." Die Eltern Katia und Thomas Mann, München-Zürich 2010.

Würzner, H./Kröhnke, K. (Hg.), Deutsche Literatur im Exil in den Niederlanden 1933-1940, Amsterdam 1994.

Wulf, Joseph, Kultur im Dritten Reich, 5 Bände, FfM-Berlin 1989.

Wunderlich, Dieter, AußerOrdentliche Frauen. 18 Portraits, München 2009.

Wunderlich, Heinke, Spaziergänge an der Côte d´Azur der Literaten, Zürich 1993.

Wunderlich, Heinke/Menke, Stefanie, Sanary-sur-Mer. Deutsche Literatur im Exil, Stuttgart-Weimar 1996.

Wysling, Hans/Schmidlin, Yvonne (Hg.), Thomas Mann. Ein Leben in Bildern, Zürich 1994.

___, Bild und Text bei Thomas Mann, Bern-München 1975.

Yang, Rong, Ich kann einfach das Leben nicht mehr ertragen: Studien zu den Tagebüchern von Klaus Mann 1931–1949 (diss. phil), Marburg 1996.

Zaich, Katja B., „Ich bitte dringend um ein Happyend." Deutsche Bühnenkünstler im niederländischen Exil 1933-1945, FfM 2001.

Ziegler, Edda, Verboten – verfemt – vertrieben. Schriftstellerinnen im Widerstand gegen den Nationalsozialismus, München 2010.

Zimmermann, Moshe, Deutsche gegen Deutsche. Das Schicksal der Juden 1938-1945, Berlin 2008.

Zuckmayer, Carl, Als wär´s ein Stück von mir. Horen der Freundschaft, FfM 1966, 2006 (Sonderausgabe).

___, Geheimreport, hg. v. Gunther Nickel und Johanna Schrön, Göttingen 2002.

Zudeick, Peter, Der Hintern des Teufels. Ernst Bloch – Leben und Werk, Bühl 1985.

Zweig, Stefan, Die Welt von Gestern. Erinnerungen eines Europäers, Stockholm 1942, FfM 1986.

Zynda, Stefan, Sexualität bei Klaus Mann, Bonn 1986.

5. Klaus Mann, seine Freunde und seine Familie im Rundfunk, im Film und im Theater (in Auswahl)

Annemarie Schwarzenbach, Wir werden es schon zuwege bringen, das Leben, 3 CDs, von Annemarie Schwarzenbach und Hannelore Elsner, Audio CD 2003.

Botschafterin der Meere – Elisabeth Mann Borgese. Dokumentarfilm von Eberhard Görner, Bayerischer Rundfunk 1997.

Das kleine Europa. Die Schweiz der Familie Mann. Ein Film von Peter K. Wehrli, Erstsendung SF I vom 14.11.2004.

Der Vulkan. Spielfilm (Regie: Ottokar Runze), Deutschland/Frankreich 1998, mit Nina Hoss, Katharina Thalbach u. a.

Dichtung und Wahrheit. Klaus Manns `Mephisto´. Dokumentarfilm von Veronika Vogel, Bayerischer Rundfunk, 3. Programm v. 15.5.1998.

Die Buddenbrooks. Spielfilm von Alfred Weidenmann (Drehbuch u. a. Erika Mann), 1959.

Die Buddenbrooks. Spielfilm von Heinrich Breloer, Deutschland/Schweiz 2008.

Die Familie Mann, von Hans Wißkirchen, gelesen von Wolfgang Schmidt und Michael Hametner, Doppel CD 2006.

Die Frauen der Familie Mann, 3 CDs, von Hildegard Müller und Eva Mattes, Audiobook 2005.

Die Kinder der Manns. Ein Familienbuch, Audio CD, hg. von Uwe Naumann, 2005 (Lisbeth Exner, Erika Mann – „Die Eri muss die Suppe salzen"; Ulrike Voswinckel, Klaus Mann – nicht nur Kind seiner Zeit; Gustav Seibt, Golo Mann – Thomas Manns begabtester Sohn; Helga Keiser-Hayne, Monika Mann – Trauma und verwegene Skizzen; Kerstin Holzer, Elisabeth Mann – „Die Erwählte"; Uwe Naumann, Michael Mann – Schuld und Segen, München 2006).

Die Kinder der Manns, 6 CD Feature von Krista Posch, Rufus Beck, Wolfgang Hinze und Karin Anselm, Audiobook 2005.

Die Manns/Die Pringsheims, von Gabriele Förg, Ulrike Voswinckel, Hiltrud Häntzschel und Udo Wachveitl, Audiobook 2007.

Die Manns – Ein Jahrhundertroman. Mehrteilige Fernsehverfilmung der Familiengeschichte, Regie: Heinrich Breloer, Erstsendung ARD 2001 (3 Videos + DVDs, 2002).

Die Multimediale Mann-Familie. *The amazing family* an der Schwelle zum 21. Jahrhundert, hg. von Andy Horschig, in: Radio Journal 2/2000, 12 ff. (Prof. Wolfgang Krüger vom BGH zum Mephisto-Urteil).

Die Stimmen der Familie Mann in Originaltönen, 2 CDs. Mitglieder der Familie Mann berichten über das Familienleben, von Hans Sarkowicz, Audiobook 2001.

Elisabeth Mann Borgese, Mein Leben. Elisabeth Mann Borgese im Gespräch mit Marianne Scheuerl. Eine Produktion des NDR 1999.

Erika Mann, Ausgerechnet Ich, von Erika Mann und Doris Wolters, 2 Audio-CDs 2001.

Erika Mann, Stoffel fliegt übers Meer, von Erika Mann und Doris Wolters, 3 Audio CDs 2001.

Erika Mann, Wenn die Lichter ausgehen, 3 CDs. Geschichten aus dem Dritten Reich, von Erika Mann und Lena Stolze, Audio CD 2005.

Erika Manns *Pfeffermühle.* Auf den Spuren des legendären Exilkabaretts 1933-1937, von Martin Heim und Orchester Odeon Central, Audio CD 2005.

Escape to Life Die Erika & Klaus Mann Story – The Erika and Klaus Mann Story. Dokumentarfilm von Andrea Weiss und Wieland Speck mit Maren Kroymann und Cora Frost, Großbritannien/Deutschland 2000.

Flucht in den Norden. Spielfilm von Ingemo Engström, mit Katharina Thalbach, Bundesrepublik Deutschland/Finnland 1986.

Frau Thomas Mann, 6 CDs: Das Leben der Katharina Pringsheim, von Inge und Walter Jens, Audiobook 2003.

Gaudlitz, Wolf/Mann Borgese, Elisabeth, Mein Vater der Zauberer – Meine Liebe das Meer. Elisabeth Mann Borgese in einem Gespräch mit Wolf Gaudlitz. Eine Produktion des Bayerischen Rundfunks 1999 (2 CDs, Audiobuch Freiburg 2001).

Grimkowski, Sabine, La pauvre Moni oder: Wer war Monika Mann? Erstsendung S2 Kultur v. 30.3.1998.

Klaus Mann, gelesen von Jörg Hube, Audio CD 2009.

Klaus Mann. Eine Einführung in Leben und Werk, von Bernd Sucher, Stefan Hunstein und C. Bernd Sucher, Audio CD 2007.

Klaus Mann, Der Wendepunkt. Hörbuch, gelesen von Ulrich Nöthen und mit Originalaufnahmen von Klaus Mann (13 CDs), Audio CD 2004.

Klaus Mann, Kindernovelle, 2 Audio CDs von Klaus Mann und Klaus Brömmelmeier, Audio CD 2001.

Klaus Mann, Mephisto, CD von Klaus Mann, Hans Martin Rahner und Dieter Mann, Audio CD 2007.

Klaus Mann, Mephisto, 3 Cassetten, Speed, `Ruhe gibt es nicht, bis zum Schluss´, von Klaus Mann, Michael Farin, Klaus Burkhart und Ulrike Gerhardt, Hörcassette 1999.

Königliche Hoheit, Spielfilm von Harald Braun, 1959.

Mein Vater der Zauberer. Jubiläumsausgabe, 2 CDs von Elisabeth Mann Borgese und Wolf Gaudlitz, Audio CD 2004.

Mit Klaus und Erika Mann an die Riviera. Cassette von Klaus Mann, Erika Mann und Evelyn Hamann, Hörcassette 1999.

`Mephisto´. Spielfilm von István Szabó mit Klaus Maria Brandauer, Ungarn/Österreich/Bundesrepublik Deutschland 1981.

Mnouchkine, Ariane, Mephisto. Geschrieben für das Théâtre du Soleil nach Klaus Mann `Mephisto. Roman einer Karriere´ (Redaktion und deutsche Übersetzung von Lorenz Knauer), München 1980.

Paisá (Buch und Regie: Roberto Rossellini, F. Fellini u. a.), Italien 1946.

Regnier, Anatol, Warum sind wir so kalt? Die Pfeffermühle: Erika Manns Exilkabarett 1933-1937 (Anatol Regnier, Monika Sutil, Rosel Zech und Gert Heidenreich), München 2006.

Thomas Mann Hörwerke. Limitierte Ausgabe, exklusiv zum Thomas-Mann-Jahr, 36 CDs im Schuber, München 2005.

Thomas Mann, Buddenbrooks, 7 Audio CDs von Palma, Wolfgang Liebeneiner und Gert Westphal, Audio CD 2001.

Thomas Mann, Buddenbrooks. Ungekürzte Ausgabe, gelesen von Gert Westphal. Norddeutscher Rundfunk 1979/80, Deutsche Grammophon 2001, 22 CD.

Thomas Mann, Doktor Faustus von Renate Schroeter, Walter Remeisen und Anke Sevenich, Audiobook 2009.

Thomas Mann, Joseph und seine Brüder. Und weitere Romane von Thomas Mann, Audiobook, Februar 2009.

Thomas Mann, Mario und der Zauberer, Audio CD 1996.

Thomas Mann. Leben und Werk in Originalbeiträgen von Hermann Kurzke, CD Hörbuch 2008.

Thomas Mann, von Klaus Schröter, Wolfgang Schmidt und Michael Hameter, 2 CDs 2006.

Thomas Mann und die Seinen, 2 CDs. Versuche über die Liebe, von Marcel Reich-Ranicki, Audiobook 2005.

Thomas Manns große Romane. Virtuoses Hörpanorama mit `Dr. Faustus´, `Der Zauberberg´ und `Buddenbrooks´, 1997.

Teffpunkt im Unendlichen – Die Lebensreise des Klaus Mann. Dokumentarfilm von Heinrich Breloer (Redaktion: Horst Königstein), Erstsendung NDR III v. 29.10.1983.

Treffpunkt im Unendlichen. Fernsehfilm, NDR-Fernsehdokumentation, 3. Programm v. 10.11.1984 (Buch und Regie: Horst Königstein 1984).

Väter und Söhne. 2 Audio CDs von Thomas Mann, Klaus Mann, Will Quadflieg und Christian Quadflieg, Audio CD 2001.

Zum Autor

Pfarrer Dr. theol. Thomas O. H. Kaiser, geb. Müller, Dipl. Theol., geboren am 18. März 1963 in Stadtoldendorf, aufgewachsen in Eschershausen im Weserbergland. 1982 Abitur am neusprachlichen Gymnasium an der Liebigstraße in Holzminden (Englisch und Französisch). Von 1982 bis 1988 – nach dem Erlernen der drei antiken Sprachen Latein (Latinum), Griechisch (Graecum) und Hebräisch (Hebraicum) – Studium der Evangelischen Theologie an der Ruperto Carola in Heidelberg. 1988 Erstes Kirchliches Examen in der Evangelisch-lutherischen Landeskirche Hannovers und Dipl. Theol. (Universität Göttingen). Von 1988 bis 1993 Zweitstudium der Philosophie in Heidelberg. 1990 Studien- und Forschungsaufenthalt an der University of The Western Cape und der University of Cape Town; Promotion zum Dr. theol. in Sozialethik (1993, Universität Heidelberg) mit dem Thema: `Versöhnung in Gerechtigkeit. Das Konzept der Versöhnung und seine Kritik im Kontext Südafrika´ (`magna cum laude´) beim Bischof von Berlin, Prof. Dr. Dr. h. c. mult. Wolfgang Huber, dem späteren Ratsvorsitzenden der EKD.

Nach der Heirat mit Andrea Kaiser im Februar 1993 Wechsel des Nachnamens und Wechsel in die Evangelische Landeskirche in Baden: sog. `Lehrvikariat´ in Wertheim von 1993 bis 1995 und Zweites Kirchliches Examen in Karlsruhe (1995). Intermezzo als theologischer Mitarbeiter in der Leitung der Evangelischen Tagungs- und Begegnungsstätte Schloss Beuggen/Südbaden. 1995 Ordination in der Waldshuter Versöhnungskirche durch den damaligen Landesbischof der Evangelischen Landeskirche in Baden und EKD-Ratsvorsitzenden, Prof. Dr. Klaus Engelhardt. Von 1995 bis 1998 dreijähriges sog. `Pfarrvikariat´ in Teilzeit, zunächst als Lehrer für Evangelische Religion am Hochrhein-Gymnasium Waldshut-

Tiengen (1995/96), sodann in der Evangelischen Kirchengemeinde Kadelburg (1996-1998). 1998 vom badischen Landesbischof in die Evangelische Kirchengemeinde Kadelburg zum Pfarrer berufen; zehn Jahre Dienst als Gemeindepfarrer im Jobsharing. 2008 Wahl zum Gemeindepfarrer der Evangelischen Kirchengemeinde Klettgau/Baden.
Verheiratet mit Pfarrerin Andrea Kaiser, Vater von vier Kindern: Gabriel, Gloria, Balthasar und Salome.

Zur Künstlerin und zum Bild

Das Titelbild des vorliegenden Buches stammt von der Dogerner Künstlerin Ruth Rüttinger (geb. 1949). Es heißt „Mitgift 1908" und entstand 2014. Es wurde 2014 anlässlich der hundertsten Wiederkehr des Ersten Weltkrieges in der Kadelburger Bergkirche ausgestellt. Ruth Rüttinger schreibt dazu:

„Wie kam es zu diesem Titel? Wir gedenken im Moment des Jahres 1914 – des Ausbruchs des Ersten Weltkrieges. Am 2. April 1908 haben Ella Seeger und Kuno Dünnwald in Berlin-Tempelhof geheiratet. Aus ihrer Aussteuer stammt dieses Tischtuch:

`Großes Tafeltuch´, Leinendamast 300x160 cm mit eingewebtem Passionszyklus in einzelnen Bildern, und 12 nummerierte Servietten mit eingesticktem rotem Monogramm ES.

Die Servietten sind jeweils 75 x 75 cm und haben die gleichen Motive wie das Tafeltuch. Es war eine glückliche Zeit damals. Es war der Vorabend des Ersten Weltkrieges. Niemand ahnte den nahenden Krieg.

Und das ist es, was mich interessierte.

Wir leben jetzt in einer ähnlichen Zeit. Dieses Tafeltuch meiner Großeltern lag über 100 Jahre in der Schublade. Diese eingewebten Motive sind so großartig. Ich wollte

sie aus dem Dunkel ans Licht bringen
etwas zeigen, das man (fast) nicht sehen kann
sie ins *Heute* übersetzen
gegen das Vergessen angehen
zeigen, wie man 1908 die biblische Geschichte sah
mit all den Palmen, Girlanden, Pflanzen, lustigen Wolkengebilden usw.
mit diesen Motiven arbeiten, sie herausarbeiten und sie in unsere Zeit übersetzen

Sie *abzuzeichnen* war viel schwieriger, als ich dachte. Ich habe dann mit Folien gearbeitet. Die Form habe ich nicht verändert, aber die Farbe. Vieles habe ich so unklar gelassen, wie ich es erkennen konnte. Ich wollte keine eigene Interpretation in diese wunderbaren Motive bringen, es einfach so stehen lassen.

Ich habe nur mit den 3 Grundfarben gearbeitet: blau, rot, gelb (Cyan, Magenta, gelb). Das entspricht auch in der *christlichen Symbolik der Farbenlehre* den Trinitätsfarben. Und dann gemischt zu den Sekundärfarben zinnoberrot, grün und ultramarin.

In der Ausstellung war das Tafeltuch zu sehen, eine Videoinstallation von Balthasar Kaiser – Bilder wurden auf das Tuch projiziert –, 6 Ölbilder, 12 Zeichnungen auf Folien, 24 Aquarellstiftzeichnungen, die ich in den Ferien in Spanien gearbeitet habe, die Hochzeitsbibel, Gesangbuch und ein Buch *Der Umgang in und mit der Gesellschaft* aus dieser Zeit."

Soweit die Gedanken von Ruth Rüttinger.

„Mitgift 1908" – was war naheliegender, als ein Bildmotiv für ein Buch über Klaus Mann zu verwenden, das ungefähr in der Zeit seiner Geburt entstand und den gekreuzigten Jesus zeigte? Klaus Mann – evangelisch getauft – hatte Zeit seines Lebens eine Beziehung zur christlichen Religion und besonders zu Jesus von Nazareth – zu dem Gekreuzigten, dem von Gott scheinbar Verlassenen, dem Leidenden und Sterbenden, zu dem, der wie er die Einsamkeit gekannt hat. Jahrelang verwendete Klaus Mann in seiner Unterschrift zwischen seinen Initialen ein Kreuz: Klaus unter dem Kreuz!

Ruth Rüttinger dafür ganz herzlichen Dank!

Hier die Adresse der Künstlerin: *Ruth Rüttinger, Buchmattenstr. 15, 79804 Dogern, Tel: 07751/3286; mobil: 0176-78929326; mail: Ruth Ruettinger@t-online.de*

496

Ruth Rüttinger, „Mitgift 1908".
Großes Tafeltuch, Leinendamast 300 x 160 cm,
mit eingewebtem Passionszyklus in einzelnen
Bildern, Dogern 2014